스펄전 설교전집 06

# 역대상 ~ 에스더

● **독자 여러분들께 알립니다!**
'**CH북스**'는 기존 '**크리스천다이제스트**'의 영문명 앞 2글자와
도서를 의미하는 '**북스**'를 결합한 출판사의 새로운 이름입니다.

스펄전 설교전집 06

# 역대상~에스더

**1판 1쇄 발행** 2024년 5월 10일

**지은이** 찰스 스펄전
**옮긴이** 김원주
**발행인** 박명곤   **CEO** 박지성   **CFO** 김영은
**기획편집1팀** 채대광, 김준원, 이승미, 이상지
**기획편집2팀** 박일귀, 이은빈, 강민형, 이지은, 박고은
**디자인팀** 구경표, 구혜민, 임지선
**마케팅팀** 임우열, 김은지, 전상미, 이호, 최고은

**펴낸곳** CH북스
**출판등록** 제406-1999-000038호
**전화** 070-4917-2074   **팩스** 0303-3444-2136
**주소** 서울시 강서구 마곡중앙6로 40, 장흥빌딩 10층
**홈페이지** www.hdjisung.com   **이메일** support@hdjisung.com
**제작처** 영신사

ⓒ CH북스 2024

스펄전 설교전집 06

The Treasury of the Bible

# 스펄전 설교전집
# 역대상~에스더

김원주 옮김

CH북스
크리스천
다이제스트

차례

역
대
상

제
1
장
—

# 야베스의 기도

—

"주께서 참으로 내게 복을 주시옵소서"(개역개정: "주께서 내게
복을 주시려거든") – 대상 4:10


우리는 야베스가 그의 형제들보다 존귀하였고, 그의 어머니가 그를 수고롭
게 낳았다고 해서 야베스라고 불렸다는 것을 제외하고는 그에 관해 아는 바가
거의 없습니다. 인생에서 지극히 슬픈 일이 있으면 후에는 지극히 기쁜 일이 오
는 경우가 때때로 발생합니다. 맹렬한 폭풍우가 지나가면 화창한 날씨가 오듯이
슬픔의 밤 뒤에는 기쁨의 아침이 옵니다. 슬픔은 선구자요, 기쁨은 슬픔 뒤에 따
라 들어오는 군주입니다. 그래서 신앙시인 윌리엄 쿠퍼는 이렇게 말합니다.

"슬픔의 길, 그 길만이
슬픔을 모르는 곳에 이르네."

대부분 우리는 기쁨의 단을 거두려면 먼저 눈물을 흘리며 씨를 뿌려야 한
다는 것을 압니다. 그리스도를 위하여 행하는 우리의 일은 많은 경우에 눈물이
요구되었습니다. 곤경과 낙담으로 우리 영혼은 괴로움을 겪었습니다. 그렇지만
우리에게 여느 때와 다른 큰 슬픔을 겪게 하였던 일들이 결국에는 우리에게 가
장 훌륭한 일이었음이 판명되는 경우가 종종 있었습니다. 우리가 슬픔 가운데
있을 때는 욕망의 소산을 "베노니", 즉 슬픔의 아들이라고 불렀지만, 후에 믿음

이 생겼을 때는 그것에 기쁜 이름인 "베냐민", 즉 오른손의 아들이라는 이름을 붙일 수 있었습니다. 여러분이 낙담거리를 많이 겪으면서도 견딜 수 있다면 하나님을 섬기는 데서 오는 복을 기대할 수 있습니다. 배는 화물을 너무 많이 실으면 돌아오는 시간이 오래 걸리는 경우가 많습니다. 하지만 배가 항구에 도착하면 화물의 값이 더 많이 나갈 것을 기대하게 됩니다. 어머니가 수고로이 낳은 자녀가 그의 형제들보다 존귀하였습니다. 자신의 목적을 아주 구체적으로 제시한 이 야베스에 대해서 말하자면, 그의 명성은 아주 멀리까지 전해졌고, 그의 이름은 아주 오래도록 남았습니다. 그는 기도의 사람이었습니다. 그가 누린 명예가 강력하게 싸워서 정당하게 얻은 것이 아니었다면 얻을 만한 가치가 없었을 것입니다. 그가 그런 진전을 이루게 만든 열쇠는 그의 기도였습니다. 이런 것들이 하나님으로부터 오는 최고의 명예들입니다. 다시 말해 수고를 인정해 주는 은혜의 상급인 것입니다. 야곱이 이스라엘이라는 별명을 얻었을 때, 그는 기념할 만한 기도의 밤을 보낸 후에 방백의 지위를 받은 것입니다. 그 지위는 세상의 어떤 황제가 추켜세우기 위해 명예로 준 것보다 그에게 훨씬 더 존귀한 것이었습니다. 최고의 영예는 사람이 지존하신 하나님에게서 얻는 것입니다.

우리는 야베스가 그의 형제들보다 귀중하였다는 말을 듣는데, 마치 그가 형제들보다 기도도 잘하였다고 암시하는 것처럼 당장에 그의 기도가 기록된 것을 봅니다. 그 기도는 처음부터 끝까지 매우 의미심장하고 교훈적이었습니다. 우리는 그 기도 가운데 한 절밖에 다룰 시간이 없는데, 사실 그 한 절에 나머지가 포함되어 있다고 말할 수 있습니다. "주께서 참으로 내게 복을 주시옵소서!"(개역개정은 "주께서 내게 복을 주시려거든"). 사랑하는 형제자매 여러분, 나는 이것을 여러분 자신을 위한 기도로 추천합니다. 이것은 어느 때든지 드릴 수 있는 기도입니다. 그리스도인 생활을 처음 시작할 때 드릴 기도이고, 또 그 생활을 끝낼 때 드릴 기도이며, 여러분이 기쁠 때든지 슬플 때든지 마땅히 드릴 기도입니다.

주 이스라엘의 하나님, 언약의 하나님이시여, 내게 복을 주시옵소서! 이 기도의 요점은 "참으로"라는 이 말에 있는 것으로 보입니다. 복은 아주 다양합니다. 어떤 복들은 이름뿐인 것들이 있습니다. 이 복들은 잠시 우리의 소원을 만족시키지만 영원히 우리의 기대를 저버립니다. 이 복들이 눈은 현혹시키지만 맛은 별로 좋지 않습니다. 그런가 하면 일시적인 것에 지나지 않는 복들이 있습니다. 그런 복들은 사용하고 나면 사라지고 맙니다. 잠시 동안 우리의 감각을 기쁘게 하지만, 영혼의 더 높은 갈망은 만족시키지 못합니다. "주께서 참으로 내게 복을 주시옵소서!" 하나님께서 복을 주시는 사람은 정말로 복을 받으리라는 것을 나는 압니다. 그 자체로 좋은 것을 하나님께서 호의로 주시는데, 그러면 그 좋은 것은 받는 사람에게 아주 많은 복을 가져다주어서 그것을 "참으로" 복으로 여기게 됩니다. 거기에 필적할 만한 것이 없기 때문입니다. 하나님께서 은혜로 그 복을 주시되, 그 복을 택하여 넉넉하게 주시면 좋겠습니다. 그러면 하나님께서 주시는 것은 하나님께 합당한 것이 될 것입니다. 그것은 복으로 구할 만한 가치가 있는 것이며, 실질적이고 영속하는 영예를 구하는 사람은 누구나 간절히 바라는 복이 될 것입니다. "주께서 참으로 내게 복을 주시옵소서!" 이 말을 깊이 생각해 보십시오. 그러면 그 말에 중요한 의미가 있음을 알게 될 것입니다.

우리는 "주께서 참으로 내게 복을 주시옵소서!" 하고 구하는 이 기도를 인간의 복들과 대비시킬 수 있습니다. 부모님에게 축복을 받고, 진심으로 복을 빌어주고 기도로 후원해 주는 훌륭한 친구들로부터 축복을 받는 것은 매우 기쁜 일입니다. 가난한 사람들은 자녀에게 복을 빌어주는 것 외에 남겨 줄 유산이 없었습니다. 그러나 정직하고 거룩한 그리스도인 아버지의 축복은 그 자녀에게 풍성한 보물입니다. 우리가 부모님의 복을 잃어버렸다면 그것은 일생을 두고 유감스러운 일로 생각해야 할 것입니다. 우리는 부모에게 축복받기를 좋아합니다. 영적인 부모의 축복은 우리에게 위안이 됩니다. 우리는 사제들의 활동과 기술은 신뢰하지 않지만, 우리를 그리스도께 인도하는 도구 노릇을 하였고 하나님의 일들을 가르쳐 준 사람들의 사랑을 받으며 살고 싶어 합니다.

그리고 가난한 사람들이 복을 빌어주는 일은 참으로 귀합니다! 욥이 가난한 자들의 축복을 기쁜 일로 소중히 여긴 것은 이상한 일이 아닙니다. "귀가 들은즉 나를 축복하고"(욥 29:11). 여러분이 고아와 과부를 구제하였고 그래서 그들이 감사하는 마음으로 여러분의 복을 빌었다면, 그것은 결코 값싼 보상이 아닙니다. 사랑하는 친구 여러분, 그러나 부모나 친척, 성도들, 고마워하는 사람들이 우리의 복을 빌어줌으로써 할 수 있는 모든 것도 결국은 우리가 얻기를 바라는 것에는 훨씬 미치지 못합니다. 주님이여, 우리가 다른 사람들에게서 마음으로부터 복 빌어줌을 받았으면 좋겠습니다! 그러나 "주께서 참으로 내게 복을 주시옵소서!" 주님은 권위를 가지고 복을 주실 수 있기 때문입니다. 사람들의 축복은 말에 지나지 않을 수 있으나 주님의 축복은 효과가 있습니다. 흔히 사람들의 축복은 자기들이 줄 수 없는 것을 소원하고, 마음대로 얻지 못하는 것을 주고자 하는 바람을 표시할 수 있을 뿐이나, 주님의 뜻은 전능합니다. 주께서는 오직 말씀으로 세상을 창조하셨습니다. 주께서 그런 전능한 능력으로 지금 내게 복을 빌어주시면 좋겠습니다! 사람들의 축복이 우리에게 다소 즐거움을 가져다 줄 수 있지만, 주님의 은총에는 생명이 있습니다. 사람들의 축복은 주님의 축복에 비할 때 티끌에 불과합니다. 주님의 축복은 시들지 않고 "썩지 않는 유업"(벧전 1:4)과 "흔들리지 않는 나라"(히 12:28)를 요구할 수 있는 권리가 되기 때문입니다. 그러므로 다윗이 다른 곳에서 이렇게 기도하는 것은 당연한 일입니다. "종의 집에 복을 주사 주 앞에 영원히 있게 하옵소서"(삼하 7:29).

어쩌면 여기서 야베스는 하나님의 복을 사람들의 축복과 대비시켰는지도 모릅니다. 으레 사람들은 여러분이 스스로 잘 되어갈 때 여러분에게 축복합니다. 사람들은 사업에 성공한 사람을 칭찬할 것입니다. 성공만큼 잘 나가는 것은 없습니다. 사람의 성공만큼 일반 대중의 인정을 받는 것은 없습니다. 슬프게도 일반 대중은 사람들의 행동을 성소의 저울로 달지 않고 전혀 다른 저울로 잽니다. 여러분이 성공하면 여러분을 칭찬하지만 역경을 겪으면 비난할 사람들이 주위에 있을 것입니다. 사람들의 축복에는 여러분을 기쁘게 하는 점이 있을 수 있습니다. 이는 여러분이 스스로 그 축복을 들을 만하다고 생각하기 때문입니다. 일반 대중은 여러분의 애국심을 들먹이며 여러분을 칭찬합니다. 여러분이 지금까지 애국자로 지내왔다는 것입니다. 그들은 여러분의 넉넉함을 인해서 여러분을 칭찬합니다. 여러분은 자신이 그동안 헌신적으로 살아왔음을 압니다. 그렇지만 어쨌든, 사람의 평결에는 무엇이 있습니까? 재판 때, 법정에 서 있는 정치인이나 법원의 방청객들의 의견은 전혀 정당한 판결이 되지 않습니다. 재판을 받고 있는 사람은 자기에게 중요한 것은 배심원의 평결과 재판장의 선고뿐이라고 생각합니다. 이와 같이 우리가 하는 일에 대해 다른 사람들이 칭찬하느냐 혹은 비난하느냐 하는 것이 우리에게는 별 쓸모가 없을 것입니다. 사람들의 축복은 그렇게 중요하지 않습니다. 중요한 것은 "주께서 내게 복을 주시옵소서"라는 것이고, 주께서 "잘하였도다 착하고 충성된 종아"(마 25:23) 하고 말씀하시는 것입니다. 주님의 은혜로 내가 마음으로 바친 봉사가 보잘것없지만 주께서 그것을 칭찬해 주옵소서. 그러면 그것이 정말로 내게는 축복이 될 것입니다.

사람들이 아첨하는 말로 축복을 받으면 아주 역겹게 생각되는 때가 있습니다. 치즈를 얻을 심산으로 까마귀를 칭찬하는, 우화에 나오는 여우와 같은 사람들이 언제나 있습니다. 그들은 그처럼 아름다운 옷을 본 적이 없고, 여러분처럼 달콤한 목소리를 가진 사람은 없다고 합니다. 그들의 마음은 여러분에게 관심이 있는 것이 아니라 여러분에게서 얻으려고 하는 것에 온통 쏠려 있습니다. 아첨하는 인종은 세상에서 결코 사라지지 않습니다. 물론 아첨하는 말을 듣는 사람들은 보통 사실이 그렇다고 우쭐해하는 경향이 있습니다. 보통 우리는 사람들이 다른 사람을 추켜세운다고 생각할 수 있습니다. 그러나 사람들이 아첨하는 말을 들을 때, 자기도취에 깊이 빠져서 그것이 별로 과장된 말이 아니고 어쨌든 아주 사실에 가까운 이야기로 받아들인다는 것은 너무도 분명한 일입니다. 우리가 다른 사람들이 하는 칭찬을 크게 에누리해서 듣는 일은 좀처럼 없습니다. 우리는 자기를 비난하는 사람들을 가까이 해야 하고, 칭찬하는 사람들은 언제나 멀리 해야 합니다. 대놓고 우리를 비난하는 사람들은 결코 우리를 이용하지 않을 것이기 때문입니다. 그러나 아침부터 큰 소리로 우리를 칭찬하는 사람들에 대해서는 의심해도 좋습니다. 그들이 우리에게 하는 칭찬에는 겉으로 나타나는 것과 다른 동기가 있다고 의심해도 틀리는 일은 좀처럼 없을 것입니다.

젊은이 여러분, 여러분은 하나님께서 명예를 주시는 위치에 있습니까? 아첨하는 사람들을 조심하십시오. 혹은 여러분이 큰 재산을 모으게 되었습니까? 여러분에게 부(富)가 있습니까? 꿀이 있는 곳에는 언제나 파리가 꾀기 마련입니다. 아첨하는 말에 주의하십시오. 젊은 처녀 여러분, 여러분이 아름다운 외모를 가졌습니까? 여러분 주위에는 나쁜 속셈을 가지고서 여러분의 아름다움을 칭찬하는 사람들이 있을 것입니다. 아첨꾼들을 조심하십시오. 꿀처럼 달콤한 말을 하는 모든 사람들을 피하십시오. 그들의 혀 밑에는 독사의 독이 있기 때문입니다. "입술을 벌린 자를 사귀지 말지니라"(잠 20:19). "주여, 나를 이 모든 헛된 아첨에서 건지소서. 내 영혼이 아첨을 싫어하나이다" 하고 하나님께 부르짖으십시오. 그래서 여러분은 그만큼 더 뜨겁게 이 기도를 드려야 할 것입니다. "주께서 참으로 내게 복을 주시옵소서!" 정말로 복을 주시기를 바라고, 또 정말로 약속하시는 대로 복을 주시는 주님의 이 축복을 받으면 좋겠습니다. 여러분이 이 야베스의 기도를 사람들에게서 나오는 축복과 대비되는 것으로 받아들인다면, 그 기도에 많은 힘이 있음을 볼 것입니다.

그런데 여기서 우리는 이 기도를 다른 관점에서 보며, 야베스가 간절히 구한 복을 세상적이고 일시적인 복들과 비교해 볼 수 있습니다. 우리가 매우 감사하지 않을 수 없는, 하나님께서 자비로 주신 하사품들이 많이 있습니다. 그렇지만 우리는 그 하사품들을 너무 중시해서는 안 됩니다. 그것을 감사하는 마음으로 받을 수는 있으나 우상으로 만들어서는 안 됩니다. 우리에게 많은 하사품들이 있을 때는 반드시 이렇게 외칠 필요가 있습니다. "주께서 참으로 내게 복을 주시옵소서. 이 열등한 복들을 진정한 복으로 만들어 주옵소서." 이런 복들이 없다면, 우리는 더 간절히 이렇게 외쳐야 합니다. "우리가 믿음에 부요롭게 하소서. 비록 이런 외적인 은총들을 받지 못했을지라도, 우리가 영적으로 복을 받게 하소서. 그러면 참으로 복을 얻을 것입니다."

이 복들 가운데 몇 가지를 검토해 보고, 거기에 대해 한두 마디만 하도록 하겠습니다.

사람들이 가장 갈망하는 것들 가운데 한 가지가 부(富)입니다. 부를 얻고자 하는 욕망은 참으로 보편적이어서 거의 자연적인 본능이라고까지 말할 수 있을 것입니다. 일단 부를 얻는다면 자신이 정말로 복을 받은 것이라고 생각하는 사람들이 얼마나 많습니까! 그러나 행복은 사람이 소유하는 물질의 풍부함에 있지 않다는 증거는 수없이 많습니다. 여러분 모두가 그에 대한 예들을 아주 잘 알고 있어서 부가 참된 복이 아니라는 것을 설명하기 위해 군이 예를 들 필요가 없을 것입니다. 사람들이 부를 소유하는 것이 복처럼 보이지만 실상은 그렇지 않습니다. 그래서 우리가 어떤 사람이 참으로 많은 것을 소유한 것을 알면 그를 부러워하지만 그가 그 소유를 거의 즐기지 못하는 것을 알면 불쌍하다고들 말하였는데, 당연한 이야기입니다. 지극히 편안한 환경 가운데 있는 사람들이 마음은 말할 수 없이 불안하였습니다. 자기가 소원하는 것을 모두 얻은 사람들은 더 많이 갖지 못하였다는 이유로 불평하였습니다.

> "이렇게 천한 구두쇠는 재물을 쌓아두고서도 굶주리며
> 금을 끌어안고서 여전히 더 많은 것을 움켜쥐려고 하며
> 파리한 얼굴로 슬프게 앉아서 자기는 가난하다고 믿습니다."

이 점을 주의 깊게 잘 관찰하는 사람에게는 부(富)가 최고의 선이 아니라는 것, 즉 그것이 오면 슬픔이 달아나고 그것이 있으면 끊임없이 기쁨이 솟아나는

최고의 선이 아니라는 것만큼 명확한 사실은 없습니다. 부가 그것을 소유한 사람을 속이는 경우는 너무나 많습니다. 산해진미가 차려져 있지만 식욕이 없습니다. 지시만 내리면 언제든지 가수들이 노래를 부르지만 그의 귀에는 어떤 음악도 들어오지 않습니다. 원하는 대로 휴가를 보낼 수 있지만 그에게는 오락이 완전히 흥미를 잃었습니다. 혹은 그는 젊고 재산을 물려받았습니다. 그래서 스포츠가 일보다 지겹고 방탕이 고된 일보다 더 힘들어질 때까지 쾌락을 추구합니다. 여러분은 어떻게 부가 스스로 날개를 달아서, 나뭇가지에 앉은 새처럼 날아가버리는지 압니다. 한때 "영혼아, 편안히 쉬라"(눅 12:19)고 속삭이는 것 같았던 이 넉넉한 수단도, 병들거나 낙담에 빠지면, 전혀 위안이 되지 못합니다. 죽을 때는 놓고 떠나야 할 것이 그만큼 더 많고 잃을 것이 그만큼 더 많기 때문에, 이 수단은 이별의 고통을 더 예리하게 만드는 경향이 있습니다. 우리에게 부가 있다면 이렇게 말하는 것이 잘하는 일일 것입니다. "하나님이여, 나를 이 껍데기들과 함께 버리지 마십시오. 내가 주께서 섭리 가운데 주신 금과 은, 물건과 동산(動産), 토지, 투자금을 신으로 삼지 않게 하십시오. 내게 참으로 복을 주시기를 간구합니다. 이 세상 재산에 대해서 말하자면, 이런 것은 주님의 은혜가 함께 있지 않는 한 내게 독이 될 것입니다." 여러분이 부를 소유하지 못했다면, 또 앞으로도 부를 소유하지 못할 것 같다면, 이렇게 말하십시오. "내 아버지여, 주께서는 지금까지 그럴듯해 보이는 이 외적인 복을 주시지 않았습니다. 나를 주의 사랑으로 부요하게 하시고, 내게 주의 은총의 금을 주십시오. 참으로 내게 복을 주시옵소서. 그리고 주께서 원하시는 대로 무엇이든지 다른 사람들에게 주소서. 주님은 내 몫을 주시옵소서. 나는 매일 주님의 뜻을 기다리겠나이다. 주께서 참으로 내게 복을 주시옵소서. 그러면 만족하겠나이다."

　우리 가엾은 인간이 맹목적으로 탐내고 열심히 추구하는 또 한 가지 일시적인 복은 **명성**입니다. 이 점에서 우리는 다른 형제들보다 존귀해지고 싶어 하고, 모든 경쟁자들을 앞지르고 싶어 합니다. 유명해지려 하고, 어쨌든 우리가 속해 있는 사회에서 명성을 얻고 싶어 하는 것은 모두에게 자연스러운 일처럼 보입니다. 그리고 우리는 할 수 있는 대로 그 명성의 범위를 더 넓히고 싶어 합니다. 그리고 여기서 부에 대해서 말하자면, 아무리 큰 명성도 만족할 만큼의 부를 가져오지 못한다는 것은 명백한 사실입니다. 오명이 되었든 명예가 되었든, 아무튼 명성을 추구할 때 사람들은 언제나 자기들이 목표하는 바를 이미 얻었을지라도 아직 소유하지 못한 것을 추구하는 데서 어느 정도 즐거움을 느낍니다. 지극히 유명한 사람들 가운데 어떤 이들은 누구보다도 비참하게 지냈습니다. 여러분에게 명예와 명성이 있다면 그 점을 받아들이십시오.

그러나 또한 이러한 기도를 드리도록 하십시오. "내 하나님이여, 주께서 참으로 내게 복을 주시옵소서. 수많은 사람들의 입에 내 이름이 오르내릴지라도 주님께서 내 이름을 말씀하시지 않는다면 그 명성이 무슨 유익이 있겠습니까? 내 이름이 대리석에는 쓰여 있으면서 어린 양의 생명책에는 기록되어 있지 않다면 그것이 무엇이 중요합니까? 이런 것들은 단지 겉보기에만 복일 뿐입니다. 나를 조롱하는 공허한 복들일 뿐입니다. 내게 주님의 복을 주시옵소서. 주님에게서 오는 명예만이 참으로 나를 복되게 할 것입니다." 여러분이 지금까지 무명으로 살았고, 사람들 가운데서 명예를 얻은 적이 없을지라도, 여러분이 자신의 인생행로를 잘 달리고 자신의 소명을 성실하게 이루는 것으로 만족하기 바랍니다. 명성이 없다는 것이 괴롭기 짝이 없는 불행이 아닙니다. 오히려 아침에는 땅을 하얗게 덮지만 낮의 열기에 깨끗이 사라지는 눈 같은 명성을 갖는 것이 더 불행한 일입니다. 죽어버린 사람에게는 사람들이 그에 대해서 말한다는 것이 무슨 소용이 있습니까? 여러분은 참된 복을 받기 바랍니다.

지혜로운 사람들이 바라는 것으로 앞에서 말한 두 가지 복보다 나은 일시적인 복이 또 한 가지 있는데, 그것은 건강의 복입니다. 이 복은 아무리 소중히 여겨도 부족할 것입니다. 그런 복을 소홀히 여기는 것은 매우 어리석은 일입니다. 건강의 복됨에 대해서는 아무리 칭송을 해도 부족할 것입니다. 건강한 신체를 지닌 사람은 신분이 어떻든지 간에 병든 사람보다 말할 수 없이 큰 복을 받은 것입니다. 그러나 내게 건강이 있고 뼈가 튼튼하며 근육이 잘 움직일지라도, 아픔이라는 것을 거의 모르며 아침에 일어나서 활기찬 걸음으로 일하러 나가고 밤에 침상에 몸을 맡기고 즐겁게 잠을 잘 수 있을지라도, 내 힘을 자랑해서는 안 됩니다! 한순간에 건강이 사라질 수 있습니다. 한두 주일 만에도 건강한 사람이 해골밖에 남지 않을 수가 있습니다. 건강한 사람은 자신의 힘을 자랑해서는 안 됩니다. 하나님은 "말의 힘이 세다 하여 기뻐하지 아니하시며 사람의 다리가 억세다 하여 기뻐하지 아니하십니다"(시 147:10). 그러니 우리도 이런 것들을 자랑하지 않도록 합시다. 여러분이 아주 건강한 사람이라면 이렇게 말해야 합니다. "하나님이여, 참으로 내게 복을 주시옵소서. 내게 건강한 영혼을 주시옵소서. 나를 영적 질병에서 치유하여 주시옵소서. 여호와 라파(Jehovah Rophi), 곧 치료하시는 하나님께서 오셔서 본성적으로 내 마음속에 있는 이 나병을 깨끗이 제하여 주시옵소서. 천상적인 의미로 나를 건강하게 하셔서 나를 부정한 자들 가운데 버려두지 마시고, 주의 성도들의 회중 가운데 서도록 하여 주시옵소서. 내가 신체의 건강을 바르게 사용하도록 신체의 건강이 내게 복이 되게 하여 주옵소서. 그래서 내게 있는 힘을 주님을 섬기고 영화롭게 하는데 사용하게 하여 주시옵소서. 그렇지 않으면 비록 내가 건강의 복을 받았을지라도 참으로 복을 받은 것이 되지 못할 수가 있습니다."

사랑하는 친구 여러분, 여러분 가운데는 건강이라는 큰 보물을 갖지 못한 사람들이 있습니다. 그들에게는 밤과 낮이 피곤하기만 할 뿐입니다. 그들의 뼈는 기상청과 같아서 일기 예보를 정확히 맞춥니다. 그런 사람들에게는 동정심을 불러일으킬 만한 것이 많이 있습니다. 하지만 나는 그들이 참으로 복 받기를 바랍니다. 나는 아프다는 것이 무엇인지 압니다. 일전에 내게 이렇게 말했던 자매의 심정을 진심으로 공감할 수 있습니다. "내가 아팠을 때는 하나님께 아주 가까이 있었고 충만한 확신이 있었으며 주님을 아주 기뻐하였습니다. 그런데 유감스럽게도 이제는 그런 것을 잃었어요. 그래서 하나님과의 교제를 회복할 수만 있다면 다시 아프기를 바랄 정도에요." 종종 나는 병들어 누워 있던 방을 감사하는 마음으로 돌아보곤 하였습니다. 고통의 침상에 누워 있을 때만큼 은혜 안에서 잘 성장한 때는 없었다고 확신합니다. 그런데 그렇게 되어서는 안 됩니다. 우리가 즐거운 복들을 누릴 때, 그것들이 우리 영혼에 거름이 되도록 해야 마땅합니다. 그런데 즐거움보다는 슬픔이 우리에게 유익을 끼치는 경우가 적지 않습니다. 우리 가운데 어떤 이들에게는 가지치기를 해주는 칼이 가장 큰 복입니다. 어쨌든, 여러분이 약함이나 쇠약, 고통, 번뇌, 그 무엇을 겪든지 간에, 그것은 하나님의 섭리 가운데 오는 것으로서, 이 작은 고통이 여러분으로 하여금 더할 수 없이 크고 중요한 영원한 영광을 이루도록 하여서 참으로 복을 받게 하는 것일 수가 있습니다.

이제 일시적인 복을 한 가지만 더 생각해 보겠습니다. 그것은 매우 귀중한 복으로, 가정의 복입니다. 이 복은 아무리 높게 평가해도 혹은 아무리 좋게 말해도 부족하다고 생각합니다. 가정을 갖는 것, 그리고 "가정"이라는 단어를 중심으로 아내, 자녀, 아버지, 형제, 자매가 이루는 사랑스러운 관계들을 갖는 것은 참으로 큰 복입니다! 어떤 언어로든지 "어머니"에게 바쳐진 것만큼 많은 노래가 바쳐진 음악은 없습니다. 우리는 독일 노래인 "조국"(Fatherland)에 대한 이야기를 많이 듣습니다. 나는 그 음악이 좋습니다. 그런데 그 단어에서는 "아버지"라는 말이 전체를 차지합니다. "나라"는 아무것도 아닙니다. "아버지"가 그 음악을 이해하는 열쇠입니다. 우리 중에는 이런 관계들에서 아주 많은 복을 받은 사람들이 있다고 생각합니다. 그러나 우리는 오래지 않아 헤어지게 되어 있는 이런 유대 관계로 자신을 위안하는데 만족하지 않도록 합시다. 이런 것들에 더하여 진정한 복을 받도록 구합시다.

　하나님, 제게 육신의 아버지를 주신 것을 감사드립니다. 그러나 주께서 내 아버지가 되어 주소서. 그러면 내가 참으로 복을 받겠나이다. 하나님, 어머니의 사랑을 인해서 감사드립니다. 그러나 어머니가 위로하는 자식처럼 주께서 내 영혼을 위로하여 주옵소서. 그러면 내가 참으로 복을 받겠나이다. 주님, 우리에게 결혼의 인연을 주신 것에 감사드립니다. 그러나 무엇보다 주께서 내 영혼의 신랑이 되어 주옵소서. 형제 관계를 주신 것에 감사드립니다. 그러나 무엇보다 주님께서 역경을 위하여 태어난 내 형제, 곧 내 뼈 중의 뼈요 내 살 중의 살이 되어 주옵소서. 주께서 내게 주신 가정을 소중히 여기고, 가정을 인하여서 감사드립니다. 그러나 나는 여호와의 집에 영원히 거하고, 어디로 가든지 거할 곳이 많은 아버지의 집을 떠나 방황하는 자녀가 되고 싶지 않습니다.

　이렇게 구하면 여러분이 참으로 복을 받을 수 있습니다. 전능하신 하나님의 부모와 같은 보호 아래 거하지 않는다면, 우리가 잘 알고 있는 온갖 즐거운 위안 거리들이 가득한 가정의 복조차도 야베스가 얻기를 바란 그 복에는 이르지 못합니다. 여기서 내 설교를 듣는 분들 가운데 일가친척에게서 떨어져 지내는 사람이 있습니까? 여러분 가운데는 가슴 한쪽에 사랑하는 사람을 묻고 또 다른 한쪽은 수많은 상처 때문에 피를 흘리고 있는 분들이 있다는 것을 압니다. 아, 주께서 여러분에게 참으로 복을 주시기 바랍니다! 과부여, 창조주께서 그대의 남편이십니다. 고아여, 주께서 이렇게 말씀하셨습니다. "내가 너희를 고아와 같이 버려두지 아니하고 너희에게로 오리라"(요 14:18). 여러분의 모든 관계를 그리스도 안에서 형성하도록 하십시오. 그러면 여러분이 참으로 복을 받을 것입니다! 일시적인 이 복들을 설명하는데 너무 시간을 많이 쓴 것 같습니다. 그래서 이제는 본문을 또 다른 관점에서 보도록 하겠습니다. 우리는 그동안 인간적인 복들과 일시적인 복들을 가지고 누리면서 마음을 기쁘게 하려고 했지, 세속으로 우리 마음을 더럽게 하려고 하지 않았으며 또 그 복들 때문에 우리의 영원한 복지에 속한 사실들에서 눈을 돌리려고 하지 않았다고 생각합니다.

이제는 세 번째로 상상의 복들에 대해서 생각해 봅시다. 세상에는 그런 복이 있습니다. 하나님께서 그런 데서 우리를 구원하여 주시기를 바랍니다. "주께서 참으로 내게 복을 주시옵소서!" 바리새인을 예로 들어 봅시다. 그는 여호와의 전에 섰으며, 자신은 하나님의 복을 받은 사람이라고 생각했습니다. 그런 생각 때문에 그는 아주 담대해져서 위험한 자기도취에 빠져서 말했습니다. "하나님이여, 나는 다른 사람들과 같지 아니함을 감사하나이다"(눅 18:11). 그는 복을 받았는데, 자신이 정말로 그런 복을 받을 만한 행동을 하였다고 생각했습니다. 그는 일주일에 두 번 금식하였고, 모든 소득의 십일조를 냈으며 심지어 자신이 사용한 박하와 회향과 같은 하찮은 것에 대해서도 십일조를 냈습니다. 자신은 모든 것을 다했다고 생각했습니다. 그가 얻은 복은 양심이 조용하거나 침묵하는 복입니다. 그는 훌륭하고 편안한 사람입니다. 자기 교구에서 모범적인 사람이었습니다. 사람마다 그처럼 살지 않은 것이 유감스러운 일이었습니다. 사람들이 그처럼 살았다면 경찰이 필요 없었을 것입니다. 빌라도는 호위병을 해산시켰을 것이고 헤롯도 군사들을 집으로 보냈을 것입니다. 그는 이제까지 살았던 사람들 가운데 가장 뛰어난 사람 중의 하나였습니다. 그는 자기가 시민으로 살고 있는 도시를 흠모하였습니다! 예, 그렇지만, 그는 정말로 복을 받은 사람은 아니었습니다. 이것은 순전히 스스로 거들먹거리는 자기 과대평가에 불과하였습니다. 그는 수다쟁이에 지나지 않았으면, 자기에게 임했다고 상상한 복은 사실 내리지 않았던 것입니다. 그가 저주받았다고 생각한 불쌍한 세리는 오히려 그보다 의롭다 함을 얻고 집으로 갔습니다. 복을 받았다고 생각한 그 사람에게는 복이 임하지 않았습니다. 이 자리에 참석한 우리 각 사람은 이 비난의 아픔을 느끼고서 이렇게 기도합시다. "크신 하나님, 자신에게 없는 의가 스스로에게 있는 것처럼 생각하는 데서 우리를 구원하여 주옵소서. 누더기를 걸치고서 스스로 결혼 예복을 입었다고 생각하는 데서 우리를 구원하여 주옵소서. 내게 참으로 복을 주시옵소서. 내가 참된 의를 얻도록 하여 주옵소서. 주님께서 받아들이실 수 있는, 진정으로 가치 있는 것, 곧 주 예수 그리스도를 믿는 믿음에 속한 것을 내게 주시옵소서."

이 상상의 복의 또 다른 형태는 사람들이 자기들을 독선적이라고 하면 비웃을 사람들에게서 볼 수 있습니다. 그러나 그들의 미망도 비슷한 것입니다. 우리는 그 사람들이 이렇게 노래하는 것을 듣습니다.

> "나는 정말로 믿고, 또 믿을 것이네.
> 예수께서 나를 위해 죽으셨고
> 십자가에서 피를 흘리셨는데
> 나를 죄에서 자유롭게 하시기 위해서라는 것을."

여러분은 그 사실을 믿는다고 말합니다. 그런데 여러분이 믿는다는 것을 어떻게 압니까? 여러분이 어떤 근거로 그렇게 확신할 수 있습니까? 누가 여러분에게 말해주었습니까? "아, 나는 그것을 믿어요." 좋습니다. 하지만 우리가 무엇을 믿는지에 유의해야 합니다. 여러분은 자신이 예수님의 피와 특별한 관계에 있다는 것을 보여주는 분명한 증거가 있습니까? 그리스도께서 여러분을 죄에서 해방하셨다는 것을 믿을 수 있는 영적 이유들을 제시할 수 있습니까? 나는 닻가지 (닻 끝에 달린 갈고리)가 없는 닻처럼, 즉 붙잡을 것이 아무것도 없는 닻처럼 아무런 근거가 없는 희망을 쥐고 있는 사람들이 있지 않나 걱정입니다. 그들은 자기가 구원받았다고 생각하고 현재 상태에서 그대로 버티며, 그 점을 의심하는 것을 악한 일이라고 생각합니다. 그렇지만 그들은 자신의 확신을 보증할 수 있는 근거가 전혀 없습니다. 고핫 자손들이 언약궤를 옮기면서 손으로 만졌을 때, 그들은 올바르게 행한 것입니다. 그러나 웃사가 언약궤를 만졌을 때 그는 죽었습니다. 언제든지 충분히 확신을 가질 수 있는 사람들이 있습니다. 그런가 하면 확신을 이야기하는 것이 오히려 죽음이 될 사람들이 있습니다.

추측과 충분한 확신 사이에는 큰 차이가 있습니다. 충분한 확신은 정당한 것입니다. 그것은 견고한 토대에 근거해 있습니다. 추정은 의심의 여지가 없다고 생각하며, 자기에게 아무 권리가 없는 것을 자기 것이라고 뻔뻔한 얼굴로 공표하는 것입니다. 자신이 구원받았다고 스스로 추정하지 않도록 조심하기 바랍니다. 여러분이 그냥 "예수님을 믿습니다"라고 말한다고 해서 여러분이 구원을 받는 것이 아니므로, 자신이 구원받았다고 생각하지 말기 바랍니다. 여러분이 진정 마음으로 예수님을 믿는다면 여러분을 구원받습니다. 그러나 단지 말로

"예수님을 믿습니다"라고 한다고 해서 여러분이 구원을 받는 것은 아닙니다. 여러분의 마음이 새롭게 된다면, 여러분이 이전에 사랑했던 것들을 미워하고 미워했던 것들을 사랑한다면, 여러분이 진정으로 회개하였다면, 마음에 철저한 변화가 있다면, 여러분이 거듭났다면, 기뻐할 이유가 있습니다. 절대로 필요한 변화가 없고 마음의 경건이 없다면, 하나님께 대한 사랑이 없고 기도가 없으며 성령의 활동이 없다면, "나는 구원받았다"고 하는 여러분의 말은 단지 주장에 지나지 않는 것으로 여러분을 구원하지 못하고 속일 수 있습니다. 그러므로 우리는 이렇게 기도해야 합니다. "주께서 참으로 내게 복을 주시되, 쉽사리 믿는 자만을 주시지 말고 진정한 믿음과 참된 구원, 믿음의 핵심인 예수님을 신뢰하는 복을 주시옵소서." 하나님께서 우리를 스스로 복 받았다고 자만하는 상상에서 구원하여 주옵소서!

나는 이렇게 말하는 사람들을 여러 명 만나보았습니다. "나는 구원받았다고 믿습니다. 그것을 꿈꾸어 왔기 때문이죠." 혹은 "내 경우에 적용되는 성경 본문을 알고 있기 때문이지요. 이러이러한 훌륭한 사람이 설교에서 무엇 무엇이라고 얘기했거든요." 혹은 "나는 많이 울기도 했고 흥분하기도 했는데, 전에 이런 기분을 느껴본 적이 없어요." 그렇지만, "여러분이 예수님의 다 이루신 사역 외에는 어떤 것도 신뢰하지 않는가? 여러분이 그리스도께 와서 그리스도 안에서 하나님과 화목하는가?"라는 이 질문에 대한 바른 답변 외에는 어떤 것도 하나님의 심판을 견디지 못할 것입니다. 여러분이 그 질문에 바른 답변을 하지 못한다면, 여러분의 꿈과 환상과 상상은 단지 꿈과 환상과 공상에 불과한데, 그런 것들은 도움이 절실히 필요할 때 여러분에게 아무 소용이 없을 것입니다. 주님께서 여러분에게 참으로 복 주시기를 기도하십시오. 여러분의 말과 행실에는 신뢰할 만한 진리가 참으로 부족합니다.

구원받은 사람들, 곧 지금과 영원히 구원받은 사람들조차도 이런 주의가 필요하고, 그들이 영적인 복이라고 생각하는 것들과 진정으로 복된 것들을 구별하는 법을 배울 수 있게 해 주시기를 기도할 이유가 충분히 있다는 생각이 듭니다. 내 말뜻을 설명하겠습니다. 여러분이 마음의 원하는 대로 기도의 응답을 받는 것이 정말로 복입니까? 나는 아무리 열심히 드리는 기도라도 "나의 원대로 마시옵고 아버지의 원대로 하옵소서"(마 26:39)라는 말씀을 단서로 붙이기 좋아합니다. 나는 그렇게 기도해야 할 뿐만 아니라 또한 그렇게 기도를 드리고 싶습니다.

그렇지 않으면 받는 것이 오히려 위험할 것을 구할 수 있기 때문입니다. 하나님께서 화를 내시며 나의 구하는 바를 주실 수 있고, 그러면 나는 하나님께서 주신 것에서 별로 즐거움을 얻지 못하고 오히려 그것 때문에 발생한 슬픔으로 크게 괴로워할 수가 있습니다. 여러분은 옛적에 이스라엘이 고기를 구하였고, 하나님께서 그들에게 메추라기를 주신 일을 압니다. 그런데 그들이 고기를 먹고 있는 동안에 하나님의 진노가 그들에게 임하였습니다. 여러분이 먹고 싶으면 고기를 구하십시오. 그러나 "주님, 이것이 참된 복이 아니라면 주지 마시옵소서"라는 말을 언제나 덧붙이십시오. "내게 참으로 복을 주시옵소서."

나는 옛날이야기를 좀처럼 되풀이 하지 않는데, 아들이 병이 든 훌륭한 한 부인에 대한 이야기는 하도록 하겠습니다. 그 부인의 어린 아이가 죽음의 문턱에 가까이 있었습니다. 부인은 청교도 목사에게 아이의 생명을 위해 기도해 줄 것을 청하였습니다. 그러자 그 목사가 아주 간절히 기도하고 나서는 이 말을 덧붙였습니다. "주님의 뜻이면 이 아이를 살려주시옵소서." 부인이 이렇게 말했습니다. "나는 그 말을 받아들일 수 없습니다. 나는 목사님께서 이 아이를 살려주시라고 기도해야 한다고 생각합니다. 만약에 혹은 그러나라는 말을 집어넣지 않으면 좋겠습니다." 목사가 대답을 하였습니다. "부인, 부인은 하나님의 뜻을 버리고 부인의 뜻을 세우기 바란 그 날을 살면서 한탄하게 될 수가 있습니다." 20년 후에 그 부인은 타이번(Tyburn: 런던의 사형장) 교수대 아래에서 졸도하고 말았습니다. 그곳에서 그녀의 아들이 중죄인으로 처형당한 것입니다.

부인은 자녀가 성인으로 자라기까지 살았지만 전에 그 자녀가 죽었더라면 그것이 그녀에게 훨씬 더 나은 일이었을 것이고, 그 일을 하나님의 뜻에 맡겼다면 그것이 무한히 더 지혜로운 일이었을 것입니다. 여러분의 기도에 대한 응답이 하나님의 사랑을 나타내는 증거라고 무턱대고 확신하지 마십시오. 그 기도의 응답에는 여러분이 주님께 "주께서 내게 참으로 복을 주시옵소서!" 하고 기도할 여지가 많이 있을 수 있습니다. 이와 같이 때로 상쾌한 기분, 활기찬 마음이 신앙적 기쁨에서 온 것이라 할지라도 언제나 복이 되지 않을 수가 있습니다. 우리는 그런 기쁨을 좋아합니다. 때로 우리가 이곳에서 기도회를 가졌을 때, 불이 타올랐고, 우리 영혼도 뜨겁게 타올랐습니다. 그때 우리는 이렇게 노래할 수 있을 것 같았습니다.

"자원하는 내 심령이
언제까지나 이 기분으로
영원한 지복에 이르기까지
앉아서 노래하고 싶네."

여기까지는 그것이 복이었고, 그 점에 대해 감사합니다. 그러나 나는 내 즐거움이 하나님의 은총을 나타내는 주요한 표지인 것처럼, 혹은 하나님의 복의 주요 표시인 것처럼 생각하고 싶지 않습니다. 어쩌면 나에게는 심령이 상하고, 지금은 주님 앞에서 병상에 누워 있는 것이 더 큰 복일지도 모릅니다. 여러분이 최고의 기쁨을 구하고 그리스도와 함께 산 위에 있기를 기도할 때, 고통 가운데 있는 것도 그에 못지않게 복이 될 수 있다는 것을 기억하기 바랍니다. 그렇습니다. 수치의 골짜기에 들어가 엎드러져서 고통 가운데 "주여 구원하소서 우리가 죽겠나이다" 하고 부르짖지 않을 수 없게 되는 것이 참으로 복일 수 있습니다.

"오늘은 주님께서 사죄(赦罪) 의식으로
우리를 복 주시려 할지라도
내일은 우리를 괴롭게 하시고
우리 속에서 역겨운 것을 보게 하여
사사건건이 자신을 싫어하고
주님을 좋아하게 만드실 수 있네."

변덕스러운 우리의 이런 경험들이 참으로 우리에게 복이 될 수 있습니다. 우리가 언제나 즐겁게만 살아왔다면 모압처럼 편히 앉아 이 그릇에서 저 그릇으로 옮겨지지 않았을 수 있습니다. 아무런 변화가 없는 사람들은 일이 잘되는 것이 아닙니다. 그들은 하나님을 두려워하지 않습니다. 사랑하는 친구 여러분, 우리가 언제나 평온하고 화를 내거나 마음이 어지럽게 되는 일이 없는 사람들을 부러워한 적이 때로 있지 않습니까? 정말로 본받고 싶을 만큼 한결 같은 마음을 가진 그리스도인들이 있습니다. 그 평온한 성정, 곧 하나님의 성령으로부터 오는 흔들리지 않는 그 확신에 대해서 말하자면, 그것은 아주 즐거운 선물이라고 할 수 있습니다. 그러나 나는 다른 사람들의 운명이 우리보다 더 평온하거나 폭풍과 사나운 비바람을 덜 맞는다고 해서 그들의 운명을 부러워해야 한다고 생각하지 않습니다. 평안이 전혀 없는데도 "평안하다, 평안하다" 하고 말할 수 있는 위험이 있습니다. 그리고 냉정한 데서 나오는 조용함도 있는 것입니다. 자신을 속이는 얼간이들이 있습니다. 사람들은 "자기는 아무 의심이 없다"고 말합니다. 그런데 그것은 그들이 면밀히 조사하는 마음이 거의 없기 때문입니다. 아무 걱정이 없다고 하는데, 그것은 그들의 마음을 흥분시키는 진취적인 정신이나 추구하는 일이 별로 없기 때문입니다. 혹은 그들에게 고통이 없는 것은 생명이 없기 때문일 수 있습니다. 확신을 가지고 당당하게 걸어 지옥으로 내려가는 것보다 불구가 되어 절뚝거릴지라도 천국으로 가는 것이 낫습니다.

"주께서 내게 참으로 복을 주시옵소서!" 하나님이여, 주께서 "참으로 내게 복을 주려" 하기만 한다면, 나는 재능이 있는 사람이든 미점이 있는 사람이든 아무도 부러워하지 않고, 그의 마음 상태나 외적인 환경도 부러워하지 않겠습니다. 주님께서 나를 위로하시지 않는 한 위로받고 싶지 않고, 나의 평안이신 그리스도 외에는 아무 평안도 얻고 싶지 않으며 그리스도의 향기로운 제사로부터 오는 안식이 아니면 아무 안식도 누리고 싶지 않습니다. 그리스도께서 모든 것의 모든 것이 되시고, 주님 외에는 아무것도 내게 모든 것이 되지 않게 하여 주옵소서. 언제나 우리가 복의 방식에 대해 판단하려고 하지 않고, 우리가 얻고자 하는 것, 다시 말해 우리 스스로 복이라고 생각하는 피상적인 외견상의 복이 아니라 참된 복은 하나님께서만 주시는 것으로 알았으면 좋겠습니다!

우리의 일과 봉사에 대해서도 마찬가지로 우리는 항상 이렇게 기도해야 한다고 생각합니다. "주께서 참으로 내게 복을 주시옵소서!" 훌륭한 사람들의 일을 판단하는 것이 우리의 할 일이 아니지만, 그들의 일이 참으로 허세가 심하고 지극히 비현실적인 것을 보는 것은 통탄할 일입니다. 어떤 사람들이 저녁 집회 두세 번만 모이면 교회를 세울 수 있는 것처럼 말한다는 것이 생각할수록 정말로 충격적인 일입니다. 그들은 신문 한쪽 귀퉁이에, 죄를 깨달은 사람이 43명이 있었고, 의롭다 함을 받은 사람은 46명이 있었다고 보도하고, 때로는 거룩함을 받은 사람이 38명이 있었다고도 보도합니다. 나는 그 사람들이 이 외에도 그들이 이룬 모든 것에 대해 얼마나 놀라운 통계를 보여줄지 모르겠습니다. 그동안 나는 급히 사람들을 모아서 이룬 회중들을 보았고, 교회에 갑작스럽게 사람들이 크게 늘어난 것도 보았습니다. 그런데 그 회중들이 어떻게 되었습니까? 그 교회들이 현재는 어디에 있습니까? 기독교 국가에서 가장 처량한 황무지는 한때 신앙부흥 운동가들의 노력으로 비옥했던 곳들입니다. 온 교회가 어떤 것을 얻고자 돌진하며 있는 힘껏 노력했지만 결국 아무것도 얻지 못한 것처럼 보였습니다. 그들은 나무 집을 짓고 건초 더미를 쌓아올렸으며, 그루터기로 하늘에 닿을 것처럼 보이는 첨탑을 만들었습니다. 거기에 불꽃이 하나 떨어지자 모든 것이 연기가 되어 사라져버렸습니다. 그 다음에 와서 일하는 자, 곧 그 위대한 건축가의 후계자는 조금이라도 선한 일을 할 수 있기 위해서는 먼저 재부터 깨끗이 치우지 않으면 안 되었습니다.

하나님을 섬기는 사람은 누구나 이렇게 기도해야 합니다. "주께서 참으로 내게 복을 주시옵소서." 끈기 있게 일하십시오. 계속해서 끈기 있게 일하십시오. 내가 평생에 벽돌 하나밖에 쌓지 못한다고 할지라도, 그것이 금이나 은 혹은 귀한 보석이라면, 사람으로서 큰 일을 한 것입니다. 사람 눈에 보이지 않는, 건물의 작은 한 귀퉁이라도 그런 귀한 재료로 쌓는다면, 그것은 가치 있는 봉사가 됩니다. 그 일에 대해 사람들이 많이 이야기하지 않을 것이지만, 그 일은 오래 지속될 것입니다. 중요한 점이 거기에 있습니다. 즉, 그 일이 오래 지속된다는 것입니다. "우리의 손이 행한 일을 우리에게 견고하게 하소서 우리의 손이 행한 일을 견고하게 하소서"(시 90:17). 우리가 하나님의 교회를 세우는 일을 하는 것이 아니라면, 도대체 무엇을 하려고 하는 것은 별로 소용이 없는 일입니다. 하나님께서 세우시는 것은 오래 지속될 것이지만, 하나님 없이 사람들이 세우는 것은 반드시 수포로 돌아가고 말 것입니다.

"주께서 참으로 내게 복을 주시옵소서!" 주일학교 교사 여러분, 이것이 여러분의 기도가 되게 하십시오. 전도지를 배포하는 여러분, 지방 설교자 여러분, 여러분이 어떤 사람이든지 간에, 형제자매 여러분, 여러분이 어떤 봉사를 하든지 간에, 여러분은 주님께 서리가 조금 내리고 비바람이 조금만 불어도 산산이 부서지고 마는 가짜 회반죽으로 건물을 짓는 사람이 되지 않게 해 달라고 구하십시오. 여러분이 대성당을 지을 수는 없을지라도, 적어도 하나님께서 영원을 위해 그 기초를 닦고 계시며, 별들보다 오래 갈 놀라운 성전의 한 부분이라도 쌓을 수 있도록 하십시오.

설교를 마치기 전에 언급할 것이 한 가지 더 있습니다. 하나님께서 은혜로 주시는 복들은 참된 복입니다. 우리는 진심으로 이 복들을 얻으려고 애써야 합니다. 여러분은 이 표시들을 보면 그것이 참된 복인지 압니다. 참된 복은 주님의 못 박힌 손에서 오는 복입니다. 그것은 골고다의 피가 낭자한 십자가에서 오는 복이고, 구주님의 상처 난 옆구리에서 흘러나오는 복입니다. 즉, 주님의 사유하심, 주님의 받아들이심, 주님의 영적 생명, 그리스도와 하나 됨, 그리고 그로부터 나오는 모든 것이 그 복입니다. 이런 것들이 참된 복입니다. 여러분 영혼 속에서 행하시는 성령의 활동의 결과로 오는 복이야말로 참된 복입니다. 비록 그 복으로 인해 여러분이 낮아지고, 발가벗기며, 심지어 죽게 될지라도 그것이 참된 복입니다. 비록 써레가 여러분의 영혼을 몇 번이고 훑고 가고 쟁기가 마음을 깊이 파며, 그래서 여러분이 불구가 되고 상처를 입어 죽은 것처럼 될지라도, 그것이 성령께서 하시는 일이라면, 참된 복입니다. 하나님께서 행하시는 일은 무엇이든지 받아들이십시오. 그 일을 미심쩍어 하지 마십시오. 그보다는 주님께서 여러분 영혼 속에 그의 복된 활동을 계속 행하시기를 기도하십시오. 여러분을 하나님께로 인도하는 것은 무엇이든지 마찬가지로 참된 복입니다.

부(富)가 여러분을 하나님께로 인도할 수 없습니다. 여러분과 하나님 사이에 금으로 만든 벽이 있을 수 있습니다. 건강도 그 일을 하지 못할 것입니다. 심지어 여러분 뼈의 힘과 골수가 여러분을 하나님으로부터 멀리 있게 만들 수 있습니다. 그러나 여러분을 하나님께 더 가까이 이끄는 것은 무엇이든지 참으로 복된 것입니다. 그것이 여러분을 일으켜 세우는 십자가라면 어떻습니까? 그것이 여러분을 일으켜 하나님께 가도록 만든다면, 그것이야말로 참된 복이 될 것입니다. 장차 올 세상을 맞이할 수 있도록 준비시키고 영원에 이르게 하는 것, 가지고서 강을 건너갈 수 있는 것, 불어나는 강물 건너편 들판에서 피게 되어 있는 거룩한 기쁨, 영원히 진리의 대기가 될 형제애의 순결하고 맑은 사랑, 변치 않는 표시인 영원의 화살표가 그려져 있는 이런 것이 참된 복입니다.

병들었지만 그로 인해 하나님을 찬양하는데 도움을 받는다면, 그것이 참으로 복입니다. 가난하지만, 부할 때보다 가난 가운데서 하나님을 더 잘 섬길 수 있다면, 그것이 참된 복인 것입니다. 멸시를 받는 처지에 있을지라도, 그것이 그리스도를 위한 것이라면 나는 그 날에 기뻐하고 즐거워서 뛸 것입니다. 그것이 참된 복이기 때문입니다. 그렇습니다. 믿음으로 인해서 나는 겉치레를 버리고 아름답게 보이는 복의 얼굴에서 가면을 벗기며, 예수님을 위하여 시련을 겪는 것을 큰 기쁨으로 여기고 주께서 약속하신 상급을 보상으로 여깁니다. "주께서 우리에게 참으로 복을 주시옵소서!"

　　자, 나는 여러분이 이 세 마디를 가지고 가도록 하겠습니다. 첫째는 "살피십시오." 여러분이 복이라고 생각하는 것들이 참으로 복인지 보십시오. 그 복들이 하나님에게서 온 것으로 하나님 은혜의 표지이고, 그의 구원하시려는 의도의 보증이라는 것을 알지 않는 한, 만족하지 마십시오. 그 다음은 "달아보십시오." 여러분이 받은 것은 무엇이든지 저울에 달아서, 그것이 여러분으로 하여금 사랑에 풍성하고 선한 말과 행실에 풍성하도록 만드는 은혜를 주는 참된 복인지 확인하십시오. 그리고 마지막으로 "기도하십시오." 여러분이 무슨 기도를 드리든지 이 기도를 더하십시오. 즉, 하나님께서 무엇을 허락하시거나 무엇을 허락하지 않으시든지 간에, 여러분이 참으로 복을 받게 해 달라고 기도하십시오.

　　여러분이 지금 즐거운 때를 보내고 있습니까? 그리스도께서 여러분의 기쁨을 원숙하게 하시고, 주님과 긴밀히 동행하는 데서 여러분을 곁길로 나가게 할 세상적인 복에 취하지 않도록 해 주시기를 구합니다! 슬픔의 밤에는 여러분이 고뇌 때문에 술에 취하지 않도록, 고통 때문에 주님을 거의 생각하지 못하는 일이 없도록 참으로 복을 주시기를 기도하십시오. 참된 복을 구하십시오. 그 복이 있으면 여러분이 지극히 복된 온갖 뜻을 가득 품게 되고, 그 복이 없으면 창고에 소유가 가득할지라도 가난하고 궁핍하게 되는 복을 구하십시오. "주께서 친히 가지 아니하시려거든 우리를 이곳에서 올려 보내지 마옵소서"(출 33:15). 다만 "주께서 참으로 내게 복을 주시옵소서!"

제
2
장
—

# 왕과 함께 거주하면서
# 왕의 일을 하였더라

—

"이 모든 사람은 토기장이가 되어 수풀과 산울 가운데에 거주하는 자로서 거기서 왕과 함께 거주하면서 왕의 일을 하였더라." – 대상 4:23

모든 노동은 명예로운 것입니다. 사람은 정당한 직업을 결코 부끄러워할 필요가 없습니다. 토기장이나 정원사 혹은 그 직업이 무엇이든지 간에 노동자는 정당한 임금을 벌어들이는 기술이나 수고를 부끄러워할 필요가 없습니다. "얼굴에 땀을 흘려야 먹을 것을 먹으리니"(창 3:19)라는 말씀은 모든 사람에게 해당됩니다. 게으름쟁이는 자신의 게으름을 부끄러워하는 것이 당연하지만, 부지런한 사람은 자신의 근면을 부끄러워할 필요가 없습니다. 하나님의 말씀은 아무리 시시해 보이는 직업도 무시하지 않는다는 것은 아주 확실합니다. 성경에 언급되지 않는 장사나 직업은 거의 없다고 생각합니다. 바리새인의 미끈한 손가락과 말쑥한 모습보다 농부의 거친 손과 투박한 얼굴을 택하는 것이 낫습니다. 은혜의 선택에는 온갖 사람들이 포함되어 왔습니다. 목동과 어부, 벽돌 제조인과 천막 만드는 사람, 땅을 일구는 사람들, 바다를 가르며 달리는 사람들 등, 온갖 사람이 들어 있었습니다. 하나님께서는 온갖 신분과 계층과 조건의 사람들로부터 자기 백성을 불러내기를 기뻐하셨습니다. 하나님께서는 그들이 손에 토기장이의 진흙을 묻히는 사람들이거나, 허리를 굽혀 밭을 경작하지 않으면 안 되는 사람들이었기 때문에 그들을 사랑하셨습니다. 동료들은 햇빛 아래서 일하는 동안 그늘에 앉아 있는 어릿광대는 불쌍합니다.

그 다음에, 남보기에 변변치 않지만 정당한 노고에는 명예가 있고 존엄도 있습니다. 성경 자체가 비천한 장인의 이름을 기록하기를 주저하지 않습니다. 왕을 섬기는 일은 언제나 사람들이 바라는 일이었고 지금도 사람들은 그렇게 생각하는 것 같습니다. 그런 임무를 행하는 사람들은 다른 사람들에게 경의를 표할 것을 요구합니다. 아무리 평범한 일이라도 그 일을 잘하면, 삯을 받을 만한 것으로 간주됩니다. 그러나 왕을 위해서 하는 일은 일반적으로 사람들에게 칭찬하도록 만드는 특별한 힘이 있습니다. 어떤 사람이 여왕 폐하에게 이런저런 물건을 공급하는 납품업자로 임명되는 특권을 받으면, 그는 어떻게 해서든지 그 사실을 다른 사람들에게 알리려고 애씁니다. 그 사실을 가게 창문에 공표하고, 문에다 그 사실을 표시하는 그림을 그려 넣고, 명함에도 그 사실을 인쇄해 넣습니다. 그리고 그의 계산서 윗머리에 그 사실을 표시해 놓습니다. 그는 "여왕 폐하를 위하여 일하도록 임명된" 사람입니다. 왕의 권위가 그에게 명예를 주는 것처럼 보입니다.

그러나 사랑하는 여러분, 섬기는 것이 진정으로 명예가 되는 왕이 계십니다. 그것은 천사들이 높이 평가하고 천사장들도 기뻐하는 명예입니다. 그 왕은 만왕의 왕이십니다. 나는 오늘 밤 그 왕에 대해서, 그리고 그 왕을 섬기는 일에 대해서 이야기하겠습니다.

세상 왕들에게는 많은 종들이 있는데, 영원하신 이 왕도 그렇습니다. 나는 우리 가운데 많은 사람들이 예수 그리스도를 우리의 주요 하나님으로 부르는 것을 인생의 기쁨으로 생각한다고 믿습니다. 우리는 주님께 빚진 자들이고, 그래서 이제부터는 사랑의 끈에 묶여 영원히 그리고 항상 주님께 거룩한 봉사를 바치지 않을 수 없다고 느끼기 때문에 우리 힘으로 할 수 있는 모든 것을 주께 드리는 것을 가장 고귀한 기쁨으로 여긴다고 생각합니다.

본문을 볼 때, 거기에 주목할 점들이 서너 가지 있습니다. 첫 번째는 이것입니다. 우리가 여기에서 토기장이들과, 수풀과 산울에 거주하는 자들이 왕과 함께 거주하면서 왕의 일을 하였다고 언급되었기 때문에 이 점을 추론할 수가 있습니다.

**1. 우리 왕에게는 많은 부류의 종들이 있습니다.**

다른 왕들에게는 다른 부류의 종들이 있습니다. 따라서 어떤 왕의 종이 다른 종에게 "너는 아무것도 아니야. 너는 내가 받은 직무를 수행할 수 없기 때문에 아무 소용이 없어."라고 말한다면, 그것은 어리석기 짝이 없는 말일 것입니다. 아무도 이웃에게 승리를 뽐내서는 안 됩니다. 어떤 직무에 임명받은 사람은 그 직무를 이행해야 합니다. 그는 다른 직무를 맡은 친구를 동정해야 하지, 그에게 잘난 체해서는 안 됩니다. 우리 왕께는 많은 부류의 종들이 있습니다.

세상 왕들 가운데 아무 왕이나 보십시오. 그에게는 군사들이 있습니다. 평화롭고 고요한 시대가 오기 전까지 — 주께서 속히 그 시대를 보내주시기를 바랍니다 — 언제나 군대가 있고 병사들이 있을 것입니다. 확실히 우리의 크신 왕, 곧 만왕의 왕께는 많은 군사들이 있습니다. 성도들에게 단번에 주신 믿음을 위하여 열심히 싸우는 것이 군사들의 의무입니다. 그들은 하나님의 갑주(甲胄)를 입고 싸우되, 혈과 육에 대항하여 싸우는 것이 아니라 통치자들과 권세들과 이 세상 어둠의 주관자들과 싸워야 하고, 높은 곳에 있는 영적인 악과 싸워야 합니다. 그들은 교리적 오류에 대해 논쟁이라는 날카로운 검을 뽑아야 할 때가 아주 많습니다. 이 교리적 오류들이 우리 하나님의 도성을 파괴하기 위해 들어올 수가 있습니다. 그리스도인이 군인의 특징을 지녔다고 해서 그를 비난하지 말기 바랍니다. 그리스도께서 하늘로 올라가신 이래로 그리스도의 군사들이 필요 없는 때는 없었습니다. 마지막 원수가 무기를 내려놓고, 또 불신앙과 미신이 이 세상에서 쫓겨날 때까지 우리는 칼과 방패를 가지고 싸우러 나가는 이 용사들이 필요할 것입니다. 바로 이들이 여러분 주님의 종들입니다. 그들을 위해서 기도하십시오.

또한 우리 왕께는 야경꾼들도 있습니다. 이들은 싸우러 나가지는 않지만 집에 머물며 성 주위를 돌아다니는데 특별히 밤에 그같이 합니다. 여러분은 주님의 이 야경꾼들은 주로 병든 자들 가운데서 모습을 나타낸다고 생각하지 않습니까? 낮 동안에는 기도의 향이 하늘 보좌로 올라가는 일이 그칠까 걱정할 염려는 거의 없다고 생각합니다. 그러나 우리가 다 아주 건강하다면 모두 잠들 것이고, 그러면 더 이상 기도가 올라가지 않을 수 있습니다. 밤 어떤 시각에 모두가 깊이 잠들어 있다면 이 대영제국 섬에서 간구가 하늘로 올라가는 일은 없을 것입니다. 그러나 내가 생각할 때는, 한낮의 광휘뿐 아니라 밤의 죽은 듯한 고요도

매 시간 기도로 거룩해지도록 하는 것이 하늘의 규례 중 하나입니다. 그래서 주님께서는 그의 야경꾼들 가운데 얼마를 늘 깨어 있게 하십니다. 그들은 기도하지 않을 수 없습니다. 고통과 불면증이 그들을 경건한 신자로 만듭니다. 그들은 지존하신 하나님께 기도를 올립니다. 주님께서는 이렇게 야경꾼들로 기도라는 복된 초병선(哨兵線)을 형성하여, 자기 양 떼를 늑대로부터 안전하게 지키십니다. 나는 집회에 나올 수 없고, 적극적인 복음 전도 활동에 전혀 참여할 수 없지만 침상에 누워서 주님을 위해 망을 볼 수 있는 분들을 생각하면 기분이 좋습니다. "너희 여호와로 기억하시게 하는 자들아 너희는 쉬지 말며 또 여호와께서 예루살렘을 세워 세상에서 찬송을 받게 하시기까지 그로 쉬지 못하시게 하라"(사 62:6,7). 이들이 주님으로 기억하시게 하는 자들입니다. 곧 폐병환자들, 밤 어두운 시간에 계속 깨어서 주님 앞에 마치 물처럼 마음을 쏟아놓는 이 병든 사람들이 그들입니다. 자, 그러니 군사는 집에 머물러 있는 그녀를 멸시해서는 안 됩니다. 그녀도 전리품을 나누기 때문입니다. 바락은 장막을 지키는 약한 야엘에게 승리를 뽐내서는 안 됩니다. 왜냐하면 그녀의 기도 때문에 못이 원수의 이마에 관통하게 될 수 있고, 그러면 명예를 받는 것이 바락이 아니라 집에 머무는 약한 자일 수가 있기 때문입니다. 여러분 야경꾼들이여, 주의하여 보십시오. 여러분 도고하는 이들이여, 많이 간구하십시오. 여러분은 여호와의 종들입니다. 활동적인 의무든 소극적인 의무든 다 같이 소중합니다. 하나님께서는 두 가지를 다 받으십니다. 그러므로 아무도 다른 사람들 앞에서 우쭐대지 않도록 합시다.

주님의 종들 가운데는 하나님의 **포고자**들인 사람들이 있습니다. 여러분도 알다시피, 위대한 왕들에게는 자신을 대신하여 나가서 선포하는 나팔수들이 있습니다. 이것은 명예로운 직무입니다. 이 자리에 있는 많은 젊은이들이 열망할 직무입니다. 그것은 구원을 선포하는 십자가의 포고자가 되는 것입니다. 여러분은 높은 산에 올라가 목소리를 높이십시오. 목소리를 높이십시오. 목소리를 힘껏 높이십시오. 유다의 성읍들에게 "너희의 하나님을 보라"(사 40:9)고 말하십시오.

그런데 왕의 궁정에는 포고자뿐 아니라 서기관들도 있습니다. 즉, 연대기와 의사록을 보존해야 하는 왕의 기록원들이 있습니다. 그와 같이 우리의 크신 왕에게는 서기관들이 있습니다. 그들은 펜을 다룰 줄 아는 사람들이고, 좋은 제재(題材)를 문학적으로 표현하는 마음을 지닌 사람들입니다. 그들은 글을 쓸 때 자기가 지어낸 것들이 왕을 감동시켰다고 이야기합니다. 자, 소리 내어 말을 하든지, 아니면 소리는 없지만 사실과 사상, 느낌들을 힘차게 표현하든지 간에, 우리는 예수님을 위해 무엇이든지 할 수 있는 모든 기회에 대해서 마찬가지로 감사해야 합니다. 그리고 "어느 것이 더 귀중한가"를 묻기부터 할 것이 아니라 각 사람은 주님께 대한 봉사에서 자기가 맡은 부분을 할 수 있는 대로 완전하고 효과 있게 하려고 노력해야 합니다.

우리 왕께서는 다른 군주들과 같이 음악가들을 두고 계십니다. 이들은 군주들 앞에서 연주하여 악기에서 멋진 소리를 냅니다. 나도 주님의 종들 가운데서 주님께 음악적 재능을 바칠 수 있는 사람들을 좋아합니다. 그리고 우리에게는 무엇보다 하나님께 시와 노래로 경배할 수 있게 아름다운 시를 주고, 그 후에는 우리가 한 목소리로 주님을 찬양할 수 있는 곡조를 제공해 줄 수 있는 사람들을 정말 기뻐합니다. 그 다음에는 굵고 탁한 목소리를 가진 우리가 어느 정도 조화를 이루어서 함께 하나님을 찬양할 수 있도록 도와주는 아름다운 목소리를 가진 사람들이 있습니다. 아름다운 목소리를 가진 형제를 인해서 하나님께 감사드립니다. 그런 형제는 목소리를 주님께 바치고 훈련하며, 언제나 신중하게 사용하되 때로는 너무 크게 부르지 않도록 하고 또 때로는 너무 부드럽게 부르지 않도록 해야 합니다.

그러나 왕의 집에서 종들이 모두 노래를 부르지는 않습니다. 부를 수도 없습니다. 전혀 노래를 부르지 않는 종들도 있습니다. 왕궁에는 붓과 화필로 음악을 하는 종들이 있습니다. 혹은 식탁에서 시중들 때나 왕의 심부름을 받아 이 방 저 방으로 갈 때 자원하는 발동작으로 음악을 하는 종들이 있습니다. 하나님을 찬양하는 노래를 부를 수 있는 사람들은 주님을 위해 지극히 낮은 봉사를 하는 사람들에게 잘난 체하지 않도록 합시다. 생명이 걸린 중요한 봉사를 하고 있는 사람들은 자기들의 수고에는 여호와를 찬양하는 노래를 부르는 사람들보다 더 받아들일 만한 것이 있다고 생각하지 않도록 하십시오. 사실이 그렇지 않기 때문입니다. 각 사람이 자신의 지위에서, 모두가 바른 동기를 가지고 바른 정신으로 자기 역할을 행하도록 도우면, 모두가 우리 주 예수 그리스도로 말미암아 똑같이 하나님께 받아들여질 것입니다.

종들은 아주 다양합니다. 나는 이야기를 멈추고서 그들을 모두 상세히 언급할 수 없습니다. 그러나 본문에 **토기장**이라고 하는 사람들이 언급되는 것을 봅니다. 나는 그들이 주일학교 교사라는 아주 훌륭한 표상을 제공할 수 있다고 생각합니다. 주일학교 교사들은 그 은유를 부끄럽게 생각하지 않아야 합니다. 나는 즐거이 내 자신이 그들과 동류라고 생각합니다. 목사는 자신을 왕의 토기장이들 가운데 하나로 분류해달라고 요구할 수 있다고 봅니다. 토기장이의 일이라는 것이, 진흙이 유연하고 부드러운 동안에 진흙을 물레바퀴 위에 올려놓고 바퀴를 돌리면서 바퀴가 돌아가는 동안 앞에 있는 진흙을 엄지와 손가락으로 빚어서 왕이 사용하기에 적합한 그릇들을 만들어 내는 것 외에 무엇이겠습니까? 사랑하는 주일학교 교사 여러분, 과연 인간의 마음이 유연한 때가 있다고 하면, 그것은 아이가 어릴 때입니다. 우리 가운데 30세나 그 이상이 될 때까지 학문을 좋아하는 습관을 들이지 못한 사람은 누구든지 배우는 것을 어려워하는 것을 봅니다. 많은 사람이 배우려는 마음은 충분히 있지만 배울 수 있는 능력이 없습니다. 두뇌가 고정되고 단단하며 굳어진 것입니다. 그래서 그가 좀 더 일찍 시작했더라면 할 수 있었겠지만 이제는 두뇌가 움직이도록 할 수 없습니다. 그러나 이 젊은 사람들을 데리고서는 이 세상에 기여할 수 있는 기회가 참으로 많습니다! 주님의 손이 우리와 함께 하지 않는 한, 하나님께서 그들의 마음을 부드럽게 하시지 않는 한, 하나님께서 우리를 대신해서 이들을 물레바퀴 위에 올려놓으시지 않는 한, 우리는 이들을 빚을 수 없습니다. 그러나 하나님께서 그렇게 하시면, 어머니의 손이 얼마나 놀랍게 자녀를 빚어내는지 모릅니다! 선생의 마음이 어떻게 자기에게 맡겨진 남녀 아이들의 인격을 형성하는지, 그리고 장차 성인이 될 이들이 어떻게 오늘의 선생의 흔적들을 일생 동안 지니게 될지 다 알 수 없습니다. 여러분은 우리의 왕이신 주님의 토기장이들입니다. 주님께서 여러분이 그 일을 바르게 하도록 도와주시기 바랍니다.

그 다음에, 여기에서 언급된 다른 계층의 노동자들이 있습니다. 내가 생각할 때, 이들은 주일학교 교사들과 같습니다. 즉, 수풀과 산울 가운데 거하는 자들입니다. 이들은 왕의 정원사들이었습니다. 그들은 은신처에서 거하였습니다. 즉, 바람을 막아주고 그래서 열을 보존하도록 울타리로 둘러친 담 안에 거하였습니다. 그들은 진기한 식물이 자랄 수 있는 쾌적한 은신처에 살았습니다. 주일학교 교사가 보여야 하는 모습이 바로 이것입니다. 그는 식물들이 함부로 사용되는 것을 막고 이런 곳으로 들여오려고 노력합니다.

"담이 둘러쳐진 정원,

선택하여 특별하게 만든 땅,

세상의 거친 광야로부터

은혜로 울타리를 친 이 작은 곳으로."

　주님은 교회가 하나님의 정원인 것을 아시고, 그래서 교회 안에 꺾꽂이용 작은 가지를 많이 심기를 바라십니다. 지금까지 잘 자라고 있는 작은 가지들을 많이 심은 교사들이 눈에 띄는 것을 인해서 하나님께 감사드립니다. 나는 먼저 그 작은 가지들이 뿌리내리는 것을 보고 하나님께 감사드렸습니다. 지금과 같이 그들에게 물을 주는 것이 내 일이었을 때 하나님께 감사드렸습니다. 또한 그것은 그들의 선생들의 일이기도 합니다. 우리가 그 가운데 거하며 심고 물을 주며 기르는 이 어린 식물들로부터 많은 열매를 거두는 것이 교사의 일이 되고 또한 목사의 일이 되기를 바랍니다. 사랑하는 친구 여러분, 여러분이 이 봉사에 종사하고 있다면, 그것은 바르고 명예로운 일입니다. 첫 번째 사람은 정원사였습니다. 두 번째 사람, 곧 하늘로부터 오신 주님도 정원사인 것으로 생각되었습니다. 그 추정이 거짓이 아닌 것은, 주님께서 만드신 것만큼 아름다운 정원은 없었기 때문입니다. 황무지를 기쁘게 만들고 장미꽃처럼 피어나게 하시는 분은 바로 주님이십니다. 주님의 탁월하심 때문에, 주께서 그동안 길러내신 식물들 때문에 교회는 비할 데 없는 명성을 지닌 정원입니다.

　이렇게 우리 주님께는 많은 종들이 있습니다. 나는 그 종들에 관해서 이 점을 이야기하겠습니다. 즉, 그 수에 들어가는 것이 참으로 복되다는 것입니다. 사람은 자기가 그리스도를 섬길 수만 있다면 어떤 분야를 맡느냐 하는 것은 신경 쓰지 않습니다. 나는 그동안 종종 혼자서 이런 기도를 드리곤 하였습니다. "주께서 저를 교회의 신발 흙털개로 만들어 주옵소서. 사람마다 신발을 나에게 대고 닦게 하여 주옵소서. 주님의 전이 나로 인해서 깨끗하게 유지될 수 있는 한, 내가 진흙과 오물을 떠맡을 수 있게 하여 주옵소서." 그리스도인이라면 누구나 주님께서 자신을 "주님을 섬기는 그의 종들" 가운데 하나로 간주할 수 있도록 아무리 낮고 비천한 자리라도 맡기를 바랄 것이라고 생각합니다. 그리스도의 부엌의 접시닦이는 제국의 궁정 고문보다 더 명예로운 사람입니다. 아무리 형편없고 어두운 일을 해야 하는 사람들이라도 크신 주님을 위해서 하고 있다면, 그들은 완전한 영들이 판단할 때, 제국을 통치하고 군대를 지휘하지만 하나님을 경외할 줄 모르는 사람들보다 더 높은 평가를 받습니다.

이제 두 번째 요점을 생각해 보도록 하겠습니다.

**2. 왕과 함께 거주하는 사람은 모두 일해야 합니다.**

본문을 읽어 봅시다. "이 모든 사람은 토기장이가 되어 수풀과 산울 가운데에 거주하는 자로서 거기서 왕과 함께 거주하면서 왕의 일을 하였더라." 이들은 왕의 하사품에 의지해서 살고 왕의 사유지에 거주하면서 아무것도 하지 않은 것이 아닙니다. 그들이 거기에 거주하는 것은 왕의 일을 하기 위해서였습니다. 나는 그리스도를 "주님"이라고 부르는 모든 사람들이 이 개념을 어떻게 이해하였는지 모릅니다. 내가 볼 때, 우리 교인들 가운데 어떤 분들은 그리스도의 대의를 마차로 생각하고, 자기들이 그 마차를 타게 되어 있는데, 자신은 마부석이나 마차의 중간에 있는 매우 편한 자리를 택하겠다고 생각하는 것 같았습니다. 그들은 많은 다른 여행자들 때문에 불편을 겪고 싶어 하지 않고, 회중석에서조차 다른 사람들을 위해 자리를 좁혀 앉는 것을 좋아하지 않습니다. 그들은 편하게 앉고 싶어 하며, 품위를 지키고 말을 타고서 조용하고 보기 흉하지 않은 안락한 방식으로 천국에 가고 싶어 합니다. 사실, 우리 친구들 가운데는 신자가 되고 나면, 비단 소파에 기대어 쉬며 아무 일도 할 필요가 없이 그저 영원한 행복에 들어갈 것을 꿈꾸면서 가마를 탄 채 영광에 이를 것으로 상상하는 사람들이 있는 것 같습니다. 그들은 양심을 마비시키는 멋진 신조를 획득합니다. 그리고 아늑한 구석에 자리를 잡고서 거기에서 아무도 자기의 안전을 방해하지 못하도록 합니다. 그들은 한 노선으로만 달리고 결코 거기를 벗어나지 않는 착실한 목사를 선택하고, 때때로 귀 기울여 듣고, 이따금 복음의 방식과 약속에 열심히 귀를 기울이기도 합니다. 듣고 나서는 자기들이 양식을 먹었다고 말합니다. 그 사람들이 목사에 관해서 무엇인가를 묻는다면, 그 질문은 "목사님은 양식을 먹습니까?"라는 것입니다. 양식을 얻고 나면 그들의 관심은 사라지고 맙니다. 그들은 믿음의 역사와 사랑의 수고에 대해서는 관심이 없습니다. 하지만 나는 여러분에게, 사실 우리 왕과 함께 사는 사람은 반드시 일을 해야 한다는 점을 확실하게 말씀드리겠습니다. 그들은 주님과 함께 살기 위해서 일하지 않습니다. 다만 그들이 일하는 것은 왕과 함께 살기 때문입니다. 주님의 은혜로 하나님의 궁정에 들어왔기 때문에 그때부터 그들은 아주 부지런히 일하기 시작한 것입니다. 이것은 왜 그러는 것입니까? 어떤 동기에 자극을 받아 그들이 일하는 것입니까?

첫째로, 그것은 하나님께서 일하시기 때문입니다. 예수께서는 "내 아버지께서 이제까지 일하시니 나도 일한다"(요 5:17)고 말씀하셨습니다. 우주에서 가장 놀랄 만한 노동자는 바로 하나님이십니다. 하나님의 아들께서는 이 땅에 계셨을 때 한 시간도 한가하게 지내시지 않았습니다. "그가 두루 다니시며 선한 일을 행하시고"(행 10:38). 예수께서는 목수로서 일생을 시작하셨고, 그 일을 아주 열심히 하셨을 것으로 믿어 의심치 않습니다. 그 다음에 구주로서 일을 시작하시면서 주님은 처음부터 "모든 의를 이루는 것"(마 3:15)을 자신의 큰 의무로 내다보셨습니다. 예수께서는 힘든 사명을 지치지 않는 열심으로 끝까지 수행하셨고, 자신의 일을 끝마치셨습니다. "다 이루었다"고 말씀하실 때까지 주님은 열정을 누그러트리거나 수고를 그치지 않으셨습니다. 형제 여러분, 우리는 일하시는 크신 하나님과 함께 거하면서 게으름뱅이로 지낼 수는 없습니다. 하나님께서 그냥 두고 보시지 않을 것입니다. 우리가 주님의 뜻을 따르지 않는 한 주님과 교제를 갖지 못할 것입니다. "두 사람이 뜻이 같지 않은데 어찌 동행하겠느냐?"(암 3:3). 여러분은 적극적인 사람인데, 아무리 말해도 움직이거나 서두르거나 민첩하게 행동하도록 만들 수 없는 종을 둔 적이 있습니까? 혹은 오늘 한 걸음 떼고 내일 또 한 걸음 떼는 직원을 둔 적이 있습니까? 그런 것을 보면 여러분은 조바심이 나 못 견딥니다. 화가 솟구칩니다. 여러분은 어떻게 해야 할 줄 모릅니다. 도무지 참을 수가 없습니다. 그래서 여러분이 빗자루를 듭니다. 그렇지 않으면 종은 다른 어떤 일이든지 하고 있는 체하거나 일을 시작하는 체할 것입니다. 차라리 여러분이 직접 일을 하는 것이 낫습니다. 여러분이 하나님과 함께 거주하려면 하나님의 종이 되어야 하고, 무슨 일인가를 하나님의 이름으로 행해야 합니다. 어떤 직업을 가지고 종사하든지 간에 주님의 영광을 위하여 일할 각오를 하는 것이 본질적인 것이고 절대로 필요한 일입니다.

하나님과 함께 거하는 자들이 일해야 하는 다음 이유는 하나님과의 교제는 언제나 우리에게 하나님을 위하여 무엇인가를 하고 싶은 마음을 불러일으킨다는 것입니다. 여러분이 개인 기도에서 하나님과의 특권적인 교제를 누리며 즐겁게 한 시간을 보냈다면, 여러분은 "주님, 제게 시키시고자 하는 일을 가르쳐 주옵소서" 하고 말하지 않을 수 없다는 것을 느낍니다. 여러분이 믿음의 충만한 확신을 누렸다면 "내게 주신 하나님의 모든 은혜를 생각할 때 주님께 무엇을 드려야 할까?" 하는 질문이 생기지 않을 수 없습니다. 여러분이 주님께서 십자가에서 피 흘리시고 우리를 위하여 죽기까지 영혼을 쏟으시는 것을 볼 때 부끄러운 안락한 소파는 신실한 제자가 주님과 갖는 은혜로운 교제에는 어울리지 않는다는 것을 느끼지 않을 수 없습니다. 여러분의 손은 할 일을 찾기를 바라고 혀는 말할 거리를 찾습니다. 여러분은 사랑하는 찬송을 부를 수 있는 기회를 얻기 바랍니다. 여러분이 빈둥거리며 지내기 원한다면, 가고 싶은 곳에 갈 수 있습니다. 그러나 여러분이 십자가에 간 뒤에 게으름뱅이가 되어 떠날 수는 없습니다. 십자가의 못은 우리를 찔러 신성한 근면에 이르도록 합니다. 십자가의 못은 그리스도인의 의무를 이행하도록 촉구하는 박차입니다. 자기를 제물로 바치는 우리 주님의 고통은 우리에게 아주 뜨거운 열정을 일으켜서 그리스도를 섬겨야 한다고 느끼게 만들고, 또 그것을 짐이 아니라 은혜로 받아들이게 만듭니다. 주님을 위해 애를 쓰는 것은 의무가 아니라 오히려 즐거움입니다.

여러분이 그리스도의 궁전에 들어가면 거기에는 할 일이 아주 많아서 무엇인가를 하지 않을 수 없습니다. 활동적인 교인이라면, 여러분은 그리스도를 위해 시간을 내고 힘을 쓰도록 이런저런 방식으로 요구를 받을 것입니다. 그런 꿀벌 통에서 수벌은 비열한 존재들입니다. 여러분이 초신자들이 있는 곳이나 믿을 만한 신자들이 있는 곳에, 혹은 믿음을 저버린 자들이 있는 곳이나 회개할 가능성이 있는 사람들이 있는 곳에 산다면, 이 사람들이 여러분의 눈에 띌 때, 여러분은 주님의 집에는 할 일이 가득하다는 것을 알고, 그 일에 어느 정도 몫을 담당하지 않을 수 없으며 그 일을 열심히, 마음을 졸이며 또 즐겁게 떠맡지 않을 수 없습니다.

아니, 진정한 그리스도인이라면 밖에서 어슬렁거리며 돌아다닐 수 없습니다. 여러분은 거리를 지나갈 때, 슬픈 일이지만 틀림없이 노동자들로부터 지극히 추잡한 말들을 듣지 않을 수 없을 것입니다. 내 생각에는 이 사람들은 지난 10년 동안에 대화가 더 상스러워진 것 같습니다. 아무튼 길을 가면서 잦은 욕설에 섬뜩한 것을 느낄 때 여러분이 적극적으로 활동해야 하겠다는 생각이 들지 않습니까? 여러분은 길거리에 아이들이 떼 지어 다니는 것을 볼 때, 와서 주일학교를 도울 생각이 들지 않습니까? 여러분은 허다한 아이들이 공립학교에서 줄줄이 나오는 것을 보면서 속으로 이렇게 말하지 않을 수 있겠습니까? "주일에 이 아이들이 어떻게 지내지? 다른 사람들은 이 아이들에 대해 힘써 일하고 있는데, 왜 나는 아무 일도 안 하고 있지?" 도처에서, 사방에서 일할 것을 생각나게 하는 표시들이 나타나지만, 특별히 원수들의 활동을 보면 더욱 그런 생각이 납니다. 우리 원수들이 어떻게 개종자 한 사람을 만들기 위해 바다와 육지를 두루 다니는지 보십시오! 마귀가 삼킬 자를 찾기 위해 어떻게 끊임없이 다니는지 보십시오! 그는 눈꺼풀이 없어져 버린 것 같습니다. 결코 자지 않습니다. 마귀는 사람들의 영혼을 삼키는 일에 계속해서 열중하고 있습니다. 우리가 겪는 모든 일들과 우발적인 사건들은 우리에게 이같이 말합니다. "당신들이 그리스도인인가? 그렇다면 분발하라. 당신들이 그리스도의 종들인가? 그렇다면 적극적으로 활동하라. 당장 해야 할 일이 수없이 많다. 그리고 할 것이라면 그것에 대해 논하기 위해 기다리지 않고 당장 시작하는 것이 가장 잘하는 길이다."

아무튼 여러분은 이 일에 대해서만큼은 아주 확실히 알 수 있습니다. 즉, 참된 종교를 가졌다고 말은 하면서도 주님의 일에 무관심한 사람은 반드시 주님의 임재의 위로들을 잃게 되어 있고 또 잃을 것이라는 사실입니다. 물론 나는 지금 병들어 허약하거나 스스로 어떻게 할 수 없는 사람들을 두고 이야기하는 것이 아닙니다. 이미 설명하였듯이, 그들은 인내와 인종(忍從)과 도고로 하나님의 집의 일에 매우 중요한 역할을 수행하고 있습니다. 나는 여러분 가운데 활동적으로 일할 수 있는 분들에 대해서 이야기하는 것입니다. 나는 게으른 그리스도인들은 불쾌한 존재들이 된다는 것을 예외 없는 규칙으로 생각합니다. 여러분이 그리스도 안에서 형제나 자매된 사람 가운데 언제나 괴로워하고 의심과 두려움에 대해 불평하며, 한숨을 쉬고 끙끙대며, 유익이 되기보다는 혼란스럽게 하는 경험에 대해 소리치고 신음하는 사람을 만나면, 여러 가지를 물어볼 필요가 없습니다. 모든 징후들을 쉽게 파악할 수 있기 때문입니다. 그 사람은 주일학교에서 가르치는 일을 하지 않습니다. 그 사람은 시골 마을에 가서 복음을 전하지 않습니다. 십중팔구 하는 일이 아무것도 없을 것입니다. 부지런히 일하는 사람은 때로 시험을 만날 수 있지만 그렇다고 해서 언제까지나 이런 근심의 고통에 휘둘리지 않을 것입니다. 끊임없이 근심하는 것이 그 사람의 습관적인 상태라면 그 사람은 직업이 없는지도 모릅니다. 게으른 사람들의 방은 파리, 나방, 거미, 거미집 투성이입니다. 그리스도를 위하여 좀 더 적극적으로 일한다면 그런 근심들을 확실히 털어낼 수 있을 것입니다. 목사는 누가 와서 교회에서 일하는 사람의 트집을 잡는 것을 볼 때, 말하는 사람이 자신은 전혀 일하지 않는 사람이라고 밝히는 것이라고 생각합니다. 그들은 직무를 수행하느라 수고하며 꾸준히 일하는 부지런한 형제들의 방침과 실행에서 언제나 귀신같이 흠을 찾아낼 수 있습니다. 그런데 왜 자기들이 나서서 그 일을 더 잘하지 않는 것입니까? 안 합니다. 그들은 일하지 않습니다. 그들은 이 거룩한 가정에서 자기 역할은 주님의 종들의 흠을 찾아내는 것이라고 생각하는 것 같습니다.

자, 나는 그동안 하나님의 집에 대해서 모든 것을 보았습니다. 내가 교회에서 오랫동안 공적인 지위에 있었기 때문입니다. 그동안 주님의 책들을 샅샅이 살폈고, 주님의 기록원에도 가보았지만, 주님께서 남자나 여자 가운데 누군가를 자기 종들의 감독자와 비난자로 임명하신 적이 있다는 기록은 어디에서도 보지 못했다는 것을 여러분은 아십니까? 나는 그들이 주께 아무런 위임도 받지 않고 그런 일을 행하고 있으며, 따라서 필시 아무런 삯도 받지 못하고 갈 것이라고 믿습니다. 혹은 모든 봉사가 정당한 보상을 받고 그래서 죄의 삯이 사망이라면, 그들의 트집 잡는 일은 아무런 위안을 가져다주지 못할 것이고, 그들의 욕설에 대해서는 쓰라린 후회를 보답으로 받을 것입니다.

형제자매 여러분, 일하지 않은 여러분의 잘못에 대해서는 그럴 듯하게 댈 수 있는 핑계가 없습니다. 그리스도께서는 빠른 걸음으로 걸으십니다. 여러분이 그리스도와 함께 걷기를 바란다면 빈둥거려서는 안 됩니다. 주님은 게으른 사람을 전혀 반기시지 않습니다. 내가 여러분에게 그리스도와 교제할 수 있는 곳이 어딘지를 항상 말해줄 수는 없으나, 그 교제를 누릴 수 없는 곳에 대해서는 언제나 말해 줄 수 있습니다. 게으름뱅이들이 빈둥거리며 모여서 잡담하며 비웃고 조롱하며 헐뜯고 멸시하며, 행실로써 양심이 아주 청결한 것을 입증하는 사람들에 대해 악담을 하고, 그래서 주님의 큰 뜻을 찬미하려는 그들의 마음을 꺾으려는 곳에는 주께서 계시지 않습니다. 그러나 주님을 섬기는 일에 아주 열심을 내고, 그 일을 잘할 수 있도록 주님께 힘을 구하는 사람들에게는 주께서 함께 하십니다. 우리 왕과 함께 사는 사람들은 일해야 합니다.

### 3. 셋째로, 우리 왕을 위하여 일하는 자들은 왕과 함께 살아야 합니다.

이것은 다른 면입니다. 이 토기장이들과 정원사들은 왕의 일을 하기 위해 왕과 함께 거주하였기 때문입니다. 나는 런던의 남부에 있는 주일학교 교사들에게 평생 남을 수 있는 표어를 말씀드리겠습니다. 그것은 "왕과 함께 거주하면서 왕의 일을 하였더라"는 말씀입니다. 이 표어를 여러분의 벽난로 선반에 올려놓으십시오. "왕과 함께 거주하면서 왕의 일을 하였더라." 반드시 일하십시오. 여러분이 왕과 함께 있기 때문입니다. 반드시 왕에게 주목하십시오. 여러분이 왕의 일을 하고자 하기 때문입니다. 우리 하늘의 주님에게 속한 착한 종들은 모두 주님과 함께 거주해야 한다는 것은 참으로 중요한 일입니다. 왜냐고요? 여러분이 내게 그 이유를 묻습니까? 그것은 여러분이 주님과 함께 살지 않으면 주님의 뜻을 알 수 없기 때문입니다. 그리스도와 함께 사는 사람은 매일 주님의 명령을 받습니다. 그리고 주님의 눈길에서 순간순간 주님의 인도를 받습니다. 그는 "주께서 주의 눈으로 나를 인도하소서"라고 말합니다. 여러분은 집에서 하인이 어떻게 여주인을 주시하는지 압니다. 그래서 여주인이 언제나 말을 해야 할 필요가 없습니다. 때가 저녁 식사 중일 수가 있습니다. 손님들이 많이 있습니다. 여주인은 끊임없이 "마리아" 하고 불러서 여러 가지 요구사항들을 주의해서 들으라고 지시하지 않습니다. 그저 간단한 고갯짓이나 조용히 눈길을 한 번 주면 마리아는 여주인의 의도를 모두 알아차릴 수 있습니다.

자, 예수 그리스도와 함께 사는 사람들은 자신과 주님 사이에서 통용되는 일종의 은밀한 언어가 있습니다. 종종 어떤 그리스도인이 올바른 일을 할 때, 여러분은 책에 재미를 불어넣는 이야기나 일화(逸話)로서 이런 점들을 읽게 됩니다. 즉, 그가 어떻게 그렇게 비상하게 지혜로웠는지, 어떻게 적절한 순간에 적합한 말을 하였는지, 그를 부당하게 공박한 사람에 대해 어떻게 바른 답변을 하는 재주를 가졌는지를 읽게 됩니다. 여러분은 그가 어떻게 해서 그런 재주를 갖게 되었는지 압니까? 그 사람은 주님과 함께 살았습니다. 그래서 여러분이 알지 못하는 것을 알았습니다. 그는 주님의 눈길의 의미를 알았고, 그 눈길이 그를 지도한 것입니다. 나는 주일학교 교사들과 목사들이 주님과 함께 산다면 영혼을 그리스도께로 인도할 만큼 지혜로워질 것이라고 믿습니다. 그들은 종종 전혀 생각지 못한 사실들을 적당한 시간에 꼭 해당이 되는 사람에게 정확히 말할 것입니다. 그 말을 듣는 사람들에게는 그것이 너무 놀라운 일이어서, 그들은 여러분이 거의 틀림없이 자기들에 관해 이야기를 들었을 것이라고 생각할 것입니다. 항상 주님 가까이 계십시오. 그러면 여러분은 주님의 뜻을 알게 될 것입니다.

왜 일하는 사람들이 힘을 얻으려면 주님과 함께 살아야 합니까? 주님과 교제하는 매 시간이 활력을 불어넣는 시간이기 때문입니다. 옛날 신화에서 헤라클레스는 거인과 싸웠지만 그를 죽일 수 없었습니다. 그는 있는 힘껏 거인을 땅에 메어쳤지만 상대를 살짝 던지는 정도밖에 할 수 없었습니다. 거인을 박살이 나도록 땅에 내던졌다고 생각했지만, 매번 그는 전보다 더 힘 있게 일어나서 다시 그를 땅에 메어쳤습니다. 헤라클레스는 '내가 히드라와 사자를 죽였다면 틀림없이 이 거인도 죽일 수 있을 거야' 하고 생각했습니다. 하지만 그 거인은 다시 일어났습니다. 옛날 신화에 따르면, 땅이 거인의 어머니였고 그래서 그가 땅에 떨어질 때마다 어머니와 접촉하였고 어머니에게서 새 힘을 얻었기 때문이라는 것입니다. 이와 같이 그리스도인이 무릎을 꿇고 하나님께 가까이 갈 때마다 그는 크신 아버지 하나님과 접촉하고 새 힘을 얻는 것입니다. 마귀가 그리스도인을 땅바닥으로 던질 때, 아주 대단한 힘으로 던지고 "그를 박살내버릴 거야"라고 생각하지만, 그리스도인은 다시 마귀보다 더 강한 힘으로 일어납니다. 그러면 마귀는 다시 그리스도인에게 덤벼듭니다. 그는 그리스도인을 딴죽 걸고 땅에 메어치지만, 그리스도인은 넘어져 기도할 때마다 헤라클레스와 싸우는 거인처럼 시은좌 앞에서 일어납니다. 그러니 주님 가까이에 거하십시오. 그것이 여러분의 지식뿐 아니라 힘의 원천도 되기 때문입니다.

　일하는 사람들이 왜 왕과 함께 거주해야 합니까? 확실히 그렇게 함으로써 열정을 유지할 수 있기 때문입니다. 인간적으로 말해서, 기독교의 정신은 열정입니다. 냉랭한 신앙이 있습니다. 그렇습니다. 사람이 생각하기만 해도 냉기가 느껴지는 차가운 것들이 있습니다. 냉랭한 신앙! 그것은 순수하고 열정적인 마음이 볼 수 있는 것 가운데 가장 소름끼치는 광경입니다. 냉랭한 신앙! 아, 그것은 메스꺼운 것입니다. 그보다 나쁜 것이 딱 한 가지 있습니다. 그것은 뻔뻔스럽고 냉담한 신앙 고백입니다. 왜냐하면 그리스도께서는 미적지근한 사람이 참으로 싫다고 말씀하시기 때문입니다. 충성되고 참된 증인이 라오디게아 교회 사자에게 "네가 차든지 뜨겁든지 하기를 원하노라 네가 이같이 미지근하여 뜨겁지도 아니하고 차지도 아니하니 내 입에서 너를 토하여 버리리라"(계 3:15,16)고 하였습니다. 여러분의 믿음이 용광로의 열기처럼 뜨겁도록 하십시오. 신앙은 미적지근한 채로 오래 갈 수 없습니다. 신앙은 점점 사그러들거나 아니면 불이 붙어 여러분 전부를 태울 것입니다. 신앙이 사람을 태워버리면, 그때서야 신앙은 예수께서 사실 때 품으셨던 열기에 겨우 이르는 것입니다. 누군가가 이렇게 말했는데, 아주 적절한 말입니다. "피의 온도야말로 그리스도인 영혼에 적합한 건강한 열기이다." 그렇습니다. 그런데, 피의 온도가 무엇입니까? 우리의 위대한 속죄 제사의 열기는 바로 우리의 찬송 받으실 주님께서 피 같은 땀방울을 흘리시고 우리를 위해 자신을 내어주셨을 때의 피의 온도입니다. 하나님께서 우리를 그처럼 불타는 열심으로 채워주시면 좋겠습니다. 하지만 여러분은 주님과 함께 살지 않는 한 그런 열심에 이를 수 없습니다. 세상은 춥고 얼어붙어 있습니다. 그리고 교회는 냉랭하고 동풍이 스며듭니다. 여러분은 열매가 풍성히 자라는 열대 지방에 가고 싶습니까? 그리스도 가까이에서 사십시오. 그러면 여러분이 열성적이 되고 지극히 신성한 열정으로 일을 추진해 나갈 것입니다.

우리는 용기를 얻기 위해서도 우리 왕과 함께 살아야 합니다. 교사들 가운데 소심한 사람들이 있는 것 같습니다. 낯선 두려움 때문에 괴로워하는 설교자들이 있는 것도 압니다. 용기를 북돋우는 방법은 그리스도의 얼굴을 보는 것입니다. 여러분이 우리 주께서 수욕을 얼마나 오래 참으셨는지, 우리를 위해 죽기까지 사랑으로써 나아가시기로 어떻게 굳게 결심하셨는지 알 때, 여러분도 사람들의 얼굴을 두려워하지 않고 겁 많은 친구들이 여러분에게 위험을 경고한다고 해서 의무에서 물러나지 않을 것입니다.

여러분이 인내라는 유연한 힘을 기르고 싶다면 그리스도와 함께 살 필요가 있습니다. 주일학교 일은 매우 고됩니다. 그 일은 종종 사람을 짜증나게 만들고 지치게 합니다. 그러나 여러분이 가서 그리스도를 보고, 그리스도께서 어떻게 약해지지 않고 낙심하시지도 않았으며, 오히려 "다 이루었다"고 말할 수 있을 때까지 맡은 일을 끝까지 해내셨는지 알면, 여러분은 쓸데없이 흥분을 하고 불안하여 소란을 피운 것에 대해 스스로를 꾸짖게 될 것입니다.

사랑하는 친구 여러분, 결국 사람은 그리스도와 교제를 나누며 살지 않고서는 우리 주 예수 그리스도를 위해서 무엇이든지 바르게 행할 수 없습니다. 나는 마르다가 저녁 식사 준비하는 일로 분란을 일으킨 것은 그녀가 봉사하는 일과 마리아처럼 주님 발 앞에 앉아 말씀을 듣는 일을 결합하지 못하였기 때문이라고 생각합니다. 사람들이 너무 많은 것을 시도하지만 성취하는 것은 거의 없을 수 있다고 생각합니다. 우리는 외견상 아주 많은 일을 할 수 있지만, 하나님께는 힘이 없어서 그 일에서 나오는 것이 거의 없을 수 있기 때문입니다. 물에 담근 씨는 주일학교 교사들이 가장 좋아하는 것입니다. 여러분이 이 작은 땅, 곧 여러분이 많은 아이들의 작은 마음에 가져오는 좋은 씨를 전날 밤에 간절한 기도로 흠뻑 적시도록 주의하는 것은 언제나 좋은 일입니다. 여러분이 씨를 물에 흠뻑 적실 때 그 씨가 참으로 빨리 싹이 트고 참으로 대단한 생명력을 보이는 것이 놀랍습니다. 마른 씨, 즉 기도가 전혀 없고 하나님과의 교제도 없는 메마른 가르침도 열매를 맺을 수 있지만, 싹이 나오고 여러분의 수고에 대한 보답을 산출하는 데는 오랜 시간이 걸립니다.

사랑하는 형제자매 여러분, 사실 예수님 가까이 거하는 것이야말로 그리스도인 봉사의 생명입니다. 나는 여러분이 이와 같이 느끼고 말하면 좋겠습니다. "나는 지금 그리스도를 섬기는 일에 종사하고 있습니다. 나는 50명의 어린아이들을 책임 맡고 있습니다. 모두 다 어린 아이들입니다. 아이들에게 무엇인가를 가르치려고 하지만 아이들은 장난치기만 할 뿐입니다. 아이들의 작은 머릿속에 아무것도 집어넣을 수가 없습니다. 하지만 지금 예수님을 위해 그 일을 하고 있기 때문에 그 일을 포기할 생각은 결코 하지 않을 것입니다. 나는 다른 누군가를 위해서 그 일을 할 생각은 없습니다."

혹은 이렇게 말하면 좋겠습니다. "나는 빈민학교에서 제멋대로 구는 남자애들 여섯 명을 맡고 있습니다. 나는 아무리 월급을 많이 준다고 할지라도 이 학교에서 일을 맡지 않을 것입니다. 다만 예수 그리스도를 위해서 그 일을 할 수 있습니다. 그리스도께 대한 사랑과 감사를 인해서 그 일을 할 것입니다. 사실 나는 주님께서 보고 계시다는 것을 알기 때문에, 내가 하는 모든 것을 보신다는 것을 알기 때문에 그 일을 하는 것이 행복합니다. 다른 아무도 나의 봉사를 바르게 평가하지 못할지라도 주님은 바르게 평가하시고, 나를 받아들이며 도우실 것이고, 그러면 거기에서 복된 결과가 나올 것입니다. 지켜보는 왕이 있으면 일꾼이 일어나는 것처럼 나는 그 일에 온 에너지를 쏟겠습니다."

그 일꾼이 얼마나 조심해서 그리고 얼마나 부지런히 최고의 기술을 발휘하겠습니까! 그와 같이 여러분이 맡은 일을 힘을 다해서 행하십시오. 주님을 위해서 그 일을 한다면 잘해야 하기 때문입니다. 주님을 위해서 하는 일은 무엇이든지 되는 대로 아무렇게나 해서는 안 됩니다. 주님과 함께 있다는 이 생각이 내게 활력을 주고 도움이 된다고 확실히 말씀드릴 수 있습니다.

마지막 요점에 대해서는 한두 마디만 하겠습니다. 우리가 어느 곳에서든지 살 수 있도록 만드는 것은 우리가 그곳에서 그리스도를 위하여 일할 수 있다는 점입니다. 그리고 우리가 어떤 일도 할 수 있도록 만드는 것은 우리가 지금 그리스도를 위하여 일하고 있다는 사실입니다.

**4. 우리가 지금 그리스도를 위하여 일하고 있다는 사실이 중요합니다.**

"이 모든 사람은 토기장이가 되어 수풀과 산울 가운데에 거주하는 자로서 거기서 왕과 함께 거주하면서 왕의 일을 하였더라." 어디에 거주하든지 여러분은 그곳에서 그리스도와 함께 거할 수 있습니다. 이 토기장이들과 정원사들은 왕의 사유지에 있었습니다. 여러분이 교회 바로 옆에 살 필요는 없습니다. 하나님이 여러분과 함께 계시도록 하기 위해 믿음이 좋은 가정과 함께 살 필요는 없습니다. 여호와를 찬송합시다. 나는 켄트 스트리트(Kent Street)에 있는 병자들 곁에서 주님을 만난 적이 많습니다. 내 친구 맥크리 씨(Mr. McCree)는 세인트 자일스(St. Giles) 구역의 지하 석탄저장소에서 주님을 많이 만났습니다. 그리고 이제까지 인간이 살았던 곳 가운데 최악의 거주지인 베스날 그린(Bethnal Green)과 쇼어디치(Shoreditch)에서도 종종 주님을 만날 수 있습니다. 여러분이 어디에 거주하든지, 곧 육지든 바다든, 병원이나 소년원이든 그곳에서 그리스도와 함께 거주할 수 있습니다. 주님은 융단 깔개를 원하시지 않습니다. 값비싼 가구에 관심이 없으십니다. 사실 주님께서 터키 양탄자가 깔려있는 곳에 오시는 법은 좀처럼 없습니다. 주님께서 좀처럼 가지 않는 곳은 부자들이 있는 곳이라고 생각합니다.

부자들은 주님에 관해 할 이야기가 별로 없습니다. 나는 모든 부자가 그렇다는 말이 아니라 부자들 가운데 많은 사람들이 그렇다는 것입니다. 나로서는 30분 정도를 예수 그리스도에 대해서 진정으로 이야기하고 싶으면 반드시 가난한 사람을 방문할 것입니다. 나는 다른 사람들이 어디에서 그런 곳을 찾는지 모르겠습니다. 그런데 사실이 그렇습니다. 슬프지만 내가 경험해 본 바로는 그렇습니다. 여러분이 어디에 거주하든지, 여러분의 신분이 무엇이든지 간에, 주님은 여러분과 함께 거주하실 수 있습니다. 이 점을 생각할 때 여러분은 주님을 섬길 수만 있다면 어디든지 거주할 수 있어야 합니다. 사람들이 회심을 하였을 때, 아주 나쁜 지역에 살고 있으면 어떻게 해서든 그 지역에서 빠져나오려고 하는 것을 언제나 봅니다. 그것은 아주 옳은 일입니다. 내가 그런 지역에 살고 있다면 할 수 있는 대로 빨리 거주지를 바꾸는 것이 좋을 것이라고 생각합니다. 그렇지만 또한 나쁜 지역에서 훌륭한 사람이 있다는 것이 그곳에 큰 혜택이 됩니다. 어두운 골목길만큼 밝은 등불이 필요한 곳이 어디 있겠습니까? 순전한 빛을 가장 필요로 하는 곳이 어디이겠습니까? 타락하고 방탕한 사람들이 있는 곳이 아니겠습니까? 나는 그리스도인들이 나쁜 지역을 떠나면서 보이는 강한 반감이 그곳 주민들에게, 특별히 그곳에 남겨진 젊은이들에게 불행이 되지 않을까 하는 염려가 때로 듭니다. 그 후로는 그곳 주민들이 그리스도인으로 인해 느꼈을 동정심, 그리고 그리스도인들이 그곳에서 행하였을 수 있는 선을 다 잃게 됩니다.

사랑하는 형제 여러분, 여러분이 입이 상스럽고 악한 사람들 가운데 거주한다면, 사탄의 권좌가 있는 곳에서 주님을 섬기는 기회를 만나면 여러분이 이교도들 가운데서 일하는 선교사처럼 극기하는 태도를 가지고 잠시 거기에 머물 수 있을지 모릅니다. 그곳에서 도망하는 것은 비겁하고 소심한 일이 될 수 있습니다. 그보다는 이렇게 하는 것이 여러분에게 합당한 일이 될 것입니다. "나는 적진 한가운데 들어오게 되었어. 나는 이 자리를 지킬 작정이야. 내 확고한 뜻은 이 적진 꼭대기에 그리스도의 깃발을 다는 것이야. 그래서 이 자리를 포기하지 않고 영혼들을 그리스도께로 인도하기 위해 끊임없이 싸우는 것이야." 어쨌든 여러분이 좋아하지 않는 이웃들 속에서 살 수밖에 없을지라도, 그리스도께서 그곳에서 여러분과 함께 사실 것이고, 어쩌면 주님께서 여러분의 믿음을 시험하시기 위해, 그의 이름에 명예를 돌리고 버림받은 자들에게 복을 주시기 위해 여러분을 그곳에 두셨다고 생각하고 위로를 얻도록 해야 할 것입니다.

사랑하는 여러분, 여러분이 거주하는 곳이 어디든지 그리로 가고, 여러분의 거처가 주님의 일을 위해 자리 잡도록 임명을 받은 거처라는 것을 인식하십시오. 집에서 어린 아이들을 돌보는 하녀는 그 집에서 그리스도를 위해 살도록 하고, 자신의 빛을 비출 기회를 잃지 않도록 하십시오. 자신과 같은 사람은 아무도 없는 큰 작업장에서 일하는 기술공은 자신이 그리스도의 일을 위하여 그곳에 배치되었다고 생각하십시오. 말 걸기를 좋아하는 사람들을 많이 만나는 가게 점원은 그리스도의 영광을 위하여 대화를 어떻게 할 것인지 신경 써야 합니다. 사업상 많은 사람을 사귀게 되어 있는 장사꾼은 주님을 잊지 말아야 하고, 할 수 있는 대로 믿음의 증거를 보이도록 해야 합니다. 많은 직원을 고용하고 있는 고용주는 그들의 복지를 추구하도록 조심해야 하고, 자신이 얼마나 다양한 수단을 사용해서 그리스도의 일을 증진시킬 수 있는지를 생각해야 합니다.

　　한가한 여러분, 여러분은 여유 있는 시간을 결코 낭비해서는 안 되고 그리스도의 일을 위해 드려야 하는 신성한 수탁물이라고 생각해야 합니다. 재능이 있는 분들도 그와 같은 엄숙한 책임을 느껴야 합니다. 그렇습니다. 특별히 한 가지 재능밖에 없는 분은 더욱 그렇게 느껴야 합니다! 재능을 땅에 묻은 사람이 바로 한 달란트 받은 사람이었습니다. 그것이 일반적으로 볼 수 있는 현상입니다. 여러분은 자신이 재능이 많이 없다고, 빛나는 재능은 하나도 없다고 생각합니다. 그러면 자신이 번쩍이는 금을 보여줄 수 없기 때문에 가지고 있는 작은 놋조각을 묻어버리고 싶은 유혹이 생깁니다. 여러분은 자신의 약점을 의식하면 그런 악한 생각이 떠오르게 됩니다. 여러분이 백만 달러를 기부할 수 없다고 해서 적은 돈을 금고에 묵혀두지 않도록 하십시오.

　　틀림없이 이 설교를 듣는 분들 가운데는 지금까지 한 번도 그리스도를 섬긴 적이 없고, 그리스도를 모르고 따라서 그를 사랑하지도 않는 분들이 있을 것입니다. 나는 여러분에게 그리스도를 위해서 일하라고 요구하지 않을 것입니다. 그럴 수 없습니다. 주님께서는 자기를 믿지 않는 사람은 아무도 자기를 위해서 일하기를 원치 않으십니다. "와서 그를 믿으라." 저기 앉아 있는 군인 친구 여러분, 이들은 내가 이따금 보고 반갑게 인사하는 사람들인데, 이들은 군복무를 어떻게 시작하는지 압니다. 사람이 어떻게 처음에 군인이 됩니까? 신병 모집 하사관에게서 1실링을 받는 것입니다. 그 돈을 받으면, 그는 군인입니다. 그리스도를 받는 사람은 그리스도의 군인이 됩니다. 여러분이 처음 시작해야 하는 일은 받는 것입니다. 여러분이 그리스도를 받은 후에 가서 그리스도를 섬기도록 하십시오. 빈손을 내밀고, 적은 믿음으로 그리스도를 받으십시오. 그 다음에 가서 그리스도를 섬기십시오. 주님께서 이제부터 그리고 영원히 여러분에게 복 주시기를 바랍니다. 아멘.

제
3
장
—

# 왕 예수의 신병들

—

"베냐민과 유다 자손 중에서 요새에 이르러 다윗에게 나오매 다윗이 나가서 맞아 그들에게 말하여 이르되 만일 너희가 평화로이 내게 와서 나를 돕고자 하면 내 마음이 너희 마음과 하나가 되려니와 만일 너희가 나를 속여 내 대적에게 넘기고자 하면 내 손에 불의함이 없으니 우리 조상들의 하나님이 감찰하시고 책망하시기를 원하노라 하매 그 때에 성령이 삼십 명의 우두머리 아마새를 감싸시니 이르되 다윗이여 우리가 당신에게 속하겠고 이새의 아들이여 우리가 당신과 함께 있으리니 원하건대 평안하소서 당신도 평안하고 당신을 돕는 자에게도 평안이 있을지니 이는 당신의 하나님이 당신을 도우심이니이다 한지라 다윗이 그들을 받아들여 군대 지휘관을 삼았더라."
– 대상 12:16-18

이때 다윗은 요새에 있었습니다. 아마도 블레셋 왕이 그에게 준 시글락 요새에 있었을 것입니다. 그가 자기 무리에 또 한 무리를 추가로 즐거이 맞아들인 것이 바로 이 요새화된 성읍에서였습니다. 다윗은 망명자였습니다. 추방당한 귀족과 운명을 함께하는 것은 누구나 바라는 일이 아닙니다. 그는 법의 보호를 박탈당한 사람이었습니다. 그의 군주는 기회를 잡기만 했다면 자기 손으로 그를 죽였을 것입니다. 그런 처지에 있는 사람에게 자신의 모든 것을 걸려고 하는 사람은 거의 없습니다. 사울 편에 있는 많은 사람들은 다윗에 대해 아주 신랄하게 말했고, 왕의 비위를 맞추려는 심산으로 다윗에 대해 아주 극악할 정도로 비방하였습니다. 훌륭한 사람들은 평판이 나쁜 사람과는 거의 교제하려고 하지 않습니다. 다윗에게서 아무런 해도 받지 않은, 많은 사람들이 어떻게 해서든지 그를 배반하고 그의 원수의 손에 넘기려고 하였습니다. 사람들은 자기 이익을 얻는 데 혈안이 되어 있었고, 대가를 얻기만 한다면 자기가 누구를 파는지에 대해서는 신경 쓰지 않았습니다. 한 무리의 사람들이 목에 현상금이 걸린 사람과 결속한다는 것은 작은 일이 아니었습니다. 다윗은 조심하지 않으면 안 되었습니다. 배신자들이 도처에 있었기 때문입니다. 다윗이 아주 단순한 마음으로 그일라 사람들의 성내에 들어갔을 때 그들은 다윗을 넘겨주려고 하였습니다. 다윗의 운은 쇠퇴하고 있었습니다. 그러므로 이 사람들이 다윗에게 왔을 때 그들은 용감한 행동을 한 것입니다. 그것은 다윗이 훗날 승리를 거두었을 때 틀림없이 기억할 행동이었습니다.

　나는 다윗의 경우와 우리 주 예수 그리스도의 경우를 비교해 보고 싶습니다. 지금 현재 다윗의 자손이신 우리 주 예수 그리스도께서는 여전히 요새에 계십니다. 주께서 이 세상 사람들 가운데서는 아직 왕위에 오르시지 않았습니다. 사람들의 마음은 다른 군주를 따라갑니다. 그래서 나라가 아직 다윗의 자손의 손에 들어오지 않았습니다. 나는 그리스도께서 하늘에서 통치하시며, 그는 실로 만왕의 왕이요 만주의 주이시지만, 여전히 많은 사람들 앞에서 멸시받고 거절 받는다는 것을 압니다. 그의 백성들은 아직까지 연약한 사람들이고, 종종 아주 곤란한 처지에 떨어지는 사람들에 지나지 않습니다. 그의 나라가 조롱을 받는 동안, 그의 주장들이 조소를 받고 그의 명예가 멸시를 받습니다. 사람들은 그리스도께서 전하신 교훈들을 공처럼 아무렇게나 이리저리 던집니다. 오늘날 사람들은 과학이나 전통을 자랑하며 이성이나 사색을 자랑하고 있습니다. 그렇습니다. 그들은 마치 인간의 지혜가 곧 기독교라는 이름조차 깨끗이 없애버릴 것처럼 말을 합니다. 사실 하나님 앞에서는 그렇지 않습니다. 그러나 사람들 앞에서는 그렇게 보입니다. 왕이신 우리 주님께 지금은 신성모독의 시대이고 비난의 시대입니다. 이 시대에, 곧 그리스도의 망명 시절에 주님 편에 서려고 하는 사람들은 용감한 자들입니다. 지금 그리스도의 대의를 붙들고서 그의 능욕을 지고 영문 밖에 계시는 그리스도께 나아가려고 하는 자들이 왕으로부터 보상을 받는 것은 당연한 일입니다. 지금 많은 비난자들로부터 심한 괴로움을 받고, 그리스도를 위하여 기꺼이 어리석은 자, 미친 사람, 혹은 천치라는 소리를 들을 수 있는 그가 진정 주 예수님의 편에 있는 사람입니다. 오늘날 자신이 그리스도인이라는 것을 공공연히 밝히고, 자기는 사람들이 "정통 신앙"이라고 부르는 방식을 따라 조상들의 하나님을 예배한다고 고백하기를 부끄러워하지 않는 사람들은 복이 있습니다. 여전히 구주의 보혈의 공로와 거듭나게 하시는 성령의 능력을 믿기를 부끄러워하지 않는 형제들을 만나는 것이 오늘날 우리에게는 적지 않은 도움이 됩니다. 기도를 믿고, 주께서 자기 백성을 위해 개입하실 것을 기대하는 소수의 사람을 우연히 만날 때 우리는 편안함을 느낍니다. 베냐민과 유다의 이 사람들처럼 기꺼이 요새에 계시는 그리스도께 가고, 비록 그의 대의가 쇠퇴하고 있을지라도 그 대의를 붙들며, 많은 사람들이 기회만 있으면 주님을 짓밟고 그리스도의 일과 대의를 비웃고 있는 때에 그리스도를 옹호하는 사람들은 복되다고 말씀드립니다. 나로서는, 그리스도께서 비방을 받는 지금보다 더 그리스도를 사랑한 적은 없다고 말씀드릴 수 있습니다. 그리스도의 진리가 세상 물정 밝은 사람들에게 조롱을 받기 때문에 그만큼 더 내게는 소중합니다.

　　내가 지금 말하려고 하는 대상은 바로 그리스도를 위하여 지원하려고 하는 사람들입니다. 본문을 우화로 생각할 때 여기에서 훌륭한 본보기를 첫 번째 제목으로 삼을 수 있을 것입니다. 사람들이 그리스도께서 인기가 떨어지고 있을 때 그에게 합류한다는 **훌륭한 본보기**입니다. 둘째로, 여기서 **신중한 조사**를 보게 됩니다. 다윗은 이 사람들이 오는 것을 보고서 즉시 팔을 벌려 받아들이지 않고, 한두 가지 질문을 묻기 전까지는 환영하는 것을 자제합니다. 그는 그의 병사 명부에 그들의 이름을 적기 전에 그들이 누구인지 알고자 합니다. 셋째로, 그들이 다윗의 질문에 답하여 "다윗이여 우리가 당신에게 속하겠고 이새의 아들이여 우리가 당신과 함께 있으리니 이는 당신의 하나님이 당신을 도우심이니이다" 하고 말할 때, 여기에서 다윗의 군대에 대한 아주 충심어린 가담을 볼 수 있습니다.

### 1. 첫째로, 여기에는 매우 훌륭한 본보기가 있습니다.

　　성령께서 이 설교를 듣는 많은 사람들을 인도하여 그 본을 따르게 해 주시기를 바랍니다.

　　첫째로, 베냐민과 유다의 이 사람들 가운데 많은 이들이 다윗이 하나님의 기름 부음 받은 자라는 것을 들었기 때문에 가서 다윗에게 합류하였습니다. 그들은 일찍이 사무엘이 다윗이 젊었을 때 라마에 가서 그를 사울 대신에 왕으로 삼기 위해 여호와의 이름으로 그에게 기름을 부은 것을 알았습니다. 그러므로 그들은 "하나님이 기름 부으신 자를 따르겠다"고 말하고, 다윗을 좇아 온 것입니다. 그들이 하나님께 순종할 생각이 있다면 다윗에게 충성을 바치는 것이 합당한 일이었습니다.

전능하신 주 하나님께서 "백성들 가운데서 택하신 사람"에게 기름을 부어 시온에서 그의 왕으로, 즉 영원히 하나님의 교회의 왕으로 세우셨다는 것이 여기에 모인 모든 사람의 믿는 바라고 생각합니다. 또한 그 백성 가운데 택하신 이가 다윗 가문의 나사렛 예수이시며, 그분은 사람으로서 하나님의 종이시지만 또한 하나님으로서 마땅히 하나님과 동등됨을 취할 수 있는 분이시라는 것이 우리의 믿는 바입니다. 나는 우리 모두가 이 교리, 즉, 주 예수께서 하나님의 기름 부으신 자이시며, 하나님의 말씀으로 그 안에 신성의 모든 충만이 육체로 거하시는 분이라는 이 교리를 확신한다고 믿습니다. 그렇다면, 하나님을 경외하는 사람들이 반드시 밟아야 할 다음 단계는 주님의 기름 부으신 자에게 가서 그를 따르는 것이라고 봅니다. 예수께서 메시야, 곧 하나님의 기름 부으신 자이시라면, 은혜롭고 올바른 모든 일에서 주님을 따르도록 합시다. 하나님께서는 주님을 하나님의 백성들에게 지도자와 군대장관으로 주셨습니다. 그러니 우리는 지체하지 말고 주님의 깃발 아래 모입시다. 하나님께서 예수를 임금과 구주로 기름 부으셨다면, 당장 그를 우리의 임금과 구주로 모십시다. 예수께 순종과 신뢰를 바치고, 공공연히 그를 우리의 임금과 구주로 인정합시다. "내가 진리를 말하는데도 어찌하여 나를 믿지 아니하느냐"(요 8:46). 이 말씀이 마음이 진실한 사람들에게는 반박할 수 없는 주장입니다. 여러분 가운데 누구든지 예수께서 사람들의 구주로 기름 부음을 받았다고 믿는다면, 여러분이 말은 그렇게 하고 실제로는 예수님을 구주로 영접하지 않는 것은 이치에 맞지 않는 행동이라고 말씀드립니다. 그러나 여러분이 올 뜻이 있다면, 지금 즉시 와서 이렇게 말하십시오. "다른 사람들은 자기 원하는 대로 하게 내버려두고, 나는 여호와의 기름 부으신 자의 충성스러운 종이 되겠습니다." 그리고 나서 올바르게 행동하고 합당한 봉사를 드리도록 하십시오. 내가 올바르고 분별 있는 사람들에게 이보다 나은 어떤 말을 할 수 있겠습니까? 여러분은 하나님께서 예수님을 기름 부어 세우셨다는 것을 믿습니다. 그러므로 여러분 스스로 예수님을 영접하십시오. 이 사람들이 하나님께서 다윗에게 기름을 부으셨기 때문에 다윗을 따랐다면, 여러분과 나는 하나님께서 나사렛 예수를 왕으로 기름 부어 세우셨다는 것을 믿기 때문에 우리가 하나님의 대의와 나라에 충성하는 자로 발견되도록 하기 위해서 그리스도를 따라야 하는 의무는 이들보다 무한히 더 강력한 것입니다. 사랑하는 청중 여러분, 나는 여러분 가운데 몇몇 분들을 생각하면 어찌해야 할지 모르겠습니다. 여러분은 예수님을 주님이라고 부릅니다. 그러면서도 주님께 순종하지는 않습니다. 여러분은 그리스도께서 구주이심은 인정하면서도 구원을 얻기 위해 그분을 의지하지는 않습니다. 이 점을 깊이 생각해 보기 바랍니다. 성령님께서 여러분을 인도하여 분별 있는 결심을 하도록 해 주시기 바랍니다. 예수께서 하나님의 기름 부으신 자이시라면, 예수님을 사랑하는 분으로 섬기도록 하십시오.

그 다음에, 이 사람들이 다윗을 따른 것은 그의 개인적인 탁월함 때문이었을 것입니다. 틀림없이 그들 가운데 많은 사람들이 그 이유로 다윗을 따랐을 것입니다. 일찍이 그들은 다윗이 젊었을 때 어떠했는지, 즉 고향에서 그리고 궁정에서, 군대에서 그리고 전쟁의 날에 어떠했는지에 대해 들었습니다. 그는 가는 곳마다 사람들이 탄복할 만하게 행동하였고, 이 전사들은 그에 대한 이야기를 들었던 것입니다. 이들 가운데 어떤 이들은 다윗이 얼굴이 붉은 소년이었을 때 물매와 돌을 가지고 이스라엘의 원수인 거인을 선두에 서서 쳐 거꾸러트린 일을 기억했을 것이 분명합니다. 아마도 그들은 다윗이 사울의 군대 장관으로 이스라엘 군대 앞에서 들어가며 나오며 지존하신 하나님의 이름으로 행한 모든 능한 일들에 대해서 들었을 것입니다. 그리고 그들이 다윗의 관대함과 정중함, 또 그를 흠모하게 만들고 당시 그 땅에서 아주 흔히 볼 수 있었던 약탈하는 무리의 지도자들과는 전혀 다른 사람으로 보게 만들었던 그의 많은 미덕들에 대해서 들었을 때, 열성적으로 자원하여 이새의 아들인 이 다윗의 충성스러운 부하가 되었다는 것이 이상한 일이 아닐 것입니다. 훌륭한 병사에게는 훌륭한 지휘관이 있어야 합니다. 훌륭한 지휘관에게는 훌륭한 병사가 따르기 마련입니다. 이 군인들이 다윗의 밑으로 들어갔을 때 바르게 판단한 것입니다.

그런데 내가 고귀한 정신을 소유한 여러분들에게 어떻게 주 예수 그리스도를 추천해야 하겠습니까? 일찍이 그와 같은 분이 있었습니까? 선한 사람들, 위대한 인물들, 용감한 사람들, 아름다운 사람들 가운데 누가 그와 견줄 수 있습니까? 주님은 사람들을 구원하기 위해 하늘 궁정을 떠나셨습니다. 사랑 때문에 주님께서는 영광을 떠나 자기 원수들의 구속자가 되신 것입니다! 그분은 사람의 모양으로 나타나셔서 죽으시되, 사람들을 사랑하여 십자가에서 죽는 데까지 나가셨습니다. 일생 동안 내내 주님은 여호와 자기 하나님을 위하여 지극히 거룩함과 의로움으로 용감하게 싸우셨고, 모든 시험을 물리치고 모든 악을 이기셨습니다. 그리고 마지막에는 죽음과 지옥과 친히 싸우시고, 자기 백성들을 위하여 악의 모든 권세를 무너뜨리기 위해서 십자가에 이르기까지 수고하셨습니다. 내가 그리스도의 얼굴을 그려서 여러분이 하나님의 눈에 보이는 대로 그 얼굴을 볼 수 있다면, 여러분은 모두 그리스도에게 반할 것입니다! 우리 가운데 몇몇 분들이 알고 있듯이 사람들 모두가 그리스도께서 참으로 선하시고, 참으로 은혜로우신 분이라는 것을 알 수 있으면 좋겠습니다. 사람들이 그 정도까지만 알더라도, 끝까지 저항할 사람은 아무도 없고, 임마누엘 왕께서 모든 사람들의 마음을 얻을 것이 확실합니다! 이 태버너클 예배당에 모이는 젊은이들과 허다히 많은 사람들이 그리스도의 지극히 뛰어나심을 조금이라도 안다면 즉시 자기 십자가를 지고 주님을 따를 것입니다. 사람들이 당장에 예수께 온다면 나는 더할 수 없이 기쁠 것입니다!

여러분 모두가 이렇게 말하는 것을 들으면 좋겠습니다. "우리도 주께서 멸시와 조롱을 받는 날에 주님과 함께 있을 것입니다. 이는 주님이 어떤 분이신지 알고, 그와 같은 분이 없다는 것을 알기 때문입니다. 주님은 우리의 임금이시고 군대 대장이 되실 것은, 그가 천만인의 우두머리이시고, 지극히 사랑스러운 분이시기 때문입니다." 그리스도께서 그러한 분이시며, 하나님에게서 받으신 기름 부으심에 지극히 합당한 분이시므로 나는 신병을 모집하는 그리스도의 하사관으로서 여기 있는 모든 분에게 그리스도를 추천합니다. 여러분 모두가 지금 당장 그리스도의 진실한 부하가 되었으면 좋겠습니다. 그리스도는 여러분 모두에게 사랑과 충성을 받으실 만한 분이기 때문입니다. 여러분이 안전하고 행복하게 되기를 원한다면 내 주님에게 와서 이제부터 그의 종이 되십시오. 여러분이 선한 싸움을 싸우기 원한다면, 이 영광스러운 "우리 구원의 대장"(히 2:10, 개역개정은 "구원의 창시자") 밑에 군인으로 들어가십시오.

용감한 사람들이 다윗의 군대에 들어가기로 결심한 세 번째 이유가 있었습니다. 그것은 다윗이 사울에게 지독하게 핍박을 받았다는 것이었습니다. 즉, 다윗이 그의 원수들에게 완전히 거짓 증거를 받고 심한 매도를 당하였다는 것이었습니다. 이 세상에는 온갖 아첨꾼들이 있습니다. 이들은 언제나 다수를 따라 갑니다. 이들은 다른 모든 사람이 말하는 것을 말하고, 그 시대의 풍조를 이끌어 가는 사람들을 본받습니다. 그들은 숨을 쉬는 것이든지 먹는 것이든지 일반적인 풍속을 그대로 따라 합니다. 자신들의 침을 삼키는 것조차도 그렇게 하도록 허락을 받기 전까지는 삼키려고 하지 않습니다. 아첨하는 사람들 가운데서 위대한 영혼은 거의 한 명도 찾을 수 없을 것인데, 현미경을 가지고 그들을 샅샅이 살필지라도 발견하지 못할 것입니다. 이들은 다윗이 요새에 있을 때 그에게 오려고 하지 않을 것이고, 다윗도 그들이 오는 것을 바라지 않을 것입니다. 반면에 소수 가운데 있기를 오히려 더 원하는 용감한 사람들이 있습니다. 그들은 자기 홀로 진리와 의의 편을 들어야 할지라도 전혀 개의치 않습니다. 그들은 아타나시우스와 같은 처지에 떨어졌다면 그와 같이 "나, 아타나시우스는 세상과 싸우노라"고 감연히 말했을 것입니다. 그들은 옳은 것을 알고, 그것을 굳게 지키기 때문입니다. 그들에게는 진리가 은 슬리퍼를 신고 걷든지 혹은 맨발로 진창길을 터벅터벅 걷든지 하는 것이 문제가 되지 않습니다. 그들이 관심을 갖는 것은 진리이지, 진리를 아름답게 보이게 하거나 흉하게 보이게 할 수 있는 복장이 아닙니다. 이런 사람들은 다윗이 올바른데 멸시를 받고 있기 때문에 용감하게 다윗의 편에 선 것입니다. 그들은 아주 많은 사람들이 나쁘게 말하였음에도 불구하고 다윗의 편을 좋아하였습니다.

　주 예수 그리스도께서 이 세상에서 지금도 별로 중요하게 여겨지지 않는다는 것은 슬프게도 사실입니다. 주님의 이름을, 아, 세상 사람들이 오늘날 주님의 이름을 사용하는 방식을 보면 넌더리가 납니다! 기독교 목사라고 하는 어떤 사람들은 부끄러운 줄 알아야 합니다! 그들이 그리스도를 믿지만, 그것은 왕권이 없는 그리스도, 속죄가 없고 심판의 보좌도 없으며 심지어 신성도 없는 그리스도입니다. 그들은 정통신앙적인 표현들로 우리의 흉내를 내는데, 거기에 핵심적인 진리는 빠져 있습니다. 그들은 속죄를 믿는 체합니다. 그들이 말하는 속죄를 들어보면, 우리는 그 속죄가 아무에게도 효력을 미치지 못한다는 것을 발견합니다. 그것은 순전히 허구에 불과하며, 사실이 아닙니다. 그들이 말하는 속죄는 아무도 구원하지 못하며, 가짜에 지나지 않습니다. 그들은 복음의 중요한 부분들을 빼버렸고, 그래서 껍데기뿐인 시체를 들고서 자기들이 여전히 그리스도인이라고 주장합니다. 그들은 기독교 신앙을 말살하는 그리스도인들입니다! 그들은 과연 믿어야 할 것이 있는지 의심하는 신자들입니다! 그런데 우리는 그런 반역자들을 자비심으로 품에 안으라는 부탁을 받습니다. 우리는 그런 짓은 결코 하지 않아야 합니다. 우리는 그리스도인인 체하면서 마음으로 믿지 않는 사람들 보다는 차라리 대놓고 무신론자로 자처하는 사람들을 믿는 것이 낫습니다. 소위 "현대 사상"이라고 하는 것은 노골적인 무신론보다 더 악합니다. 양가죽을 쓴 늑대가 진짜 늑대보다 더 악하듯이 말입니다.

신앙을 부인하는 사람들이 우리 주 예수께 대해 이야기하는, 넌더리나는 일들이 있습니다. 나는 진실하신 우리 주님을 거짓된 입술로 찬송하는 소리를 듣는 것이 딱 질색입니다. 그들은 우리 주님께서 가르치신 교리들을 부인하면서도 그리스도를 믿는 것에 관해 뭐라고 떠들어댑니다. 그것이 얄팍한 속임수이지만, 그럼에도 천박한 영혼들을 기만하는 일을 합니다. 마음이 둔한 불쌍한 사람들은 "저 사람이 예수님에 대해 저렇게 아름답게 말하는 것을 보니, 확실히 잘못된 사람일 리가 없어"라고 말합니다. 그것은 인자를 입맞춤으로 배신한, 옛날 유다의 계략입니다. 자기들이 배신하려고 하는 그분에게 찬양을 드린다는 것은 구역질나는 일일 것입니다. 그들이 정직하다고 생각하지 마십시오. 그들의 계획은 표면적으로 나타나는 것과는 전혀 다릅니다. 그들이 사람이신 그리스도를 찬양하는 것은 하나님이신 그리스도에게 굴욕을 주기 위함입니다. 즉, 그들이 그리스도의 생애와 모범을 칭찬하는 것은 그리스도의 속죄 제사를 도랑에 처넣기 위함인 것입니다. 그들이 하나님의 계시의 한 부분을 추켜세우는 것은 다른 부분을 내던지기 위함입니다. 그들이 그리스도의 발 앞에 웅크리고 앉는 것은 그리스도의 가슴을 찌르기 위함입니다.

나는 이 시간 내 자신이 그리스도의 도당이며, 시대에 뒤떨어진 그리스도의 모든 진리의 열성적인 지지자임을 공언합니다. 시대에 뒤떨어진 것일수록 나는 그만큼 더 좋습니다. 나는 어제나 오늘이나 영원토록 동일하신 그리스도의 편입니다. 나는 자신의 믿음을 증명하기 위해 심장의 피를 내어준 순교자들과 고백자들의 복음을 지지합니다. 나는 새로운 복음과 새로운 신학이라고 하는 것들을 끔찍이 싫어합니다. 오늘날 완전히 소멸되었다고들 말하는, 옛적부터 내려오는 바로 그 복음을 옹호합니다. 과학이 복음주의자들을 깨끗이 쓸어버렸습니다. 우리는 죽었습니다. 사라져버렸습니다. 그들이 우리에 대해 그렇게 말합니다.

그렇지만 우리는 무덤 속에서 몸을 뒤척입니다. 심지어 재 가운데서조차도 여느 때와 같은 우리의 불길이 살아납니다. 우리는 부활을 기다립니다. 진리가 밟힐 수는 있으나 으깨어져 사라지지는 않습니다. 은혜의 교리들을 사랑하는 사람이 단 한 사람만 살아있어도 그는 성령의 도움을 힘입어 세상에 충분히 우리의 거룩한 믿음의 진리들을 다시 보여줄 수 있을 것입니다. 그리스도와 그의 사도들이 가르친 영원한 진리는 죽지 않았습니다. 다만 잠자고 있을 뿐입니다. 여호와께서 손으로 한 번 건드리시면, 진리가 옛적의 그 모든 권능을 가지고서 일어나 사방을 둘러보며 적을 찾을지라도 찾을 수 없을 것입니다. 그렇습니다. 진리가 적들이 있었던 곳을 열심히 찾을지라도 적들이 보이지 않을 것입니다. 지금 멸시받고 조롱받는 편에 있기를 두려워하지 않는 사람들은 복이 있습니다. 진리는 반전(反轉)을 가져올 것입니다. 지금은 밑바닥을 기고 있을지라도 머지않아 꼭대기에 설 것입니다. 진리에 충성하는 자들도 그와 같은 복을 얻게 될 것입니다. 우리는 담대히 이렇게 말합시다. "나는 믿는 어리석은 자들 가운데 서고, 모든 것을 의심하는데 지혜가 있는 것으로 생각하는 자들 가운데 서지 않겠다." 하나님께서 우리를 지혜 자체를 믿는 데서 구원하여 주시고, 하나님을 믿는 지혜를 우리에게 더하여 주시기 바랍니다!

또 한 가지 말씀드리겠습니다. 이들이 다윗에게 온 것은, 다윗 앞에 큰 행운이 있다고 믿었기 때문입니다. 그들이 다윗에게 왔을 때 그는 망명자로서 매우 가난하였습니다. 앞에서 말했듯이, 법률상 보호를 박탈당한 사람, 곧 왕이 직접 그와 싸우고 있었기 때문에 자기 나라로 돌아갈 수 없는 사람이었습니다. 그렇지만 그들은 이렇게 말했습니다. "그가 앞으로 어떻게 될지는 아직 나타나지 않았다. 그러나 이 이새의 아들이 왕이 될 것이고, 그의 적들은 그에게 살려주기를 간청하게 될 것이다." 이렇게 다윗 앞에 펼쳐질 위대한 미래를 보고서 그들은 다윗이 높임을 받을 때 함께 높아질 수 있기를 원해서 현재 낮은 자리에 있을 때 그와 운명을 함께하려고 결심하였던 것입니다. 자, 나는 이 자리에게 계신 모든 분에게 이렇게 말할 수 있습니다. "나는 여러분이 다윗의 편, 곧 예수의 편으로 왔으면 좋겠습니다. 예수께는 위대한 미래가 있고, 이 땅에서도 받는 영광과 승리가 있기 때문입니다. 그리스도의 군대에 들어갈 이 기회를 내팽개치는 사람들은 장차 이것을 알고 이를 갈며 후회할 것입니다!" 사람들이 자기가 예수님의 군대에 들어가는 것을 무시해버린 것에 대해서 참으로 한탄할 것입니다! 그들이 하나님의 아들이라는 분에게서 본 진리와 의와 사랑을 위하여 끝까지 싸울 기회를 놓친 것을 영원히 후회할 것입니다. 사람들의 조롱을 견디며, 나사렛 예수께서 하나님의 아들이시요 사람들의 구주시라는 것을 공언하기를 거부한 것이 영원한 손실이 될 것입니다. "볼지어다 그가 구름을 타고 오시리라 각 사람의 눈이 그를 볼 것이라"(계 1:7). 믿기를 거부함으로 그를 찌른 자들은 화가 있을 것입니다. 주님께서 영원히 통치하시고, "할렐루야, 할렐루야"라는 외침이 땅에서 올라가고 또 하늘에서 내려올 것입니다. 주님께서 성부 하나님의 보좌에 앉으실 것이고, 그의 나라는 끝이 없을 것입니다. 그와 함께 있으며, 그의 영광을 보기를 원치 않는 사람이 누구입니까? 결단을 내리지 못하는 여러분, 그리스도와 운명을 함께하도록 하십시오! 그리스도의 대의가 세상 사람들에게 멸시를 받을 때, 그 앞에서 진심으로 그 대의를 지지하십시오. 그리스도와 함께 그의 수욕을 받는 자들은 그리스도와 함께 영광을 받을 것이기 때문입니다.

이런 것들이 내가 이 시간에 여기 서서 여러분 모두에게 예수 그리스도 우리 주의 편에 서라고 열심히 타이르고 간청하며 권하고 부탁하는 이유들입니다. 그분께 등을 돌리면 여러분에게 화가 있을 것입니다! 여러분이 중간 지대에 서려고 한다면 여러분에게 화가 있을 것입니다! 여러분이 뜨뜻미지근한 제자들이라면 여러분에게 화가 있을 것입니다! 기억하십시오. 그와 함께하지 않는 자들은 그를 반대하는 자들이라는 것을. 자기 십자가를 지고 그를 따르지 않는 사람은 그리스도께 합당하지 않은 사람이고, 그의 제자로 간주되지 않을 것입니다. 오늘 밤 이 자리에 있는 모든 분이 분명하고 확고하게 철저하고 지속적으로 예수 그리스도의 편에, 곧 평화의 왕이시요 장차 오실 왕이신 그의 편에 서 있으면 좋겠습니다! 저기 있는 친구, 내가 그대에게 직접 말합니다. 나는 그대가 지금 즉시 내 주 예수님이 주시는 옷을 입고 영원히 그의 종이 되었으면 좋겠습니다!

**2. 두 번째 제목인 신중한 조사에 대해서는 한두 마디만 하도록 하겠습니다.**

베냐민과 유다의 이 사람들이 다윗에게 왔고, 다윗은 전사로서 경계하며 그들을 만났습니다. 이때는 우정을 들먹이며 오는 사람들을 모두 덮어놓고 신뢰할 수 있는 시기가 아니었습니다. 베냐민 사람들은 사울과 같은 지파에 속해 있는 사람들이었습니다. 그러니 그런 사람들이 자기 지도자의 적인 다윗에게 와서 한패가 되겠다고 하는 것은 이상한 일이었습니다. 유다 사람들은 다윗을 배신하였던 그일라 사람들과 같은 지파에 속해 있었습니다. 그러므로 이 영웅은 조심하였고 신중하게 물었습니다. 우리 주 예수 그리스도께서는 제자들을 찾는 일에 혈안이 되어서 주님의 질문을 감당할 수 없는 사람들까지 병적에 올리는 일은 결코 하시지 않습니다. 주님은 밖에 나가서, 언뜻 보기에는 주님께 힘을 보태는 것 같지만 실제로는 주님을 약하게 만드는 이름뿐인 제자들을 무더기로 쓸어 모으는 일을 하시지 않았습니다. 주님께 자기를 드리겠다고 나서는 자들에게 주님은 이렇게 말씀하셨습니다. "그 비용을 계산하라"(눅 14:28). 한 사람이 "주여, 어디로 가시든지 나는 따르리이다" 하고 말합니다. 예수께서는 그때 그 자리에서 그 사람을 병적에 편입시키지 않고 조용히 이렇게 대꾸하십니다. "여우도 굴이 있고 공중의 새도 집이 있으되 인자는 머리 둘 곳이 없도다"(눅 9:57,58). 주님은 제자들을 원하시지만, 올바른 제자들을 원하십니다. 그러므로 주님께서는 사람들을 속이고, 그들이 오래지 않아 포기할 진로에 갑작스럽게 뛰어들도록 부추기시지 않습니다. 주님은 신병을 모집하는 하사관이 용감한 소년들에게 그들이 누릴 모든 영광을 이야기해 주고 그들 손에 1실링을 쥐어주어 그들이 꼼짝못하고 여왕 폐하의 돈을 받아 그의 종이 되도록 하듯이 하시지 않습니다. 이 하사관은 전쟁의 상처와 병원의 고통에 대해서는 별로 말하지 않습니다. 그는 의족(義足), 팔이 부러지고 눈을 잃는 것 등에 대해서는 길게 이야기하지 않습니다. 그렇게 하지 않습니다. 그는 즐거움, 승리, 연금, 영광에 대해 구구절절이 이야기합니다. 우리의 위대한 지휘관은 이 문제에서 협력자들을 속여 함정에 빠트리시지 않습니다. 주님은 자신에 대한 봉사에 있어서 최악의 일을 먼저 진술하고, 사람들에게 스스로 나서서 지고 가겠다고 하는 그 짐을 질 수 있는지 생각해 보라고 말씀하십니다. 나는 이 문제에서 내 주님을 본받고 싶습니다. 나는 그동안 여러분에게 주님의 깃발 아래 모이라고 주장하였습니다. 그러나 동시에 여러분에게 신중하게 묻겠습니다.

자, 다윗이 그들에게 무엇이라고 말했는지 봅시다. 그는 그들에게 올바른 길을 제시하였습니다. 다윗은 "만일 너희가 평화로이 내게 와서 나를 돕고자 하면 내 마음이 너희 마음과 하나가 될 것이라"고 하였습니다. 여러분이 그리스도의 백성들에게 합류하고 여러분의 이름이 그들과 함께 헤아려지기를 원한다면, 중요한 한 가지 질문은 이것입니다. 여러분이 그리스도에게 오는가? 여러분이 먼저 자신을 그리스도께 드리고 후에는 그의 백성들에게 주는가? 다윗은 "만일 너희가 내게 온다면"이라고 말합니다. 그들이 이렇게 대답하였다면 소용이 없었을 것입니다. "우리는 당신과 함께 있는 사람들 가운데 어떤 이들을 좋아해서 왔습니다." 다윗은 말합니다. "아니라, 만일 너희가 내게 온다면 내 마음이 너희 마음과 하나가 될 것이라. 다른 이유로 온다면 안 될 것이다." 친구 여러분, 여러분은 그리스도께 옵니까? 여러분은 예수께서 여러분의 지도자라고 확신합니까? 여러분이 그리스도께 오지 않는다면 자신을 그리스도인이라고 말하지 마십시오. 그리스도는 기독교 신앙의 정수이기 때문입니다. 그리스도께 온다는 것은 이것입니다. 자신의 죄를 고백하고 그리스도를 자기 죄를 짊어지고 가는 분으로 알고 바라보며, 여러분의 미래를 맡기고, 온 영혼으로 그를 신뢰하는 것입니다. 여러분은 단순하고 진실되며 순전한 믿음으로 예수께 정말로 오십시오. 여러분은 그런 믿음이 있습니까? 그분을 완전히 여러분의 구주로 삼아야 합니다. 부분적으로만 여러분의 구주로 모셔서는 안 됩니다. 그리스도께서 처음부터 끝까지, 위에서부터 밑바닥까지, 모든 점 모든 면에서 여러분을 구원하시도록 해야 합니다. 그것이 여러분의 마음이라면, 빨리 오십시오. 그러면 우리 군대가 여러분이 옴으로 인해 그 수가 늘어난 것을 보고 기뻐할 것이기 때문입니다. 여러분이 이런 태도로 우리 주님께 오지 않는다면, 우리에게 오지 않도록 하십시오. 여러분이 옴으로써 우리에게 도움을 주지도 않고 여러분도 그로 인해 도움을 얻지도 못할 것이기 때문입니다.

그 다음에 다윗은 이 단서를 붙입니다. "너희가 평화로이 내게 온다면." 이것은 필요한 조건이었습니다. 어떤 사람들은 흠잡기 좋아하고 싸우기 좋아하기 때문입니다. 어떤 사람들은 그리스도께 오겠다고 하면서 처음부터 그리스도와 싸웁니다. 그들은 그리스도와 타협하려고 하고, 그의 백성과 논쟁할 생각으로 옵니다. 그들은 처음부터 불만을 품고 있고 흠을 잡기 좋아하며, 겸손히 그리스도와 그의 백성들과 연합하기보다는 그리스도와 그의 대의에 선심을 쓰는 체합니다. 그들은 하나님께서 자기 백성들을 생각하시는 것의 절반만큼도 하나님의 백성들을 중요하게 생각하지 않습니다. 나는 사람들이 "아, 아무개 씨 있잖아? 그 사람이 그래서는 안 되지. 그런 사람이 교인이라니" 하고 말하고는, 이 점에 대해서 흠을 잡고 저 점에 대해서 흠을 잡기 시작한 것을 들을 때면 속으로 이렇게 말합니다. "저 비평가는 진실한 친구가 아니다." 교회는 완전한 곳이 아닙니다. 그렇지만 교회의 결점들을 지적하는 데서 즐거움을 찾는 사람은 화가 있을 것입니다. 그리스도께서 자기 교회를 사랑하셨으니 우리도 그렇게 합시다. 주님께서 는 잘못을 찾으려 들면 나보다 교회의 잘못을 더 많이 찾으실 수 있다는 것은 확 실합니다. 그런데 주님께서는 교회의 잘못을 자신의 사랑으로, 곧 허다한 죄를 덮는 사랑으로 덮으시기 때문에 전혀 잘못을 보시지 않는다는 것도 또한 확실합 니다. 주님께서는 자기 백성의 모든 허물을 씻어내는 보혈로써 교회의 모든 더 러움을 제거하십니다. 나는 주님이 창세전부터 사랑하신 사람들에게서 잘못을 찾으려는 생각을 감히 하지 않습니다. 내 자신의 잘못을 찾고 제거하는데 내 모 든 시간이 필요하다는 것을 안 이후로는 더욱더 그런 생각을 하지 못합니다. 여 러분이 흠이 없는 사람이라면 나는 여러분에게 그리스도의 교회에 가입하라고 권하지 않습니다. 여러분이 교회에서 여러분과 같은 사람을 아무도 찾지 못할 것이 확실하기 때문입니다. 여러분이 완전한 사람을 발견할 때까지는 교회에 가 입하지 않는다면, 여러분이 하늘 이편에서는 결코 교인이 되지 못할 것입니다. 한 마디 덧붙이자면, 만일 그런 교회가 있다면, 여러분의 이름이 그 교회 교인 명부에 기록되는 순간, 그 교회는 더 이상 완전한 교회가 되지 못할 것입니다. 여러분의 존재가 그 교회의 완전성을 깨트릴 것이기 때문입니다. 여러분이 흠을 찾고, 이것저것 물으며 잘못을 찾기 위해 교회에 올 생각이라면, 그냥 지나가서 다른 군대에 들어가기 바랍니다. 그러나 여러분이 평화로운 태도로 우리 주님과 우리에게 온다면, 나는 여러분을 진심으로 환영합니다. 우리는 특출 나기를 좋 아하는 사람들, 성격이 불 같은 사람들, 용서하지 않는 사람들, 교만한 사람들, 질투심이 강한 사람들, 싸우기를 좋아하는 사람들은 그리스도의 군대에 불러들 이고 싶지 않습니다. 우리는 오직 그리스도의 마음을 지닌 사람들만 원합니다. 평화로이 오십시오. 그렇지 않으면 아예 오지 마십시오.

그 다음에 다윗은 또 이렇게 말합니다. "만일 너희가 평화로이 내게 와서 나 를 돕고자 하면." 여러분은 이 점에 마음을 쓰고 특별히 유의하기 바랍니다. 그리 스도와 한패가 되는 사람들은 그의 전투에 가담해야 하고, 그의 수고와 그의 자 기희생에도 함께 해야 합니다. 우리는 도움을 받기 위해서뿐만 아니라 도움을 주기 위해서도 주님의 교회에 와야 합니다. 여러분이 싸울 생각이 없다면 이 군 대에 들어오는 것은 소용없는 일입니다. 여러분이 거룩한 전투에서 자신의 몫 을 감당하려고 하지 않는 한, 그리스도의 군대에 합류하는 것은 무익한 일입니 다. 그런데 많은 사람이 이 사실을 잊고, 신앙생활을 자기본위적인 종교 생활로 간주합니다. 아주 많은 사람들이 복음의 쟁기질을 싫어합니다. 그들은 "아, 그만" 하고 말합니다. 그들은 말을 타고 가고 싶어 합니다. 그렇습니다. 하지만 농부는 그런 친구들을 탐탁하게 생각하지 않습니다. 그들은 말을 끌고 가든지 아니면 쟁기를 잡든지, 아니면 어떤 일이든지 해야 합니다. 그렇지 않으면 여기서 손을 떼야 합니다. 물론 나는 지금 병들고 약한 사람들을 두고 말하는 것이 아닙니다. 하지만 싸울 수 있는 사람은 모두 전쟁에 나가야 합니다. 교인이면 누구나 받을 뿐 아니라 해야 하는 일이 있습니다. 그리스도의 교회에 가입하는 사람들은 교인들에게 이끌림을 받을 뿐 아니라 다른 사람을 끌어주어야 하고, 먹을 뿐 아니라 일도 해야 합니다. "누구든지 일하기 싫어하거든 먹지도 말게 하라"(살후 3:10)는 이 규칙은 모든 개인에게 적용되어야 하듯이 그리스도의 교회에도 적용됩니다. 그리스도를 위해 일하지 않는 사람들은 자기가 하나님의 집에서 양식을 먹지 못한다는 것을 곧 발견하게 될 것입니다. 그런 사람들이 양식을 먹어야 할 이유가 있겠습니까? 나는 게으름뱅이와 늦잠꾸러기들에게 음식을 가져다주는 것이 내 직무라고 생각하지 않습니다. 차라리 돼지에게 가져다주겠습니다. 우리 가운데 손 하나 까닥하지 않는 사람들은 우리에게서 내보내야 마땅합니다. 여러분이 평화로이 와서 우리를 돕고자 한다면 나의 두령을 대신해서 여러분에게 환영의 말을 하겠습니다. 그러나 여러분이 정말로 우리를 도울 뜻이 없다면 그냥 계속 걸어서 지나가십시오.

그 다음에 생각해 볼 세 가지 질문이 있습니다. 여러분이 그리스도에게 와서 그분을 영접할 뜻이 있습니까? 그렇다면, 빨리 오십시오. 여러분의 그리스도인 형제들 가운데서 평화를 지킬 마음을 갖고 오는 것입니까? 그렇다면, 오십시오. 주 예수 그리스도께서 그의 진리를 널리 전파하는 일을 도울 뜻을 갖고 옵니까? 그렇다면, 오십시오. 환영합니다. 주님께서 여러분과 그리고 우리와 함께하시기를 구합니다!

여러분은 예수께서 자기에게 바르게 오는 여러분에게 무엇이라고 말씀하시는지 압니까? "내 마음이 너희 마음과 하나가 될 것이라." 내가 아마새였더라면, 아마새가 자기와 자기의 형제들이 마음과 영으로 다윗과 한 무리가 되기 위해 왔다고 진심으로 밝혔을 때 느꼈던 것과 똑같이, 나도 그렇게 말을 했다면 성령님이 내게 임하는 것을 느꼈을 것입니다. 다윗이 따뜻한 애정을 품고서 "내 마음이 너희 마음과 하나가 될 것이라"고 말했는데, 이처럼 따뜻하고 애정 어린 태도는 다윗에게 매우 자연스러운 것이었습니다. 주 예수 그리스도께서 이같이 말씀하신다면 여러분의 가슴이 뛰지 않겠습니까? "네가 내 대의를 지지하려고 하느냐? 나를 네 지도자로 영접하려느냐? 네가 와서 내 백성들과 한 무리가 되겠느냐? 그렇다면 내 마음이 너희 마음과 하나가 될 것이라." 이것은 참으로 매력적인 약속입니다! 이 약속은 참으로 긴밀한 영혼의 결합을 나타내 보입니다! 나는 뜨개질에 대해서 별로 알지 못합니다. 여러분 가운데 잘 아는 사람들이 있을 것입니다. 사물들을 함께 짜는 것은 단지 하나로 연결하는 것이 아니라 사물들이 하나가 되는 것입니다. 그것은 기계로 함께 꿰맨 것이어서, 실을 뽑으면 여러 조각으로 나뉠 수 있는 것이 아닙니다. 그것은 함께 짜서 한 덩어리가 되고 한 직물이 되며 한 물체가 되는 것입니다. 참으로 신실한 여러분, 오십시오. 여러분이 그리스도와 함께 굳게 결합될 것이고, 그리스도의 마음이 여러분의 마음과 하나가 될 것입니다. 여러분이 다시는 그리스도와 떨어지지 않을 것입니다. 하나님 백성들의 마음이 서로 굳게 결합될 때 그것은 위대한 일입니다. 그러나 그들의 마음이 그리스도의 마음과 하나가 되고 그리스도의 마음이 그들의 마음과 하나가 될 때, 그것은 가장 위대한 일입니다. 마음이 진실한 여러분, 이리로 오십시오. 여러분의 주님과 운명을 함께하십시오. 그리스도의 마음이 여러분과 하나가 되는 것이 여러분이 그리스도의 군대에 들어오는 것에 대한 충분한 보상이 되지 않습니까? 나는 주님의 사랑을 얻는 이것이 지상에서의 천국이라고 생각합니다. 여러분은 내 말에 동의하지 않습니까?

다윗이 어떻게 그 일의 다른 면을 들어서 그들에게 **잘못된 길**을 이야기하는지 보십시오. "만일 너희가 나를 속여 내 대적에게 넘기고자 하면 내 손에 불의함이 없으니 우리 조상들의 하나님이 감찰하시고 책망하시기를 원하노라." 사람들이 주 그리스도를 그의 원수들에게 넘겨주기 위해 교회에 가입하려고 합니까? 나는 현재 교회에 나오는 사람들의 목적이 그렇다고 말하는 것이 아닙니다. 하지만 그동안 아주 많은 사람들이 마치 처음부터 그리스도와 그의 진리의 배반자인 것처럼 행동하였습니다. 그들은 교회에 들어왔으나 그리스도를 그의 원수들에게 팔았습니다. 그들은 우리의 대열에 들어오도록 허용됨으로써 반역하는 일을 도모할 수 있었습니다. 어떤 사람들은 복음의 교리들을 포기함으로써 이런 일을 하였습니다. 그들은 이런저런 잘못된 생각에 빠져 복음을 부인하였고 약한 자들을 무너뜨리고 강한 자들은 흔들어댔습니다. 또 어떤 이들은 앞뒤가 맞지 않는 생활을 함으로써 스스로 그리스도의 십자가의 원수임을 드러냈습니다. 그래서 사람들은 그들을 손가락질하며 말했습니다. "당신도 알다시피, 저 사람들은 그리스도의 제자들이야. 그런데 저들은 야비하기 짝이 없는 불량배들이 하듯이 거짓말하고 속이고 돈벌이를 해." 그들은 자기가 그리스도인이라고 말하지만, 여러분은 장사에서 그들을 신뢰하지 못합니다. 그들은 전혀 그리스도인이 아닌 것처럼 방탕하고 세속적이며 부정직합니다. 나는 그들이 전혀 그리스도인이 아니고, 가룟 유다처럼 파멸의 자식이 아닌가 하는 의심이 듭니다. 어느 시대에나 배교로써 주 예수님을 배반하는 사람들이 있습니다. 그들은 한동안 잘 달리다가 지체합니다. 무장을 하고 활을 들고서 전쟁의 날에 뒤로 물러갑니다. 그들은 뿌리까지 뽑힌 완전히 죽은 나무입니다. 그처럼 가슴이 찢어질 듯한 슬픈 경우들이 모든 교회에서, 곧 사람들이 전면에 나타나 그리스도를 위하여 큰 봉사를 할 것처럼 하다가 주님을 버리고, 주님의 백성들과 더 이상 동행하지 않으며 그리스도의 길로도 행하지 않고, 심지어 자기들이 그리스도와 연합되었고 그의 대의와도 연합되었다는 것을 부인하기까지 하는 모든 곳에서 일어납니다. 그들은 그리스도께 상처를 냅니다! 그리스도를 공공연히 부끄럽게 만듭니다! 그들에게 화가 있을 것입니다! 나는 슬픈 일이지만 단호하게 이 말씀을 드립니다.

이 자리에 장차 이유가 어찌 되었든지 간에 의도적으로 구주님을 배반할 사람이 여기 있다면, 주님께서 그에게 자비를 베풀어 주시고 그가 우리 교회에 가입하는 것을 막아 우리가 부끄러움과 슬픔으로 무너지지 않도록 해 주시기를 바랍니다. 마음이 진실한 사람들, 우리는 여러분을 초대합니다! 마음에 열의가 없고 변덕스러운 사람들, 우리는 여러분을 피하겠습니다! 그래도 그런 사람들이 틀림없이 오고, 앞으로도 올 것입니다. 그러면 우리가 그들에게 해줄 수 있는 말이 무엇이겠습니까? "우리 조상들의 하나님이 감찰하시고 책망하시기를 원하노라." 예, 하나님께서 그들이 우리 옆구리에 가시가 되지 않도록 그들을 책망하여 막아 주시기 바랍니다.

시간이 부족해서 이제 설교를 끝내야 하겠습니다.

### 3. 셋째로, 본문에서 보는 충심 어린 입대(入隊)에 대해 설명하겠습니다.

이 용감한 사람들의 두령은 성령이 자기에게 임하는 것을 느꼈고, 그래서 다윗이 이야기했을 때 그랬던 것처럼 그 역시도 따뜻한 마음으로 "다윗이여 우리가 당신에게 속하겠고 이새의 아들이여 우리가 당신과 함께 있으리니 원하건대 평안하소서 당신도 평안하고 당신을 돕는 자에게도 평안이 있을 것이라"고 하였습니다.

그는 이렇게 말을 시작하였습니다. "다윗이여 우리가 당신에게 속하겠고." 자, 바로 그것이 교회에 가입하려고 하는 사람들에게 내가 바라는 첫 번째 말입니다. "예수여, 우리가 당신에게 속하였습니다. 우리는 우리 자신의 것이 아니라 값으로 산 것이 되었습니다"(고전 6:20). 그리스도의 피로 값 주고 사신 바된 사람이 자기가 그리스도께 속하였다고 공언하는 것은 당연한 일입니다. "너희가 대속함을 받은 것은 은이나 금 같이 없어질 것으로 된 것이 아니요 오직 그리스도의 보배로운 피로 된 것이니라"(벧전 1:18,19). 자, 여러분이 정말로 그리스도로 말미암아 구속함을 받은 사람이라면, 여러분이 절대적으로 주님의 것이라고 고백하기를 바랍니다. 전심으로 이렇게 노래하기를 바랍니다.

"나의 모든 것, 그리고 내게 있는 모든 것은 영원히 주님의 것일세."

그렇게 노래만 하지 말고, 그 말대로 실천하십시오. 여러분의 삶을 통해서 예수여, 우리가 주께 속하였나이다라고 말하도록 하십시오. 우리는 우리에게 있는 어떤 것도 자신의 것으로 생각하지 말고, 모든 것을 주님께서 쓰시도록 주께 드립시다.

그리고 아마새는 이 말을 덧붙였습니다. "이새의 아들이여 우리가 당신과 함께 있을 것이라." 우리가 그리스도께 속해 있다면, 당연히 우리는 그 형편이 어떠하든지 간에 그리스도에게 있어야 합니다. 종교에서, 도덕에서, 정치에서 우리는 그리스도의 편입니다. 학식 있는 자들의 편이 있고, 무지한 자들의 편이 있습니다. 우리는 어느 편도 아니고 그리스도의 편에 있습니다. 모든 정치적인 문제에서 우리는 그리스도의 편에 있기를 바라고 또 마땅히 그래야 합니다. 우리는 이 정당에 속하지 않고 저 정당에도 속하지 않으며, 다만 정의와 평화와 의의 편에 있습니다. 모든 도덕적인 문제에서 우리는 그리스도의 편에 있어야 합니다. 모든 종교적인 문제에서 우리는 유력한 사상의 편이 아니고 유행하는 견해의 편도 아니며 이득을 보는 편도 아니고 그리스도의 편에 있습니다. 여러분은 이것을 하나님의 계시로 삼으십시오. "예수님이시라면 어떻게 하실까?" 사람들이 말합니다. 가서 저것을 하라. 그러면 이렇게 물어야 합니다. 예수님이시라면 어떻게 생각하실까? 사람들이 말합니다. 가서 저것을 생각해 보라. 그러면 이렇게 생각해야 합니다. 예수님이시라면 내가 어떤 사람이 되기를 원하실까? 하나님께서 여러분이 바로 이와 같이 말하도록 해 주시기를 구하십시오. "다윗이여 우리가 당신에게 속하겠고 이새의 아들이여 우리가 당신과 함께 있을 것이라."

　　그 다음에 아마새는 또 이 말을 덧붙였습니다. "원하건대 평안하소서." "원하건대 평안하소서 당신도 평안하고." 그에게 갑절이나 평안이 있기를 빕니다. 우리는 주 예수 그리스도께 그같이 말합니다. 우리는 마음으로 주님께 인사하고 주님께 평안을 빕니다. 찬송 받으실 주님이시여, 우리는 주님과 완전히 하나가 될 만큼 주님과 사이가 좋습니다. 주께서 말씀하시는 것을 우리는 믿고, 주께서 행하시는 것을 칭송하며, 주께서 명하시는 것을 순종합니다. 주께서 요구하시면 우리는 단념하고, 주께서 금하시면 그만둡니다. 우리는 전적으로 주님을 따르고, 주님의 모든 목적과 계획, 행동을 따르며 주님의 뜻을 온전히 따릅니다. "원하건대 평안하소서 당신도 평안하소서."

　　"당신을 돕는 자에게도 평안이 있을지니." 우리는 선한 모든 사람들에게 모든 선이 임하기를 바랍니다. 평화로운 자들에게는 평안이 있기를 기도합니다. 회심한 그 날, 우리는 자신이 모든 그리스도인을 사랑한다는 것을 느꼈습니다. 나는 처음으로 설교했던 작은 촌락에 가서 이렇게 말하곤 하였습니다. 나는 그 촌락에 있는 주민들을 너무 사랑해서 만약 그 촌락에서 나오는 개를 보았다면 뼈다귀를 던져주었을 것이라고 말입니다. 여러분은 주님의 모든 백성들에게 그런 애정을 느끼지 않습니까? 그런 뜻의 속담도 있습니다. "아내가 예쁘면 처갓집 말뚝 보고도 절한다." 여러분이 그리스도를 사랑하면, 그의 백성들 가운데 지극히 낮은 사람도 사랑하게 된다는 것입니다. 그렇습니다. 만일 예수님께 개가 있다면 여러분은 그리스도 때문에 그 개를 사랑할 것입니다. 틀림없이 그럴 것이라고 확신합니다. 어떤 사람이 항상 다른 사람의 트집을 잡는다면, 나는 그에게 그리스도의 영이 없고, 따라서 전혀 그리스도의 사람이 아니지 않을까 하는 생각이 듭니다. 나는 고슴도치에 비유할 수 있는 사람들이 있다는 것을 압니다. 그들은 아무도 만질 수가 없습니다. 온통 가시뿐입니다. 그런 사람들은 스스로에 대해서 좋게 생각하는데, 사랑하는 예수께서 그들을 좋게 생각하시지 않을까 걱정입니다. 성미가 급하고 마음이 신랄한 사람, 그런 사람이 예수님의 친구입니까? 나는 그와 같은 성격이 예수 그리스도의 가슴에 있으리라고 생각할 수 없습니다.

사랑하는 친구 여러분, 사랑하는 사람은 하나님에게서 났고, 미워하고 악의를 품은 사람은 하나님에게서 나지 않았습니다. 주여, 내게 비둘기의 눈을 주시고 까마귀의 눈을 주지 마소서. 비둘기가 공중으로 높이 오를 때, 무엇을 찾겠습니까? 자기 집을 찾지 않겠습니까? 사랑스러운 보금자리를 찾으면 비둘기는 날개를 힘차게 움직여 번개처럼 날아갑니다. 그 보금자리에 자신의 기쁨이 있기 때문입니다. 여러분이 까마귀를 공중으로 날려 보내면 까마귀는 자기가 먹고 살아갈 더러운 것을 찾을 것입니다. 그리스도의 교회마다 멀리까지 잘도 내다보는 눈을 가지고 언제나 이런저런 지저분한 추문거리를 찾는 사람들이 있습니다. 여러분이 집에 가도 마음이 불편하여 뜬 눈으로 밤을 새우고 싶다면, 여러분이 교회의 목사라면, 이런 유의 친구와 몇 분만 이야기를 나누어 보십시오. 이들은 조사해야 할 어떤 문제가 있는지 냄새를 맡는 사람들입니다. 문제를 조사해 보면 아무것도 알아내는 것이 없습니다. 그러면 조사하는 과정에서 몹시 짜증이 납니다. 추문을 퍼트리는 이 사람들은 다음 날 아침이면 혀를 쉬지 않고 놀려댈 새로운 이야깃거리를 확보할 것입니다. 사람을 화나게 만드는 이런 사람들이 우리에게는 없게 해 주시기를 바랍니다. 우리 가운데 오는 자들은 언제나 "당신을 돕는 자에게도 평안이 있을지니라"고 말할 줄 아는 사람들이기를 바랍니다. 어떻게 해서 돕든지 간에 나는 그리스도를 돕고 싶습니다. 어디든지 조금이라도 그리스도를 아는 곳에 있으면 내 마음은 안식을 누릴 것입니다. 이 교회가 크게 부흥했으면 좋겠습니다! 친절하고 애정이 있으며 화해를 도모하는 사람들이 있는 모든 교회들이 크게 부흥했으면 좋겠습니다!

그들이 다윗에게 한 마지막 말은 "이는 당신의 하나님이 당신을 도우심이니이다"라는 것이었습니다. 나는 이 마지막 문장을 굳게 간직하도록 하겠습니다. 나는 이 말씀을 내 몫의 양식으로 여기고 먹고 싶습니다. 여러분은 곡식을 밟아 떠는 소의 입에 재갈을 물려서는 안 됩니다. 이 시간 나는 그 소입니다. "당신의 하나님이 당신을 도우심이니이다." 하나님께서 다윗의 자손인 우리 주 그리스도를 돕고 계시다는 것을 생각하면 얼마나 기쁜지 모릅니다. 자연과 섭리의 하나님의 모든 능력이 작용하여 은혜의 주님을 돕고 있습니다. 제 궤도를 따라도는 별들이 우리의 임마누엘을 위하여 싸우고 있습니다. 모든 것이 그리스도의 나라의 전진을 위하도록 통치를 받고 있습니다. 우리는 수단과 이집트에 관한 소식을 듣고 떱니다. 그러나 우리가 모든 것을 알 수 있다면 틀림없이 기뻐할 것입니다. 우리 가운데 아무도 어떤 일이 일어날지 모릅니다. 나는 선지자가 아니고 선지자의 후예도 아닙니다. 그러나 감히 예언하자면, 재난과 참화에 의해서조차도 우리 주님께서 오실 수 있도록 산들이 평평해질 것이라고 말씀드립니다. 이렇게 이질적인 모든 것이 마지못한 결합으로 섞이기 때문에 거짓 선지자의 제국과 그 제국을 모방하는 나라가 더욱 빨리 해체될 것입니다. 나는 언제 혹은 어떻게 그 일이 일어날지 모릅니다. 그러나 주님의 뜻은 지속될 것이고, 주님은 기뻐하시는 바를 모두 행하실 것입니다. 바다가 미친 듯이 사납게 소리지를 때, 주님께서 사나운 비바람의 입에 재갈을 물리고 폭풍우를 고삐로 제어하십니다. 여호와께서는 바다의 소동 가운데서도 자신의 갈 길을 내십니다. 혼란과 소동이 도처에서 세력을 떨치고, 옛적의 혼돈이 다시 돌아오는 것처럼 보일 때, 이 모든 것은 길들여지지 않은 질서의 한 면이 나타나는 것일 뿐입니다. 지금 하나님의 아들의 전차를 더욱 가까이 끌어 오고 있는 바퀴가 참으로 빠르고 확실하게 돌아갑니다!

여러분은 하나님과 함께 그리스도를 모시고 있는 "백성들의 인도자와 명령자"(사 55:4, 개역개정은 "만민의 인도자와 명령자")와 운명을 같이하십시오. 여호와 하나님께서 그리스도의 대의에 관여하고 계시다는 것은 그리스도 대의의 영광입니다. 웨슬리 목사가 죽어가면서 한 말은 "최고의 사실은 하나님께서 나와 함께 계시다는 것이다"는 것이었습니다. 그 진리를 되풀이하면서 나는 마음속으로 이렇게 소리칩니다. "할렐루야! 여호와의 이름을 찬송하라!" 하나님의 그리스도시여, 당신의 하나님 여호와께서 당신을 도우십니다. 여호와께서 주의 손의 수고를 인하여 크게 기뻐하실 것입니다. 주님은 통치하셔야 합니다. 성부 하나님께서 주께 그 사실을 단언하십니다. 주께서 큰 자와 분깃을 나누고 강한 자와 전리품을 나누실 것입니다. 이는 주께서 자기 영혼을 죽음에 내어주셨고 자기 영광이 먼지 속에 뒹굴도록 허락하셨기 때문입니다. 그리고 주님은 부활하여 영광 가운데 들어가셨습니다. 그러므로 주님은 통치하셔야 합니다. 여호와께서 기름 부으신 이시여, 주의 왕권은 영원할 것입니다!

오늘 밤 주의 종들이 다윗의 자손이신 주께 인사드립니다. 몸을 상하신 그리스도시여, 우리가 못 자국에 손을 대고 "나의 주 나의 하나님이여"라고 말합니다. 부활하신 그리스도시여, 우리는 하늘이 주님을 영접할 때 위를 올려다보고 경배합니다. 승천하신 그리스도시여, 우리가 당신의 발 앞에 앉아 말씀드립니다. "임금과 구주로 기름 부음을 받은 다윗의 자손이여 우리가 당신에게 속하겠나이다." 장차 오실 그리스도시여, 우리가 당신의 나타나심을 기다리며 지켜봅니다! 주의 백성에게 빨리 오소서! 아멘. 아멘.

제
4
장

—

# 웃사의 교훈

—

"다윗과 이스라엘 온 무리는 하나님 앞에서 힘을 다하여 뛰놀
며 노래하며 수금과 비파와 소고와 제금과 나팔로 연주하니."
– 대상 13:8
"그 날에 다윗이 하나님을 두려워하여 이르되 내가 어떻게 하
나님의 궤를 내 곳으로 오게 하리요." – 대상 13:12
"이에 다윗과 이스라엘 장로들과 천부장들이 가서 여호와의 언
약궤를 즐거이 메고 오벧에돔의 집에서 올라왔는데." – 대상
15:25.

　　다윗은 하나님께 대한 뜨거운 사랑이 있었습니다. 사울의 통치 기간에는 하
나님이 그 땅에서 거의 잊혀졌습니다. 하나님의 전의 규례들이 완전히는 아니라
할지라도 거의 무시되었습니다. 그래서 다윗이 자신의 왕위가 굳건해진 것을 알
았을 때 그에게 첫 번째로 든 생각 한 가지는 신앙의 부흥, 곧 하나님께서 광야
에서 그의 종 모세의 입을 통해 규정하신 예배의 형식을 회복하는 일이었습니
다. 그래서 그는 고대의 상징물들 가운데 가장 신성한 것인 언약궤가 어디 있는
지 알아보기 위해 주변을 둘러보았습니다. 그리고 그는 이렇게 썼습니다. "우리
가 그것이 에브라다에 있다 함을 들었더니 나무 밭에서 찾았도다"(시 132:6). 하
나님께 대한 순수한 사랑과 공경심에서 그는 백성들을 불러 모으고 그들과 함께
상의하였는데, 이는 그 일을 자기 혼자서 하지 않고 온 민족이 함께 하기 위해서

였습니다. 언약궤를 가져와 왕궁 근처 시온 산에 두자는 것에 모든 백성이 동의
하였습니다. 그곳은 온 백성을 위한 신앙 예배의 중심지가 될 확실한 곳이었습
니다. 언약궤는 옛적에 아브라함이 아들을 바친 신성한 장소 가까이에 두어야
했습니다. 그렇게 해서 큰 집회의 날에 이스라엘 백성들이 그리로 가서 하나님
께서 그들에게 명하신 대로 하나님을 예배할 수 있도록 해야 했습니다.

다윗의 의도는 아주 옳았고, 거기에 아무 잘못을 찾을 수 없었습니다. 그러
나 바른 일이라고 할지라도 바른 방식으로 시행해야 합니다. 우리는 질투하시는
하나님을 섬기고 있습니다. 하나님께서는 비록 자기 백성들의 많은 잘못을 눈감
아 주실지라도 백성들이 그의 말씀을 공경하고 그의 명령에 순종하게 하려고 하
십니다. 하나님께서는 "여호와의 기구를 메는 자들이여 스스로 정결하게 할지어
다"(사 52:11)라고 말씀하십니다. 하나님께 가까이 가려고 하는 자들은 하나님을
공경해야 할 것입니다.

그래서 다윗이 좋은 의도를 가지고 있었고 바른 일을 시행하려고 하였을지
라도 처음에 큰 실패를 겪게 된 것입니다. 그 실패의 원인을 생각하였을 때, 우리
는 이 실패가 다윗에게 큰 두려움을 일으켰다는 점에 주의해야 할 것입니다. 그
리고 그 두려움에 대해 잠시 생각해 볼 때, 우리는 다윗이 합당한 절차를 따라
하나님을 공경하는 일을 시작하였을 때, 참으로 큰 즐거움으로 그 일을 하였다는
것을 알 것입니다. 아마도 다윗이 이번처럼 하나님의 예배에서 그렇게 큰 기쁨
을 표시한 때는 없었을 것입니다. 이때 다윗은 하나님의 언약궤 앞에서 힘을 다
해 뛰고 춤을 추었습니다.

**1. 첫째로, 다윗의 큰 실패에 대해서 생각해 봅시다.**

이 일은 거의 "다윗과 이스라엘 온 무리는 하나님 앞에서 힘을 다하여 뛰놀
며 노래하며 수금과 비파와 소고와 제금과 나팔로 연주한" 직후에 일어났습니
다. 이 일은 다윗이 언약궤를 그 정한 곳으로 가져오려고 처음 시도한 경우였습
니다.

사랑하는 친구 여러분, 수가 부족해서 실패한 것이 아니라는 점에 유의하기 바
랍니다. 내 생각에, 안식일을 지키는 많은 무리와 함께 하나님을 예배하는 것은
매우 기쁜 일입니다. 나는 이 세상에서 자기들만이 성도라고 생각하는 사람들이
있는 것을 압니다. 그들은 교인들이 칠, 팔 명 이상이 있으면 그것으로 만족하고,

누구든지 하나님의 택하신 자가 될 수 있다고 생각하지 않습니다. 교인 수가 적은 것은 "생명으로 인도하는 문은 좁고 길이 협착하여 찾는 자가 적기"(마 7:14) 때문이라고 합니다. 그래서 그들은 하나님의 택하신 자들의 수가 적기 때문이라는 단순한 이유로, 자기들은 좁은 문을 지나 좁은 길로 들어섰다고 곧바로 결론을 내립니다. 그들이 바른 길에 있다는 것을 입증하려면 그보다 훨씬 더 나은 증거가 필요합니다. 나로서는 다윗이 그랬듯이 많은 무리와 함께 하나님의 집에 가기를 좋아하며, 큰 찬양대 안에서 지존하신 하나님께 거룩한 노래를 부를 때 거룩한 신앙심으로 타오르는 많은 사람들과 함께 마음과 목소리로 박자와 곡을 맞추기를 좋아합니다. 이 경우에 그 점에서는 실패가 없었습니다. 이는 "다윗이 기럇여아림에서부터 하나님의 궤를 메어오기 위해 애굽의 시홀 시내에서부터 하맛 어귀까지 온 이스라엘을 불러 모았기" 때문입니다. 이렇게 그들은 그 땅 모든 곳에서 수백 명, 수천 명씩 와서 아주 큰 무리를 이루었습니다. 그렇지만 언약궤를 가져오려던 그들의 시도는 슬프게도 실패로 끝이 났습니다. 이렇게 여러분도 알다시피, 단지 많은 사람들이 한데 모이는 것은 별 가치가 없습니다. 이름뿐인 예배자들이 아무리 큰 무리를 이룰지라도 그들이 하나님께서 받으실 만한 예배를 전혀 드리지 못하는 일은 얼마든지 있을 수 있습니다. 우리 교회도 사람들이 수천 명씩 오고 갈 수가 있습니다. 그러나 단지 그 사실만으로는 하나님의 임재가 우리 가운데 있다는 보증이 되지 못할 것입니다. 많은 사람들과 함께 있으면서 하나님의 복을 놓치는 것보다 비록 소수일지라도 그 가운데 하나님께서 계시면 그것이 훨씬 더 나을 것입니다.

　화려한 행렬과 볼거리에 관한 한 부족한 것이 전혀 없었습니다. 이 사람들은 이 언약궤에 대해 자기들 나름대로 아주 큰 경의를 표시했던 것으로 보입니다. 언약궤를 새 수레에 실었고, 주위를 그 땅의 많은 일반 백성들과 함께, 나라의 고관들과 두령들, 유력한 사람들이 에워쌌습니다. 틀림없이 그 날 그것은 아주 대단한 행렬이었을 것입니다. 정말로 하나님께 대한 엄숙한 예배는 합당한 예의와 질서를 가지고 드려야 합니다. 그렇지만 그런 모든 것이 있음에도 불구하고 예배가 실패로 끝날 수 있습니다. 거룩한 노래의 선율이 듣기 좋을 수 있지만, 그것이 단지 소리에 지나지 않아서 하나님이 받지 않으실 수가 있습니다. 기도가 언어에 관한 한 지극히 합당할 수 있지만 그럼에도 불구하고 만군의 주 하나님의 귀에는 도달하지 못할 수가 있습니다. 단순한 외적인 겉치레가 아닌 어떤 것이 필요합니다. 우리가 좋아하는 예배의 품위 있는 단순함까지도 초월하는 어떤 것이 필요합니다.

외관상으로 볼 때, 음악적인 면에 관한 한 부족한 것이 없었습니다. 우리는 본문에서 다음과 같은 이야기를 듣습니다. "다윗과 이스라엘 온 무리는 하나님 앞에서 힘을 다하여 뛰놀며 노래하며 수금과 비파와 소고와 제금과 나팔로 연주하니라." 나는 "힘을 다하여"라는 표현이 좋습니다. 나는 마치 소리를 너무 크게 낼까봐 걱정하는 것처럼 그저 속삭이는 사람들이 하나님을 찬양하는 소리를 듣고 있을 수가 없습니다. 그렇게 해서는 안 됩니다.

> "하나님의 우레처럼 큰 소리로 하나님을 찬양하고
>  하나님의 보좌처럼 높이 노래하라."

하나님께서는 그런 찬송을 받으실 만한 분이기 때문입니다. 바다와 거기 충만한 것들이 큰 소리를 질러 자신의 크신 창조주를 찬양하도록 해야 합니다. 모든 바람과 파도도 그 연주에 가담하도록 해야 합니다. 하늘과 땅의 지극히 높은 찬양을 받으시기에 합당하신 하나님께는 아무리 큰 소리로 환호해도 부족한 법입니다. 힘을 다하여 하나님을 찬양하는 것이 옳은 일입니다. 그런데 진심으로 부르는 노래 가운데도 그것이 자연스럽긴 하지만 신령하지 않기 때문에 하나님께서 받아들일 수 없는 것이 있을 수 있습니다. 외적으로는 표현이 많이 될지라도 그 안에 생명이 전혀 없을 수 있습니다. 그런 것은 소리는 시끄럽게 날 수 있지만 결국은 죽은 예배에 지나지 않을 수 있습니다. 나는 지금 다윗의 경우에 완전히 그랬다고 말하는 것이 아닙니다. 그렇지만 그 많은 무리와 화려한 행렬, 그 큰 소리, 이 모든 것이 있었을지라도 예배 전체가 실패로 끝나는 것을 막지 못한 것은 확실합니다. 그러면 그 실패의 원인은 무엇이었습니까?

이 이야기를 정확히 읽는다면, 내가 볼 때, 첫째로, 이 문제에 관한 하나님의 뜻에 대해서는 별로 생각이 없었던 것 같습니다. 다윗이 백성들과 상의했지만, 먼저 하나님께 상의했더라면 더 나았을 것입니다. 백성의 협력은 바람직한 것이었지만 지존하신 하나님의 복을 받는 일은 훨씬 더 중요하였습니다. 여호와의 언약궤를 가져오는 이 큰 일을 시작하기 전에 많이 기도했어야 했습니다. 마음을 다하고 아주 열광적으로 이 일을 시작했지만 준비 기도나 영적인 사실을 고려하는 일은 전혀 없이 시작했던 것으로 보입니다. 여러분이 이 이야기를 처음부터 끝까지 잘 읽어보면, 노래하고 수금, 비파, 소고, 제금 그리고 나팔로 연주하는 일이 나오고 새 수레와 새 가축이 나오는 것을 알 것입니다. 거의 모든 것이 갖추어져 있습니다. 그러나 언약궤는 하나님을 나타내는 외적인 상징에 불과한 것인데, 그 하나님의 존전 앞에서 보였어야 할 마음의 겸손이나 엄숙한 경외심은 전혀 언급되지 않습니다. 나는 이 첫 번째 시도가 지나치게 육신의 뜻과 본성의 열정을 따르고, 그리스도께서 수가 성의 여인에게 말씀하실 때 세우신 그 규칙은 별로 따르지 않은 것이 아닌가 생각합니다. 그 규칙이란 "하나님은 영이시니 예배하는 자가 영과 진리로 예배할지니라"(요 4:24)는 것입니다. 그렇습니다. 사랑하는 여러분, 예배에서 이 점을 먼저 고려하지 않으면 모든 예배가 실패로 끝나고 맙니다. 찬송을 진심으로 부르고 아름답게 불러야 하며, 예배에서 모든 것이 합당한 질서를 따라 시행되어야 합니다. 첫 번째이자 가장 중요한 점으로 예배에 성령님이 계시도록 해야 합니다. 그래서 우리가 마음으로 하나님께 가까이 가서 하나님과 진정으로 영적 교제를 나눌 수 있도록 해야 합니다. 예배의 외적인 형식은 그야말로 이차적인 문제입니다. 내적인 심령이 가장 중요한 사실입니다. 내가 볼 때, 다윗이 처음에 언약궤를 가져오려고 시도했을 때는 이 점에 별로 주의를 기울이지 않았던 것 같습니다. 그래서 그 시도가 실패하고 만 것입니다.

이 일에서 소홀히 생각한 중요한 한 가지 사실은 제사장들이 제자리에 있지 않았다는 것입니다. 그들이 그 자리에 있었던 것으로 보입니다. 그러나 그들에게 부여된 지위에 걸맞게 대우를 받지 않은 것이 분명합니다. 전쟁의 사람들이 전면에 나서고 예배의 사람들이 옆으로 밀려났습니다. 모든 참된 예배에서는 제사장이 제일 중요합니다. 여러분은 이렇게 묻습니다. "뭐라고요? 목사님이 제사장을 믿는다고요?" 그렇습니다. 나는 아론의 제사장직이 예표하고 있는 위대하신 대제사장을 믿습니다. 내 모든 소망은 지금과 영원히 "영원히 멜기세덱의 반차를 따르는 제사장"(히 7:17)에게 집중되어 있습니다. 나는 여러분이 어떤 형식의 예배를 드리느냐 하는 것에는 별로 신경을 쓰지 않습니다. 여러분이 그분을 제일 앞자리에 두지 않는다면, 여러분 나름대로의 형식에 따라 매우 예배가 매우 뜨거울 수 있고 경건할 수 있지만, 그 모든 것이 헛됩니다. "하나님과 사람 사이에 중보자도 한 분이시니 곧 사람이신 그리스도 예수"(딤전 2:5)를 통하지 않고서 하나님께 갈 수 있는 길은 없습니다. 한 분 대제사장, 곧 우리 구주 예수 그리스도를 통하지 않고서 하나님께 가까이 갈 수 있는 길은 없습니다. 여러분이 하나님께 소리칠 수 있으나 그리스도께서 그 기도를 아버지 하나님께 아뢰기 전에는 여러분의 기도가 하나님의 귀에 도달할 수가 없습니다. 여러분이 달콤한 향료를 가져올 수 있지만, 이 대제사장께서 그 향료에 자신의 공로라는 귀한 향을 섞어서 그것을 하나님께서 받으실 만하게 만들기 전에는 결코 하나님 앞에 아무 향기를 피우지 못할 것입니다. 그리스도가 들어 있지 않은 기도는 결코 하늘에 도달하지 못합니다. 그리스도의 공로를 의지해서 드리지 않는 찬양은 결코 하나님을 만족시킬 수 없는 의미 없는 소리에 불과합니다.

이 사람들은 제사장들을 제 위치에 두지 않았을 뿐만 아니라 또한 언약궤를 나르는데 레위인들 대신에 수레를 사용하였습니다. 일하는 소가 하나님께서 이 봉사를 맡도록 임명하신 자발적인 사람을 대신하였습니다. 다윗과 모든 백성들은 하나님께서 언약궤에 관하여 정하신 규례들을 잊어버렸던 것으로 보입니다. 그래서 이들은 곤경에 처했고, 그들의 모든 노력이 실패로 끝났습니다.

다음으로, 이 처음에는 제사가 없었다는 사실에 나는 주목합니다. 그들은 수레에 언약궤를 싣고 언약궤 앞서 갔고, 언약궤의 뒤와 둘레에 악기들을 배치하였으나 제물의 피를 뿌리는 일은 하지 않았습니다. 그들은 하나님의 정하신 방식대로 하나님을 예배하는 습관에서 아주 오랫동안 벗어나 있어서 그 방식들을 거의 다 잊어버리다시피 하였습니다. 나는 다윗이 이 치명적인 태만의 죄를 인지하지 못하였던 것이 아닌가 생각합니다. 그래서 그 날 시은좌에 피를 뿌렸다는 언급이 없기 때문에 웃사가 죽었다는 사실에 놀라지 않습니다. 사랑하는 여러분, 우리가 예배에서 속죄의 피를 빠트린다면, 예배에서 바로 생명에 해당하는 것을 빼먹는 것입니다. 피가 곧 예배의 생명이기 때문입니다. 여러분이 그리스도의 속죄 제사를 존중하지 않는다면 하나님께서도 여러분을 존중하시지 않을 것입니다. 여러분이 하나님께서 죄 때문에 행하신 큰 속죄를 존중하지 않는다면 주님께서도 여러분이 드리는 기도나 찬양도 받지 않으실 것입니다. 그리스도의 피 뿌림이 없으면 죄 사함도 없습니다.

이 사건을 통해서 우리는 하나님의 명령들과 하나님께서 정하신 규칙에 주의하지 않았다는 사실을 봅니다. 이 백성들은 하나님께서 규정하신 예배가 아니라 자의적인 예배를 하나님께 가져왔던 것입니다. 내가 자의적인 예배라고 말했는데, 그것이 무슨 뜻입니까? 내 말뜻은, 하나님 말씀에 규정되지 않은 예배는 무엇이든지 다 자의적인 예배라는 것입니다. 때때로 사람들은 자의적인 예배가 매우 교훈적이거나 인상적이라는 사실을 성경에서 명하지 않은 전례(典禮)나 의식을 지키는 구실로 언급하였습니다. 그러나 그것은 불순종에 대한 구실이 되지 못하고 불순종을 정당화하지도 못합니다. 첫 번째 계명은 거짓 신을 예배함으로써 어길 수 있을 뿐만 아니라 하나님께서 정하시지 않은 다른 방식으로 참된 하나님을 예배함으로써도 어길 수 있습니다. 여러분이 하나님의 말씀이 보증하지 않는 예배 방식을 내세운다면, 그에 대해 어떤 구실을 댈지라도 그것은 우상 숭배이고, 따라서 주님께서 당연히 여러분에게 "이것을 누가 너희에게 요구하였느냐"(사 1:12)고 물으실 것입니다. 이 점에 주의하십시오. 즉, 예배가 하나님의 정하신 방식이 아니라면, 그 예배가 하나님의 용납하심을 받지 못하리라는 것입니다. 그러므로 이 사람들이 하나님의 인도를 받기 위해 하나님께서 정하신 규칙들에 대한 하나님의 기록을 참고함으로써 하나님을 공경하는 태도를 전혀 보이지 않았기 때문에, 즉 자기들을 기쁘게 하는 것은 무엇이든지 틀림없이 하나님을 기쁘시게 할 것이라고, 다시 말해 자신들이 어떤 형식의 예배를 규정하든지 그것이 이스라엘의 하나님 여호와를 충분히 만족시킬 것이라고 생각하였기 때문에, 예배가 실패로 끝이 난 것입니다.

사랑하는 여러분, 여러분은 하나님을 예배하는 방식에 주의하십시오. 여러분이 어떻게 듣는지에 주의해야 한다면, 또한 어떻게 기도하는지에 대해서도 주의해야 하고, 어떻게 찬양하는지, 어떻게 성찬상에 나오는지에 대해서도 주의해야 합니다. 아무튼 여러분은 살아계신 하나님께 어떻게 가까이 가려고 하는지에 대해서 주의하십시오. 하나님은 여러분이 고안해낼 수 있는 방식대로, 되는 대로 가까이 가서는 안 되는 분이시기 때문입니다. 세상 왕들의 궁전에서도 규칙과 법이 있듯이 존엄하신 하나님의 궁전에는 규칙이 있습니다. 그래서 여러분이 왕이신 그리스도의 명령을 어기면, 하나님께서 웃사를 치셨듯이 여러분을 치실 것이고, 혹은 적어도 여러분의 예배를 하나님께서 받지 않으실 것입니다.

**2. 이제 우리는 두 번째 본문, 곧 설교의 두 번째 제목인 다윗의 큰 두려움에 대해서 살펴보겠습니다.**

"그 날에 다윗이 하나님을 두려워하여 이르되 내가 어떻게 하나님의 궤를 내 곳으로 오게 하리요 하고."

우리는 참으로 변덕스러운 존재입니다! 다윗은 거의 범죄에 가까울 정도로 생각이 부족한 상태에 있다가 이제는 심한 두려움이 수반된 매우 심각한 마음으로 순식간에 변합니다. 여러분은 웃사의 죽음을 보고 다윗이 크게 두려워하였다는 것이 이상하게 생각됩니까? 행렬이 진행하고 있고, 수금과 비파와 소고와 제금과 나팔이 큰 소리로 하나님을 찬양하고 있습니다. 갑자기 소들이 기돈의 타작마당에 이르렀을 때 아마도 곡식을 보고 식욕이 동했던지 곁길로 가거나 아니면 적어도 비틀거리자 언약궤가 뒤집어질 것 같습니다. 한 가지 실수는 보통 또다른 실수로 이어지기 마련입니다. 이 사람들이 언약궤를 수레에 싣지 않았더라면 이런 사고는 일어나지 않았을 것입니다. 그래서 젊은 웃사가, 언약궤를 그처럼 오랫동안 보존해온 그 집에 살던 웃사가 손을 뻗어 언약궤를 붙들려고 하다가 그 자리에서 시체가 되고 맙니다. 공포의 전율이 무리를 훑고 지나갑니다. 음악이 그치고 다윗이 기겁을 하여 놀랍니다. 언뜻 보아서 그것은 매우 심각한 형벌처럼 보입니다. 그렇지만 우리는 유독 이 경우에만 하나님께서 사람들이 관여한 예배를 모독한 사람들에 대해 이 같은 조처를 취하신 것이 아니라는 점을 기억해야 합니다.

나답과 아비후가 향로에 불을 붙이기 위해 정해진 불 대신에 다른 불을 사용하였습니다. 그들에게는 두 불 사이에 큰 차이가 없는 것처럼 보였습니다. 한 종류의 불이 다른 종류의 불과 얼마나 많이 차이가 나겠습니까? 두 젊은이가 다른 불을 붙인 향로를 들고 여호와 앞에 들어갔고, 그들은 순식간에 하나님 앞에서 엎드러졌습니다. 그들은 겉보기에 작은 문제에서 법을 어겼을 뿐입니다. 그러나 하나님은 사물을 판단하는 하나님의 방식이 있고, 하나님의 방법은 우리의 방법과 아주 다릅니다. 다윗은 블레셋 사람들이 언약궤를 돌려보냈을 때 벧세메스 사람들이 언약궤를 들여다보다가 오만 명이 넘는 사람들이 죽었다는 점도 기억했어야 했습니다. 진실로 "우리 하나님은 소멸하는 불"(히 12:29)이십니다. 하나님을 함부로 대해서는 안 될 것입니다. 이것은 하나님의 언약궤였습니다. 그래서 하나님은 이들에게 그것이 하나님의 언약궤라는 것을 알게 하려고 하셨습니다. 비록 그들이 선한 의도를 가지고 언약궤를 둘러쌌지만, 그들이 하나님의 명령을 공손히 순종하지 않았기 때문에 하나님께서는 이들에게, 하나님을 가벼이 여겨서는 안 되고, 하나님의 언약궤를 만지면 반드시 처벌을 받는다는 것을 알게 하려고 하셨습니다. 그 날에 다윗이 웃사의 시체 앞에서 하나님을 두려워한 것이 이상하게 생각됩니까?

다윗은 또 다른 이유로 하나님을 두려워하기도 하였습니다. 즉, 그 자신이 잘못된 마음 상태에 있었던 것입니다. 우리는 11절에서 "여호와께서 웃사의 몸을 찢으셨으므로 다윗이 노하였다"는 기록을 봅니다. 그는 웃사를 불쾌하게 생각한 것이 아니라 하나님에 대해 화가 났던 것으로 보입니다. 그가 볼 때, 자기가 이 많은 백성을 한데 모은 것이 힘든 일이었고, 또 자기가 생각할 때 백성들이 하나님의 명예를 위해 최선을 다하고 있었는데, 이 모든 절차를 하나님께서 그들 가운데서 화를 내어 손을 뻗침으로 망치신 것입니다. 그래서 다윗은 화가 났습니다. 그런 악한 생각이 자기 마음에 스치고 지나갔다는 것을 기억하였을 때, 다윗은 자기 자신 때문에 하나님을 두려워하기 시작하였습니다.

그 다음에, 아마도 그런 거룩한 일에 자신이 합당치 않다는 생각이 들어서 이렇게 외쳤을 것입니다. "내가 어떻게 하나님의 궤를 내 곳으로 오게 하리요?" 그는 방심하고 있다가 불경의 죄를 범해서 웃사처럼 죽지 않을까 하는 생각이 들어 두려워하였던 것입니다. 나는 그 날 다윗에게 엄습했던 그런 두려움이 내게도 임하는 것을 다소 느낀 적이 종종 있었습니다. 하나님의 자녀가 되는 것은 세상에서 가장 복된 경험입니다. 그러나 거기에는 엄한 훈육이 수반됩니다. 하나님께서 여러분을 하나님의 자녀로 삼으시면 여러분은 틀림없이 하나님의 매를 맛보게 될 것입니다. 다른 사람들은 그 매를 피할 수 있을지 모르지만 여러분은 피하지 못할 것입니다. 이는 "주께서 그 사랑하시는 자를 징계하시고 그가 받아들이시는 아들마다 채찍질하시기"(히 12:6) 때문입니다. 여러분이 아주 하나님 가까이에서 살고 하나님의 은총을 받았다는 표지가 많다면, 여러분은 내딛는 걸음마다 주의해야 하고 품는 생각마다 조심해야 한다는 것을 발견할 것입니다. 주님은 질투하시는 하나님이기 때문입니다. 하나님께서 지극한 사랑을 베푸시는 곳에는 극렬한 질투심을 보이실 것입니다. 하나님께서 죄인은 죄에 오랫동안 거하도록 두실지라도 그의 성도들에 대해서는 그렇게 하시지 않습니다. 하나님은 일반 그리스도인들은 많은 잘못을 범할지라도 징계하시지 않을 수 있습니다. 그러나 여러분이 주님의 품 안에 누워 있는 특전을 받았다면, 여러분이 주님과 고귀한 교제를 나누고 있다면, 주님께서 참으로 질투하시는 분임을 곧 알게 될 것입니다. 나는 사람들이 기도하면서 마치 그것이 성경 본문이라도 되는 양 이 말

을 인용하는 것을 종종 들었습니다. "그리스도 밖에서 하나님은 소멸하는 불이
시라"고 하는 것입니다. 성경은 그런 식의 말은 전혀 하지 않습니다. "우리 하나
님은 소멸하는 불이심이라"(히 12:29). 그래서 이사야 선지자는 이렇게 묻습니다.
"우리 중에 누가 삼키는 불과 함께 거하겠으며 우리 중에 누가 영영히 타는 것과
함께 거하리요?"(33:14). 그러면 이에 대한 그의 대답은 무엇입니까? "오직 공의
롭게 행하는 자, 정직히 말하는 자"(33:15). 그런 자만이 그와 같은 불 가운데서
살 수 있는 사람입니다. 즉, 그는 신성한 불도마뱀과 같은 자이어서, 불이 그에
게 남아 있는 죄만을 태워버리는 것입니다. 여러분이 하나님 가까이 살기를 구
한다면, 참으로 두려운 곳에, 또 지극히 복된 곳에 살기를 구하는 것임을 알아야
합니다. 하나님 앞의 불이 여러분의 죄를 불사를 것이고, 그렇게 죄가 불살라지
는 동안에 종종 많은 고통을 겪지 않을 수 없다는 것을 알지라도 여러분은 하나
님 앞의 불 가운데 살기를 원하는 것입니다. 그동안 나는 거듭 이렇게 말했습니
다. "주님, 할 수 있는 대로 맹렬히 타오르소서. 이 신성한 곳에 거하기를 열망하
나이다. 그 불이 내 모든 찌꺼기를 다 태워버리기까지 나를 사르고 지나가게 하
소서. 참으로 내가 주와 함께 거하게 하소서!"

그렇지만 누군가가 뒷걸음치며 "나는 그와 같은 시련을 요구할 수 없어"라
고 말할지라도 나는 놀라지 않습니다. 야고보와 요한처럼 우리는 영광 중에 계
신 주님의 오른편과 왼편에 앉기를 원합니다. 주님께서 "내가 마시는 잔을 너희
가 마실 수 있으며 내가 받는 세례를 너희가 받을 수 있느냐?"(막 10:38)고 물으
실 때, 우리가 마음으로부터 이렇게 말할 수 있으려면 그 두 사도가 받았던 것보
다 훨씬 더 많은 은혜가 필요할 것입니다. "받을 수 있습니다. 주님의 은혜로 우
리가 주님과 함께 거할 수만 있다면 어떤 일이든 견딜 수 있고 또 기꺼이 견딜
것입니다." 사랑하는 여러분, 여러분이 지성소에서 흘끗이라도 하나님을 한 번
보았다면, 즉 하나님께서 그의 영광을 여러분에게 비추셨다면, 그 복된 광경을
더 보고, 그 광경이 다시는 흐려지지 않도록 하기 위해서는 기꺼이 죽겠다는, 아
니 죽기를 간절히 바라고 싶은 심정을 느꼈을 것입니다.

훌륭한 옛 성도들 가운데 한 사람은 그리스도의 사랑이 자기 영혼에 아주
많이 부어졌을 때 이렇게 말했습니다. "그만, 주님, 그만 하옵소서! 이제 충분합
니다. 제가 한낱 질그릇임을 기억하옵소서. 주의 사랑을 더 받으면 제가 죽을 것
입니다." 내가 그런 경우에 처했다면 이렇게 말했을 것 같습니다. "주님, 멈추지

마옵소서. 저는 한낱 질그릇일 뿐입니다. 그래서 저는 주님의 사랑을 받는 중에 죽겠습니다. 제가 주의 얼굴을 볼 수만 있다면, 그리고 다시는 그 광경을 잃지 않을 수만 있다면 죽어도 참으로 기쁘겠나이다."

나는 하나님의 노여우심이 그렇게 나타난 후에 다윗이 두려워하였다는 것이 이상한 일로 생각되지 않습니다. 다윗은 그 상황에서 자기가 할 수 있는 최선을 다하였습니다. 다른 때 다른 방식으로 언약궤를 옮기겠다고 결심하고 언약궤를 한동안 오벧에돔의 집에 놓아두었습니다.

**3. 이제 우리는 세 번째 주제, 즉 다윗의 신성한 기쁨에 대해서 생각해 보겠습니다.**

"이에 다윗과 이스라엘 장로들과 천부장들이 가서 여호와의 언약궤를 즐거이 메고 오벧에돔의 집에서 올라왔는데." 오벧에돔이 언약궤를 자기 집에 들였고, 하나님이 그에게 복을 내리셨습니다. 그 다음에, 어쨌든 언약궤에 두려워할 것이 많지 않다는 생각이 다윗에게 들었습니다. 웃사를 쳤던 그 두려운 물건이 다른 사람의 집에 있으면서 그에게 복이 되었던 것입니다. 그동안 종종 다음의 사실을 생각하면 마음이 기뻤습니다. 내가 이렇게 말한 적이 있습니다. "사실 하나님 가까이 산다는 것이 엄숙한 일이라는 것을 나는 압니다. 그런데 몸져누워서만 지내는 불쌍한 여성이 오랫동안 하나님의 얼굴 빛 가운데 살면서도 공중의 새처럼 기쁘게 사는 모습을 보았습니다. 내가 그 같이 살지 못할 이유가 있습니까? 나는 평범하고 변변치 않은 한 그리스도인 남성이 에녹이 그랬던 것처럼 하나님과 동행하면서 1월 첫날부터 12월 마지막 날까지 기쁘게 살고 하나님께서 모든 일에 그에게 복을 주시는 것을 보았습니다. 그러니, 자, 내 영혼이여, 비록 네 하나님이 소멸하는 불일지라도 하나님의 자녀가 두려워할 일은 아무것도 없다." 이와 같이 다윗은 하나님께서 석 달 동안 오벧에돔에게 복을 주시는 것을 본 후에 속으로 생각했습니다. '자, 그동안은 오벧에돔이 기회를 누렸으니, 이제는 내 차례가 될 수 있다. 내가 이번에 하나님을 바르게 예배할 수 없는지, 바른 방식으로 언약궤를 내 집으로 가져올 수 없는지 알아봐야겠다.'

그래서 그가 일을 그와 같이 시작한 것입니다. 그는 언약궤를 위하여 장막을 준비하였습니다. 나는 다윗이 전에 그와 같이 했다는 기사를 보지 못합니다. 15장 1절에서 우리는 다음과 같은 글을 읽습니다. "다윗이 다윗 성에서 자기를 위하여 궁전을 세우고 또 하나님의 궤를 둘 곳을 마련하고 그것을 위하여 장막을 치고." 이제 여러분은 그가 하나님의 언약궤를 둘 장소를 준비하는 일에 신중하고 조심하는 것을 봅니다. 하나님의 임재를 맛보기를 원한다면 나는 임재를 받을 마음의 준비를 해야 합니다. 주의 성찬상에서 주님과의 교제를 누리기 원한다면 "사람이 자기를 살피고 그 후에야 이 떡을 먹고 이 잔을 마실지니라"(고전 11:28)는 명령에 순종해야 합니다. 나는 합당한 생각과 엄숙함이 없이 주의 집의 규례를 지켜서는 안 됩니다. 제사장들이 제단에서 봉사를 하기 전에 몸을 씻듯이, 나도 와서 정결하게 하시는 하나님의 말씀으로 깨끗이 씻음을 받고 성결하게 되어서 하나님 앞에 용납될 수 있는 자로 나타나야 하겠습니다.

　그 다음에, 다윗은 하나님의 마음을 고려하였습니다. 15장 2절에서 다윗은 이렇게 말합니다. "레위 사람 외에는 하나님의 궤를 멜 수 없나니 이는 여호와께서 그들을 택하사 여호와의 궤를 메도록 하셨음이라." 다윗은 하나님께서 자기들을 치신 것은 그들이 "규례대로 그에게 구하지 아니하였기"(대상 15:13) 때문이었다고 주장합니다. 이제 다윗은 어떻게 하든지 하나님께 순종하려고 합니다. 그는 자기가 옳다고 생각하는 바를 하지 않고 하나님께서 옳다고 하시는 바를 행하려고 합니다. 바로 그것이 우리가 하나님을 예배하는 바른 길입니다. 나는 신자라고 하는 모든 사람들이 하나님의 말씀으로 자신의 신조를 바꾸었으면 좋겠습니다! 나는 모든 기독교 교단들이 자기 교단의 예배 규례와 형식들을 성경의 이 최고의 시금석으로 시험해 보았으면 좋겠습니다. "마땅히 율법과 증거의 말씀을 따를지니 그들이 말하는 바가 이 말씀에 맞지 아니하면 그들이 정녕 아침빛을 보지 못하리라"(사 8:20). 그러나 슬프게도, 그들은 지금 육신을 기쁘게 하는 아주 많은 것들을 치워버리지 않으면 안 된다는 것을 압니다. 다시 말해 우리 모두가 머지않아 하나님께서 친히 정하신 질서를 따라 하나님을 예배하게 되리라는 것을 압니다. 내 영혼이여, 네가 하나님의 받아들이심을 받으려면 이 크신 왕께 가까이 갈 때마다 하나님 궁전의 예절을 엄격하게 지키도록 해야 한다. 만왕의 왕의 어전에 들어가는 조신(朝臣)들의 규칙은 무엇입니까? 그들은 어떤 옷을 입어야 합니까? 그 보좌 가까이 가서 무슨 말씀을 드릴 수 있습니까? 이 모든 질문에 답하고, 여러분이 무슨 일이든지 하나님의 은혜로운 명령에 순종하게 해 달라고 하나님께 구하도록 하십시오.

　그 다음에, 이번에는 제사장들이 제 위치에 섰다는 것을 여러분은 압니다. 다윗은 이렇게 말했습니다. "전에는 너희가 메지 아니하였으므로 우리 하나님 여호와께서 우리를 찢으셨으니 이는 우리가 규례대로 그에게 구하지 아니하였음이라." 이제는 제사장들이 처음부터 마땅히 있었어야 할 자리, 곧 행렬의 선두에 있습니다. 형제 여러분, 하나님께서 우리를 받아들이실 때 그리스도께서 맨 앞자리에 서실 것입니다. 우리의 대제사장께서 선두에 계실 것이고, 우리는 그의 이름으로 말미암지 않고는, 또 그의 보혈의 능력으로 하지 않고는 아무것도 행하지 않을 것입니다.

그리고 이 두 번째 경우에는 하나님께 제사를 드렸습니다. 언약궤를 레위인들이 어깨에 메자마자 바로 수송아지 일곱 마리와 숫양 일곱 마리를 하나님께 제물로 드렸습니다. 이와 같이 우리도 하나님을 예배할 때 항상 경배 받으실 우리 주님의 한 완전한 제물을 나타내는 수송아지 일곱 마리와 숫양 일곱 마리를 드리지 않고는 아무 일도 할 생각을 하지 말아야 합니다. 형제자매 여러분, 항상 그리스도를 여러분 앞에 모시십시오! 모든 선한 행실을 여러분이 그리스도에게서 받는 힘으로 행하도록 하십시오. 이는 "만물이 주에게서 나오고 주로 말미암고 주에게로 돌아가기"(롬 11:36) 때문입니다. 어떤 것도 주님을 떠나서는 올바를 수 없습니다. 그러나 그리스도께서 우리의 알파와 오메가요, 또 그 사이의 모든 글자이시라면 우리가 하나님의 언약궤를 올바르게 가져가지 못할까봐 두려워할 일은 아무것도 없습니다. 애정 어린 순종과 거룩한 경외심을 품고서 자기들이 드린 제물을 의지한 채 그들은 암사슴처럼 자유롭게 행하였습니다. 특별히 이 모든 사람들의 대표자였을 것으로 생각되는 다윗은 마치 자기가 느끼는 기쁨을 적절하게 표현할 줄 모르는 것처럼 보였습니다. 다윗에게 하프가 있었는데, 그는 하프를 아주 능숙하게 타는 사람이었습니다. 그래서 능숙한 손가락으로 익숙한 현들을 튕기며 노래하기 시작하였습니다. 그는 노래를 부를 때, 감리교의 어떤 형제들이 펄쩍펄쩍 뛰며 춤추지 않으면 안 될 만큼 감정이 고조될 때 그러듯이 뛰었습니다. 다윗이 지극히 즐거운 찬송들을 하나님께 드릴 때 모든 무리들이 "아멘!" 하고 소리쳤을 것이고, 그 큰 소리가 하늘로 올라갔을 것이라고 생각합니다. 그 날에 사람마다 기뻐하였고, 다윗은 특별히 더 기뻐하였습니다. 그래서 그는 여호와 앞에서 힘을 다하여 춤을 추었습니다.

우리는 이렇게 언약궤를 가져 올라오는 것이 우리 주 예수 그리스도의 승천을 예표한다는 사실을 잊어서는 안 됩니다. 그리스도인의 마음을 기뻐 뛰게 만드는 것이 있다면, 그것은 주님께서 하늘로 다시 돌아가신다는 사실입니다. 그리스도를 보십시오! 주께서 죽은 자들 가운데서 일어나셨고, 이제 그의 제자들 가운데서 일어나실 것입니다. 구름이 그리스도를 받아 제자들이 보지 못하게 하기까지 그리스도는 계속 올라가시고, 주께서 진주 문 가까이 가실 때 천사들이 날아가 주님을 맞이합니다. 하늘의 군대가 잇따라 나와 정복하시는 왕께 문안드리고, 그 왕이 본향에 오는 것을 환영합니다. 이제 아버지 하나님의 보좌에 오르시고, 만왕의 왕이요 만주의 주로 인정되신 자로서 영원히 하나님 우편에 앉으시는 이 만군의 주는 누구이십니까? 그는 골고다에서 죽으신 그분이십니다. 곧 위대한 대표자이신 사람이시며 또한 하나님이신 분입니다. 보십시오. 주께서 전차에 타서 죄와 사탄과 사망과 지옥을 끌고 가십니다. 주께서 사로잡힌 자들을 사로잡고 사람들에게 선물을 주십니다.

> "하늘이여, 노래하라! 땅이여, 기뻐하라!
> 천사의 하프와 인간의 목소리여,
> 주님께서 일어나실 때 주님을 에워싸고,
> 하늘로 오르시는 너희 구주를 찬양하라."

주님을 사랑하는 여러분, 힘을 다하여 춤을 추기 바랍니다. 여러분의 영혼이 더할 수 없이 뜨거운 기쁨을 누리고, 이루 말로 다할 수 없는 지복의 바다에 뛰어들기 바랍니다. 우리 주 예수 그리스도로 말미암아 하나님께서 여러분이 그렇게 할 수 있게 해 주시기를 바랍니다! 아멘.

제
5
장
—

# 기록자들

—

"이스라엘 하나님 여호와를 기록하고 감사하며 찬양하게 하였
으니"(개역개정은 "이스라엘 하나님 여호와를 칭송하고 감사하
며 찬양하게 하였으니"). – 대상 16:4

다윗은 하나님께 대한 예배의 모든 부분을 살펴보았더니, 자기가 기뻐하는
하나님에 대한 예배에서 소홀히 다룬 것이 아무것도 없는 것을 알았습니다. 하
나님의 명예와 관련된 모든 것에 주의하는 이것을 본보기로 삼도록 합시다. 여
러분은 거룩한 믿음의 의무들 가운데 어느 하나라도 잊지 말고, 하나님의 뜻에
온전한 순종을 보이십시오. 소위 종교적 의무라고 하는 것들만을 행하지 말고,
사회적인 의무들도 동일하게 믿음으로 행하고, 할 수 있는 한 주님께 온전한 봉
사를 드리도록 하십시오. 다윗은 그렇게 하기를 바랐습니다. 여러분은 다윗이
하나님께서 명하신 대로 아침저녁으로 계속해서 하나님께 번제를 드리는 사람
들을 주변에 둔 것을 봅니다. 이런 일들이 시행되지 않은 채 방치되도록 두지 않
았습니다. 그 다음에 다윗은 또 어떤 사람들을 따로 세워 노래하는 봉사를 맡깁
니다. 그들의 할 일은 나팔을 불어 백성들을 한데 모으는 것이었습니다. 가락에
맞추어 하프를 타거나 놋 심벌즈를 울려 소리를 내거나 혹은 목소리를 높여 여
호와께 아름다운 찬양을 드리는 것이 그들의 할 일이었습니다. 우리가 하나님을
위하여 일할 때, 또 하나님을 찬양할 때 하나님께서 우리를 받아주십니다. 두 가
지 일 모두 진심으로 행합시다. 우리가 일을 너무 열심히 하느라 노래할 수 없었

다면 그것은 유감스러운 일입니다. 그런데 우리가 노래를 너무 많이 하는 바람에 시간을 헛되이 많이 썼다면, 그것 또한 마찬가지로 애석한 일일 것입니다. 방울과 함께 석류가 있어야 합니다. 방울과 석류, 곧 음악과 함께 열매, 봉사와 함께 노래가 있어야 하는 것입니다.

그런가 하면 다소 특이한 일을 위하여, 본문에서 말하는 대로 하자면 기록하는 일을 위하여 따로 세운 세 번째 무리도 있었습니다. 그들은 하나님께서 일찍이 행하신 일과 행하고 계시는 일에 주의해야 했습니다. 그들은 민족의 역사를 기록해야 했고, 그 기록들을 가지고 시편과 노래를 지어야 했습니다. 아마도 그것이 여기에 나오는 "기록하다"는 단어의 의미일 것입니다. 그러나 원문의 단어는 또 다른 뜻, 곧 "생각나게 하다"는 뜻을 지니고 있습니다. 그들이 기록하는 역사가로서 활동하지 않았다면, 음유시인으로서 옛적에 기록된 것을 외워 사람들에게 기억하게 하는 일을 하였을 것입니다. 나는 그들의 의무가 두 가지 일을 다 하는 것이었다는 견해를 좋아합니다. 즉, 하나님의 인자를 기록하고 또 주께서 예전에 오른손으로 행하신 일을 사람들로 기억하게 하는 일을 한 것입니다.

자, 여러분이 잠시 생각한다면, 언약궤 앞에 있는 레위인들과, 여호와께 감사하며 찬송하는 노래하는 자들 사이에 위치하는 이 세 번째 부류의 사람들은 그들 앞에 가는 사람들과 그들 뒤에 따라오는 사람들에게 모두 도움을 주었을 것입니다. 언약궤 앞에서 봉사해야 했던 사람들이 먼저 언급됩니다. 자, 여호와의 선하심을 나타내는 기사를 읽는 것만큼 그들이 즐거이 봉사할 수 있도록 기운을 북돋아줄 수 있는 것이 있겠습니까? 옛적의 하나님의 인자를 기억하는 것만큼 이들이 공손하게 여호와의 전의 봉사를 수행하도록 아주 효과적으로 고무시킬 수 있는 것이 있겠습니까? 그들이 충성하도록 부추길 수 있는 주장 가운데 영원히 지속되는 하나님의 자비에 대한 기록만큼 강력한 것이 있을 수 있겠습니까? 찬양을 드리고 감사를 드리게 되어 있는 사람들이 이 기록관들 뒤에 언급됩니다.

그런데 하나님이 어떤 분이시고 그가 자기 백성을 위하여 행하신 일에 대한 기록 외에 찬송을 짓는데 사용할 소재가 달리 무엇이 있겠습니까? 아마도 그들은 노래를 부르고 싶을 때마다 언제든지 과거 역사를 생각나게 하는 이 기록관들을 보며 이렇게 말했을 것입니다. "하나님께서 행하신 일에 대해서 좀 이야기해 주시오. 여호와의 행적에 대한 단순한 기록이야말로 가장 고귀한 찬송가

이니까." 우리가 하나님을 가장 잘 찬송할 때는 언제든지 사실 하나님이 어떤 분이신지를 선포하는 것임을 여러분은 압니까? 왜냐하면 하나님에 관한 꾸밈없는 사실이 바로 지극히 고귀한 찬송이며, 여러분이 지극히 장엄한 시를 지으려면 하나님이 행하시는 일을 언급하기만 하면 되고, 하나님의 은혜로운 행위들을 감사하는 마음으로 언급하는 자체가 예배이기 때문입니다. 여러분은 하나님의 능하신 행사들을 경건한 마음으로 열거하는 것만큼, 다시 말해 하나님의 이름이 그처럼 선하시고 하나님의 행사가 그처럼 복되다고 말하는 것만큼 하나님을 잘 찬미할 수 있는 방법은 없습니다. "누가 능히 여호와의 권능을 다 말하며 주께서 받으실 찬양을 다 선포하랴?"(시 106:2).

다윗이 어떤 레위인들을 기록하는 일을 위해 따로 세웠다는 사실에서 나는 서너 가지 생각을 추론해 보고, 오늘 밤 그 점들에 대해 이야기하려고 합니다. 첫 번째 생각은 이것입니다. 즉, 여기에 사람의 기억은 결함이 있다는 점이 함축되어 있습니다. 둘째로, 우리가 기억을 돕기 위해 노력해야 한다는 점도 분명히 나타납니다. 그 다음, 셋째로, 기록관들을 임명한 사실에서 기억할 만한 가치가 있는 것들이 많다는 것을 확실히 알 수 있습니다. 넷째로, 이 기록관들과 노래하는 사람들을 연결시킨 데서 우리는 마음이 정직한 사람들에게는 기억이 언제나 찬송을 불러일으킨다는 것을 봅니다. 즉, 우리가 하나님의 크신 자비의 일들을 기록하고 나면 반드시 하나님께 감사와 찬송을 드리게 된다는 것입니다.

**1. 첫째로, 기록관들이 임명되었다면, 하나님께 대한 우리의 기억에 결함이 있다는 점을 자연스럽게 추론할 수 있습니다.**

이렇게 추론한다고 해서 본문을 억지 해석하는 것이 결코 아닙니다. 하나님의 일과 말씀에 관한 우리 기억에 얼마나 잘못된 것이 많은지 모릅니다! 아마 여러분 가운데는 기억력이 아주 탁월해서 몇 사람이 기억할 수 있는 분량을 혼자서 모두 저장할 수 있는 사람들이 있을 것입니다. 그런 사람들에 대해서는 로슨 박사(Dr. Lawson)에게 했던 것과 같은 말을 할 수 있을지 모릅니다. 즉, 성경 전체가 멸실되었을지라도 그는 기억으로 성경을 그대로 옮겨놓을 수 있을 것이라고 말입니다. 이것은 큰 재능이고, 그 재능이 가치 있게 쓰일 용도가 있습니다. 그러나 우리 가운데는 그런 재능을 가진 사람이 거의 없지 않나 생각합니다. 사람들이 저 유명한 그리스인, 곧 자기 부하 만 여명의 군사들 한 사람 한 사람의 이름을 알고 있었다고 하는 사람에 대해서 말하듯이 우리에 대해 말할 수 있을 것 같지는 않습니다. 나는 기억력이 부족한 점을 비난하는 것이 아닙니다. 좋은 기억력을 가지고 있으면서 하나님의 일들을 기억하지 않는 것이 잘못되었다는 말입니다. 내가 한탄하는 것은 사람들이 자기 이익이나 불만 사항, 시련들에 대해서는 아주 비상하게 기억하면서 하나님의 자비의 일들에 대해서는 별로 기억하지 못한다는 사실입니다. 나는 지금 일반적인 기억력에 대해서 이야기하는 것이 아니고 다만 주님의 은혜와 인자를 기억하는 능력에 대해서 이야기하는 것입니다. 기억력은 결함이 있다고 확신합니다. 무엇보다 기억력이 타락으로 말미암아 손상을 입었기 때문입니다. 나쁜 어떤 것이 일단 여러분의 눈에 포착되면 여러분은 그것을 잊을 수가 없습니다. 여러분이 젊은 시절, 즉 중생하지 않은 때에 들은 추잡한 노래를 잊으려고 별 일을 다 해보아도, 그 노래가 떠오를 것입니다. 어쩌면 예배 때 부르는 찬송 곡조를 듣고서 순간적으로 그 노래가 떠오르고, 심지어는 기도할 때 사용하는 말을 듣고서도 그 노래가 떠오를 것입니다. 결코 마음에 떠올라서는 안 되고, 설사 떠올랐을지라도 잊어버려야 하는 일들을 기억력이 얼마나 굳게 붙들고 있는지 모릅니다. 그래서 한 나이 든 목사가 "사람의 기억력은 물고기는 모조리 죽고 개구리만 사는 연못이다"고 말했는데, 잘 말한 것입니다. 나도 그렇다고 확신합니다. 나쁜 것은 그대로 남아있는데, 좋은 것은 여러분이 그것의 십분의 일이라도 기억하려면 얼마나 힘쓰고 자제해야 하는지 모릅니다. 소돔의 쓰레기는 기억력에 의해 바닷가로 끌려나오는데, 예루살렘의 아름다운 소산들은 내버려두면 개울로 미끄러져 가서 망각의 바다로 흘러갑니다. 타락이 기억력에 편견을 주입하였습니다. 타락은 여과기처럼 좋은 술은 통과시키고 찌끼만 남깁니다.

또 한 가지 말하자면, 하나님의 자비에 대한 기억은 방치해 둔 까닭으로 아주 크게 손상되었습니다. 신체의 어떤 부분이든지 사용하지 않고 두면 힘을 잃는 것처럼, 지적인 기능도 어떤 부분이든지 전혀 사용하지 않으면 점점 더 약해질 것입니다. 내가 앞에서 말했듯이 여러분이 세상적인 일들에 대해서는 매우 뛰어난 기억력을 소유하고 있을 수 있습니다. 그러나 그런 분들 가운데 하나님의 자비에 대해서는 한 번도 기억해 보려고 하지 않은 사람들이 있을 것이라고 봅니다. 그들은 하나님께서 지금까지 여러분을 위하여 행하신 일을 기억해 보아야겠다는 생각을 한 번도 한 적이 없을 것입니다. 나는 여러분을 심하게 비난할 생각이 없고, 다만 이 한 가지 질문을 하도록 하겠습니다. 여러분은 지금까지 마치 하나님이 없는 것처럼 살지 않았습니까? 마치 매일의 자비를 여러분 스스로 획득하고 있는 것처럼, 여러분이 하나님께 아무런 은혜를 입지 않고 있고, 따라서 하나님께 감사해야 할 아무 의무가 없는 것처럼 살지 않았습니까? 여러분이 하나님의 일들에 대해 기억하는 것이 약하다는 점을 나는 이상하게 여기지 않습니다. 여러분이 지금까지 그런 일에 기억력을 사용하지 않았기 때문에, 그렇게 해 볼 생각조차 하지 않았기 때문입니다. 따라서 친구 여러분, 여러분이 주님을 찬송하기를 배워야 한다면, 그 일에 큰 도움이 필요할 것입니다. 여러분이 찬송할 거리를 기억하려고 해도 떠오르지 않을 것이기 때문입니다. 여러분에게 신앙심을 북돋아줄 선한 일들을 기억 속에 전혀 저장하고 있지 않습니다. 여러분은 지금까지 그 방들을 그냥 깨끗이 비워두고 있었던 것입니다.

하나님의 자비에 관해서 기억이 다른 일들로 가득 차 있는 경우가 종종 있습니다. 기억력은 일정한 양밖에 간직할 수가 없습니다. 그런데 해로운 기억들만 얼마나 잔뜩 간직하고 있는지 모릅니다! 우리 가운데 어떤 이들은 기억력이 아주 희박한데, 그나마도 하찮은 것이나 중요하지 않은 것들만 기억하려고 하는 것은 참으로 안타까운 일입니다. 그 기능을 지극히 중요한 일들, 즉 이 세상을 살아가는데 절실히 필요한 것들, 장차 올 세상을 위해 반드시 필요한 일들을 기억하는 데 바치는 것이 좋을 것입니다. 어떤 사람들은 참으로 어리석게도 품고 있을 가치가 전혀 없는 잡동사니로 기억을 메우려고 합니다. 그 잡동사니에는 노래들이 있고 소위 "시"라고 하는 것들이 있으며 여러 소설에서 따온 발췌문들이 있습니다. 마치 풍선처럼 터질 때까지 더러운 가스를 잔뜩 불어넣는 것처럼 불쌍한 기억력을 잔뜩 메우는 것으로 이런 것 말고 또 어떤 것이 있는지 모르겠습니다. 그들은 물릴 정도로 잔뜩 집어넣고 억지로 가득 채워 넣어서 소화 불량으로 괴로워하기까지 순전히 껍질들로 기억을 채웁니다. 일찍이 아리스토텔레스는 기억력을 가리켜 영혼의 위라고 불렀는데, 영혼이 모으는 것을 담고 있고 소화시키는 기관이라는 것입니다. 그런데 사람들은 기억력에 영혼에 필요 없는 온갖 것으로, 즉 사실상 영혼이 먹고 살 수 없는 것으로 가득 채우고, 그래서 기억력을 망쳐서 최상의 것들을 기억할 수 없게 만듭니다. 어떤 사람들은 이 설교의 본문을 거의 이해할 수 없을 것입니다. 그들이 이해할 수 있을 것 같습니까? 다른 생각들이 기억을 숨 막히게 만들고, 좋은 일, 은혜로운 일, 감사한 일, 올바른 일을 마음에서 전부 몰아냅니다.

　여러분, 오늘 밤 여러분의 기억에서 짐을 내리십시오. 할 수 있다면 필요한 걱정거리조차 내려놓으십시오. 설교가 여러분이 짐을 비우는데 도움이 된다면 좋은 일입니다. 여러분은 이같이 말한 사람을 기억할 것입니다. 그 사람은 보통 교회에 갈 때마다 얼마나 많은 게으름뱅이들이 예배당 건물을 유지하고, 얼마나 많은 노동자들이 그 일에 고용될까를 계산하곤 하였는데, 나중에는 이렇게 말했다는 것입니다. "휫필드 목사의 설교를 듣고서 나는 세상 천지에 게으름뱅이가 있다는 것을 잊어버렸습니다." 나는 하나님의 집이 언제나 그렇게 되었으면 좋겠습니다. 훌륭한 부인은 자기 가족들은 생각이 나는데 자신이 불조심을 했는지는 기억이 나지 않습니다. 그녀는 집에서 나와 있는 동안 아기가 잘 지내고 있는지 궁금해 합니다. 또 어떤 부인은 반지를 잃어버립니다. 그녀가 집을 나오기 전에 손을 씻을 때 반지를 세면대에 놓았는지 기억이 나지 않습니다. 장사꾼은 내일 돌아오게 되어 있는 어음에 대해서 걱정합니다. 그는 그 어음을 잊어버릴 수 있으면 좋겠다고 생각합니다. 그러나 내일이면 그 일을 처리해야 할 것입니다. 바로 이것이 여러분이 하나님의 자비를 기억할 수 없는 이유입니다. 하나님의 날에 그리고 하나님의 예배에 끼어들어서는 안 되는 많은 세상 일들이 여러분의 기억을 차지하고 있기 때문입니다. 사실 그런 일들은 아브라함이 맹금류가 제물에 앉을 때 했던 것처럼 쫓아버려야 합니다. 까마귀와 솔개가 아브라함이 하나님께 드린 제물에 내려 더럽히고 먹으려고 하였습니다. 그러나 우리는 "솔개가 그 사체 위에 내릴 때에는 아브람이 쫓았다"(창 15:11)는 것을 압니다. 우리도 그와 같이 하려고 노력해야 합니다. 하나님의 자비들을 기억하고 하나님을 예배할 시간이 왔을 때, 여러분은 새들을 쫓아버려야 합니다. 그렇지 않으면 여러분이 찬송이라는 익은 열매를 거두어들이기도 전에 새들이 그 열매를 먹어버릴 것입니다.

　기억은 또 다른 원인 때문에도 어려움을 겪었습니다. 즉, 기억이 다른 기능들과 연결된 관계 때문에 어려움을 겪은 것입니다. 지성의 모든 능력이 죄 때문에 손상을 입었습니다. 타락의 악한 결과들이 사람 전체에 퍼졌고 본성 전체를 약화시키고 왜곡시켰으며, 그래서 온 머리가 병들었습니다. 나머지 기능들 가운데 좀 더 고귀한 능력인 이해력은 아주 심하게 어두워졌습니다. 사람의 한 부분이 나머지에 영향을 주듯이, 이해력이 어두워짐으로 말미암아 하나님의 일들에 관한 기억력이 심각하게 약화되었습니다. 여러분이 잠시만 생각해 보면 이 점을 알 것입니다. 사람은 이해하지 못하는 것은 쉽게 기억하지 못합니다. 많은 사람들이 하나님의 자비의 일들을 잊어버리는 것은 그들이 하나님의 자비를 받을 때 그 진가를 제대로 알지 못하기 때문입니다. 그 일들이 고마운 것을 알지 못합니다. 그들은 그 일들에 참으로 많은 사랑이 담겨 있고, 자신들이 그런 자비를 받을 가치가 전혀 없는 존재라는 것을 볼 능력이 없습니다. 그래서 그런 자비를 받았음을 기억할 만큼 그 일들에 깊은 인상을 받지 못합니다. 매일 하나님의 은혜가 내릴 때, 그 사람들은 마치 도매업자가 물건 꾸러미들을 받고서 그것을 열어보거나 수를 세보지도 않고 곧바로 팔아버리듯이 그 은혜들을 취급합니다. 그들은 하나님의 인자가 무엇을 의미하는지 거의 알지 못합니다. 그들의 생각에 도통 하나님이 없기 때문입니다. 물론 사람은 자기가 이해하지 못하는 것은 기억하지 못합니다. 여러분이 남자 아이에게 아무 의미가 들어 있지 않은 시 구절을 배우도록 시켜보면, 그 아이는 그 과목을 배운 다음 시간에는 그 구절을 외울 수 있지만, 오래지 않아 그 구절은 그의 기억에서 빠져나갑니다. 그것은 아이가 그 구절을 이해하지 못하기 때문입니다. 이해력의 빛을 어둡게 해 보십시오. 그러면 기억에 새겨진 형상은 불분명하고 희미해져 사라지기가 아주 쉽습니다.

　그 다음에, 이해력뿐 아니라 감정도 왜곡되었습니다. 사람은 본래 하나님을 사랑하지 않습니다. 나는 그 슬픈 진리를 생각하면 떨립니다. 지적인 존재에 일어날 수 있는 가장 두려운 사실은 하나님을 사랑하지 않는 것이기 때문입니다. 하나님을 사랑하지 않는다면, 그것이 내게는 지옥의 고통이 될 것입니다. 나는 하나님을 사랑하지 않는 것을 지옥 중의 지옥으로 여깁니다. 무한히 사랑스러우신 분, 성품에서나 행위에서 모두 완전하시므로 마땅히 하나님으로 경배 받으셔야 할 분을 사랑하지 않는 상태에 있다는 것은 끔찍한 일입니다. 그것은 죽음이고, 죽음보다 더 나쁜 것입니다. 나는 그것을 눈멀었고 귀먹은 것으로, 훌륭한 모든 도덕적 능력을 상실한 것이라고 말하지 않겠습니다. 하나님을 사랑하지 않는 것은 완전한 죽음입니다. 우리가 하나님의 자비의 일들을 잊는 것은 우리가 하나님을 사랑하지 않는다는데 다소 이유가 있습니다. 잠시 생각해 보면, 여러분은 금방 그 사실을 알 것입니다. 전혀 모르는 사람이 여러분에게 준 선물이 있다고 합시다. 비록 그 선물이 다소 가치가 있을 수 있지만, 여러분은 그 선물을 아주 귀하게 생각하지 않습니다. 그런데 여러분의 어머니가 여러분에게 준 반지가 있고, 어머니는 이제 하늘에 있습니다. 그러면 여러분은 그 선물을 잊지 않을 것입니다. 사랑이 있기 때문에 그 선물을 여러분의 가장 값진 소유물로 만든 것입니다. 내게는 여러 친구들이 준 물건들이 많이 있습니다. 나는 그 모든 선물들을 귀하게 여깁니다. 그 선물들을 잊지 않고 또 잊을 수도 없습니다. 선물을 내게 준 그 사람들에 대한 존경과 애정 때문입니다. 그와 같이 여러분이 하나님의 자비를 항상 찬송 받으실 사랑하는 하늘 아버지께서 여러분에게 주신 것으로 볼 때, 그 자비를 잊지 않습니다. 그러나 그것을 그저 지나가는 낯선 사람이 준 선물로 간주한다면, 그 선물에 별로 관심을 갖지 않습니다. 그런데 여러분이 복을 일반 세상 사람들처럼 "행운의 선물"로 생각하거나 행운의 나무에서 떨어진 우연한 습득물로 여긴다면, 여러분은 그 복을 기억하지 못할 것입니다. 여러분이 먹는 빵에서 여러분에게 공급하시는 하나님 아버지의 손을 보기 바랍니다. 심지어 냉수 한 잔에서도 하나님의 넉넉하심을 보며, 가정의 안락함과 건강에서 그리고 여러분의 이성을 빼앗지 않는 데서 여러분을 사랑하시고 또 여러분이 사랑하는 하나님의 선하심을 보기 바랍니다. 그러면 기억이 힘을 낼 것입니다. 사랑이 부족하면 기억할 것이 부족하게 되고, 기억력도 불완전해지게 됩니다.

  여기서 생각할 점이 한 가지 더 있습니다. 하나님의 선하심에 대한 우리의 기억이 현재 느끼는 고통 때문에 뭉개지는 경우가 종종 있습니다. 여러분이 예리한 아픔과 지치게 만드는 통증, 펄펄 끓는 열 때문에 고통을 겪을 때는 건강하고 힘 있던 날들을 잊어버리고, 끊임없이 약함과 슬픔이 반복되는 것만을 생각하기가 쉽습니다. 여러분이 사랑하는 이의 무덤 옆에 서게 되면, 상실감 때문에 하나님이 잠시 빌려주셨다는 사실도 잊어버리기가 쉽습니다. 사랑하는 사람이 데려감을 당할 때, 그 사실을 바로 보는 방식은 귀한 대부금을 그 소유주께서 회수하여 가셨다고 생각하는 것입니다. 우리는 그토록 오랫동안 그 위안을 빌려 쓰도록 허락받은 것에 매우 감사해야 하고, 그 소유주께서 아주 친절하게 빌려주신 것을 찾아가실 때 불평하지 말아야 합니다. 여러분이 결혼하여 10년 동안 같이 산 남편이나 여러분의 품에 2년 동안 안겨 있었던 자녀나 여러분이 반 평생 동안 교제하였던 친구나 살아 있는 동안 여러분에게 그처럼 큰 위안이었던 형제가 떠나갔을 때, 그들이 떠나간 것만을 보지 말고 그동안 여러분이 그들을 곁에 두었던 것에 대해 하나님께 감사하십시오. 나쁜 것에 대해 한탄할 뿐 아니라 좋은 것에 대해서도 정직하게 감사하도록 하십시오. 주시는 하나님뿐 아니라 가져가시는 하나님도 찬송하도록 하십시오. 왜냐하면 하나님께서는 주신 것을 가져가시는 것일 뿐이기 때문입니다. 그런데 대개 우리는 그렇게 하지 못합니다. 우리는 행복한 과거는 잊어버리고 알 수 없는 미래를 두려운 마음으로 바라보며, 골치 아픈 현재에 대해 오래 생각하므로 우리에 대한 하나님의 자비를 잊어버립니다. 여러분은 지금 나이를 먹고 있고, 힘이 없습니다. 그러나 여러분이 50년 동안 활기차게 산 것에 대해 하나님께 감사드려야 합니다. 여러분이 전에 했던 일을 이제는 할 수 없고, 여러분의 마음은 약해졌습니다. 그렇지만 여러분이 피곤한 줄 모르고 몸과 마음으로 주님을 섬길 수 있는 때가 있었던 것에 하나님께 감사드리십시오. 어쩌면 여러분이 지금 우울한 처지에 떨어졌고 가난을 걱정하고 있을 수 있습니다. 여러분이 그동안 아주 오랫동안 남을 만큼 풍족하게 지낸 것에 대해 하나님께 감사드려야 합니다. 어쩌면 지금 여러분이 조금 슬퍼하고 있는지 모릅니다. 그렇다면 여러분이 한때 심벌즈를 소리 높여 울리며 주님을 찬양하고 땅의 높은 곳에 섰던 날들을 기억하기 바랍니다. 현재 여러분을 압도하는 슬픔 때문에 감사해야 할 과거를 잊지 말고, 그동안 하나님께서 행하신 일을 인하여 주님의 이름을 찬송하십시오. 성령께서 여러분의 연약함을 도우시어 여러분이 지난날의 하나님의 인자를 기억할 수 있게 해 주시기를 바랍니다.

기억력은 결함이 있다. 이것이 우리의 첫 번째 추론인데, 그 점이 아주 분명해졌다고 생각합니다.

**2. 둘째로, 우리는 하나님께 대한 기억을 떠올리기 위해 할 수 있는 모든 일을 해야 합니다.**

다윗이 기록관들을 임명한 데서 이 점을 알 수 있습니다. 할 수 있는 한, 우리는 하나님의 자비의 일들이 감사함이 없이 잊히거나 찬양함이 없이 사라지도록 내버려두어서는 안 됩니다. 어떻게 하면 우리가 기억을 되살릴 수 있습니까?

나는 때로 하나님의 자비를 실제로 기록하는 것이, 즉 말 그대로 그것을 메모장에 그대로 적어서 다른 날 볼 수 있도록 하는 것이 좋은 일이라고 생각합니다. 기록하는 것이 타당한 일이고, 종종 그것이 매우 유용한 기념물이 되리라고 확신합니다. 나는 일기를 쓰고 매일 여러분이 느끼거나, 느끼지는 않았으나 느낀다고 생각하는 것을 적는 것이 좋다고 생각하지 않습니다. 나는 그런 것이 우리들 대부분에게 단지 형식에 불과한 것이 되거나 상상력을 발휘하는 것이 될까 걱정입니다. 매우 유명한 사람들의 일기를 읽어 보면, 내게는 언제나 그 일기들이 후에 그것을 읽어볼 사람들을 염두에 두고 사실 이상으로 쓰거나 사실보다 줄여 쓴 것처럼 보이기 때문입니다. 사람의 눈을 의식해서 일기를 쓰게 되면 필연적으로 우리의 경험을 인위적으로 조작하게 되지 않을까 하는 염려가 듭니다. 사실 우리가 일반적인 생활을 하면 매일 적어야 할 것이 그리 많지 않습니다. 그런데 꼭 기록해야 할 날들이 있습니다. 극심한 곤경에 처했다가 크게 구원을 받은 날, 어려운 시험에 빠졌다가 놀라운 도움을 받은 날, 이런 날들은 반드시 기록해 둘 필요가 있습니다. 하나님의 빛나는 자비를 경험한 날은 하루가 일주일만큼의 무게가 나가는 법입니다. 천국의 부스러기 같고 영원의 파편 같은 날들이 있습니다. 천국에서 도망쳐 방황하다가 땅으로 내려온 것처럼 갑작스럽게 찾아온 찬란한 기쁨의 날들이 있습니다. 그렇게 은총을 받은 날을 기록해 두십시오. 그 사건을 일어난 그대로 적어두십시오. 다른 아무도 그것을 읽지 않을지라도 신경 쓰지 마십시오. 여러분이 훗날에 그 기록을 읽을 것이고, 그것이 기록되어 있어서 여러분의 믿음을 북돋아 주는 것에 하나님께 감사할 것입니다. 그러니 기록하십시오. "나는 내 마음을 글로써는 잘 표현하지 못하겠어"라고 말하는 사람이 있습니다. 여러분도 알고 있듯이, 일찍이 야곱은 돌을 세우고 그 꼭대기에 기름을 부었습니다. 그는 펜과 잉크에 대해서 거의 모르거나 전혀 몰랐겠지만, 이것이 그 나름의 기록하는 방식이었습니다. 여러분은 아름다운 은혜를 기억할 수 있는 여러분 나름의 방식을 틀림없이 고안해낼 수 있습니다. 여러분은 어딘가에 눈금을 새길 수 있고 오래된 나무에 표시를 할 수 있으며, 여러분이 은혜를 받은 본문에 대한 성경 난외주에 줄을 그을 수 있습니다. 여러분이 어딘가에 글씨를 휘갈겨 쓸 수 있습니다. 그러면 후에 그 글씨를 보고 이렇게 말할 것입니다. "나는 이것이 무슨 뜻인지 알아. 하나님의 선하심을 잊고 싶지 않았었는데, 이렇게 기록이 되어 있네. 참 놀랍다. 이것을 보니 그 감동이 새롭게 밀려오네."

　기억을 돕는 또 한 가지 방법은 여러분이 하나님의 선하심을 맛보는 그때 무슨 일이 있어도 하나님을 온전히 찬양하는 것입니다. 하나님의 선하심을 경험하게 되었을 때, 여러분의 마음이 감사하기에 적절한 상태에 있다면 그 일을 잊지 않을 것입니다. 그리고 정말로 여러분이 그 기회를 사용하여 즉시 하나님께 영광을 돌리면 그 일을 더 잘 기억할 것입니다. 감사하는 마음으로 가득 찼던 날들은 기억할 것입니다. 찬양의 향을 피워 올리지 않을 수 없었던 그런 날들은 마음의 은밀한 방에 향기를 남길 것입니다. 기억력이 약하다면, 여러분의 집에 감사할 일이 새로 생길 때 하나님을 찬양하도록 주의하십시오.

잠시 묵상하는 시간을 따로 갖는 것이 종종 기억력을 북돋우는데 많은 도움이 될 것입니다. 한 남자와 그의 아내는 늘상 토요일 저녁이면 그 주간에 있었던 감사할 일들에 대해 30분 동안 시간을 내어 생각하곤 하였습니다. 이것은 좋은 모범입니다. 그런데 어떤 사람은 "나는 그렇게 많은 시간을 낼 수 없어요" 하고 말합니다. 예, 그래요. 당신은 그렇게 많은 시간을 낼 수 없을 것이라고 생각합니다. 한 주간 동안 있었던 불행한 일들에 대해 불평하는데 몇 시간을 사용하니까요. 그렇습니다. 우리는 함께 모여서 자신의 고통과 손실에 대해서 이야기할 때, 자신의 곤경에 대해서 이야기할 때는 마음껏 이야기합니다. 그런 일들은 지금 나쁘지 않습니까? 그런데도 여러분은 그 일들에 관해 일주일 내내 긴 시간을 내서 함께 이야기했습니다. 여러분은 50번도 더 말했습니다. "이런 적이 없었어. 도통 장사가 되지 않고 사람들도 전혀 움직이지 않아. 이런 불황이 없었어." 자, 우리 모두가 그 점에 대해서 다 알고 또 그것이 사실이라는 것을 사람들도 모두 동의하기 때문에, 이제는 우리가 가서 다른 일을 하고 우리의 곤경을 시시콜콜 이야기하느라 허비하였던 시간을 감사할 일들을 생각하는데 쓸 수 있지 않습니까? 여러분이 내가 말한 그런 일을 하는데 아내와 함께 30분을 다 낼 수 없을지라도 일단 한번 해 보십시오. 그러면 여러분은 30분 이상 시간을 내어 행복하고 유익하게 이야기하게 될 것이라고 믿습니다.

이렇게 말하십시오. "자, 여보, 나 좀 도와줘요. 내가 기억할 수 있게 도와줘요. 그러면 나도 당신이 기억하도록 도와줄게. 하나님께서 이번 주에 우리를 위해 행하신 일들을 함께 기억해 봅시다." 그 다음에 여러분의 이야기를 하고 나서 그에 대한 아내의 즐거운 주해에 귀를 기울이십시오. 내 인생 이야기는 벌집이 꿀이 뚝뚝 떨어질 때 단 것으로 가득하듯이 하나님의 자비의 일들로 가득하다고 주저 없이 말합니다. 하나님께서 여러분을 어떻게 대하셨는지 나는 모릅니다. 그러나 하나님께서는 내게 말할 수 없이 큰 사랑을 베풀어 주셨으므로, 나는 하나님이 나를 천국의 한 구석에 들어가서 하나님을 영원히 찬송하게 해 주시기만 한다면 나는 하나님을 경배할 수 있는 기회를 주시는 것 외에 다른 아무것도 구하지 않을 것입니다. 내 말은 내게 어떤 일이 일어날지라도 하나님을 찬송하겠다는 뜻입니다. 그렇게 하지 않을 수 없습니다. 나는 섭리와 은혜 가운데 너무도 많은 은총을 받았기 때문에, 나를 눌러 뭉개고 회반죽으로 덮을지라도 온 마음을 다해 하나님께 감사하고 그의 거룩한 이름을 찬양할 것이라고 생각합니다. "그는 선하시며 그 인자하심이 영원하기"(시 136:1) 때문입니다. 이것이 여러분에게 드리는 내 조언입니다. 나는 자신이 직접 시험해보지도 않고 이 조언을 드리는 것이 아닙니다. 종종 주님께서 행하신 일을 묵상해 보십시오. 그러면 여러분의 기억을 되살리는데 도움이 될 것입니다.

그 다음에, 종종 다른 사람들에게 하나님의 자비의 일들을 되풀이하여 이야기하십시오. 나는 하나님의 인자에 관해 이야기하는 사랑하는 형제들과 가까이 지내고 싶습니다. 그 형제들은 좋은 친구입니다. 나는 두 농부 사이의 차이점을 예를 들어 설명한 적이 있습니다. 두 농부 가운데 한 사람은 내가 알기로, 한때 "그저 그만한 정도의" 수확을 냈지만, 많이 거두지는 못했다고 말합니다. 수확물이 아주 많았을 때는 수확물을 다 거둘 수 없었다고 말합니다. 일이 거둬들이는 사람들에게 너무 버거웠기 때문이라는 것입니다. 그렇지만 그때 "그저 그만한 정도의" 수확은 거둬들였습니다. 그는 돈을 벌지 못했다고 말합니다. 내가 알기로 그는 처음 시작할 때 가난하였습니다. 그는 많은 가족을 길렀고, 지금은 부자입니다. 그렇지만 그는 한 번도 돈을 벌지 못했다고 말합니다. 여러분도 모두 사람들이 흔히 하는 말을 들어서 알고 있듯이 사람이 농사를 지어서든지 아니면 다른 어떤 일을 해서 돈을 벌지는 못한다는 것입니다. 나는 이같이 불평하는 사람의 말을 들었습니다. 그 다음에는 또 다른 농부의 말을 들어보았습니다. 이 농부는 말합니다. "작년에는 밀농사가 그동안 아주 좋았던 해만큼은 되지 않았을지 모르지만 그것을 벌충할 주요 작물이 있을 거에요." 다른 해에는 이렇게 말했습니다. "곡물로는 수지가 맞지 않을 것 같습니다. 하지만 양 사육이 보기 드물게 잘 될 거에요." 그는 하나님의 자비를 칭송할 셈으로 할 말이 항상 있습니다. 우리가 마땅히 그렇게 해야 하지 않습니까? 그는 이렇게 말합니다. "감사하게도 나는 언제나 먹을 양식이 있었고 입을 옷이 있었습니다. 나는 지금 기대했던 것보다 훨씬 더 잘 지냅니다. 그리고 주님의 일에 드릴 만큼의 재산이 있습니다. 주님께서 나를 그처럼 잘 대해주셨거든요." 바로 이렇게 이야기해야 합니다. 그것이 진실한 이야기이고, 또 하나님을 찬양하는 말이며, 하나님께서 우리에게서 들으셔야 할 이야기가 바로 그런 것이기 때문입니다. 여러분이 다른 사람들에게 감사할 일들을 이야기한다면, 여러분은 그만큼 그 일들을 덜 잊게 될 것입니다.

여러분이 주변에 있는 모든 것을 기념물로 활용한다면, 그것이 여러분의 감사할 일들을 기억하는데 때로 도움이 될 것입니다. 어떻게 그렇게 할 수 있습니까? 여러분에게 아이가 있습니까? 그 아이를 보고, 그 아이에게 얼마나 놀라운 하나님의 자비가 엮여 있는지 생각해 보십시오. 아이가 어려서 병약했을 때 당신이 아이가 살 수 있게 해 달라고 기도하였던 때를 생각하십시오. 아이가 사고를 당해서 죽을 수도 있었는데 죽지 않았을 때, 아이가 사회로 나가고 하나님께서 그를 시험에서 지켜주셨을 때, 아이가 처음으로 믿음의 표시를 보였을 때, 아이가 처음 기도하는 소리를 들었을 때, 아이가 유용한 사람이 되려고 노력하는 것을 알았을 때, 아이가 다른 사람들에게 주 예수님에 관해서 이야기하려고 처음 전도하는 말을 들었을 때를 떠올려 보십시오. 나는 그런 감사할 일들에서 느끼는 기쁨을 압니다. 그런 일들을 생각하면 잠자코 있을 수가 없습니다. 큰 은혜를 받았기 때문입니다. 여러분도 자라는 아이들에 대해 그와 같은 복을 받았거나 아니면 앞으로 받게 되리라고 봅니다. 아이가 하나님의 자비를 보여주는 기념물이 될 것입니다. 아무 사람이든지 그의 아이를 보면 이렇게 말하십시오. "나도 한때는 어린아이였어." 그리고 어려서부터 지금 이 시간에 이르기까지 여러분에게 베푸신 하나님의 자비로운 일들을 생각해 보십시오. 거리로 나가 거지를 만나보십시오. 거지를 보면 여러분이 빵을 구걸하거나 누더기를 걸치지 않아도 되며 양식을 공급받는다는 사실에 하나님께 감사해야 하지 않습니까? 베들레헴 정신병원 옆을 지나가 보십시오. 그 병원을 지나가면서 여러분이 제정신인 것에 대해 하나님께 감사하십시오. 맹인학교를 보십시오. 그리고 여러분이 시력을 잃지 않은 것에 대해 하나님께 감사하십시오. 저 병원을 지나가 보십시오. 그리고 여러분이 사지를 잃은 채 괴로워하며 침대에 누워 있지 않은 것에 하나님께 감사하십시오. 교회 묘지에 가보고, 여러분이 아직도 살아 있는 것에 하나님께 감사드리십시오. 장차 올 심판을 생각해 보고, 여러분이 지금 지옥에 있지 않은 것에 감사드리십시오. 사랑하는 친구 여러분, 아침을 깨우는 작은 새들로부터 밤을 즐겁게 하는 반짝이는 별들에 이르기까지 모든 것을 보고 우리는 하나님을 찬양해야 마땅합니다. 공기 한 모금, 비 한 방울, 햇빛 한 줄기에도 우리는 기억을 새롭게 하고 주님을 찬양하도록 합시다.

이것이 두 번째 요점입니다. 즉, 우리는 희미한 기억력을 돕기 위해 최선을 다해야 한다는 것입니다.

**3. 셋째로, 우리는 저마다 기억해야 할 감사한 일들이 있습니다.**

나는 먼저 이 논의에 모든 사람, 곧 그가 회심한 사람이든지 아니든지 상관없이 모든 사람을 포함시키려고 합니다.

사람들은 모두 그동안 일반적인 하나님의 자비들을 경험하였습니다. 이미 나는 상실로 고통 받는 사람들에 대해 이야기하면서 그 점들을 넌지시 비추었습니다. 어렸을 때부터 지금까지 우리는 먹을 음식과 입을 옷을 받았습니다. 우리 가운데 어떤 이들은 일반적인 자비들을 풍부하게 누렸습니다. 우리는 하루 벌어 하루 살지 않아도 되었고 노예처럼 일하지 않아도 되었습니다. 그런가 하면 좀 더 힘들게 살았던 사람들은 항상 곤경의 때에 구원해 주신 것에 대해, 양식을 주고 물을 마실 수 있게 해 주신 것에 대해 하나님께 감사드립니다. 그들은 자기들이 좋아했을 수 있는 것을 언제나 누린 것은 아니지만 계속 살아갈 수 있도록 많은 것을 충분히 받았습니다. 그리고 지금 그들이 건강한 상태에 있어서 그 사실을 증명합니다. 여러분은 정신이 온전하고, 사지를 사용할 수 있으며, 자녀들을 곁에 두고 있습니다! 비록 여러분이 가난하다고 할지라도 이런 것은 큰 복입니다. 이렇게 평범한 일들이라 할지라도 여러분이 마땅히 감사를 드리기에 충분합니다.

그 다음에, 일반적인 하나님의 자비들 외에 우리는 **특별한 섭리**에서 나온 일들을 누리기도 하였습니다. 하나님께서 섭리 가운데 특별히 개입하시는 은혜를 때로 받지 못한 사람이 여기에 한 분이라도 있습니까? 플라벨(John Flavel, 1628~1691, 청교도 목사)은 종종 이렇게 말하였습니다. "섭리에 주의하는 사람들은 오래지 않아 섭리를 보게 될 것이다." 나도 그렇게 생각합니다. 나는 하나님의 섭리의 일들을 많이 기억할 수 있습니다. 시간이 있다면, 내게 일어난 특별한 섭리들에 대해 수십 가지도 이야기할 수 있을 것입니다. 그 가운데 어떤 일들은 아무도 믿지 않을 것이기에 이야기하지 않을 것입니다. 그러나 그 일들은 모두 사실입니다. 오직 주님과 그의 보잘것없는 종만 알고 있는 문제들이 있습니다. 그 일들에 대해 나는 마음 깊이 하나님의 이름을 찬양합니다. 여러분에게도 여러분과 하나님만 알고 있는 은밀한 일들이 있지 않습니까? 여러분이 말할지라도 사람들이 믿지 않을 놀랄 만한 일들, 특별한 일들이 있지 않습니까? 특별히 베푸신 은총을 인하여 하나님의 이름을 찬양합시다. 그러나 좀 더 일상적인 은총들을 잊지 않도록 합시다. 저 청교도 목사가 했던 말을 기억하기 바랍니다. 그와 그의 아들은 서로 얼굴을 보려면 각각 30여 킬로미터를 말을 타고 가야 했습니다. 그의 아들이 와서 이야기했습니다. "아버지, 오는 동안 아주 놀라운 섭리를 경험했어요. 말이 세 번이나 심하게 비틀거렸는데 넘어지지 않았어요." 나이 든 아버지가 말했습니다. "감사한 일이다. 그런데 나도 아주 놀라운 섭리를 경험했다. 내 말은 오는 동안 한 번도 비틀거리지 않았다." 사람들은 보통 그렇게 생각하지 않습니다. 기차 사고가 났는데 아주 간신히 사고를 피하면 "얼마나 놀라운 자비인지 모른다!"고 사람들은 말합니다. 여러분이 아무 사고 없이 여행을 할 때는 그만큼 감사하게 생각하지 않아야 합니까? 여러분은 아주 안전하게 지냈을 때 위험에서 구원 받은 때만큼이나 하나님의 손길을 보아야 하지 않겠습니까? 여러분이 알든지 모르든지 간에 매 시간 하나님의 섭리가 여러분을 보호한다는 사실을 기억하기 바랍니다.

나는 이 자리에 참석한 중생하지 않은 모든 사람에게 하나님의 오래 참으시는 자비를 말씀드리고 싶습니다. 여러분은 지금까지 하나님을 사랑하지 않았지만 하나님께서는 여러분에게 복을 베푸셨습니다. 여러분은 때로 하나님의 복음에 대해 매우 통탄할 만한 말들을 했지만 하나님께서는 그에 대해 화를 내지 않으셨습니다. 어쩌면 내 설교를 듣는 사람들 가운데는 하나님의 이름에 악담을 퍼붓기까지 한 분들도 있을 것입니다. 그러나 하나님은 여러분을 저주하지 않으셨습니다. 여러분은 하나님을 모독하는 말을 하였습니다. 아, 종종 내가 볼 때, 사람이 손을 들어 하늘을 치며 하나님께 도전하는데도 하나님께서 불쌍히 여기며 조용히 인내하신다는 것이 참으로 놀라운 일입니다. 여러분은 하나님께서, 곧 무한하신 하나님께서 여러분과 같은 하잘것없는 존재 때문에 성을 내실 것이라고 생각합니까? 그렇지 않습니다. 하나님께서는 한 날을 정하셨습니다. 그 날에 산 자와 죽은 자를 심판하실 그의 아들 예수 그리스도를 통해서 이 문제에 대해 여러분과 해결을 보실 것입니다. 하나님께서는 여러분에 대한 무한한 동정심 때문에 화를 내지 않으실 것입니다. 하나님께서 화를 내지 않으신다는 것은 참으로 놀라운 일입니다! 우리가 하나님께 대해 행한 것의 10만분의 1만큼이라도 자기들에게 해를 끼쳤다면 말과 주먹으로 우리를 치거나 아니면 말없이 몇 번이나 쳤을 사람들이 아주 많을 것입니다. 그리고 자기들에게 우리의 생명을 빼앗을 권한이 있다면 죽이기를 서슴지 않았을 사람들도 아주 많을 것입니다. 죄인들이 하나님께 하듯이 사람들이 그처럼 사람을 화나게 할 수 없었을 것입니다. 여러분은 대놓고 여호와를 노여우시게 하였고 손가락으로 하나님의 눈을 찔렀습니다. 이 말을 들으면 여러분은 "아니, 어떻게 그런 일을 합니까?" 하고 말할 것입니다. 그런데 여러분이 신앙인들을 조롱할 때, 하나님을 경외하는 사람들을 희롱하고 놀릴 때 이런 일을 하는 것입니다. "너희를 범하는 자는 나의 눈동자를 범하는 것이라"(슥 2:8, 개역개정은 "그의 눈동자"). 이것은 충분히 화나게 만들 만한 일이지 않습니까? 그런데도 여러분은 여호와의 눈동자를 찔렀습니다. 하나님께서는 그 보답으로 여러분을 쳐서 없애버리거나 지옥으로 보내시지 않고 여전히 여러분에게 자비를 베푸셨습니다. 하나님의 이 무한한 인내를 감사한 마음으로 기억하고, 우리가 어떤 사람이든지 간에 하나님의 이름을 찬양합시다.

> "주여, 내가 아직도 살아 있으면서
> 　고통 가운데 있지 않고 지옥에도 있지 않나이까?
> 　선하신 주의 성령께서 여전히 애쓰시며
> 　죄인들의 괴수와 함께 거하시나이까?
> 　죄인들에게 말하라, 죄인들에게 말하라,
> 　내가 살아 있다고, 지옥 밖에서 살아 있다고."

　그 다음에, 우리 모두 하나님을 찬양해야 합니다. 하여튼 여기 있는 우리 대부분이 지금까지 복음의 특전을 누렸으니 하나님을 찬양해야 합니다. 여러분이 예수님을 믿지 않았을지라도 예수님에 대해서 듣기는 들었습니다. 여러분이 하나님의 은혜를 거부하였을지라도, 하나님의 나라는 여러분 가까이 왔습니다. 여러분이 들어가지 않았지만 문은 지금까지 열려 있습니다. 여러분이 받아들이지는 않았지만 복음의 부름을 들었습니다. 여러분은 여전히 하나님께 기도하고 하나님과 교섭하는 위치에 있습니다. 여러분은 아직까지 구주님께 사랑의 구애를 받는 자리에 있습니다. 이 점에 대해 참으로 하나님께 감사하십시오! 여러분이 암흑시대에 살고 있거나 구원하시는 그 이름을 알지 못하는 먼 이교도의 땅에 살고 있지 않고, 놋 뱀이 높이 들린 곳에 살며 "보고 살라"는 메시지가 여러분에게 전해지는 곳에 살고 있는 것에 대해 참으로 하나님께 감사하십시오. "이 구원의 말씀을 너희에게 보내셨거늘"(행 13:26, 개역개정은 "이 구원의 말씀을 우리에게 보내셨거늘").

사랑하는 형제 여러분, 내가 이 자리에 있는 모든 분에게 이렇게 말했지만 특별히 말씀드려야 하는 특별한 계층이 있습니다. 그리스도 안에서 형제 된 여러분, 다른 어떤 사람들보다도 여러분에게는 과거를 기억하고 주님의 이름을 찬송해야 할 이유가 만 배에 만 배를 곱한 것만큼이나 많습니다. 여러분을 파내온 구덩이를 돌아보십시오. 여러분을 거기에서 파내신 주님을 기억하십시오. 여러분을 사기 위해 값으로 치르신 피를 보십시오. 여러분을 새롭게 하신 성령님을 보십시오. 여러분에게 사죄(赦罪)를 베푼 용서를 보십시오. 여러분을 변화시킨 은혜를 보십시오. 여러분을 구원한 사랑을 보십시오. 지금까지 여러분을 인도한 지혜를 보십시오. 여러분을 떠받쳐온 능력을 보십시오. 그리스도인의 생활은 감사가 중단되지 않아야 합니다. 그것은 끊임없이 자비를 받는 생활이기 때문입니다. 다른 사람들은 피조물로서 하나님을 찬양하지만 우리는 새로운 피조물로서 하나님을 찬양해야 합니다. 다른 사람들은 하나님께서 그들을 지으셨기 때문에 하나님을 찬송할 수 있습니다. 그런데 우리가 하나님을 찬송해야 하는 것은 하나님께서 "예수 그리스도를 죽은 자 가운데서 부활하게 하심으로 말미암아 우리를 거듭나게 하셨기"(벧전 1:3) 때문입니다. 사랑하는 여러분, 그러므로 하나님의 선하심을 기억하고 마음과 목소리를 높여 주님을 찬송하십시오.

**4. 끝으로, 우리의 모든 기억은 우리가 하나님께 감사하고 하나님을 찬송하도록 만드는데 기여해야 합니다.**

우리는 이 점에 대해 조금밖에 생각할 수 없습니다. 여러분이 받은 하나님의 자비들을 기억하십시오. 그 가운데서 여러분이 받아 마땅한 것은 한 가지도 없습니다. 빵이 죄인의 목구멍을 막아 질식시킬지라도 당연한 일이라고 생각할 수 있습니다. 그는 그 빵을 받을 만한 가치가 없는 존재이기 때문입니다. 입을 벌려 여러분을 삼키지 않는 땅이 종종 자기에게 왜 그런 임무가 주어지지 않았는지 이상하게 여기는 것은 당연한 일입니다. 여러분이 심하게 하나님을 반역하기 때문입니다. 숨 쉬는 공기나 먹는 물도 우리는 받을 만한 자격이 없습니다.

우리가 누리는 좋은 모든 것은 다 하나님에게서 옵니다. 그 사실을 생각하십시오! 그런데 슬프게도 대부분의 사람들이 그 사실을 잊어버립니다. 롤랜드

힐(Rowland Hill)은 종종 말하기를, 세상 사람들은, 상수리나무 아래에서 떨어진 도토리를 먹으면서도 한 번도 상수리나무를 생각하지 않고 고개를 들어 감사하다고 꿀꿀거리지도 않는 돼지와 같다고 하였습니다. 정말로 그렇습니다. 세상 사람들은 그 선물을 으드득으드득 깨물어 먹으면서 주신 자에게 불평합니다. 우리가 좋은 선물은 하나같이 다 하나님의 손으로부터 우리에게 오는 것이며, 그러므로 하나님을 찬양해야 한다는 사실을 기억하기 시작했으면 좋겠습니다. 그동안 우리가 때때로 하나님의 자비들을 받았는데, 그때 그런 자비를 받지 못했다면 우리는 자비가 없음으로 해서 생명이 끝났거나 아니면 죽음보다 비참한 처지에 떨어졌을 것입니다. 지금 여러분은 속으로 이렇게 말했던 때를 기억하지 않습니까? "주님, 주께서 이번에 저를 도와주시기만 한다면 제가 사는 날 동안 주님을 찬송하겠습니다." 그런데 여러분은 은혜를 받고 나서 그에 합당한 보답을 드리지 않았습니다. 한동안은 여러분이 그럭저럭 감사했지만, 먹은 빵은 금방 잊어버리듯이 여러분에게서 하나님의 자비에 대한 기억은 사라져버렸습니다. 그렇게 해서는 안 됩니다.

나는 이제 이 자리에 참석한 모든 분들에게 한두 가지 질문을 드리려고 합니다. 첫째로, 여러분은 지금까지 감사하는 마음으로 살았습니까? 여러분은 지금 하나님께 찬양을 드리며 살고 있습니까? 여러분은 지금 자신의 의무를 알고 있고, 그 사실을 어떻게 해서든지 나타내려고 합니까? 그렇지 않다면, 나는 여러분이 **참으로** 비천한 사람이라는 것을 느끼게 해주고 싶습니다. 이 말이 불쾌하게 들리십니까? 나는 여러분이 스스로에 대해 불쾌하게 생각하면 좋겠습니다. 여러분은 그동안 친절하게 대해 주었는데 여러분에게 고마워하지 않는 사람들을 어떻게 생각합니까? 여러분은 그들을 보면 화가 날 것입니다. 나는 어떤 사람이 내 친구에게 많은 신세를 졌는데 그에게 고마워하지 않았다는 것을, 전혀 고마워하지 않았다는 것을 알 때, 그를 보면 경멸하는 심정이 생기지 않을 수 없습니다. 여러분이 50년 간 이 세상에 살면서 하나님께 전혀 감사를 표시하지 않았다면, 부끄러운 줄 알아야 합니다. 여러분을 평생 먹이고 여러분에게 복을 베풀어 주신 하나님은 여러분에게서 진정한 찬송과 감사를 조금도 받지 못했는데, 순전히 자신만을 위해서 살려고 하는 여러분은 참으로 볼품없고 비천한 사람이라는 것을 알아야 합니다. 다시 말하지만, 부끄러운 줄 알고, 예수님께 가서 그 발 앞에 엎드리고 여러분이 느끼는 바를 말하며 이렇게 외치십시오. "하나님이여 불쌍히 여기소서 나는 죄인이로소이다"(눅 18:13). 여러분이 지금까지 술주정뱅이나 하나님의 이름을 들먹이며 욕하는 사람으로 살지 않았고 부당하게 살지 않았을지라도, 감사하지 않고 살았다면 그것이 충분히 나쁜 일이라고 생각하십시오. 여러분이 지금까지 하나님을 섬기지 않고 살았다면, 그것이 발밑에 묻은 쓰레기만큼이나 여러분을 천하게 만든 죄라는 것을 생각하십시오. 그리고 그 점을 생각하고 은혜로우신 하나님 앞에서 겸손하도록 하십시오.

그 다음에, 여러분이 "하나님의 은혜를 인하여 지금까지 내가 하나님을 찬송하였고, 전적으로 하나님의 영광을 위하여 살기를 간절히 바랍니다"고 말할 수 있을지도 모릅니다. 그렇다면, 사랑하는 형제 여러분, 여러분이나 나나 지금까지 하나님을 충분히 찬송하였습니까? 우리가 마땅히 해야 할 대로 하나님을 찬송하였습니까? 그러면 여러분은 말합니다. "아, 아니요. 그렇게 못했고 앞으로도 못할 것입니다." 나도 여러분의 말에 동의합니다. 우리는 결코 그렇게 하지 못할 것입니다. 시인이 다음과 같이 노래하였을 때 말을 조금 과장하였지만 그 의미는 아주 옳은 것이었습니다.

> "하오나 영원은 너무나 짧습니다,
>     주님을 다 찬송하기에는."

우리는 하나님을 찬송하는 것은 행복한 짐이기에 전혀 무겁게 느끼지 않아야 하고, 또 그렇게 느끼지 않을 것입니다. 우리는 하나님을 충분히 찬송하지 못한다고 고백하는데, 진심으로 하고 또 자주 하는 점에서 충분히 찬송하지 못하고 봉사를 통해서 찬송 드리는 것에서도 충분히 찬송하지 못한다고 고백합니다. 사람의 힘으로는 하나님을 충분히 찬송할 수 없습니다. 우리는 하나님을 위하여 지금까지 해왔던 것과는 다른 어떤 것을 하도록 합시다. 우리가 방금 전에 찬송을 드렸습니다. 아주 아름답게 찬송했다고 생각합니다. 그러나 우리는 노래뿐 아니라 활동도 하도록 합시다. 우리 자신을 드리고, 우리의 소유를 훨씬 더 충분하게 하나님께 드립시다. 여러분은 지금 하나님을 위하여 무슨 일을 하고 있습니까? 여러분은 집에 향유 옥합이 있는데, 향유를 예수님의 머리에 붓기 위해 그 옥합을 깨트리고 싶습니까? 그렇게 하십시오. 즉시 그렇게 하십시오. 어떤 사람들은 자기의 향유 옥합을 아주 아껴서 안전하게 보관합니다. 그들은 친구들을 데리고 위층으로 올라가서 자신의 귀한 보물을 보여줍니다. 친구들에게 집에 와서 자신의 향유 옥합을 봐달라고 청합니다. 그들은 심지어 자기 재산이 유언 검인 재판소를 거치게 될 경우에 자신이 아끼는 그 물건들을 어떻게 처리해야 할지에 대해서조차 이야기합니다. 바로 그것이 그들이 관심을 갖고 이야기하는 바입니다. 그러나 그들은 생전에 주 예수님의 머리에 친히 값비싼 향유를 실제로 붓는 일에 대해서는 지금까지 한 번도 생각해 본 적이 없습니다. 하나님께서 여러분이 자기에게 있는 최상의 것을 가지고 즉시 구주님을 영화롭게 하도록 인도해 주시기 바랍니다. 하나님께 여러분의 최선을 드리십시오. 정말로 여러분의 최상의 것을 드리도록 하십시오. 하나님께 여러분 자신을 드리십시오. 즉, 여러분의 모든 것을 드리십시오. 하나님은 그것을 받으실 만한 분이십니다. 하나님께서 여러분의 구주이신 예수 그리스도로 말미암아 여러분 손에서 그것을 받으신다면, 그것을 큰 영광으로 여기십시오.

끝으로, 여기 계시는 분 가운데 누구든지 "나는 주님의 자비를 기억하고 주님을 찬송하기 시작하고 싶다"고 말한다면, 그런 분은 십자가에서 시작해야 합니다. 좋은 모든 것의 중심은 그리스도의 십자가입니다. 누구든지 성령님의 인도를 받아 십자가에 못 박히신 구주님을 보는 곳에서 시작하지 않는 한, 찬양의 생활이나 기도의 생활 혹은 거룩한 생활을 올바로 시작하지 못합니다. 여러분의 배은망덕을 짐처럼 마음에 품고서 십자가로 가서, 구주님의 보혈이 흐르는 것을 보십시오. 그러면 배은망덕의 무거운 짐이 주님의 무덤 속으로 굴러들어갈 것이고, 다시는 그 짐을 지지 않게 될 것입니다. 그리고 여러분이 죄를 벗을 때, 그 이후부터 하나님을 찬송하고 그의 이름을 높이기 시작할 수 있습니다. 그렇습니다. 그때에야 비로소 그렇게 하기 시작할 것입니다. 하나님께서 여러분에게 하나님의 은혜를 마음에 새길 수 있는 기억력을 주시기 바랍니다. 하나님께서 여러분이 많은 것을 기억할 수 있도록 하고, 또 기억이 저장한 달콤한 줄기와 귀한 향료 모두가 살았을 때와 죽을 때, 그리고 영원토록 하나님께 감사하는 불꽃을 일으킬 연료로 사용되도록 언약의 축복으로 여러분을 부유하게 해 주시기를 바랍니다.

제
6
장
—

# 오르난의 타작마당

—

"이 때에 다윗이 여호와께서 여부스 사람 오르난의 타작마당에
서 응답하심을 보고 거기서 제사를 드렸으니." – 대상 21:28
"다윗이 이르되 이는 여호와 하나님의 성전이요 이는 이스라엘
의 번제단이라 하였더라." – 대상 22:1

다윗은 자기 하나님 여호와를 위하여 세우려고 마음먹은 큰 성전의 터를
오랫동안 찾고 있었습니다. 한 분 하나님께 드리는 제사는 온 이스라엘이 한 제
단에서만 드리도록 규정되어 있었습니다. 그런데 아직까지 하나님의 언약궤는
다윗 왕궁 근처 휘장 사이에 있었고, 번제단은 기브온에 있었습니다. 하나뿐인
제단을 어디에 세워야 옳겠습니까? 이 언약궤가 어디에서 그 영구한 거처를 만
나야 하겠습니까? 다윗은 이렇게 말했습니다. "내가 내 장막 집에 들어가지 아
니하며 내 침상에 오르지 아니하고 내 눈으로 잠들게 하지 아니하며 내 눈꺼풀
로 졸게 하지 아니하기를 여호와의 처소 곧 야곱의 전능자의 성막을 발견하기까
지 하리라"(시 132:3-5). 그럼에도 불구하고 다윗은 하나님께서 시온을 택하시고
그곳을 자기 거처로 삼기를 바라신다는 말을 들은 것 외에는 여호와의 단을 세
워야 할 정확한 장소에 대해서는 오랫동안 아무 지시도 받지 못했습니다.

다윗은 지켜보고 기다리며 기도하였습니다. 그리고 머지않아 하나님의 신
호를 받았습니다. 하나님께서는 그 장소를 알고 계셨고, 오래전에 아브라함에게
나타나심으로써 그 장소를 성별하셨습니다. 여러분도 기억하듯이, 얼마 전 안식

일에 전한 설교 본문이 "여호와 이레"였습니다. 그때 우리는 그 산에서 여호와를 뵈리라는 것을 배웠습니다. 모리아 산에, 즉 여호와 이레라는 이름을 받은 바로 그 장소이거나 그 가까이에 성전이 세워지게 되었던 것입니다. 그곳에서 아브라함은 칼을 뽑아 자기 아들을 죽이려 하였습니다. 사람들의 죄를 위하여 자신의 독생자를 제물로 바치려는 위대하신 성부 하나님을 놀랍게 예표하는 장면이었습니다! 그 장엄한 일의 시행 현장이 택한 백성들의 예배 중심지가 되게 되어 있었습니다. 아브라함이 최고의 제물을 드렸던 곳에서 그의 후손들이 제사를 드려야 마땅합니다. 혹은 우리가 이 예표를 연구하고 하나님께서 그곳에서 예수님을 사람들을 위한 희생 제물로 내놓으신다는 것을 안다면, 하나님께서 사람을 위하여 희생하신 그곳에서 사람이 영원히 하나님께 제사를 드리는 것은 지극히 합당한 일이었습니다.

이곳이 하나님의 택하신 곳이었다는 사실을 아직까지는 다윗이 알지 못하였습니다. 이제 그곳이 기념할 만한 표시들에 의해 알려집니다. 공의의 천사가 그 장소에 섭니다. 그는 괴로워하는 다윗 왕의 부르짖음에 대한 응답으로 하나님의 오래 참으시는 자비를 따라 칼을 칼집에 꽂습니다. 그때 다윗은 하나님의 마음을 분명하게 보고 이렇게 말했습니다. "이는 여호와 하나님의 성전이요 이는 이스라엘의 번제단이라 하였더라." 이때 그는 즉시 배나 빠른 속도로 전을 위한 재료를 준비하는 일을 시작하였습니다. 그는 자기가 손에 피를 묻혔기 때문에 성전을 지을 수 없다는 것을 알았지만, 그럴지라도 이 큰 사업에서 자기 아들 솔로몬을 돕기 위해 할 수 있는 모든 것을 하려고 하였습니다.

다윗이 마침내 하나님의 선하신 손길에 의지하여 해결한 이 문제는 깊은 영적 의미에서 종종 우리의 마음을 완전히 단련시킵니다. 사람이 하나님을 만날 수 있는 곳이 어디입니까? 어떻게 사람이 자기가 화나게 만든 하나님과 이야기하고 하나님과 화해할 수 있습니까? 죄인이 회개할 수 있고, 하나님께서 자비로 완전한 사죄를 베푸실 수 있는 집회 장소가 없습니까? 많은 사람들이 이렇게 말하고 있습니다. "아, 하나님을 만날 수 있는 곳을 알았으면 좋겠네." 성령의 감동을 받은 사람들은 자기들이 우연히 하나님을 발견할지라도 계속해서 하나님을 찾을 것입니다. 사람이 어떤 조건과 어떤 수단에 의해 하나님과 화목할 수 있고, 하나님의 공의의 칼을 더 이상 두려워하지 않을 수 있습니까?

우리 가운데 어떤 사람들의 마음에는 그 문제가 그 이상의 형태를 취합니다. 우리는 사람이 하나님을 만날 수 있는 곳을 압니다. 그러나 우리는 어떻게 해야 경솔하고 교만하며 거역하는 사람들을 권유하여 하나님께서 정하신 방식대로 하나님께로 올 수 있게 할지에 대해 알고 싶습니다. 우리는 그 일이 성령의 능력으로 말미암아 이루어지고, 말씀의 전파를 통해서 그리고 모든 사람의 마음을 끄는 십자가를 들어올림으로써 이루어진다는 것을 압니다.

우리는 결국 하나님과의 화해에 이르게 될 마음의 상태를 알고 싶어 합니다. 종종 우리는 우리를 보내신 분에게로 돌아가서 이렇게 부르짖지 않을 수 없기 때문입니다. "우리가 전한 것을 누가 믿었으며 여호와의 팔이 누구에게 나타났습니까?"(사 53:1) 우리는 할 수 있다면 예수 그리스도로 말미암아 사람들을 하나님께로 인도하려 했습니다. 우리는 손가락을 뻗어 그 길을 가르킵니다. 그러나 사람들은 보려고 하지 않습니다. 우리는 두 팔을 뻗어 그들에게 오라고 간청합니다. 그러나 그들은 우리 말을 들으려고 하지 않습니다. 우리 마음은 모든 사람이 그리스도 안에서 살아계신 하나님과 화목하게 된 자로 나타나기를 간절히 바랍니다. 어떻게 그런 일이 이루어질 것입니까? 어떻게 죄인이 하나님께 올 것입니까?

우리는 앞에 있는 이 예표에서 다음 질문에 대한 빛을 얻을 수 있습니다. 하나님의 성전을 어디에 세울 것인가? 어떻게 사람들을 성전으로 데려올 것인가? 나는 이 시간 자연적인 일들을 말하지 않고 성령의 일들을 말합니다. 그러므로 우리는 성령께서 우리에게 빛을 비추어 주시고 가르쳐 주시기를 기도합시다. 성령의 도우심을 받을 때에만이 영적 진리가 우리 마음에 들어올 것이기 때문입니다!

첫째로, 외적으로 볼 때, 어떤 장소도 그곳이 하나님이 사람을 만나는 특별한 장소가 되어야 할 이유가 없었고, 지금도 없다는 것을 말씀드립니다. 그러나 둘째로, 영적인 면에서 생각할 때, 하나님께서 택하신 장소가 가장 적합하였습니다. 이 사실에서 우리는 하나님께서 은혜의 방식으로 사람들을 만나시는 진정한 근거를 봅니다. 이 두 주제를 오래 생각하고 나면 나는 여러분에게 이런 식으로 권할 것입니다. 즉, 우리는 하나님께서 우리를 만나는 장소로 구별하신 곳을 성심으로 사용하자는 것입니다. "오라 우리가 굽혀 경배하며 우리를 지으신 여호와 앞에 무릎을 꿇자"(시 95:6).

**1. 첫째로, 외적으로 볼 때, 어떤 장소도 그곳이 하나님이 사람을 만나는 특별한 장소가 되어야 할 이유가 없었고, 지금도 없습니다.**

이 진리를, 슬프게도 모든 사람이 믿지는 않지만 여러분은 믿습니다. 하나님께서 여부스 사람 오르난의 타작마당을 많은 날 동안 하나님의 거룩한 예배가 예표의 시대의 외적 예식을 따라 공개적으로 드려져야 할 장소로 택하셨습니다. 그곳에 성전이 세워졌고, 그곳에서 분명하게 하나님의 규례를 따라 예배가 드려지는 한, 그 성전이 천 년 동안 하나님 예배의 중심지로 서 있었습니다. 그 산이 이제 어떻게 될 수 있는지에 대해서는 이 시간 생각하지 않겠습니다. 선지자들은 그토록 오랫동안 적의 발 아래 짓밟혀 온 시온 산에 어떤 일이 일어날 것인지에 대해 분명한 암시를 줍니다. 그런데 왜 오르난의 타작마당이 하나님께서 다윗을 만나시는 장소가 되고, 기도를 들으시는 장소가 되어야 했습니까?

그곳은 확실히 매우 소박하고 꾸며지지 않은 비종교적인 장소였습니다. 오르난의 타작마당은 크기의 장엄함이나 건축의 아름다움에 대해 자랑할 것이 전혀 없었습니다. 거기에는 그냥 바위가 있었고, 내가 생각할 때, 소들이 곡식을 더 잘 밟아 탈곡할 수 있도록 그 위에 단단한 진흙이나 시멘트를 얇게 발라 놓았을 것입니다. 그것이 전부였습니다. 그렇지만 그곳에 성전이 모든 영광을 드러내며 섰을 때에도 하나님께서는 아무 장식이 없는 타작마당보다 거기에 더 분명하게 나타나시지는 않았습니다. 사람들은 "골방에서 하나님을 만나라!"고 말합니다. 골방에서 하나님을 만나지 못할 이유가 없습니다. 여러분은 그 말을 들으니 놀랍습니까? 하나님께서는 아담을 동산에서 만나셨고, 아브라함을 나무 아래에서 만나셨으며, 노아를 방주에서 만나셨습니다. 들판에는 큰 교회당보다 사람이 적습니다. 그렇지만 사람이 가장 적게 모이는 곳이라도, 어쨌든 하나님을 만날 가능성은 있는 것입니다. "타작마당에서 하나님을 만나라!" 만나지 못할 이유가 없습니다. 그곳이 많은 교회 제단보다 천 배나 더 신성할 수 있습니다. 왜냐하면 다른 곳에서는 그 장소의 인위적인 요소들이 격식을 차리게 만들 수 있지만 그곳에서는 사람들이 아주 단순한 마음으로 마음을 다해 성심으로 경의를 표할 가능성이 그만큼 높기 때문입니다. 하나님께서는 그동안 지하 감옥에서, 동굴에서, 고래 뱃속에서 사람을 만나셨습니다. 여러분이 건축물에 모든 기술을 다 발휘하였을 때, 제자들이 다락방에서 가졌던 것보다 조금이라도 더 하나님의 임재를 확보할 수 있습니까? 여러분은 그 건물에서 그만큼 하나님의 임재를 만날 수 있습니까? 멋진 건물이 하나님께 대한 여러분의 경건한 관심을 보여주는 방식이 될 수 있습니다. 그러나 여러분이 그것을 필수적인 것으로 혹은 더 중요한 것으로 보지 않고, 그것을 여러분의 우상으로 삼지 않도록 조심하십시오. 교회당을 그 형식이나 아름다움으로 평가한다면, 그것은 단순히 기술과 산업을 보여주는 전시품에 지나지 않게 될 것이고, 그러면 탐욕스런 장사꾼의 집이나 방탕한 군주의 왕궁보다 더 신성한 곳이 되지 못할 것입니다. 석수의 정이나 목수의 망치가 거룩한 곳을 세울 수는 없습니다. 이런 것들이 다 없어도, 어떤 장소가 하나님의 집이 될 수 있고 천국의 문이 될 수 있습니다. 하나님께서는 예전에 떨기나무 가운데서 모세에게 자신을 계시하기로 정하셨던 것과 똑같이 다윗의 호소를 들으시는 곳으로 타작마당을 정하셨습니다.

그동안은 광야의 모래 바닥에서, 염소 가죽의 휘장 안에서 하나님의 임재가 영광스럽게 나타났습니다. 이제는 하나님의 임재가 곡식단과 소들 사이에서 은혜롭게 나타났습니다. 만물을 충만케 하시는 분이 어떻게 사람의 손으로 지은 집에 관심을 가지실 수 있겠습니까? 여러분은 왜 스데반이 솔로몬의 성전에 대해서조차 "솔로몬이 그를 위하여 집을 지었느니라 그러나 지극히 높으신 이는 손으로 지은 곳에 계시지 아니하시나니"(행 7:47,48)라는 말로 아주 무뚝뚝하게 처리하고 지나가는지 압니다. 무한히 크신 대왕께 금으로 지은 신전이 무엇이 대단했겠습니까? 하나님의 창조물이 훨씬 더 장엄하지 않습니까? 어떤 건물의 아치가 하늘의 푸른 창공에 비교될 수 있으며 등불이 해와 달에 필적할 수 있으며, 어떤 석조건축물이 열두 기초석이 보석으로 되어 있는 그 하늘 도성에 필적할 수 있겠습니까? "하늘은 나의 보좌요 땅은 나의 발판이니 너희가 나를 위하여 무슨 집을 지으랴 내가 안식할 처소가 어디랴 내 손이 이 모든 것을 지었느니라"(사 66:1,2). 그러므로 하나님께서 오르난이 곡식을 탈곡하기 위해 단단한 마당을 만든 언덕을 택하시지 않아야 할 이유가 있습니까? 어쨌든 그곳이 하나님께서 다윗을 만나시는 장소였고, 간구하는 왕을 접견하시는 방이었습니다. 이는 마치 하나님께서 장막이나 성전에 별로 신경 쓰시지 않고 오히려 자신의 임재로 말미암아 자신을 계시하는 장소를 영광스럽게 만든다는 사실을 보여주는 것 같습니다.

더욱이, 그곳은 일상적인 노역을 하는 장소였습니다. 즉, 단지 마당이 아니라 소들이 있고 언제든지 쓸 수 있는 농기구들이 있는, 현재 사용 중인 타작마당이

었습니다. 그곳은 아주 평범하였고 일상적인 장소였습니다. 아무도 그곳을 그
보다 더 낮게 생각할 수 없는 장소였습니다. 그래서 마치 하나님께서는 우리에
게 이렇게 말씀하시려는 것 같았습니다. "나는 아무데서나 너를 만날 것이다. 나
는 집에서든지 들판에서든지 너와 함께 할 것이다. 네가 땅을 경작할 때든지, 곡
식을 탈곡할 때든지, 빵을 먹을 때든지 너에게 이야기할 것이다." 거룩한 마음이
있으면 모든 곳이 거룩합니다. 이 사실을 생각할 때 경건한 사람들은 고독하게
지내는 것을 기쁘게 여겨야 합니다. 하나님께서 여러분과 함께 하십니다. 그러
니 기운을 내십시오. 여러분이 배를 타고 있거나 아니면 숲속을 돌아다니고 있
거나 혹은 땅 끝으로 추방되었거나 하나님 전의 안식일 집회에서 쫓겨났을지라
도 이 점을 기억하십시오.

> "여러분이 어디서든지 하나님을 찾으면 하나님을 만나고
> 어디든지 신성한 땅이 되네."

여부스 사람 오르난의 타작마당에서 하나님은 다윗을 만나셨습니다. 그렇
듯이 하나님께서는 여러분의 작업장에서, 벤치에서, 침대에서, 울타리 뒤에서,
객차의 한쪽 구석에서 여러분의 말을 들으시고 여러분과 교제하실 것입니다.

나는 하나님을 만나는 장소가 아주 소박한 장소이며 일상적인 일에 쓰이는
장소였을   뿐만 아니라 또한 여부스 사람의 소유였다는 점을 생각할 때 마음이
기쁩니다. 여부스 사람들은 자신들의 죄악 때문에 사형을 선고받은 민족들 가운
데 있었습니다. 그들은 이스라엘 나라 밖의 사람들이었고 약속의 언약들에 대
하여 외인들이었습니다. 성전을 세우게 되어 있고, 위치가 아름답고 온 땅의 기
쁨인 바로 이 거대한 반석이 처음에는 저주받은 가나안 후손의 한 족속의 소유
였습니다. 이 사실에서 하나님은 사람들을 차별하시지 않는다는 것을 보여주십
니다. 하나님께서는 다윗 왕을 이스라엘 사람의 땅에서가 아니라 여부스 사람의
타작마당에서 만나려고 하셨습니다. 유대인들은 자신들의 마음을 감추고 속으
로 이렇게 말했습니다. "여호와의 전이다. 이 여호와의 전은 바로 우리다." 그러
나 하나님께서는 "그런데 너희의 성전이 여부스 사람의 타작마당에 세워졌다"고
말씀하심으로써 그들의 민족적 교만을 책망하시는 것 같았습니다. 이 사실을 기
억하기만 하였더라면 유대인들이 우리 주님의 날에 이방인들이 하나님께로 돌

이키는 일을 좀 더 너그럽게 대할 수 있었을 것입니다.

더욱이, 유대인들의 나라를 세웠고 지금 하나님 앞에 엎드려 예루살렘을 위해 도고를 드리는 바로 이 왕의 정맥 속에 이방인의 피가 흐르고 있었습니다. 룻을 생각해 보십시오. 그녀가 어디에서 왔는지를 말입니다. 그녀는 이스라엘의 하나님 여호와의 날개 아래 자신을 의탁하였고, 다윗의 증조모가 되었습니다. 다윗은 그 사실을 결코 잊지 않았던 것 같습니다. 그의 시편들을 보면 땅의 모든 백성들을 향한 광범위한 소원과 선한 바람이 가득하기 때문입니다. "온 땅에 그의 영광이 충만할지어다 아멘 아멘 이새의 아들 다윗의 기도가 끝나니라"(시 72:19). 다윗은 이새의 아들로서 또 룻의 증손자로서 자신의 출생을 회고할 때, 너그러운 그의 마음이 여호와께서 온 땅의 하나님이 되시기를 바라며 가슴속에 뛰는 것을 느낍니다. 그러므로 우리는 마치 구원이 자연적인 혈통을 통해서 오는 것처럼 우리의 특별한 국적이나 조건 혹은 사람들 사이의 신분을 중요하게 생각하지 않도록 합시다.

모든 사람의 정맥 속에는 타락한 아담의 피가 있습니다. 그리스도 예수 안에서는 유대인도 없고 이방인도 없습니다. 여러분이, 하나님을 경외하는 가운데 여러분을 양육하지 못한 부모에게서 태어났을지라도, 낙망하지 마십시오. 성전이 여부스 사람 오르난의 타작마당에 세워졌듯이 여러분의 부모가 하나님을 알지 못하였을지라도 크신 하나님께서 여러분 마음에 거하실 것이기 때문입니다. 여러분은 속으로 이렇게 말하십시오. "주님께서는 비록 내가 여부스 사람일지라도 내 마음속에 거처를 두실 것이다."

그 다음에, 오르난의 타작마당과 관련하여 언급하는 것이 좋을 한 가지 문제가 있었습니다. 즉, 그 땅을 사용할 수 있으려면 먼저 돈을 주고 사야 했습니다. 나는 너무도 신령해서 하나님의 예배와 관련해서 돈 이야기를 하는 것을 싫어하는 사람들을 종종 만납니다. 헌금할 때 나는 딸그닥거리는 소리가 그들의 숭고한 감정에 거슬립니다. 그들은 하나님의 예배와 관련하여 돈 이야기를 하는 것을 하나님께서 생각하시는 것보다 더 불쾌하게 여깁니다. 왜냐하면 하나님께서 "너는 나를 위하여 돈으로 향품을 사지 아니하였도다"(사 43:24)고 말씀하시고, 또 "빈손으로 내 앞에 나오지 말지니라"(출 23:15)고도 말씀하시기 때문입니다. 이 경건한 사람들에게 돈을 저축하는 것은 아주 즐거운 일입니다. 이들이 반대하는 것은 다만 돈을 내는 것입니다. 이 점에서 그들은 그 장소를 얻기 위해 오

르난에게 금 육백 세겔을 달아서 준 다윗과는 다소 생각이 다릅니다. 다윗은 제
사를 드리기 전에 보증금으로 오십 세겔을 지불하였습니다. 그가 "값없이는 내
하나님 여호와께 번제를 드리지 아니하리라"(삼하 24:24)고 말한 것을 보면 그것
을 알 수 있습니다. 한 사람은 넉넉하게 베풂을 통해 자신의 영성을 보이는데 또
다른 사람은 그 반대의 방법으로 영성이 있는 체한다는 것이 아주 이상한 일이
아닙니까? 옛적에 진정으로 하나님을 예배할 때는 언제든지 봉헌하는 일이 있
었고, 종종 금이나 은을 드리는 일이 있었습니다. 보복하는 천사가 칼을 빼어들
고 있는 앞에서 돈을 주고 땅을 샀습니다. 이 일의 엄숙함이 돈을 치른 일 때문
에 훼손되지 않았습니다. 그런데 오르난이 말한 것을 보면 돈이 절대적으로 필
요하지는 않았습니다. "왕은 취하소서 내 주 왕께서 좋게 여기시는 대로 행하소
서 보소서 내가 이것들을 드리나이다 소들은 번제물로, 곡식 떠는 기계는 화목
으로, 밀은 소제물로 삼으시기 위하여 다 드리나이다."

그렇지만 다윗은 다른 사람에게 폐를 끼치면서 예배드리는 것을 견딜 수
없어서 "그렇지 아니하다 내가 반드시 상당한 값으로 사리라"고 말합니다. 사람
에게 아무 수고를 끼치지 않는 종교는 대체로 아무 가치가 없습니다. 구약 시대
에 사람들이 하나님을 예배하러 올라갈 때는 수소나 어린 양을 가지고 갔습니
다. 아무리 가난한 사람이라고 할지라도 적어도 산비둘기 둘이나 집비둘기 새끼
두 마리(레 14:22) 한 쌍을 가지고 갔습니다. 여러분은 이렇게 가축이나 새를 가
지고 성소에 들어가면 여러분의 영성이 손상될 것이라고 생각합니까? 여러분에
게 영성이 전혀 없다면 그렇게 될 것입니다. 그러나 여러분 마음에 은혜가 있다
면, 여러분의 믿음은 자신에게 영성이 있음을 나타내는 실제적인 방법으로서 그
런 길을 택할 것입니다. 어떤 사람들의 경건은 약하고 희미하며 그림자 같아서
없는 것이나 다름없습니다. 진정한 경배는 실질적인 것이고 진실한 것입니다.

지금까지 지상에서 드려진 가장 고귀한 경배는 복음이 전파되는 곳마다 이
름이 언급되게 되어 있는 그 여인이 찬송 받으실 우리 주님의 머리에 귀한 나드
향을 부어드렸을 때 이루어졌습니다. 그 선물을 사기 위해서 그녀는 적어도 오
백 데나리온을 지불한 것으로 알려져 있었습니다. 그것을 사기 위해서 많은 돈
을 지불했을 것입니다. 그 향유가 값비싸다는 사실이 감사하는 이 거룩한 여인
의 마음에서는 그 행위의 핵심을 이루었습니다. 연보궤를 마주보고 앉아 계셨
을 때 주 예수님은 연보하는 사람들의 마음을 읽었을 뿐만 아니라 또한 푼돈밖

에 안 되는 두 렙돈이지만 자신의 생활비 전부가 되는 돈을 연보궤에 넣은 그 여인의 실제적인 헌금을 눈여겨보셨습니다. 어떤 사람들은 보잘것없는 그 두 렙돈을 조롱하는 투로 언급하며 구리 세공업자 알렉산더(딤후 4:14)가 그랬듯이 그 헌금을 비난할 것입니다. 그러나 주님은 자기 종들처럼 그렇게 사치를 좋아하시지 않습니다. 자기 백성들의 가난한 선물들을 받으시기 때문입니다. 헌금 액수가 적다는 사실이 그녀의 예배의 거룩함과 영성을 없애지 못합니다. 하나님께서 그의 성전을 세울 곳으로 정하시는 이 모리아 산 꼭대기에서 값이 치러졌고, 그 것 때문에 하나님과의 교제에 훨씬 더 적합한 곳이 되었습니다.

이 전체 사실에서 여러분이 하나님을 만나기 위해서 특별한 예복을 차려입은 사람들의 도움을 받을 필요가 없고, 포장된 거룩한 바닥도 필요 없다는 것을 배우기 바랍니다. 타작마당도 하나님께 거룩한 곳이 될 수 있습니다. 여러분은 스테인드 글라스와 둥근 지붕이 필요 없습니다. 야외가 훨씬 더 좋습니다. 하나님이 여러분을 만나실 곳에 장엄한 외관이 필요하다는 생각을 잠시도 하지 말기 바랍니다. 여러분의 타작마당에 가서 기도하십시오. 예, 재갈을 물린 소가 쉬는 동안, 무릎을 꿇고 추수에 대해 하나님께 기도하십시오. 그러면 여러분은 밀짚과 곡식들 가운데서 하나님을 만날 것입니다. 길거리에서 하나님께 가까이 가기를 두려워하지 말고, 모든 장소를 여러분의 하나님 여호와께 성별하여 드리십시오. 예배의 단순함과 간소함을 눈여겨보십시오. 어떻게 하나님께서 벽돌 제단을 싫어하셨는지, 그리고 어떻게 자기 백성들에게 흙이나 다듬지 않은 돌로 단을 세워 그의 예배를 단순하고 자연스럽게 유지하려고 하셨는지를 기억하시기 바랍니다. "네가 정으로 그것을 쪼면 부정하게 함이니라"(출 20:25).

**2. 둘째로, 영적인 면에서 생각할 때, 오르난의 이 타작마당은 하나님께서 사람들을 만나시는 방식에 대한 훌륭한 예표였습니다.**

첫째로, 나는 이 장소의 극단적인 단순성이 이 예표의 본질과 관계가 있다고 생각합니다. 타작마당을 기도하기 나쁜 장소로 전혀 생각할 수 없는데, 내면을 조금 들여다보면 그 이유를 알 수 있을 것이라고 생각합니다. 지금 금빛 알곡이 짚에서 분리되고 있는데, 이 알곡이 어디에서 왔습니까? 손을 벌려 살아 있는 모든 것의 필요를 공급하시는 분에게서 왔습니다. 그렇다면 여기서 하나님은 가장 친절한 방식으로 나를 만나시는 것입니다. 내가 하나님을 만날 수 있는 곳 가운데서 하나님께서 내게 음식을 주시는 곳보다 더 나은 곳이 있을 수 있겠습니까? 하나님께서 내 생명을 부양하는데 쓰시는 그의 부요한 선물들 가운데서만큼 우리가 하나님을 잘 경배할 수 있는 곳이 있겠습니까? 만일 내가 아침마다 그릇을 들고 나가서 만나를 거두었다면, 이 하늘의 양식을 거둘 때마다 틀림없이 계속해서 하나님을 찬송했을 것이라고 생각합니다. 사람들의 은혜로운 보존자께서 자기 자녀들을 위하여 필요한 음식을 내놓으시는 곳만큼 찬송하기 좋은 곳은 있을 수 없습니다. 우리가 매일의 노고를 통해 매일의 양식을 벌고 있을 때나 식사 때 모여서 몸의 기운을 차리고 있을 때 하나님을 찬양하는 것만큼 잘하는 일은 없을 것입니다. 하나님의 창고 문에서 우리는 예배하며 기다립시다. 이생의 양식을 거두어들이는 곳만큼 영생의 양식이 나올 성전을 세우기에 적합한 곳이 어디 있겠습니까? 이 두 가지 사실이 한데 잘 모이는 것 같습니다. 평범한 것을 성별한 데서 일시적인 것과 영원한 것이 손을 잡습니다. 우리에게 "하늘에 계신 우리 아버지여 이름이 거룩히 여김을 받으시오며 나라가 임하시오며 뜻이 하늘에서 이루어진 것 같이 땅에서도 이루어지이다"(마 6:9,10)라고 기도하도록 가르치는 그 기도는 이어서 우리에게 "오늘 우리에게 일용할 양식을 주시옵소서" 하고 기도하도록 가르칩니다. 이 예표에는 영적인 의미가 들어 있습니다.

얼핏 한 번 보고 타작마당이 정확히 고통을 나타내는 예표라고 말한다면, 그것이 공상적인 이야기이겠습니까? 라틴어에서는 타작이 환난을 의미합니다. 성도는 하나님의 나라에 들어가려면 많은 환난을 겪어야 합니다. 하나님 백성의 호칭들 가운데 하나가 "나의 타작, 내 마당의 곡식"(사 21:10. 개역개정은 "내가 짓밟은 너여, 내가 타작한 너여")입니다. 하나님께서 자기 백성들의 시련 중에 그들과 함께 계시다는 것은 잘 알려진 사실입니다. 하나님은 한 손으로 치시고 다른 손으로는 감싸 안으십니다. 시련의 사자에게서 우리는 거룩한 교제의 꿀을 얻습니다. 영광의 전은 고난의 타작마당 위에 세워집니다. 나는 이 점이 대단히 중요한 것처럼 밀고 나갈 생각은 없습니다. 그러나 예표에 관한 한 이것이 한 가지 추측이라고 할지라도, 이 생각이 한 진리를 기분 좋게 전달해 주는 것은 사실입니다.

그 다음에, 이곳은 공의가 아주 분명하게 나타나는 곳이었습니다. 오르난 타작마당 위 공중에 두려운 환영이 서 있었습니다. 하나님의 신비한 종인 빛나고 두려운 인물이 손에 칼을 들고 있는 모습이 보였습니다. 그는 범죄한 예루살렘 도성 위로 칼을 쳐들고 있었습니다. 죽음이 끊임없이 일어났습니다. 사람들이 가

을철 숲의 잎들처럼 쓰러졌습니다. 그때 다윗이 가서 자기 하나님을 뵙고 그 앞에 죄를 고백하였습니다. 여러분, 여러분 가운데 많은 사람들에게 부족한 점은 여러분이 아직까지 죄의 결과들, 죄의 책임, 죄의 운명을 보지 못하였다는 것입니다. 하나님께서는 날마다 죄인에게 분노하십니다. 사람들은 두려움이 닥치기 전에는 하나님께 달려가지 않습니다. 장차 임할 진노에 대한 두려움을 치워보십시오. 그러면 여러분은 사람들에게서 자비를 구하게 만드는 위대한 충동을 제거한 것이 됩니다. 사람들은 천사가 칼을 뽑아든 것을 보기 전에는 하나님을 만나려고 하지 않습니다. 그들은 죄를 가볍게 여기고 가지고 놀며, 하나님의 초청을 무시하고 심지어 하나님의 존재를 의심하기까지 합니다. 양심의 가책이 그들의 마음을 찌르고 죄가 지극히 악하고 쓰디쓴 것임을 느끼기 전까지는 그렇게 합니다. 성령께서 일으키시는 죄에 대한 양심의 가책은 논증보다 더 강력합니다. 내게 종교심이 있었지만, 천사의 뽑아든 칼을 보고 거의 생생하게 느끼기 전에는 결코 영과 진리로 하나님께 가까이 가지 못하였습니다. 하나님께서 반드시 죄를 형벌하신다는 것, 하나님께서 결코 죄 범한 자를 용납하시지 않는다는 것을 느끼는 것이야말로 사람을 하나님께로 몰아가는 최상의 사실입니다. 마치 칼끝이 여러분의 가슴을 겨냥하는 것 같고, 칼날이 곧 여러분을 내려칠 것 같이 느끼는 것, 바로 이것이 죄 범한 사람들이 간절히 죄사함을 구하게 만듭니다. 사람들은 어쩔 수 없이 "우리가 죽겠나이다" 하고 외칠 수밖에 없게 되기 전에는 "구원하소서"라고 부르짖지 않습니다.

나는 소문으로 들어 아는 몇몇 설교자들이 하나님의 두려우심을 그 영혼으로 좀 더 생생하게 깨달았으면 좋겠습니다. 절망의 뜨거운 물이 목구멍에서 끓는 것을 느낀 사람은 값없는 은혜의 교리를 말함으로써 그 절망을 해소하였습니다. 자기가 죄인이라는 것을 좀 더 충분히 느꼈더라면 좀 더 나은 성도가 되었을 사람들이 있습니다. 다윗은 죄에는 반드시 타당한 형벌이 요구된다는 것을 보는 곳에서 하나님을 만납니다. 나는 하나님과 교제하는 사람이라면 누구든지 그 진리를 알 수 있다고 믿습니다. 다윗은 자기 죄의 결과를 보았고, 날마다 하나님께서 자기와 자기 백성을 심판하신다면 앞으로 어떤 일이 벌어질지 대단히 두려워하였습니다. 그는 자기 백성의 수를 자랑하는 마음이 커졌고, 충성스럽게 여호와의 부왕(副王)으로 남아있기보다 독립한 군주로 행동하기 시작하였습니다. 그러나 이제 그는 자신이 큰 반역의 죄를 지었다는 것을 알고, 칼이 자기 목에 놓인 것을 봅니다. 그래서 그는 엎드리고, 모든 은혜의 하나님께서 그를 만나십니다.

다윗을 아주 깊은 상심에 빠지게 만든 점은 아마도 자신의 죄가 다른 사람들에게 끼친 치명적인 결과를 분명히 보게 되었다는 사실이었을 것입니다. 이미 7만 명의 백성들이 자기 죄 때문에 흑사병으로 죽었고, 여전히 흑사병이 창궐하고 있었습니다. 이 사실을 보고서 다윗은 그 문제를 뼈저리게 느꼈습니다. 신앙심이 없는 사람은 누구나 자신이 악한 생활로 다른 사람들에게 끼친 해악을 깊이 생각해보아야 합니다. 그의 아내는 지금까지 좋은 것들을 얻지 못하도록 방해를 받았고, 그의 자녀들은 하나님을 두려워하는 일이 없이 자랐으며, 그가 함께 일하는 동료들과 거래하는 사람들은 그의 악함을 보고서 자신의 악함에 완고해졌고, 젊은이들은 그의 악을 보고서 시험을 받아 미덕을 버렸으며, 단순한 사람들은 그의 불신앙을 보고서 불신앙에 이르게 되었던 것입니다.

여러분, 여러분은 자신이 무슨 일을 하는지 모릅니다. 여러분은 그저 불똥을 날려 보내지만, 그로 인해 이미 얼마나 큰 화재가 일어났을 수 있는지 아무도 모릅니다. 여러분은 아무 생각 없이 바람에 엉겅퀴를 날려 보냈습니다. 그러나 여러분이 날려 보낸 엉겅퀴 한 움큼에서 얼마나 많은 잡초가 생겨났고, 또 앞으로 생겨날지 아무도 알 수 없습니다. 여러분이 끼친 영향으로 말미암아 지옥에 들어간 사람이 없습니까? 여러분의 부정(不淨)한 가르침으로 인해 지옥으로 가고 있는 사람들이 없습니까? 60번이나 70번의 겨울을 지나서 머리가 하얗게 된 여러분, 여러분은 이미 얼마나 많은 파멸을 일으켰습니까! 다윗은 이 사실을 분명히 깨달았고, 그 사실에 기겁을 하고 놀라며, 그 점에 대해 하나님께 부르짖고 그 악을 막을 수 있도록 자기 목숨을 내놓고 간구하였습니다.

이와 같이, 여러분도 알다시피, 죄의 치명적인 결과를 분명히 깨달을 때, 사람이 하나님께 돌이키게 되고, 그때 하나님께서 그 영혼을 만나십니다. 십자가는 죽음의 장소입니다. 십자가의 그늘 밑에서 우리는 자신의 죄를 생생하게 보고 그 책임을 인정하게 되며, 그럼으로써 진리의 하나님께서 우리를 만나실 올바른 위치에 서게 되는 것입니다. 하나님께서는 죄인들이 스스로 죄인으로 여기고 하나님께 올 때 그들을 만나실 것입니다. 그러나 그들이 자신의 죄를 인정하지 않고 죄에 합당한 보복이 있을 것을 믿지 않을 때 하나님께서 그들의 말을 듣지 않으실 것입니다.

그 다음에, 하나님께서 다윗을 만나시고 영원히 하나님의 성전이 있을 자리로 삼으신 그곳은 죄가 **고백된** 장소였습니다. 다윗의 고백은 매우 솔직하고 온전하였습니다. 다윗은 "제가 아닙니까? 범죄한 사람은 바로 저입니다" 하고 말합니다. 죄인이여, 주님께서 가서 직접 그대의 죄를 고백하십시오. 다른 사람은 보지 말고 "아버지여, 제가 죄를 지었나이다"라고 말하십시오. 그 세리처럼 "하나님이여 불쌍히 여기소서 나는 죄인이로소이다"(눅 18:13)라고 부르짖으십시오. 자신을 다른 사람과 비교하지 말고, 자기의 죄를 고백하십시오. 주님께서 자기의 허물을 고백하는 사람을 모두 용서하겠다고 약속하셨으니, 여러분도 용서하실 것입니다.

여러분은 고백할 때 여러분 죄가 아주 악하다는 점을 말해야 합니다. 다윗은 "범죄하고 실로 악을 행한 자는 곧 나이니이다"(개역개정에는 "실로"라는 단어가 생략되어 있음)라고 말했습니다. 여러분이 스스로 고백하는 악의 끝에 "실로"라는 말을 붙이기 전에는 은혜의 하나님을 발견하지 못할 것입니다. 여러분이 지금까지 빛을 받고도 죄를 짓고, 알면서도 죄를 지으며 사랑을 거슬러 죄를 짓고 경고를 받고도 죄를 지으며 많은 간청을 듣고도 죄를 짓지 않았습니까? 그렇게 죄를 범하였다면, 가서 주님께 여러분이 실로 악하게 죄를 지었다고 고백하십시오. 방탕한 아들은 이렇게 말했습니다. "아버지 내가 하늘과 아버지께 죄를 지었사오니 지금부터는 아버지의 아들이라 일컬음을 감당하지 못하겠나이다"(눅 15:21). 이와 같은 고백을 하는 곳에서 하나님이 죄인을 만나실 것입니다.

그 고백에는 또한 하나님의 형벌이 정당하다는 점을 인정하는 생각이 들어 있었습니다. 다윗이 "주의 손으로 나와 내 아버지의 집을 치소서" 하고 말하는 것을 보면 그것을 알 수 있습니다. 그는 하나님의 칼과 그 맹렬한 타격에 이의를 제기하지 않습니다. 다음과 같이 느끼는 죄인이 진정으로 회개하는 것입니다.

"부끄럽지만 내 입술로 내 죄를 고백하나이다.
하나님의 율법을 어기고 하나님의 은혜를 어긴 죄를,
주여, 주님의 심판은 마땅히 엄해야 하고
나는 정죄를 받지만 주는 결백하나이다.

주님의 복수가 갑자기 내 숨통을 조일지라도

나는 죽으면서도 주의 공의를 선언하지 않을 수 없네.
내 영혼을 지옥에 보낼지라도
주의 의로운 법에 그것은 옳은 일이네."

　사람이 회개한다고 하면서 죄를 처벌하는 일에서 하나님의 공의에 이의를 제기한다면, 그것은 유감스러운 회개입니다. 그러나 회개하는 사람이 말하자면 머리를 단두대 위에 올려놓고, 목에 밧줄을 건 채 하나님께 자신을 맡기고서 "내가 범죄하였나이다" 하고 말할 때, 하나님의 자비가 넉넉하게 나타납니다. 사람이 공의와 싸우는 한, 그는 하나님의 자비와 사이좋게 지낼 수 없습니다. 하나님께서 칼을 헛되이 들고 계시는 것이 아니니, 우리는 하나님을 왕으로 모셔들여야 합니다. 그렇지 않으면 하나님께서 결코 칼을 칼집에 넣지 않으실 것입니다. 여러분은 자신을 정죄하십시오. 그러면 하나님께서 여러분을 석방하실 것입니다. 회개하는 마음으로 와서 순종하십시오. 그러면 공의의 하나님께서 여러분의 구주가 되실 것입니다.

　그러나 이것은 일의 시작에 불과합니다. 왜냐하면 오르난의 타작마당은 그때 제사를 드리고 하나님께서 제사를 받으신 곳이었기 때문입니다. 사람들은 서둘러 다듬지 않은 돌로 제단을 쌓았습니다. 그 다음에는 바로 얼마 전까지 곡식을 탈곡하였던 소들을 제단으로 가져왔습니다. 피가 내를 이루어 흥건하게 흘렀고, 제물을 나무 위에 벌여놓았습니다. 하나님께서 사람들을 만나시는 곳은 수소와 염소의 피가 강물처럼 흐르는 곳이 아닙니다. 하나님의 성육신하신 귀한 아들이라는 그 영광스러운 분이 죄인들을 위하여 단번에 드려진 곳에서 하나님은 사람들을 만나십니다. 골고다는 하나님과 회개하는 자들이 만나는 장소입니다. 이제 우리는 그곳에 이르렀습니다. 이곳이 바로 성전 자리입니다. 바로 이것이 "손으로 지은 것이 아닌"(고후 5:1) 성전, 즉 한 번 무너졌으나 삼일 만에 다시 세워진 성전입니다. 십자가에 못 박히시고 죽은 자들 가운데서 일어나신 주 예수님이라는 분이 바로 하나님께서 범죄하였지만 죄를 고백하는 사람들을 만나시는 곳이며, 하나님께서 그에게 손을 내밀고, 다윗이 드리고 하나님께서 받으신 화목제가 나타내는 바와 같이 그와 사이좋게 먹고 마시는 곳입니다. 여러분은 이 사실을 알 필요가 있습니다. 이 점을 알지 못하면 여러분은 결코 하나님을 보지 못할 것입니다. 화해하시는 하나님은 이 위대한 제물의 연기를 통해서만 볼 수 있습니다. 그리스도의 상처가 하나님의 마음을 볼 수 있는 창문인 것입니다. 여러분이 예수 그리스도를 믿고, 믿음으로 그리스도를 다시 여러분의 제물로 하나님께 드릴 수 있다면, 그때 하나님께서 여러분을 만나실 것입니다.

그런데 다윗은 오래전, 제단에 수소의 제물을 올렸을 때 무엇을 보았습니까? 하나님으로부터 내려온 불을 보았습니다. 불이 번개처럼 내려 제물을 살랐습니다. 그것은 하나님께서 그 제물을 받으셨고, 그로 인해 기뻐하셨음을 보여주는 확실한 표시였습니다. 이렇게 해서라도 하나님은 죄에 대해서 그 위대한 희생을 받으셨습니다. 우리 주 예수께서 자신을 제물로 드리셨을 때, 법정 선고를 받으시고 "나의 하나님, 나의 하나님, 어찌하여 나를 버리셨나이까"(마 27:46) 하고 외치셨습니다. 주님은 슬픔으로 불살라지셨습니다. "여호와께서 그에게 상함을 받게 하시기를 원하셨습니다"(사 53:10). 하나님께서 친히 자기 아들이 고통을 겪도록 하셨고, 그의 영혼을 속죄 제물로 삼으셨습니다. "그리스도께서 우리를 위하여 저주를 받은 바 되셨으니 기록된 바 나무에 달린 자마다 저주 아래에 있는 자라 하였음이라"(갈 3:13). 그리고 하나님은 피가 뿌려지는 곳에 자신의 시은좌를 놓으셨습니다. 하나님께서는 그의 사랑하시는 아들 안에서 우리를 받으시는데, 하나님은 오래전 그 아들을 죽은 자들 가운데서 일으키셨을 때 그의 제사를 받아들이셨습니다. 우리는 예수님의 피로 말미암아 하나님께 가까이 나아갑니다. 두려워 떨고 있는 가엾은 죄인이여, 오십시오. 십자가에 못 박히신 예수님을 보면서 오십시오. 그러면 하나님께서 여러분을 환영하실 것입니다.

다윗은 제사를 드리고 나자마자, 보지 않을 수 없었던 광경이 한 가지 더 있었고, 그 광경으로 말미암아 오르난의 타작마당이 그 어느 때보다 영광스러워졌습니다. 다윗은 **평화의 표시**를 보았습니다. 타작마당 위에 여호와의 천사가 서 있었습니다. 그런데 그 모습에 놀라운 변화가 있었습니다! 그 성읍과 민족을 곧 죽일 것 같았던 뽑힌 칼이 갑자기 칼집에 꽂혔고, 모든 것이 고요했습니다. 예루살렘에서 더 이상 한 사람도 흑사병으로 죽지 않을 것입니다. 이 광경을 보았을 때 다윗의 마음이 얼마나 기뻤겠습니까! 그는 마음속에서 감사의 물줄기가 솟구쳐 나올 때 엄숙함과 기쁨이 뒤섞이는 것을 느꼈습니다. 이 사실에서 우리는 오늘날 하나님과 충만한 교제를 나눌 수 있는 곳은 천사가 칼을 칼집에 꽂은 모습을 보는 곳이라는 점을 배우도록 합시다. 하나님께서 우리를 대적하실 생각이 전혀 없다는 것을 아는 것은 참으로 즐거운 일입니다! 하나님은 우리의 죄를 지워 없애고 다시는 기억하지 않으실 것입니다. 하나님은 그의 아들 안에서 우리를 의롭다고 하셨으니 우리를 치실 수 없습니다. 그리스도께서 대신해서 피를 흘리신 자들을 어떻게 하나님이 죽이실 수 있겠습니까? 하나님에게 칼이 있으나, 그것은 우리 영혼의 원수들을 치기 위한 것이고, 우리를 멸하려고 하는 마귀를 치기 위한 칼입니다.

여러분 가운데 많은 사람들이 하나님께 가까이 갈 수 없는데, 나는 그 사실을 이상하게 생각하지 않습니다. 이는 죄가 실로 예수님의 희생으로 말미암아 제거되었다는 것을 여러분이 아직 알지 못하기 때문입니다. 여러분은 칼이 뽑힌 것을 보았고, 그것은 두려운 일입니다. 그런데 아직까지 여러분은 칼이 칼집에 꽂힌 것을 보지 못하였고, "족하다"고 말씀하시는 여호와의 목소리를 듣지도 못하였습니다. 사랑이 사랑을 만나는 곳, 여러분의 작은 시내가 하나님의 사랑이라는 큰 강으로 흘러들어가는 곳은 우리가 "여호와여 주께서 전에는 내게 노하셨사오나 이제는 주의 진노가 돌아섰고 또 주께서 나를 안위하시나이다"(사 12:1)라고 노래하는 곳입니다. 이제부터 우리의 생명은 깊고 평화로운 시내에서 예수님의 생명과 함께 흐르며 영원히 앞으로 전진합니다. 여러분이 이 위대한 제사를 보고, 영원히 하나님과 화목케 하는 그 제사의 결과들을 보기 전에는 하나님을 의지하여 그 안에서 살 수 없습니다. 하나님께서 여러분을 그곳으로 데려가시기를 바랍니다! 속죄가 예배의 기초입니다. 그리스도의 제사와 그의 의가 야긴과 보아스, 곧 성전 문의 장엄한 두 기둥입니다. 하나님은 예수께서 사람의 안식이 되는 곳에서 사람들과 교제하십니다. 여러분은 우리를 위해 찢기신 구주의 몸의 휘장을 지나가지 않고서는 시은좌로 나아가 하나님께 말씀을 드릴 수 없습니다.

이렇게 해서 나는 지금까지 여러분에게 여부스 사람 오르난의 타작마당에 대해 잘 알도록 하였고, 그렇게 하는 가운데 그곳이 하나님이 나타나시는 곳이며 하나님의 영원한 성전이 되기에 적합한 곳임을 설명하였다고 생각합니다.

**3. 이제 끝으로, 여러분에게 이 장소를 사용하라고 진심으로 권하려고 합니다.**
형제자매 여러분, 우리가 하나님을 만날 수 있는 곳을 발견하였다면, 계속해서 하나님을 만나도록 합시다. 여러분은 오늘 아침 자신이 죄인이라고 느끼십니까? 죄가 여러분을 무겁게 누르고 있습니까? 여러분은 칼을 뽑아든 천사가 보입니까? 그렇다면, 바로 그 자리에서 하나님을 만나야 합니다. 그러므로 여러분은 마음의 준비를 단단히 해야 합니다! "내가 무슨 옷을 입어야 하겠습니까?" 굵은 베옷을 입으십시오. 내 말은 진짜로 굵은 베옷을 입으라는 뜻이 아닙니다. 여러분에게 죄가 조금이라도 있으면, 다윗이 그랬고 그와 함께 하였던 장로들이 그랬듯이 지극히 낮게 엎드려 회개하는 마음으로 죄를 슬퍼하면서 하나님께 나오십시오. 여러분이 지금은 화려한 비단 옷을 입고 오거나 우쭐한 마음으로 자줏빛 옷을 입고 혹은 여러분이 싫어하는 갑옷을 입고 올 수 없습니다. 이런 옷들은 치워버리고, 굵은 베옷을 입고 재를 뿌리며 여러분의 죄를 슬퍼하며 오십시오. 그러면 하나님께서 여러분을 만나실 것입니다. 하나님은 죄 때문에 슬퍼하며 자기에게 오는 죄인들을 만나시기 때문입니다.

　여러분이 이렇게 올 때 나는 여러분이 잠시 조용히 있기를 바랍니다. 가만히 서서 들어보십시오! 여러분이 이스라엘의 장로들과 함께 있었다고 생각해 보십시오. 그랬다면 여러분이 무슨 소리를 들었을 것 같습니까? 여러분의 목자이자 왕이신 분이 자기 양 무리를 위해 이렇게 간청하시는 소리를 들었을 것입니다. "이 양 떼는 무엇을 행하였나이까 청하건대 나의 하나님 여호와여 주의 손으로 나와 내 아버지의 집을 치소서." 이제 다윗은 죽었고 장사되었으며, 그의 무덤은 그의 나라에 있습니다. 그러나 다윗 가문의 또 다른 왕, 곧 한 분 예수께서 하나님 앞에 서서 자비를 구하고 계십니다. 여러분이 회개의 굵은 베옷을 입고 있는 동안, 주님께서 이렇게 외치시는 것을 들을 수 있습니다. "이 양들은 살려 주십시오. 주께서 그들의 목자인 나를 칼로 치셨으니, 내 양은 살려 주십시오! 주께서 내게 손을 대셨으니 이들은 가게 해주십시오!" 여러분은 이 도고가 들립니까? 예수님께서 지금 이런 식으로 간구하고 계시는 것입니다. 예수님은 "자기를 힘입어 하나님께 나아가는 자들을 온전히 구원하실 수 있습니다." "이는 그가 항상 살아 계셔서 그들을 위하여 간구하시기"(히 7:25) 때문입니다. 이런 식으로 하나님께 오는 것은 복된 일입니다. 즉, 허리에 굵은 베옷을 걸치고 오지만 효과적인 중보 기도를 듣고서 예수님께서 죄인을 위하여 기도하신다는 것과, 그 기도가 아주 효력이 있어서 반드시 주님이 그의 지식으로 많은 사람을 의롭게 하시고 또 하실 것을 확신하는 것은 복된 일입니다.

　그 다음에, 사랑하는 여러분, 여러분이 하나님께 올 때는 언제든지 이 제물에게 오도록 주의하십시오. 우리가 종종 하나님과의 교제를 놓치는 것은 우리를 하나님께 가까이 가도록 만들어 주는 그리스도의 보혈을 충분히 생각하지 않기 때문이라고 믿습니다. 여러분이 기도하러 방에 들어가지만 하나님께 가까이 갈 수 없을 때는, 말을 하지 말고 가만히 앉아서 주님의 고뇌와 피 같은 땀, 십자가와 고난 그리고 주님의 놀라운 죽음을 둘러싼 모든 상황들을 묵상하며 이렇게 말하십시오. "그리스도께서 나를 사랑하사 나를 위하여 자기 자신을 버리셨도다"(갈 2:20). 주님의 희생 제물에는 마음에서 돌을 굴려내고 애정에서 이기심을 뽑아버리는 비길 데 없는 능력이 있습니다. 오십시오, 오십시오, 이 희생 제물로 오십시오! 거기에서 여러분이 아주 즐거이 하나님과 함께 거할 것입니다.

　　여러분이 하나님께 더 가까이 나아가려고 하면, 공의의 칼을 칼집에 꽂는 일에 있어서 이 희생 제물과 중보 기도의 효과를 잊지 말아야 합니다. 나는 이미 앞에서 이 진리에 대해 설명한 바 있습니다. 이제 여러분에게 그 진리를 즐김으로써 실제로 사용하라고 권합니다.

> "내 구주의 보혈이 흐르는 것을
> 　보는 것은 참으로 즐거운 일일세.
> 　구주께서 나를 하나님과 화해시키셨음을
> 　아는 거룩한 확신을 가지고서 보게 되니."

　"나는 칼이 칼집에 꽂힐 것이라고 믿는다"고 말하지 마십시오. 칼이 칼집에 꽂힐 수도 있고 꽂히지 않을 수도 있습니다. 의심스런 기대에 만족하지 말고 확실한 사실을 붙잡도록 하십시오. 여러분이 하나님과 화해하였다는 견고한 확신을 얻기 전에는 안심하지 마십시오. 예수 그리스도께서 여러분의 죄에 대하여 처벌을 받으셨다면 여러분은 그에 대해 다시 처벌을 받을 수 없습니다. 그리스도께서 여러분의 죄를 담당하셨다면 그리고 여러분이 그리스도를 믿었다면, 여러분이 하나님 앞에서 의롭다 함을 얻었다는 증거를 하나님 말씀에서 충분히 볼 수 있습니다. 하나님께서 그 점에 대해 친히 말씀하신 것 외에 여러분은 무엇을 더 바랍니까? 하나님의 말씀은 신자인 여러분에게 영생이 있고 여러분은 결코 망하지 않고 정죄 받지도 않을 것이라고 선언합니다. "하지만 나는 확신을 얻을 수 있을 것이라고 믿어"라고 계속 중얼거리지 마십시오. 왜 이런 논쟁을 해야 합니까? 사실은 이렇습니다. "모세의 율법으로 너희가 의롭다 하심을 얻지 못하던 모든 일에도 이 사람을 힘입어 믿는 자마다 의롭다 하심을 얻는"(행 13:39) 것입니다. 하나님께서 신자에게서 진노를 거두셨습니다. 칼을 칼집에 꽂으신 것입니다. 그러므로 믿음으로 의롭다 함을 얻었으므로 우리는 우리 주 예수 그리스도로 말미암아 하나님과 화목을 누립니다.

끝으로, 사실이 이렇고 여러분이 그것을 깨닫는다면, 가서 성전을 세우기 시작하십시오. 이 말을 듣고 여러분은 이렇게 물을지 모릅니다. "목사님은 우리가 새로운 예배 처소를 건축하기를 바라십니까?" 아닙니다. 나는 지금 다만 영적인 전에 대해서 이야기하는 것뿐입니다. 물론, 할 수만 있다면 사람들이 함께 모여서 하나님 말씀을 들을 수 있는 집회 장소를 많이 짓도록 하십시오. 점점 더 커지는 이 도시에 집회 장소가 많이 필요합니다. 그러나 내가 여러분에게 강조하는 특별한 그 건물은 마음과 영에 속한 건물입니다. 여러분 전체를 살아계신 하나님을 위한 살아 있는 성전이 되도록 하십시오. 지금 시작하십시오. 기초가 이미 놓였으니, 여러분이 다른 곳에 성전을 지으려는 생각을 할 수 없을 것입니다. "이 닦아 둔 것 외에 능히 다른 터를 닦아 둘 자가 없기"(고전 3:11) 때문입니다.

그리스도라는 거룩한 모리아 산, 즉 그리스도의 희생 제물이 드려지는 거룩한 장소가 바로 하나님을 만나 뵐 산입니다. 예수 그리스도께서 친히 여러분의 소망의 기초가 되셨습니다. 가서 그리스도 위에 세우십시오. 간절한 탄원의 기둥들을 세우고, 고상한 찬송으로써 그 기둥들을 아치 모양으로 만드십시오. 여러분의 하나님께서 "이스라엘의 찬송 중에 계신다"(시 22:3)는 것을 기억하십시오. 하나님께서 여러분 가운데 거하시도록 하나님께 찬송의 전을 지어드리고, 여러분의 몸을 성령의 전이 되게 하며, 여러분의 영은 거기에서 제사를 드리는 제사장이 되도록 하십시오. 하루 종일 거룩함, 경건, 구제, 사랑에 속한 일들을 하며 보내십시오. 여러분의 집이 하나님을 경외하고 사랑하는 일에 봉헌된 교회가 되도록 하십시오. 그리고 집의 방들은 광야에 있었던 장막 뜰처럼 거룩한 곳이 되도록 하십시오. 매일 아침저녁으로 제사를 드리도록 하십시오. 여러분이 직접 제단에서 제사장으로 섬기십시오. 매일 일하며 입는 옷을 예복으로 삼고, 식사를 성례로 삼으십시오. 여러분의 생각이 시편이 되도록 하고, 기도는 향이 되도록 하며, 호흡은 찬송이 되도록 하십시오. 모든 활동이 지금부터 영원히 하나님께 영광을 돌리는 제사장의 직무가 되도록 하십시오. 여러분을 대신하여 죽으신 분께서는 여러분이 주님 자신을 제외한 모든 것에 대해 죽은 것으로 여기십니다. 그러니 여러분도 그에 합당하게 행해야 합니다. "너희는 너희 자신의 것이 아니라 값으로 산 것이 되었으니"(고전 6:19,20).

오늘 이후로 여러분의 표어는 항상 이것이 되어야 합니다. "저는 전적으로 주의 것입니다. 하나님이여, 저는 온전히 주의 것입니다." 이 살아 있는 성전을 짓기 시작하십시오. 하나님께서 여러분을 도와 성전 짓기를 완성하여 하나님께 찬송 드리게 해주시기를 바랍니다. 여러분이 그 성전을 다 지었을지라도 그것을 여러분의 하나님 여호와께 비하면 보잘것없는 건물이 될 것입니다. 그럴지라도 여러분이 열심히 성실하게 노력하였다면, 그 건물이 금과 은과 보석으로 지어졌음이 나타날 것이고 그리스도의 날에 영광과 명예를 얻을 것입니다. 사랑하는 여러분, 하나님께서 여러분에게 지금과 영원히 복을 베푸시기 바랍니다. 아멘. 아멘.

제
7
장

—

# 한 사람의 일꾼이
# 다른 사람을 위하여 준비함

—

"내가 환난 중에 여호와의 성전을 위하여 금 십만 달란트와 은
백만 달란트와 놋과 철을 그 무게를 달 수 없을 만큼 심히 많이
준비하였고 또 재목과 돌을 준비하였으나 너는 더할 것이며."
– 대상 22:14

　　이 성전 건물은 하나님의 교회라는 건물의 훌륭한 예표입니다. 나는 이 시
간 우리 가운데 그리스도를 위한 영적인 성전을 짓는 일을 전혀 돕지 않은 사람
들이 있지 않을까 걱정입니다. 그들은 산 돌이 아닙니다. 그들은 하나님의 영적
성전에 속해 있지 않은 사람들입니다. 그들은 이 위대한 교회 건축자에게 한 번
도 백향목이나 철 혹은 금을 가져온 적이 없습니다. 사실, 이 자리에는 오히려
이 성전을 허물어트리는 것을 도운 사람들이 있을 수 있고, 돌들을 가져다 버리
기를 좋아한 사람들, 그리고 이 거룩한 건축자께서 이 신성한 건물에 사용하시
려고 마음먹은 귀한 재료를 숨기려고 한 사람들도 있을 수 있습니다. 여러분 스
스로 자신의 마음을 판단해 보십시오. 자신이 산 돌이라고 말할 수 없다면, 그리
스도의 교회를 세우는 일을 도운 적이 없다면, 여러분이 죄를 회개하고 하나님
의 은혜가 여러분을 회심시키기를 바랍니다! 그러나 여러분이 그리스도를 위한
일꾼이라면, 여러분의 마음이 하나님과 올바른 관계에 있다면, 나는 여러분이

한동안은 수고의 즉각적인 결과를 보지 못할지라도 계속해서 일할 수 있도록 격려할 몇 가지 사실을 말할 수 있을 것이라고 생각합니다.

성전 짓는 일을 도운 사람들이 많이 있었습니다. 다윗은 재료를 모았고, 솔로몬은 최고의 석수를 모았는데, 후에 성전이 솔로몬의 이름으로 불리게 되었습니다. 방백들은 이 큰 일에 그를 도왔습니다. 그리고 이스라엘과 유다 온 땅에 흩어져 살던 이방인들, 타관 사람들, 외국인들이 각각 자기 몫을 담당하였고, 심지어 두로와 시돈 사람들까지 그 일에 참여하였습니다. 자, 지금 이 자리에는 하나님의 많은 사역자들이 있고, 학생들이 있으며 다윗 같은 사람들, 솔로몬 같은 사람들이 있습니다. 하지만 나는 아직까지 나그네로 있는 많은 사람들이 우리의 크신 하나님 그리스도로 말미암아 이 거룩한 봉사에 참여할 수 있기를 바라고, 그리스도에게서 아주 멀리 있는 사람들, 곧 하나님에게서 아주 멀리 떠난 두로와 시돈 사람들이 하나님의 은혜로 이 영광스러운 사역에 가담하여 살아 계신 하나님을 위한 집, 곧 금이나 은, 돌이나 목재로 짓지 않은 집, 성령님의 내주하심을 위한 영적인 집을 짓는데 자기 몫을 기여할 수 있기를 바랍니다.

**1. 첫째로, 다윗이 비록 성전을 지을 수는 없었지만 자기 역할을 열심히 수행하였음을 알 수 있습니다.**

하나님의 종들 가운데는 그 이름이 별로 알려져 있지 않지만 하나님의 교회를 세우는 일에 반드시 필요한 일을 행하고 있는 사람들이 많습니다. 나는 그동안 그런 사람들을 많이 보았습니다. 그들은 살면서 큰 성공을 한 번도 거둔 적이 없었고, 그들의 이름이, 건축된 큰 성전들 가운데 어디에도 기록되지 않았지만, 다윗이 그랬던 것처럼 자기 역할을 훌륭하게 수행하였습니다.

첫째로, 여러분은 다윗이 재료들을 모았다는 것을 압니다. 사람들을 한데 모으는 사람은 많습니다. 그러나 그런 사람이 사람들을 변화시키지는 못합니다. 그는 교회를 개척하지만, 살아서 많은 사람이 회심하는 것을 보지는 못합니다. 그는 다른 사람이 가지고 일할 원료를 모으는 일을 합니다. 그는 땅을 갈고 씨를 뿌립니다. 그러면 또 다른 사람이 와서 씨에 물을 줄 필요가 있고, 또 다른 사람이 와서 수확을 거둘 필요가 있습니다. 그럴지라도 씨 뿌리는 자는 자기 일을 하였고, 그래서 그가 한 일로 사람들에게 기억될 만한 가치가 있습니다. 다윗은 성전을 위한 재료들을 모으는 일에서 자기 몫의 일을 한 것입니다.

그 외에도, 그는 재료들을 가지고 어떤 물건을 만들기도 하였습니다. 그는 사람들이 채석장에서 돌을 뜨게 하였고, 그 중 많은 돌들은 망치나 도끼 소리 없이 성전을 세워야 할 때 장차 성전 안에서 소리 없이 제자리에 맞출 수 있도록 그 모양을 다듬도록 하였습니다. 이와 같이 학생들의 마음에 대해 열심히 일함으로써 그들의 성품을 견실하게 형성하는 것을 돕는 교사들과 설교자들이 있습니다. 그들이 큰 교회를 세우지는 못할 것입니다. 그럴지라도 그들은 돌들의 거친 모서리를 쳐서 매끄럽게 만드는 일을 하고 있습니다. 그들은 돌들을 준비하며 다듬고 있습니다. 장차 건축자께서 오셔서 그 돌들을 아주 유용하게 사용하실 것입니다.

다윗은 솔로몬의 성전을 지을 수 있는 길을 준비하였습니다. 성전을 지을 수 있는 평화의 때가 온 것은 바로 다윗이 치른 전투를 통해서였습니다. 비록 다윗이 피의 사람이라고 불렸지만 이스라엘의 적들을 무너뜨리는 것은 필요한 일이었습니다. 이스라엘의 적들을 격파하기 전까지는 평화가 있을 수 없었는데, 다윗이 그 일을 한 것입니다. 여러분은 다른 사람들을 위해 길을 준비한 사람에 관해서는 별로 이야기를 많이 듣지 못합니다. 다른 누군가가 와서 그 모든 일을 행하는 것처럼 보입니다. 그래서 그의 이름이 널리 알려지고 명예를 얻습니다. 그러나 하나님께서는 선구자들, 개척자들, 곧 길을 준비한 사람들, 귀신들을 내쫓고 심각한 오류들을 물리치며 필요한 개혁을 수행하여 복음의 당당한 전진을 위하여 길을 준비하는 사람들을 기억하십니다.

그 다음에, 다윗은 성전을 지을 자리를 찾았습니다. 그 자리를 발견한 것입니다. 그래서 다윗은 그 터를 구입하였고, 그것을 솔로몬에게 넘겨주었습니다. 우리가 하나님의 성전을 위한 자리를 마련하는 사람들을 항상 기억하는 것은 아닙니다. 루터를 기억하는 것은 올바른 일입니다. 그러나 루터 이전에도 개혁자들이 있었습니다. 그리스도를 위하여 불타 죽은 남녀들이 많이 있었습니다. 혹은 감옥에서 죽은 사람들, 혹은 복음 때문에 잔인하게 죽임을 당한 사람들이 많이 있었습니다. 그를 위한 시기가 무르익었고, 하나님의 전을 지을 터가 그를 위해 준비되었을 때, 그가 옵니다. 그러나 하나님께서는 종교개혁의 영웅들에 앞서 일한 모든 사람들을 다 기억하십니다. 사랑하는 친구 여러분, 터를 깨끗이 닦아 두고 다른 사람들을 위해 기회를 마련하는 것이 여러분의 몫일 수 있습니다. 여러분은 여러분 활동의 초석이 놓이기도 전에 죽을 수 있습니다. 그렇지만 성전 건축이 마무리되었을 때 그것은 여러분의 성전이며, 하나님께서는 여러분의 행하신 일을 기억하실 것입니다.

더 나아가서, 하나님으로부터 그 설계도를 받은 것은 다윗이었습니다. 하나님께서는 자신이 행하시려고 하는 바를 다윗의 마음에 써 주셨습니다. 하나님께서는 심지어 촛대와 등의 무게까지 그에게 일러주셨습니다. 즉, 준비해야 할 모든 것을 말씀해 주셨습니다. 솔로몬이 지혜로운 사람이었지만 성전을 설계하지 않았습니다. 그는 설계 도면을 하나님으로부터 직접 받은 아버지에게서 그 도면을 빌리지 않으면 안 되었습니다. 선견지명이 있는 사람은 많습니다. 그는 복음의 계획을 습득하고 위대한 일들이 이루어질 수 있는 방식을 봅니다. 그렇지만 정작 본인은 그 일에 손을 대도록 허락을 받지 못합니다. 장차 다른 사람이 와서 첫 번째 사람이 받은 그 계획을 성취할 것입니다. 그렇지만 우리는 지존자의 은밀한 곳으로 들어가 하나님께서 자기 백성들에게 행하게 하시려는 것을 하늘에서 알게 된 그 첫 번째 사람을 잊어서는 안 됩니다.

다윗은 그 외에도 한 가지 일을 더 하였습니다. 죽기 전에 그는 다른 사람들에게 엄숙한 책임을 맡겼습니다. 그는 솔로몬과 고관들, 모든 백성들에게 성전 건축의 일을 실행하라고 부탁하였습니다. 나는 말 한 마디 한 마디가 무게가 있는 노년에 다른 사람들에게 그리스도의 일을 수행하라고 부탁하면서 인생을 마무리 짓는 사람을 존경합니다. 여러분이 임종의 자리에 앞으로 살아갈 유용한 세월이 많이 남은 사람들을 불러 모으고 그들의 양심과 마음에 십자가에 못 박히신 그리스도를 전파하며 사람들의 영혼을 주님에게로 인도하는 의무를 지워주는 것은 중요한 일입니다.

이렇게 여러분은 다윗이 성전 건축의 일에 관하여 끝까지 자기 역할을 다한 것을 봅니다. 나는 이 자리에 계시는 모든 신자에게 이렇게 묻고 싶습니다. 여러분은 자신의 역할을 다하셨습니까? 여러분은 하나님의 자녀입니다. 하나님께서 여러분을 사랑하셨고 택하셨습니다. 여러분은 그리스도의 보혈로 구속함을 받았습니다. 여러분은 자신을 구원하기 위해서는 선을 행해야 할 것을 생각하는 것보다 더 나은 사실을 알고 있습니다. 여러분은 이미 구원을 받았습니다. 그런데 여러분은 주님을 위하여 할 수 있는 모든 일을 그동안 부지런히 행하였습니까? 오늘 예배를 시작하기 전 기도회 때 다음과 같이 말했는데, 옳은 말입니다. 즉, 이 교회에는 설교할 수 없는 교인들이 수천 명이 있고, 그런 사람들 가운데서 설교하는 사람들이 몇 명 있었습니다. 그렇게 한 것은 어쨌든 내 설교가 시원치 않았기 때문입니다. 그래서 우리 형제 가운데 한 사람이 기도할 때 이렇게 말했습니다. "주님, 설교할 수 없는 우리가 설교하는 사람을 위해 기도하도록 도와주옵소서!" 친구 여러분, 설교할 수 없는 여러분은 여러분이 속한 교회의 목사를 위해 기도하는 것을 중요하게 생각한 적이 있습니까? 교인들이 매일 기도로써 교회 목사를 지지하지 않는 것은 교인들 편에서 큰 죄입니다.

그 다음에, 여러분이 가정에서, 사업에서, 살고 있는 지역에서 그리스도를 위해 할 수 있는 일은 이외에도 많이 있습니다. 여러분은 오늘 밤 잠자리에 들어 마지막으로 눈을 감고 "나는 하나님께서 하라고 맡기신 일을 다 마쳤다. 영혼들을 구원하는 일을 위해 내가 할 수 있는 일은 다했다"고 말할 수 있겠습니까? 나는 지금 이 설교를 듣는 분들 가운데 한 달란트를 수건에 싸서 땅 속에 감춰둔 사람들이 있을까 염려가 됩니다. 사랑하는 여러분, 그 한 달란트가 먼지를 온통 뒤집어쓰고서 여러분에게 불리한 증거를 하기 전에 그것을 파내십시오. 여러분의 주님께서 받을 권리가 있는 것을 얻으시도록 그 달란트를 가져가 천국 사업에 투자하십시오. 남녀 그리스도인들이여, 하나님의 교회에는 사용되지 않고 있는 에너지가 참으로 많은 것이 틀림없습니다! 우리에게는 전혀 사용하지 않는 커다란 발전기가 있습니다. 다윗이 자기 역할을 하였듯이, 우리 각 사람도 자기 역할을 하였으면 좋겠습니다!

우리는 곧 세상을 떠날 것입니다. 우리 날은 오래 지속되지 않습니다. "밤이 오리니 그 때는 아무도 일할 수 없느니라"(요 9:4). 여러분이나 나나 우리가 낮 시간을 허비하였다는 말을 듣는다고 생각해 봅시다. 그러면 저녁 그림자가 드리워졌을 때 우리는 불안하고 불행하며, 비록 하나님의 은혜로 구원을 받긴 했지만 기회들을 낭비한 것에 대해 슬프게 후회하면서 죽지 않겠습니까? 내가 부자였던 사람, 아주 부자라고 말할 수 있는 그 사람의 침대 곁에 앉았던 때가 그리 오래전의 일이 아닙니다. 나는 그와 함께 기도하였습니다. 나는 그 사람이 그리스도 안에서 기뻐하는 모습을 보기를 바랐습니다. 그가 하나님의 자녀라는 것을 알았기 때문입니다. 그런데 그는 하나님의 자녀이긴 했으나 손에 약간 불구가 있었습니다. 그는 마땅히 그랬어야 함에도 불구하고 손을 벌려 주님께 무엇인가를 드리지 않았습니다. 그의 곁에 앉았을 때 그가 말했습니다. "내가 세 달만 더 살 수 있도록, 그리스도를 위해 내 재물을 사용할 수 있는 기회가 있도록 힘을 다하여 하나님께 기도해 주십시오." 그런데 그는 그 말을 한 후로 세 시간도 채 더 살지 못하였습니다. 그가 좀 더 일찍 깨달아서 주님의 교회와 대의를 위해 마땅히 했어야 할 일을 했었더라면 얼마나 좋았겠습니까! 그랬더라면 그는 생의 마지막 시간에 그를 괴롭히는 그런 후회를 하지 않았을 것입니다. 그는 그리스도 보혈의 가치를 알았고 그 보혈을 신뢰하고 있었습니다. 나는 그가 모든 소망과 신뢰를 주님께 두고 있었고 그래서 그가 구원받았다는 것을 알고 크게 기뻤습니다. 그렇지만 거기에는 또한 큰 후회와 두려움도 따랐습니다. 나는 재물이 있는 여러분 가운데 아무도 임종 시에 그런 고통을 겪지 않기를 바랍니다.

이 자리에 참석한 젊은이들 가운데 복음을 전할 능력이 있거나 그리스도를 위해 무슨 일인가를 할 수 있는 능력이 있음에도 아무것도 하고 있지 않는 사람이 있다면, 그에게는 지금 보내고 있는 시간이 고통스럽게 될 것이라고 확신합니다. 양심이 온전히 깨어나고 그의 마음이 과거 어느 때보다 하나님께 가까이 가게 될 때, 그는 자신이 모든 기회를 활용해서 그리스도에 대해 말하고 영혼들을 그리스도께 인도하려고 애쓰지 않은 것에 대해 뼈저리게 후회할 것입니다. 나는 이 자리에 참석한 모든 사람들이 이런 실제적인 점들을 생각하여서, 그 가운데 어떤 이들은 "그동안 우리는 다윗이 하였듯이 자신의 역할을 다하지 못했다. 그러나 앞으로는 하나님의 은혜로 그렇게 해서 하나님께서 온전히 찬송을 받으시도록 해야겠다"고 말하게 되었으면 좋겠습니다.

다윗이 열심히 자기 역할을 하였다는 이것이 설교의 첫 번째 소제목입니다.

**2. 둘째로, 본문에는 다윗이 환난 중에 자기 역할을 하였다는 놀라운 사실이 나옵니다.**

그 구절을 읽어 봅시다. "내가 환난 중에 여호와의 성전을 위하여 금 십만 달란트와 은 백만 달란트"와 그 밖의 등등을 "준비하였다." 성경 난외주를 보면 "내가 부족한 중에"(개역개정에는 난외주가 나와 있지 않음)라는 말이 있습니다. 다윗이 받은 선물들이 수백 만 파운드에 이르렀는데도 자신이 부족하다고 말하는 것이 이상하게 보입니다.

다윗은 자신이 준비한 것을 대수롭지 않게 생각하였습니다. 자기가 하나님을 위하여 행하는 무엇이든지 아주 하찮은 것으로 여기는 것이 성도들의 방식이기 때문에 다윗은 자기가 준비한 것을 부족하다고 말합니다. 세상에서 아무리 손 크게 베푸는 사람들이라도 자기가 하나님의 대의를 위해 드리는 것을 지극히 적은 것으로 생각합니다. 다윗은 수백 만 파운드를 내놓으면서도 "내가 부족한 중에 여호와의 성전을 위하여 준비하였나이다"라고 말합니다. 그는 금과 은을 보면서 속으로 '이 모든 게 하나님께 무슨 소용이 되겠는가?' 하고 말했습니다. 놋과 철은 이루 다 헤아릴 수 없을 만큼 많고 값비쌌습니다. 그러나 다윗은 그것이 여호와께는 아무것도 아닌 것으로 생각하였습니다. 여호와는 천지에 충만하신 분이고 그 위엄과 영광이 말로 다할 수 없는 분이시기 때문입니다. 여러분이 하나님을 위해서 할 수 있는 일을 최대한 하였을지라도 여러분은 앉아서 그것의 열 배를 하지 못하는 것을 슬퍼할 것입니다. 주님을 위해 거의 아무것도 하지 않는 여러분은 병아리 한 마리를 둔 암탉과 같을 것입니다. 여러분은 병아리 한 마리도 아주 많다고 생각할 것입니다. 그러나 여러분이 할 일이 아주 많고 지금 그리스도를 위해 많은 일을 하고 있다면 여러분은 지금보다 백 배나 더 많이 일할 수 있기를 바랄 것입니다. 여러분은 이같이 노래할 것입니다.

> "만 입이 내게 있으면 그 입 다 가지고
>  내 구주를 찬송하겠네."

우리가 지금보다 천 배나 더 어디서나 마음과 뜻과 정성과 힘을 다하여 예수님을 섬길 수 있게 되면 좋겠습니다! 이렇게 다윗은 여기서 자기가 한 일을 지극히 적은 것으로 생각합니다.

그렇지만 그것은 다윗의 진심을 보여주는 증거였습니다. 그가 이 모든 부를 아껴서 환난 때에도 자기 하나님의 전을 건축하기 위해 준비하고 있다는 것은 그의 깊은 진심을 보여주는 증거였습니다. 그리스도인들 가운데는 항상 날씨가 화창하기를 바라고, 낮에는 종일 새들이 지저귀며 밤에는 항상 기분 좋게 잠들기를 바라는 사람들이 있습니다. 그들은 비난을 받거나 누군가가 자기들을 조금 차갑게 대하는 것 같으면 더 이상 일을 하지 않을 것입니다. 그동안 나는 그리스도인이라고 하는 사람들 가운데서, 놀다가 누군가가 화나게 만들면 "더 이상 놀고 싶지 않아"라고 말하는 어리석은 아이와 같은 사람들을 많이 보았습니다. 그들은 거친 말을 한 마디라도 들으면 즉시 가버립니다. 그러나 다윗은 환난 중에도, 즉 마음이 곧 부서지게 되어 있는 때에도 여전히 하나님의 전을 위한 재료를 준비하는 자신의 중대한 사역을 계속해서 밀고 나갔습니다. 지금까지 이 예배당에 출석해 오다가 빠진 분들이 있는데, 그 이유를 물어보았더니, 그분들은 자기들이 너무 가난해져서 오고 싶지 않다고 대답하였습니다. 사랑하는 여러분, 우리는 여러분이 아무리 가난하다고 할지라도 여러분을 보고 싶습니다! 여러분이 곤경에 처해 있다면 더욱더 예배당에 나와야 합니다. 여러분이 하나님의 집에 가는 것만큼 좋은 위안을 어디에서 찾을 수 있겠습니까? 여러분이 가난 때문에 교회에서 멀어지지 않기를 간절히 기도합니다. 다윗은 자신이 환난 중에 하나님의 집을 위하여 준비하였다고 말했고, 그것이 그의 진실함을 증명했습니다. 어떤 분이 내게 이렇게 말하였습니다. "내가 그리스도인이 된 이래로 모든 일이 내게 잘 안 되는 것처럼 보였습니다." 여러분이 모든 것을 잃는다고 생각해 봅시다. 그럴지라도 여러분이 하늘에 영원한 보물을 갖고 있으며, 구주님을 몰랐다면 여러분을 상심시켰을 이런 손실들이 하늘의 징계로 여러분에게 보내진 것이며, 합력해서 여러분의 선을 이루고 있다는 사실을 인해서 감사해야 하지 않겠습니까? 이 사실은 사람이 수렁과 진창 가운데서도 그리스도와 함께 동행할 수 있을 때 하나님과 바른 관계에 있는 것임을 보여줍니다. 하나님께서는 여러분이 천국 가는 길 내내 은 슬리퍼를 신고 잘 깎인 잔디밭을 걸어가도록 하기를 원치 않으십니다.

다윗은 환난 가운데서 여호와의 전 건축을 위해 준비하였습니다. 나는 이 일이 다윗에게는 슬픈 가운데 위안이 되었을 것이라고 확신합니다. 예수님을 위해 할 일이 있고 또 그 일을 계속해서 바르게 행해 나가는 것이야말로 사별의 아픔을 잊거나 심한 정신적인 우울을 극복하는 가장 좋은 방법 가운데 하나입니다. 여러분이 위대한 목표를 추구할 수 있다면, 자신이 아무것도 이루는 것이 없이 살아가고 있다고 느끼지 않을 것입니다. 그냥 절망 가운데 주저앉아 있지 않을 것입니다. 여러분은 겪고 있는 환난이 무엇이든지 간에 여전히 이것을 살아야 할 목표로 갖게 될 것입니다. "나는 하나님의 교회를 세우는 일을 돕고 싶다. 내게 어떤 일이 일어나든지 그 일에 내 역할을 하겠어. 가난이든지 부든지 오라. 질병이든지 건강이든지 오라. 생명이든지 사망이든지 오라. 내 몸에 숨이 있는 한, 나는 하나님께서 내게 하라고 맡기신 이 일을 끝까지 계속할 것이다." 지금 내 설교를 듣는 분 가운데 큰 곤경에 처해 있는 사람이 있습니까? 그대가 그리스도인이라면, 내가 그대에게 줄 수 있는 최상의 조언은 이것입니다. 즉, 그리스도를 위해 일을 시작하면 곤경을 잊게 되리라는 것입니다. 그대가 그리스도인이 아니라면, 지금 즉시 구주님을 믿으라고 권합니다. 그리스도만이 영적인 슬픔의 유일한 위로이시기 때문입니다.

그 다음에, 다윗이 환난 중에 하나님의 전 건축을 위해 준비하였을 때, 성전 건축을 준비하는 이 일은 하나님을 더욱 섬기도록 부추기는 자극제였습니다. 환난 중에는 다윗의 열정을 꺼트리고 그가 더 이상 희망을 품을 수 없을 것처럼 느끼게 만드는 일들이 많았습니다. 그러나 그는 자신에게 이렇게 말했습니다. "나는 하나님을 위하여 계속해서 이 일을 해야 한다. 하나님의 성전은 '극히 웅장하여야' 하고, 내 아들 솔로몬이 이 성전을 지어야 한다. 그래서 나는 계속해서 재료 모으는 일을 해야 한다." 이와 같이 다윗은 다시금 분발하였고 새로운 열심을 내어 일을 계속 밀고 나갔습니다. 환난이 올 때마다 이렇게 하지 않았다면 그는 낙심하고 말았을 것입니다.

이 일이 또한 다윗의 전 생애를 숭고하게 만들었음에 틀림없습니다. 고귀한 목적을 품고 또 그 목적을 힘을 다하여 추구할 때 여러분은 "쫓겨 다니는 말 못하는 짐승"처럼 되지 않고, 안개 낀 골짜기에서 올라와 하나님과 교제할 수 있는 산꼭대기에 든든히 서게 됩니다. 나는 젊은 친구들에게 고귀한 목적을 가지고 그리스도인 생활을 시작하고 또 그 목적을 결코 잊지 말라고 권하고 싶습니다. 그리고 고난이 오면, 그들이 이렇게 말할 수 있으면 좋겠습니다. "고난이여 와라. 나는 얼굴을 부싯돌 같이 굳게 하여 하나님께서 나를 불러 맡기신 이 일을 할 것이고, 온 힘을 다하여 그 일을 추구하겠다." 이런 조언을 들으면 거기에 아무런 영적 도움이 없는 것처럼 보일 수 있습니다. 그러나 사실은 거기에 영적인 도움이 있습니다. 하나님께서 여러분에게 필생의 일을 계속 밀고나갈 은혜를 주신다면, 하나님은 그로 말미암아 여러분이 일생의 고난을 극복할 은혜도 주실 것입니다.

주님을 닮고 싶어 하는 여러분, 여러분은 평탄한 길과 큰 성공을 구하지 마십시오. 우리 주님께서 얼마나 슬픔에 찬 삶을 사셨는지 기억하십시오. 주님은 슬픔을 친숙히 아신 분입니다. 주님은 자기 눈앞에 작은 교회가 일어나고 있는 것밖에 볼 수 없었지만 자신이 하나님께서 하라고 맡기신 일을 하고 있다는 것을 아셨고, 그래서 고뇌와 피 같은 땀방울을 흘리면서도, 수치와 침 뱉음을 당하면서도 그 일을 계속 해나가셨습니다. 주님께서는 나귀를 타고 당당하게 예루살렘 거리를 지나가실 때만큼 골고다의 십자가에 달리셨을 때에도 진지하게 하나님의 일을 하고 계셨습니다. 주님은 하나님의 일을 하기로 굳게 결심하셨고, 그래서 환난 중에도 그 일을 하셨으며, 하나님의 교회를 세우기 위해 모든 생각을 뛰어넘는 보물을 모으셨습니다. 그리스도께서는 자신의 고난과 죽으심으로써 은혜의 부요로운 것들과 영광의 기이한 것들을 모으셨습니다. 여러분이 주님을 닮고자 한다면, 다윗처럼 "내가 환난 중에 여호와의 성전을 위하여 준비하였다"고 말할 수 있어야 합니다. 하나님께서는 그의 고난 받는 백성들이 이 점에서 주 예수 그리스도와 교제를 나누게 하십니다!

힘이 다 떨어지기 전에 세 번째 요점을 말씀드리게 되어 기쁩니다.

**3. 내가 여기서 말하려고 하는 것은, 다윗의 일이 또 다른 사람의 일과 이어지게 된다는 것입니다.**

이 사실이 여러분 가운데 자신이 하고 있는 일에서 많은 결과가 나오는 것을 보지 못하는 사람들에게는 틀림없이 큰 기쁨이 될 것입니다. 여러분의 일은 다른 어떤 사람의 일과 이어지게 되어 있습니다.

이것이 하나님의 교회에서 보는 하나님 섭리의 질서입니다. 하나님께서 한 사람에게 일의 전부를 맡기시는 경우는 좀처럼 없습니다. 하나님께서는 일하는 사람에게 이렇게 말씀하시는 것 같습니다. "너는 가서 일을 그만큼 하거라. 그러면 내가 또 다른 사람을 보내어 나머지 일을 하도록 하겠다." 이 점을 생각하고서 여러분은 아주 힘을 내야 합니다. 여러분의 일이 여러분 뒤에 올 어떤 사람의 일로 넘어가게 되어 있기 때문에 그 자체로는 실패처럼 보일 수 있지만 결코 실패가 될 수 없고, 결코 실패가 되지 않을 것이라는 생각으로 힘을 내야 합니다! 여러분은 때로 어떤 사람이 집의 기초를 놓는 도급 계약을 맺고 그 일을 수행하는 것을 보았습니다. 기초를 놓는 사람이 일을 마쳤습니다. 그러나 그가 그 집의 건축자가 되지 못할 것입니다. 그것은 다음 도급업자, 곧 벽을 세우고 지붕을 놓는 등등의 일을 하는 사람의 몫이 될 것입니다. 그렇습니다. 하지만 기초 작업을 한 그 사람은 큰 일을 하였습니다. 따라서 그는 벽을 세우는 사람만큼이나 그 집을 세우는 사람인 것입니다. 이와 같이 여러분이 지방 도시나 촌에 가서 가난한 시골 사람 몇몇에게 복음을 전하지만 별로 성공을 거두지 못한 것처럼 보일 수 있습니다. 그러나 여러분은 여러분 뒤에 올 다른 누군가를 위해 길을 준비하고 있었던 것입니다.

나는 나의 훌륭한 전임자이신 리폰 목사님께서 종종 강단에서 자신이 전혀 알지 못하지만 자신의 뒤를 이어 이 교회에서 목회하여 교회를 크게 부흥시킬 누군가를 위해 기도하곤 하셨다는 말을 들었습니다. 리폰 목사님께서는 오랜 후에 양 무리의 수를 크게 증가시킬 어떤 젊은이를 마음의 눈으로 보았고, 그래서 그를 위해 종종 기도하였던 것 같습니다. 그분은 내가 태어날 그 무렵에 죽어 하늘로 가셨습니다. 우리 교회의 나이 든 교인들은 내게 근래 수년 동안 우리가 받아온 복에서 리폰 목사님의 기도가 응답된 것을 보았다고 말했습니다. 여러분이 계속해서 눈을 크게 뜨고 있다면, 같은 일이 또다시 일어나는 것을 볼 것입니다. 여기서 여러분은 어떻게 한 사람이 자기 일을 하고, 또 그 일은 누군가가 그 뒤에 와서 할 더 큰 일에 필요한지를 볼 것입니다. 이것이 하나님의 방식입니다.

그래서 두 번째 사람인, 다윗 뒤에 오는 솔로몬이 그의 아버지가 앞서 행한 일 때문에 더욱더 자기 일을 잘 할 수 있는 것입니다. 솔로몬은 성전을 위한 재료를 모으는 일에 오랜 세월을 보내지 않아도 되었습니다. 솔로몬이 그 과업을 맡았다면 성전 건축을 마치지 못하였을지도 모릅니다. 그의 나이 든 훌륭한 아버지가 그를 대신해서 그 모든 일을 마쳤습니다. 그래서 그가 해야 할 일은 다윗이 모은 돈을 쓰는 것뿐이었고, 금, 은, 철과 놋을 사용하고 큰 돌을 가져와 제자리에 놓고 하나님을 위하여 전을 세우는 것뿐이었습니다. 아마도 솔로몬은 자기 아버지 다윗과 그가 한 일에 대해서 종종 감사하게 생각하였을 것입니다. 그리고 여러분과 나는 앞서 가신 다윗과 같은 분들에 대해 언제나 감사하게 생각해야 합니다.

자매 여러분, 여러분이 주일학교 반에서 성공을 거두고 있다면, 여러분 앞서 그 반을 맡은 훌륭한 그리스도인 여성이 있었다는 점을 기억해야 합니다. 젊은이 여러분, 여러분이 주일학교에 왔습니다. 그리고 여러분은 반에서 회심한 사람을 여러 명 배출하였기 때문에 자신이 아주 대단한 사람이라고 생각합니다. 그러면 건강이 나빠져서 주일학교 반을 그만두지 않으면 안 되었던 형제에 대해서는 어떻게 생각합니까? 여러분이 그를 대신해서 반을 맡았습니다. 그렇지만 여러분 가운데 누가 마지막 날에 명예를 얻을지 누가 알겠습니까? 사실 나는 그것은 아무 상관 없다고 말하고 싶습니다. 왜냐하면 우리는 명예를 위해서 살지 않고 하나님을 섬기기 위해서 살기 때문입니다. 나는 지하실을 팜으로써 하나님을 가장 잘 섬길 수 있고, 여러분은 장식적인 돌출 창을 만듦으로써 하나님을 가장 잘 섬길 수 있다면, 형제 여러분, 여러분은 계속해서 장식적인 돌출 창을 만드십시오. 나는 계속해서 지하실 파는 일을 하겠습니다. 중요한 것은 집을 건축하는 동안 우리가 무슨 일을 하고, 그 일로 말미암아 하나님께서 영광을 받으시느냐 하는 것입니다. 한 사람을 세워 일의 한 부분을 하도록 맡기시고 그 일이 다른 사람의 일과 이어지게 하는 것이 하나님의 섭리의 방식입니다.

그러나 이것이 자아에게는 무서운 타격입니다. 자아는 이렇게 말합니다. "나는 내 자신이 어떤 일을 시작하고 끝까지 성취하고 싶어. 다른 사람이 그 일에 조금이라도 간섭하는 것이 싫어." 일전에 한 친구가 여러분이 하는 일을 조금 돕겠다고 말했습니다. 그때 여러분은 마치 그가 도둑이라도 되는 것처럼 바라보았습니다. 여러분은 아무 도움도 원치 않습니다. 여러분은 목표에 거의 도달했다고 생각합니다. 여러분은 짐마차와 네 마리 말과 같고, 또 짐마차 밑에 있는 개와도 같습니다! 여러분 주위에 필요한 모든 것이 있습니다. 그래서 어느 누구에게서도 도움을 받고자 하지 않습니다. 여러분은 심지어 거의 하나님의 도움 없이도 모든 일을 할 수 있을 것 같습니다! 그것이 여러분의 생각이라면 여러분은 아주 딱한 사람들입니다. 여러분이 하나님을 섬기는 일을 하려고 한다면 하나님께서 여러분에게 이렇게 말씀하실 수 있습니다. "너는 아무 일도 시작하지 못하고 언제나 두 번째 사람으로 일할 것이다." 혹은 "너는 아무 일이든지 마무리짓지 못하고 항상 다른 누군가를 위하여 준비하는 일을 할 것이다." 다른 사람의 기초 위에 집을 세우지 않으려는 패기를 갖는 것은 좋은 일이지만 그 생각을 지나치게 밀고 나가지는 마십시오. 다른 사람이 놓은 좋은 기초가 있고 여러분이 그 건물을 완성할 수 있다면, 그 사람이 자기 역할을 한 것에 감사하며, 여러분이 그의 일을 계속 이어서 할 수 있는 것에 기뻐하십시오. 그것이 하나님께서 한 사람의 일이 다른 사람의 일에 이어지게 함으로써 우리의 개인적인 교만을 꺾는 방식입니다.

나는 일꾼들이 바뀌는 것이 그 일에 좋다고 생각합니다. 나는 다윗이 더 이상 오래 살지 않은 것이 기쁩니다. 그는 성전을 지을 수 없었기 때문입니다. 다윗은 죽어야 했습니다. 그는 그동안 훌륭하게 봉사의 일을 했습니다. 성전 건축에 필요한 모든 재료들을 모았습니다. 솔로몬이 젊은 피와 젊은 활기를 가지고 이어서 그 일을 수행합니다. 때때로 우리 노인들이 할 수 있는 최선의 일은 집에 가고 하늘로 가서 젊은이들이 와서 우리의 일을 이어받게 하는 것입니다. 나는 아무개 목사와 아무개 씨의 죽음에 대해 사람들이 크게 슬퍼하는 줄 압니다. 그런데 왜 그렇게 슬퍼해야 합니까? 여러분은 어쨌든 하나님께서 그동안 찾아 쓰셨던 사람들만큼 훌륭한 사람들을 이제는 찾으실 수 없다고 생각합니까? 하나님은 그들을 훌륭한 사람들로 만드셨고, 지금도 능력이 부족하시지 않습니다. 하나님은 그들이 훌륭하였던 것만큼 다른 사람들도 훌륭하게 만드실 수 있습니다. 한 장례식에 참석한 적이 있는데, 거기에서 나는 다소 충격적인 기도를 들었습니다. 어떤 형제가 하나님께서는 장례를 치르고 있는 사람과 같은 역량을 지닌 또 다른 목사를 세우실 수 있다고 말했습니다. 그러고 나서 또 다른 사람이 기도를 드렸는데, 그는 이 설교자가 눈먼 자신을 보게 하였고 절뚝거리는 자신을 걸을 수 있게 해주었다고 하고 나서 이렇게 말했습니다. "먼지만도 못한 보잘것없는 저는 하나님께서 과연 그와 같은 사람을 다시 또 일으키실 수 있을지 또 일으키시려 하실지 모르겠습니다." 그의 말대로 하면 그에게는 전능하신 하나님이 없었습니다. 그러나 여러분과 나는 전능하신 하나님을 믿으며, 전능하신 하나님께는 다윗은 가서 안식하고 솔로몬이 와서 그 일을 계속하는 것이 그 일에 좋은 것입니다.

확실히, 이 성전 건축의 일은 하나님의 교회에 통일을 일으킵니다. 우리 모두 자신의 일이 있고 그 일에 갇혀 있으면, 우리는 서로를 알지 못합니다. 그러나 사랑하는 친구 여러분, 지금 나는 여러분의 도움 없이는 내 일을 할 수 없습니다. 그리고 어떤 면에서 여러분은 내 도움 없이는 여러분의 일을 할 수 없습니다. 우리는 서로가 지체입니다. 그리고 한 지체는 다른 지체를 돕습니다. 나는 무슨 일이든지 여러분 없이 하지 않기를 바랍니다. 여러분의 효과적인 모든 도움에 대해 하나님께서 여러분에게 복 주시기를 바랍니다! 머지않아 여러분은 나 없이 많은 일을 해야 할 것입니다. 그러나 그것은 문제가 되지 않을 것입니다. 주님의 그 일을 계속해서 행할 누군가가 있을 것입니다. 주님의 일이 계속 진행되는 한, 그 일을 누가 하느냐 하는 것이 뭐가 중요하겠습니까? 하나님께서 자신의 일꾼을 땅에 묻으시지만 마귀가 그 일을 묻을 수는 없습니다. 일꾼은 죽을지라도 일은 영원합니다. 별마다 점차 희미해지듯이 우리는 소멸합니다. 그러나 영원한 빛은 결코 희미해지지 않습니다. 하나님께서 승리를 거두실 것입니다. 하나님의 아들이 그의 영광 가운데 오실 것입니다. 하나님의 성령을 그의 백성들 가운데 부으실 것입니다. 이 사람이 아니고 저 사람도 아니며 또 다른 사람도 아닐 수 있지만, 하나님께서는, 자신의 대의를 계속해서 행하여 하나님께 영광을 돌릴 사람을 세상 끝까지 가서 찾으실 것입니다.

이 일은 뒤에 오는 사람들을 위한 자리를 남겨둡니다. 다윗은 솔로몬에게 내가 매우 좋아하는 한 가지 사실을 말하였습니다. "너는 더할 것이며." 나는 때로 헌금이 비교적 적을 때 이 구절을 인용하였습니다. 나는 돈을 세고 있는 친구들에게 "너는 더할 것이며"라고 말하였습니다. 이것은 헌금에 대한 설교를 하는데 결코 나쁘지 않은 본문이지만, 이 본문은 또한 다른 많은 면에서도 사용될 수 있습니다.

여기에 복음 설교자들 몇 분이 있습니다. 나는 아무 젊은이에게나 가서 그 어깨에 손을 얹고 이렇게 말할 수는 없습니다. "젊은이는 더할 수 있어. 자네는 목소리가 좋고 머리가 좋아. 그러니 하나님에 대해 말하기 시작하게. 복음 사역자들 가운데는 경건한 사람들이 많이 있는데, 자네가 하나님의 부르심을 받았다면, 거기에 더할 수 있어." 우리에게는 훌륭한 주일학교가 있습니다. 여러분 가운데 몇 분은 이 학교를 아직 보지 못했을 것입니다. 또 우리에게는 아주 열심인 사랑하는 교사들이 많이 있습니다. "여러분은 더할 수 있습니다." 여러분도 가서 그와 같이 가르치십시오. 아니면 주님께서 여러분에게 자격을 구비시켜 맡기신 다른 일에 종사하도록 하십시오.

나는 오늘 밤 이 자리에 아직 회심하지 않았지만 하나님께서 복을 주시기로 작정하셨고 그래서 오늘 밤 말씀을 듣게 하시려고 하는 분이 있는지 궁금합니다. 하나님께서 전능하신 능력으로 교회 안으로 불러들이시려고 하는 외인이 있는지, 오늘 밤 그리스도의 종으로 만드시려고 하는 귀신의 종이 있는지 궁금합니다. 우리 주님께는 종들이 아주 많습니다. "너는 더할 것이며." 여러분이 그리스도께 복종한다면, 와서 하나님의 백성들을 도울 수 있습니다. 우리에게는 신병들이 필요합니다. 우리는 언제나 신병들이 부족합니다. 하나님께서 지금까지 죄와 자아 편에 있던 사람이 나와서 이렇게 말할 수 있게 해 주시기를 바랍니다. "내 이름을 하나님의 백성들 가운데 적어주소서. 하나님의 은혜로 나는 그리스도의 편에 가서 하나님의 전 건축하는 일을 돕겠습니다."

형제여, 오십시오. 자매여, 오십시오. 나는 여러분의 도움이 기쁩니다. 일이 아직 다 끝나지 않았습니다. 여러분이 너무 늦어서 주님의 싸움을 싸우지 못하거나 승리자의 면류관을 얻지 못하는 일은 없습니다. 주님께는 십자가 군병들의 큰 군대가 있습니다. "너는 더할 것이며." 하나님께서 여러분을 구원하시기를 바랍니다! 그리스도께서 여러분에게 복을 베푸시기 바랍니다! 성령님께서 여러분의 마음을 감화하시기를 바랍니다! 부디 아주 많은 사람들에게 그와 같이 해 주시기를 바랍니다! 아멘.

제
8
장
—

# "최상의 복은 하나님이
# 우리와 함께 하심이다"

—

"너희 하나님 여호와께서 너희와 함께 계시지 아니하시느냐" –
대상 22:18

내가 이 장을 읽는 동안, 여러분 모두 한 사람의 인생이 또 한 사람의 인생과 융합되는 것을 틀림없이 보았을 것입니다. 여기 다윗은 예루살렘에 성전 건축하는 일에 몹시 마음을 쓰고 있습니다. 그는 자신이 직접 성전을 건축하는 일은 허락받지 못했습니다. 그래서 그는 성전 건축에 필요한 금과 은, 놋과 철, 목재와 돌을 부지런히 주의해서 모으는 일을 시작합니다. 그는 또한 필요한 기술자들에게 지시하여 자기가 죽고 아들 솔로몬이 왕위에 올랐을 때에도 성전을 지을 수 있도록 하였습니다. 그러면 다윗이 헛되이 살았습니까? 그가 지극히 웅대한 이 필생의 프로젝트에 실패하였다고 정말로 말할 수 있습니까? 결코 그렇지 않습니다. 그는 자신이 하도록 허락받은 일을 모두 하였고, 준비를 세심하게 함으로써 진정으로 성전을 건축하는 일에 도구 노릇을 하였습니다.

우리 각 사람은 자신의 생애를 판단할 때, 단지 한 뼘밖에 안 되는 우리 인생이라는 좁은 관을 통해서만 보지 말고, 뒤에 올 수 있는 다른 사람들의 인생과 연결해서 우리 생애를 보도록 합시다. 우리가 바라는 일을 모두 할 수 없을지라도, 뒤에 올 누군가가 우리가 그토록 소중히 여기는 일을 완성시킬 것을 바라며 우리가 할 수 있는 일은 다하도록 합시다. 그것은 모세가 시편 90편에서 "주께서 행하신 일을 주의 종들에게 나타내시며 주의 영광을 그들의 자손에게 나타내소서"(90:16)라고 적은 복된 기도입니다. 우리가 수고한 그 일이 다른 세대에서 하나님께 영광을 돌리고 사람들이 그 영광을 볼 것을 알 수만 있다면, 우리는 일을 하고 영광을 거의 보지 못할지라도 아주 만족할 것입니다. 엘리야여, 안 됩니다. 그대는 하나님의 일을 다해서는 안 됩니다. 그대의 겉옷을 엘리사에게 입혀야 합니다. 그러면 그 겉옷과 함께 성령도 배로 그에게 임할 것이고, 그래서 엘리사가 그대가 일찍이 행했던 많은 기적을 배로 행할 것이고, 이스라엘의 하나님 여호와를 위해서 더 큰 일들도 행할 것입니다. 우리가 죽고 떠나간 뒤에 어떤 사람들이 일을 할 것인지를 우리가 물어야 할 질문이라고 생각하지 않습니다. 우리가 태어나기 전에 우리 없이도 일을 아주 잘하신 하나님께서는 우리가 죽은 뒤에도 우리 없이 일을 아주 잘하실 것입니다. 우리는 오늘의 일을 하면 충분합니다. 우리가 내일의 일을 하도록 목숨이 연장되지 않는다면 다른 누군가가 그 일을 하도록 하면 됩니다. 오늘, 여러분의 손에 맡겨진 일을 하고 쓸데없이 미래에 대해 생각하지 마십시오. 망원경을 내려놓으십시오. 장차 올 백 년을 자세히 들여다보는 것은 여러분의 할 일이 아닙니다. 중요한 문제는 여러분이 눈으로 무엇을 조사하느냐는 것이 아니라 손으로 무슨 일을 하느냐는 것입니다. 여러분이 자신의 몫을 다하고 나면 하나님께서 다른 누군가를 찾아서 그 일의 다음 부분을 계속해서 행하게 하실 것을 믿고 여러분은 제 손으로 할 일을 하십시오. 즉시 힘을 다하여 그 일을 하십시오.

　여기에는 기쁘게 생각해 볼 점이 또 한 가지 있습니다. 즉, 그것은 하나님의 복이 계속 이어진다는 것입니다. 하나님께서는 성전 건축에 필요한 많은 보물을 모으는 일에 다윗과 함께 하셨습니다. 그런데 하나님은 그 다음에 솔로몬과도 함께 하셨습니다. 하나님께서 우리가 세상에 태어나기 전에 있었던 다른 사람들에게 그의 은혜를 몽땅 주어버리시지 않은 것은 큰 자비입니다! 은혜의 하나님께서는 휫필드나 웨슬리의 머리에 은혜의 기름 뿔을 다 비우시지 않았습니다. 하나님께서는 성령의 복을 로메인(Romaine)과 존 뉴턴(John Newton)에게 다 부어버려서 우리에게는 아무것도 남겨놓지 않으신 것이 아닙니다. 그렇지 않습니다. 하나님은 어제 그랬고 오늘 그랬듯이, 시간이 끝날 때까지 동일하실 것입니다. 하나님의 복 주심은 중단되는 일이 없습니다. 하나님께서는 은혜 베풀기를 그치지 않으셨고, 하나님의 팔이 짧아서 구원 못하시는 일이 없고 하나님의 귀가 둔하여 듣지 못하시는 일은 없습니다. 하나님께서 자신의 일꾼들을 땅에 묻으시지만 하나님의 일은 계속됩니다. 큰 일꾼이신 하나님은 일하는데 지치지 않으시고, 실패하거나 낙심하는 일도 결코 없으십니다. 하나님의 영원한 목적들은 모두 성취될 것이고, 그리스도께서는 자기 영혼의 수고한 것을 보고 만족히 여기실 것입니다. 그러므로 지금까지 우리가 미래를 두려운 마음으로 보는 경향이 있었다면, 이제부터는 비관하지 않도록 합시다. 주 예수께서는 여전히 살아계시므로, 장차 하늘로부터 호령과 천사장의 소리와 하나님의 나팔로 내려오실 때까지 그리스도의 교회가 살아서 계속 일하도록 주의하실 것입니다.

사랑하는 친구 여러분, 내가 생각할 때 본문은 우리 자신과 매우 직접적인 관계가 있다고 봅니다. 다윗은 솔로몬과 이스라엘 방백들에게 성전 건축에 관해 이야기하고 있습니다. 우리는 지금 물질적인 성전을 짓고 있지 않고 영적인 성전을 건축하고 있습니다. 우리는 호화로운 건축물에 무슨 효능이 있다고 믿지 않고, 하나님을 예배하기 위해 만나는 집에 필요 없는 금과 은을 쓰는 것이 가치 있다고 믿지 않습니다. 우리는 지금도 우리 주님께서 이렇게 말씀하시는 것을 듣기 때문입니다. "아버지께 참되게 예배하는 자들은 영과 진리로 예배할 때가 오나니 곧 이 때라 아버지께서는 자기에게 이렇게 예배하는 자들을 찾으시느니라 하나님은 영이시니 예배하는 자가 영과 진리로 예배할지니라"(요 4:23,24). 우리는 신앙시인 윌리엄 쿠퍼와 함께 이렇게 노래합니다.

"예수시여, 주의 백성들이 만나는 곳은 어디든지
저들이 거기에서 주의 시은좌를 보고
저들이 주님을 찾는 곳은 어디든지 거기에서 주님을 만나니
모든 곳이 거룩한 땅일세."

우리는 하나님께서 우리가 하나님을 위하여 세울 수 있는 어떤 건물에도 계시는 것만큼 푸른 하늘 아래 계시고 또 밖에 길거리에도 계신다고 믿습니다. 성전이 세워지자마자 곧 참된 신앙이 쇠퇴하기 시작했다는 것은 매우 특이한 사실입니다. 솔로몬이 성전을 개방한 그 날이 이스라엘에 있어서 참된 신앙의 영광이 정점에 이른 때였습니다. 그 시간 이후로 이스라엘의 참된 신앙은 두

려운 밤이 되기까지 점점 더 어두워지기 시작하였습니다. 그렇지만 웅장하여서 사람들에게 하나님께 대한 존경심을 불러일으키고, 손으로 짓지 아니한 훨씬 더 큰 성전 곧 우리 구주 예수 그리스도라는 영광스러우신 분을 예표하는 성전은 마땅히 있어야 했습니다.

그러나 우리는 지금 영적인 의미에서 성전을 건축하는 일에 관여하고 있습니다. 하나님께서는 하나님의 아름다운 집을 위하여 자연이라는 채석장에서 잘라내고 모양을 만들고 다듬어서 하나님의 은혜의 성전에 끼워 넣어 건물을 완성하도록 준비한 돌을 모으기 위해 자기 종들을 보내셨습니다. 교회는 "극히 웅장한" 하나님의 살아 있는 성전입니다. 사람들의 마음과 영을 한데 섞어서 하나님이 거하실 영적인 성전을 세울 수 있다는 것은 놀라운 생각입니다. 이 성전은 자연의 채석장에서 떠낸 돌들로 짓게 되어 있습니다. 하나님께서 우리와 함께 하시므로, 여러분과 나는 가서 영원히 존속할 이 하나님의 전을 건축하기 위해 돌들을 떠내고 다듬어 준비할 수 있습니다.

이 일을 하기 위해서는 확실히 우리는 하나님의 임재와 도우심이 필요합니다. 하나님 없이는 우리가 아무것도 할 수 없기 때문입니다. 회심의 일에서 성령님이 없이 무슨 일을 할 수 있습니까? 나는 하나님의 도우심이 없이 다른 사람을 회심시킬 수 있다고 생각하는 사람은 누구든지 그렇게 한 번 해보고, 그로부터 그가 얼마나 참담한 실패를 거두게 되는지 혹은 성공처럼 보이는 그 회심으로 말미암아 얼마나 끔찍한 위선자를 일으키게 되는지 보면 좋겠습니다. 우리는 이 일에 반드시 하나님을 모셔야 합니다. 우리는 은혜의 불꽃을 일으킬 수 없습니다. 우리가 어떻게 새 마음과 의로운 영을 창조할 수 있습니까? 회심은 절대적인 창조이고, 중생은 하나님의 은혜의 기적이며, 성령의 사역입니다. 이것은 전적으로 우리 능력을 초월하는 일입니다. 우리는 하나님을 위한 전을 건축하는 일에 성령님의 도움이 필요합니다. 형제 여러분, 그러나 하나님이 함께 하시면, 우리는 그 일을 할 수 있습니다.

본문은 "너희 하나님 여호와께서 너희와 함께 계시지 아니하시느냐"고 말합니다. 나는 사람의 무능력, 즉 창조주를 떠난 피조물의 전적인 약함에 대해 설교하기를 좋아하는 형제를 지지합니다. 여러분이 그 점에 대해서는 아무리 강조해도 지나치지 않다고 생각합니다. 그러나 언제나 여러분 자신의 약함에 대해서만 깊이 생각하지 말고, 여러분이 약한 때라도 하나님의 전능하심을 의지한다면 강하다는 점을 생각하기 바랍니다. "너희 하나님 여호와께서 너희와 함께 계시지 아니하시느냐" 하나님께서 우리에게 복음을 들려 세상에 보내셨으니, 복음을 전할 때 우리와 함께 하시지 않겠습니까? 하나님께서 우리를 영혼을 구원하는 수단이 되도록 보내셨고 사람들이 하나님께 범한 죄 때문에 우리 마음이 아프도록 하셨으니, 하나님께서 우리와 함께 하시지 않겠습니까? 우리가 마치 하나님 없이 살고 일해야 하는 것처럼 말하지 맙시다. 우리가 하나님의 인도로 하나님을 알게 되었고, 그리스도의 신비한 몸의 지체들이 되었으니, 고백하는 대로 우리가 "살아계신 하나님의 교회"라면 성령께서 우리 안에 거하시는 것입니다. "너희 하나님 여호와께서 너희와 함께 계시지 아니하시느냐" 그렇다면, 여러분에게 너무 힘들어 감당할 수 없을 일이 무엇이 있겠습니까?

　　사랑하는 친구 여러분, 나는 첫째로 본문을 하나의 주장으로 다루겠습니다. 종종 성경에서는 질문이 가장 강력하게 주장하는 방식 중의 하나입니다. 질문에 대해서 "예"라고밖에 답변할 수 없다고 생각될 경우에 그렇습니다. 둘째로, 나는 본문을 하나의 질문으로 다루겠습니다. 이 자리에는 이 질문이 해당되는 사람들이 있기 때문입니다. 즉, 우리가 "너희 하나님 여호와께서 너희와 함께 계시지 아니하시느냐" 하고 묻지 않을 수 없는, 의심하고 두려워 떠는 사람들이 있기 때문입니다. 나는 본문을 먼저 주장으로 다루고, 그 다음에는 질문으로 다루고 나서 간단히 하나의 논증으로 다루어 보겠습니다. "너희 하나님 여호와께서 너희와 함께 계시지 아니하시느냐" 그러므로 일어나서 일을 하십시오. 위대하고 영광스러운 일은 그처럼 거룩한 조력자를 모시고 있는 사람들이 행하게 되어 있습니다.

### 1. 첫째로, 본문은 하나의 주장입니다.

　　그리스도 안의 형제자매 여러분, 여호와 우리 하나님께서 우리와 함께 계십니다. 나는 그 점에 조금도 의심을 품지 않습니다. 여러분도 그러리라고 믿습니다. 여호와께서 여러분의 하나님이십니까? 여호와께서 거룩한 언약으로 말미암아 여러분의 하나님이 되셨습니까? 여러분은 하나님과 교제의 계약을 맺었습니까? 여러분은 여호와를 신뢰와 사랑으로써, 또 여러분의 몸과 영과 혼을 하나님께 거룩히 드림으로써 여러분의 하나님으로 삼았습니까? 여러분은 성부, 성자, 성령 하나님에 대해 이렇게 말할 수 있습니까? "이 하나님이 영원히 우리 하나님이시고 죽을 때에도 우리 인도자가 되실 것입니다." 그렇게 말할 수 있다면 아주 좋습니다. 여호와께서 여러분의 하나님이시라면 하나님이 여러분과 함께 계십니다. 내가 그것을 어떻게 아느냐고 물으십니까?

자, 내가 그것을 아는 것은, 첫째로, 하나님께서 자기 백성과 함께 계시겠다고 친히 약속하셨기 때문입니다. "그가 친히 말씀하시기를 내가 결코 너희를 버리지 아니하고 너희를 떠나지 아니하리라 하셨느니라"(히 13:5). 그렇다면 여러분의 하나님 여호와께서 여러분과 함께 계시는 것이 아닙니까? 하나님께서 그 약속을 지키신다면, 하나님이 여러분과 함께 계시는 것은 확실합니다. 여러분은 하나님께서 자신의 약속을 신실히 지키신다는 것을 믿지 않습니까? 하나님께서 자신의 약속을 잊으실 수 있습니까? 아니면 그것을 기억할지라도 마치 그것이 단지 군말인 것처럼, 즉 의미가 없는 말인 것처럼 취급하시겠습니까? 그렇게 할 수 있는 사람들이 있다는 것을 우리는 압니다. 그러나 하나님께서 그렇게 행동하십니까? 여러분은 그런 일이 가능하다고 생각합니까? 아닙니다. 그런 일은 결코 있을 수 없습니다. 그렇다면 하나님께서 "내가 결코 너희를 버리지 아니하고 너희를 떠나지 아니하리라"고 말씀하셨기 때문에 하나님은 자신의 약속을 지키실 것입니다. 우리는 "결코 않겠다는 말을 함부로 사용하지 말라"고 말합니다. 사실이 그렇습니다. 긴 인생 동안에 무슨 일이 일어날지 모르기 때문입니다. 그런데 주님께서는 "내가 결코 너희를 떠나지 아니하리라"고 말씀하셨습니다. 이 말은 가난할 때든지 병들었을 때든지, 중상과 비방을 당할 때든지, 우울할 때든지, 죽을 때든지, 심판 때든지 결코 우리를 떠나지 않으시겠다는 것입니다. "내가 결코 너희를 버리지 아니하고 너희를 떠나지 아니하리라." 하나님께서 이렇게 하시기로 약속하셨으니, 우리는 하나님께서 자신의 약속을 지키시리라는 것을 한순간도 의심해서는 안 될 것입니다! 교회 안에 있는 신자들에게는 찬송 받으실 주 예수님께서 특별히 주님의 일과 관련해서 말씀하신 약속이 있습니다. "예수께서 나아와 말씀하여 이르시되 하늘과 땅의 모든 권세를 내게 주셨으니 그러므로 너희는 가서 모든 민족을 제자로 삼아 아버지와 아들과 성령의 이름으로 세례를 베풀고 내가 너희에게 분부한 모든 것을 가르쳐 지키게 하라 볼지어다 내가 세상 끝날까지 너희와 항상 함께 있으리라 하시니라"(마 28:18-20). 그리스도께서 "볼지어다 내가 너희와 함께 있다"고 하시는데, 이것은 사실상 이렇게 말씀하시는 것입니다. "나는 너희와 함께 있다고 약속할 뿐만 아니라 실제로 너희와 함께 있다. 나는 이미 내 약속을 너희에게 지키고 있다. 과거, 현재, 미래에 '볼지어다 나는 너희와 항상 함께 있다.'" 하나님의 교회라면 어느 교회든지 "너희 하나님 여호와께서 너희와 함께 계시지 아니하시느냐?"라는 질문에 주저하지 않고 대답하도록 합시다. 여호와께서 여러분의 하나님이시라면, 하나님은 여러분 개인과 함께 계시고, 특별히 기독교 공동체가 나가서 모든 사람들에게 하나님의 복음을 전할 때 여러분과 함께 계십니다. 하나님이 우리와 함께 계신다는 이것이면 확실히 충분하지 않습니까? 하나님께서 우리와 함께 하시겠다고 친히 약속하셨습니다.

다음으로, 하나님은 우리와 함께 계시는 것을 기뻐하십니다. 하나님께서는 자기 백성과 함께 있는 것이 큰 즐거움입니다. 하나님은 우리의 아버지이십니다. 아버지들은 자녀들과 함께 있는 것을 좋아하지 않습니까? 사랑하는 아버지는 집에 어린 아이들이 있을 때는 "빨리 일을 마치고 돌아가서 식구들과 함께 저녁 시간을 보내겠다"고 말합니다. 우리는 외적인 걱정거리들을 치워버리고 세상을 잊고 집에서 사랑하는 사람들과 함께 쉴 때 가장 행복하다고 느낍니다. 이렇게 하나님께서는 자기 백성을 편하게 여기시고, 아버지로서 자녀들을 기뻐하십니다. 거룩하신 지혜가 "인자들을 기뻐하였느니라"(잠 8:31)고 말씀한 것을 기억하기 바랍니다. 우리가 하나님을 즐거워하는 것보다 하나님께서 훨씬 더 우리를 기뻐하신다고 말할 수 있다는 것은 놀라운 일입니다. 하나님 안에는 우리에게 기쁨을 줄 수 있는 것이 온통 가득하지만 우리 안에 하나님을 기쁘시게 할 수 있는 것은 아무것도 없습니다. 하나님께서는 자기 백성을 지극히 사랑하시므로 자기 백성에게서 멀리 떨어져 계시는 법이 결코 없습니다. 여러분은 우리 주님께서 자기 교회와 맺으신 사랑의 관계를 압니다. 교회는 그리스도의 신부입니다. 그리스도께서는 자기 영혼을 사랑하시듯이 신부인 그의 교회를 사랑하십니다. 여러분은 하나님께서 자신의 배우자인 신부를 떠나서 행복하리라고 생각합니까? 그렇지 않습니다. 주님께서는 자기 신부에게 이렇게 말씀하셨습니다. "내가 네 얼굴을 보게 하라 네 소리를 듣게 하라 네 소리는 부드럽고 네 얼굴은 아름답구나"(아 2:14). 신부가 주님을 부르며 "나의 사랑하는 자가 그 동산에 들어오라"고 말할 때마다 주님은 즉시 "내 누이, 내 신부야 내가 내 동산에 들어왔도다"(5:1) 하고 답변하십니다. 하나님은 참으로 우리를 사랑하십니다. 그래서 우리가 하나님께 대해 문을 닫으면 하나님은 서서 문을 두드리며 우리에게 소리치십니다.

"나의 누이, 나의 사랑, 나의 비둘기, 나의 완전한 자야 문을 열어 다오 내 머리에는 이슬이, 내 머리털에는 밤이슬이 가득하였다"(5:2). 하나님께서 여러분을 아버지처럼 사랑하시고, 여러분 영혼의 남편처럼 사랑하고 계시므로 하나님이 여러분을 떠나셨다고 생각하지 말기 바랍니다. 또한 교회의 일은 하나님의 일이기 때문에 하나님께서는 교회의 일에서도 교회와 함께 하실 것입니다. 지상에서 성령님으로 인해 거룩해지고, 그리스도의 마음과 일치하고 조화를 이루는 마음이 있는 곳마다 거기에 하나님께서 계신 것이 확실합니다. 왜냐하면 그런 일치와 조화는 바로 하나님의 임재로 말미암아 생기기 때문입니다. 하나님께서 자기 백성들과 함께 계시겠다고 친히 약속하셨고, 또 함께 있기를 기뻐하시기 때문에 우리는 "너희 하나님 여호와께서 너희와 함께 계시지 아니하시느냐"는 질문에 그 주장이 함축되어 있다고 믿습니다.

사랑하는 형제 여러분, 우리는 그동안 하나님께서 우리와 함께 계신다는 것을 보여주는 증거가 많았다고 말할 수 있습니다. 이 예배당에서 우리는 하나님의 임재를 나타내는 분명한 증거들을 그동안 많이 보았습니다. 여러분이 지난주 목요일과 그 지난주 목요일에 나와 함께 있었다면 마음속에 기쁨의 종소리가 울려 퍼졌을 것입니다. 여러분은 하나님께서 마치 우연히 산책하다 여기에 들른 한 사람과, 마음이 아주 무거운 상태로 들어왔다가 여기서 하나님을 만난 또 다른 사람을 구원하셨다는 말을 들었을 때 여러분 영혼 속에서 모든 종들이 일제히 즐거운 소리를 냈을 것입니다. 우리의 설교는 아무것도 아닙니다. 다만 주님께서 그것을 중요하게 만드실 뿐입니다. 주님께서 우리 설교를 많은 영혼들에게 매우 소중한 것이 되도록 만드시는 것입니다. 그 점을 인해서 주님의 이름을 찬송합시다! 형제자매 여러분, 여러분은 주님을 위한 수고와 봉사에서 많은 사람들을 그리스도께 데려왔습니다. 그러므로 나는 여러분에게 묻습니다. "너희 하나님 여호와께서 너희와 함께 계시지 아니하시느냐?" 확실히 하나님은 여러분과 함께 계십니다. 그렇지 않았다면 여러분이 복된 이 모든 사실을 보지 못했을 것입니다.

주님께서는 시험의 때에 우리를 보호하심으로써 우리와 함께 계시다는 것을 증명하셨습니다. 여러분 가운데 최근에 하나님께로 돌아온 사람들은 회심한 후에 아주 혹독한 시험을 치렀습니다. 이 악한 도시에서, 우리의 젊은이들이, 사실 내가 이 젊은이들에게만 이야기할 필요가 있는지는 모르겠지만, 아무튼 우리 젊은이들은 불을 일곱 배나 가열한 용광로와 같은 시험에 노출되어 왔습니다. 우리가 살고 있는 이 시대는 극도로 악합니다. 만일 하나님께서 우리와 함께 계시지 않았다면 우리는 사냥꾼의 올무에서 벗어나는 새처럼 피하지 못했을 것입니다. 우리 발이 거의 미끄러질 뻔한 적이 많았습니다. 그래서 하나님께서 우리와 함께 계시며 우리를 보호하시지 않았다면 우리는 넘어졌을 것입니다. 여러분이 그처럼 죽음 가까이 있으면서도 계속 살아온 것을 볼 때 이렇게 말할 수 있지 않습니까? "너희 하나님 여호와께서 너희와 함께 계시지 아니하시느냐?" 확실히 하나님은 여러분과 함께 계십니다.

여러분 가운데 어떤 분들은 곤경의 때에 그처럼 크게 위로를 받았기 때문에 하나님이 자신과 함께 계시다는 것을 또한 압니다. 일전에 한 자매가 내게 이렇게 말했습니다. "저는 최근에 사별을 겪고 나서도 제가 계속해서 살 수 있을 것이라고 생각하지 못했어요. 전에 남편이 죽을 수 있다는 것을 생각할 때는 저도 틀림없이 남편과 함께 죽을 것으로 생각되었어요." 하지만 그녀는 죽지 않았습니다. 사별을 겪어야 했지만 절망하지 않습니다. 그녀는 또 이렇게 말하기도 하였습니다. "하나님은 참으로 나를 선대하셔서 전처럼 나를 부양하셨어요!" "너희 하나님 여호와께서 너희와 함께 계시지 아니하시느냐?" 나는 사랑하는 친구들 가운데 이 시련의 때 무거운 손실을 겪음으로써 세상적으로 아주 큰 어려움을 당한 사람들이 있는 것을 압니다. 그렇지만 그들은 열 배나 더 큰 어려움을 당했을 때와 마찬가지로 지금도 즐거워합니다. 작은 새가 여전히 창가에서 노래하고, 푸른 하늘이 머리 위에 펼쳐져 있으며 그들의 정원에는 여전히 야생 팬지꽃이 자라고 그들은 그 꽃을 매우 좋아합니다. 그렇습니다. 사랑하는 친구 여러분, 하나님께서 깊은 근심의 때에 우리에게 주시는 위로들이 하나님이 우리와 함께 계시다는 것을 보여주는 충분한 증거입니다.

이 외에도 우리가 이 기도의 집에 있었을 때 혹은 때로 한밤중에 방에 홀로 있었을 때나 고통 때문에 우리가 잠을 이루지 못했을 때, 기쁨이 물밀 듯이 밀려오기 때문에 자고 싶지 않다고 느꼈을 때가 있었습니다. 여러분은 세상에 악이 전혀 없는 것처럼 보일 때, 우리가 의심하려고 해도 아무 의심도 일으킬 수 없을 때, 우리 주님에 관해 어두운 생각을 가질 수 없을 때, 때때로 신자에게 찾아오는 깊은 평온을 지금까지 느껴 본 적이 있습니까? 우리 주님께서 광야에서 시험을 받으신 후에 천사들이 와서 주님을 수종들었습니다. 천사들이 집안을 오르락내리락 하고 여기저기 다니며 여러분을 섬기는 것처럼 보이고, 여러분의 삶이 부드러운 시편 곡조에 맞춰진 것 같으며, 싸우러 나가라고 부르는 나팔 소리 대신에 여러분에게 안식을 주신 하나님을 찬미하는 열 줄 악기의 아름다운 음악만 있을 때 그 경험이 어떤 것인지 여러분은 압니까? 이와 같이 "너희 하나님 여호와께서 너희와 함께 계시지 아니하시느냐?"라는 질문을 받을 때 여러분은 "예, 하나님이 우리와 함께 계십니다. 그의 거룩한 이름을 찬송합시다!" 하고 답변할 수 있습니다. 임재해 계시는 하나님과 함께 산다는 것은 참으로 놀라운 복입니다! 만일 누구든지 내게 하나님이 없다고 말한다면, 그는 내게 공기는 없다고 말하는 것이나 같습니다. 나는 공기를 볼 수 없지만 내가 공기 속에서 살고 있다는 것을 압니다. 그와 같이 "우리가 그를 힘입어 살며 기동하며 존재합니다"(행 17:28). 하나님은 생명이시고 빛이시며 사랑이고 자유이십니다. 하나님은 우리에게 모든 것의 모든 것이 되십니다. "너희 하나님 여호와께서 너희와 함께 계시지 아니하시느냐?"라는 것은 우리에게 질문이 되지 않습니다. 우리는 하나님께서 우리와 함께 계시다는 것을 알고, 그 사실을 인하여서 하나님의 거룩한 이름을 찬송하기 때문입니다.

"너희 하나님 여호와께서 너희와 함께 계시지 아니하시느냐?"

**2. 둘째로, 이 질문을 물어보지 않을 수 없는, 지쳐 있는 불쌍한 영혼들에 대해서 잠시 생각해 봅시다.**

어떤 사람은 말합니다. "아, 나는 기쁨이 없어요. 나에겐 별로 안식이 없어요. 근심밖에 없습니다. 주의 폭포 소리에 깊은 바다가 서로 부릅니다(시 42:7). 나는 너무나 무력하고 나약하며 부족하여서 주님이 나와 함께 계신다고 생각할 수 없습니다. 나는 하나님이 함께 계신다는 아무 표시를 볼 수 없고, 밤의 짙은 어둠 가운데서 소망의 별을 하나도 볼 수 없습니다." 사랑하는 친구 여러분, 내 말을 들으십시오. 여러분이 여호와를 자기 하나님으로 삼았습니까? 여러분이 지금 하나님을 신뢰하고 있습니까? 그리스도의 완성하신 사역 외에는 아무것도 의지하지 않기로 결심하였습니까? 그렇게 신뢰하고 있고 결심하였다면, 하나님께서 여러분과 함께 계십니다. 비록 여러분이 아주 짙은 어둠 가운데서 성령님을 인지하지 못할지라도, 하나님은 여러분과 함께 계십니다.

그동안 하나님께서 여러분과 함께 계시지 않았다면, 여러분은 의기소침한 상

태에서 절망으로 떨어졌을지 모릅니다. 지금까지 하나님께서 여러분과 함께 계시
지 않았다면, 여러분의 절망은 훨씬 더 심각한 상태로 발전했을지도 모릅니다.
여러분이 자살하지 않고, 아직까지 살아 있다는 것을 기억하기 바랍니다. 여러
분 스스로 자신을 처리하도록 맡겨두었다면 여러분은 자살하였을지도 모릅니
다. 여러분이 절망 직전까지 가 있는 동안에도 하나님은 여러분과 함께 있으며
여러분을 지키고 계십니다. 나는 이 자리에 자기들이 어둠 가운데 있었지만 그
어둠이 더 이상 짙어지지 않았기 때문에 하나님께서 자기와 함께 계신다는 것을
확실히 안 사람들이 있는 줄 압니다. 칠흑 같은 밤이었습니다. 그러나 완전히 어
둠만 있었던 것이 아니라 거기에 한 줄기 빛이 남아 있었습니다. 그렇습니다! 여
러분에게 그 작은 한 줄기 희망의 빛을 주신 분은 여러분의 은혜로우신 하나님
이셨습니다.

　마음이 슬픈 여러분, 말해보십시오. 여러분이 죄를 미워하도록 만들고, 구
주님의 임재를 느끼지 못하면 그토록 참담한 심정이 들게 만드는 것이 무엇입
니까? 그것은 비록 여러분이 알지 못하지만 사실 여러분에게 하나님이 함께 계시기 때
문입니다. 아마도 여러분은 남자 아이가 자석과 바늘을 가지고 노는 것을 보았을
것입니다. 바늘이 테이블 위에 있고, 자석이 비록 눈에 보이지는 않지만 테이블
밑에서 바늘에 영향을 미칩니다. 바늘은 자석의 끄는 힘을 느끼며 자석에 따라
움직입니다. 그동안 여러분이 느낀 욕구들, 신음, 울부짖음, 내적인 괴로움, 절
망, 깊은 어둠에 대한 두려움, 이 모든 것들이 하나님께서 은밀하게 여러분에게
작용을 하고 있고 여러분을 자기에게로 이끌고 계시는 것입니다. 하나님은 여러
분과 함께 계십니다. 여러분이 여호와를 다시금 여러분의 하나님으로 모신다면,
여러분이 와서 하나님의 약속들을 신뢰한다면 지금이라도 여러분의 어둠이 금
방 사라지고 영광스러운 한낮에 이를 것을 의심하지 않습니다. 하나님께서 속히
여러분에게 그 빛을 보내주시기를 바랍니다! 오직 하나님을 신뢰하십시오.

　하나님은 우리 가운데 어느 누구에게도 멀리 계시지 않습니다. 그래서 우리가
부르짖으면 하나님의 마음이 움직일 것입니다. 하나님께서는 신음소리도 들으
시고, 자기를 부르는 자들을 속히 오셔서 구원하실 것입니다. 하나님을 신뢰하
고 여러분의 하나님으로 삼기만 하십시오. 그러면 하나님께서 여러분을 떠나
실 수 없습니다. "여인이 어찌 그 젖 먹는 자식을 잊겠으며 자기 태에서 난 아들
을 긍휼히 여기지 않겠느냐 그들은 혹시 잊을지라도 나는 너를 잊지 아니할 것

이라"(사 49:15). 하나님의 마음에는 자기 백성 중 지극히 연약한 자들에 대해 그와 같은 사랑이 있기 때문에 하나님은 결코 그들을 떠나실 수 없습니다. 어머니 여러분, 여러분은 가족 중에서 가장 병치레를 많이 하고 가장 약하며 항상 괴로워하는 자녀에게 가장 마음을 많이 쓰지 않습니까? 여러분은 오늘 밤 이 자리에 앉아 있는 동안에 다 자라서 사회로 나간 튼튼하고 건강한 존과 토머스 생각은 전혀 하지 않았고, 척추를 다친 불쌍한 어린 제인이나, 하루 중 많은 시간을 누워 있어야 하고 많은 고통을 겪고 있는 어린 아들을 생각했을 것입니다. 내가 지금까지 설교하는 동안에도 여러분의 생각은 집에 있는 그 자녀에게로 달려갔고, 그 아이 생각을 많이 했을 것이라고 믿습니다. "아버지가 자식을 긍휼히 여김 같이 여호와께서는 자기를 경외하는 자를 긍휼히 여기신다"(시 103:13)는 것을 기억하시기 바랍니다. 또한 하나님께서는 아버지의 역할뿐 아니라 어머니의 역할도 하셔서 "어머니가 자식을 위로함 같이 내가 너희를 위로할 것인즉 너희가 예루살렘에서 위로를 받으리라"(사 66:13)고 말씀하십니다. 이러한 말씀은 그 질문을 제기하는 사람들에게 원기를 돋우는 진리들입니다. 이런 말씀들을 읽을 때 여러분은 그 질문을 치워버리고 하나님께서 여러분과 함께 계시다는 것을 확실히 알 수 있으면 좋겠습니다.

　　나는 조셉 아이언스(Joseph Irons) 박사가 언제나 희망을 갖고 있는 사람들에게 이렇게 말하곤 하던 것이 생각납니다. "희망을 갖는다는 것은 아주 잘하는 일입니다. 그러나 계속해서 희망하고 또 희망하기만 하거나 계속해서 펄쩍펄쩍 뛰기만 하지 말고 두 발을 땅에 딛고 달리기 시작하십시오." 나는 여러분이 그같이 할 수 있으리라 믿습니다. "희망하고" "펄쩍펄쩍 뛰는 것"을 넘어서서 믿음의 충만한 확신에 이를 수 있으리라 생각합니다.

> "은혜로우신 하나님, 주는 우리와 함께 계시며
> 　우리의 두려움을 쫓아내시나이까?
> 　주는 자신을 우리의 하나님으로 선포하시나이까?
> 　영원히 우리 하나님이시라고."

　　도드리지(Doddridge)는 이어서 이렇게 노래합니다.

"우리가 그처럼 놀라운 목소리를 듣는데

왜 마음이 풀이 죽고 눈에서는 눈물이 흐르는가?

그처럼 놀라운 친구가 가까이 계시는데

왜 우리 속에서 슬픔과 두려움이 일어나는가?"

### 3. 마지막으로 살펴 볼 점은, 여기에는 한 가지 논증이 있다는 것입니다.

"너희 하나님 여호와께서 너희와 함께 계시지 아니하시느냐?" 바로 그것이 우리가 일어나서 행할 이유입니다. 여러분은 16절에서 그 이유가 다음과 같이 표현되는 것을 봅니다. "그러므로 너는 일어나 일하라 여호와께서 너와 함께 계실지로다"(개역개정에서는 "그러므로"가 번역되지 않았음). 원문에서는 이렇게 나와 있습니다. 진실한 그리스도인들은 모두 하나님께서 그들과 함께 계시기 때문에 일어나서 일하도록 합시다. 아마도 그 문제에 관해서는 우리 교인들에게 많이 이야기할 필요가 없을 것입니다. 그것은 여러분 대부분이 주님을 위하여 여러분이 할 수 있는 일을 하고 있기 때문입니다.

호주로 이제 막 떠나려는 형제가 있습니다. 내게 작별을 고하러 왔을 때, 그는 32년 동안 산 자신의 생애를 간단히 이야기해 주었습니다. 그것은 교회 안에서 끊임없이 일하며 보낸 시간이었습니다. 이야기를 끝내고 나서 그는 이렇게 말했습니다. "예, 목사님, 목사님께서는 제가 그리스도를 위하여 일하도록 저를 몰아댔습니다. 제가 한가하게 지내도록 두지 않았습니다. 목사님께서는 말씀하셨죠. '게으른 사람들 가운데서도 가장 게으른 사람은 게으른 그리스도인이다.' 또 이런 말씀도 했습니다. '이곳에 주일에 두 번 와서 내 설교를 듣고도 주님을 위해서 아무 일도 하지 않는 것은 결코 옳은 일이 아니다." 그 다음에, 그 훌륭한 형제는 이 말을 덧붙였습니다. "이제는 목사님 설교를 들으러 자주 오지는 못합니다. 저는 그동안 주일학교 서기로 일했는데, 이제는 자주 나가서 전도하기 때문에 태버너클 예배당에 올 수 없습니다."

나는 아주 많은 교인들이 다른 곳에서 주님의 일을 하기 때문에 내 설교를 들으러 오지 못한다면 아주 기쁘게 생각하겠습니다! 많은 교회들에서 중요한 일은 회중석 한 쪽에 가만히 앉아서 양식을 받아먹는 것이라고 생각한다는 것을 압니다. 돼지를 비롯해서 모든 피조물은 먹어야 할 필요가 있습니다. 내가 이제 그 부정한 짐승에 대해서 이야기하는 것을 양해해 주시기 바랍니다. 왜냐하면 돼지는 먹는 것이 가장 중요한 일인 피조물이기 때문입니다. 돼지는 멋진 짐승이 결코 아닙니다. 나는 자신의 가장 중요한 일을 먹고 또 먹는 것으로 생각하는 그리스도인들을 결코 칭찬하고 싶지 않습니다. 나는 그들이 죄인들의 회심을 위해 준비한 설교에는 자기들을 위한 음식이 없다고 생각해서 그 설교에 불평을 한다는 말을 들어왔습니다! 그들은 음식을 많이 필요로 하는 사람들입니다. 그러나 사랑하는 그리스도인 여러분, 여러분 가운데 누구도 단지 먹기 위해서 살지 않도록 하십시오. 그것이 심지어 하늘의 음식이라 할지라도 말입니다. 그러나 여러분이 말하듯이 하나님이 여러분과 함께 계시다면, 하나님의 일을 시작하십시오.

사람들은 묻습니다. "내가 무엇을 해야 할까요?" 그것은 내가 답할 수 있는 문제가 아닙니다. 여러분 스스로 일을 찾아야 합니다. 하나님을 위해 일하는 사람은 이 사람이나 저 사람에게 가서 "내가 무엇을 해야 할까요?" 하고 물을 필요가 없습니다. 우선 여러분의 손에 잡히는 일을 하되, 여러분의 주님을 위해 일을 시작하십시오! 복음이 전혀 전파되지 않는 시골 마을에 사는 그리스도인들이 많습니다. 그렇다면 형제여, 그대가 직접 복음을 전하십시오. "아, 하지만 나는 할 수 없어요." 그렇다면, 복음을 전할 수 있는 누군가를 찾으십시오. 그러면 사람들은 말합니다. "하지만 우리는 예배당이 없어요." 이 화창한 날씨에 예배당이 뭐가 필요하겠습니까? 시골 풀밭에서 복음을 전하십시오. 거기에는 한두 해 전에 베어진 것이지만 여전히 누워 있어서 의자 구실을 하는 고목들이 있습니다. 또 사람들은 말합니다. "나는 설교할 수 없어요. 틀림없이 망칠 겁니다." 그것은 어떻게 해서든 해결해야 할 중요한 일일 것입니다. 그런데 부족한 설교가 설교자만큼이나 다른 사람들의 마음을 열게 하는데 최상의 수단이 되는 경우가 종종 있습니다. 이 세상의 지극히 거대한 사업들 가운데는 아주 작은 동기로부터 시작된 일들이 있습니다. 세상의 가장 거대한 상수리나무 숲이 한때는 한줌의 도토리들에 불과하였습니다. 우리 모두가, 우리를 위하여 자기 목숨을 내주셨고, 지금도 계속해서 우리 안에 거하시며 우리의 힘과 기쁨이 되시는 주님을 위하여 할 수 있는 일을 하면 좋겠습니다!

다윗은 또한 이 백성들에게 그들이 해야 하는 일에 마음을 기울이라고 권하였습니다. "이제 너희는 마음과 뜻을 바쳐서 너희 하나님 여호와를 구하라." 우리의 신앙에는 천국에서 잠자리에 드는 것과 같은 것이 아주 많이 있습니다! 설교자는 마치 자신이 아직까지 정말로 잠이 깨지 않은 것처럼 설교하고, 사람들도 그런 식으로 설교를 듣습니다. 우리 교회에도 금화가 딸랑거리며 굴러가는 소리가 들리면 정신이 번쩍 나서 찾으려고 둘러보지만 복음이 전해질 때는 정신이 완전히 깨어 있지 못한 사람들이 많지 않습니까? 그들은 주님을 위해 모르는 사람들에게 이야기를 걸고 한 마디라도 하는 일에 대해서는 지금까지 한 번도 생각해 본 적이 없습니다.

또 어떤 사람은 말합니다. "내가 무엇을 할 수 있는지 모르겠어요." 형제 여러분, 본문의 말씀이 사실이라면 나는 여러분이 할 수 없는 일이 있는지 모르겠습니다. 본문은 "너희 하나님 여호와께서 너희와 함께 계시지 아니하시느냐?"고 말합니다. 그런데 여러분은 "나는 할 수 없어요." "할 수 없어요," "할 수 없어요" 하고 말합니다. 여러분은 지금 하나님과 "할 수 없다"는 말을 합치고 있는 것입니까? 여러분은 하나님과 "할 수 있다"는 말과 합치거나 하나님과 "할 것이다"는 말을 합치는 것이 옳을 것입니다. 하나님이 우리와 함께 계시다면, 불가능한 일이 무엇이 있겠으며 우리에게 어려울 수 있는 일이 무엇이겠습니까? "그 중에 약한 자가 그 날에는 다윗 같겠고 다윗의 족속은 하나님 같고 무리 앞에 있는 여호와의 사자 같을 것이라"(슥 12:8).

나는 여러분에게 더 이상 말할 수 없고, 또 더 말할 필요도 없습니다. 여러분 그리스도인들이 모두 나가서 죄인들을 구원하기 애쓴다면, 여러분으로 인해 내가 설교를 좀 더 길게 하게 될 뿐만 아니라 앞으로 많은 날 동안, 오랫동안 더 설교하게 될 것입니다. 형제자매 여러분, 이 거룩한 예배에 하나님께서 여러분과 함께 하시기를 바랍니다! 지금 내 설교를 듣고 있는 사람들 가운데 "아니요, 하나님은 나와 함께 계시지 않습니다. 나는 구원받지 못했어요"라고 말할 수밖에 없는 분이 있다면, 구원의 길은 주 예수 그리스도를 신뢰하는 것이라는 사실을 기억하시기 바랍니다. 여러분이 그리스도를 신뢰한다면, 그리스도께서 여러분과 함께 계시고 여러분은 구원을 받습니다. "아들을 믿는 자에게는 영생이 있기"(요 3:36) 때문입니다. 여러분이 지금 그리스도를 믿고 있고, 그리스도의 힘을 의지하고 나가서 여러분을 구속하신 주님을 섬길 수 있다면 하나님께서 여러분과 함께 계시는 것입니다. 하나님께서 여러분에게 복 주시기 바랍니다! 아멘.

제
9
장
—

# 진심으로 찾으면
# 확실히 하나님을 만난다

—

**"네가 만일 그를 찾으면 만날 것이요." – 대상 28:9**

비록 이 말은 솔로몬에게 한 것이지만, 오늘 밤 이 자리에 참석한 회심하지 않은 모든 사람에게 전할지라도 그 진리에는 아무 훼손이 없을 것입니다. 성경에는 이와 비슷한 의미를 지니고 있으면서 믿음이 없는 모든 사람들에게 적용되는 본문들이 참으로 많기 때문입니다. 예를 들면 이런 구절들입니다. "너희는 여호와를 만날 만한 때에 찾으라 가까이 계실 때에 그를 부르라"(사 55:6). "찾는 이는 찾아낼 것이요 두드리는 이에게는 열릴 것이니라"(마 7:8). 나는 할 수만 있다면 이 자리에 참석한 모든 분에게 일일이 가서 그 어깨에 손을 얹고서 "네가 만일 그를 찾으면 만날 것이요"라고 말하고 싶습니다. 바로 여러분이 만날 것이라고 말하고 싶습니다. 여러분은 이 말을 각 개인에게 하는 것으로, 즉 여러분 이웃 사람들에게 말하는 것이 아니고, 여러분보다 낫거나 못한 사람에게 하는 것이 아니라 바로 여러분에게 하는 것이라고 생각해 보시기 바랍니다. 남녀노소를 막론하고, 모든 나이와 계층과 성별에 해당하는 모든 여러분, "여러분이 만일 그를 찾으면 만날 것입니다." 어쨌든 신앙에 관해 생각은 하지만 별로 알지 못하는 사람들은 신앙에는 아주 신비스러운 것이 있다고 생각하기가 매우 쉽다는 것을 압니다. 이를테면, 사람이 신앙을 따라서 살아야 하지만 아마도 인생 말년에 가서야 혹은 임종 때에야 신앙의 복을 얻을 수 있을 것이라고 생각하는 것입니다. 또 어떤 사람들은 아주 비상하게 훌륭한 사람이 아니면 자기가 구원받았다는 것을 아무도 확신할 수 없다고 생각하는 것입니다. 아, 이처럼 아주 분명한 성경책이 있고, 오늘날 아주 많은 사람들이 복음을 전하고 있는데도, 허다히 많은 사람들이 하나님의 복된 계시에 대해 어둠과 안개 가운데 있다는 것이 이상한 일이 아닙니까? 예수 그리스도는 구원이십니다. 우리는 예수 그리스도를 가질 수 있습니다. 지금 가질 수 있습니다. 여러분은 예수님을 가지고 있다는 것을 알 수 있습니다. 여러분은 지금 구원받을 수 있습니다. 완전하게 구원을 받고, 그 지식을 충만히 즐기면서 살 수 있습니다. "네가 만일 그를 찾으면 만날 것이요." 신비스럽기 짝이 없는 예비 단계들이 아주 많고, 할 일이 아주 많으며 우리가 갖추어야 하는 인품도 많은데, 모두가 다 우리의 능력을 벗어나는 일들이라는 생각이 있습니다. 그런데 그렇지 않습니다. 다만 하나님을 찾으십시오. 그 말이 의미하는 바를 말씀드리겠습니다. 하나님을 찾는 자는 만날 것입니다. "네가 만일 그를 찾으면 만날 것이요."

　사람들은 우리가 구원을 얻으려고 할 때 많은 도움이 필요할 것이라고 생각하였습니다. 어떤 사람들이 개입해서 하나님과 우리 사이에 절대적으로 필요한 사제가 되어야 한다고 생각합니다. 그것은 크게 잘못된 생각입니다. 그런데 그것이 사실이라고 믿고, 또 자기들이 이런 인간적인 중보자들을 존중하지 않으면 기도할지라도 하나님께서 자기 기도를 듣지 않으실 것이라고 생각하는 사람들이 많습니다. 그런 생각을 일절 치워버리십시오. 누구든지 예수 그리스도 외에는 감히 하나님과 사람 사이에 낄 수 있는 체하는 태도를 완전히 버리십시오. "네가 만일 그를 찾으면 만날 것이요." 여러분이 다른 누구와 함께 오지 않아도 괜찮습니다. 여러 가지 장신구나 제단 혹은 미사의 제사가 없어도 이 자리에서 현재 여러분 모습 그대로 빈손으로 하나님께 오십시오. 그러면 하나님을 만날 것입니다. 본문의 말씀을 그 단순하고 장엄한 표현 그대로 받아들이십시오. 그 뜻은 바로 이것입니다. 누구든지 진정으로 하나님을 하나님의 방식대로 찾으면 하나님을 만나게 되리라는 것입니다. 누구든지 진정으로 하나님의 자비를 필요로 하고, 하나님께서 그 자비를 구하라고 일러주시는 방식대로 구하면 그는 자비를 얻을 것입니다. 여자에게서 난 사람은 누구든지, 규정된 방식대로 하나님께 오고 진심으로 구원을 구하면 그는 틀림없이 구원을 얻을 것입니다. 문제는 아주 간단합니다. 오직 우리의 교만 때문에 그 문제를 분명하게 보지 못하는 것입니다. 천국에 이르는 길은 너무도 분명하여서 "지나가는 사람이 바보라 할지라도 그 길을 찾지 못하는 일은 있을 수 없습니다"(사 35:8. 개역개정은 "우매한 행인은 그 길로 다니지 못할 것이며"). 우리가 그 길을 잘 보지 못하는 것은 순전히 그 길을 싫어하기 때문입니다. 우리가 그 길에 이것저것을 덧붙이는 것은 순전히 아람 사람 나아만처럼 우리가 어떤 대단한 일을 하고 싶어 하고, 그래서 "씻어 깨끗하게 하라"(왕하 5:13)는 선지자의 말을 그대로 받으려고 하지 않기 때문입니다.

그러므로 오늘 밤 내가 설교하면서 바라는 것은 이 자리에 참석한 어떤 분들이 그 구원의 길을 알아보고 그 길로 달려가게 되는 것뿐입니다. 하나님께서 이 집회에서 그 길을 찾고 발견하고자 하는 사람들이 적어도 몇 사람이라도 있게 해주시기를 바랍니다. 우리가 그물을 던지는 동안 주님께서 몇 사람이라도 그물에 걸려 영원한 복지에 이르게 해 주시기를 바랍니다. 나는 세 가지나 혹은 네 가지를 살펴보려고 합니다. 첫째로, 여기에 설명되고 있는 한 가지 약속이 있다는 점을 살펴볼 것입니다. 둘째로, 몇 가지 지침들을 살펴 볼 것입니다. 셋째로, 여기서 제기되는 반론들에 대해 답변할 것입니다. 그리고 시간이 허락되면, 이 일을 하도록 인도하는 자극제가 되는 점을 이야기하도록 하겠습니다.

### 1. 첫째로, 한 가지 약속이 설명되고 있습니다.

"네가 만일 그를 찾으면 만날 것이요." 나는 이미 앞에서 설명을 거의 마쳤습니다. 우리는 타락으로 말미암아, 즉 우리 자신의 죄 때문에 하나님을 잃었습니다. 우리가 하나님으로부터 멀어졌지만 우리의 사정이 희망이 없는 것은 아닙니다. 예수 그리스도께서 세상에 오셔서 복음을 전하셨고 속죄를 이루셨기 때문입니다. 우리가 하나님을 바라고 찾으면 하나님을 만나리라는 것은 확실한 사실입니다. 주님께서는 하나님을 찾는 길에 대해 우리에게 말씀해 주셨습니다. 그 길은 그리스도 예수 안에서 하나님을 계시하신 대로 하나님께 가고 우리 영혼을 예수님께 맡기는 것입니다. 이렇게 한다면 우리는 하나님을 만나고 구원을 얻습니다. 이 약속의 요지는 이것입니다. 즉, 기도로 하나님을 찾는 사람은 누구든지 예수님으로 말미암은 구원, 예수님을 믿는 믿음으로 말미암는 구원을 바라는 것이고, 그러면 그는 기도의 들으심을 얻을 것이고, 바라는 복을 얻을 것이며 하나님을 만날 것입니다. 여러분의 기도가 헛되지 않을 것입니다. 여러분의 눈물, 부르짖음, 갈망을 하나님께서 들으실 것입니다. 그리스도를 여러분에게 계시해 주실 것이고, 그래서 여러분이 그리스도를 믿음으로 말미암아 확실히 구원을 받을 것입니다. 지옥에는 자신이 그리스도로 말미암아 하나님을 찾았는데 만날 수 없었다고 말할 사람이 단 한 사람도 없고 앞으로도 없을 것입니다. 살아 있는 사람 가운데 그렇게 말할 사람은 아무도 없습니다. 혹시 그렇게 말한다면 그는 자기 양심을 속이게 될 것입니다. 하나님을 찾는 사람이 당장에 만나지 못할 수 있지만, 결국에는 만날 것입니다. 하나님께서는 만나는 때를 지연하실지언정 결코 거절하시지 않습니다.

내가 말한 것을 다시 한번 이야기하겠습니다. 지옥에는 "내가 예수 그리스도를 의지하여 열심히 하나님의 자비를 찾았지만 얻지 못했다"고 말할 자가 한 사람도 없고, 앞으로도 없을 것입니다. 그리스도 안에서 자비를 얻지 못한 사람은 구하지 않은 사람이거나 바르게 간절히 구하지 않은 사람입니다. 찾는 자는 반드시 만날 것입니다. 하나님의 방식대로 진심으로 간절히 찾으면 하나님께서 그 사람을 거절하시지 않을 것입니다. 사람들은 "내가 어떤 사람인지 목사님이 어떻게 아십니까?" 하고 말합니다. "대체로 여러분이 자신에 대해서 모든 것을 말합니다." 나는 여러분이 어떤 사람인지 정말로 모릅니다. 하지만 이 점은 알고 있습니다. "악인은 그의 길을, 불의한 자는 그의 생각을 버리고 여호와께로 돌아오라 그리하면 그가 긍휼히 여기시리라 우리 하나님께로 돌아오라 그가 너그럽게 용서하시리라"(사 55:7)는 것입니다.

친구 여러분, 여러분에 관해서 또한 이 점도 알고 있습니다. 즉, "누구든지 주의 이름을 부르는 자는 구원을 받으리라"(롬 10:13)는 것입니다. 그리고 여러분이 어떤 사람이든지 간에 나는 하늘 아래 모든 피조물에게 복음을 전하라는 명령을 받았고, 또 여러분이 분명 피조물이라는 것입니다. 그러면 이 복음은 무엇입니까? "믿고 세례를 받는 사람은 구원을 얻으리라"(막 16:16)는 것입니다. 그러므로 여러분의 사정이나 환경이 아무리 특별하다고 할지라도, "네가 만일 그를 찾으면 만날 것이요"라는 이 한 가지 위대하고 영광스러운 약속은 그대로 있습니다. 여기서 "한다면"이라는 가정(假定)의 말이 여러분에게 붙습니다. 곧, 여러분이 하나님을 찾는다면 하고 가정하는 것입니다. 그러나 여러분이 하나님을 만나는 사실에 관해서는 전혀 가정의 말이 붙지 않습니다. 그것은 확실한 사실이기 때문입니다. 하나님께서는 여러분의 가정을 확실한 사실로 바꾸십니다. 그러면 여러분은 오늘 밤 이렇게 말하지 않을 수 없습니다. "나는 하나님을 찾을 것이다. 내 경우에 그 약속이 사실이 되기까지 쉬지 않고 하나님을 찾을 것이다. 그리고 마침내 '네가 만일 그를 찾으면 만날 것이요'라고 약속하신 하나님을 만났다." 이렇게 해서 지금까지 본문을 설명하였습니다.

### 2. 둘째로, 몇 가지 지침들을 살펴보겠습니다.

하나님을 찾는다는 것이 무엇입니까? 하나님을 찾는다는 것을 간단히 한 마디로 말하면 이것입니다. 하나님을 찾는 가장 쉬운 길은 예수께서 그리스도이시라는 것을 믿고 그를 의지하는 것입니다. 즉, 구주이신 예수께서 하나님의 기름 부으신 자이시며, 그를 여러분의 영혼을 구원하실 하나님의 기름 부으신 자로 신뢰하는 것입니다. 여러분이 그렇게 믿는 순간 평안을 얻을 것입니다. 사람들은 말합니다. "나는 목사님이 말하는 믿음을 얻고 싶습니다. 목사님이 설명하는 이 신뢰를 갖고 싶습니다." 그렇다면 내가 여러분을 조금 도와드리도록 하겠습니다. 여러분은 어떤 것에 대한 믿음을 어떻게 얻습니까? 그것이 무엇인지 알아보려고 노력함으로써 얻지 않습니까? 내가 여기 서서 여러분에게 "믿으세요, 믿으세요, 믿으세요"라고만 말하고, 여러분에게 믿어야 할 것에 대해서 이야기하지 않는다면 그것은 아주 게으른 일이 될 것입니다. 어떤 사람에게 그가 전혀 알지 못하는 어떤 것을 믿으라고 명령할 수는 없습니다. 그러므로 자비를 구하고 있는 모든 사람에게 이렇게 말하겠습니다. "너는 하나님을 잘 알고 평안하라"(욥 22:21, 개역개정은 "너는 하나님과 화목하고 평안하라"). "성경을 연구하라"(요 5:39). 하나님의 구원 방식을 이해하도록 노력하십시오. 그리스도가 어떤 분이신지, 그가 무슨 일을 하셨고, 그 행한 일의 결과가 무엇이었는지를 아십시오. 그분의 인격과 사역을 분명히 알도록 하십시오. 이것이 여러분이 믿는데 크게 도움이 될 것입니다.

그 다음에, 믿음은 들음에서 온다는 사실을 기억하십시오. 그러므로 하나님 말씀을 들을 수 있는 곳에 자주 나가십시오. 그리고 여러분이 달변가의 번지르르한 말을 들으려고 애쓰지 않도록 조심하십시오. 그런 말은 여러분의 교만과 허영을 부추기고 귀를 즐겁게 할 수는 있으나 여러분의 영혼은 결코 구원하지 못합니다. 그리스도를 높이는 설교를 들으려고 하십시오. 여러분의 영혼을 충성스럽게 다루고, 그리스도를 여러분 앞에 단순하고 진실하게 제시하는 곳에 가기를 힘쓰십시오. 왜냐하면 하나님께서 복 주시는 들음이란 아무나 말하는 사람의 말을 듣는 것이 아니라 "인자가 온 것은 잃어버린 자를 찾아 구원하려 함이니라"(눅 19:10)는 하나님 말씀, "그리스도 예수께서 죄인을 구원하시려고" 심지어 죄인의 괴수까지도 구원하시려고 "세상에 임하셨다"(딤전 1:15)는 하나님 말씀을 듣는 것이기 때문입니다. 그리스도에 관한 이야기를 들을 때는 온 귀를 기울여 듣고, 듣는 동안 "주님, 저 메시지가 내게 복이 되게 해 주소서" 하고 기도하십시오. 마음을 열고 그 메시지를 받아들이십시오. 주님께서 여러분의 마음을 열어 주시기를 기도하십시오. 하나님께서 그 마음을 열어주어 바울이 전하는 말을 청종할 수 있도록 해주신 루디아와 같이 될 수 있기를 기도하십시오. 그 다음에 여러분이 복음을 이해하고 아주 분명하게 알 만큼 들었다고 생각이 드는데, 설교를 들어서는 알 수 없는 것 같은 어려운 문제들이 여전히 남아 있다면, 그런 문제들에 대해 마음을 털어놓을 수 있는 진실한 그리스도인을 찾아가도록 하십시오. 그러면 여러분에게는 아주 어렵게만 보이는 것들이 어떤 신자들에게는 매우 쉬운 문제라는 것을 알게 될 것입니다. 그 신자들이 하나님의 쓰임을 받아 여러분 눈에서 비늘을 제거하는 수단이 될 수 있을 것입니다. 바울이 회심할 때 그러하였습니다. 바울은 아나니아에게 가야 했고, 아나니아가 들어올 때 바울의 눈에서 비늘 같은 것이 벗어지게 되었습니다. 그러는 동안 계속해서 기도하도록 주의하십시오. 하나님께 구원의 길을 여러분에게 보여주시라고 부르짖고, 그렇게 해주시기를 하나님께 구하십시오. 여러분이 스스로 할 수 없는 일을 하나님께서는 여러분을 대신하여 하실 수 있다는 점을 기억하시기 바랍니다. 여러분이 스스로를 구원할 수 없고, 여러분은 구원받을 권리가 없으며, 여러분이 구원을 받는다면 그것은 하나님의 주권적인 은혜라는 것을 아시기 바랍니다. 그러므로 하나님께 겸손히 부르짖으십시오. 여러분이 필요로 하는 복의 가치가 어떤 것인지를 알고 간절히 기도하십시오. 하나님께서 여러분에게 복을 주시기 전에는 그냥 가시도록 버려두지 마십시오. 죄인이여, 여러분 영혼에서 그리스도를 잃느니 차라리 잠을 잃도록 하십시오. 하나님의 말씀을 거듭거듭 찾아보고 약속을 알게 될 때마다 그 약속을 쥐고 기도하십시오. 여러분이 약속의 끄트머리라도 붙들 수 있다면, 그 약속을 가지고 시은좌로 가서 그 약속을 들어 호소하십시오. 지극히 적은 것일지라도 희망이 있다는 것에 감사하십시오. 하루의 첫 햇살이 이내 넓게 퍼지고 깊어져 새벽이 되고 이어서 대낮이 된다는 사실을 믿으십시오. 여러분이 옛 죄를 계속해서 행함으로써 성령님을 슬프시게 하지 마십시오. 여러분의 옛날 친구들을 멀리하고 하나님의 집을 찾고 하나님의 백성들을 만나려고 노력하십시오. 거룩한 친구들을 사귀고 거룩한 일을 추구하도록 애쓰십시오. 내가 처음에 한 말, 곧 "지금 믿으십시오. 지금 그리스도를 믿으십시오"라고 한 말 대신에 이렇게 하라는 것이 아닙니다. 그렇지만 그렇게 믿으려고 하는 길에 어려운 문제들이 있다면, 내가 지금까지 여러분에게 알려주려고 했던 것과 같은 방식으로 간절히 주님을 찾다보면 그런 문제들이 사라질 것입니다. 사람들이 마음으로 이렇게 결심할 수 있다면 좋겠습니다. '내가 시은좌를 붙들 수만 있다면 망하지 않을 거야. 나는 마음을 낮추고 무엇이든지 받아들이겠어. 나는 값없이 그리스도를 얻겠어. 내 자신을 전혀 내세우지 않겠어. 구원받을 수만 있다면 그리스도께서 내게 하고자 하시는 대로 행하도록 하겠어. 내 죄를 깨끗이 지울 수 있다면 나는 전혀 타협하지 않고 아무 조건도 내세우지 않겠어.' 친구 여러분, 여러분은 이미 하나님 나라에서 그리 멀지 않은 곳에 있습니다. 이미 하나님의 은혜가 여러분 영혼 속에서 작용하고 있습니다. "네가 만일 그를 찾으면 만날 것이요." 계속해서 그렇게 하나님을 찾도록 하십시오. 그것은 복된 추구입니다. 아무것도 여러분이 그렇게 하나님을 찾는 일에서 손을 떼지 못하도록 하십시오. 그것은 여러분의 생명입니다. 여러분의 영혼이 거기에 매달려 있습니다. 천국과 지옥이 여러분에 대해 몹시 불안정한 상태에 있습니다. 하나님을 사랑하고 그리스도를 믿으십시오. 구원을 얻는 일에 온 마음을 다하며 이렇게 말하십시오. "내가 두 큰 대양 사이에 있는 이 좁고 긴 땅에 서 있는 동안 거룩한 믿음과 거룩한 두려움을 가지고 나의 부르심과 택하심을 확실하게 하는 것만이 내가 해야 할 일이다." 이렇게 해서 지금까지 여러분에게 몇 가지 지침들을 설명했습니다. 이제는 더 이상 그 문제들을 생각하지 않고 다음으로 넘어가겠습니다.

**3. 이제 몇 가지 반론들에 답변하도록 하겠습니다.**

나는 모든 반론을 다 예상할 수 없습니다. 죄인들에게서 반론을 쫓아내는 것은 끝이 없는 일입니다. 여러분이 50가지 반론을 물리치고 나면, 금방 죄인들은 반론들을 50가지도 더 만들어 낼 것이기 때문입니다. 그런데 거기에 공통된 반론들이 몇 가지 있습니다. 한 가지는 "나는 너무 죄가 많다"는 주장입니다. 내가 도대체 용서받는다는 것이 불가능한 일인데, 왜 용서받으려고 애쓰느냐는 것입니다. 큰 죄인이여, 여러분의 영혼이 여러분 자신과 같은 사람에게 달려 있다면 혹은 심지어 천사에게 달려 있다고 할지라도 나는 여러분에게 용서받기를 구하라고 권하지 않겠습니다. 하지만 구주님이 어떤 분이십니까? 잠시 그분에 대해 생각해 보십시오. 그는 크신 하나님이십니다. 하늘을 지으시고 그것을 거주하는 장막처럼 펴신 분, 말씀하시면 그대로 이루어지는 분, 곧 영존하시는 아버지라는 호칭이 그분에게는 너무 딱딱한 것처럼 들립니까? 구주님을 보십시오. 그분은 사람이 되시고 죽기까지 복종하십니다. 주께서 우리가 결코 이해할 수 없고 충분히 설명할 수도 없는 고난을 받으십니다.

> "이는 우리가 아버지 하나님의 의로운 분노를 당하지 않도록 하기 위함입니다."

이 구주님께 불가능한 것이 있습니까? 그런 것이 있으리라고 생각조차 하지 마시기 바랍니다. 어떤 죄는 너무 커서 그리스도께서 용서하실 수 없다는 생각은 거의 대꾸할 가치조차 없는 것입니다. 여러분이 바로 하나님 자신이신 구주님의 무한한 자비를 다루고 있으면서 그렇게 생각하는 것은 참으로 터무니없는 일입니다. 몇 년 전에 중국의 베이징이라는 도시가 일 년 중 얼마 동안 혹심한 기후 때문에 크게 고통을 받고 있는데, 거대한 탄광들이 있고 또 연료를 얻기 위해 많은 비용을 지불하지만 연료가 부족하거나 거의 바닥이 났다는 말을 들었습니다. 중국인들에게 왜 탄광을 채굴하지 않느냐고 묻자 그들은 지구의 평형 상태가 깨지고, 그러면 혹시 세상이 뒤집어지고 항상 위에만 있었던 하늘의 제국이 밑바닥으로 가게 될까봐 두려워서 그랬다고 대답했습니다. 그처럼 터무니없는 이론에 대꾸하는 것이 가치 있는 일이라고 생각한 사람은 아무도 없었습니다. 그래서 누군가가 "내 죄는 너무 커서 그리스도라도 용서할 수 없을 거예요"라고 말을 하면, 나도 그처럼 무지한 생각에 거의 웃음을 짓지 않을 수 없습니다. 우리의 죄를 친히 십자가에서 지신 영원한 하나님의 무한한 자비로도 덮을 수 없을 만큼 큰 죄가 있을 수 있습니까? 죄인이여, 그런 생각을 하지 마시기 바랍니다.

그 다음에, 이보다 훨씬 더 흔히 볼 수 있는 반론이 또 한 가지 있습니다. 그러나 이 반론을 사람들이 말로 옮기지는 않지만 그 의미는 이것입니다. "나는 너무나 선해서 그리스도를 찾을 필요가 없어. 지금까지 언제나 양심적으로 지냈어. 나는 술주정뱅이나 그와 같은 부류들인 저 형편없는 죄인들과는 달라. 그래서 그리스도를 찾을 필요가 전혀 없어." 여러분, 도무지 구원받을 수 없을 것 같은 사람이 있다면, 바로 여러분 같은 사람들입니다. 열심히 자기 의를 세우려고 하는 자들은 그리스도 예수 안에 있는 의에 결코 복종하지 않기 때문입니다. 진실로 세리와 창기들이 여러분보다 먼저 천국에 들어갈 것입니다. 여러분은 이 점을 확실히 알아야 합니다. 아무도 자기 행위로는 천국에 들어가지 못합니다. 영광에 들어가는 문이 하나 있습니다. 여왕이든 거지든, 최고의 사람이든 최악의 사람이든 간에 그 문은 하나밖에 없습니다. 그것은 유일하신 구속자의 피와 의를 통해서 들어가는 것입니다. 여러분에게 이 구속자의 피와 의가 없다면, 여러분이 그 문을 통과할 만큼 그렇게 선하지 못하다면, 여러분은 완전히 망한 것입니다. 그 생각을 치워버리도록 하십시오! 여러분은 구주가 필요 없을 만큼 너무 선하지도 않고 그리스도께서 용서하실 수 없을 만큼 너무 악하지도 않습니다. "네가 만일 그를 찾으면 만날 것이요."

어떤 분이 구석에서 이렇게 말하는 소리가 들립니다. "내가 그리스도를 찾아야겠다고 생각하는 것은 아무 소용이 없어. 나는 너무 가난해." 사랑하는 친구 여러분, 여러분의 오해는 참으로 생소한 것입니다. 왜냐하면 예수께서 "가난한 자에게 복음이 전파된다"(마 11:5)고 말씀하셨기 때문입니다. 나는 여러분이 구주님만큼 가난하지는 않다고 말하지 않을 수 없습니다. 예수께서는 "여우도 굴이 있고 공중의 새도 집이 있으되 인자는 머리 둘 곳이 없도다"(눅 9:58)고 말씀하셨기 때문입니다. 그런 생각은 꿈에도 하지 마십시오. 금과 은이 하나님의 나라에서는 아무 가치가 없습니다. 아무리 가난한 사람도 그리스도께 오면 그는 세상에서 가장 부유한 자만큼이나 부유합니다.

또 어떤 사람은 이렇게 말합니다. "예, 예, 하지만 나는 너무 무식합니다. 나는 글을 거의 읽을 줄 모릅니다. 불행하게도 나는 아무것도 배울 수 없는 곳에서 자랐습니다. 나는 이런 사실들을 이해할 수가 없어요." 친구 여러분, 여러분이 성경에 있는 말씀을 읽을 수 없을지라도 하늘에 있는 대저택에 뚜렷이 적힌 여러분의 권리증서는 읽을 수 있을 것입니다. 여러분은 모든 학식을 다 갖출 필요가 없습니다. 여러분이 그 학식을 갖추면 수많은 목적에 쓸모 있기 때문에 좋은 일입니다. 그러나 천국에 들어가는 데는 필요하지 않습니다. 여러분이 자신이 죄인이라는 것을 안다면, 그리스도를 구주님으로 신뢰하려고 한다면, 여러분은 대학에서 학위를 받은 박사들이나 가말리엘 문하에서 배운 매우 지혜로운 사람들만큼이나 천국에 들어가는 일에 환영을 받을 것입니다. 오십시오. 환영합니다. 오십시오. 환영합니다. 자, 오십시오. 환영합니다. 그런 생각 때문에 오는 것을 주저하지 마십시오.

그런데 또 어떤 사람이 이렇게 말하는 것을 들었습니다. "나는 정말로 주님을 찾고 싶지만 주님을 찾을 만한 곳이 없어요." "그 말이 무슨 뜻입니까?" "나는 들어가서 혼자 기도할 수 있는 방이 없습니다." 그것이 슬픈 처지라는 것을 인정합니다. 하지만 여러분이 주님을 찾을 수 있는 특별한 장소가 필요하다는 생각은 잠시도 하지 말기 바랍니다. 늘상 기도를 많이 드리던 한 선원이 생각납니다. 그가 어디에서 기도를 드리느냐는 질문을 받고는 이렇게 대답하였습니다. "그동안 나는 돛대에 올라가 홀로 그리스도와 함께 보낸 시간이 많았습니다." 그렇게 못할 이유가 없습니다. 큰 예배당만큼이나 작은 기도실도 좋습니다. 또 한 사람은 회심할 때 죄의 가책을 느끼면 주인의 마당에 있는 낡은 마차를 이용하곤 하였습니다. 그렇게 못할 이유가 있습니까? 얼마든지 그렇게 할 수 있지 않습니까? 나는 톱질하는 구덩이를 기도처로 사용하던 사람과 건초 보관장을 기도처로 이용한 사람을 알고 있습니다. 그게 무슨 문제가 됩니까?

> "우리가 어디서든지 주님을 찾으면 주님을 만나네.
>  그러므로 모든 곳이 거룩한 땅이네."

참된 마음이 있으면 모든 장소가 신성한 곳입니다. 지금 앉아 있는 자리에서 여러분이 하나님을 찾으면 만날 수 있습니다. 예배당 맨 위층 구석에 서 있는 여성 분, 자매는 그 자리에서 하나님을 만날 수 있습니다. 사람들로 아주 붐비는 칩사이드(Cheapside: 런던 중앙부를 동서로 가로지르는 큰 거리) 거리를 걸으면서 혹은 들판에서 쟁기 뒤를 따라가면서 "예수여, 죄인을 불쌍히 여기소서" 하고 마음으로 소리치고, 예수님을 마음으로 믿기만 하십시오. 달리 장소가 필요치 않습니다. 어느 장소나 충분합니다. 핑계를 대지 마십시오.

또 어떤 사람은 "시간이 없다"고 말합니다. 시간이 없는 것이 아닙니다! 기도하는데 무슨 시간이 필요합니까? 설사 기도하는데 시간이 필요하다고 할지라도 여러분이 "나는 시간이 없어요"라고 말하는 것은 정신 나간 일이 아닙니까? 여러분이 옷을 입을 시간은 충분합니다. 여러분은 다른 핀을 꽂아보고 다른 리본을 달며 몸을 장식하는 데는 시간을 냅니다. 그런데 의의 옷을 입을 시간은 없습니다! 여러분이 몸을 부양하는데 쓸 시간은 있습니다. 즉, 앉아서 식사할 시간은 있습니다. 그러나 하늘의 양식을 먹을 시간은 없습니다! 여러분이 사업이 어떻게 되어 가는지 알아보기 위해 계산할 시간은 있지만 여러분 영혼의 일을 알아볼 시간은 없습니다! 여러분, 시간이 없다는 핑계를 대는 것을 부끄럽게 생각하기 바랍니다. 여러분에게 명령합니다. 여러분이 구원을 받기까지 여러분의 눈을 잠들게 하지 말며 눈꺼풀을 감기게 하지 마십시오(잠 6:4). 어떤 사람이 밤에 자다가 깨어서 보니 자기 집이 불에 타고 있습니다. 길거리에서는 아우성치는 소리가 들립니다. 소방관이 그에게 소리치고 있습니다. 사다리가 창문에 걸쳐 있습니다. 그런데 그가 이렇게 말합니다. "사다리를 타고 내려가 도망갈 시간이 없어요. 나는 쉴 시간이 충분치 않아요. 잘 수 있을 때 자야 해요." 여러분, 그는 미친 사람입니다. 그리고 "하나님을 찾을 시간이 없어요"라고 말하는 사람도 모두 미친 것입니다. 그러나 어쩌면 여러분이 진리를 말하는 것일지도 모릅니다. 왜냐하면 내가 다음 말을 하기도 전에 여러분이 쓰러져 죽을 수도 있기 때문입니다. 하나님께서는 때때로 우리의 비천한 핑계들이 엄숙한 사실이 되게 만드십니다. 여러분에게 시간이 있는 동안, 시간을 활용하십시오. "도망하여 생명을 보존하라 돌아보지 말라"(창 19:17). 여러분이 구주님을 만날 때까지 우물쭈물하지 말고 서두르십시오. 그리스도가 여러분의 것이 되기까지 쉴 생각을 하지 마십시오.

　　사람들이 가져오는 또 다른 이유는 그들 스스로 마치 아주 만족스러운 답변인 것처럼 생각하는 것인데, 그들은 이렇게 말합니다. "나는 할 수 없습니다. 하나님께서 이끄시지 않으면 아무도 올 수 없습니다. 그래서 나는 할 수 없습니다." 맞습니다. 그런데 여러분은 진리를 아주 이상하게 만들어 거짓처럼 보이게 할 수 있습니다. 내가 그 진리를 바르게 표현해 보겠습니다. 죄인이 하나님께 올 수 없을 때마다, 진정한 이유는 그가 오려고 하지 않는다는 것입니다. 성경에서 영적 무능력과 관련해서 할 수 없다고 말하는 모든 경우가 사실은 하려고 하지 않는다는 것과 같습니다. 그래서 여러분이 "나는 회개할 수 없다"고 말할 때, 그

뜻은 "나는 회개하지 않겠어. 하나님을 찾지 않고, 믿지 않겠어"라는 것입니다. 이제는 그 점을 솔직하게 자신에게 말하십시오. 그것이 여러분의 본심이기 때문입니다. 여러분이 하려고만 한다면 할 수 있기 때문입니다. 의지를 정복하면 능력은 의지와 함께 반드시 올 것입니다. 그런데 첫 번째 어려움은 "여러분이 원하지 않는다"는 것입니다. 바로 이것이 문제입니다. 여러분은 영생을 구할 생각이 없습니다. 지옥에서 달아날 생각이 없는 것입니다. 여러분은 천국을 얻으려고 하지 않습니다. 하나님과 화목할 생각이 없습니다. 그리스도를 얻기 위해 그리스도에게 오려고 하지 않습니다. 여러분은 그것을 어려운 점이라고 말하지만, 나는 여러분에게 그것이 죄악이라고 책망합니다. 나머지 모든 죄를 더욱 악화시키는 죄악이며, 나머지 모든 죄를 합한 것보다 그 자체로 더 큰 죄악입니다. 여러분은 오려고 하지 않습니다. "여러분은 오고 싶습니까?" "예, 하지만 올 수 없는 일이 많아요." "예! 하지만 여러분을 도울 수단들이 준비되어 있습니다." 성령 하나님께서 여러분을 도우십니다. 그렇습니다. 성령께서 여러분 속에서 힘 있게 일하십니다.

여러분은 주인의 심부름을 받은 그 흑인 종에 대한 이야기를 들어보지 못했습니까? 그 종은 그곳에 가기를 아주 싫어했습니다. 그는 편지 심부름을 받았습니다. 그가 금방 돌아왔습니다. 주인이 "샘, 너 편지 안 가져갔구나" 하고 말했습니다. "아니요, 가져갔습니다. 주인님." "그러면 왜 돌아왔느냐?" "주인님은 샘이 불가능한 일을 할 것이라고 기대하시지 않았을 것입니다." "그래? 도대체 무슨 불가능한 일이 있었느냐?" "주인님, 저는 갈 수 있는 데까지 멀리 갔습니다. 강에 도착했는데, 저는 강을 헤엄쳐 건너갈 수 없었습니다. 아주 넓은 강인데 헤엄쳐서 건널 수 없었습니다." "하지만 거기에 나룻배가 있지 않느냐?" "나룻배는 건너편에 있었습니다, 주인님. 나룻배는 건너편에 있었습니다." "그 뱃사공을 불렀느냐?" "아니요, 주인님. 부르지 않았습니다." 그러자 주인이 말했습니다. "이 불한당 같은 놈, 그게 도대체 핑계가 되느냐? 왜 뱃사공을 부르지 않았느냐? 왜 부르지 않았어?" 그 흑인 종이 그저 "어이, 이봐요 뱃사공!" 하고 부르기만 했다면 나룻배는 그에게로 왔고 모든 일이 잘 되었을 것입니다.

"할 수 없어요"라고 말하는 것은 게으름을 피우는 일입니다. 그것이 사실이었지만 틀린 말이었습니다. 이와 같이 구원받는 문제에서 내가 할 수 없는 어떤 일이 있다는 점에 이르렀을 때, 여러분이 성령께서 내 안에서 일하시도록 기도

한다면 나는 스스로 할 수 없지만 성령님께서 그 일을 하실 것입니다. 예수 그리스도께서 내게 "참된 믿음과 참된 회개, 즉 나를 하나님 가까이로 이끄는 모든 은혜"를 주실 것입니다. 나는 내게 필요한 모든 것을 구하기만 하면 얻을 것입니다. "나는 필요한 것을 가질 수 없어"라고 말하는 것은 게으른 일입니다. 아무도 여러분에게 필요한 것을 가지라고 요구하지 않았습니다. 그리스도께서 그것을 여러분에게 주실 것입니다. 그저 서서 부르기만 하십시오. 복이 올 때까지 힘껏 부르고, 온 영혼을 다해 부르십시오. 이제 설교를 마쳐야 하겠습니다. 그저 한두 마디만 더 하도록 하겠습니다.

**4. 여러분을 만나실 하나님을 찾도록 인도하는 자극제가 되는 점을 살펴보도록 하겠습니다.**

첫 번째로 생각해 볼 점은 우리가 하나님을 찾아야 한다는 것이 하나님께 대한 우리의 의무가 아니냐는 것입니다. 어떤 사람들에게는 이 생각이 중요할 수 있습니다. 여러분은 헌팅던(Huntingdon)의 백작 부인을 기억하실 것입니다. 그 부인은 지금까지 살았던 가장 우아한 여성들 가운데 한 사람이었습니다. 그녀의 회심은 주로 이 점에 의해서 일어났습니다. 그녀는 고귀한 신분의 명랑하고 세속적인 귀부인으로 뛰어나고 상냥하며 모든 미덕을 갖춘 사람이었습니다. 그러나 하나님께 속한 사실들에 대해서는 조금도 생각하지 않았습니다. 그녀는 무도회에 참석하고 있었고, 사람들은 그날 저녁의 여흥에 온통 마음이 빼앗기고 있었습니다. 그녀가 어렸을 때 배웠던 것 같은 요리문답의 첫 번째 질문에 대한 답이 갑자기 그녀의 마음에 힘차게 파고들었습니다. "사람의 제일 되는 목적은 하나님을 영화롭게 하고 하나님을 영원토록 즐거워하는 것입니다." 그녀는 속으로 생각했습니다. '아, 나는 수많은 나비들 가운데 한 마리 나비로 여기 있구나. 우리 모든 사람의 제일 되는 목적은 즐기는 것이다. 서로 장단을 맞추며 저녁을 즐겁게 보내는 것이다.' 그녀는 '하나님께서 나를 지으신 목적에 내가 부응하고 있지 못하다'는 생각에 사로잡힌 채 그 자리를 떠났습니다.

속으로 그런 일을 많이 생각하는 사람들이 있습니다. 혹시 어떤 젊은이는 이렇게 말할지 모릅니다. "어쨌든 나는 마땅히 해야 할 대로 하나님을 섬기고 있지 못해." 여러분은 가디너(Gardiner) 대령의 회심을 알고 있습니다. 그는 평생 거친 군인 생활을 하였습니다. 그가 회심한 바로 그날 밤도 큰 죄를 짓기로 약속을 해놓은 상태였습니다. 그는 약속 장소에 나가기 전 한 시간 동안 기다리고 있었습니다. 그는 십자가에 달린 구주님을 보았다고 생각했습니다. 벽에서 그것을 보았을 것이라고 생각합니다. 그리고 십자가에 못 박힌 예수님의 조상(彫像) 밑에서 이런 글을 읽었습니다.

        "나 너를 위하여 이 일을 했건만 너 나 위하여 무엇을 하느냐?"

   그는 그 죄악된 약속을 지키지 못했습니다. 그는 십자가의 군병이 되었습니다. 이 자리에 계신 어떤 분들이 자기 속에서 어떤 고귀한 점을 느껴서 "중요한 영원의 문제들보다는 세상의 하찮은 일들을 좋아할 만큼 하나님께 부당하게 행하는 것은 천한 일이다"고 생각하게 되었으면 좋겠습니다.
   내가 제안하려고 하는 다음의 자극제는 희망에 대한 것입니다. "네가 만일 그를 찾으면 만날 것이요." 어떤 사람은 이렇게 말합니다. "아, 내가 하나님을 만날 수 있다면 찾겠다." 사람들이 남아프리카에 가면 다이아몬드를 찾습니다. 그런데 누구든지 자기가 코이누르(Koh-i-noor: 1849년 이래 영국 왕실 소장의 유명한 106캐럿의 인도산 다이아몬드)를 찾을 것이라고 확신할 수 있다면, 그는 그곳에서 누구보다도 열심히 일할 것입니다. 오늘 밤 이 자리에 머지않아 다른 사람들에게 영원한 사랑이 자기를 위해 행하신 일을 말할 것은 거의 꿈에도 생각지 않는 사람들이 있습니다. 그들은 걸핏하면 그런 일을 비웃으며, 아마 이 순간도 비웃고 있을 것입니다. 그런 일은 불가능하다고 생각합니다. 그런데 주님은 놀라운 일들을 행하십니다. 그는 강한 자들은 그들의 자리에서 끌어내리고 비천한 자들은 높이 올리십니다.
   여러분, 여러분이 처음 두드릴 때는 문이 열리지 않을 수 있습니다. 그럴 수 있지만, 문은 열릴 것입니다. 용기를 내십시오. 여러분은 머지않아 기뻐할 것입니다. 여러분의 눈이 아름다우신 그 왕을 볼 것입니다. 하늘에는 여러분이 아니면 아무도 연주하지 못할 하프가 있고, 여러분이 아니면 아무의 머리에도 맞지 않을 면류관이 있으며, 여러분 외에는 아무도 앉지 못할 보좌가 있기 때문입니다. 하나님께서 여러분을 택하셨습니다. 그러므로 오늘 밤 하나님이 여러분을 부르십니다. "내가 영원한 사랑으로 너를 사랑하기에 인자함으로 너를 이끌었다"(렘 31:3). 불쌍한 영혼이여, 그리스도께 가십시오. 그러면 여러분이 하나님께서 말씀하신 대로 그렇다는 것을 발견할 것입니다.

이 점을 알고도 여러분이 움직이지 않는다면 여러분에게 또 다른 자극제를 제시하겠습니다. 그것은 반대로 두려움에 대한 것입니다. 여러분이 주님을 보지 못한다고 생각해 보십시오. 여러분이 구주님 없이 죽는다고 생각해 보십시오. 그러면 어떻게 됩니까? 여러분은 "나는 죽겠어요. 내 영혼은 하나님 앞으로 갈 겁니다" 하고 말합니다. 그 다음에는 어떻게 됩니까? 여러분의 영혼은 반드시 정죄 받을 것입니다. 장차 여러분의 몸이 일어날 것입니다. 무덤 가운데서 여러분의 몸이 일어나고, 여러분이 오늘 밤 멸시하는 그 크신 구주님의 법정 앞에서 몸과 영혼을 가지고 설 것입니다. 조심하십시오. 책들이 펼쳐질 것이고, 거기에 기록된 대로 여러분이 그리스도를 거절한 사실이 세상 사람이 다 모인 곳 앞에서 낭독될 것입니다. 그러면 그때 땅이 흔들리고 비틀거리며 믿음이 없는 자들은 공포에 질려 산들에게 자기를 덮으라고 소리칠 것입니다. 그때 별들이 나무에서 시든 무화과가 떨어지듯이 떨어지고 모든 피조물이 두렵게 오시는 그리스도 앞에서 치맛자락을 움켜쥐고 도망갈 것입니다. 그때 여러분은 어떻게 하시겠습니까? 무엇을 하시겠습니까? 여러분은 죽을 수도 없습니다. 결코 소멸되지도 않습니다. 여러분은 계속해서 살아야만 합니다. 결코 줄어들지 않을 고통과 희망이 조금도 비치지 않을 절망 가운데서 계속해서 살아야 합니다. "돌이키고 돌이키라 어찌 죽고자 하느냐?"(겔 33:11). 여러분은 왜 그리스도를 거절하려고 합니까? "네가 만일 그를 찾으면 만날 것이요." 참으로 하나님을 찾고 그를 거부하지 마십시오. "우리가 이같이 큰 구원을 등한히 여기면 어찌 그 보응을 피하리요?"(히 2:3).

누가 내게 눈물을 흘리게 만들 것입니까? 누가 내게 연민의 정을 품고 말하도록 가르칠 것입니까? 어떻게 해야 내가 여러분의 양심에 이르고 마음을 자극할 수 있겠습니까? 영원하신 성령이시여, 주께서 이 능한 일을 행하시고, 오늘 밤을 주의 것으로 삼으소서. 예수님, 주님의 은혜를 전하는 이 증거의 말씀을 쓰셔서 많은 사람을 구원하소서. 나는 이 증거의 말씀을 거듭거듭 전합니다. "우리가 만일 그를 찾으면, 여러분이 만일 그를 찾으면 만날 것입니다." 하나님께서 여러분에게 복 주시기를 바랍니다. 아멘.

제
10
장
—

# 다윗에게 쓰신 하나님의 육필

—

"다윗이 이르되 여호와의 손이 내게 임하여 이 모든 일의 설계
를 써서 나에게 알려 주셨느니라"(개역개정은 "이 모든 일의 설
계를 그려"). - 대상 28:19

성전은 다윗이나 솔로몬 혹은 다른 어떤 사람의 설계를 따라 짓게 되어 있
지 않았습니다. 성전은 하나님께서 친히 구상하신 양식을 따라 지어야 했습니
다. 하나님의 일들에서 우리는 자신의 판단과 고안에 따르도록 위임받지 않았습
니다. 그보다 우리는 지시 사항들을 받기 위해 율법과 증거를 보아야 합니다. 명
령을 받기 위해서 우리는 언제나 하나님 말씀으로 가야 합니다. 하나님의 교회
에서는 하나님께서 명령하신 것이 우리에게 구속력이 있습니다. 그리고 하나님
께서 명령하시지 않은 것은 하지 않고 그냥 두는 것이 안전할 수 있습니다.

우리는 여기서 다윗이 하나님으로부터 설계들과 세부 사항들을 받았다고
말하는 것을 봅니다. 하나님께서 그것들을 돌판에 쓰신 것이 아니라 하나님의
손으로 그의 종의 마음에 쓰셨다고 합니다. 성전을 위하여 모든 것을 준비하고
계획하는 일이 크게 필요하였습니다. 그리고 성전을 설계에 따라 지어야 했습니
다. 성전은 예표, 곧 그리스도를 훌륭하게 나타내는 예표이자 또한 하나님이 친
히 거하시기 위한 전인 하나님의 교회의 예표가 되어야 했기 때문입니다. 하나
님께서 그 성전을 통해서 무엇을 가르치려고 하셨는지 아는 사람은 아무도 없었
습니다. 따라서 성전 건물을 사람의 판단에 따라 짓도록 두었다면, 그것은 참된

예표가 되지 못했을 것입니다. 사람이 자기가 지으려는 것이 무엇을 예표하는지 알지 못한다면 누가 예표를 만들 수 있겠습니까? 오직 하나님만이 이 건물로써 가르치려고 하시는 바를 알았습니다. 그래서 이 성전은 하나님의 교훈을 전달하게 되어 있었고, 따라서 하나님의 명령에 따라 준비되어야 했습니다.

게다가 성전은 하나님께서 친히 거하시는 곳이었습니다. 그러니 지존하신 하나님께서 자기 마음에 맞는 집을 가지셔야 하지 않겠습니까? 하나님께서 그 집의 소유자가 되시게 되어 있다면, 그 집을 하나님의 마음에 맞게 지어야 하지 않겠습니까? 그리고 하나님 자신 외에는 그 집에 대해 하나님의 요구하시는 바를 누가 알겠습니까? 아무리 잘 지을 수 있는 집이라 하더라도 하나님께는 지극히 볼품없는 것입니다. 그래서 스데반은 이렇게 말했습니다. "솔로몬이 그를 위하여 집을 지었느니라 그러나 지극히 높으신 이는 손으로 지은 곳에 계시지 아니하시나니"(행 7:47,48). 그러나 예표의 형태라도 그것이 하나님의 거처가 되어야 한다면, 하나님 자신의 요구 사항에 따라 지어야 마땅합니다.

또한, 성전은 크신 왕의 보좌가 되어야 했습니다. 그리고 이 보좌를 세울 기초가 되는 바로 그 원칙이 사람의 판단에 따른 자의적인 예배가 된다면, 순종이라는 큰 원칙을 처음부터 어기게 되었을 것입니다. 하나님의 교회에서는 내가 어떤 것도 정할 권리가 없으며, 존 웨슬리도 칼빈도 혹은 그들보다 위대한 어떤 인물도 그런 권리가 없다고 생각합니다. 하나님만이 홀로 주권을 갖고 계십니다. 그리스도께서 하나님의 교회의 유일한 머리이십니다. 우리는 하나님의 교회를 세울 때 하는 모든 일에서 하나님의 의견을 들어야 합니다. 그렇지 않으면 우리는 불법적인 원칙에 따라 행하는 것이며 하나님 교회의 참된 왕이시자 머리이신 분의 권위를 버리고 다른 법을 따르는 것입니다. 그리고 이것은 우리의 거룩한 봉사의 중심에서 불법과 하나님께 대한 반역의 모범을 보이는 일이 될 것입니다. 결코 그렇게 해서는 안 됩니다. 하나님의 성전은 하나님께서 친히 그리신 도면의 설계에 따라 지어야 합니다. 우리가 복을 얻기를 기대한다면 하나님의 교회와 모든 거룩한 사역은 하나님의 지시를 따라 수행해야 합니다.

내가 여러분에게 주의하라고 하는 점은 이것입니다. 하나님께서 지시 사항들을 다윗에게 전달하시되 친히 하나님의 손으로 다윗의 마음에 그 지시 사항들을 인상 깊게 남기심으로써 전달하셨다는 것입니다. 이는 하나님께서는 설계 도면을 그려서 다윗에게 넘겨주시며 "이 도면대로 성전을 건축하라"고 말씀하시기보다는 다윗으로 하여금 전체 문제에 대해서 주의 깊게 생각하고 기도하도록 하셨다는 것입니다. 어쩌면 밤의 환상 중에 그리고 많은 경우에 낮에 그 주제에 대해 궁리할 때 성령께서 오셔서 다윗에게 그가 성전 건축에 대해 알아야 할 필요가 있는 것을 계시하셨을 것입니다. "다윗이 이르되 여호와의 손이 내게 임하여 이 모든 일의 설계를 써서 나에게 알려 주셨느니라"(개역개정은 "그려"로 번역하였음)

나는 오늘 밤 먼저 여러분이 하나님께서 다윗에게 주신 특별한 지시들에 주의를 기울이도록 하겠습니다. 그 점을 분명히 이해한 다음에는 하나님의 진리로 가르치는 성도들의 영적 수업에 대해 말하겠습니다. 이 영적 수업은 하나님께서 다윗에게 주신 이 지시와 매우 비슷한 데가 있습니다. 그리고 설교를 마치기 전에, 우리가 받은 것을 전달해야 하는 의무에 대해서 한두 마디 할 것입니다. 하나님께서 지금까지 우리를 가르치셨다면 우리는 다윗이 한 일을 해야 합니다. 즉, 우리가 배운 것을 충성된 사람들에게 부탁해야 합니다. 그래서 우리는 죽기 전에 다른 사람들이 주님을 위한 일을 시작하도록 해서 하나님의 일을 미완성으로 남겨두고 은퇴하지 않도록 해야 합니다.

**1. 첫째로, 여러분은 하나님께서 다윗에게 주신 특별한 지시들에 주의하도록 하십시오.**

다윗은 특별한 지시들을 하나님께서 친히 손으로 그의 마음에 쓰심으로써 받았습니다. 다윗이 다른 사람들의 조언을 구하여서 그 지시들을 받지 않았다는 이 점에 유의하시기 바랍니다. 다윗은 두로 왕 히람에게 사람을 보내어 그의 판단을 구하지 않았고, 브살렐이나 그밖에 숙련된 사람들을 불러들여 자기에게 조언을 하도록 하지 않았습니다. 하나님께서 친히 그를 가르치셨습니다. 이 점을 볼 때 나는 바울의 말이 생각납니다. "내가 혈육과 의논하지 아니하고"(갈 1:16). "내가 전한 복음은 사람의 뜻을 따라 된 것이 아니니라 이는 내가 사람에게서 받은 것도 아니요 배운 것도 아니요 오직 예수 그리스도의 계시로 말미암은 것이라"(1:11,12). 여러분이 무엇이든지 바르게 배우고자 한다면 그것을 하나님으로부터 배워야 하는 것이 틀림없습니다. 종종 어떤 점들에 대해서는 다른 사람들과 의논하는 것이 매우 편리할 수 있지만, 여러분이 하나님의 말씀을 믿을 것인지 말지에 대한 문제에 대해서는 다른 사람들과 의논해서는 안 됩니다. 그 문제를 판단하는 데는 최고의 권위가 있어야 합니다. 하나님의 일들에 대해 깊이 배워서 때로 여러분에게 도움을 줄 수 있는 사람들이 있지만, 여러분은 그들의 말을 너무 중시하는 바람에 하나님께서 친히 여러분에게 주시는 지시들을 놓쳐서는 안 됩니다. 어떤 사람의 목소리도 여러분에게 최고의 권위를 가져서는 안 됩니다. 여러분의 생명과 경건에 필요한 모든 것을 담고 있는 이 성경책에서 기탄없이 말씀하시는 성령 하나님의 목소리만 최고의 권위를 가져야 합니다. 성령 하나님께서 여러분이 성경에서 여러분에게 필요한 모든 지시 사항들을 가져오는 은혜를 주시기 바랍니다! 다윗은 성전 건축하는 일에 관하여 다른 사람들과 의논하지 않았습니다. 우리는 다른 사람들과의 의논을 통해서 신조를 얻으려 해서는 안 되고, 그보다는 직접 하나님께 가서 하나님이 친히 그 손으로 우리 마음에 신조를 써 주시기를 기도해야 합니다.

여기서 우리는 다윗이 이전의 본보기를 무조건 따르지 않았다는 점도 유의해야 합니다. 광야에서 이스라엘은 여호와와 그 백성들 사이의 만나는 곳으로 가죽으로 덮은 장막이 있었습니다. 장막은 구조가 간단하였고 쉽게 이동할 수 있었습니다. 그러나 이제 장막은 성전 안에 흡수되어야 했습니다. 여러분이 성전의 전체적인 형태를 보면 장막이 뚜렷하게 생각나겠지만, 다윗은 그 행한 일에서 새로운 계시와 새로운 지시를 받았습니다. 나는 사람이 옛것들을 지키는 것이 보기 좋습니다. 그런데 그렇게 옛것들을 지키는 일에서도 사람이 실수할 수가 있습니다. 옛것들 가운데는 새로운 것으로 대체되어야 나은 것들이 있을 수 있기 때문입니다. 여러분은 항상 하나님을 우러러 보십시오. 하나님께는 옛것도 없고 새것도 없습니다. 하나님의 발아래에서 기다리며, 여러분의 마음을 서판(書板)처럼 하나님께 드려 거기에 모든 지시 사항들을 쓰시도록 하고, 그 다음에는 하나님께서 말씀하신 대로 행하십시오.

문맥을 보면, 하나님께서는 다윗에게 그 일의 세부적인 사항들에 관해 지시를 내리셨습니다. 나는 여러분이 이 장 전체를 읽어보시기를 권합니다. 처음에 읽어보면 거기에 별 내용이 없는 것처럼 보일 수 있습니다. 여러분이 이 장을 연구하면 할수록 그만큼 더 본문이 여러분에게 가르치는 것이 많을 것입니다. 무엇보다 하나님께서는 다윗에게 "성전의 복도와 그 집들과 그 곳간과 다락과 골방과 속죄소의 설계도"를 계시하셨습니다. 여러분이 하나님을 모셔 섬기려고 하면 하나님께서 여러분 일의 세부 사항들, 하나님의 복음의 자세한 것들, 여러분 경험에

대한 상세한 설명을 여러분에게 가르쳐 주실 것입니다. "너는 범사에 그를 인정
하라 그리하면 네 길을 지도하시리라"(잠 3:6). 일전에 어떤 사람이 내게 이렇게
말했는데, 매우 지혜로운 이야기라고 생각했습니다. "하나님께서는 자기 종들의
걸음을 인도하시며, 또한 그의 종들이 더 이상 걸음을 뗄 수 없고 가만히 서 있
을 수밖에 없다고 느낄 때는 그들의 멈춤도 인도하신다"는 것이었습니다. 하나
님께서는 그의 종들을 행함에서 뿐 아니라 행하지 않는 데서도 지도하십니다.
여러분은 자세한 지도를 받기 위해 하나님께 갈 수 있는데, 특별히 하나님을 섬
기는 문제에서 그렇습니다. 여러분이 하나님의 뜻을 알고자 하면, 성령의 가르
치심에 복종하고 이 성경책을 찾아보십시오. 이 성경책이 여러분에게 성전의 복
도와 그 집들과 그 곳간과 다락과 골방에 관한 모든 것 그리고 그 외에 여러분이
알아야 할 필요가 있는 모든 것을 말해줄 것이기 때문입니다.

그 다음에, 다윗이 받은 지시 사항들은 매우 상세하였습니다. 이 장을 읽으면서,
여러분은 등잔대와 그 등잔대에 놓을 등잔에 사용될 금의 무게를 지시받았다는
것을 보았습니다. 사람이 전에 그와 같은 큰 촛대나 등잔대를 만들어 보지 않고
서는 거기에 금이 얼마만큼 들어갈지 말할 수 있는 사람은 아무도 없습니다. 이
자리에 그런 물건을 거래하는 능숙한 장사꾼이 있을지라도 거기에 필요한 금의
무게를 당장 정확하게 말할 수는 없을 것입니다. 그런데 거기에 대한 지식이 필
요한 사람이 그런 물건을 만들어 본 적이 없다면, 그가 검을 사용하는 데는 능숙
한 왕이었을지라도, 그가 등잔대를 만드는데 얼마만큼의 은이 필요하고, 또 일
곱 가지의 등잔대를 만드는데 얼마만큼의 금이 필요하며, 등잔대에 놓을 등잔
을 만드는 데는 금이 얼마만큼이 필요한지 어떻게 알 수 있겠습니까? 이것은 영
감이 어떤 것일 수 있는지 보여주는 놀라운 예입니다. 즉, 어떻게 성령께서 그
의 종 다윗에게 여호와의 전을 위한 용기들을 만드는 이 놀라운 일에서 잔에 이
르기까지 세세한 모든 것들을 가르치실 수 있었는지를 보여주는 예입니다. "금
잔 곧 각 잔을 만들 금의 무게와 또 은 잔 곧 각 잔을 만들 은의 무게를 정하고."
모든 것이 정확하게 정리되었습니다. 우리가 성령의 인도 아래 하나님의 말씀
을 꼭 맞게 따르려고 하면 하나님의 말씀이 우리 개인 생활의 세세한 부분과 교
회 생활의 세세한 부분, 우리의 걱정거리와 부족, 기쁨의 세세한 부분들까지 관
여하는 것을 발견하게 될 것입니다. 여러분이 기꺼이 하나님의 지도를 받고자
하면 하나님께서 모든 일에서 우리를 지도하실 것입니다. "너희는 무지한 말이

나 노새 같이 되지 말지어다 그것들은 재갈과 굴레로 단속하지 아니하면 안 된다"(시 32:9). 여러분은 기꺼이 하나님의 지도를 받으려고 하십시오. 그러면 지극히 작은 문제에서도 하나님의 지도 없이 지내지 않을 것입니다.

그 다음에, 가장 깊은 일들도 다윗에게 털어놓으셨다는 것을 보게 됩니다. 그룹을 본 사람은 아무도 없습니다. 내가 이렇게 분명하게 말하는 것은, 대제사장이 일 년에 한 차례 성소에 들어갔지만 그때 그룹을 거의 보지 못하였기 때문입니다. 왜냐하면 시은좌 앞에서 대제사장 주위로 올라가는 연기로 인해 그곳에 있는 모든 것이 틀림없이 희미하게 보였을 것이기 때문입니다. 그룹들은 거의 보지 못한 것들이었습니다. 그러나 다윗은 마음의 눈으로 그것들을 보았습니다. 다윗은 하나님께서 친히 손으로 그의 마음에 써 주신 그 보지 못한 것들의 표현을 보았습니다. 다음의 기사를 볼 때, 그것을 알 수 있습니다. "또 수레 곧 금 그룹들의 설계도대로 만들 금의 무게를 정해 주니 이 그룹들은 날개를 펴서 여호와의 언약궤를 덮는 것이더라." 이렇게 다윗의 마음과 총명에 인쇄된 설계도가 있었습니다. 그렇습니다. 하나님께서는 여러분이 볼 수 있는 것은 모두 보게 하실 것입니다. 기꺼이 보고자 하는 사람에게 주시는 하나님의 계시에는 제한이 없습니다. 말로 다 표현할 수 없는 말이 있습니다. 바울은 그런 말을 들었지만 그것을 말할 수는 없었습니다. 그가 그것을 말로 표현하는 것은 적법하지 않았습니다. 하나님의 비밀들이 있습니다. 그러나 하나님의 비밀들은 "그를 경외하는 자들에게 있음이여 그의 언약을 그들에게 보이시리로다"(시 25:14, 개역개정은 "하나님의 비밀들"을 "여호와의 친밀하심"으로 번역하고 있음). 대부분의 사람들에게는 휘장 안에 있어 볼 수 없는 것들이 있습니다. 그러나 그리스도 안에 있는 사람에게는 그 휘장이 찢어져 있습니다. 그의 마음과 지성을 가리고 있던 휘장을 성령께서 치워버리셨으므로 그는 다윗처럼 하나님께 속한 것들을 볼 수 있고 기뻐합니다.

자, 본문에서 듣는 말이 있는데, 나는 그 말을 다시 한번 생각하지 않을 수 없습니다. "여호와의 손이 내게 임하여 이 모든 일의 설계를 써서 나에게 알려 주셨느니라." 다윗은 세부 사항들을 알았을 뿐만 아니라 또한 그 내용들을 이해하였습니다. 다윗은 하나님께서 그에게 주신 지시 사항들로써 의도하신 바를 분명하게 파악하였습니다. 사랑하는 친구 여러분, 세상에서 가장 어려운 일은 사람에게 이해력을 주는 것입니다. 설교하고 가르칠 때 어떤 사실들을 아주 분명하게 이

해시키는 것이 우리 목사들의 의무입니다. 그런데 사람들이 이해력이 전혀 없으면 우리가 그들을 이해시킬 수 없습니다. 오직 하나님만이 하실 수 있습니다. 이해력 자체가 어두워져서 더 이상 구실을 할 수 없게 되었을 때, 하나님께서는 그것을 완전히 새롭게 하실 수 있고, 그러면 이해력이 아주 분명하고 밝아져서 하나님께 속한 사실들도 이해할 수 있게 될 것입니다. "여호와께서 나에게 알려 주셨느니라." 참으로 놀라운 특전입니다! 단지 "나에게 들려주신 것"이 아니라 "나에게 알려 주셨다"는 것입니다. 그러면 하나님께서 어떻게 그것을 알려 주셨습니까? 다윗은 "여호와의 손이 내게 임하여 그려서" 알려 주었다고 말합니다. 여기서 그렸다는 것은 다윗의 마음에 그렸다는 것입니다. 다윗은 그것을 가지러 위층으로 올라가지 않아도 되었습니다. 또 "나는 그것을 항상 가지고 다닐 수 없어"라고 말하지 않아도 되었습니다. 그는 어디로 가든지 그것을 가지고 다녔습니다. 하나님께서 다윗의 마음에 그려 주셨기 때문입니다.

그리고 그것은 하나님의 손이 다윗의 마음에 그린 것이었습니다. 이제 요점을 말할 때가 되었습니다. "여호와의 손이 내게 임하여 써서 나에게 알려 주셨느니라." 하나님께서 성경에 그의 율법을 기록하시지만 우리는 그 율법을 알지 못합니다. 하나님께서 율법을 우리 마음에 기록하시면, 우리는 압니다. 율법이 문자로 오면 이해력이 둔하여서 율법을 알지 못할 수가 있습니다. 그러나 율법이 그 정신으로 오면 우리 마음은 더 이상 둔하지 않고 율법을 이해하며, 하나님으로 인해 깨어나서 성령의 일들을 받습니다. 육신의 마음은 영적인 일들을 알 수 없습니다. 그런데 하나님께서 우리에게 영적인 마음을 주십니다. 그러면 우리는 영적인 일들을 이해하기 시작합니다. "여호와의 손이 내게 임하여 써서 나에게 알려 주셨느니라." 우리는 하나님의 손의 선물들로부터 많은 것을 배웁니다. 그 손 자체로부터 배우는 것이 아닙니다. 때로 하나님은 손으로 그의 자녀를 아주 무겁게 누르십니다. 여러분이 하나님의 선물들을 잊을 수 있지만, 누르시는 그 손의 압력은 잊을 수 없습니다. 때로 하나님은 우리를 심장까지 찌부러트리시려는 것처럼 보일 때까지, 우리가 비틀거리고 고통으로 영혼이 상할 때까지 손으로 누르시려고 합니다. 하나님께서 철필(鐵筆)을 가지고 영혼에 새기는 것만큼 인상 깊게 쓰는 것은 없습니다. 때로 하나님께서는 육(肉)의 마음 판에 하나님의 마음과 뜻을 쓰실 때는 다윗의 마음에 예루살렘 성전 건축에 관한 모든 세부 사항들을 쓰셨던 것처럼 아주 깊고 예리하게 새겨 쓰십니다.

**2. 이제는 두 번째 요점인, 하나님의 진리로 가르치는 성도들의 영적 수업에 대해 생각해 보겠습니다.**

먼저 하나님께서는 지금도 사람들의 마음에다 쓰신다는 사실을 말씀드리 겠습니다. 하나님께서는 종이와 잉크보다는 육(肉)의 마음 판과 성령을 좋아하 십니다. 바울은 고린도교회 교인들에게 이렇게 썼습니다. "너희는 우리의 편지 라 우리 마음에 썼고 뭇 사람이 알고 읽는 바라 너희는 우리로 말미암아 나타 난 그리스도의 편지니 이는 먹으로 쓴 것이 아니요 오직 살아 계신 하나님의 영 으로 쓴 것이며 또 돌판에 쓴 것이 아니요 오직 육의 마음 판에 쓴 것이라"(고후 3:2,3). 하나님은 당신의 뜻을 쓰실 새로운 마음을 창조하십니다. 하나님께서는 새로운 마음을 지으신 다음에는 펜을 들어 거기에다 하나님의 집의 율법을 쓰십 니다. 여러분은 지금까지 하나님의 말씀이 여러분 마음에 쓰이도록 해 본 적이 있습니까? 나는 여러분 가운데 그렇게 해 본 적이 있는 분들이 있다는 것을 압 니다. 하지만 여러분 가운데 그렇게 해 본 적이 없는 분들이 있지 않을까 걱정입 니다. 왜냐하면 사람이 설교를 듣고 성경을 읽으며 "놀라운 말씀이야!" 하고 말 하고서는 세상에 나가서 여러분이 설교자에게서 듣거나 하나님의 말씀에 기록 된 것으로 알고 있는 것과는 정반대로 행동하기가 아주 쉽다는 것을 알기 때문 입니다.

이제 나는 하나님께서 그의 말씀의 위대한 진리들을 어떻게 우리 마음에 쓰시는 지에 대해 조금 상세히 설명하도록 하겠습니다. 우리는 이 복된 책, 성경에서 사 람이 타락하였고 죄로 말미암아 망하였다는 사실을 알게 됩니다. 여러분은 그 사실이 바로 여러분에게 해당된다고 느껴보셨습니까? 여러분은 자신이 타락하 였다는 것을 알았던 때, 자신의 마음이 부패하였고 여러분이 완전히 파멸하고 망하였다는 것을 느낀 때를 기억하십시오. 아, 그때 하나님께서 손으로 여러분 의 마음에 써서 여러분에게 알려 주셨습니다. 이 성경책은 우리에게 말합니다. 그리스도 없으면 우리는 아무것도 할 수 없고, 우리는 죽었고 아무 힘이 없다고 말입니다. 여러분은 사실이 그렇다는 것을 깨달았습니까? 여러분 가운데 어떤 분들은 하나님을 찾기 시작했을 때, 자신이 그동안 자랑하던 힘이 모두 깨끗이 사라져버렸다는 것을 발견했을 것입니다! 여러분은 느끼는 것이나 생각하는 것 이나 행동하는 것이나 무엇 하나 바르게 할 수가 없었습니다. 열심히 노력을 했 지만 여러분은 마치 머리카락이 잘린 삼손 같았고, 너무 약해져서 선한 일은 아무엇도 할 수 없었습니다. 그 다음에 여러분은 이런 식으로 교훈을 배웠습니다. 나는 그동안 교훈을 여러분의 귀에다 대고 설교해왔는지 모릅니다. 그러나 하나님께서는 교훈을 여러분 마음에 가르치셨습니다. 여러분은 그 교훈이 맞다는 것을 알았습니다. 하나님께서 성령으로 그것을 가르치셨기 때문입니다. 그래서 이제 아무도 여러분으로 하여금 그 교훈을 단념케 할 수 없습니다. 그 다음에 여러분은 성경에서 그리스도께서 그의 백성의 구주이시며, 그를 보는 자는 누구든지 살리라는 것을 읽었습니다. 여러분은 그 가르침이 설교되는 것을 듣고 성경책에서 그 가르침을 읽었을 때 그것이 사실이라고 믿었습니다. 그래서 보았습니다. 여러분은 그리스도를 쳐다보았습니다. 그리스도께서 여러분을 위하여 저주받은 나무에 달려 계셨을 때 그를 응시하였습니다. 여러분이 그렇게 그리스도를 보았을 때 즉각적이고 영광스러운 구원을 얻지 않았습니까? 무거운 죄의 짐이 여러분의 등에서 굴러 떨어지지 않았습니까? 죄라는 병이 여러분의 마음에서 떠나지 않았습니까? 오늘 밤 여러분은 이렇게 노래할 수 있지 않습니까?

> "복된 날일세, 복된 날일세,
>     예수께서 내 죄를 씻으셨네."

그때 여러분은 속죄의 교리, 곧 하나님의 아들 예수 그리스도의 피가 우리를 모든 죄에서 깨끗이 씻으신다는 교리를 배우게 되었습니다. 여러분은 하나님께서 손으로 여러분 마음에 쓰셔서 이 교리를 알게 되었습니다. 이제 세상이나 지옥의 어떤 권세도 여러분에게서 이 교리를 빼앗아갈 수 없습니다. 그 이후로 여러분은 다른 교리들도 배웠는데, 아마도 칼빈주의 5대 교리나 다른 신학의 요점들도 배웠을 것입니다. 하지만 여러분은 이런 것들을 단지 성경에서 읽어서 배운 것이 아닙니다. 하나님께서 펜을 들어 여러분의 내적 본성에 부지런히 쓰시고, 여러분의 마음이 하나님께서 전달하려고 하시는 그 생각을 받아들이기 전까지는 진정으로 그것을 알지 못한 것입니다. 하나님께서 여러분의 마음에 아직도 쓰셔야 할 진리들이 더 있을 수 있습니다. 그러나 우리가 아버지 하나님의 집에 이르기 전에는 그 모든 것을 다 알지는 못할 것입니다. 그러는 동안이라도 우리는 계속해서 하나님의 말씀을 더 많이 읽고, 하나님 말씀의 진리들을 더 많이 우리 것으로 만들도록 합시다. 하지만 우리가 힘써야 할 중요한 일은 이것입니다. 즉, 하나님의 계시에 의해 기록된 것으로 알고 있는 것을 우리 개인의 실제 경험으로 깨닫도록 하는 것입니다. "여호와의 손이 내게 임하여 써서 나에게 알려 주셨느니라." 하나님께서 이 자리에 있는 모든 그리스도의 사역자와 모든 주일학교 교사, 모든 그리스도의 일꾼들에게 그와 같이 해 주시기를 바랍니다! 우리가 성경에 기록된 것을 우리 마음에 쓰인 것으로 깨달을 수 있기를 바랍니다!

나는 하나님께서 우리의 위대한 모범이신 그리스도에 관해 이렇게 하신다고 믿습니다. "이 모든 일의 설계를." 우리에게는 우리 모두가 본받아야 하는 위대한 모범이신 분이 계십니다. 여러분은 우리가 아주 자주 이 같이 찬송 드려야 할 분이 누구신지 압니다.

> "주께서 나의 본이 되소서. 내가 이 세상에서
> 주님의 은혜로운 형상을 더욱 닮게 하소서!"

하나님께서 친히 이 영광스러운 모범을 따라 우리 마음에 쓰시기를 바랍니다! 성령님 외에 누가 우리 안에 그리스도의 겸손과 그리스도의 용기, 그리스도의 자기 부인, 아버지 하나님께서 명하신 대로 그 모든 뜻에 온전히 순종하심을 일으킬 수 있겠습니까? 우리가 이 같이 찬송 드리는 그리스도 외에 누가 우리에게 이 모든 것을 줄 수 있겠습니까?

> "차가운 산과 한밤중의 공기가
> 주님의 기도의 뜨거운 열기를 증거하였고
> 광야도 주님의 시험과 싸움과 승리를 알지 않았습니까?"

우리가 그리스도를 닮을 수 없다고 생각하는 사람은 우리 가운데 아무도 없습니다. 아무도 "이 모범은 너무 까다로워서 우리가 그대로 본받을 수 없다"고 말하지 마십시오. 형제 여러분, 그런 말 하지 마십시오. 우리는 그 모범에 너무도 미치지 못하는 것을 생각하고 크게 울어야 합니다. 주께서 애쓰시는 것과 같이 우리도 그 모범을 닮기 위해 노력합시다. 하나님은 우리 안에서 힘 있게 일하시며 우리가 진실로 그 모범을 닮기 전까지는 결코 만족하시지 않습니다. 시인이기도 한 다윗이 무엇이라고 말했습니까? "나는 깰 때에 주의 형상으로 만족하리이다"(시 17:15). 우리는 그때가 이르기 전에는 결코 만족하지 않을 것입니다. 그러므로 우리는 그리스도께서 우리 마음에 새겨지고 그래서 이 거룩한 모범의 살아 있는 초상화로 나가게 되기까지 그리스도의 빛 안에 앉아 있도록 합시다.

어떻게 하나님께서 여러분에게, 곧 하나님을 사랑하고 경외하는 그의 종들에게 이 구원의 큰 일에 관해 알아야 할 모든 것을 계시하실 수 있는지에 대해 잠시 설명 드리고 싶습니다. 우리는 하나님의 말씀에서 구원의 본보기를 봅니다. 다른 사람들을 가르치고자 하는 여러분은 여러분의 모든 가르침이 이 본보기를 따르도록 해야 합니다. 주님께서는 여러분이 하나님의 교회와 그의 구원의 성전에 관해 알 필요가 있는 모든 사실들을 여러분에게 가르치실 수 있고 또 가르치려고 하십니다. 이 장 11절을 다시 한번 읽어봅시다. "다윗이 성전 입구의 설계를 그의 아들 솔로몬에게 주고"(개역개정은 "성전의 복도의 설계도를"). 목회자가 되려고 하는 젊은이 여러분, 여러분은 성전 입구의 설계를 아주 분명하게 보도록 주의하십시오! 죄인에게 현재의 모습 그대로 그리스도께 오라고 말하십시오. 감정이나 준비 자세와 같은 멋진 입구를 세우는 일부터 시작하지 마십시오. 입구, 곧 그 안으로 들어가는 길을 비추는 등이 달려 있고 그 위에 "문을 두드리라 그리하면 너희에게 열릴 것이라"(마 7:7)는 말이 쓰여 있는 작은 문의 설계부터 내놓으십시오. 공허한 죄인들에게 충만하신 그리스도를 전하고, 그리스도께서 죄인들에게 요구하시는 적합한 마음은 그들이 그리스도가 필요하다고 느끼는 것뿐이며, 그리스도께서 그것까지도 주신다고 그들에게 말하십시오. 죄인들은 그 마음을 찾기 위해 자기 속을 들여다볼 필요가 없습니다. 죄인들이 자신들이 그런 필요성을 느끼지 못할지라도 절실한 필요 의식을 얻기 위해서는 그리스도께 와야 합니다. 왜냐하면 바로 처음부터 그 모든 것은 은혜에 속한 일이고, 그리스도에게서 나오는 일이기 때문입니다. 그러므로 형제 여러분, "성전 입구의 설계를" 아주 분명하게 보도록 하십시오.

"그 집들과." 그 집들이란 제사장과 레위인들이 거하는 장소였습니다. 그리스도께서 그의 백성들에게 거하도록 주시는 집들을 분명히 보십시오. 어떻게 그들이 그리스도 안에 거하고, 어떻게 그들이 그리스도 안에 머물며 영원히 더 이상 세상으로 나가지 않는지 보십시오. 나는 시간이 없어서 이 점을 상세히 설명할 수 없습니다. 하지만 여러분은 혼자서 이 점을 깊이 생각해 보면 여러분의 청중과 학생들에게 설명할 수 있습니다. 참되고 살아 있는 길, 곧 구원의 성전으로 들어가는 유일한 길인 그리스도 예수를 의지하여 들어오는 자들이 누릴 현재의 기쁨과 미래의 지복(至福)의 이 대저택들을 생각해 보십시오.

"그 곳간과." 여러분이 그리스도를 전할 때, 하나님의 성전의 곳간에 관한 것이 이 성경책에서뿐 아니라 여러분의 마음에도 쓰여 있기를 기도하도록 주의하십시오. 은혜 언약의 무한한 부(富)여! 우리 주 그리스도 예수의 충족하심이여! 성령 안에서 얻을 수 있는 능력의 충만함이여! 주님 안에서 신자들을 위해 쌓아 놓은 복의 풍성함이여! 여러분은 구원의 전의 곳간들을 마음으로 분명하게 보고, 그 다음에 가서 다른 사람들에게 그 곳간들에 관해 설교하십시오.

그 다음에는 무엇이 있습니까?

"다락과." 여러분은 다락방에 올라가본 적이 있습니까? 다락은 여러분이 머지않아 계시될 영광을 보는 곳입니다. 이때까지 여러분은 천국 가까이, 하나님 가까이 왔습니다. 하지만 정점에는 아직 도달하지 못했을 것입니다. 여러분이 정점에 도달하지 못했다면 하나님께서 여러분의 마음에 다락의 설계를 써 주시기를 바랍니다.

"골방과." 나는 이 부분을 천천히 읽고 깊이 연구해 보려고 했을 때 성전의 골방에 관해서 내가 아는 것이 거의 없다는 생각이 들었습니다. 아, 거기에는 즐거운 교제가 있습니다. 지금까지 예수께서 계시는 곳에 거하며 또 계속해서 그 안에 머무는 사람 외에는 아무도 알지 못하는 즐거운 친교가 있습니다! 그는 자기가 바라는 바를 구할 것이고, 구하는 것을 받을 것입니다. 그는 예수 그리스도로 말미암아 계속해서 하나님을 즐거워할 것입니다. 성전의 골방을 잘 보도록 하십시오. 골방의 설계가 여러분 마음에 새겨지고, 그 다음에 가서 다른 사람들에게 그 골방에 대해 말할 수 있기를 바랍니다.

이야기할 것이 한 가지 더 있습니다. "속죄소의." 여러분은 종종 이렇게 노래합니다.

"예수께서 우리 머리에
　기쁨의 향유를 부으시는 곳이 있네.
　다른 모든 곳보다 즐거운 곳이니
　피로 얼룩진 속죄소일세."

여러분의 마음에 "속죄소의 설계"가 쓰여 있기를 바랍니다! 여러분은 속죄소가 휘장 안에 있는 언약궤 위의 그룹들 날개 아래라는 것을 압니다. 거기는 하나님께서 모세와 아론을 만나시고 또 쉐키나의 빛을 발하여 그룹들의 눈이 기쁨으로 반짝이게 만드신 곳입니다. 하나님께서 여러분이 이 속죄소에서 기도의 능력을 매일의 경험을 통해서 알 수 있게 해 주시기를 구합니다! 그때 여러분은 가서 불쌍한 죄인들에게 속죄소에 대해 말하십시오. 성령께서 친히 그 손으로 여러분 마음에 속죄소의 설계를 쓰신 대로 가엾은 성도들에게도 그것에 관해 이야기하십시오.

이제 시간이 거의 다 지나가서 세 번째 요점에 관해서는 간단하게 마칠 수밖에 없습니다.

**3. 하나님께서 여러분 마음에 쓰시는 것은 무엇이든지 다른 사람들에게 전달해야 하는 의무에 대해 생각해 봅시다.**

하나님께서 여러분에게 말씀하신 것을 다른 사람들에게 전하십시오. 우리 주님께서 제자들에게 이같이 말씀하셨습니다. "너희가 귓속말로 듣는 것을 집 위에서 전파하라"(마 10:27). 주님께서는 같은 말을 우리에게도 하십니다. 여러분은 "내가 누구에게 갈까요?" 하고 묻습니다. 다윗을 여러분의 본보기로 삼으십시오.

첫째로, 다윗은 하나님께서 자기에게 말씀하신 모든 것을 솔로몬에게 말해주었습니다. 여러분은 말합니다. "아, 우리 아이는 솔로몬이 아니에요." 바로 그것이 여러분이 더욱더 여러분의 자녀를 가르쳐야 할 이유입니다. 솔로몬은 이미 아주 지혜로웠기 때문에 어쩌면 다윗은 그를 가르치는 일을 하지 않아도 될 수 있었습니다. 그러나 다윗이 그를 지도하였다는 사실에서 우리는 아무리 똑똑한 자녀라도 하나님의 일들에 대해서 배울 필요가 있다는 사실을 알게 됩니다. 여러분의 자녀가 솔로몬 같은 사람이 아니라면 여러분은 자녀를 배로 혹은 필요하다면 몇 배로 더 가르칠 필요가 있을 것입니다. 자녀를 열아홉 번이라도 가르치십시오. 그리고 필요하다면 스무 번 넘게도 가르치십시오. 누가 여러분에게 "왜 당신은 자녀를 스무 번씩이나 가르칩니까?" 하고 물으면, 그것은 여러분이 열아홉 번을 가르쳐도 아이가 구원에 이르지 못한 것을 보고 아이가 구원받을 때까지 계속해서 가르쳐야겠다고 마음먹었기 때문이라고 말하십시오. 아이에게 구원에 관해 이야기하십시오. "애야, 이리 와서 아버지가 그동안 주님의 선한 말씀을 맛보고 다루었던 바를 이야기할 테니, 잘 들어봐라. 아버지가 하나님의 은혜에 대해 경험했던 일을 들어봐라."

어쩌면 여러분은 이렇게 말할지 모릅니다. "좋습니다. 내 아이에게 구주님에 관해 말하겠습니다. 내가 또 다른 누구에게 이야기해야 하겠습니까?" 사랑하는 친구 여러분, 그 다음에는 이야기하고 싶은 친구들에게 그리스도에 관해 말하십시오. 나는 우수한 젊은이, 곧 매우 능력 있는 사람, 하나님께서 자기를 위하여 큰 일을 하도록 부르셨다고 믿을 만한 사람과 조금이라도 개인적인 대화를 할 수 있다면, 그것을 큰 특권으로 생각합니다. 다윗은 하나님께서 성전을 건축하도록 솔로몬을 택하셨다는 것을 알았습니다. 그러므로 그는 자기가 하나님께로부터 받은 세부 사항들을 솔로몬에게 전하는데 특별히 주의를 기울였습니다. 어쩌면 이 자리에 있는 그리스도인 여성은 이렇게 말할지 모릅니다. "목사님은 제가 젊은 목사에게 이야기하기를 바라시는 것은 아니겠지요?" 사랑하는 자매님, 자매는 우리가 성경에서 브리스길라와 그녀의 남편 아굴라에 관해 어떤 기사를 읽게 되는지 압니다. 그들 부부는 아주 대단한 사람이 아니었습니다. 그냥 장막 만드는 사람에 불과했습니다. 그러나 그들은 아볼로에게 그가 남은 여생 동안 변변찮은 이 두 남녀에게 큰 은혜를 입고 살 만큼 뛰어나게 이야기하였습니다. 하나님께서 지금까지 사용하셨고 아직도 더 사용하실 사람들 가운데는 자기들에게 그리스도에 관해 이야기해 준 평범한 사람들에게 많은 빚을 지고 있다고 말할 사람들이 있습니다. 경건한 부인들이 베드퍼드(Bedford)의 뙤약볕 아래 앉아 실을 잣고 양말을 기우면서 서로 하나님의 일들에 관해 이야기하고 있었습니다. 존 번연은 가던 걸음을 멈추고 부인들이 하는 말에 귀를 기울였습니다. 그는 부인들의 그 거룩한 대화에 덕을 입어 남은 생애를 살았습니다. 여러분은 어떤 젊은이들에게 이야기할 생각이 떠오르고 기회가 생긴다면, 그들에게 하나님께서 여러분에게 하나님의 구원의 큰 계획에 대해 말씀하신 바를 확실하게 전하십시오.

그 다음에, 끝으로, 다윗은 모든 백성을 모으고 그들에게 성전에 관해 말했습니다. 다음 장을 보면 이런 기사가 나옵니다. "다윗 왕이 온 회중에게 이르되 내 아들 솔로몬이 유일하게 하나님께서 택하신 바 되었으나 아직 어리고 미숙하며 이 공사는 크도다 이 성전은 사람을 위한 것이 아니요 여호와 하나님을 위한 것이라.” 그러자 백성들이 곧 성전 건축에 쓸 금과 은과 놋과 목재와 보석들을 내놓기 시작하였습니다. 여러분은 하나님께서 여러분에게 말씀하신 것을 할 수 있는 대로 모든 사람에게 자세히 이야기하도록 하십시오. 나는 이 자리에 계신 분들 가운데 아직까지 자신의 일생의 사업을 찾지 못한 사람들이 있지 않나 생각됩니다. 우리는 설교자들에게 아주 많은 “재능”을 원하는 습관이 생겼습니다. “재능”을 무저갱에 던져버릴 수 있으면 좋겠습니다! 재능은 하나님의 교회에 지금까지 선을 끼친 것보다 해를 더 많이 끼쳤습니다. 평범한 그리스도인들이 기회가 있는 곳에서는 어디서든지 그리스도에 관해 말하기 시작하면 그로 인해 황금시대가 도래할 것입니다.

이 자리에 구주를 만나기 원하는 근심스러운 죄인이 있을지 모릅니다. 그에게 말하도록 하십시오. 그러면 여러분은 말합니다. “아, 그 사람이 불쾌하게 생각할 수 있습니다.” 그럴 수 있습니다. 그렇다고 해서 그가 여러분을 죽이지는 않을 것입니다. 그에게 예수 그리스도에 관해 말하십시오. 그가 여러분이 말하는 것을 듣고서 천국에 이른다면 그는 여러분이 자신을 소개하는 근사한 명함을 먼저 건네지 않은 것을 용서할 것입니다. 여러분이 영혼을 천국으로 인도한다면 그 사람은 여러분의 즉흥적인 설교를 결코 무례하다고 생각하지 않을 것입니다. 하나님께서 우리가 일어서서 행하기를, 곧 하나님께서 우리 마음에 쓰신 것을 자세히 말하도록 도와주시고, 그렇게 해서 하나님의 이름이 찬송을 받도록 해주시기를 바랍니다!

사랑하는 청중 여러분, 어쩌면 여러분은 지금까지 마음에 아무것도 쓰이지 않았을 수 있습니다. 그렇다면 오늘 밤 이와 같이 간단한 기도를 드리며 여러분의 마음을 주님 앞에 내놓으시기 바랍니다. “하나님, 내 마음에 쓰소서!” 그리고 하나님께서 여러분의 마음에 “예수”라는 한 단어만 쓰신다면, 그 단어가 여러분에게 필요한 모든 것이 될 것입니다. 여러분 모두에게 하나님의 복이 임하시기를 바랍니다! 아멘.

역
대
하

제
1
장
—

# 사랑으로 보내신 왕

—

"두로 왕 후람이 솔로몬에게 답장하여 이르되 여호와께서 자기
백성을 사랑하시므로 당신을 세워 그들의 왕을 삼으셨도다."
– 대하 2:11

　여러분은 솔로몬과 후람 사이에 오고간 편지에 깊은 신앙적 어조가 배어
있는 것에 틀림없이 깊은 인상을 받았을 것이라고 생각합니다. 나는 후람이 확
실히 이스라엘의 신앙으로 개종한 사람이라고 생각하고 싶습니다. 어쨌든 이 두
이웃 왕들 사이에 오고간 공문서들에는 여호와와 자기 백성들에 대한 여호와의
처사에 대해 매우 은혜로운 언급들이 담겨 있습니다. 내가 이렇게 말한다고 해
서 오늘날 왕들 사이에 전달되는 공문서들이 그와 비슷한 성격을 띠어야 한다
고 주장하는 것은 아닙니다. 오늘날 그런 문서는 비천한 위선에서 나온 작품들
일 것이기 때문입니다. 하나님께서 그런 대부분의 문서들과 무슨 관계가 있고,
또 좀 더 강한 나라가 다른 나라들을 침략하는 것이, 하나님의 법과는 정반대되
는 것처럼 보이는 정치 법들에 의해 끊임없이 정당화되는 현대의 계약들과 무슨
관계가 있겠습니까? 왕들이 의로 통치할 좀 더 나은 시대가 왔으면 좋겠습니다!
사람들은 왕들에 대해서 거의 단념하고 있습니다. 하여튼, 의로 통치하실 왕이
오실 것입니다. 우리 하나님이여, 지체하지 마소서!
　후람이 쓴 편지에서 우리는 그가, 솔로몬은 아주 뛰어난 인물이어서 그의
통치가 하나님께서 그의 백성들에게 주시는 특별한 복이라고 생각하는 믿음을

밝히는 것을 봅니다. 그것이 본문의 의미입니다. "여호와께서 자기 백성을 사랑하시므로 당신을 세워 그들의 왕을 삼으셨도다." 솔로몬은 통치 초기의 찬란한 영광으로부터 기울어지기 시작하기 전에, 곧 그의 인생 초기에는 이 이방 군주마저도 그가 백성들에게 복이 된다는 것을 알 수 있을 만한 그런 인물이었습니다. 사랑하는 친구 여러분, 여러분의 삶과 나의 삶이 언제나 세상 사람들끼지도 "저 젊은이는 그의 가족에 복이 될 거야. 저 부인은 자기 남편과 자녀들에게 복이 될 거야"라고 말할 수 있는 그런 것을 지니기 바랍니다. 우리가 인품이 아주 솔직하고 진실하며 순수하고 선해서 우리를 아는 사람들은 모두 우리가 주변에 있는 사람들에게 복이라고 생각할 수 있는 그런 인물이 되었으면 좋겠습니다.

나는 여러분이 여기서 후람이, 모든 복은 다 하나님에게서 온다는 점을 분명하게 인지하고 있다는 사실에도 주의하기 바랍니다. 솔로몬이 그의 백성들에게 복이 된다면, 그것은 하나님께서 그를 현재의 자리에 세워두셨기 때문이라고 후람은 생각합니다. 한때 이교도였던 사람이 이렇게 복이 하나님에게서 나온 것으로 생각할 수 있다면, 복된 것은 무엇이든지 하나님에게서 나온 것으로 생각하지 않고 그것을 "행운"이나 "우연" 혹은 하나님 외에 어떤 것으로 돌리는 사람들은 참으로 이교적인 자들임에 틀림없습니다! 사랑하는 여러분, 무엇이든 선한 것이나 뛰어난 것이나 행복한 것이 우리에게 올 때마다 우리는 그것을 주신 하나님께 감사하고 하나님을 찬송합시다. 우리는 모두 고통을 받을 때는 하나님께 불평하기가 아주 쉽고 걸핏하면 우리 고통이 하나님 때문이라고 말하기가 쉽습니다. 그런데 풍성한 자비가 올 때는 확실히 우리는 그 자비를 보내신 주 우리 하나님의 이름을 높이고 찬송해야 합니다. 우리는 자비를 받을 때마다 후람이 솔로몬에게 편지를 썼을 때 했던 것과 다소 비슷하게 그 자비에 대해 말해야 합니다. "여호와께서 자기 백성을 사랑하시므로 그가 그 백성을 위하여 이 일 저 일을 행하셨도다."

그러나 나는 본문을 바로 떼어서 사용할 생각입니다. 본문이 솔로몬의 경우에 해당되기는 하지만 우리 왕이신 그리스도께 특별히 더 맞는 말이기 때문입니다. 바울의 시대에 데살로니가에서 사람들이 "다른 임금 곧 예수라 하는 이가 있다"(행 17:7)는 말을 했듯이, 그것은 지금도 사실입니다. 이 자리에 참석하신 많은 분들이 이 왕의 신민들이라는 것을 알게 되어 감사합니다. 그리스도, 그분은 우리에게 만왕의 왕이십니다. 우리는 그분을 경배하고 찬미하기를 좋아합니다.

"여호와께서 자기 백성을 사랑하시므로 예수를 세워 그들의 왕으로 삼으셨도다."

**1. 우리의 첫 번째 소제목은, 하나님께서 사랑하시므로 예수를 우리의 왕으로 삼으셨다는 것입니다.**

우리가 이 사실을 믿는다면, 그것이 우리가 예수 그리스도의 통치를 조금도 짐으로 여기지 않는다는 것을 증명하지 않습니까? 그것은 우리가 주님의 멍에를 쉽고 주님의 짐을 가볍게 생각한다는 증거입니다. 밖에서 구경하는 사람들은 이렇게 말합니다. "우리는 완전히 자유롭고 싶어. 자유롭게 생각하고 자유롭게 살고 싶어." 그런데 그들이 우리 가운데 아무든지 시인 다윗처럼 "여호와여 나는 진실로 주의 종이요 주의 여종의 아들 곧 주의 종이라 주께서 나의 결박을 푸셨나이다"(시 116:16) 하고 말하는 것을 들으면 자기들은 우리처럼 그런 노예 상태를 전혀 하고 싶지 않는다고 생각할 것입니다. 그러나 우리는 우리에 대한 그리스도의 통치를 조금도 어려운 일이라고 생각하지 않는다는 사실을 살면서 진실하게 증거합니다. 오히려 우리는 그리스도의 통치를 즐거워합니다. 우리는 그리스도의 통치가 하나님의 사랑에서 나온 것임을 압니다. 그것이 하나님의 진노나 심지어 하나님의 공의에서 나온 것도 아니고 하나님을 강요할 수 있는 어떤 필연성에서 나온 것이 아니라 하나님의 무한한 사랑에서 나온 것이며, 하나님께서 우리에게 예수 그리스도를 왕으로 주시는 것만큼 우리에게 좋은 일을 할 수 없다는 은혜로운 생각에서 나온 것임을 압니다. 그래서 우리는 하나님께서 예수 그리스도를 우리의 왕으로 세우셔서 우리를 통치하시되 지금부터 영원히 우리의 영과 혼과 육신을 통치하도록 하신 것에 대해 오늘 하나님께 진심으로 감사하고 하나님을 찬미합니다.

사랑하는 여러분, 그런데 사실 우리는 예수님을 우리의 왕으로 모셔야 하는 절박한 필요가 있었습니다. 우리는 참으로 불쌍한 피조물이어서 어떤 형태의 통치와 지배 없이 살아갈 수가 없습니다. 사람들은 무정부 상태로 살려고 해보았지만 그들의 실험은 비참한 실패임이 입증되었습니다. 18세기 말에 일어난 프랑스 대혁명을 생각해 보십시오. 그리고 그 혁명의 결과로 얼마나 두렵고 혐오스러운 일들이 일어났는지 보십시오. 호랑이들이 우글거리는 굴도 법이나 질서 없이 살아가는 사람들의 집단보다 평화로울 것입니다. 우리는 그런 피조물이기 때문에 어떤 형태로든지 지배를 받을 필요가 있습니다. 하나님께서 종종 우리를 양에 비유하셨는데, 양들이 목자 없이 무엇을 할 수 있겠습니까? 지금까지 아무데서 든지 정말로 야생에 사는 양들이 발견된 적이 있었는지 모르겠습니다. 다소 양처럼 생긴 야생 짐승들이 있는 것은 분명합니다. 그러나 그 짐승들이 우리가 잘 알고 있는 양은 아닙니다. 목자가 없다면 양은 참으로 속수무책이고 절망적이며 무력하고 자신을 전혀 방어할 수 없는 피조물일 것입니다! 사람이 없다면 양은 금방 다 죽고 말 것입니다. 사람의 지배와 지도, 왕처럼 기르고 다스리는 것이 양들에게 유익합니다. 그리스도의 통치가 그의 백성들에게는 절대적으로 필요합니다. 우리가 그리스도를 믿는다면 우리는 그의 백성들이고 그의 초장의 양들입니다. 양들이 목자가 필요한 만큼 우리는 우리의 목자이신 왕 예수 그리스도가 필요합니다. 여러분이 그 인물에 반대한다면 좀 다른 점에서 우리 자신을 생각해 봅시다. 우리 가운데 거듭난 사람들은 그 수가 얼마나 되든지 모두 하나님의 자녀입니다. 아주 분명하게 말하건대, 규율이 없는 가족은 행복한 가족이 아닙니다. 언제나 자기들이 하고 싶은 대로 하도록 허락받는 아이들은 이내 아주 불행해지고 말 것입니다. 가정의 여러 식구들에 대한 아버지의 부드러운 통치, 나는 이것을 왕권의 최초의 전형이라고 생각하는데, 아버지의 그 통치는 가족의 유익을 위해 절대적으로 필요한 것입니다. 무질서는 곧 불행과 시기와 다툼과 원한과 온갖 악을 낳기 때문입니다. 가정마다 식구들을 하나로 모으는 "집끈"이 필요합니다. 가족마다 누군가를 가정의 머리로 세울 필요가 있습니다. 생각을 하는 사람이라면 누구나 그래야 한다고 느낍니다. 그러므로 우리는 영광스러운 하나님께서 자신의 영광을 밝히 드러내시면 연약한 우리가 도무지 감당할 수 없을 것을 아시고 그의 아들을 우리에게 주신 것에 참으로 감사해야 합니다. 하나님께서는 "이 아들을 만유의 상속자로 세우시고"(히 1:2) 그로 많은 형제 중에서 맏아들이 되게 하려 하셨는데(롬 8:29), 이는 그로 온 집안을 부드럽게 다스리도록 하시기 위함이었습니다! 하나님께서 그의 백성들을 사랑하셨기 때문에 예수를 그들의 왕으로 주신 것입니다.

　게다가, 이 사실은 우리의 행복에 크게 이바지합니다. 이것은 단지 필요의 문제만이 아닙니다. 예수님과 같은 왕을 갖는다는 것은 필요한 일일 뿐만 아니라 우리를 지극히 행복하게 만듭니다. 하나님의 백성들인 우리가 아무런 법이나 통치자 없이 내버려졌다고 잠시만 생각해 봅시다. 형제 여러분, 그런 경우에 우리는 어찌해야 할 바를 알지 못할 것입니다. 우리는 옳은 일을 하고 싶어 할 수 있지만 무엇이 옳은 것인지 알지 못할 것입니다. 나는 우리 모두 틀림없이 하나님의 지도를 받고 싶어 한다고 생각합니다. 왜냐하면 우리는 스스로를 지도할 수 없다는 것을 알고, 아무리 훌륭한 안내자라고 하더라도 세상의 안내자는 신뢰하려고 하지 않기 때문입니다. 그래서 우리가 모든 어려운 경우들을 다 부탁할 수 있는 분이시고, 우리를 지켜보며 안내하실 분을 왕으로 둔다는 것은 감사한 일입니다. 내가 옳은 일을 행했다고 생각할지라도, 절대 틀림없는 그 말씀으로 내가 올바르게 행했다고 확신시켜 줄 통치자와 입법자가 없다면 나는 언제나 그 문제에 마음을 졸이며 지낼 것입니다. 내가 지혜로운 선택을 했는지 하지 못했는지, 즉 어쨌든 내가 잘못된 결정을 하지는 않았는지 알고 싶어 안달할 것입니다. 사람이 자기 스스로에 대하여 통치자가 될 때, 그는 자신이 행하는 것에 대해 전적으로 책임을 져야 합니다. 그런데 우리가 그리스도의 명령에 절대적으로 순종할 때 우리는 그 행동의 결과에 대해 책임을 지지 않습니다. 그 책임은 우리에게 명령을 내리신 분에게 있습니다. 우리가 바르게 행하다가 곤란한 일을 만나면, 즉 핍박을 받지 않을 수 없게 된다면, 비록 선행의 보상을 우리가 이 현세에서 받지 못할지라도 우리는 예수께서 우리에게 하라고 말씀하신 바를 행했다는 위안을 얻습니다. 이것은 언제나 생각해도 기분 좋은 사실이고, 우리와 같이 보잘것없는 사람들을 크게 평안하게 만드는 위로입니다.

어떤 사람은 말합니다. "글쎄요, 나는 내 자신의 주인이 되고 싶습니다." 좋습니다. 그런데 거기에는 두 가지 사실이 따릅니다. 첫째는, 그렇게 되면 여러분은 아주 고약한 주인을 갖게 된다는 것입니다. 그 다음은, 여러분의 주인은 바보를 종으로 두게 된다는 것입니다. 그러나 주 예수 그리스도를 주인으로 모시는 사람은 바르고 지혜롭게 인도를 받을 것이고, 그러면 그처럼 아름다운 관계로부터 위안을 얻을 것입니다.

그러나 내가 생각할 때, 그리스도의 통치를 받는 지극한 복은 그리스도라는 분에게 있습니다. 나는 반드시 주인을 모셔야 하기 때문에 나는 베들레헴의 그리스도, 곧 나사렛의 그리스도, 골고다의 그리스도, 하늘의 그리스도를 주인으로 모시겠습니다. 내가 마음과 뜻을 다른 사람에게 맡겨야만 한다면, 내가 그렇게 할 수밖에 없는 것이 확실합니다. 그렇지 않으면 내 자신의 욕망과 열정의 오만한 지배에 마음과 뜻을 맡기지 않을 수 없고, 그것은 세상 전체에서 가장 악한 노예 상태입니다. 내가 반드시 왕을 모셔야 한다면, 나는 그 머리에 한때 가시관을 쓰신 예수 그리스도를 왕으로 모시겠습니다.

형제 여러분, 예수 그리스도 안에는 솔로몬의 모든 지혜가 있고, 또 그 이상의 무한한 지혜가 있습니다. 그리스도께서는 우리를 지혜롭게 통치하고 지도하실 것입니다. 잘못하는 것은 사람입니다. 그리스도께서는 전혀 실수를 하시지 않습니다. 그의 통치와 인도는 절대 틀림없습니다.

또한 이 지혜에는 무한한 능력이 결합되어 있습니다. 그리스도께서는 자신이 통치하는 곳을 보호하실 수 있기 때문입니다. 그리스도는 전능의 힘을 발휘하실 수 있습니다. 그리스도의 명령과 선언은 결코 수포로 돌아가지 않을 것입니다. 그리스도는 하늘과 땅의 모든 권세를 받으셨습니다. 때로 주님은 자기 백성들이 이 세상에서 고난을 받도록 두시지만(그의 백성들은 그리스도를 따라 십자가를 져야 하기 때문에 고난을 받게 되어 있습니다), 주께서 원하시면 순식간에 그들을 구원하실 수 있습니다. 하늘 위와 하늘 아래에 하나님의 그리스도의 전능한 능력을 저지할 수 있는 존재는 아무것도 없기 때문입니다. 그리스도처럼 지혜롭고 강하신 왕을 모시고 있는 사람들은 복됩니다.

그 다음에, 이처럼 지혜와 능력이 있으신 그리스도는 또한 지극히 온유하십니다. 지금까지 그리스도처럼 온유하신 분이 있었습니까? 그분처럼 온유한 사람이 있었습니까? 어린아이들이 자기에게 오도록 내버려두고 제자들로 하여금 그들이 오는 것을 금하지 말도록 하신 그분을 누가 즐거이 섬기려 하지 않겠습니까? 수가 성 우물 곁에 앉아서 불쌍한 죄인인 여자와 이야기하되 그 영혼을 얻기까지 이야기하시고, 그녀를 열심 있고 결실을 맺는 가정 선교사로 만드신 분을 누가 기꺼이 섬기려 하지 않겠습니까? 세리와 죄인들에게 죄를 버리라고 지극히 애정 어린 사랑으로 호소하기 위해 그들이 가까이 오도록 하신 그분을 누가 마음껏 섬기려 하지 않겠습니까? 그는 진실로 거룩한 왕이십니다. 그러나 그분은 또한 우리가 어린아이들에게 가르치듯이 "지극히 온유하신 예수"이십니다. 아주 친절하고 너그러우시며 인정이 많고 인자하며 하나님 같으신 분입니다. 그러므로 그의 깃발 아래 모이는 것은 만인 가운데 진정으로 기수(旗手)이신 분을 섬기는 것입니다. 그렇습니다, 그는 참으로 사랑스러우신 분입니다. 우리는 주 예수 그리스도의 종인 것을 부끄러워하지 않습니다. 사람이 그 밑에서 봉사하는 것을 부끄러워하는 것이 당연한 왕과 군주들이 있었습니다. 어떤 독재자들처럼 지극히 역겨운 그런 존재들과 조금이라도 관계를 갖는 것은 누구든지 그의 성품에 오점을 남기게 될 것입니다. 그러나 그리스도의 종이라는 복된 관계에 들어오는 것은 실로 명예를 얻는 일입니다. 그리스도의 왕궁 부엌에서 일하는 천하디 천한 부엌데기라도 만일 그녀의 다른 모든 동료들이 우리의 자비로우신 왕을 섬기는 일에 참여하지 않았다면, 그녀는 그들이 얻은 모든 영광을 합친 것보다 더 많은 영광을 얻은 것입니다.

그 다음에, 찬송 받으실 이 왕은 그의 성품으로 뿐만 아니라 우리와의 관계에 의해서도 우리의 마음을 끄십니다. 확실히 그것은 하나님께서 자기 백성을 사랑하셔서 그들의 형제인 그리스도를 그들의 왕으로 삼으셨기 때문입니다. 예수님은 우리의 형제이십니다. 그리스도는 모든 일에 그의 형제들과 같이 되셨습니다. 이 땅에 계시는 동안 그리스도는 모든 일에 우리와 같이 시험을 받으셨습니다. 그러나 "이제 그리스도께서 높이 되어 통치하시지만" 그는 여전히 우리의 형제이십니다. 그는 하늘에 계실 때에도 그의 백성을 "형제"라 부르기를 부끄러워하시지 않습니다.

> "이제 하늘에 오르셨을지라도
> 그는 형제의 눈으로 땅을 굽어보시며
> 사람의 이름을 받으셨으므로
> 우리 체질의 연약함을 아시네.
>
> 우리와 함께 고통 받는 자로서 지금도
> 우리의 고통을 느끼시고
> 여전히 하늘에서도
> 자신의 눈물과 고통, 부르짖음을 기억하시네."

또한 그리스도께서는 우리의 남편이시기 때문에 할 수 있는 대로 그보다 더 가까이 우리에게 오십니다. 그리스도는 믿는 모든 신자와 결혼하셨습니다. 결코 이혼으로 깨어질 수 없는 부부의 결합으로 우리와 결혼하신 것입니다. 그리스도는 하늘의 신랑이시고, 구속 받은 자들로 이루어진 교회 전체가 신부, 곧 어린 양의 아내이기 때문에 신자 각 사람은 그리스도의 신부입니다. 나는 신자

각 사람에게 시편 45편의 말씀으로 이렇게 말할 수 있습니다. "그리하면 왕이 네 아름다움을 사모하실지라 그는 네 주인이시니 너는 그를 경배할지어다"(45:11). 그리스도는 우리를 다스리실 뿐만 아니라 우리를 위하여 죽으시기까지 한 사랑으로 우리를 사랑하십니다. 다른 어떤 군주가 자기 백성을 위하여 그런 일을 하였습니까? 여러분은 왕들이 한 손으로는 지구를 쥐고 있고 다른 한 손에는 규를 들고 있으며, 그들의 승리를 나타내는 표시로 화관으로 꾸며진 왕관을 쓰고 있는 초상화를 보아왔습니다. 그러나 우리의 왕께서 왕의 상징을 걸치실 때, 곧 왕의 즉위식 의복을 입고 나오실 때, 그의 주권의 주요 표상들, 곧 그의 우주적 통치의 표시들이 무엇인지 말씀드리겠습니다. 그 표시들은 그의 손과 발과 옆구리에 난 상처들입니다. 그는 우리의 왕이 되시기에 마땅한 분입니다. 그래서 우리는 그분에 대해 기쁘게 이렇게 말할 수 있습니다.

> "주께서 우리 영혼을 보혈로써 구속하셨고
> 죄인들을 풀어주셨으며
> 우리를 하나님께 왕과 제사장들로 삼으셨으니
> 우리가 주와 함께 통치할 것이네."

진실로, 우리 주 예수 그리스도를 정말로 아는 자는 아버지 하나님께서 자기 백성을 지극히 사랑하셔서 그들을 구속하신 구주를 이제부터 영원히 그들의 왕으로 세우신 것을 기뻐하지 않을 수 없습니다.

이 점에 대해서는 충분히 이야기했으니 이제는 이 주제의 다른 면을 보아야 하겠습니다. 여러분이 기억을 조금만 떠올려 보면 설교의 첫 번째 소제목이 하나님이 우리를 사랑하셔서 예수를 우리의 왕으로 삼으셨다는 것임이 생각날 것입니다.

우리가 만화경(萬華鏡)을 흔들어 보면 같은 진리가 다른 면으로 제시되는 것을 알게 될 것입니다.

## 2. 우리를 왕 예수의 신민(臣民)으로 만든 것은 하나님의 사랑입니다.

하나님께서 예수를 우리의 왕으로 택하신 데에는 사랑이 있고, 우리를 그의 신민으로 택하신 데에도 사랑이 있습니다. 이스라엘을 솔로몬의 백성이 되도록 택

한 것은 확실히 하나님의 사랑이었습니다. 하나님께서 솔로몬을 광대한 영토
와 비상한 영향력을 지닌 위대한 왕, 지혜로운 왕으로 만드실 뜻이 있었다면 이
스라엘이라는 나라를 솔로몬이 그처럼 큰 영광 가운데 다스릴 나라로 택하신다
는 것이 매우 기이한 일이었기 때문입니다. 팔레스타인은 볼품없고 초라하며 작
은 땅이었습니다. 그처럼 찬란한 영광의 중심이 되기에는 너무나 작은 구역이었
습니다. 그 백성들은 수가 매우 적었고 또 매우 가난했습니다. 바로 얼마 전에도
그들은 블레셋 사람들에게 짓밟힌 적이 있습니다. 솔로몬의 아버지 다윗은 그의
백성들이 블레셋의 노예가 되는 데서 간신히 구원하는 정도였습니다. 그 전에는
이스라엘 백성들이 주변의 모든 나라들로부터 끊임없이 약탈을 당하였고, 그래
서 안정된 평화를 누린 적이 없었습니다. 그렇지만 하나님께서 솔로몬에게 통치
를 받아 명성을 얻고 세상에서 지도적인 나라가 되도록 택하신 것은 바로 이 볼
품없는 민족이었습니다.

　자, 사랑하는 여러분, 하나님의 백성으로 선택받은 우리는 어떤 사람입니
까? 도대체 우리가 어떤 사람이기에 그리스도께서 우리를 다스리신다는 말입니
까? 주님께서 통치권을 발휘하기를 바라셨다면 틀림없이 왕들과 여왕들, 제후
들과 공작들, 세상의 뛰어난 사람들을 택하셨을 것입니다. 그러나 여러분이 이
같이 기록된 하나님의 말씀을 압니다. "형제들아 너희를 부르심을 보라 육체를
따라 지혜로운 자가 많지 아니하며 능한 자가 많지 아니하며 문벌 좋은 자가 많
지 아니하도다 그러나 하나님께서 세상의 미련한 것들을 택하사 지혜 있는 자들
을 부끄럽게 하려 하시고 세상의 약한 것들을 택하사 강한 것들을 부끄럽게 하
려 하시며 하나님께서 세상의 천한 것들과 멸시 받는 것들과 없는 것들을 택하
사 있는 것들을 폐하려 하시나니 이는 아무 육체도 하나님 앞에서 자랑하지 못
하게 하려 하심이라"(고전 1:26-29). 지혜롭고 총명한 사람들에게도 하나님께서
는 하나님 나라의 진리들을 계시하시지 않았고, 그보다는 어린아이들에게 계시
하셨습니다. 그리스도께서는 이것을 두고 "옳소이다 이렇게 된 것이 아버지의
뜻이니이다"(마 11:26) 하고 말씀하셨습니다. 하나님께서 항상 우리를 그리스도
의 지배 아래 두어 그리스도께서 우리를 다스리도록 하시는 것은 하나님께서 우
리를 사랑하셨기 때문인 것이 확실합니다.

　이 외에도, 이 이스라엘 백성들은 솔로몬에게 시작부터 반역한 사람들이었
습니다. 여러분도 알다시피, 다윗의 치세 동안 내내 그들은 끊임없이 그의 통치

에 반항하였습니다. 다윗은 그들을 블레셋 사람들로부터 구원하였습니다. 그렇지만 한 번 그들은 그를 반대하여 압살롬을 세웠고, 또 다른 때 왕위를 요구하는 사람이 나타나면 그를 따르려고 하였습니다. 이스라엘 백성은 그들의 최고의 친구이자 구원자를 없애버리기를 원하는 것처럼 보였습니다. 심지어 다윗의 임종이 가까웠고 아도니야가 스스로 왕으로 선포하였을 때도 요압과 아비아달, 그리고 많은 백성들이 그를 따르므로 솔로몬의 통치는 시작부터 반역을 맞았습니다. 그럼에도 불구하고 솔로몬은 딴 마음을 품고 있는 이 불충한 사람들의 왕으로 세움을 받았습니다. 한때 우리 왕에게 반역했던 우리를 주 예수 그리스도께서 그의 통치 아래 들어오게 하셨으니, 그것이 우리에게는 얼마나 감사한 일인지 모릅니다! 우리가 한때 어떤 사람이었는지에 대해서는 상세히 말할 필요가 없을 것입니다. 우리가 과거에 어떤 사람이었는지 생각만 해도 눈물을 흘릴 사람들이 있을 것입니다. 주님, 내가 얼마나 비열한 반역자였는지요! 여기 계시는 분들 가운데는 과거처럼 그대로 지내기 위해 양심과 싸우고 선한 모든 것과 싸워야 했던 사람들이 많을 것입니다. 그렇지만 그들이 여전히 과거처럼 있을 때 마침내 하나님께서 그들을 지극히 사랑하셔서 은혜로 그들을 제압하여 그의 발 아래로 데려오셨습니다. 하나님께서 전능한 사랑으로 그들에게 오셔서 그들의 모든 반대를 물리치고 그의 권능의 날에 그들로 자원하게 만드셨습니다. 나는 여러분 가운데 누구든지 그리스도의 신민이 된 것을 기뻐하고 있다면, 여러분은 그것이 자신의 의지나 선함 때문이 아니라 하나님의 사랑 때문이라고 말할 것이라고 확신합니다. 그렇게 하나님의 사랑 때문에 여러분이 와서 예수님의 발 앞에 엎드린 것입니다. 이는 스스로 예수님께 오는 사람은 아무도 없기 때문입니다. 그들은 하나님의 은혜로 이끌림을 받고 나서 달려옵니다. 사람은 죄인으로 하여금 복된 결정을 하도록 인도하는 전능한 은혜의 행위로 말미암지 않고는 예수님의 발 앞에 엎드리며 자비를 구하고 예수님을 자기 왕으로 삼는 일은 결코 하지 않습니다. 이와 같이 우리가 예수님의 나라에 속해 있다면 모든 찬송을 하나님께 돌립시다. 우리로 그와 같이 은혜로운 통치를 받게 만드는 것은 바로 사랑, 놀라운 사랑이기 때문입니다.

자, 형제 여러분, 우리는 참으로 복된 사람입니다. 그것은 우리가 과거 이스라엘과 같기 때문입니다. 솔로몬이 일단 왕위에 확고하게 자리를 잡은 후에는 더 이상 반역이 없었습니다. 하나님께서 주신 지혜로 그가 나라를 아주 잘 다스려서 모두가 조용하고 평화롭게 지냈습니다. 그가 일단 안장에 올라간 후에는 사람들이 그를 다시 안장에서 떨어트릴 수 없었습니다. 왕 예수께서 일단 우리 마음의 보좌에 오르신 후에는 완고한 의지와 반역적인 열정은 잠잠히 있어야 합니다. 예수께서는 통치하는 법을 아시기 때문입니다. 솔로몬이 참으로 놀라운 질서를 수립하였습니다! 백성들은 참으로 주목할 만한 평안을 누렸습니다! 그들은 아주 대단한 번영을 얻었습니다! 이는 "왕이 예루살렘에서 은금을 돌 같이 흔하게 하였기"(대하 1:15) 때문입니다.

사랑하는 여러분, 그리스도께서는 우리를 참으로 부유하고 행복하고 만족스러우며 복되게 만드셨습니다. 그래서 우리는 그의 통치에서 벗어날 마음이 전혀 없고 오히려 우리 각 사람은 이렇게 소리칩니다. "예수님, 우리를 더 완전히 정복하소서! 저의 모든 옛 적들을 몰아내소서! 내 죄들을 뿌리 뽑으소서! 그들을 반역자처럼 추적해서 잡아 목매어 죽게 하소서. 주님만 홀로 나를 절대적으로 다스리소서. 내 본성의 왕국 전체에서, 내 모든 영과 혼과 육신에서 주님만이 최고의 권세자가 되시고 하나님이 되소서. 반역은 생각도 하지 않게 하소서." 그러나 이 바람을 실행할 것은 틀림없이 하나님의 사랑입니다. 우리 스스로는 그 일을 할 수 없습니다. 우리의 영이 그리스도의 통치에 복종하도록 만들 것은 하나님의 은혜입니다. 즉, 그리스도 예수 안에 있는 하나님의 크신 사랑입니다. 하나님께서 이미 그 일을 하셨다면, 우리는 하나님께 감사하고 찬송을 돌립시다. 어떤 면에서 그 은혜로운 활동이 아직 충분하게 이루어지지 않았다면, 우리는 하나님께 그 일을 이루어달라고 부르짖읍시다.

나는 같은 진리를 단지 또 다른 관점에서 보는 것뿐인 세 번째 요점을 말씀드리고 설교를 마치도록 하겠습니다.

**3. 하나님께 대한 우리의 사랑이 우리에 대한 그리스도의 통치를 진정으로 복되게 만듭니다.**

우리는 주 예수 그리스도를 사랑하도록 배웠기 때문에 그리스도의 통치를 받는 것이 우리에게는 큰 기쁨이 되었습니다.

형제 여러분, 첫째로, 그리스도의 궁전은 우리의 집입니다. 이 기도의 집에서 주님은 종종 자신을 우리에게 계시하셨습니다. 우리 가운데 어떤 분들은 여기 이 예배당에 들어와서 거룩한 예배에 참여할 때, 이곳이 하늘 아래 최고의 장소라고 느낄 것입니다. 나는 여러분이 월요일 저녁과 목요일 밤에 여기로 오려고 애쓰는 것을 볼 때 그렇게 생각한다는 것을 압니다. 여러분 가운데 많은 분들이 안식일뿐 아니라 그때에도 잠시 세상에서 빠져나오고 심지어 가정의 근심에서도 빠져나오는 것을 기뻐하며, 우리 주 예수 그리스도께서 여기에서 여러분에게 자신을 나타내시기 때문에 이곳이 여러분에게는 바로 이 크신 왕의 궁정이 되고, 그래서 여러분이 여기 오기를 사랑하는 것으로 압니다. 여기 계시는 분들 가운데는 틀림없이 아주 큰 예배당에 나가고, 거기에는 아주 편안한 의자가 있으며 웅변적인 설교를 들을 수 있는 사람들도 있을 것입니다. 그런데 그때조차도 그들은 금방 잠듭니다. 그러나 온 마음으로 구주를 사랑하는 하나님의 참된 자녀는 이렇게 말합니다. "나는 아무데나 서 있을 수 있습니다. 예수님에 관해서 들을 수만 있다면 한쪽 구석에 밀려 있게 되는 것도 상관하지 않습니다."

> "음악보다 더 달콤한 소리가
>   나를 임마누엘의 이름으로 매혹시키네."

그것이 옳습니다! 계속해서 그 곡조를 연주하기 바랍니다! 예수의 이름을 찬송하십시오! 예수의 이름을 여러분의 모든 음악의 주제로 삼으십시오! "값없는 은혜와 간절한 사랑"이라고 분명하게 소리를 내는 감미로운 은종들을 울리고 울리며 또 울리십시오! 그런 음악을 연주하는 한 여러분은 내 말을 귀로 들을 수 있고 마음으로도 들을 수 있습니다. 설교자가 웅변적으로 말하지 못하고 다만 솔직하게 말하고 마음으로 예수님에 대해 아는 것을 말할지라도, 나는 그 복된 곡조의 선율을 들을 수만 있다면 어디든지 앉거나 서서 귀를 기울일 것입니다. 여러분 가운데 나와 같은 말을 할 사람들이 많다는 것을 압니다. 나는 여러분 얼굴에 나타난 표정을 보고 여러분이 그렇게 생각한다고 말할 수 있습니다. 그리고 때때로 그리스도로 충만한 설교를 듣는 특전을 누릴 때 어떤 느낌이 드는지도 압니다. 바로 그것 때문에 내가 기쁨의 눈물을 흘리고 또 이렇게 느끼는 것입니다. "내가 주님의 것임을 아는 것은 내가 그의 아름다운 이름의 음악을 듣고 기뻐하기 때문입니다." 그렇습니다. 그리스도는 우리에게 참으로 놀라운 왕이시므로 그의 궁정은 우리가 가장 크게 기뻐하는 곳입니다. 그리고 우리는 그의 궁정 안에 모이는 사람들 중 지극히 비천한 자들 가운데 있을 때라도 그보다 기쁜 때는 없습니다. 그렇습니다. 정말로 우리는 악인의 장막에 거하기보다 우리 하나님 집의 문지기로 지내고 싶은 때가 많습니다.

예수님을 우리의 왕으로 세운 것은 바로 하나님의 사랑이라는 것을 우리는 압니다. 주님께 대한 예배가 우리에게는 최고의 휴식이 되었기 때문입니다. 나는 열차에서 한 젊은이가 이렇게 말하는 것을 들었습니다. "나는 영국 사람들이 일요일을 보내는 방식이 싫어. 일요일은 휴식을 취하는데 써야 한다고 생각해. 사람은 누구나 휴식이 필요해." 이렇게 말하는 젊은이 맞은편에 앉아 있던 나이 든 신사가 그에게 이같이 말해주어 내가 대답하는 수고를 덜게 해주었습니다. "선생, 선생도 휴식이 아주 필요한 것처럼 보이는군요." 그러자 젊은이가 "그렇습니다. 저도 정말로 휴식이 필요하죠" 하고 답변했습니다. 그 신사가 말했습니다. "아, 그런데 선생은 어쩌면 내가 쓴 단어, 즉, 휴식(re-creation)이라는 말을 잘 모를지 모르겠습니다. 리크리에이션이라는 단어는 그리스도 예수 안에서 새로운 피조물이 되도록 새롭게 창조된다는 의미입니다. 선생이 다시 창조되었다면, 그때 바라는 휴식(recreation)은 선생이 지금 옹호하고 있는 휴식과는 다를 것입니다." 그것은 참으로 맞는 말이었습니다. 그러나 "휴식"이라는 단어를 그 용어의 일반적인 의미로 사용한다고 하더라도, 우리는 하나님께 대한 예배가 우리에게 휴식이 된다는 것을 발견하였습니다.

형제 여러분, 여유 있는 시간이 조금 있을 때, 여러분이 그 시간을 그리스도를 위한 예배로 보내는 것을 즐겁게 느낀다는 것을 압니다. 어떤 사람은 이렇게 말할지 모릅니다. "글쎄, 나는 당신이 펜대를 부지런히 놀리거나 상점에서 점원 노릇을 하거나 공장에서 노동하느라 충분히 일했으니, 한 시간 정도 여유가 생기면 잠을 자거나 이런저런 식으로 쉴 것이라고 생각합니다." 그러면 여러분은 이렇게 대답합니다. "아니요. 그렇게 하지 않습니다. 나는 가서 우리 반 아이들을 불러 모으거나 학생들 집을 방문해서 아이들이 정말로 마음을 주 예수 그리스도께 드렸는지 알아볼 겁니다." 그 사람이 이렇게 물을 것입니다. "아니, 당신은 그런 일로 휴식 시간을 없애버리겠다고 말하는 것입니까?" 여러분은 "네, 그렇게 할 것입니다" 하고 대답합니다. 그러면 그는 "그렇다면 당신은 괴짜가 틀림없소!" 하고 말합니다. 글쎄, 어쩌면 우리가 괴짜일지 모릅니다. 그러나 그것이 우리에게는 최고의 휴식을 가져다주는 원천 가운데 하나입니다. 우리는 그리스도의 예배가 우리에게는 참으로 복된 것이어서 거기에서 휴식을 취한다는 것을 압니다. 그리고 때로는 우리가 예배드리는데 지칠 수가 있지만, 예배에 싫증을 내지 않는다고 진심으로 말할 수 있습니다. 우리는 온 영혼으로 예배를 기뻐합니다. 그래서 우리는 생명과 호흡이 있는 한 우리 구주님을 예배하겠다고 결심합니다.

그 외에도, 이 왕을 섬기는 것이 우리에게는 얼마나 큰 기쁨이 되었든지 왕의 수입이 우리의 부가 되었습니다. 솔로몬의 백성들은 세금을 아주 무겁게 냈습니다. 그렇지만 그들의 세금 부과가 무거웠다는 것은 그들이 번창했다는 증거였습니다. 그들은 부를 창출하기 위해 큰 압박을 받으며 일했습니다. 그들이 처음 시작할 때는 가난하였지만 솔로몬이 채택한 계획 하에서 부자가 되었습니다. 그것은 돈이 드는 계획이었습니다. 그러나 그들이 세금을 많이 냈다면 그것은 해마다 그만큼 수입이 더 많아졌기 때문입니다. 금과 은이 아주 풍부해져서 백성들이 왕의 우편 업무를 효율적으로 관리하고 그들이 재산을 모으도록 해주는 그 밖의 모든 제도들을 유지하기 위해 비용을 지불하는데 전혀 어려움이 없었습니다. 그런데 우리 왕께는 크나큰 수입이 있는데, 우리는 거기에서 필요한 모든 것을 끌어 쓰는 일 외에는 이 수입에 대해 아무것도 기여하는 바가 없습니다. 그리스도 예수 안에서는 무한히 부요롭고 은혜로운 부가 쌓여 있습니다. 그리고 주께서는 우리에게 필요한 것을 마음껏 가져갈 수 있는 권한을 주십니다. 주님께 드리는 것에 대해서 생각하자면, 우리가 주님께 최고의 부를 드린다고 하지만 그것이 얼마나 보잘것없는 것인지 모릅니다. 우리가 주님께 조금이라도 무엇을 드릴 때마다 주님은 우리의 바구니와 창고에 남은 것이 무엇이든지 간에 그것을 몇 배로 불려주신다는 것을 발견합니다. 그러나 설사 주님께서 그렇게 하시지 않을지라도 우리는 여전히 기쁘게 주님의 사랑하는 발 앞에 드릴 수 있는 것은 무엇이든지 내놓고, 주님께서 그것을 돌려주시기를 바라지 않아야 합니다. 주님의 복된 사역에 무엇이든지 할 수 있는 기회를 갖는다는 것이 우리에게는 기쁨이요 즐거움입니다. 그것이 우리에게 고된 일이 아니고 진력나는 일이 아닙니다. 우리 각 사람이 다 이렇게 할 수 있는지 모르겠지만, 어떤 분들은 와츠 박사 (Dr. Watts)처럼 이같이 노래할 수 있을 것입니다.

"나의 모든 것, 내게 있는 모든 것을
영원히 주의 것으로 드리겠네.

내가 마땅히 드려야 할 것이면 무엇이든지
즐거이 내놓겠네.

내가 보류할 수 있고
마땅히 내놓지 않아도 되는 것이라도
내가 하나님을 참으로 뜨겁게 사랑하니
주께 모든 것을 드리겠네."

　형제 여러분, 이렇게 우리 가운데 많은 분들이 그리스도의 십자가가 우리의 면류관이라고 생각하게 되었기를 바랍니다. 우리는 그리스도의 십자가를 사랑하게 되었고, 그래서 주님을 위해 그 십자가를 즐거이 집니다. 우리가 그리스도의 나라와 관련해서 겪는 고난 자체가 우리에게 기쁨이 되었습니다. 한편으로 그리스도의 영광은 이제 우리의 명예이며, 우리에게는 바로 그리스도 자신이 천국입니다.

　이렇게 해서 지금까지 나는 하나님께서 사랑으로 우리에게 주신 그리스도에 관하여 이야기했는데, 참으로 미약하기 그지없습니다. 이 자리에 지금 그리스도의 통치를 받고 있지 않는 분이 있다면, 나는 그분들이 어쨌든 그리스도에 대한 봉사야말로 이 세상에서 찾아볼 수 있는 최고의 봉사라는 내 증언에 주의하기를 바랍니다. 단 한순간이라도 이 봉사에 비교할 만한 가치가 있는 봉사는 달리 없습니다. 여러분이 자신을 섬기거나 세상을 섬기기로, 혹은 쾌락을 섬기거나 마귀를 섬기기로 마음먹는다면, 여러분은 틀림없이 그 날을 후회할 것입니다. 그리스도에 대한 봉사에는 주목할 만한 점이 한 가지 있습니다. 편견이 없는 관찰자들이라면 이 점을 중요하게 생각해야 할 것입니다. 지금까지 살면서 세상을 섬겼던 많은 사람들이 임종 시에 자신의 어리석음을 후회하였습니다. 그러나 그리스도인 가운데서 죽어가면서 "나는 그동안 그리스도를 섬겼던 것이 유감이야"라고 말했다고 하는 경우는 아직까지 한 번도 듣지 못하였습니다. 그리스도의 나라가 세워진 이래로, 그의 백성들 가운데서 죽을 때 이르러서 "내가 그리스도를 위해 그렇게 많은 일을 한 것이 후회가 돼. 그리스도를 섬기는 일에 그처럼 열심을 내고 그리스도의 대의에 그처럼 많은 것을 바친 것이 유감스러워"라고 말한 사람은 한 명도 없었습니다. 없습니다. 그런 경우는 한 번도 없었고 앞으로도 없을 것입니다.

나는 사람이 아들들을 자기 주인 밑에서 일하도록 끌어들이려고 애쓸 때, 그것은 그 사람이 선한 주인을 두었다는 표시라고 언제나 말합니다. 사람이 와서 주인에게 "주인님께서 내 두 아들이 주인님을 섬기도록 해 주신다면 주인님의 은혜에 참으로 감사하겠습니다" 하고 말한다면, 그 사람이 자기 주인에 대해 불평하는 일은 없을 것 같습니다. 그 사람이 그렇게 말한다면 그는 선한 주인을 모시고 있는 것처럼 보입니다. 바로 그것이 내 경우입니다. 내 두 아들이 주님을 섬기는 일에 적극적으로 관여하고 있는 것을 보는 것이 내게는 큰 기쁨입니다. 주님은 지금까지 내게 선한 주인이셨습니다. 나는 주님께서 지금까지 나를 해고하시지 않은 것이 이상하게 생각될 때가 종종 있습니다. 그렇지만 만약 주님께서 나를 해고하셨다면 훨씬 더 이상하게 생각했을 것입니다. 주님께서 내게 "내가 결코 너희를 버리지 아니하고 너희를 떠나지 아니하리라"(히 13:5)고 말씀하셨기 때문입니다. 주님께서는 나의 무례함을 참으셨고 봉사하는 내내 많은 결함을 참으셨습니다. 나는 주님께서 내게 넌더리를 내지 않으시는 것이 이상합니다. 그러나 그 점에 대해서는 주님께서 나를 내쫓지 않겠다고 하신 약속을 나는 가지고 있습니다. 주께서 "내게 오는 자는 내가 결코 내쫓지 아니하리라"(요 6:37)고 말씀하셨기 때문입니다. 그러므로 나는 주님을 사랑하지 않을 수 없고, 주님을 찬양하지 않을 수 없습니다.

나는 다른 모든 사람도 찬송 받으실 내 주님을 섬기기를 바랍니다. 여러분이 그저 주님을 한 번 시험해 보려고 한다면(하나님의 은혜로 여러분이 그렇게 하기를 바랍니다!) 여러분은 그렇게 한 것을 결코 후회하지 않을 것입니다. 주 예수 그리스도를 사랑하는 사람에게 물어보십시오. 그가 예수님을 사랑한 것을 지금까지 후회한 적이 있는지 말입니다. 그렇다고 말하는 사람을 한 명도 찾지 못할 것입니다.

우리 모두가 우리의 왕에 대해서 아주 좋게 말할 수 있다면, 흔한 그 이유 때문에, 그 이유가 정말로 이치에 맞는 것이라면, 그런 이유로 사람들이 "우리도 이 봉사에 참여할 수 없습니까?" 하고 말할 것이라고 생각합니다. 여러분 가운데 많은 사람이 하나님의 은혜로 그렇게 말할 수 있기를 바랍니다. 여러분은 바로 이 시간에 그리스도의 종이 될 생각이 없습니까? 그를 섬길 수 있는 길은 여러분 자신은 전부 비워버리고 그리스도를 여러분의 모든 것의 모든 것으로 삼는 것입니다. 군인이라면 누구든지 여러분에게 자기가 어떻게 왕을 섬기는 일을 시작할 수 있는지에 대해 말해줄 수 있을 것입니다. 그가 군인이 되기 위해서 무엇을 내놓습니까? 내놓는다고요? 그는 아무것도 내놓지 않습니다. 그는 신병 모집 하사관에게서 1실링을 받습니다. 1실링을 받는 것이 그의 입대 의사를 확실히 표시하는 것입니다.

바로 그것이 그리스도인이 되는 방식입니다. 주 예수 그리스도를 여러분의 것으로 받으십시오. 그리스도께서는 자신을 여러분에게 주십니다. 그러니 그분을 신뢰하고 받으십시오. 이렇게 해서 여러분이 그리스도의 군인이 되고 영원히 그리스도의 군대에 들어가기 때문입니다. 그리스도께서 여러분을 훈련시키실 것입니다. 여러분이 그리스도를 섬기는 일에 바르게 행동하는 법을 가르쳐 주실 것입니다. 그리고 봉사가 끝나면 여러분에게 풍성한 보상을 주실 것입니다. 주님께서 여러분 각 사람에게 복 주시기를 바랍니다! 아멘.

제
2
장
—

# 기도드리며 또한 사죄 받는 곳

—

"만일 이 땅에 무슨 재앙이나 무슨 질병이 있거나를 막론하고
한 사람이나 혹 주의 온 백성 이스라엘이 다 각각 자기의 마
음에 재앙과 고통을 깨닫고 이 성전을 향하여 손을 펴고 무
슨 기도나 무슨 간구를 하거든 주는 계신 곳 하늘에서 들으
시며 사유하시되 각 사람의 마음을 아시오니 그의 모든 행위
대로 갚으시옵소서 주만 홀로 사람의 마음을 아심이니이다."

– 대하 6:28-30

성전은 이스라엘의 모든 자녀에게 기도의 중심지가 되기 위해 세워졌습니
다. 형편이 되는 사람들은 해마다 여러 차례 성전에 올라갔습니다. 너무 멀리 있
어서 가지 못하는 사람들은 창문을 예루살렘 쪽으로 열어놓고 기도하였습니다.
거기에 시은좌가 있고, 그룹들의 날개 아래 하나님께서 자기 백성들 가운데 계
심을 나타내는 표시인 쉐키나의 밝은 빛이 머물러 있었기 때문입니다. 그러므로
솔로몬이 자기가 지은 성전을 하나님께 바칠 때 하나님께서 누구든지 그 장소에
서 혹은 그 장소를 향하여 기도하면 그 기도를 들어주시라고 간절히 구한 것을
이상하게 생각해서는 안 됩니다. 솔로몬은 성전이 이스라엘 백성에게는 언제나
하나님께서 기도를 들으신다는 하나님의 약속을 보여주는 표시가 되기를 바랐
습니다. 그래서 솔로몬은 놀라울 정도로 포괄적인 일련의 기원들을 드렸습니다.
이 기도에서 솔로몬은 이 민족의 모든 슬픈 상태와 이 택한 백성에게 임할 수 있

는 모든 고난들을 다 포함시켰던 것으로 보입니다. 그런데 그의 기도 가운데 이제 우리가 생각하려고 하는 부분은 기도하는 사람이 빠트릴 수도 있는 것을 다 모아놓은 것처럼 보입니다. 우리는 언제나 큰일들을 겪고 있다고 생각하는 경향이 있습니다. 즉, 우리는 "무슨 일이든지" 만날 수 있을 때에도 깊은 바다에 나가 있는 것처럼 문제를 크게 생각합니다.

"무슨 재앙이나 무슨 질병이 있거나를 막론하고 한 사람이나 혹 주의 온 백성 이스라엘이 무슨 기도나 무슨 간구를 하거든 주는 계신 곳 하늘에서 들으시며 사유하시되." 그것은 온갖 낙오자들, 곧 목록에 들어가지 못하는 사람들, 다시 말해 어떤 특정한 우두머리 밑에 들어갈 수 없는 사람들을 끌어다 모은 잡동사니들을 뜻하는 문장입니다. 이들이 여기서는 "막론하고"라는 일반적인 진술 아래 다 포함됩니다. 그래서 상처가 있고 슬픔이 있으며 마음에 재앙을 느끼는 사람은 누구든지 막론하고 다 눈을 예루살렘으로 향하여 기도해야 하고, 그러면 하나님께서 그의 기도를 들으시고 그를 용서하실 것이라는 말입니다.

사랑하는 친구 여러분, 이제 우리는 기도할 때 몸을 돌이켜 바라보아야 하는 신성한 곳이 없습니다. 의식주의자들은 "동쪽"의 중요성에 대해 아주 많이 이야기합니다. 그러나 나는 세상에서 다른 어느 위치도, 즉 서쪽이든 남쪽이든 혹은 북쪽이든 간에 마찬가지로 다 좋기 때문에 우리가 어느 쪽을 향하여 기도하든지 하나님께서 똑같이 우리 기도를 받으실 것이라고 믿습니다. 신앙시인 윌리엄 쿠퍼가 이렇게 노래하는데, 맞는 말입니다.

> "예수시여, 주의 백성들이 어디에 모이든 간에
>  저희는 그곳에서 주의 시은좌를 보고
>  저희가 어디에서 주를 찾든 주를 만나니
>  모든 곳이 거룩한 땅일세."

그렇지만 우리는 단지 물질적인 건물을 가장 중요한 문제로 생각하는 사람들은 들어갈 수 없는 성전이 있습니다. 바로 이것은 그들이 보이는 외적인 것에 만족하는 한 가까이 갈 수 없는 제단이 우리에게 있는 것과 같습니다. 우리의 성전은 바로 주 예수 그리스도라는 분이십니다. "그 안에는 신성의 모든 충만이 육체로 거하시고"(골 2:9). 기도할 때 우리는 얼굴을 예수님께로 듭니다. 예수께서는 바리새인들에게 "성전보다 더 큰 이가 여기 있느니라"(마 12:6)고 말씀하셨습니다. 그리고 예수님은 실제로 그러하십니다. 비록 예수께서 성전이 이스라엘 백성에게 사용되었던 것과 똑같이 우리에게 사용되시지만, 예수님은 성전보다 무한히 더 귀하고 무한히 더 크십니다. 그래서 당하는 고난이 무엇이든지 간에 얼굴을 예수께로 향하고, 예수께서 우리를 구속하시느라 받으신 그 비길 데 없는 상처를 바라보며 기도하는 사람, 즉 하늘 하나님의 보좌 앞에서 우리를 위하여 기도하시는, 영화롭게 된 그분을 바라보며 기도하는 사람은 누구든지 그의 고난이 무엇이든지 간에 도움을 받을 것이고, 그의 죄가 무엇이든지 간에 용서를 받을 것입니다.

**1. 이제 먼저 나는 각 사람이 저마다의 고통과 슬픔이 있고, 혹은 있을 것이라는 사실을 다루지 않을 수 없습니다.**

이 회중 가운데 "나는 아무 슬픔이 없고 걱정거리가 없어요"라고 말할 수 있는 사람들이 있을지도 모르겠습니다. 글쎄, 그것이 사실이라고 하더라도, 나는 하나님의 모든 자녀들이 주님 안에서 복되고 주님의 이름을 기뻐하고 즐거워할 수 있다면 매우 기쁘겠지만 여러분을 확실히 축하할 수 있을지 모르겠습니다. 나는 하나님의 자녀들이 언제나 그렇게 기뻐하고 즐거워할 수 있기를 바랍니다. 바울이 "주 안에서 항상 기뻐하라"(빌 4:4)고 말했다는 것을 알기 때문입니다. 사도가 그렇게 말한 것으로 확실히 충분하였습니다. 그런데 사도는 "내가 다시 말하노니 기뻐하라"는 말을 덧붙였습니다. 여러분은 주 안에서 아무리 기뻐해도 부족할 것입니다. 여러분이 의심을 품고 있는 사람이나 걱정하는 사람을 만날 때마다 여러분이 그들을 멸시하지 않기를 바라지만 그들을 본받는 일은 하지 마십시오. 그 사람들이 현재 처한 어려움에서는 여러분보다 낫지 못할지라도 영적인 상태에서는 대체로 여러분보다 나을 수 있습니다. "여호와로 인하여 기뻐하는 것이 너희의 힘이니라"(느 8:10). 하나님의 자녀가 구주님 안에서 기뻐하고 즐거워하는 것은 잘하는 일입니다. 사랑하는 친구 여러분, 그렇지만 눈이 아주 반짝이고 걸음걸이도 아주 경쾌한 여러분이 머지않아 육신에 병을 얻고, 어쩌면 베드로 사도가 "너희가 이제 여러 가지 시험으로", 즉 시련으로 "말미암아 잠깐 근심하게 되지 않을 수 없으나"(벧전 1:6)라고 말한 사람들처럼 마음에도 근심거리가 생기는 것을 경험하게 될 것입니다. 우리는 여러 가지 시련을 만날 뿐만 아니라 또한 그 시련들로 인해 근심하게 됩니다. 지극히 훌륭한 하나님의 종들 가운데 많은 이들이 슬픔과 고통을 만납니다. 아주 최근에 나는 하나님을 사랑하고 하나님께서도 그들을 사랑하신다고 확신하는 사람을 여러 명 만났습니다. 그들은 하나님께서 매우 귀하게 여기는 사람들입니다. 겸손하고 온유하며 친절한 사람들입니다. 그런데 그들이 큰 곤경에 빠졌거나 그들 위에 짙은 구름이 몰려듭니다. 나는 지금 특별히 그런 분들에게 설교를 하고 있는 것입니다.

근심 중에 있는 친구 여러분, 여러분은 본인 외에는 아무도 알지 못하는 괴로움이나 슬픔이 있을 수 있습니다. 여러분은 그것을 아무에게도 알리고 싶어 하지 않고 여러분이 지극히 사랑하는 가장 막역한 친구에게도 조용히 이야기하고 싶어 하지 않습니다. 여러분은 그것을 혼자만 간직하고 있습니다. 어쩌면 바로 그런 태도 때문에 그 괴로움이 여러분에게 그만큼 더 고통스럽게 되는지 모릅니다. 여러분의 괴로움이나 슬픔을 그리스도인 친구에게 이야기하는 것이 실제로 여러분에게 도움이 될 수가 있습니다. 여러분은 큰 괴로움 가운데 있을 때 울 수 있으면 마음이 아주 편해진다는 것을 압니다. 여러분이 실컷 울 수 있으면 고난을 좀 더 쉽게 넘어갈 수 있습니다. 그러나 때로 여러분은 그 괴로움을 밖으로 표현할 수가 없습니다. 그러면 속에 갇힌 그 불꽃이 겉으로 표현했을 때보다 더욱더 맹렬하게 타오릅니다.

그런 처지에 있는 하나님의 자녀들이 있습니다. 바로 한나와 같은 사람들입니다. 한나는 원수처럼 구는 사람 때문에 몹시 화가 나서 괴로워하는, 마음이 슬픈 여자였습니다. 한나는 여호와의 집에 올라갔을 때에도 아주 비통한 심정으로 거기에 서서 지존하신 하나님께 기도하였습니다. 나는 한나가 혹시는 자기 남편에게는 말했을지는 몰라도 다른 누구에게도 자기 마음의 큰 고통을 말할 수 없었을 것으로 생각합니다. 사랑하는 친구 여러분, 여러분에게 다른 누구에게도 말할 수 없는 괴로움이 있다면, 여러분은 본문의 애정 어린 초대를 받아들여 이 시대의 성전이신 예수님께로 얼굴을 들고 여러분의 슬픔에 관해 모두 아뢰고 이 곤경의 때에 도움을 주시기를 구하십시오.

여러분의 근심을 비록 다른 사람들이 안다고 할지라도 잘못 알 수가 있습니다. 하나님 백성들의 고통을 사람들이 잘못 읽고 해석해서 "아, 바보같이! 아무것도 아니구만"이라고 하거나, 아니면 "당신은 스스로 화를 자초하고 있는 거야. 네가 원한다면 스스로 어떻게 할 수가 있고, 슬픈 마음 상태에서 빠져나올 수가 있어"

라고 하는 말을 듣는 것은 참으로 괴로운 일입니다. 여러분은 속으로 노력해 볼 수 있는 가능성이 다 사라진지 이미 오래 되었는데, 종종 사람들에게서 "노력해 봐"라는 말을 들을 때 어떤 심정이 드는지 압니다. 우리가 정말로 사랑하는 사람들이 우리를 잘못 생각할 때, 그것은 참으로 괴로운 일입니다. 그들은 우리말을 반대로 알아듣는 것 같습니다. 그들은 우리의 심정을 전혀 공감하지 못하기 때문에 우리의 은밀한 슬픔을 이해할 수 없습니다. 그런 슬픈 상태 가운데 있는 하나님의 자녀는 참으로 불쌍합니다! 여러분이 이렇게 괴로워한다면, 즉 여러분 마음을 괴롭히는 것이 있는데 다른 사람은 아무도 그것을 볼 수 없다면, 예수께 가서 마음속의 괴로움을 말씀드리고 마음을 다 열어서 주께서 여러분 전체를 조사해 주시기를 구하고, 여러분 상처에 지극히 기분 좋은 향유인 은혜로운 사유하심을 부어주시기를 구하며 또 위로자이신 찬송 받으실 성령의 찾아오심을 구하여 여러분이 마음으로 주님을 기뻐하고 즐거워할 수 있도록 하십시오.

사랑하는 친구 여러분, 지금 내 설교를 듣고 있는 분들 가운데는 어쩌면 다른 사람은 아무도 모르고 설사 안다고 할지라도 잘못 아는, 그래서 홀로 괴로움을 겪는 사람들이 있을 수 있습니다. 그들 입장에서는, 그들이 지금 밟고 가는 길은 이전에 아무도 가 본 적이 없는 길일 수가 있습니다. 내가 때로 기운이 없고 낙담해 있는 사람들에게 설교하였을 때, 설교 후에 사람들이 와서 내 설교를 통해서 처음으로 한 줄기 위로의 빛을 받았다고 말했을 때 감사했습니다. 그래서 나는 웨슬리 목사의 낮게 사격하는 방식을 실천하고자 합니다. 분명하게 말하자면, 웨슬리 목사는 그 방식으로써 무대 바로 앞의 관객들을 맞추려고 했던 것입니다. 나는 그 표현이 나타내는 견해에 찬성하지만, 또 다른 의미로 그 말을 쓰고자 합니다. 즉, 높이 날고 있는 신자들 몇 사람만 겨우 있는 높은 곳을 향하여 쏘지 않고, 가난하고 궁핍한 사람들이 하나님 앞에서 드러누워 있는 곳으로 낮게 쏘는 것입니다. 나는 곧 죽게 생겨 있는 사람들이 그리스도께 오도록 하고, 이전에는 한 번도 소망을 품지 못했던 사람들이 그리스도 안에서 소망을 품기 시작할 수 있도록 그렇게 설교하고 싶습니다. 사랑하는 친구 여러분, 이제까지 여러분만큼 거친 길을 걸어본 사람이 없고, 여러분만큼 비참한 일을 겪은 사람이 없으며 여러분 홀로 큰 슬픔을 겪고 있다고 생각할지라도, 여러분은 여러분의 성전이신 그리스도께로 얼굴을 들고, 여러분의 처지가 어떠한 것일지라도 그 모든 것을 그리스도 앞에 다 털어놓으라고 명령을 받습니다. 그러면 예수께서 살아계시므로 그가 듣고 여러분에게 응답하실 것이고, 여러분은 평안히 길을 가게 될 것입니다. 나는 여러분의 경우가 얼마나 특별한지 알지 못합니다. "마음의 고통은 자기가 알고 마음의 즐거움은 타인이 참여하지 못하느니라"(잠 14:10). 우리가 홀로 지낼 수밖에 없는 깊은 곳과 높은 곳들이 있습니다. 우리가 이야기하면 사람들이 우리보고 광신적이라고 말하고 우리가 미친 것이 아닌가 의심할 그런 기쁨과 경험들이 있듯이, 우리가 속으로만 간직하지 않을 수 없는 슬픔들도 있습니다. 그러므로 우리가 때로 홀로 항해해야 하고 다른 아무도 관여할 수 없게 될지라도 놀라지 마십시오. 그리스도께서 배에 여러분과 함께 계신다면, 여러분에게는 그보다 나은 동무가 있을 수 없습니다.

사랑하는 친구 여러분, 여러분의 슬픔이 어떤 죄와 관련이 있을 수 있습니다. 혹은 실제로는 죄와 관련이 없지만, 여러분은 관련이 있다고 생각할 수가 있습니다. 여러분은 어떤 부작위(不作爲)의 죄 때문에 혹은 하나님에게서 멀리 떨어져 행함으로 하나님의 얼굴 빛을 잃었을 수도 있습니다. 여러분이 그동안 기도를 소홀히 해왔을 수 있습니다. 혹시는 어쩌면 어떤 잘못을 범한 죄가 있을지도 모릅니다. 어떤 시험에 넘어져서 지금 어둠 가운데 행하게 되었는지도 모릅니다. 만약 그렇다면, 비록 그처럼 슬픈 상태에 있을지라도 그것 때문에 예수님께 여러분의 짐을 가져오지 않는 일이 없도록 하십시오. 예수께서 오신 것은 고난 가운데 있는 우리를 도울 뿐만 아니라 죄에서도 구원하시기 위함이기 때문입니다. "만일 누가 죄를 범하여도 아버지 앞에서 우리에게 대언자가 있으니 곧 의로우신 예수 그리스도시라 그는 우리 죄를 위한 화목제물이시라"(요일 2:1,2). 그러므로 여러분이 죄를 지었을 때, 구주님에게서 쫓겨났다고 생각하지 마십시오. 그렇게 생각해서는 안 됩니다. "죄와 더러움을 씻는 샘이 다윗의 족속과 예루살렘 주민을 위하여 열리기"(슥 13:1) 때문입니다. 즉, 백성들을 죄와 부정에서 깨끗이 씻기 위해 열리는 샘이 있기 때문입니다. 바울 사도는 갈라디아 교회 교인들에게 우리 주 예수 그리스도께서 "우리 죄를 대속하기 위하여 자기 몸을 주셨다"(갈 1:4)고 썼습니다. 마르틴 루터는 이 구절에 대해 설명하기를, 그리스도께서 우리의 의를 인하여 자기를 주신 것이 아니라고 말합니다. 주께서 그렇게 하실 만한 의가 우리에게 없었습니다. 다만 주님께서는 우리의 죄를 영원히 치워버리기 위해 우리 죄를 위해 자기 몸을 주신 것입니다. 자, 죄책감이 없다면 그렇지 않겠지만 여러분은 죄책감 때문에 슬픔 가운데서 고통을 느낄 수 있습니다. 또 여러분은 진심으로 이렇게 말할 수도 있습니다. "나는 그동안 이 모든 고통을 지고 다녔어. 그랬다는 것을 알아. 참으로 바보 같은 짓을 했어. 손해나는 일을 했고 그것을 되돌릴 수 없어." 비록 그렇다고 할지라도 여러분 마음에서 짐을 치울 수 있고, 여러분에게 "네 많은 죄가 사하여졌으니 평안히 가라"(눅 7:47,50)고 말할 수 있는 분이 계시다는 것을 기억하십시오. 그 성전, 곧 그 안에 하나님이 계시며 하나님의 광채를 비추시는 그리스도를 바라보십시오. 그에게 여러분의 괴로움을 털어놓으십시오. 그러면 머지않아 여러분은 그리스도께서 즐거이 주시는 평안 가운데 기뻐할 것입니다.

어떤 사람은 말합니다. "아, 다른 사람들을 위해서 이 기쁜 소식을 듣게 되어 기뻐요. 하지만 내 경우는 특별히 더 어려운 경우에요. 내가 이렇게 슬프게 지낸지 오래 되었거든요." 알겠습니다. 좋습니다. 그런데 아브라함의 그 딸이 얼마나 오랫동안 그처럼 허리가 구부러져서 전혀 허리를 피지 못하고 지냈습니까? 18년 동안 그러지 않았습니까? 그런데 그리스도께서 그 여자가 허리를 똑바로 펴도록 하시는데 시간이 얼마나 걸렸습니까? 잠깐 동안도 안 걸렸습니다. 그리스도께서 말씀하시자 즉시 그녀가 허리를 똑바로 펴고 다른 여자들처럼 걸을 수 있었습니다. 또 여러분은 한 무력한 사람이 베데스다 연못가에서 38년 동안 기다렸고, 그 시대의 고고한 사람들은 그에게 계속해서 연못가에서 기다리라고 말했다는 것을 기억할 것입니다. 그러나 예수 그리스도께서 그곳에 이르셨을 때 그에게 잠시 기다리라고 하시지 않았습니다. 예수께서는 "일어나 네 자리를 들고 걸어가라"(요 5:8)고 말씀하셨고, 그는 즉시 그렇게 했습니다. 근심하는 불쌍한 영혼이여, 그대는 연못가에 계속 누워 있을 필요가 없습니다. 그대는 단 한순간도 거기서 기다릴 필요가 없습니다. 그리스도를 믿으십시오. 그리스도께서 무능력하고 죄 많기 짝이 없는 여러분에게, 온통 우울과 절망에 빠져 있는 여러분에게 말씀하십니다. "살아라. 내가 영원한 사랑으로 너를 사랑하기에 인자함으로 너를 이끌었다"(렘 31:3). "땅의 모든 끝이여 내게로 돌이켜 구원을 받으라 나는 하나님이라 다른 이가 없느니라"(사 45:22). "오라 우리가 서로 변론하자 너희의 죄가 주홍 같을지라도 눈과 같이 희어질 것이요 진홍 같이 붉을지라도 양털 같이 희게 되리라"(1:18). 이것은 영광스러운 은혜의 말씀들입니다. 주님께서 바로 지금 이 말씀을 여러분이 분명히 이해할 수 있게 말씀해 주시기를 바랍니다! 일단 그리스도께서 사람에게 자유를 주시면 마귀조차도 그를 사로잡을 수 없습니다. 그의 발이 차꼬에 단단히 채워져 있고 한밤중의 죽은 듯이 고요한 시간일지라도, 그는 하나님께 찬송을 부르기 시작할 것입니다. 그리고 다른 죄수들은 나사렛 예수께서 지나가시며 그를 자유롭게 하는 은혜로운 말씀을 그에게 주실 때 그의 노랫소리를 들을 것입니다. 십자가에 못 박히신 그리스도께서 여러분의 유일한 희망입니다. 그러므로 그리스도를 보십시오. 그리스도의 귀한 상처들을 믿음으로 바라보십시오. 여러분 내면의 가장 깊은 곳으로부터 그리스도께 회개하는 기도를 드리십시오. 그러면 주께서 여러분에게 마음의 간절히 원하는 바, 곧 생명을 영원히 주실 것입니다.

**2. 둘째로, 우리에게 슬픔이나 괴로움이 있다면 그것을 아는 것이 좋습니다.**
그것은 여기서 솔로몬이 "한 사람이나 혹 주의 온 백성 이스라엘이 다 각각 자기의 마음에 재앙과 고통을 깨닫고"라고 말하기 때문입니다.

최근에 병자들을 방문하면서 나는 사람들이 고통을 겪는 방식이 각기 다르다는 사실에 깊은 인상을 받았습니다. 머리부터 발끝까지 몸에 온통 욱신거리는 물집이 잡혀 있는 사랑하는 형제들이 있습니다. 그런가 하면 폐의 울혈로 심각한 상태 가운데 누워 있는 형제도 있습니다. 또 폐병으로 점차 말라가는 사람이 있는가 하면, 암이 그 생명을 먹어가고 있는 형제도 있습니다. 몸의 고통이 다양하듯이 마음과 영혼의 질병도 그러합니다. 마음과 영혼의 질병은 종류가 여러 가지입니다. 그 질병들을 여러 부류로 정리할 수 있지만, 서로 똑같은 영적 고통이나 슬픔은 하나도 없습니다. 그러므로 사람마다 자신의 고통과 슬픔을 아는 것이 좋습니다. 여러분의 결점들은 내 결점과 아주 똑같지 않고, 아마 여러분의 결점도 내 결점과 별로 같지 않을 것입니다. 내 마음을 몹시 아프게 만드는 것이 여러분에게는 아무 괴로움을 일으키지 않을 수 있습니다. 반면에 여러분을 근심시키고 괴롭게 하는 것이 내게 오면 나는 웃어버리고 말 수가 있습니다. 우리는 서로를 판단해서는 안 되고, 다른 사람들의 슬픔과 괴로움을 갖기를 바랄 수도 없습니다. 그보다 우리는 할 수 있는 대로 사람에게는 누구나 저마다 괴로움과 상처가 있다는 것을 알도록 노력해야 합니다.

왜냐하면 첫째로, 때로 여러분이 자신의 슬픔을 알면 거기에서 벗어날 수가 있기 때문입니다. 종종 사람을 가장 무섭게 하는 것은 알 수 없는 것입니다. 벨사살이 무릎이 마구 부딪치며 기겁을 하며 놀란 것은 손의 일부가 나타나 벽에 글씨를 썼는데, 그가 글을 쓰는 사람의 형태를 보지 못했고 쓰인 글씨를 읽을 수도 없었기 때문이었습니다. 그를 괴롭게 하는 것은 그 일의 알 수 없는 비밀이었습니다. 때로 여러분의 고난이 무엇인지 알지 못할 때, 그것은 여러분이 분명한 형태로 고난을 만나는 것보다 더 큰 시련이 됩니다. 여러분을 근심시키는 것이 무엇인지 분명하게 보고 평가하며 자세히 보고 적을 수 있다는 것은 큰 일입니다. 여러분이 그렇게 할 수 있다면, 아마도 속으로 이렇게 말할 것입니다. '정말 어리석게도 내가 이런 것 때문에 근심하고 있다니!' 또 다른 한편으로, 때때로 여러분은 자신이 또 다른 의미에서 어리석다는 것을 발견할 것입니다. 「천로역정」에서 크리스천과 소망이 절망 거인의 성의 지하 감옥에 며칠 낮밤을 갇힌 후에 크리스천이 자기 동행에게 말했습니다. "자유롭게 활보할 수 있는 때에 이렇게 냄새 나는 지하 감옥에 누워 있다니 내가 얼마나 바보인지 모르겠습니다! 내 품속에 약속이라는 열쇠가 있는데, 이 열쇠만 있으면 틀림없이 의심의 성에 있는 자물쇠는 무엇이든지 다 열 수 있을 것입니다." 우리 자신도 그와 똑같이 말할 수 있습니다. 그러나 다음과 같이 외치기 전에는 자신의 걱정거리만 쳐다볼 것입니다. "감사하게도 하나님의 말씀에는 정확히 이 곤경에 대처할 수 있는 약속이 있다! 성령께서는 바로 이 시련에 꼭 맞는 메시지를 기록해 놓으셨어. 그러니 당장 걸어 나가 복음의 자유를 누릴 수 있는 때에 왜 내가 이 지하 감옥에 누워서 신음하며 괴로워하고 있나?" 그러므로 사랑하는 여러분에게 말합니다. 여러분의 괴로움이나 슬픔이 정말로 무엇인지 알도록 노력하십시오. 보통 사람을 두려움에 사로잡히게 만드는 것은 알지 못한다는 사실이기 때문입니다.

그 다음에, 사람에게 가장 위험한 것은 깨닫지 못하는 것인 때가 종종 있습니다. 앞에서 이미 말했듯이, 우리의 슬픔은 종종 우리의 죄와 관련이 있습니다. 여러분을 괴롭히는 죄를 마음에 품고 있으면서 그것을 알지 못하는 것은 끔찍한 일입니다. 누군가 내게 자기는 죄가 없다고 말한다면, 나는 그에게 자기 속을 들여다보거나 아니면 눈을 밖으로 돌려 자신의 생활을 보라고 이야기합니다. 그런데 만일 그가 생활에서 완전하다고 생각한다면, 그는 계속해서 자기 속을 들여다볼 필요가 있습니다. 만약 그가 마음속에서 악한 것을 발견하지 못한다면, 그것은 지독한 무지가 그를 덮고 있기 때문인 것이 틀림없습니다. 우리의 곤경이 죄와 연결되어 있는 경우가 종종 있습니다. 따라서 우리가 그 점을 보고 아는 것이 지극히 중요합니다. 성 프란치스코 살레시오(Saint François de Sales, 1567. 8. 21. -

1622. 12. 28. 제노바의 주교이자 로마 가톨릭교회의 성인)가 했던 말로 기억하는데, 자기에게 와서 죄를 고백한 모든 사람들 가운데서 탐욕의 죄를 범했다고 고백한 사람은 한 사람도 없었다는 것입니다. 흥미로운 사실은, 대체로 탐욕스러운 사람은 아무도 자기가 탐욕스럽다고 생각하지 않는다는 것입니다. 탐욕은 사람을 가장 속이기 잘하는 것입니다. 여러분 마음속에 탐욕이 있다면 여러분이 그로 인해 망하지 않도록 여러분에게 탐욕이 있음을 가르쳐 달라고 하나님께 기도하십시오. 사람은 교만이라는 주홍빛 열병이 자기를 죽일 수 있는데도 내내 그 자신은 '나는 참으로 겸손한 사람이다!' 하고 생각하는 무서운 상태에 빠져 있을 수가 있습니다. 교만은 사람을 가장 잘 속이는 또 한 가지 죄이기 때문입니다. 사람은 누구나 자신의 약점이 무엇인지 알도록 노력해야 합니다. 어쩌면 여러분이 가장 강하다고 생각하는 바로 그 점이 사실상 여러분의 가장 약한 점일 수가 있습니다. 여러분에게 전혀 괴로움을 주지 않는 것이 결국은 여러분의 마음을 가장 철저히 살펴보게 만드는 것이 될 수가 있습니다. 여러분 각 사람이 자신의 괴로움과 슬픔을 알게 해 주시기를 주님께 기도하시기 바랍니다.

죄가 우리의 슬픔과 결합되어 있다면, 우리는 그 사실을 알아야 할 뿐만 아니라 그것을 고백할 만큼 철저히 알아야 한다는 점을 기억하시기 바랍니다. 여러분이 주님께 자기 죄를 고백할 수 있을 때 그것이 여러분 영혼에 얼마나 큰 안도감을 주는지요! 나는 여러분이 가장 분명한 말로 확실하게 죄를 고백할 수 있으면 좋겠습니다. 하나님 앞에서 문제를 숨기려고 하지 마십시오. 여러분은 아무것도 하나님께 숨길 수가 없습니다. 어떻게 다윗이 자기를 피 흘린 죄에서 구하여 주시기를 마침내 하나님께 기도했는지 생각해 보십시오. 다윗이 그처럼 큰 죄를 고백할 수 있었을 때 그는 마음에 안식을 얻는 바른 길을 가게 되었던 것입니다. 나는 하나님의 자녀인 어떤 사람에 대한 이야기를 들은 적이 있습니다. 그는 친구들과 함께 있을 때 유혹에 완전히 넘어가서 고주망태가 되도록 술을 마셨습니다. 그는 "주님, 제가 술을 마셨습니다" 하고 말하기까지 여러 달 동안 조금도 마음의 평안을 얻을 수가 없었습니다. 그런데 그렇게 고백한 후에 그는 사유하심과 평안과 안식을 얻었다고 했습니다. 그렇게 분명하게 고백하기 전에는 틀림없이 "제가 조금 신중하지 못했던 것 같습니다" 하고 말했을 것입니다. 혹은 사람들이 자신의 악행을 아주 솔직하게 있는 그대로 고백하려고 하지 않을 때 자신의 죄를 가리기 위해 끌어들이는 그럴싸한 표현들을 사용했을 것입니다. 그런 무화과나무 잎들은 치워버리십시오! 하나님은 그런 것들을 싫어하십니다. 여러분에게 옷을 입히셔야 하는 분은 바로 하나님이십니다. 하나님께서는 그의 아들의 의로 여러분을 옷 입히실 것입니다. 그러나 하나님께서 여러분을 받아들이시려면 여러분이 자신의 죄를 변명하려고 해서는 안 됩니다. 죄를 죄라고 말하십시오. 그리고 그리스도 앞에서는 "죄가 죄로 드러납니다." 그러면 죄인이 죄의 가증스러움을 보고 죄를 미워하기를 배웁니다. 이와 같이 각 사람은 자신의 괴로움과 슬픔을 알아야 하는데, 특별히 자기 죄를 알아서 하나님께 그 죄를 고백하도록 해야 합니다.

사랑하는 형제자매 여러분, 그 다음에는 어떻게 해야 합니까? 아마도 여러분은 그동안 자신의 걱정거리에 관해 이야기하기 위해 나를 찾아오거나 장로님들 가운데 한 분을 찾았을 것입니다. 우리가 여러분을 위해 할 수 있는 일이 있으면 기꺼이 하려고 하지만 여러분을 도울 수 있는 것은 많지 않습니다. 이제, 여러분은 여러분이 걱정하는 것이 도대체 무엇인지 분명히 알도록 노력하십시오. 우리가 기도할 때 너무도 불분명하게 구하는 경우가 많습니다. 우리가 정말로 얻고자 하는 것이 무엇인지 모르는 것입니다. 그래서 목표를 놓칩니다. 우리가 주님께 구하고 있는 것이 무엇인지 분명하게 알지 못하기 때문에 구하는 것을 얻지 못합니다. 그러나 여러분이 정말로 여러분의 슬픔과 상처를 알고, 죄를 알며 여러분 마음을 괴롭히는 것을 알고, 주님 앞에 그 모든 것을 가져가서 "주여, 이것이 저의 근심거리입니다. 제가 상하고 통회하는 마음으로 주 앞에 이것을 고백합니다" 하고 말한다면, 오래지 않아 주님께서 자비로 여러분에게 평안을 주실 것입니다.

**3. 셋째로, 자신의 슬픔을 아는 것은 잘하는 일이지만 그것에 대해 기도하는 것이 훨씬 더 잘하는 일입니다.**

나는 그동안 이 진리를 거듭 주장해 왔습니다. 이제는 그 요점에 대해서 몇 가지를 말하고자 합니다.

사랑하는 친구 여러분, 여러분에게 기도만큼 마음을 편하게 해주는 것은 없습니다. 여러분이 거의 절망적인 상태에 있다면, 내가 그 문제를 아주 온건하게 이야기해보겠습니다. 나는 중대한 일의 작은 실마리가 되는 것을 먼저 제시하도록 하겠습니다. 아마도 여러분이 하나님께 가서 여러분의 근심에 관해 기도한다면 그 근심에서 풀려날 것입니다. "아마도" 풀려날 것이라고 말씀드리는 것입니다. 우선 그렇게 이야기하도록 하겠습니다. 여러분이 하나님께 기도한다고 해서 잃어버릴 것은 아무것도 없지 않습니까? 여러분이 슬픔을 가지고 하나님께 간다고 생각해 보십시오. 그렇게 한다고 해서 여러분이 지금보다 더 나빠질 것이 있다고 생각합니까? 여러분은 현재 아주 슬픈 상태, 완전히 기가 꺾인 상태에 있으므로 여러분이 주님의 발 앞에 자신의 죄와 슬픔을 고백한다고 할지라도 지금보다 더 슬픈 곤경에 빠질 수가 있겠습니까? 자, 그러니 이 시인처럼 이야기하십시오.

> "그 규(圭)로 용서를 베푸시는
> 은혜로우신 왕께 가까이 가겠네.
> 어쩌면 왕께서 내게 규를 잡도록 명령하실 수가 있는데
> 그러면 간구하는 자가 살겠네.
>
> 어쩌면 왕께서 내 청원을 받아들이시고
> 내 기도를 들으실 것일세.
> 나는 죽을지라도 기도하겠네.
> 죽어도 기도하다가 죽겠네.
>
> 내가 갈지라도 죽을 수밖에 없어도
> 왕께 가기로 굳게 결심하네.
> 내가 떠나 있으면 반드시
> 영원히 죽는다는 것을 알기 때문이네."

어쩌면 주님께서 여러분을 구원하실 것입니다. "어쩌면"이라는 말에 힘을 얻어 하나님께 간 사람이 많이 있습니다. 그런데 그 "어쩌면"이 그를 마침내 천국에 도달하도록 하기에 충분하였습니다. 여러분은 니느웨 백성들 전체가 그들의 왕이 한 말 외에는 의지할 것이 아무것도 없었다는 것을 기억합니다. "하나님이 뜻을 돌이키시고 그 진노를 그치사 우리가 멸망하지 않게 하시리라 그렇지 않을 줄을 누가 알겠느냐?"(욘 3:9). "누가 알겠느냐?"는 것은 아주 가느다란 실이

었습니다. 그러나 그들은 그 가능성에 의지하여 가서 하나님 앞에 겸손하였고, 그 다음에 어떤 일이 일어났는지 우리는 압니다. "하나님이 그들이 행한 것 곧 그 악한 길에서 돌이켜 떠난 것을 보시고 하나님이 뜻을 돌이키사 그들에게 내리리라고 말씀하신 재앙을 내리지 아니하시니라"(3:10). 자매 여러분, 나는 여러분 귀에 그 질문을 속삭이고 싶습니다. "누가 알겠습니까?" 형제 여러분, 나는 여러분의 손을 잡고 이렇게 말하고 싶습니다. "자, 절망하지 마십시오. 누가 알겠습니까? 어쩌면 주님께서 여러분에게도 은혜를 베푸실 것입니다. 가서 주님의 발 앞에 엎드리십시오. 여러분이 죽어야 한다면, 그 앞에 누워 죽기로 결심하십시오. 그러나 주님께 오면 여러분은 죽지 않을 것입니다."

여러분의 걱정거리가 무엇이든지, 여러분의 죄가 무엇이든지 언제든지 여러분의 기도를 온전히 들으실 수 있는 분이 계시다는 사실을 다시 한번 기억하기 바랍니다. 주 예수 그리스도께서는 이미 여러분의 근심에 대해 모든 것을 알고 계시기 때문입니다.

> "우리와 함께 고난 받으시는 주께서는
> 우리의 고통을 잊지 않으시고
> 주께서 땅에서 겪으신 눈물과 고통과 부르짖음을
> 지금도 하늘에서 기억하시네.
>
> 가슴을 찢는 모든 고통을
> 슬픔의 아들께서 아시며
> 우리의 괴로움을 동정하시고
> 고통 받는 자에게 위안을 보내시네."

여러분이 내게 온다면, 나는 할 수 있는 한 충분히 여러분을 동정하려고 하겠지만, 아마도 실패할 것입니다. 여러분은 그 수렁에 너무도 깊이 빠져 있는데 나는 그만큼 밑에까지는 내려간 적이 없을 것이기 때문입니다. 그러나 여러분이 주 예수 그리스도께 간다면, 여러분은 주께서 깊은 고뇌 때문에 피 같은 땀방울을 흘리지 않을 수 없었고 그의 영혼은 "매우 고민하여 죽게 되었을"(마 26:38) 때 그가 겪었던 것만큼 깊은 슬픔에 이를 수는 없습니다. 여러분의 죄가 검을지라도 예수께서 지우실 수 없을 만큼 검지는 않습니다. 여러분이 할 수 있다면 그리스도께서 감당하실 수 없는 죄를 가져와 보십시오. "사람에 대한 모든 죄와 모독은 사하심을 얻으리라"(마 12:31)는 그리스도의 위대한 선언을 기억하시기 바랍니다. 가엾은 자매여, 그렇게 생각하지 않으십니까? 자매는 지금 우리가 성경에서 읽고 있는 그 사람과 같습니까? 자매는 자신이 그 여자처럼 큰 죄인이라고 느끼십니까? 아니면 정말로 자신이 아주 수치스럽기 짝이 없는 여자라고 생각하십니까? 자매가 자신의 죄를 부인하면 일어서서 자매에게 불리한 증언을 할 고발자들이 가까이 있습니까? 예수께서 여러분에게 "가서 다시는 죄를 범하지 말라"(요 8:11)고 말씀하십니다. 죄 많은 불쌍한 영혼이여, 입에 올릴 수도 없는 온갖 죄들이 여러분에게 쌓여 있을지라도 예수께 오십시오! 여러분이 세상의 다른 모든 사람이 합친 것만큼 많은 죄를 지은 사람이라고 할지라도, 오십시오. 어깨에 세상 죄를 짊어지신 주님께서 여러분의 죄도 충분히 짊어지실 수 있습니다.

> "세상이 창조되고 시간이 시작된 이래로
> 사람들이 생각으로 말로 행위로
> 지은 모든 죄가
> 불쌍한 한 죄인의 머리 위에 쌓여 있다고 할지라도,"

예수 그리스도의 피가 단 한순간에 그 모든 죄를 다 지워버려서 그 죄들을 찾을지라도 두 번 다시 볼 수 없게 될 것입니다. 여러분이 와서 주 예수 그리스도를 믿기만 했으면 좋겠습니다!

사람들은 말합니다. "아, 바로 이게 내 문제야. 나는 그리스도를 믿을 수가 없어." 만일 여러분이 그렇게 말한다면, 여러분과 나는 곧바로 사이가 틀어지고 말 것입니다. 만일 여러분이 우리 아버지를 신뢰할 수 없다고 말한다면 나는 이렇게 말할 것입니다. "우리 아버지는 진실하고 명예로운 분입니다. 우리 아버지는 빚을 꼬박꼬박 다 갚고 절대 거짓말을 하지 않아요. 나는 당신이 '네 아버지를 신뢰할 수 없어'라고 말하게 두지 않을 거요." 그러나 여러분이 우리 아버지에 대해서 무슨 말을 할지라도, 그것을 들었을 때 내가 화나는 것은 여러분이 내 구주님을 믿을 수 없다고 말할 때에 화나는 것에 비하면 아무것도 아닙니다. 그리스도께서 기도할 때 거짓말하셨습니까? 그리스도께서 언제 거짓된 말을 하신 적이 있습니까? 우리 주님께서 언제 실수하신 적이 있습니까? 그런데 여러분은 우리 주님을 믿을 수 없다고 말합니까? 만일 내가 여러분 영혼 전체를 하나로 묶어 가질 수 있다면 나는 그 전체와 함께 주님을 믿을 수 있습니다. 그렇습니다. 만약 내가 하나님께서 이제까지 지으신 모든 영혼들을 이 내 한 몸에 집어넣을 수 있다면 나는 그 전체 인류를 안고서 주님을 믿을 것입니다. 주님은 아무리 믿어도 지나친 적이 없다고 확신하기 때문입니다. 여러분은 그리스도에 대해 아무리 선한 것을 믿어도 그것이 사실이 아니어서 실망하게 되는 일은 없습니다. 여러분이 주님께서 여러분을 용서하실 수 있다고 믿는다고 생각해 봅시다. 주님께서는 여러분을 용서하실 것입니다. 주님께서는 여러분이 주님에 대해 아무리 큰 일을 믿을지라도 다 행하실 것입니다. 여러분이 주님께서 여러분을 눈보다 희게 씻으실 것이라고 믿는다면, 그대로 행하실 것입니다. 종종 믿음과 그리스도께서 경주를 하는데, 언제나 그리스도께서 승리하십니다. 믿음이 바람처럼 날아간다면 그리스도께서는 번개처럼 번쩍하며 바람을 앞지르시기 때문입니다. 여러분은 그리스도에 대해 아무리 선한 것을 믿을지라도 실망하게 되는 일은 없습니다. 다만 여러분이 그렇게 믿을 수 있는지 시험해 보기를 바랄 뿐입니다. 풀이 죽은 가엾은 여러분, 이 진리를 알고서 여러분이 기운을 내야 하지 않겠습니까?

여러분이 할 수 있는 최선의 일은 살아 있는 모든 영혼에게 열려 있는 문이 있다는 것을 기억하는 것입니다. 그러니 하나님께 가까이 가십시오. 그 길을 막는 것은 아무것도 없습니다. 이 성경책 맨 뒤에 이런 복된 말씀이 있습니다. "원하는 자는 값없이 생명수를 받으라"(계 22:17). 나는 언젠가 법정에서 한 사람을 보았는데, 그는 증인석에 서도록 부름을 받았는데, 군중들 때문에 지나갈 수가 없었습니다. 그러자 재판관이 법정 수위에게 지시하였고, 그가 사람들에게 "이 사람을 지나가게 해 주세요. 이 사람을 지나가게 해 주세요. 이 사람을 지나가게 해 주세요" 하고 말했습니다. 수위가 그 말을 하고 나자 증인이 지나갈 수 있도록 좁고 긴 길이 생기기 시작했고, 그래서 그가 겨우 그 길을 지나갔습니다. 자, 저기에 불쌍한 죄인이 한 사람 있습니다. 그와 그리스도 사이에 수많은 귀신들이 길을 막고 있습니다. 그러나 그리스도께서 귀신들에게 "이 사람을 지나가게 하라" "이 사람을 지나가게 하라" "이 사람을 지나가게 하라"고 말씀하시면 귀신들은 그를 위해 길을 만들지 않을 수 없습니다. 우리 주 예수 그리스도께서 세상에 계실 때, 큰 절기에 서서 이렇게 외치셨습니다. "누구든지 목마르거든 내게로 와서 마시라"(요 7:37). 누가 주님께 이렇게 말하겠습니까? "주님, 제가 바로 그런 사람입니다. 저는 목이 마릅니다. 주님께서 '그런 자는 오라'고 말씀하십니다." 여러분이 그렇게 말한다면 누가 여러분이 그리스도께 오는 것을 막을 수 있겠습니까? 만일 마귀가 여러분의 길을 막을지라도, 예수 그리스도께서 "그 사람을 지나가게 하라"고 말씀하시면 여러분은 주님께 올 것입니다.

주님께서 오래전에 "빛이 있으라" 하고 말씀하시지 않았습니까? 그러자 아주 오랜 동안 지속되었던 원시의 어둠이 순식간에 사라졌습니다. 그와 같이 주님께서 "그 사람을 지나가게 하라"고 말씀하시면, 여러분을 반대하고 제지하려고 하는 모든 것이 내던져지고 여러분을 지나가게 할 것입니다. 사랑하는 친구 여러분, 예수님을 믿으십시오. 사랑과 자비의 주님의 이름을 신뢰하십시오. 주님은 상하고 깨지고 온갖 비참한 것에 묶여 있는 불쌍한 여러분을 보고 계십니다. 제발, 그리스도를 바라보십시오. 연기 나는 심지 같은 불쌍한 여러분, 여러분이 말할 수 있는 것이 연기뿐이고 그나마 그 연기도 향기롭지 못할지라도, 예수 그리스도께서는 여러분을 끄지 않겠다고 말씀하십니다! 상한 갈대 같은 불쌍한 여러분, 여러분이 아무런 음악이 나올 수 없는 그런 갈대 같은 존재일지라도, 주님께서는 그런 여러분에게서 음악을 끌어내실 것입니다! 근심하는 불쌍한 여러분, 오직 그리스도를 바라보기만 하십시오. 주께서는 상한 마음을 싸매고 상처를 치료하시며, 그렇게 하심으로써 자신을 영화롭게 하시는 법을 알기 때문입니다. 이번이 여러분의 마지막 기도가 될지라도, 다시 한번 기도하십시오! 기도하십시오.

나는 사탄이 어떻게 해서든지 여러분을 막으려고 애쓸 것이라는 것을 압니다. 사탄은 말할 것입니다. "그것은 아무 소용이 없어. 너는 지금까지 몇 달 동안 기도했어. 벌써 수년 동안 기도해왔어." 그렇습니다. 하지만 이번에는 그동안 해왔던 것과 다르게 기도하십시오. 어쩌면 그동안 여러분은 사제나 어떤 사람 혹은 어떤 교리를 바라보고 왔을지 모릅니다. 이제는 즉시 예수 그리스도만을 보십시오. 그것이 옛적에, 곧 사람들이 성전을 보았을 때 하나님께서 기도를 들으신 방식입니다. 여러분이 구주님을 보면 여러분의 기도를 들으실 것입니다. "아, 하지만 저를 한 번만 보세요" 하고 여러분은 말합니다. 아닙니다. 나는 여러분을 볼 생각이 없습니다. 여러분이 그리스도를 보기 바랍니다. "하지만, 목사님, 저는 끔찍하게 악한 놈입니다! 부끄럽지만 고백합니다." 그렇습니다. 어쩌면 여러분은 스스로 생각하는 것보다 백 배나 더 나쁠지도 모릅니다. 여러분은 선한 구석이라고는 하나도 없는 사람일지 모릅니다. 여러분이 아주 끔찍한 죄인일 수 있습니다. 그러나 바로 그 이유 때문에 내가 여러분이 "무식하고 미혹된 자를 능히 용납할 수 있는"(히 5:2) 그분을 믿기를 바라는 것입니다.

나는 여러분이 이 검은 사람들을 희게 하고 이 표범들에게서 반점을 없애고 양처럼 만들기 위해 세상에 오신 분을 바라보기를 바랍니다. 우리 주님께서는 손가락을 다친 것이나 자잘한 병들만을 치료하는 의사가 되기 위해 세상에 오신 것이 아닙니다. 주님은 나병환자를 깨끗하게 하고 귀신들을 쫓아내며 죽은 자들을 일으키기 위해, 심지어 썩기 시작한 나사로마저도 살리기 위해 오셨습니다. 그리스도는 참으로 영광스러운 구주님이어서 내가 아무리 큰 소리로 찬송을 해도 부족할 뿐입니다. 그런데 주님에 대해 이야기하면 내 마음은 뜨거워집니다! 내 목은 설교를 시작할 때 이미 쉰 소리가 났습니다. 그래서 나는 설교를 다 끝낼 수 없을 것으로 생각했습니다. 그러나 이런 주제를 만나면 나는 피곤한 것도 아픈 것도 다 잊어버립니다. 그렇습니다. 죽어가는 순간에도 나를 흥분시켜 내가 침대에 앉아 주님을 찬송하도록 만들 수 있을 것입니다. 그리스도께서 구주이신 것의 절반만큼이라도 채울 큰 죄인은 없었습니다. 여러분이 원한다면 와서 죄인을 머리끝부터 발끝까지 그리고 둘레를 완전히 재보십시오. 그리고 그가 코끼리만한 죄인이라고 주장하십시오. 그럴지라도 그리스도 예수라는 방주에는 그가 들어올 자리가 충분히 있습니다. 예수님의 마음에는 아무리 비열한 죄인이라도 그를 받아들이실 자리가 있습니다. 여러분이 눈을 들어 그리스도를 보고 마음으로부터 그리스도께 기도하고 온 마음으로 그리스도를 믿으면 좋겠습니다!

이렇게 하는 사람들은 마음에 안식을 얻을 것이라는 점을 말씀드리고 설교를 끝마치겠습니다. 솔로몬의 간구는 백성들을 용서해 주시라는 것이었습니다. "주는 계신 곳 하늘에서 들으시고 용서하옵소서." 그렇습니다. 죄인에게 필요한 그밖의 모든 것은 그리스도께 오는 자를 위해 준비되어 있습니다. 나는 여러분에게 필요한 모든 것을 알지 못하고, 말할 수도 없습니다. 그러나 확실히 알고 있는 것은, 여러분이 이 세상과 천국 사이에서 필요할 수 있는 모든 것은 그리스도 예수 안에 쌓여 있다는 것입니다. 나는 전에 이 예를 든 적이 있습니다. 우리가 길거리에서 주운 불쌍한 어린 아기가 있습니다. 우리가 이 아기에 대해서 어떻게 해야 할까요? 이 아기가 필요로 하는 것이 무엇입니까? 아기는 목욕시키는 일이 필요합니다. 아이가 얼마나 더러운지 보십시오. 그동안 하수구에 버려져 있었으니까요. 이 가엾은 존재는 음식이 필요합니다. 아이가 얼마나 야위었는지 보십시오. 아기는 적절한 옷이 필요합니다. 아기의 누더기 옷을 보십시오. 이 이야기를 다 하자면 오랜 시간이 걸릴 것입니다. 그러면 내 말에 귀를 기울이고 있는 어머니들은 내게 이렇게 말할지 모릅니다. "목사님은 아기에게 필요한 것을 별로 알지 못하시는군." 하지만 내가 알고 있다는 것을 말씀드리겠습니다. 단 한 문장으로 아기에게 필요한 것을 여러분에게 말씀드리겠습니다. 아기는 엄마가 필요합니다. 아기에게 엄마가 생기면 아기는 모든 것을 가진 것입니다. 아이의 엄마가 아이를 찾으면 아이를 부양합니다.

사랑하는 여러분, 여러분에게 필요한 것은 용서, 깨끗이 씻음, 옷 입힘, 훈련, 거룩하게 함입니다. 그러나 나는 그 모든 것을 자세히 살피지 않겠습니다. 여러분에게 필요한 것은 구주님입니다. 여러분은 예수님이 필요합니다. 그리스도를 얻으면, 그리스도께서 채우시지 못할 부족은 없을 것입니다. 그리스도의 말로 다할 수 없는 무한한 충족하심으로 해결하지 못할 궁핍은 없을 것입니다. 그리스도를 여러분 마음에 모시십시오. 그러면 여러분은 부자가 됩니다! 일단 주 예수 그리스도께서 여러분의 것이 되면, 여러분은 이 세상과 영원히 필요한 모든 것을 갖게 됩니다. 여러분이 이 큰 복을 얻기 위해 달려왔으면 좋겠습니다!

어떤 사람은 말합니다. "나는 가기가 무섭습니다." 자, 떨며 두려워하는 사람들이여 다 오십시오. 그저 오기만 하십시오. "하지만 나는 갔다가 쫓겨날까 걱정입니다." 여러분은 그런 두려움에 빠져서는 안 됩니다. 예수께서 "내게 오는 자는 내가 결코 내쫓지 아니하리라"(요 6:37)고 말씀하셨기 때문입니다. "하지만 내가 그리스도께 갈 만한 사람이 아니면 어떻게 하겠어요?" 여러분이 그럴 만한 사람이든 아니든 상관없이 오십시오. 여러분이 오기만 하면 그리스도께서 여러분을 내쫓지 않으실 것이기 때문입니다.

사람이 몹시 배가 고파서 자기 것이 아닌 빵을 가져다 먹는다면, 그럴 때는 아무도 그에게서 빵을 빼앗지 못할 것입니다. 그가 빵을 너무나 단단히 쥐고 있기 때문입니다. 그와 같이 여러분이 주 예수 그리스도를 마음에 모시면 아무도 예수님을 여러분에게서 빼앗아 갈 수 없습니다. "너희는 여호와의 선하심을 맛보아 알지어다"(시 34:8). 정말로 예수님을 먹고 살아가는 사람은 예수님을 완전히 받아들여서 결코 그를 잃지 않을 것입니다. 그리스도를 모르는 사람들이 모두 바로 지금 그와 같이 하였으면 좋겠습니다! 주님께서 여러분 모두에게 복을 베푸시기 바랍니다! 아멘.

제
3
장
—

# 노역(奴役)이냐 봉사냐?

—

"그러나 그들이 시삭의 종이 되어 나를 섬기는 것과 세
상 나라들을 섬기는 것이 어떠한지 알게 되리라 하셨더라."
– 대하 12:8

하나님의 백성들이 그들의 하나님을 떠났고 하나님께서는 그들을 떠나셨
습니다. 그래서 이집트의 왕인 시삭이 그들을 공격하였습니다. 여호와께서 그들
의 겸손한 기도를 들으셔서 시삭이 예루살렘을 파괴하게 버려두지는 않으셨지
만 그들을 애굽 왕에게 복속되도록 하셨습니다. 본문은 이와 같은 노예 상태에
대한 이유를 다음과 같이 이야기합니다. "그들이 시삭의 종이 되어 나를 섬기는
것과 세상 나라들을 섬기는 것이 어떠한지 알게 되리라 하셨더라."

사랑하는 친구 여러분, 이스라엘 자녀들은 하나님을 섬겨야 할 의무가 있었
습니다. 여호와께서 그들을 세상 모든 나라들 가운데서 뽑아 그의 백성으로 삼
으셨습니다. 하나님께서는 아브라함과 이삭과 야곱의 후손에게 그의 거룩한 계
시를 맡기셨습니다. 그들은 세상의 기초가 놓이기 전부터 영원한 목적을 따라
하나님의 백성으로 구별되었습니다. 이처럼 지극히 명예롭고 은혜로운 선택으
로 인해 그들은 마땅히 하나님을 섬겨야 했습니다. 이 외에도 하나님께서는 그
들을 친히 불러내셨습니다. 그들의 조상 아브라함은 갈대아 우르에서 불려나왔
습니다. 우르에서 그는 다른 신들을 섬겼습니다. 그는 여호와를 알고 따르게 되
었습니다. 그는 하나님과 동행하였고, 하나님께서는 그를 매우 친밀하게 여겨서

마치 사람이 친구에게 하듯 그에게 말씀하셨습니다. 오랜 세월 동안 내내 하나님은 그의 백성들을 세상에서 불러내셨습니다. 특별히 그들을 애굽에서 불러내셨는데, 강한 손과 편 팔로 그들을 노예의 집에서 구원하셨습니다. 하나님께서는 그들을 인도하여 광야를 지나고 만나로 먹이시고 가르치셨습니다. 이런 식으로 하나님은 그들을 구별하여 자신의 특별한 기업으로 삼으셨습니다. 그들을 선택하신 사실에 의해서 뿐 아니라 그들을 불러내신 것을 인하여서도 그들은 살아계시고 참되신 한 분 하나님 곁을 떠나서는 안 되었습니다.

이뿐 아니라, 하나님께서는 마치 그들을 이중으로 자기 것으로 삼으시는 것처럼 그들과 언약을 맺으셨습니다. 그 언약은 처음에 아브라함과 맺었습니다. 그 다음에는 그 언약을 이삭과 야곱과 새롭게 맺으셨습니다. 훨씬 더 멀리 나가서 그 언약은 광야에서 확증되었습니다. 광야에서 하나님은 그들이 가나안 땅에 들어갈 때 그들의 하나님이 되시고 그들에게 복을 베푸시겠다고 약속하셨습니다. 그러면서 하나님은 그들이 그의 목소리에 순종하고 하나님을 굳게 붙들며, 하나님만을 그들의 하나님으로 모시고 하나님의 말씀과 율법을 그들 생활의 규칙과 지침으로 삼아야 한다는 것을 명문으로 정하셨습니다. 하나님께서는 언제나 이 언약을 지키셨지만 그의 백성들은 아주 금방 깨뜨렸고, 그래서 모세는 두 돌판을 박살내었는데, 이는 이스라엘이 하나님의 법을 어긴 방식을 보여주는 적절한 상징이었습니다.

하늘과 땅을 지으신 크신 하나님께서 세상의 모든 거민들 가운데 겨우 한 민족만을 거두시고 이들을 선택에 의해서, 불러내심에 의해서, 언약에 의해서 자기 백성으로 삼으셨는데, 그들이 계속해서 하나님을 지치게 만든다는 것을 생각하면 참으로 슬픈 일이 아닙니까? 다른 민족들은 자기 신들을 바꾸지 않았습니다. 그 시대에는 한 민족이 자기들 우상을 버리는 것은 드문 일이었습니다. 다른 민족들은 우상에 불과한 신들을 가지고 있는 반면에 유일하게 참 하나님을 모시고 있는 이스라엘은 살아계신 참된 하나님을 버리고 그들에게 아무 유익도 줄 수 없는 이방 신들을 하나님의 자리에 세웠습니다.

그런데, 이런 인간 본성의 현상, 즉 이같이 참 하나님을 떠나 우상들을 좇아가는 인간의 행습은 끊임없이 되풀이 되고 있습니다. 우리는 하나님의 교회에서도 이런 현상을 봅니다. 교회는 그리스도를 향한 순결한 사랑에 만족하지 않고 끊임없이 이런저런 이상한 연인의 뒤를 따라갑니다. 그리스도의 순전한 진리를 버리고 찬란한 듯이 보이는 오류를 따라가고, 그리스도의 단순한 예배를 버리고 사람의 어떤 고안을 따라갑니다. 하나님께서 그의 종 선지자 스마야를 통해서 말씀하셨을 때조차도 유다 사람들은 자기들의 우상을 따르고 싶어 못 견뎠고 어떻게든지 하나님을 떠나려고 했습니다. 그래서 여호와께서 말씀하셨습니다. "너희가 나를 버렸으므로 나도 너희를 버려 시삭의 손에 넘겼노라. 그들이 시삭의 종이 되어 나를 섬기는 것과 세상 나라들을 섬기는 것이 어떠한지 알게 되리라."

**1. 첫째로, 이미 이 세상 나라들을 섬기기로 결심한 사람들이 있다는 점을 생각해 보겠습니다.**

우리 주변에는 의도적으로 하나님을 섬기지 않고 다른 주인들을 섬기기로 결심한 사람들이 많습니다. 사랑하는 여러분, 여러분이 하나님을 섬기기로 마음먹었다면 그것은 하나님께서 여러분을 선택하셨기 때문입니다! 오늘 밤 이 설교를 듣는 분들 가운데 인생의 목표가 하나님을 영화롭게 하는 것인 사람, 즉 진심으로 하나님 앞에서 하나님을 경외하는 자로 살며, 하나님을 기쁘시게 하려고 노력한다고 말할 수 있는 사람이 있다면, 그것은 여러분 마음속에서 은혜가 작용하였다는 증거입니다. 여러분은 그와 같은 은혜의 활동이 여러분에게 일어났다는 것에 매우 감사해 합니다. 그런데 우리 형제들 가운데는 다른 신을 택하고 그래서 다른 방식으로 살기로 결심한 사람들이 아주 많습니다!

어떤 사람들은 공공연한 죄의 노예가 되기로 결심하는 사람들이 있습니다. 만약 그들이 그처럼 공공연한 죄의 노예가 되면 어떤 일이 벌어질 것인지 다 안다면 결코 그런 노예 생활을 선택하지 않을 것이라고 생각합니다. 그러나 그들은 실제로 그런 생활을 택하였습니다. 술주정뱅이가 되기로 결심한 사람들이 참으로 많습니다! 그들은 자기들이 예배하는 술의 신 바커스에게서 무엇을 볼 수 있습니까? 그런가 하면 방종함의 노예들이 있습니다. 나는 우리의 이 더러운 도시, 거리마다 죄의 유혹이 넘쳐나는 이 도시에서 그처럼 많은 사람이 빠지는 여러 가지 부정한 일들을 언급할 필요가 없습니다. 악의 형태들은 아주 많습니다. 나는 그 형태들을 일일이 다 언급할 수가 없습니다. 내가 모두 언급한다고 하더라도 어떤 것은 빠트릴 수 있기 때문입니다. 그러면 그런 악의 영향을 받고 있는 사람은 내가 언급하지 않기 때문에 그것은 죄가 아니라고 생각할 수도 있습니다. 그런데 여러분이 죄악적인 즐거움을 위해 살기로 결심한다면, 여러분은 노역(奴役)의 상태에 들어간 것입니다. 거기에 비해 하나님을 섬기는 일은 실로 가볍고 즐겁습니다. 가장 엄격한 형태의 종교가 여러분에게 무엇을 요구하든지 간에 악한 쾌락이 요구하는 것만큼 해 되는 것을 여러분에게 요구하지 않을 것입니다. 나는 이 자리에 서서 그동안 보아 온 여러 경우들, 곧 남녀를 막론하고 죄를 추구하다가 거지 신세가 된 사람들에 대해 이야기할 수 있습니다. 정직하고 경건한 부모의 아들이 누더기를 걸치고 몸에 이나 벼룩 같은 것이 득실거려 아무리 동정심을 품고 그에게 말을 하려고 해도 도무지 가까이 갈 마음이 생기지 않는 경우를 내가 보지 않았습니까? 술 때문에 온갖 병을 얻고서도 거만을 떨지만 곧 죽게 생긴 그와 같은 사람을 내가 보지 않았습니까? 또 이런 죄들 외에 또 다른 죄들을 더하여서 병원에 입원해 침대에 누워 있는 비참한 사람을 우리가 때때로 방문하여 그와 이야기할 때, 그가 스스로 그 모든 병을 자초하긴 했지만 우리는 순교자가 화형대에서 죽을 때 하나님을 위하여 견딘 그처럼 무서운 고통도 이 어리석고 불쌍한 사람이 자기 욕망을 추구한 대가로 견디는 고통만큼은 못하다는 생각을 갖지 않을 수 없지 않았습니까?

　　나는 여러분에게 말하고 또 세상에 이 진술, 곧 죄의 종살이가 노예 상태 가운데 가장 끔찍한 것이며, 또 사람들이 죄에 항복하고 그래서 사람들의 열정이 지배하게 되면 이제까지 지구상에 있었던 어떤 악한 농노 제도도 사람들 자신의 열정에 속박되는 것에 비하면 자유나 다름없다는 주장에 이의를 제기해 보라고 말하겠습니다. 여러분이 이 문제에 관해 진리를 알고 싶다면 나는 여러분에게 경험을 통해서 그것을 알라고 조언하지 않겠습니다. 그보다는 여러분이 평생 악한 길을 달려왔고 이제 인생의 마지막에 다다른 사람에게 가서 죄의 삯이 사망이라는 말이 틀리지 않았는지 물어보라고 권하겠습니다. 그 다음에는 이번 주에 세상을 떠난 우리 형제들 가운데 한 사람과 같은 그리스도인에게, 곧 안식일에는 하나님 말씀을 전하며 보내고, 주중에는 생계비를 버는 일을 한 사람에게 가보십시오. 그가 암 때문에 죽게 되었을 때, 그를 본 사람들은, 얼마 있지 않으면 주님과 함께 있을 것을 내다보는 그만큼 행복할 수 있는 사람은 아무도 없고, 그만큼 승리의 기쁨으로 가득 찰 수 있는 사람도 아무도 없었다고 말했습니다. 나는 하나님을 섬기겠습니다! 나는 내 욕망을 섬기지 않겠습니다! 청년 남녀 여러분, 하나님께서 은혜로 여러분을 도우셔서 여러분이 지금 당장 그처럼 지혜롭고 복된 선택을 하도록 해 주시기를 바랍니다!

　　악을 숭배하는 사람들은 많지 않습니다. 그러나 악을 숭배하지 않는 사람들이 돈벌이는 신봉합니다. 그들은 부를 갈망하는 노예들입니다. 이것은 매우 일반적인 악입니다. 나는 여러분이 돈벌이를 인생의 유일한 목적으로 삼은 사람들을 보기를 바랍니다. 구두쇠는 부자로 죽기 위해 가난하게 삽니다. 그는 자기 상속자가 돈을 다시 뿌리도록 하기 위해 어떻게 해서든지 돈을 긁어모읍니다. 그래서 정말로 나는 그의 신은 아주 형편없는 존재이고, 그가 자기 신에게 바치는 수고는 아주 불쌍하기 짝이 없는 일이라고 생각합니다. 왜냐하면 그가 돈 모으기에 성공해도 그 다음에는 돈을 지키는 일이 있고, 그것이 어떤 사람들에게는 정말로 아주 큰 근심거리이기 때문입니다. 나는 이 시대의 가장 부자 가운데 한 사람에 대해서 말하려고 하는데, 그 이름은 언급하지 않겠습니다. 어떤 사람이 그에게 그의 큰 부에 대해서 축하하는 말을 하자 그가 이렇게 말했다고 하는데 사실이라고 믿습니다. "아, 그런 말 하지 마세요. 방금까지도 내게 편지를 써 보내기를, 내가 자기에게 200파운드를 주어야 하고, 그렇지 않으면 내 머리를 날려 버리겠다고 말한 사람이 있어요. 나는 어디 가든지 항상 돈 때문에 괴롭힘을 당하고 있어요. 돈은 돈을 가지고 있는 사람에게 결코 행복을 가져다주지 못해요." 그는 다른 사람들이 알아보게 되어 있습니다. 그는 대부분의 사람들보다 많은 것을 가지고 있기 때문입니다. 여러분은 사회에서 소위 높은 신분에 오르는 사람들이 행복을 더 많이 갖는 것이 아니고, 수행해야 할 짐이 더 무거운 것뿐이라는 것을 알 것입니다. 나는 밖에 나가서 산책할 때 지팡이 한 개가 내게 큰 도움이 되는 것을 발견합니다. 그러나 내가 스무 개의 지팡이 다발을 갖고 있다면 그것은 가지고 다니기에 아주 큰 짐이 될 것이라고 생각합니다.

　　엄청난 부를 축적하는 사람들은 그 게임은 돈들일 만한 가치가 없다고 종종 고백합니다. 그들은 즐길 수 없는 것을 획득하였을 뿐입니다. 어쨌든 사람은 한 번에 양복을 한 벌 이상 입을 수 없습니다. 그 사람에게 원하는 대로 해보라고 해도, 그가 하루에 식사를 일곱 번 할 수 없고, 다른 누구보다 열 배로 즐길 수도 없습니다. 가난한 사람은 언제나 음식을 달게 먹을 수 있고 그의 걱정은 먹을 음식을 얻는 것뿐인데 반해, 이 불쌍한 부자는 도무지 식욕이 없어서 진수성찬도 즐길 수가 없습니다. 아, 돈벌이 신봉자는 고된 노역에 종사하고 있는 것입니다! 나는 그가 나이가 들고 풍족해졌는데도 여전히 기를 쓰고 일하는 것을 보았습니다. 그는 항상 사무실에 있어야 했고, 아주 형편없는 월급을 받는 직원처럼 항상 그 자리를 지키고 있어야 했습니다. 그리고 그는 언제나 그렇듯이 여전히 인색합니다. 그는 돈더미 밑에 깔렸습니다. 사랑하는 여러분, 여러분은 하나님을 위해 사십시오. 하나님께서 여러분에게 이생에 필요한 것들을 주실 것입니다. 하나님께서 여러분에게 진정으로 유용하게 쓰일 만큼 그런 것들을 얻는 법을 가르쳐 주실 것입니다. 그러나 만일 여러분이 돈을 여러분의 신으로 삼으면 여러분은 혹독한 주인을 섬기게 될 것입니다.

　돈을 많이 벌려고 하지 않는 사람들도 있습니다. 그렇지만 그들은 유행을 사랑하고 사교계를 좋아하며 세상을 찬미하는 사람들입니다. 이런 신사숙녀들에 대해서는 많이 이야기하지 않겠습니다. 나는 그들의 특별한 노예 상태에 대해 이야기할 만큼 그들에게 관심이 많지 않습니다. 그들은 "사교계"가 떠나면 그들도 런던을 떠나야 합니다. 그들은 사교계 사람들이 마을에서 나갈 때 집에 머물러 있는 것을 부끄럽게 생각할 것입니다. 그들이 이런저런 곳에 가야 하는 것은 그곳에 가고 싶어서가 아니라 그것이 유행이기 때문입니다. 유행에 따라 그들은 꼭 이 만큼은 해야 하고 저 만큼은 하지 않아야 합니다. 가엾은 노예들이여, 나는 그들을 묶고 있는 사슬의 모든 연결고리를 딱 하고 부러트리고 싶습니다! 사람들이 옳은 것을 감히 하려고 하지 못하고 다른 사람들이 하는 것만을 하지 않을 수 없다는 것은 참으로 끔찍한 노예 상태로 보입니다. 그들이 이 족쇄를 부술 의지와 힘이 있으면 좋겠습니다! 유행을 위해서 옷을 입고 유행을 위해서 사는 사람은 더 이상 사람이 아닙니다. 나는 사람들이 그런 이들을 뭐라고 부르는지 압니다. 그러나 그런 사람들에게 적용되는 경멸적인 용어를 내 입으로 반복하지는 않겠습니다. 살면서 유행을 따르기만 하는 여성은 더 이상 여성이 아닙니다. 그런 여성에 대해서는 더 말하지 않겠습니다. 유행이라는 이 우상은 무정하고 어리석은 신입니다. 이 신은 자기 신봉자가 바보가 되도록 요구하기 때문입니다.

　최근에 나타난 또 다른 사이비 종파가 있습니다. 어떤 이들이 이 종파를 선택하였고, 그래서 "문화"의 신봉자들이 되었습니다. 참으로 많은 사람들이 매우 사려 깊고 영리하며 우수한 인물들로 간주되고 싶어서 단순한 복음을 버렸고, 자기 어머니가 지녔고 자기 아버지가 간직하고 죽었던 성경에 대한 믿음을 떠났습니다! 그동안 나는 성경이 자기에게 많은 것을 믿으라고 요구한다는 이유로 어떤 사람이 하나님의 말씀에 대한 믿음을 포기할 때마다 그의 불신앙은 그에게 더 많은 것을 믿도록 요구하는 것을 보았습니다. 그리스도를 믿는 신앙에 어려운 점들이 있다고 할지라도, 그 점들은 신앙의 자리를 대신 차지하려고 하는 어떤 불신앙적인 학문 체계에 있는 불합리한 점들의 십분의 일도 되지 않습니다. 나는 오늘날 많은 사람들이 혹하고 있는 진화론 전체가 하나님 말씀에서 가르치는 것을 가지고 만든 아주 우스꽝스런 이론보다 만 배나 더 터무니없고, 진화론은 신앙 이상의 것을 요구하며 성경에서 추론한 어떤 교리를 믿는 것보다도 훨씬 더 무턱대고 받아들일 것을 요구한다고 서슴지 않고 말할 수 있습니다. 만일 여러분이 시삭의 종이 된다면 그를 믿은 대가로 많은 것을 치러야 하는 것을 발견하게 될 것입니다. 그는 여러분에게 세금을 물릴 것이고 여러분이 가지고 있는 것을 전부 빼앗아갈 것입니다. 반면에, 뭐니 뭐니 해도 하나님이 말씀하신 것을 믿는 것은 이치에 맞는 봉사입니다. 신앙에서 새로운 사상을 좋아하는 사람, 즉 아주 똑똑하고 학식 있는 "진보적인" 사람은 그가 지금까지 그리스도인들에게서 보았던 마음의 즐거운 안식을 잃어버렸다고 고백하지 않을 수 없을 것입니다. 그 안식은 쿠퍼(Cowper)가 "자신의 성경책이 맞다는 것을 알고, 또 저 똑똑한 프랑스인이 결코 알지 못한 진리를 알고 있다"고 묘사한 그 경건한 부인이 누린 즐거움이었습니다. 여기에 우리의 안전한 정박지가 있습니다. 개인의 무오류를 주장하는 바다에는 정박지가 없습니다. "나는 그런 주장을 한 적이 없다"고 사람들은 말합니다. 그렇지 않습니다, 여러분. 무오류성에 대한 생각은 반드시 어딘가에 있습니다. 여러분이 하나님 말씀을 판단하는 사람이 된다면, 그 무오류성을 하나님 말씀에서 여러분 자신에게로 옮긴 것입니다. 여러분은 사실 자신의 무오류성을 주장하는 것입니다. 마음속 깊이 그렇게 생각하는 것입니다. 여러분이 도대체 그렇게 잘못된 생각에서 어떻게 안식을 얻을 수 있겠습니까? 자신을 의지하는 사람은 사실 참으로 허약한 기초를 의지하는 것입니다.

　나는 오늘 밤 이 하나님 말씀에 의지해서 기도할 수 있고, 살 수 있으며 죽을 수도 있다고 믿습니다. 내 믿음은 계시된 하나님의 말씀에 확고히 서 있습니다. 나는 내게 너무도 익숙한 괴로운 신체적 고통의 시간에, 또 걸핏하며 빠지는 깊은 영적 침체의 때에, 그리고 가장 신뢰하는 친구들이 나를 버렸기 때문에 그들을 마음에서 정리하는 참혹한 시간에, 또 사람들에게서 나만큼 악한 말을 들은 사람이 있는지 모르겠지만, 아무튼 비방을 받는 시간에 이 믿음이 나를 붙들어 주는 것을 발견합니다. 나는 영원한 진리들을 의지할 수 있습니다. 그 진리들은 나의 도움이 오는 산이며, 결코 나를 실망시키지 않습니다. 누가 자신의 "문화"나 "진보" 혹은 자신의 "진보적인 사상"에 대해 그와 같이 말할 수 있습니까? 누가 그런 것에 의지해서 살거나 죽을 수 있겠습니까? 그는 그런 것에 의지해서 살지도 못합니다. 그는 자신의 신조를 자기가 인정하는 그대로 쓰지 못합니다. 그가 오늘은 이것을 믿지만 내일은 아주 다른 것을 믿을 수 있고, 다음 날에는 필시 그의 기초를 또 바꾸었을 수 있기 때문입니다. 이 시삭, 곧 최근에 부상한 이 새로운 신, 그에 대한 봉사는 영원한 진리에 대한 봉사보다 말할 수 없이 더 혹독하고, 그 봉사로부터 받는 삯은 아무것도 없습니다!

세상 나라들을 섬기기로 택한 사람들에 대해서는 한 계층만 더 언급하도록 하겠습니다. 이들은 자기 의를 추구하는 사람들입니다. 이것은 지금도 많은 사람이 예배하는, 매우 훌륭한 구식 신입니다. 이들은 자신의 행실로, 자신의 구제로, 자신의 종교심으로, 혹은 성례에 의해, 사제들에 의해, 자신의 감정에 의해, 자신만의 어떤 것에 의해 구원받으려고 애쓰고 있습니다. 이것은 사람이 거기에서 어떤 안식이나 확신도 가질 수 없는 힘든 길입니다. 이것은 사람이 뒤에서 들리는 채찍 소리, 곧 "이를 행하라 그러면 살리라. 이를 행하지 말라 어기면 죽으리라"는 소리 때문에 무서워서 달려가는 길입니다. 단순하게 그리스도를 믿고 감사하는 마음에서 그에게 복종하는 이 길, 살기 위해서 일하지 않고 생명이 있기 때문에 일하는 이 길, 구원받기 위해서 그리스도를 섬기려고 하지 않고 구원을 받았기 때문에 또 하나님께서 여러분 속에서 행하신 일을 이루고 싶고, 하나님께서 기뻐하시는 것을 행하고 싶어서 그리스도를 섬기려 하는 이 길은 그보다 무한히 뛰어납니다!

이와 같이 각기 다른 여러 주인들을 살펴보았는데, 이 부분에 대해서는 이번만 한 번 더 말하고 넘어가겠습니다. 즉, 세상 나라들을 섬기기로 택한 사람들은 매우 어리석고 악한 결정을 한 것이고, 하나님을 섬기기로 택한 사람들은 온 마음으로 영원히 하나님을 찬송할 수 있다는 것입니다.

**2. 두 번째 요점은, 어떻게 하든지 하나님 섬기기를 포기하고 가서 세상 나라들을 섬기려 하는 사람들이 있다는 것입니다.**

이것이 기이한 일입니다. 하지만 이 악은 하나님 백성들 가운데서 언제나 발생하고 있습니다. 어떤 사람들은 순전히 변화를 사랑하기 때문에 변화를 원합니다. 여러분이 목사를 바꾸고 싶은 생각이 든다면, 나는 그것을 전혀 이상하게 생각하지 않습니다. 여러분 가운데는 내 목소리가 아주 지루해졌을 사람들이 틀림없이 있을 것입니다. 그것은 이상한 일이 아닙니다. 그러나 여러분이 복음을 바꾸고 싶어 한다면, 나는 참으로 괴로워할 것입니다. 값없는 은혜와 간절한 사랑이라는 영광스러운 선율을 노래하는 영원한 종소리가 싫증이 나는 사람이 있다면, 나는 정말로 소스라치게 놀랄 것입니다. 안 됩니다. 그래서는 안 됩니다. 나는 영원히 하나님의 목소리를 들을 것입니다. 하나님의 목소리에는 영원한 신선함과 새로움이 있기 때문입니다. 설교가 단조롭지만 거기에 예수님과 그의 사랑이 가득 차 있다면 나는 설교자의 단조로움을 참을 수 있습니다. 그런데 무엇에든지 충실하지 못하는 사람들이 있습니다. 그들은 마치 달과 같은 사람들입니다. 여러분은 옷 한 벌을 가지고 그것이 항상 맞기를 바라며 달의 치수를 잴 수 없습니다. 그와 같이 여러분은 이 사람들이 어떤 사람들인지 혹은 그들이 어디에 있는지 말할 수 없습니다. 그들은 항상 변하기 때문입니다.

어떤 사람들은 새로운 것의 외적인 면에 끌려서 자기들의 우상을 떠나고 싶어 합니다. 그들에게는 "문화" 사상들에 열중하는 것이 대단하게 보이고, 세상을 위해 사는 것이 멋진 일로 보입니다. 세상 사람들이 자가용 마차를 타고 지나갈 때 아주 대단하게 보입니다. 그리고 왜 우리가 저 사람들처럼 크게 되지 말라는 법이 있는가 하고 생각합니다. 그때 절호의 기회에 관해서 고려해야 할 아주 명백한 것이 있습니다. 어쨌든 여러분에게 큰돈이 없다면 어떻게 해볼 도리가 없기 때문입니다. 세상은 여러분을 중요하게 생각하지 않을 것입니다. 사람들은 말합니다. "나는 그리스도를 따른다는 생각을 좋아합니다. 하지만 그리스도는 마른 땅에서 뽑혀 나온 뿌리 같고, 그의 백성들은 대체로 가난하고 평범한 사람들입니다. 나는 최상류층 사람들의 무리에 들어가고 싶습니다." 사람들이 하나님의 백성을 헐뜯기 시작할 때, 나는 언제든지 그들 자신이 그리 대단치 않은 사람인 것을 발견합니다. 누군가가 하나님의 자녀가 가난하다는 이유로 그를 부끄러워한다면, 그 자신이 참으로 불쌍한 존재임에 틀림없습니다. 그런데 바로 그것이 종종 사람들이 하나님을 섬기는 데서 떠나 세상 나라들을 섬기는 데로 가는 이유입니다.

때때로 사람들은 하나님을 섬기는데 기쁨을 잃었다는 이유로 외면합니다. 그들이 이제는 예전처럼 주님을 섬기고 있지 못합니다. 주님을 위해 하는 일이 조금밖에 되지 않습니다. 믿음이 적은 것은 매우 괴로운 일입니다. 믿음이 조금 밖에 없다면 여러분은 하나님의 일에 아무 즐거움을 발견하지 못할 것입니다. 그것은 마치 이른 아침에 강에 목욕하러 가는 아이와 같습니다. 아이는 물에 발을 살짝 한 번 담그고 "아 차가워" 하고 소리칩니다. 그리고는 곧바로 몸을 와들와들 떱니다. 그러나 추수 때 낫을 들고 논으로 뛰어드는 사람은 금방 온 몸이 달아오릅니다. 어떤 신자들은 낫을 한 번 들었으면 좋겠습니다. 그들이 낫을 든다면 하나님의 기쁨이 그들의 몸을 휩쓰는 것을 느낄 것이고, 자기가 하나님 섬기는 일을 그만두고 싶어하게 될 것을 전혀 염려하지 않을 것입니다. 믿음이 작은 것에 주의하십시오. "나는 천국에 들어갈 수 있을 만큼만 신앙이 필요하고, 중대한 위험을 모면할 만큼만 경건이 필요해"라고 말하는 것은 그리스도의 이름을 더럽히는 것이고 참으로 천한 일입니다. 신앙에서 기쁨이 사라졌을 때, 사람들이 신앙을 떠나고 싶어한다는 것이 이상한 일이 아닙니다.

그 다음에, 다른 사람들이 신앙에서 뒤로 물러나는 것 때문에 하나님을 섬기는 것을 그만두고 싶어하는 사람들이 많이 있습니다. 그들은 이렇게 말하는 사람들을 많이 만납니다. "자, 정말로 당신은 그런 구식을 계속해서 고집할 생각은 아니겠지요?" 또 어떤 사람은 말합니다. "정말 빛나고 새로운 것을 발견했어." 그들은 이런 유혹하는 목소리에 귀를 기울이고, 속으로 생각합니다. '사람이 언제까지나 흐름을 거스를 수는 없어.' 그들이 제대로 생각한다면, 살아 있는 물고기는 흐름을 거슬러 헤엄치며, 조류와 함께 떠내려가는 것은 죽은 물고기라는 것을 기억할 것입니다. 나는 이렇게 말하는 사람이 좋습니다. "나는 친구들을 따라 신앙생활을 할 생각이 없습니다. 친구들이 천국에 갈 생각이 없다면, 그들을 유감스럽게 생각합니다. 그렇지만 나는 내가 목표로 하고 있는 것을 압니다. 전능하신 하나님, 내 마음이 확정되었고, 주님께 확정되었습니다. 나는 하나님의 아들을 믿고, 그의 보혈을 신뢰합니다! 맑게 갠 날이 오든 궂은 날이 오든, 나는 아름다우신 왕을 뵙고 그와 함께 영원히 통치할 때까지 계속해서 천성을 바라보기로 결심했습니다." 하나님께서 여러분에게 그처럼 확고하게 굳은 결심을 주시기 바랍니다! 어떤 일이든 주변 상황과 반대로 할 수 없는 사람들이 많습니다. 그들은 다른 사람들이 하는 대로 해야 합니다. 참으로 불쌍한 사람들입니다.

신앙으로 인해 다소 자기희생을 감수하지 않으면 안 되는 시점에 이르렀을 때 옆으로 빗나가는 사람들이 있습니다. 나는 이렇게 말하는 사람들을 보았습니다. "글쎄, 나는 하나님을 위해 많은 일을 할 준비가 되어 있습니다. 하지만 우리는 어느 지점에선가는 선을 분명히 그어야 해요. 어떤 사람은 아주 비싼 값을 치르고 금을 살 수 있습니다. 하지만 나는 그렇게 할 수 없습니다. 예를 들면, 나는 일자리를 포기할 수 없어요. 만일 사장이 내게 잘못된 일을 하라고 시키면, 양심을 조금 누르고 그 일을 해야 한다고 생각합니다. 일자리를 잃을 수는 없으니까요." 또 어떤 사람은 말합니다. "나는 이런저런 잘못에 대해 항의할 수가 없어요. 그렇게 하면 친구들이 다 나를 싫어하고 나를 고집불통이고 편협하다고 할 것입니다." 그런 말을 들으면 여러분은 마음이 상하겠지요? 그렇다면 여러분의 마음은 매우 부드러운 마음일 것입니다. "아, 나는 사실 혼자서 끝까지 버틸 수 있는 사람이 아니에요." 그렇습니까? 그렇다면 이 말씀을 기억하시기 바랍니다. "두려워하는 자들과 믿지 아니하는 자들은 불과 유황으로 타는 못에 던져지리라"(계 21:8). 하나님께서 여러분이 그런 곳을 유업으로 받지 않게 해 주시기를 구합니다! 여러분이 어찌하든지 그리스도를 따를 수 있으면 좋겠습니다! 여러분이 이렇게 말할 수 있기를 바랍니다.

"예수께서 인도하시면 홍수와 불길을 뚫고서라도
주께서 가시는 곳에 따라가겠네.
세상과 지옥이 맞설지라도
'나를 막지 말라'고 소리치겠네."

**3. 이제 끝으로, 하나님을 섬기는 것과 다른 것을 섬기는 것 사이의 큰 차이점을 생각해 보겠습니다.**

하나님을 섬기는 일은 즐겁습니다. 젊은이 여러분, 만일 여러분이 하나님을 섬기는 일에 관여하게 된다면 여러분에게 해 되는 것을 요구받는 일은 결코 없다는 것을 기억하시기 바랍니다. 하나님의 계명에는, 그것을 지킬 때 여러분의 몸이나 영혼에 해를 끼칠 계명은 하나도 없습니다. 여러분에게 유익이 될 것 외에는 요구하는 것이 아무것도 없습니다. 정말로 여러분에게 손해를 끼칠 계명은 아무것도 없습니다. 계명을 지키면 현재 손해가 따를 것처럼 보일지라도, 결국 그것은 장차 유익이 될 것입니다. 하나님께서 그 손해를 바꾸어 여러분의 영원한 유익이 되도록 하실 것이기 때문입니다.

그 다음에, 여러분에게 복이 될 것을 여러분이 하나님을 섬긴다고 해서 받지 못하

는 법은 전혀 없다는 점을 유의하시기 바랍니다. "여호와께서 정직하게 행하는 자
에게 좋은 것을 아끼지 아니하실 것임이니이다"(시 84:11)는 것이 하나님의 약속
입니다. 여러분이 하나님의 계명을 순종하면 즐거움과 힘과 참된 영광을 실로
적지 않게 얻을 것입니다. 때로는 여러분이 즐거워 보이는 것을 포기해야 하는
것처럼 생각될 수도 있습니다. 그러나 하나님께서는 자기 자녀들에게 진정으로
그들의 유익이 되는 것을 결코 거절하시지 않습니다. 사람이 아주 지혜로워서
전체적으로 자신에게 최상의 것이 되도록 인생을 꾸려나갈 수 있다면, 그가 하
나님의 계명과 그리스도의 모범을 따라 사는 것만큼 그 일을 잘할 수는 없을 것
입니다. 여러분은 내가 앞에서 말한 여러 가지 노예 상태들 가운데 그 어느 것에
대해서도 그렇게 말할 수 없을 것입니다.

또, 하나님을 섬기면 매일같이 꼬박꼬박 여러분에게 힘이 공급되리라는 것을 아
시기 바랍니다. 여러분이 하나님을 섬길 때 하나님께서 여러분에게 힘든 일을
보내신다면 은혜도 더욱 주실 것입니다. 그리고 여러분에게 큰 고난을 겪도록
하신다면 더 큰 인내도 주실 것입니다. 하나님은 여러분에게 주려고 준비하신
것 이상을 여러분에게 요구하시지 않습니다. 하나님께서는 여러분이 구하는 것
이나 생각하는 것에 훨씬 더 넘치도록 풍성하게 여러분을 위해 행하실 것입니
다. 우리를 자비량하며 가서 싸우라고 결코 보내지 않는 이 섬김은 참으로 놀라
운 봉사입니다! 애굽 왕 시삭과 애굽의 모든 왕들은 피라미드를 많이 건설하고
운하를 많이 팠습니다. 여러분은 종종 어떻게 이들이 그런 일을 했는지 궁금하
였을 것입니다. 이 애굽 왕들 가운데 한 왕의 치세 기간에는 거의 30만 명이 넘
는 백성들이 강제로 가서 운하를 팠습니다. 이들은 급료를 한 푼도 받지 않았
을 뿐만 아니라 빵 한 조각도 받지 못했고 심지어 연장조차도 제공받지 못했습
니다. 이 사람들 대부분은 손으로 운하를 파지 않으면 안 되었고, 그래서 수많은
사람들이 죽었습니다. 바로 이것이 애굽 왕인 여러분의 시삭입니다. 바로 이것
이 마귀를 섬기는 일입니다. 아무 보상도 받지 않고 아무런 도움도 받지 못합니
다. 여러분은 할 수 있는 최선을 다하도록 되어 있지만, 그렇게 최선을 다할지라
도 이생에서와 장차 올 세상에서 아무런 보상도 받지 못합니다.

하나님을 섬기는 일에는 이 외에도 아름다운 점이 또 있습니다. 그것은 하
나님을 계속 섬기라고 협박하는 일이 전혀 없다는 것입니다. 여러분이 그리스도를
믿는 신자라면 여러분은 구원을 받은 것입니다. 그 문제는 끝이 났습니다. 그리

스도께서 여러분을 구원하셨습니다. 여러분은 여러분이 할 수 있는 것을 가지고 천국에 가야겠다거나 지옥을 피하겠다는 생각으로 나가서 하나님을 위해 일할 필요가 없습니다. 여러분은 지금 구원받은 상태에 있습니다. 그래서 여러분은 더 고상하고 더 순수하며 더 큰 동기를 가지고, 즉 사심 없는 감사의 마음으로, 하나님께서 먼저 여러분을 사랑하셨기 때문에 하나님을 사랑해서 섬기는 것입니다. 여러분은 죄의 노예 상태와는 전혀 다른 방식으로 하나님을 섬기는 것입니다. 노예의 노역은 괴로운 것입니다. 그러나 아들로서 섬기는 일은 즐겁습니다. 우리는 그렇게 하나님을 섬기도록 부름을 받은 것입니다.

여러분은 하나님의 종으로 있는 동안 내내 여러분이 행한 일을 생각하면서 즐거운 평안을 누립니다. 여러분은 한나절이나 하루 저녁 친구들과 함께 나가서 아주 비난받을 만한 것은 아니지만 그렇다고 아주 칭찬받을 만한 것도 아니게 아주 떠들썩하고 유쾌하게 시간을 보낸 적이 있습니까? 여러분은 잠자리에 들었을 때, "글쎄, 어쨌든 그리 즐겁지가 않네"라고 생각해본 적이 없습니까? 여러분이 기도하러 방에 들어갔을 때 마치 무릎을 다친 것처럼 무릎이 잘 구부러지지 않고, 밤중에 잠이 깨어서 아주 즐거운 시간을 보냈던 것 같은 일을 곰곰이 생각해 볼 때, 그것이 여러분의 입에는 꿀처럼 달지만 뱃속에서는 쓸개처럼 쓰지 않았습니까? 여러분이 하나님을 섬기는 일로 하루 종일을 보냈습니까? 여러분이 밤에 잠자리에 들었을 때, 어떤 느낌이 들었습니까? 아마 많이 피곤했을 것입니다. 그러나 여러분이 그 하루를 돌아볼 때 아무 후회할 것이 없는 것에 매우 감사했을 것입니다! 여러분은 하나님을 섬긴 일을 반추해 볼 수 있었습니다. 그 일을 돌이켜 볼 때 밤에 여러분의 마음을 기쁘게 하는 것이 있었습니다. 조지 허버트(George Herbert) 목사가 무거운 짐을 든 불쌍한 여인을 도왔을 때, 사람들이 교구 목사가 가난한 여자의 바구니를 대신 들어주는 것을 보고 이상하게 여기자 "이 일을 기억하면 밤에 내 마음속에서 종소리가 울릴 거요"라고 말하였듯이, 하나님을 섬기는 일은 우리 마음에 종소리를 울려줍니다.

끝으로, 이 모든 것보다도 곧 우리에게 임할 영원한 보상에 대한 소망이 있습니다. 일전에 내가 한 그리스도인 형제와 함께 배를 타고 갔습니다. 서로 이야기하다가 내가 이런 말을 했습니다. "형제도 알겠지만 나는 15분이면 천국에 갈 수가 있습니다. 배가 가라앉을지라도 내게는 아무 차이가 없을 것이라고 생각합니다." 그러자 그가 "나도 그렇게 생각합니다" 하고 대답하였습니다. 나는 우리가 그 증기선에 타고 있는 사람들 가운데 가장 행복한 사람이었다고 믿습니다. 여러분이 여러분 자신의 것이 아니고 하나님의 것이라고 느끼는 것은 참으로 즐거운 일입니다! 여러분이 진정으로 하나님께 속해 있다면 하나님은 여러분을 잃지 않으실 것입니다. 하나님은 정말로 자기에게 속한 것을 이제까지 잃으신 적이 없습니다. 하나님께서는 여러분이 그리스도에게 속해 있다는 것을 보여주시기 위해 큰 화살을 꺼내거나 아니면 피 흘리는 심장을 내놓으십니다. 마귀는 감히 여러분을 데리고 도망갈 생각을 하지 못합니다. 하나님의 소유물 목록이 낭독되는 그 날에 하나님께서는 여러분을 불러내실 것입니다. 여러분은 그리스도께서 표시해 놓으신 사람으로 알려질 것입니다. 여러분은 영원히 그리스도의 것이 될 것입니다. 우리는 지금 살고 있는 방식 그대로 죽을 수 있도록 그렇게 살도록 노력합시다! 여러분이 무덤이 길을 막을지라도 계속해서 곧장 걸어가는 식으로, 똑바로 앞으로 가 무덤을 지나쳐서 저쪽 편으로 나가는 식으로 행하는 것은 잘하는 일입니다.

젊은이 여러분, 여러분은 영원히 계속해서 가고 싶은 길을 갈 생각이 있습니까? 기차가 출발하고 있고, 여러분은 자리에 앉아 있습니다. 여러분은 어느 길로 가기 원하십니까? 빛나는 나라로 가기 원하십니까? 아니면 어둠의 나라로 가기 원하십니까? 곧장 더 나은 나라로 갈 열차에 자리를 잡으십시오. 자리를 잡고 이렇게 생각해 보십시오. '자, 이 기차는 곧장 종착역으로 갈 수 있어. 그러기 위해서 기차를 탔으니 이 여행을 끝낼 수 있을 거야.' 많은 사람들이 갈 수 있는 데까지 어두운 골짜기를 따라 내려가기를 바라고, 그 다음에는 이 역이나 저 역에서 나와 다른 열차로 바꿔 탈 수 있을 것으로 기대합니다. 그처럼 어리석게 생각하지 마십시오. 오늘 밤 바른 열차를 타십시오. 영원한 생명을 굳게 붙드십시오. 예수님을 믿으십시오. 우리가 쓰디쓴 경험을 통해서 하나님을 섬기는 것과 어둠의 나라를 섬기는 것 사이의 두려운 차이점을 알게 되는 일이 없이 천국에서 만나기를 바랍니다.

사랑하는 친구 여러분, 하나님께서 여러분에게 복 주시기를 구합니다! 아멘.

제
4
장
—

# 준비 없는 자, 르호보암

—

"르호보암이 악을 행하였으니 이는 그가 여호와를 구하는 마음
을 굳게 하지 아니함이었더라." – 대하 12:14

아마도 그동안 여러분은 대체로 거룩한 사가(史家)들이 각 왕의 통치 끝에
가서 그 군주의 성품을 요약하고, 그가 여호와 보시기에 악을 행하였다거나, 아
니면 여호와 보시기에 의를 행하였다고 기술하는 것을 보았을 것입니다. 사가들
은 왕의 전체 생애를 이 두 진술 가운데 어느 하나로 요약합니다. 여러분의 생애
와 나의 생애도 요약될 날이 올 것입니다. 생애에 대해 요약된 평가를 들을 때는
이와 같이 될 것입니다. "그가 여호와 보시기에 악을 행하였다"고 하거나, 아니
면 이처럼 복되게 "그가 여호와께서 보시기에 정직하게 행하였다"는 말을 들을
것입니다. 이 두 가지 외에 다른 인생은 없습니다. 이 두 성품에 우리 모든 사람
의 경우가 포함될 것입니다. 우리 경우에 요약된 평가가 내려질 때 르호보암의
경우에서처럼 아주 정확하게 평가될 것입니다. 그것은 절대 틀림이 없고 취소할
수 없는 요약이 될 것입니다.

이 사람 르호보암은 다른 왕들이 나쁜 것의 절반만큼도 나쁘지 않았습니다.
그러나 영감 받은 사가는 "그가 악을 행하였다"고 말하지 않을 수 없었습니다.
그는 다른 왕들처럼 완고하지 않았고 포악하지도 않았습니다. 그는 아합 같은
사람이 아니었고, 므낫세 같은 사람도 아니었습니다. 그는 므낫세가 악하게 행
했던 것처럼 살지 않았습니다. 그럼에도 불구하고 "그는 악을 행하였습니다." 이

것이 그의 전 생애에 대한 요약입니다. 이제 곧 여러분에게 보여주겠지만 그에게는 좋은 점들이 있었습니다. 그가 때로 선을 행했지만, 그의 모든 행사를 합했을 때 그의 인생에 대한 전체 평가는 이것입니다. "그가 악을 행하였더라."

그 다음에 그가 악을 행한 이유가 제시됩니다. 한 가지 이유는 그에게 악한 어머니가 있었다는 것이라고 생각합니다. 그의 생애에 대한 요약을 말하기 바로 전에 이 점이 기록된 것에 주의하시기 바랍니다. "르호보암의 어머니의 이름은 나아마요 암몬 여인이더라." 그녀는 솔로몬의 많은 아내들 가운데 한 사람으로, 솔로몬이 매우 총애하였던 여자였습니다. 그러나 그녀는 우상 숭배 하는 여자, "암몬 여인"이었습니다. 아버지가 마땅히 모범을 보였어야 하는 대로 보이지 못했고 어머니가 아주 나쁜 사람이었을 때, 그 아들의 생애가 "그가 악을 행하였더라"라고 평가되는 것은 전혀 이상한 일이 아닙니다. 이 점 때문에 결혼은 매우 중요한 걸음이 됩니다. 그런데 사람들이 그런 점을 한 번도 심각하게 생각해 보지 않고 그 걸음을 내딛는 경우가 많습니다.

어떻게 여인의 삶이 그 자녀들의 성품에 밝은 빛을 비치는지, 아니면 그들의 전 존재에 수치의 구름을 드리우는지 보십시오. 우리가 어머니에게 얼마나 많은 빚을 지고 있는지 다 말할 수가 없을 것입니다. 하나님께서 우리에게 내려 주신 더할 수 없이 선한 자비들을 기록해야 한다면, 우리를 위해 기도하고, 우리에게 예수님을 믿도록 가르친 어머니를 가장 먼저 언급해야 할 것입니다. 성령께서는 어머니가 우리에게 구주님에 관해 즐거이 말해 주는 그 방식에 복을 베푸셔서 예수님을 믿도록 가르치셨습니다. 그러나 사탄의 학교에서 훈련을 받았고 죄의 기술에 대가가 된 어머니는 자녀에게 악을 흘려보내는 끔찍한 원천입니다. 여러분 어머니들 가운데 자라고 있는 아이들에게 여러분의 악한 모범을 따르도록 하는 분들에게 하나님께서 자비를 베풀어 주시기를 바랍니다! 어머니들이여, 여러분이 자신의 이익을 생각하려고 하지 않는다면, 여러분이 자녀들에게 품고 있는 사랑, 세상에서 그보다 강한 사랑은 없다고 생각하는데, 그 사랑으로 자녀들을 위해 여러분의 길을 살펴보고, 할 수 있는 한 여러분의 자녀가 하나님 앞에서 살게 하려는 목적을 마음에 품고 하나님을 찾으시기 바랍니다.

그런데 성경은 이것을 르호보암이 악을 행한 이유로 제시하지 않습니다. 르호보암이 나쁜 어머니를 두었기 때문에 악을 행하였다고, 그의 아버지가 마땅히 해야 할 대로 하나님과 동행하지 않았기 때문에 악을 행하였다고 말하지 않습니다. 그렇게 말하지 않습니다. 그 이유는 "이는 그가 여호와를 구하는 마음을 굳게 하지 아니함이었더라"는 것이었습니다. 히브리 사람들에게는 "아버지가 신포도를 먹었으므로 그의 아들의 이가 시다"(겔 18:2)는 속담이 있었습니다. 그러나 여호와께서는 에스겔 선지자를 통해서 이렇게 말씀하셨습니다. "너희가 이스라엘 가운데에서 다시는 이 속담을 쓰지 못하게 되리라……범죄하는 그 영혼은 죽으리라"(18:3,4). 하나님께서는 각 사람을 그 자신의 행위에 따라 심판하실 것입니다. 비록 여러분이 불행하게도 세상의 그 누구보다도 악한 부모에게서 태어났다고 할지라도 하나님의 은혜가 여러분 가족 중에서 여러분에게서부터 작용하지 못할 이유는 없습니다. 여러분이 그동안 내내 신앙과 반대되게 훈련받아 왔다고 할지라도, 도시 가운데 가족 중에 한 사람이나 두 사람을 붙잡아 시온으로 데려오는 주권적인 은혜가 여러분을 그 대상으로 선택할 수 있습니다. 이 자리에 큰 슬픔을 지닌 형제들이 여러 명 있는 것으로 아는데, 그분들 각각이 내게 말했습니다. "우리 가족 가운데서 주님을 아는 사람은 나밖에 없을 거예요. 돌이켜 생각해 볼 때, 우리 집안에는 신자가 아무도 없었습니다. 주변을 둘러보아도 형제나 자매, 삼촌이나 조카들 가운데 하나님을 조금이라도 두려워하는 사람이 아무도 없는 것 같아요."

아, 사랑하는 친구 여러분, 여러분이 그처럼 특별한 하나님의 은혜를 받았다면 그만큼 더 하나님을 사랑하고 찬송해야 마땅합니다. 그러면 여러분은 틀림없이 반점이 있는 새처럼 주변 사람들의 눈에 띄고 들볶이게 될 것이므로, 그만큼 살아가는 태도에 주의하시기 바랍니다. 여러분의 빛이 사람들 앞에 환히 비쳐서 그들이 여러분의 선한 행실을 보고 하늘에 계신 아버지 하나님께 영광을 돌리게 하기를 바랍니다. 비록 르호보암이 악하게 행할지라도, 그것이 그의 부모의 본보기 탓으로 돌려지지 않습니다. 성경은 "르호보암이 악을 행하였으니 이는 그가 여호와를 구하는 마음을 굳게 하지 아니함이었더라"고 기록합니다.

이 표현이 의미하는 바는 무엇입니까? 나는 같은 이유가 다른 많은 사람들에게도 적용된다고 확신하기 때문에 그 의미를 알아보려고 합니다. 르호보암이 기질이 악하기 때문에, 혹은 강한 열정을 지녀서, 혹은 그가 아주 막돼먹은 나쁜 종자여서 악을 행하였다고 말하지 않습니다. 그렇지 않습니다. 르호보암은 그렇게 나쁜 사람이 아니었습니다. 그보다는 행하지 않은 어떤 것 때문에 그가 악을 행하였다고 말합니다.

"사탄은 게으른 자들이 행할 해악을 지금도 찾아낸다."

그래서 르호보암이 "여호와를 구하는 마음을 굳게 하지 아니하였기" 때문에 사탄이 그에게 행할 악을 찾아주었고 그는 그 악을 행한 것입니다.

**1. 그래서 나는 이 표현이 첫째로, 그가 인생을 시작하면서 여호와를 구하지 않았다는 의미라고 생각합니다.**

그의 아버지 솔로몬은 그렇게 하였습니다. 솔로몬이 이스라엘 왕위에 올랐을 때 여전히 젊은 사람이었기에 그는 여호와 앞에 자기 사정을 아뢰고 지혜를 구하였고, 그 결과 전체적으로 볼 때 그의 치세는 대단하였고 그의 나라는 큰 번영을 누렸습니다. 그가 슬프게도 곁길로 나가 우상을 섬긴 일들이 있었지만 대체로 여호와를 예배하는 일에 충실하였고, 대부분의 일들에서 지혜롭게 행하여 그의 지혜가 널리 알려지게 되었습니다. 그런 결과는 하나님께서 그에게 "지혜와 총명을 심히 많이 주시고 또 넓은 마음을 주시되 바닷가의 모래 같이 하신"(왕상 4:29) 사실에서 기인한 것이었습니다. 솔로몬은 하나님께 지혜를 구하였고 하나님은 그에게 지혜를 주셨습니다. 르호보암은 규(圭)가 거기 있어서 규를 쥔 것입니다. 왕위가 비어 있어서 거기에 앉은 것입니다. 아마도 그는 이스라엘의 왕이 되는 것을 아주 멋진 일이라고 생각했을 것이고, 그의 생각은 왕권의 단순한 외적 화려함과 영광에 관심을 보이는데서 크게 벗어나지 않았을 것입니다. 그는 어떤 악을 행할 의도가 없었고 옳은 일을 행하겠다고 굳게 결심하지도 않았습니다. 아마도 그는 왕으로서 생애를 시작하면서 그 일에 하나님께서 복 주시기를 구할 생각을 전혀 하지 않았을 것입니다.

지금 이 설교를 듣고 있는 사람들 가운데 정말로 악하게 살겠다고 결심할 사람은 아무도 없을 것이라고 봅니다. 그러나 여러분은 르호보암이 그랬던 것처럼 여러분 생애에 대한 최종적인 평가로 "르호보암이 악을 행하였으니 이는 그가 여호와를 구하는 마음을 굳게 하지 아니함이었더라"는 말을 들을 수가 있으니, 주의하시기 바랍니다. 이와 같이 인생의 많은 부분이 시작을 어떻게 하느냐에 달려 있기 때문에, 나는 여러분이 아이가 집을 떠나 학교에 가든지, 학교를 졸업하고 점원이 되든지, 남의 밑에서 장사를 배우든지 간에 자녀들이 모든 단계에서 지혜롭게 행할 수 있도록 하나님께서 지도해 주시기를 잠시도 쉬지 않고 기도할 수 있기를 바랍니다. 그리고 여기에, 좀 더 나이 든 사람들이 그같이 하여서, 무엇이든지 새로운 일을 시작할 때는 여호와를 구하기로 마음을 굳게 정하면 좋겠다는 말을 덧붙일 수 있겠습니다.

이 젊은 르호보암은 자기에게 어떤 지도가 필요하다고 느꼈지만 여호와를 구하지 않고 많은 고문들을 소집하였습니다. 우리보다 지혜로운 사람들에게 조언을 구하는 것은 아주 옳은 일입니다. 그러나 하나님 대신에 세상의 지혜자들을 신뢰하는 사람은, 지혜가 충만하고 우리의 젊은 때와 인생 내내 인도자가 되어야 할 하나님을 아주 노여우시게 하는 죄를 짓는 것입니다. 통치를 시작하면서 아버지의 지혜로운 고문들을 소집하고서 르호보암은 백성들의 불만 사항들을 그들에게 제출하였습니다. 그런데 어리석게도 그는 그들의 조언을 받아들이지 않고 자기처럼 젊은 사람들의 어리석은 조언을 따랐습니다. 그들은 옷을 그럴싸하게 차려입고 왕궁을 드나드는 수완가들이었고 그 시대의 귀족 집안의 젊은이들로 아주 어리석은 행동을 하는 사람들이었습니다.

사람들이 하나님께 지침을 구하지 않고 다른 권위자들에게 가서 지도를 받으려고 하면 대체로 최악의 조언을 받아들이게 됩니다. 사람들이 사람을 신뢰할 때, 그들이 사람들에게서 최상의 조언을 받지 않고 최악의 조언을 신뢰하는 일이 흔히 벌어진다는 것이 기이합니다. 그렇지만 나는 이상한 일이라고 생각하지 않습니다. 왜냐하면 사람이 어떤 것에 마음이 완전히 팔려서 하나님을 거부하게 되면, 거의 필연적으로 그는 하나님께서 어느 정도 빛과 지혜를 주신 사람들도 무시하게 되기 때문입니다. 그와 같이 이 젊은 군주는 자기처럼 어리석은 자들에게 조언을 구하였고, 그들의 조언을 따른 결과는 열두 지파들 가운데 열 지파가 그에게서 떨어져 나가 독립 왕국을 세우는 것이었습니다. 만일 그가 지도를 받기 위해 겸손히 하나님을 기다리고, 매우 타당한 요구들에 대해 백성들에게 부드럽게 답변을 하며 쇠막대기가 아니라 온유와 인자로 그들을 다스렸다면 그 자신뿐만 아니라 그를 의지하는 사람들도 참으로 다른 인생을 살았을 것입니다! 그랬다면 연이어서 솔로몬 같은 사람이 나왔을지도 모릅니다. 그런데 솔로몬 같은 이가 또 나오기를 왕들과 군주들에게 기대하는 것은 필시 무리한 일일 것입니다. 그런 이들에게서 솔로몬 같은 사람이 나오는 것이 극히 드문 일입니다. 어쨌든, 르호보암은 시작하면서 여호와를 구하지 않았기 때문에 어리석은 사람이 되었고, 인생은 실패하고 말았습니다.

어쩌면 여러분 젊은이들 가운데 이렇게 말할 사람이 있을 것입니다. "아, 나는 마음을 하나님께 드리지 않을 것인데, 그럴지라도 바보가 되지 않을 겁니다." 아, 하지만 여러분은 이미 바보입니다. 그렇지 않다면 그런 말을 하지 않을 것입니다. 아마도 머지않아 여러분은 스스로 지혜가 충분하다는 자부심에서 여러분에게는 아주 분명해 보이지만 결국 여러분을 슬픔의 세계와 끝없는 고난으로 인도할 걸음을 내딛게 될 것입니다. 그러나 "나의 아버지여 아버지는 나의 청년 시절의 보호자이시라"(렘 3:4)고 말하는 젊은이, 곧 처음부터 인생이라는 배에 하나님을 모시고 그의 손에 키를 맡겨서 아름다운 항구에 도착하여 평안의 항구에 닻을 내릴 때까지 하나님께서 배를 조정하여 안전하고 순조로운 항해를 하시도록 하는 젊은이는 복이 있습니다.

르호보암이 인생을 시작하면서 하나님을 구하지 않았고 그래서 바보같이 인생을 시작하였다는 것이 그의 어리석음이었습니다.

**2. 그 다음에 본문은 르호보암이 옳은 일을 진정으로 행할 마음이 없었다는 것을 의미합니다.**

그가 처음에는 옳은 일을 하였습니다. 그러나 거기에 마음을 기울이지 않았습니다. 르호보암이 군대를 소집하였을 때 선지자가 그에게 가서 여로보암의 추종자들과 싸우지 말라고 말렸습니다. 그러자 그가 모든 군대를 해산시켰습니다. 정말로 그것은 아주 훌륭한 일을 한 것입니다. 여러분과 내가 그 장면을 보았다면 이렇게 말했을 것입니다. "저 사람은 고귀한 젊은 군주다. 그가 저와 같은 선지자의 목소리를 순종하는 것을 보니, 하나님을 경외하는 것이 틀림없다." 그러나 사실 그는 그렇지 않았습니다.

그는 아버지가 그에게 시킨 훈련으로 인해 하나님의 선지자를 존중하였기 때문에 옳게 행했습니다. 그는 아버지가 선지자들을 아주 예를 다해 대접하는 것을 보았고, 그래서 그들을 무시하는 것을 좋아하지 않았습니다. 오늘날 본인 자신은 그리스도인이 아니면서 목사들을 아주 존중하는 젊은이가 많습니다. 젊은이는 목사들이 아버지 집에 찾아오기도 하고 그의 집에서 묵기도 한 때를 기억합니다. 또 어린 시절 목사들이 집에 손님으로 왔을 때 즐겁게 저녁 시간을 보냈던 일이 많았던 것을 기억합니다. 그래서 그는 목사들을 멸시할 수 없고 그들이 하는 말을 조롱할 수 없을 것입니다. 아니, 어느 정도 그는 목사들이 하는 말에 주의를 기울이고, 그들의 가르침에 따라 도덕적인 성품을 형성하려고 합니다. 하지만 그리스도께 복종하지 않기 때문에 그 모든 것에서 아무것도 나오지 않습니다.

자기에게 온 사람이 바알 선지자였다면 르호보암은 그가 하라고 시키는 그대로 행하지 않았을까 하는 생각이 듭니다. 오늘날 그냥 단정한 모습을 하고 있다는 이유 때문에 사람들이 좋게 보는 젊은이들이 많습니다. 그러나 만일 그들이 악한 사람들의 영향을 받았다면 더할 수 없이 악해졌을 것입니다. 그들은 주관이 없고, 마음으로부터 옳은 일을 하고 있지 않기 때문입니다.

사랑하는 친구 여러분, 하나님의 집에 오는 것은 잘하는 일입니다. 그러나 나는 사람들이 정말로 오고 싶어서 오는 것을 보면 좋겠습니다. 어떤 사람들은 안식일에 아주 엄숙하게 겨드랑이에 책을 끼고 예배당으로 오는데, 오는 내내 마치 매 맞으러 가는 표정으로 오고, 예배당에서 나갈 때는 그 일을 다 치른 것처럼 홀가분한 표정으로 가는 것을 봅니다. 나는 사람들이 신성한 기쁨을 가지고 경쾌한 발걸음으로 하나님의 집에 가는 것을 보고 싶습니다. 나는 태버너클 예배당에 올 때 종종 와츠 박사가 지은 시구들을 암송합니다.

> "이 신성한 곳에 평화가 있고
> 끊임없는 기쁨 있으라!
> 이곳에 오는 이들이
> 거룩한 선물과 천상의 은혜로 복 받으라!
>
> 내 영혼이 지금도 시온을 향하여 기도하리니
> 생명과 호흡이 남아 있는 동안,
> 거기에 내 가장 소중한 친구들, 친척들이 거하고
> 거기에서 내 구주 하나님이 통치하시네."

하나님을 진심으로, 열심히, 거룩한 열정을 가지고 예배하는 것은 잘하는 일입니다. 즉, 여러분이 그렇게 하고 싶고 또 그렇게 하는 것이 즐겁기 때문에 예배하는 것은 잘하는 일입니다. 겉으로만 옳은 일을 하는 것과 마음으로 옳은 일을 하는 것은 별개의 일입니다. 사람들은 말합니다. "하지만 나는 하고 싶지 않을 때에도 옳은 일을 하는 것이 최선이라고 생각했습니다. 사람이 신앙적인 모습을 보이는 것이 힘든 일이긴 하지만, 그래도 그렇게 한다면 매우 갸륵하게 여겨질 것이라고 생각했습니다." 그렇지 않습니다. 그것은 위선일 뿐입니다. 사람이 할 수만 있다면 신앙인의 복장을 벗어버리고 싶다는 생각을 내내 하면서 그 옷을 입고 있다면, 즉 그리스도인인 체한다면, 또 사람이 자기 마음대로 할 수 있을 경우에 대륙식 안식일(Continental Sabbath: 안식일을 전부 예배드리는데 쓸 것을 강조하는 청교도적 안식일과 대조되게 예배와 휴식을 강조하여 오락적인 활동도 허용하는 방식)을 지키려고 한다면, 그는 다름 아니라 위선자입니다. 그는 자기 마음대로 결정할 수 있을 때는 어떻게든지 하여 대륙식 안식일을 지키려고 하고, 그래서 하나님의 성일(聖日)에 온갖 재미있는 일을 하며 보낼 것입니다. 외인들이 무슨 일을 하든지 상관없이, 그는 한창 자기 일에 열중하는 그들 가운데 있으면서 그들이 주일을 참으로 복되게 지낸다고 생각합니다. 그는 집에 있을 때는 그런 되지 못한 일들을 하지 않습니다. 예, 절대로 하지 않습니다! 여러분은 이 위선이 미덕이라고 생각합니까? 여러분은 참된 경건을 싫어하지만 그것을 본받으려는 체하는 것이 틀림없이 여러분에게 유익이 될 것이라고 생각하는데, 결코 유익이 되지 않을 것입니다. 시인이 "주께 힘을 얻고 그 마음에 시온의 대로가 있는 자는 복이 있나이다"(시 84:5)라고 말하는데, 옳은 말입니다. 그는 큰 기쁨을 가지고 하나님의 계명의 길로 달려가는 사람입니다. 그러나 이 르호보암은 그렇게 하지 않았습니다. 그가 옳은 일을 행하였을 때 그것은 선지자를 다소 존중하였기 때문이었고, 그 이유가 전부였습니다.

그의 마음이 하나님에 대해 옳지 않았다는 것이 이내 분명해졌습니다. 이는 그가 과실에서 아버지 솔로몬을 본받았기 때문입니다. 그의 아버지의 큰 죄는 아내를 여럿 둔 것이었는데, 르호보암이 이 악을 행한 것입니다. 그 다음에, 르호보암은 그 자체로는 아주 정당한 일에 온 힘을 쏟았습니다. 즉, 도시들을 건설하고 그 도시들에 양식을 저장하며 성읍들에 울타리를 치고 수비대를 주둔시키는 일을 하였습니다. 하지만 그 일로 인해 그가 하나님을 떠났기 때문에 그것은 악한 일이었습니다. 나는 젊은이가 무슨 일을 하든지 그 일에 온 힘을 다 쏟는 것을 보는 것이 좋습니다. 하지만 그 일로 인해 마음이 하나님을 떠나도록 행동한다면 좋지 않습니다. 로스차일드 가문(Rothschilds)의 첫 번째 사람이 한창 돈을 벌고 있을 때 했다고 하는 말은 상당한 의미가 있었습니다. 어떤 사람이 그에게 말했습니다. "선생께서는 아들들에게 돈을 벌도록 가르치고 있을 것 같군요?" 그러자 그가 대답했습니다. "물론, 그렇게 가르치고 있습니다. 아이들이 그것 말고 달리 할 일이 있겠습니까?" 그 사람이 다시 물었습니다. "하지만 그래도 선생께서는 틀림없이 아이들이 더 고상한 어떤 것, 더 나은 어떤 것을 보기를 바라실 것이라고 생각하는데요." 그가 대답했습니다. "아니요, 나는 그런 것을 전혀 바라지 않습니다. 사람이 돈을 벌고 싶으면 그는 돈 버는 일에 마음과 영혼을 바쳐야 합니다. 그리고 바로 그것이 이 젊은 아이들이 해야 할 일입니다. 이 애들은 일생 추구해야 하는 이 한 가지 목표, 돈을 버는 일에서 마음이 빗나가도록 해서는 안 됩니다. 그렇지 않으면 그 일에 성공하지 못할 것입니다." 나는 좀 더 고귀한 일들에도 적용되는 그의 말에 상당한 일리가 있다는 것을 의심하지 않습니다. 사람은 최선의 상태에 있을 때에도 실제로 아주 적은 힘밖에 없어서 그가 만일 어떤 일에 성공하려면 거기에 힘을 모두 쏟아야 합니다. 그와 같이 이 르호보암은 한 가지 일에 온 영혼을 쏟았습니다. 그러므로 "르호보암이 악을 행하였으니 이는 그가 여호와를 구하는 마음을 굳게 하지 아니함이었더라."

이렇게 묻는 사람이 있을 것입니다. "하지만 사람이 사업에 마음을 쓰지 않을 수 있습니까?" 물론 그렇게 해야 합니다. 사람은 사업에 부지런해야 합니다. 그러나 다른 모든 것에까지 미치는 좀 더 고귀한 이 동기, 즉 그리스도를 얻고 그리스도 안에서 발견되는 것, 다시 말해 자기를 지으신 하나님과 보혈로써 자기를 구속하신 그리스도께 생활을 통해 영광을 드리도록 하려는 이 동기를 항상 가지고 그렇게 해야 하는 것입니다. 하지만 젊은이 여러분, 만일 여러분이 하나님을 찾을 마음을 굳게 가지고 있지 않다면, 여러분이 하는 일이 선한 것이라도 그것을 별 생각 없이 되는대로 한다면, 여러분이 어쩌다 보니 좋은 인간관계 가운데 있게 되어 선한 사람으로 지낸다면, 그리고 여러분 주위에 있는 그리스도인들 때문에 옳게 행동하고 또 여러분도 아버지를 괴롭게 하거나 친구들을 짜증나게 하고 싶지 않아서 계속 옳은 일을 한다면, 그러면 거기에는 사실 아무것도 없습니다. 여러분은 조만간 다른 환경에 들어가고 새로운 시험거리들을 만나면 타락하게 될 것입니다.

사람은 다른 누구의 등에 기대어 살아서는 안 됩니다. 사람은 자신의 삶을 살아야 합니다. 자신의 삶을 살지 않으면 그는 얼마 있지 않아 망가지게 될 것입니다. 여러분이 스스로 그리스도인이라고 말한다면, 거기에 온 영혼을 던지고 이렇게 말하십시오. "다른 사람들은 자기 좋아하는 대로 하라고 하십시오. 하지만 나는 주님을 섬기고 그것을 속박으로 여기지 않고 오히려 기뻐하겠습니다. 나는 온 마음을 다해 하나님을 섬기겠습니다."

> "감히 다니엘 같은 사람이 되겠네.
>  감히 홀로 서겠네.
>  감히 확고한 뜻을 갖겠네.
>  감히 그 뜻을 알리겠네."

"르호보암이 악을 행하였으니 이는 그가 여호와를 구하는 마음을 굳게 하지 아니함이었더라"는 본문 말씀에 르호보암에 관한 세 번째 요점이 들어 있습니다. 원문은 다음의 의미를 지니고 있습니다.

### 3. 그는 신앙에 확고하지 않았고 끈기 있지도 않았습니다.

그는 시작은 잘했습니다. 그의 통치 처음 3년 동안은 나라가 하나님을 예배하였습니다. 나는 그가 정말로 스스로 그렇게 했다고 생각하지 않습니다. 그냥 그 쪽 편에 서 있었던 것입니다. 그는 복음주의 당의 한 사람이었고 하나님 경외(敬畏) 당의 한 사람이었습니다. 그래서 그가 성공한 것입니다. 하나님을 경외하는 것처럼 보이는 그의 모습 때문에 레위인들이 그의 영토 안에 들어와 살았고, 이스라엘 최고의 사람들이 그곳으로 와서 그의 입장을 유리하게 만들어 주었습니다. 그래서 그가 성공하였습니다. 여러분은 신앙 때문에 성공하였으니, 그가 계속해서 신앙을 고수하려고 하였을 것으로 생각했을지 모릅니다. 그는 그렇게 하지 않았습니다. 그에게 "신앙을 고수하는 일"이란 없었습니다.

성공하기가 무섭게 그는 교만해지기 시작했습니다. 그는 멋있는 사람이었고, 그에게는 찬란한 왕국, 아주 매력적인 영토가 있었습니다. 훌륭한 사람들이 모두 그리로 오지 않았습니까? 그래서 교만해지자 그는 하나님을 버리기 시작했습니다. 그러자 사람들이 그의 악한 본을 따라 예루살렘에 있는 성전에 가지 않고 산당에서 예배하였습니다. 그보다 더 나쁜 점은 백성들이 새긴 형상들과 우상의 기둥들을 세웠고, 그들의 마음이 하나님을 떠났으며 지금까지 이 땅의 지면을 더럽혔던 죄 가운데 가장 저주스러운 죄를 행했다는 것입니다. 여러분은 하나님께서 소돔과 고모라를 불로 심판하게 된 죄를 압니다. 이 백성들 가운데는 그와 같은 죄를 범하여서, 아주 짐승과 같은 행위로 예배를 드리는 사람들이 있었습니다. 그러나 르호보암은 그 점을 걱정하지 않았습니다. 백성들이 하나님을 두려워하였을 때 르호보암은 그들이 그렇게 하기를 바랐습니다. 그런데 이제 백성들이 아스다롯을 따른다면 그들은 자기 좋아하는 대로 행동할 수 있습니다. 어쨌든 그는 젊은 왕에 지나지 않았습니다. 그는 왕의 가장 중요한 일은 즐겁게 지내는 것이라고 생각했고, 그래서 일이 그냥 되는대로 굴러가도록 내버려두었습니다. 그는 왕이었습니다. 그런데 그는 왕의 일을 하지 않았습니다. 하나님이 선한 분이시라면 착한 백성들이 하나님을 공경하는 것은 타당한 일이었습니다. 그러나 다른 사람들이 그렇게 하지 않을지라도 그는 그 문제에 대해 별로 고민하지 않았습니다. 그것이 그에게는 전혀 괴로운 문제가 아니었습니다.

그 결과로, 하나님께서는 시삭을 애굽으로부터 이끌어 오셨는데 많은 전차와 기병과 헤아릴 수 없는 군대와 함께 올라오도록 하셨습니다. 그때 유대인들이 크게 놀랐습니다. 르호보암은 마음이 일종의 천연 고무와 같아 어떤 틀에도 맞추어질 수 있는 사람이었습니다. 그래서 이때 그는 겸비하였고 이스라엘 방백들도 겸비하였습니다. 하나님께서는 이 사람들이 진심으로 겸비하게 행동한다는 것을 아셨고, 그래서 그들의 진심을 보고 전체 문제를 완화시켜 주기로 하셨습니다. 하나님께서 왕과 백성들의 겸비함을 받아들이고 그들을 구원하셨습니다.

여러분도 알다시피 르호보암은 아주 쉽게 처음에는 여호와께로 향했다가 그 다음에는 우상들에게 갔으며, 다시 또 여호와께로 돌아왔습니다. 그는 언제든지 자리를 옮기고 바뀔 준비가 되어 있었습니다. 그는 나라에 큰 개혁을 행하지 않았습니다. 우리는 그가 히스기야처럼 대대적으로 유월절을 지켰다거나 산당을 제거했다는 기사를 읽지 못합니다. 시삭이 떠나자마자 그는 아주 만족하였습니다. 그의 신앙에는 진실하고 변치 않는 것이 없었습니다. 신앙이 그를 붙잡지 못했습니다. 그가 때로 신앙을 붙잡았으나 신앙은 그를 붙잡지 못했습니다.

사랑하는 친구 여러분, 이 르호보암은 지금 살아가고 있는 수많은 사람들의 표본이 아닙니까? 사람들이 온정적인 집회에 참석하면 그곳의 힘을 느낍니다. 그리고 그곳에서 한 친구를 만납니다. 친구가 그들을 전혀 다른 사회로 데려갑니다. 그곳에서는 사람들이 즐거운 노래를 부르고 농담도 많이 합니다. 사람들은 그곳의 힘을 느낍니다. 그들은 이쪽에 붙었다 저쪽에 붙었다 합니다. 그들은 "모든 것에 손을 대지만 어느 것 하나 오래가지 않습니다." 그래서 결국 그는 악을 행하게 됩니다. 사람이 선을 행하기로 굳게 결심하지 않으면, 즉 사람이 하나님의 이름으로 자기 자리를 지키기로 굳게 결심하지 않으면 그가 어디로 갈지 뻔합니다.

**4. 마지막 요점은, 그가 하나님을 섬기는 것에 전혀 관심이 없었다는 것입니다.**

그는 자신이 하나님을 섬기는지 섬기지 않는지에 대해 신경 쓰지 않았습니다. 바른 정신으로 하나님을 섬기고 있는지에 대한 생각이 머릿속에 전혀 들어가지 않은 것입니다. 그는 전혀 "마음을 준비하지"(개역개정은 "마음을 굳게 하지") 않았습니다. 그가 예배에 참석하였다면 그가 그 자리에 있었기 때문입니다. 그것뿐입니다. 오늘 밤 이 자리에 오신 분들 가운데는 여기 오기 전에 기도할 생각을 하지 않았고, 예배당에 들어온 후에도 하지 않은 사람들이 있을 것입니다. 그들은 우리가 허락하기만 하면 자기를 살피는 일도 없고 기도도 하지 않은 채 주의 만찬에도 참여할 것입니다. 그들은 마음의 준비가 전혀 없이 모든 일을 합니다.

자, 여러분, 마음이 바르게 가도록 하는 일에 신경 쓰지 않으면 마음은 반드시 잘못된 데로 가게 되어 있습니다. 우리 마음의 본성적인 경향은 악으로 향하기 때문입니다. 여러분이 자신의 본성적인 충동을 따라 마음이 가도록 내버려둔다면 마음이 주님을 찾는 일은 불가능합니다. 주님을 찾으려고 마음을 준비할 때에만 마음이 주님을 찾을 수 있습니다. 그리고 마음의 준비는 하나님으로부터 나옵니다. 그래서 우리가 주님께 주님을 찾도록 마음을 준비시켜 주시기를 구하지 않으면 우리는 결코 주님의 얼굴을 보지 못할 것입니다.

여러분, 다시 한번 말하지만, 주의하십시오. 우리 주변의 모든 풍조는 잘못된 길로 달려갑니다. 그래서 마음을 준비하는 일이 없다면, 마음이 어디로 갈지 우리는 압니다. 친구들이 마음을 끌고 갈 것인데 바른 길이 아니라 잘못된 길로 끌고 갈 것입니다. 이 시대의 경향, 곧 이 세대의 일반적인 흐름은 하나님을 향하고 있지 않고 하나님에게서 멀어지고 있습니다. 여러분이 거룻배를 강 한가운데 놓으면 그 배가 어디로 갈지 나는 압니다. 배는 조류를 따라 갈 것입니다. 배가 조류를 거슬러 갈 수 있으려면 키를 붙잡고 지혜롭게 조정하며 힘써 노를 젓는 것밖에 없습니다. 그와 같이 여러분이 주님을 찾기로 마음을 준비하지 않으면 주님을 찾지 못하고, 틀림없이 마음은 다른 방향으로 가게 될 것입니다.

어떻게 하는 것이 주님을 찾기 위해 마음을 준비하는 것입니까? 그것은 이와 같은 것이라고 말할 수 있을 것입니다.

첫째로, 하나님이 필요하다는 것을 느끼는 것입니다. 피조물인 내가 나의 창조주 없이 무슨 일을 할 수 있겠습니까? 하늘에 계신 아버지 없이 무슨 일을 할 수 있겠습니까? 나는 하나님을 노여우시게 했고 그에게 범죄하였습니다. 하나님에게서 아주 멀리 떠났습니다. 하지만 나는 하나님께서 나를 용서해 주시고 구원해 주시기를 원합니다. 우리는 이 필요를 의식해야 합니다. 성령님께서 우리에게 하나님의 자비가 절대적으로 필요하다는 깊은 의식을 주심으로써 우리가 하나님을 찾도록 준비시켜 주시기를 바랍니다!

그 다음은, 하나님께 도와주시라고 부르짖는 것입니다. "주여 나를 구원하소서!(마 14:30) 하나님이여 불쌍히 여기소서 나는 죄인이로소이다(눅 18:13). 내 마음을 새롭게 하시고 내 본성을 변화시켜 주시며 내 고집을 꺾으시어 나를 주의 자녀로 만드소서!" 하고 부르짖는 것입니다. 기도는 하나님을 찾도록 마음을 준비시킵니다. 여러분이 하나님께 기도하지 않으면 결코 하나님을 찾지 못할 것입니다. 사실, 기도는 하나님을 찾는 일에 핵심적인 부분입니다.

그 다음에, 우리가 하나님을 찾도록 준비하려면, 하나님의 지시에 따르는 일이 있어야 합니다. 즉, 하나님께 가서 이렇게 말해야 합니다. "하나님, 제가 왔습니다. 제가 하나님이 기뻐하시는 사람이 되게 하여 주소서. 저는 하나님의 계명들에 동의합니다. 그 계명들을 기뻐하오니, 제가 그 계명들로 행하게 도와주소서. 제가 오만한 자아를 버리고, 주님 발 앞에 제 편견과 고집을 내려놓으니, 주께서 이제 저를 바른 길로 인도하여 주시기를 구하나이다."

또한 하나님의 구원 계획을 받아들여야 합니다. 바른 인생을 살려고 하는 사람은 하나님께 와서 이렇게 말해야 합니다. "나의 하나님, 하나님은 믿는 자들을 구원하십니다. 제가 믿도록 도와주소서. 하나님은 하나님의 아들 예수 그리스도를 믿는 모든 자에게 영생을 주십니다. 주님, 제가 믿나이다 저의 믿음 없는 것을 도와 주소서." 바로 이것이 주님을 찾도록 마음을 준비하는 바른 길입니다.

믿음을 받은 다음에도, 바른 준비는 언제나 깊이 생각하며 신중하게 하나님을 섬기는 것입니다. 어떤 사람들이 그러듯이 가서 계속해서 실수를 범하며 어쨌든 운에 맡기는 식으로 하지 않는 것입니다. 생각 없이, 조심하지 않고 아무렇게나 하면서 하나님을 섬기는 체하는 것은 참으로 슬픈 일입니다. 하나님은 우리가 아무 때나 원하면 아무런 준비도 없이 공경하며, 마음도 없이 하나님 앞에 뛰어 들어갈 수 있는 분이 아니기 때문입니다. 여러분이 가서 왕을 만나려면, 궁정의 규례에 맞게 왕 앞에 나가서 적절한 예절에 따라 행동하도록 준비해야 합니다. 우리가 하나님을 찾을 때 이런 태도가 훨씬 더 필요합니다. 거룩한 모든 의무를 신중하게 깊이 생각해야 합니다. 모든 기도, 모든 구제, 하나님을 섬기려는 모든 시도를 행할 때 마땅히 고려할 점을 생각하며 행해야 하고, 거룩한 열심을 품고 그 일을 어떻게 해서든지 바른 방법으로, 바른 때, 바른 정신으로 하려고 해야 합니다.

그런데 르호보암은 이렇게 행하지 않았고, 이러한 일들에 신경 쓰고 싶어 하지 않았기 때문에 "그가 악을 행하였습니다." 이 자리에 있는 분 가운데 이렇게 말할 사람이 있을 것입니다. "글쎄, 나는 신앙에 대해 신경 쓰지 않습니다. 나는 내가 잘될 것이라고 믿습니다. 언제까지나 가만히 앉아 우울한 얼굴을 하고서 성경을 읽으며 내가 살아야 하는 방법을 찾을 수 없습니다. 나는 그저 기회가 오면 바로 붙잡아서 할 수 있는 최선을 다합니다." 여러분이 그렇게 말한다면, 여러분이 사람인 이상 틀림없이 악을 행할 것입니다. 온 영혼을 바쳐 인생의 싸움을 싸우지 않는 사람은 틀림없이 영혼을 잃을 것이기 때문입니다. 천국에 가는 것은 아무나 어리석은 사람이라도 아침 식사 전에 간단히 해치울 수 있는 그런 쉬운 문제가 아닙니다. 그 길을 닦기 위해서는 하나님의 아들의 피가 필요했고, 그 길로 달려가도록 우리에게 생명을 주시기 위해 영원하신 성령님이 필요할 만큼 그것은 심각한 의미가 담겨 있는 문제이고, 엄숙한 순간의 문제입니다. 영생을 얻는 일에 온 마음과 영혼과 힘을 쏟아야 합니다. 그렇지 않으면 우리는 영생을 얻지 못할 것입니다. "천국은 침노를 당하나니 침노하는 자는 빼앗느니라"(마 11:12). 그래서 성령 하나님께서 여러분이 거룩한 문제들을 신중하게 생각하도록 도와 주시기를 바랍니다. 그렇지 않으면 여러분은 하나님을 찾도록 마음을 준비하지 못하기 때문에 악을 행하게 될 것입니다.

이 주제를 적용하기 위해서 시간이 조금 더 필요하겠습니다. 사랑하는 친구 여러분, 나는 우리 교회 교인들에게 두루두루 이 점을 이야기하고 싶습니다. 첫째로, 명목상 신자들 가운데 본문에서 설명하는 그런 태도로 오는 사람들이 얼마든지 있을 수 있지 않습니까? 그들의 행동은 칭찬할 만합니다. 아마도 지금까지 그래왔을 것입니다. 그러나 그들은 하나님을 찾으려고 마음을 준비한 적이 없습니다. 나는 우리 모든 교회들에서 단지 그리스도인들 사이에서 자랐다는 이유만으로 그리스도인이라고 불리는 사람들이 있을까 걱정입니다. 그들은 밑으로 내려올 필요가 있습니다. 그들은 회심할 필요가 있습니다. 즉, 중생하고 거듭날 필요가 있습니다. 그들은 단지 육신으로밖에 나지 않았기 때문입니다.

아브라함 집안에 이스마엘 같은 사람이 있었습니다. 그러니 우리 모든 교회에 그런 사람들이 있다고 해서 놀랄 필요가 없습니다. 그들은 이제까지 마음을 준비해서 하나님을 찾은 적이 없습니다. 이제까지 진심으로 하나님을 찾은 적이 없습니다. 아마도 때로는 양심이 그에게 이렇게 말했을 것입니다. "도대체 네가 이 교회 교인이 되었다는 것이 유감스러운 일이 아니냐?" 나는 누가 이 질문을 심각하게 생각하고 거기에 대해 괴로워할지 압니다. 내가 이 말을 명심하기를 바라는 사람은 착한 여러분이 아닙니다. 이 질문이 특별히 적용되는 사람들은 "아, 저 양반이 나를 가리켜 말했을 리가 없어" 하고 말할 것입니다. 슬프게도 그런 사람들이 많습니다. 이들이 현재 회심하였을 가능성은 거의 없습니다. 이들은 회심하기 전에 교회에 들어왔기 때문입니다. 따라서 무슨 말을 듣든지 이들은 "저 양반이 나를 가리켜 말했을 리가 없어" 하고 생각합니다. 하지만, 여러분, 나는 "저 양반이 나를 가리켜 말했을 리가 없어"라고 말하는 바로 그 사람을 이야기하는 것입니다. 나는 이 엄중한 질문들을 심각하게 받아들이고 그것 때문에 괴로워하는 사람들을 가리키는 것이 아닙니다.

누구든지 내게 "아, 제가 위선자이지 않나 걱정이 돼요!"라고 말할 때마다 나는 그 사람이 정말로 위선자라고 생각하지 않습니다. 나는 정말로 위선인인 사람이 자기가 위선인인 것을 걱정하는 경우를 본 적이 없습니다. 정말로 위선인인 사람들은 보통 그런 두려움이 없습니다. 그러나 우리 각 사람이 이런 질문들을 하는 것은 좋은 일일 것입니다. "내 마음이 하나님을 찾을 준비가 되어 있는가? 나는 마음을 다해 하나님을 섬기려고 하는가? 나는 하나님을 섬기는 문제를 진지하게 생각하는가? 아니면 내 신앙은 순전히 겉으로 보여주기 위한 것뿐인가?" 정말 그렇다면, 머지않아 여러분에게 갑작스럽게 시험이 닥칠 것이고, 여러분이 그 시험에 넘어가는 일이 발생할 수 있습니다. 나는 그동안 목사들, 장로, 집사들, 이를테면 나이 든 사람들이 어리석은 아이들이나 빠질 것이라고 생각한 죄에 빠지는 것을 보아왔습니다. 우리는 그런 사람들이 신앙을 버리는 것을 보면, 그들이 그동안 마음을 준비해서 하나님을 찾지 못했다고 생각할 수밖에 없습니다. 그들의 신앙은 피상적이었을 뿐입니다. 성령의 효과적인 활동으로 인해 영혼에 뿌리를 박은 참된 기독교 신앙이 아니었던 것입니다.

이제 또 한 가지 문제를 생각해 보겠습니다. 이 자리에 장래가 촉망되고 믿음직하며, 신앙적인 집회를 좋아하고 평판이 좋은 모임에는 다 참석하면서도 아직까지 하나님을 찾아 만나지 못한 젊은이들이 있습니까? 내가 마음을 그리스도께 드리기 전에 나를 괴롭혔던 것이 무엇인지 말씀드릴까요? 그것은 나를 결단하도록 만드는 데서 내게 큰 영향을 끼쳤던 어떤 것이었습니다. 학교에 나보다 몇 살 많은 남자 아이가 있었습니다. 그는 아주 우수한 아이였습니다. (아버지들은 때로 이렇게 말한다는 것을 여러분도 알겠지만) 우리 아버지는 내가 그 아이의 반만이라도 따라가면 좋겠다는 말을 내게 하곤 하였습니다. 그 애는 아주 모범적이었습니다. 그 애는 자라서 런던에 있는 포목점에 들어갔습니다. 그는 고향에 그의 어머니에게 매우 기쁜 편지들을 보내어, 주일 아침에는 이런저런 목사의 설교를 들으러 갈 것이고, 주일 저녁에는 또 다른 목사의 설교를 들으러 갈 것이라고 말했습니다. 그런데 갑자기 그가 집에 왔습니다. 그가 가게에 계속 있을 수가 없었기 때문입니다. 가게에서 돈이 없어졌는데, 그가 돈을 훔쳤다는 혐의를 받고 있었습니다. 그동안 그는 예배당에 전혀 나가지 않았습니다. 주일을 사탄이 아는 곳에서 보냈던 것입니다. 그는 거기 있는 동안 더할 수 없이 나빠졌습니다. 우리 아버지는 더 이상 내게 그 애에 대한 이야기를 하지 않으셨습니다. 하지만 나는 그때 들었던 이 느낌을 생생하게 기억합니다. "이것 참, 내가 기대하고 믿었던 애가, 그처럼 모범적으로 보였던 애가, 한때 내가 우러러 보았던 애가 저렇게 막돼먹은 깡패가 되었다면, 나도 똑같이 될 수 있는 게 아닌가?"

내가 그가 했던 것보다 더 나은 방식으로, 즉 정말로 새로운 마음과 새로운 영을 얻어서 시작하지 않는다면 나도 그 친구처럼 도덕적으로 큰 파멸에 이를 수 있을 것이라는 생각이 들었습니다. 덧붙여 말하자면, 나를 그리스도께로 인도한 것들 가운데는 성도의 궁극적 견인의 교리가 있었다고 말씀드릴 수 있겠습니다. 나는 하나님께서 성도들의 발을 지켜주실 것이라는 말을 듣고서 속으로 이렇게 말했습니다. "그렇다면 만일 내가 자신을 하나님께 드리면, 하나님께서 책임지고 내 성품을 보호해 주실 것이다. 끝까지 나를 지켜주실 것이다." 내 자신을 하나님께 넘길 때 내가 하나님께 내걸었던 조건은 하나님께서 언제까지나 나를 거룩하게 지켜 주시라는 것뿐이었습니다.

젊은이들이여, 나는 여러분도 그와 같이 해보기를 권합니다! 나는 여러분이 아무리 훌륭한 도덕적 결심이라고 할지라도 그런 결심을 가지고 인생을 시작하지 않기를 간절히 바랍니다. 곧바로 주 예수께 가서 주님이 여러분에게 은혜를 주셔서 여러분이 자신을 전적으로 주님께 맡기게 해 주시기를 구하십시오. 여러분은 스스로 자신을 지킬 수 없습니다. 오직 주님만 여러분을 지키실 수 있습니다. 그리고 주께서는 여러분을 마지막까지 지키실 것입니다. 이는 주님께서 "내 양은 내 음성을 들으며 나는 그들을 알며 그들은 나를 따르느니라 내가 그들에게 영생을 주노니 영원히 멸망하지 아니할 것이요 또 그들을 내 손에서 빼앗을 자가 없느니라"(요 10:27,28)고 말씀하셨기 때문입니다.

끝으로, 나는 남녀노소를 막론하고 이 같은 모든 사람에게 말합니다. 여러분은 르호보암처럼 여호와를 찾지 않았고, 르호보암처럼 그 상태로 고난의 세상에 뛰어들었습니까? 여러분이 열 지파를 잃어버렸습니까? 시삭이 여러분을 치러 왔습니까? 여러분은 잘못을 했고, 자신이 잘못했다는 것을 압니다. 여러분이 여러분의 하나님을 버렸기 때문입니다. 그런데 그 후로도 여러분은 여전히 하나님을 찾지 않습니까? 왜냐하면 르호보암이 애굽 왕에게 공격을 받은 후에도 마음을 준비하여 하나님을 찾지 않았다는 것을 보기 때문입니다. 어떤 사람들에게는 징계가 아무 효과가 없습니다.

오늘 밤 이 자리에 르호보암과 같은 사람이 있습니다. 그는 심각한 병에 걸린 후로 지금 처음 밖에 나왔습니다. 형제여, 감사하게도 그대가 죽지 않았습니다. 형제가 침대에 누워 있을 때 이렇게 하는 말을 천사들이 들었다는 것을 형제는 압니다. "하나님의 뜻이라면, 내가 어느 때라도 이 병을 털고 일어나면 하나님을 찾겠습니다." 바로 그것이 지금 형제가 이 자리에 있는 이유의 한 가지일 것입니다. 형제를 보게 되어 정말로 기쁩니다. 하지만 형제는 이 자리에 왔으니 자신이 구원받을 것이라고 생각해서는 안 됩니다. 이 태버너클 예배당을 찾아 나오는 것은 아무 소용이 없습니다. 형제는 하나님을 찾아야 합니다. 제발 이 경고를 소홀히 듣지 않기를 바랍니다. 하늘에 기록된 형제의 서원을 부디 잊지 말기 바랍니다. 마음을 다해 구주님을 찾으십시오!

저기 앉아 있는 형제여, 형제는 난파선에 있었습니다. 거기에서 많은 사들이 목숨을 잃었습니다. 형제는 하나님의 이름을 대며 욕하는 사람이었는데, 그때 "내가 육지에 오른다면 새 생활을 시작하겠습니다" 하고 말했습니다. 나는 새 생활이라는 것이 옛 생활을 많이 개선한 것이라고 생각하지 않습니다. 바로 그것이 여러분이 말한 의미가 아니지 않습니까? 그것은 여러분이 지옥의 입구에서 구원받는다면 더 나은 사람이 되겠다고 한 것이었습니다. 여러분은 수장(水葬)될 뻔하다가 구원을 받았는데, 하나님을 찾도록 마음을 준비하지 않았습니다.

여러분, 여러분도 알겠지만, 하나님은 시삭을 여러 번 보내시지 않습니다. 하나님께서 한 번 시삭을 보냈는데 마음을 부드럽게 하는 일이 없고 분발해서 하나님을 찾는 일도 없으면, 또 다른 사자를 보내실 것인데 그때는 르호보암에 대해 "그가 그의 조상들과 함께 자매 그의 아들이 대신하여 왕이 되니라"고 기록되었듯이, 사자가 가져오는 문서에 여러분에 대해서도 그와 같이 기록될 것입니다. 이때 르호보암은 어디에 있었습니까? 그는 하나님을 찾지 않았습니다. 그래서 그가 세상을 떠났을 때, 즉 결단을 내리지 못하고 망설였고 온갖 영향력에 끌려 다녔던 세상을 떠나 다음 세계에 들어갔을 때, "그 때에 너희가 나를 부르리라 그래도 내가 대답하지 아니하겠고 부지런히 나를 찾으리라 그래도 나를 만나지 못하리라"(잠 1:28)는 두려운 저주의 공포를 그는 실감했을 것입니다. 그때에는 "내가 불렀으나 너희가 듣기 싫어하였고 내가 손을 폈으나 돌아보는 자가 없었고 도리어 나의 모든 교훈을 멸시하며 나의 책망을 받지 아니하였은즉 너희가 재앙을 만날 때에 내가 웃을 것이며 너희에게 두려움이 임할 때에 내가 비웃으리라"(1:24-26)는 두려운 예언이 그에게 성취되었을 것입니다.

하나님 없이 영원으로 들어간 영혼을 하나님께서 비웃고 조롱하시는 것을 생각해 보십시오. 그 의미가 무엇이든지 간에 그것은 지극히 두려운 일입니다. 전도가 유망한 여러분, 말을 그럴싸하게 하는 여러분, 결단을 내리지 못하는 여러분, 여러분이 마음을 준비하여 하나님을 찾지 않는 한, 바로 그 두려운 일이 여러분에게 실현될 것입니다. 여러분 가운데 지금 이 시간 영생의 경계에 서 있는 분들이 있을 수 있습니다. 마귀가 계속해서 여러분을 그 자리에 붙들어 둘 수 있다면 그는 완전히 만족할 것입니다. 여러분이 그 자리에 그대로 있다면 망하고 말 것이기 때문입니다. 마귀를 만족시키는 일을 하지 마십시오.

전능하신 은혜시여, 간구하오니, 지금 그들에게 오셔서 그들 각각이 이렇게 말하게 하여 주옵소서. "나는 더 이상 여기에 서 있지 않겠다. 경계선을 지나가겠다. 단번에 내 자신을 예수님께 드리겠다." 젊은이여, 그것이 옳습니다. 강을 건너고, 배수진을 치며 이렇게 말하십시오.

> "일이 끝났고, 큰일을 마쳤네.
> 나는 주의 것이고 주님은 나의 것이네.
> 주님이 나를 이끄셨고 나는 따랐으며
> 기쁘게 하나님의 목소리를 들었네."

주님께서 그렇게 해 주시기를 바랍니다! 아멘.

제
5
장
—

# 아사 왕의 생애로부터 얻는 교훈

—

"이 일은 왕이 망령되이 행하였은즉 이 후부터는 왕에게 전쟁
이 있으리이다." – 대하 16:9

본문을 보면 우리는 역사적인 문제들에 대해 이야기하게 됩니다. 이 점에
대해서 나는 변명할 생각이 전혀 없습니다. 물론 때로 신자라고 하는 사람들 가
운데 매우 어리석은 사람들이 성경의 역사적인 부분을 대수롭지 않게 말하는 것
을 듣기도 했습니다. 하지만 우리는 성경의 역사서들이 초기 성도들이 지녔던
성경의 거의 전부였다는 사실을 기억해야 합니다. 그들은 이 성경책들에서 하나
님의 마음을 배웠습니다. 다윗은 여호와의 율법을 즐거워하는 사람이 복됨을 노
래하였습니다. 하지만 그는 모세오경과, 그리고 아마도 모두 다 역사서인 여호
수아, 사사기, 룻기밖에 가지고 있지 않았을 것입니다. 그는 이 책들을 밤낮으로
묵상했습니다. 시인인 다윗 자신이 이 책들에 대해 매우 애정 어린 말을 하였습
니다. 그에게는 이 책들만이 하나님의 규례와 증거들이었고, 아마도 이 외에 욥
기가 있었을 것입니다. 그 밖의 성도들은 좀 더 신령한 책들을 수중에 넣기 전에
는 말로 전하는 역사들을 즐겨 들었습니다.

잘 살펴보면, 구약 성경의 역사들은 교훈으로 가득 차 있습니다. 이 역사들
은 실제 도덕의 영역에서 우리에게 경고와 보기들을 제공합니다. 조개껍질 속
의 진주처럼 우화와 은유로 표현된 중요한 영적 진리들이 성경의 문자 속에 숨
겨 있습니다. 나는 사람들이 성경의 모든 책들 가운데 가장 중요하지 않게 생각

하는 책에 대해서 우리 주님이 아이들에 대해 하신 말씀을 적용할 수 있다고 봅니다. "삼가 이 작은 자 중의 하나도 업신여기지 말라"(마 18:10). 성경에서 무엇을 제하는 것은 저주가 따르는 무모한 행동입니다. 우리는 결코 그런 형벌을 받지 않기를 바랍니다! 모든 성경은 성령의 감동하심으로 주신 것이고, 유익한 것입니다. 그러니 우리는 성경에서 유익을 받도록 합시다. 우리가 아사 왕의 생애에서 교훈을 얻을 수 있는지 봅시다.

나는 먼저 그가 어떤 사람이었는지, 전성시대에 무슨 일을 했는지부터 살펴보겠습니다. 이렇게 하는 것이 그가 범하게 된 잘못을 좀 더 분명하게 이해하는데 도움이 될 것이기 때문입니다. 그는 마음이 일평생 여호와 앞에 온전하였다(왕상 15:14)는 말을 들은 사람이었습니다. 어떤 사람에 대해 그렇게 말했다는 것은 대단한 일입니다. 실로 그것은 죽을 인생에게 말할 수 있는 칭찬 가운데 최고의 칭찬입니다. 마음, 의향, 곧 주된 감정이 올바를 때, 그는 하나님 앞에 선한 사람으로 간주됩니다. 물론 그에게 훌륭하지 못한 점들이 많이 있을 수 있고, 또 그 사람의 외적인 생애에 비난받을 만한 점들이 있을 수 있습니다. 아사는 그의 생애 초기에, 어머니가 우상 숭배자였고 아버지 아비야도 별로 나을 것이 없는 사람이었음에도 불구하고 하나님에 대한 예배를 확립하고 그것을 아주 부지런히 시행한 사실로 인해 눈에 띄는 인물입니다. 그는 어린 시절에 그를 바르게 인도할 수 있을 훈련을 전혀 받지 못했습니다. 그런데도 그는 통치 초기 시절부터 자기 하나님 여호와를 위해 매우 단호하였고, 여호와를 영화롭게 하고 자기 백성을 모든 우상에서 끌어내어 참된 하나님을 예배하는 데로 돌이키게 하려는 간절한 바람을 가지고 모든 일을 처리하였습니다.

자, 인생이 시작은 잘하였지만 끝나기 전에 어두워질 수가 있습니다. 파릇파릇하던 진실함이 점차 시들어 배교라는 말라빠진 노란 잎이 될 수가 있습니다. 우리가 인생 초기에 하나님의 은혜를 받을 수 있지만, 날마다 위로부터 도움을 새로이 받지 않는 한, 죽은 파리가 우리 삶의 향유를 오염시키고 아름다운 향기를 망칠 수 있습니다. 우리가 이 죄악의 광야에 있는 한, 시험에 빠지지 않도록 경계할 필요가 있을 것입니다. 우리가 마귀의 사격 범위를 벗어날 수 있는 곳은 천국뿐입니다. 비록 우리가 50년 동안 혹은 60년 동안 아사처럼 하나님의 길에서 보호를 받아왔다고 할지라도 주님께서 단 한순간이라도 우리를 떠나시면 우리는 하나님의 거룩한 이름을 더럽히게 될 것입니다.

아사는 통치 중간에 매우 심각한 고난으로 시험을 받게 되었습니다. 그는 에티오피아인들의 공격을 받았습니다. 그들이 대군을 이끌고 그를 치러 왔습니다. 보잘것없는 작은 유다를 치기 위해 엄청난 군대가 소집되었습니다. 보병 백만과 전차 삼백 대를 갖춘 군대였습니다! 아사가 최선을 다해 모았을 것인데, 그가 모을 수 있었던 군대는 다 합해도 이 대군에 비하면 적은 수에 지나지 않았습니다. 이 대군이 마치 온 땅을 집어 삼킬 것처럼 보였습니다. 사람들의 수가 워낙 많아서 손으로도 유다를 끌고 갈 수 있을 것처럼 보였기 때문입니다. 그러나 아사는 하나님을 믿었습니다. 그러므로 그는 작은 군대를 소집하였을 때 전쟁을 자기 하나님 여호와께 맡겼습니다. 아사가 믿음으로 드린 간절한 기도를 주의하여 읽어 보십시오. "아사가 그의 하나님 여호와께 부르짖어 이르되 여호와여 힘이 강한 자와 약한 자 사이에는 주밖에 도와 줄 이가 없사오니 우리 하나님 여호와여 우리를 도우소서 우리가 주를 의지하오며 주의 이름을 의탁하옵고 이 많은 무리를 치러 왔나이다 여호와여 주는 우리 하나님이시오니 원하건대 사람이 주를 이기지 못하게 하옵소서 하였더니"(대하 14:11).

그는 참으로 당당하게 자기의 짐을 모두 하나님께 던져버렸습니다! 아사가 자기는 지존하신 하나님을 신뢰하고, 하나님께서는 큰 군대로써 승리하실 뿐 아니라 적은 소수의 사람을 가지고도 승리를 얻으실 수 있음을 믿는다고 밝혔습니다. 이렇게 기도한 후에 그는 거룩한 확신을 가지고 전투에 뛰어들었고 하나님께서 그에게 승리를 주셨습니다. 에티오피아의 군대는 그 앞에서 분쇄되었고 유다의 군대는 전리품을 싣고 돌아왔습니다. 여러분은 그처럼 대단한 일을 성취할 수 있었던 사람이 잠시 후에는 불신앙으로 가득하게 될 수 있다고 생각하지 못했을 것입니다. 그러나 하나님 안에 있는 새로운 샘들이 다시 넘쳐흐르지 않는 한, 지극히 컸던 어제의 믿음이 우리에게 오늘을 위한 확신을 주지 못할 것입니다. 한 번도 불신앙 때문에 약속을 믿는 일에 흔들리지 않았던 아브라함도 얼마 후에는 훨씬 작은 문제에 관해 비틀거린 일이 있었습니다. 하나님의 종들 가운데 아무리 큰 자라도 하나님께서 얼굴을 숨기시면 금방 가장 작은 자보다 못한 처지에 떨어집니다. 아무리 강한 자도 그 모든 힘은 하나님에게 있는 것입니다.

아사가 이렇게 하나님의 힘으로 큰 승리를 얻은 후에, 어떤 사람들이 그러듯이 그 일을 자랑하지 않았습니다. 그보다는 선지자의 경고에 순종하여 철저한 개혁으로 나라를 깨끗이 하는 일을 시작하였습니다. 그 일을 하되, 잘하였습니다. 그는 그의 나라에서 거짓 신들을 예배한 죄가 있는 사람들에 대해서는 부자든지 큰 자들이든지 일절 봐주지 않았습니다. 이때 태후가 우상 숭배를 크게 조장하고 있었습니다. 그녀에게 과수원이 있었는데 거기에 자기 우상을 둔 신당을 세웠습니다. 그래서 아사 왕은 그녀를 높은 지위에서 끌어내리고 그녀의 우상을 가져와서 그냥 부수기만 한 것이 아니라, 그것을 멸시하는 표시로 성전의 오수가 흘러들어가는 기드론 시내에서 때려 부수고 불태워버렸습니다. 이렇게 해서 아사는 높은 지위에 있는 자들 사이에서든 가난한 사람들 가운데서든 그 나라 전역에서 하나님을 노여우시게 하는 것은 하나도 남겨두지 않으리라는 것을 백성이 알도록 하였습니다. 이 일을 잘하였습니다.

그러한 개혁이 이 나라에서도 일어날 수 있으면 좋겠습니다! 이 땅을 우상과 미사의 집들이 덮기 시작하고 있기 때문입니다. 도처에서 사람들이 빵가루를 묻힌 그들의 신을 위한 제단을 세우고, 하늘의 여왕 마리아에게 바치는 성당, 십자가에 못 박힌 예수 상(像), 성인들을 세우고 있습니다. 반면에 헛된 겉치레와 영적 가면무도회를 위한 자리를 마련하기 위해 하나님에 대한 영적 예배는 제쳐놓습니다. 오늘날 사람들이 종교개혁의 하나님을 얼마나 잊고 지냅니까! 녹스와 그의 언약의 형제들의 시절이 다시 돌아왔으면 좋겠습니다!

아사는 철저한 개혁을 추진하였고, 용감하게 그 일을 끝까지 해냈습니다. 여러분은 그처럼 철저한 사람, 곧 옛적의 레위처럼 하나님을 섬기는 문제에 이르러서는 자신의 친 어머니도 예외를 두지 않고, 옛날 작가들이 흔히 말하였듯이 "한 치도" 틈을 용납하지 않은 사람을 볼 수 없었을 것입니다. 그런데 그런 사람이 또 다른 시련을 만나자 우상 숭배자를 따라가며 그 앞에 굽실거리고 그에게 도움을 간청하게 될 것이라고는 생각하지 못했을 것입니다. 슬프게도, 아무리 훌륭한 사람도 기껏해야 사람일 뿐입니다! 하나님만 변치 않으십니다. 하나님만 언제나 선하십니다. 정말로 그렇습니다. "하나님 한 분 외에는 선한 이가 없느니라"(막 10:18). 우리는 단지 하나님께서 우리를 선하게 만드실 때에만 선할 뿐입니다. 하나님께서 한순간이라도 손을 거두시면 우리는 잘못 겨눈 활처럼 혹은 부러진 뼈를 잘못 맞춘 것처럼 빗나가기 시작합니다. 하나님께서 받쳐주지 않으시면 강한 자라도 얼마나 쉽게 무너지고 전쟁의 무기도 얼마나 쉽게 부러지는지 모릅니다! 아주 놀라운 일들을 행할 수 있었고, 하나님 앞에서 그처럼 바르고 철저하게 행하였던 아사가 아주 어리석게 행하여 평생의 징계를 자초하게 되었습니다.

그를 기억할 때도 그렇고 우리 자신을 생각할 때도 이렇게 시작하는 것이 가장 적절하기 때문에 여러분에게 이와 같이 그의 성품을 이야기했습니다. 왜냐하면 우리가 아사에 대해 어떤 비난의 말을 하든지 간에 그가 하나님의 자녀인 것은 확실하다는 사실을 기억해야 하기 때문입니다. 그의 마음은 올곧았습니다. 그는 진실하고 성실하며 정중한 신자였습니다. 만일 어떤 사람이 아사가 심각한 잘못이 있기 때문에 하나님의 자녀일 수 없다고 이의를 제기한다면, 나는 그렇게 말하는 사람들은 그런 반론에 충분한 근거를 제시할 수 있으려면 먼저 천국 이편에서 하나님의 완전무결한 자녀를 내놓아야 한다고 답변하지 않을 수 없습니다. 나는 그 안에 죄가 전혀 없으신, 우리 믿음의 사도시요 대제사장이신 우리 주님만을 제외하고는 성경에서 아무리 거룩한 사람도 저마다 결점이 있는 것을 봅니다. 주님의 옷은 세상의 어떤 세탁업자가 깨끗하게 할 수 있는 것보다 희었습니다. 하지만 그의 종들에게는 저마다 얼룩이 있었습니다. 우리 주님은 빛이십니다. 그의 안에는 어둠이 전혀 없으십니다. 그러나 우리는 주님의 은혜로 받은 그 모든 빛에도 불구하고 기껏해야 희미한 등불에 지나지 않습니다. 나는 스스로 완전하다고 주장하는 사람들도 예외로 치지 않습니다. 나는 교황의 무류설(無謬說)을 믿지 않는 만큼 그들의 완전하다는 주장도 믿지 않기 때문입니다. 하나님의 종들 중 가장 훌륭한 사람들에게도 여전히 질그릇 같은 요소가 많이 남아 있어서, 그들도 역시 질그릇에 지나지 않음을 보여주고, 또 그들 속에 있는 뛰어난 천상의 은혜가 그들 자신의 것이 아니라 하나님에게서 온 것임을 확실히 알 수 있게 해줍니다.

이제 아사가 범한 심각한 잘못, 즉 선지자가 그에 대해서 책망한 어리석음을 살펴보도록 하겠습니다. 그는 이스라엘 인접 지역의 왕인 바아사에게 위협을 받았습니다. 아사가 직접적으로 전쟁의 공격을 받은 것은 아닙니다. 그러나 바아사는 두 나라 사이의 통행을 감시하고 이스라엘 백성들이 와서 유다 땅에 정착하지 못하도록 막거나 그들이 해마다 예루살렘 예배에 참예하러 가지 못하게 막을 요새를 세우기 시작했습니다. 자, 사람들은 아사의 이전 행동을 생각할 때 그가 바아사를 완전히 무시하거나 그렇지 않으면 그가 전에 에티오피아의 문제에서 그랬듯이 그 사정을 하나님 앞에 가져갈 것으로 당연히 기대하였을 것입니다. 하지만 이것은 그보다 훨씬 적은 걱정거리였습니다. 어쨌든 아사는 이것을 더 적은 문제라고 생각하였기 때문에 어떻게든 해서 자기가 사람의 도움을 받아 스스로 아주 잘 해결할 수 있다고 여겼던 것 같습니다. 에티오피아 군대의 이루 셀 수 없이 많은 무리가 침략했을 때 틀림없이 아사는 아람 왕 벤하닷을 부르거 나 다른 나라들 가운데 한 나라에게 자기를 도와달라고 부탁하는 것이 아무 소 용없는 일이라고 느꼈을 것입니다. 그들의 모든 도움을 받는다고 해도 자신이 그 무서운 싸움을 감당할 수 없었기 때문입니다. 그래서 그는 하나님께 나아가 지 않을 수 없었습니다. 하지만 이 경우는 그보다 훨씬 더 적은 시련이었기 때문 에 그가 사람을 신뢰하는 마음을 아주 철저히 버리지 못했던 것 같습니다. 그는 주변을 둘러보았고, 이교도인 아람 왕 벤하닷을 설득하면 그가 이스라엘 왕을 공격하여 새 요새를 건설하는 일을 중단하게 만들고 그의 주의를 분산시키며 그 의 자원들을 무력하게 만들어 유다에게 이스라엘 왕을 공격할 기회를 줄 수 있 을 것으로 생각하였습니다.

　신자들이 큰 시련들에서보다 작은 시련들에서 더 나쁘게 행동하는 경우들 이 종종 있습니다. 나는 하나님의 자녀들 가운데 자신이 가진 거의 모든 것을 잃 었음에도 불구하고 태연히 견뎠으면서도 거의 언급할 가치도 없는 작은 고난을 당했을 때는 몹시 불안해하고 괴로워하며 온갖 의심과 불신에 빠지는 사람들을 보았습니다. 태풍을 견디는 배가 어떻게 바람 한 번 불자 밀려가 모래톱에 걸릴 수가 있습니까? 대양을 항해해 온 배가 어떻게 좁은 해협에서 침몰할 수가 있습 니까? 이 점에서 우리가 알 수 있는 것은 이것입니다. 즉, 중요한 것은 시련의 가 혹함이 아니라 하나님을 앞에 모시고 있느냐 그렇지 못하느냐라는 것입니다. 이 는 에티오피아 군대로 인한 큰 시련을 만났을 때 아사가 하나님의 은혜로 믿음 이 있었지만, 이스라엘 왕 바아사로 인한 작은 시련에서는 믿음이 없었기에 사 람에게서 도움을 받기 위해 주변을 둘러보기 시작했기 때문입니다.

　여기서 유의할 점이 있습니다. 그것은, 아사가 교제를 하거나 동맹을 맺어 서는 결코 안 되는 우상 숭배자인 아람 왕 벤하닷을 찾아갔고, 더 나쁜 점은 그 가 벤하닷에게 바아사와 맺은 동맹을 깨도록 설득하였다는 것입니다. 하나님 의 자녀가 신앙이 없는 자에게 진실하지 못하게 행하라고 가르치고 있었습니다. 즉, 하나님의 사람이 이방인에게 자신의 약속을 배반하라고 가르치는 사탄의 교 사가 되고 있었던 것입니다. 이것은 정치적 방책이었습니다. 이것은 세상 왕들 이 서로에 대해서 걸핏하면 행하는 일입니다. 그들은 아무리 엄숙한 서약으로 맺었다고 할지라도 언제든지 조약을 깨트릴 수 있습니다. 그들은 언약을 무시합니다. 오늘날도 대사의 중요한 문제는 다른 나라를 곤란한 처지에 빠트릴 수 있는 것이 무엇인지 살피는 것입니다. 그 이유는 일찍이 한 정치가가 말했듯이 "대사는 자국의 이익을 위해 거짓말하도록 해외에 파견된 사람이기" 때문입니다. 외교상에서 벌어지는 책략과 음모, 속임, 애매한 발언, 술책들이 얼마나 많은지요! 인간 역사에서 어떤 장(章)도 여기만큼 침울한 색깔로 우리의 타락한 본성을 보여주는 데는 없습니다. 나는 아사가 틀림없이 전쟁에서는 모든 것이 정당하다고 생각했을 것이라고 봅니다. 그는 일반적인 규칙, 즉 인류의 일반적인 기준을 취했고 거기에 의지했습니다. 하지만 하나님의 자녀인 그는 불명예스럽거나 진실하지 못한 것은 멸시했어야 합니다. 이교도 왕에게 한 "나와 당신 사이에 약조하고 이스라엘 왕 바아사와 세운 약조를 깨뜨리라"는 말은 경멸했어야 합니다. 그가 바른 마음 상태에 있었다면 부끄러워서 그처럼 수치스러운 말을 입 밖에 내지 못했을 것입니다.

그런데 그가 하나님의 자녀이었지만 하나님을 믿고 자신의 걱정거리를 하나님 앞에 가져가는 단순하고 명쾌한 그 길을 일단 떠나자, 그가 어떻게 할지 아무도 알 수 없었습니다. 여러분이 배의 조타 장치를 항해해 가고자 하는 지점을 향하여 맞추어 놓고 계속해서 키를 조종해 갈 때는, 가는 길에 무슨 일이 닥치더라도 여러분 자체에 바람과 조수에 영향을 받지 않는 동력이 있다면 진로를 충분히 항해해 갈 수 있을 것입니다. 그러나 여러분이 돛의 바람받이 방향에 따라 침로를 이쪽으로 바꾸면 머지않아 다른 쪽으로 침로를 바꾸지 않을 수 없을 것입니다. 여러분이 정책상 잘못된 이 일을 하게 되면, 그 다음에는 정책상 또 다른 잘못된 일을 하게 되고, 계속해서 그렇게 해나가다 마침내는 지극히 비참한 처지에까지 이르게 될 것입니다. 우리가 주님과 동행하면, 그것은 안전하고 거룩하며 명예로운 걸음입니다. 그러나 육신의 길은 악하고, 결국에는 속임으로 끝납니다. 여러분이 세상의 길을 따르면, 그 길이 언제나 사람들로 붐비는 것 같지만, 머지않아 사람을 속이는 비굴하고 굴욕적이며 비참하고 불행한 길이며, 하늘의 상속자들에게는 수치스러운 길이라는 것이 드러날 것입니다. 티끌이 뱀의 음식이 될 것입니다. 그런데 우리가 굽실거리고 몸을 비트는 뱀의 불쾌한 기술을 연습하면 우리도 티끌을 먹지 않을 수 없을 것입니다.

하나님의 자녀가 그런 식으로 스스로의 품위를 떨어트려야 하겠습니까? 하나님의 자녀가 마땅히 해야 할 대로 행한다면 그는 귀족처럼, 아니 천국의 황제의 혈통을 받은 군주처럼 행동합니다. 그는 하나님의 아들, 곧 하늘의 진정한 귀족 중의 한 사람이기 때문입니다. 그러나 그가 타락하여 세상 사람들처럼 행동한다면, 슬프게도 그는 옷을 진창에 더럽히는 것입니다. 형제자매 여러분, 이 점을 매우 주의하라고 말씀드립니다. 내가 하나님의 입으로 말씀을 전하고 있는 이 설교를 듣고 있는 분들 가운데 지금 힘든 시기를 지나는 사람들이 있을 수 있습니다. 가족 안에 걱정거리가 생기고 사업에 시련이 닥치거나 결혼 생활과 관련하여 어려움을 겪으면서 "내가 어떤 방침을 취해야 할까요" 하고 물을 수 있습니다. 여러분은 세상 사람이 어떻게 할지 압니다. 사람들은 그런 진로가 여러분이 따라야 할 바른 길이라고 말해왔습니다.

　형제 여러분, 그리스도께서 세상에 속하시지 않은 것과 같이 여러분도 세상에 속하지 않았다는 것을 기억하십시오. 그 사실에 맞게 행동하도록 주의하십시오. 여러분이 이 세상 사람이고 그래서 세상 사람들이 하듯이 행동한다면, 나는 여러분을 하나님 없는 자들로 생각하지 않을 수 없습니다. 그러나 여러분이 하나님의 사람이고 하늘의 상속자라면, 세상 풍속을 따르거나 다른 사람들이 그렇게 한다는 이유로 잘못된 일을 하거나 큰 선을 위한다는 명목으로 작은 악을 행하는 일은 하지 않기를 바랍니다. 그보다는 확신을 가지고 자제하며 양심과 의의 영원한 법에 항상 충실하도록 하십시오. 다른 사람들은 자기 하고 싶은 대로 하도록 내버려두십시오. 그러나 여러분은 주님을 항상 앞에 모시고, 성실과 의로 자신을 굳게 지키십시오. 주님께 여러분을 도와주시기를 구하십시오. 주님께서 우리가 시험당할 즈음에 피할 길을 주시겠다고 기록되지 않았습니까? "네 짐을 여호와께 맡기라 그가 너를 붙드시고 의인의 요동함을 영원히 허락하지 아니하시리로다"(시 55:22). 불의에 손을 대지 마십시오. 여러분이 마음 내키는 대로 하면 50년이 걸려도 원상태로 돌릴 수 없는 일을 5분 만에 저지를 수가 있습니다. 단 한 번의 불신앙적인 행동으로 일생 지속되는 시련을 자초할 수가 있습니다. 애굽을 의지하고 도움을 청하러 아시리아로 사람을 보내지 않도록 주의하십시오. 이런 일들은 여러분을 돕지 못하고 괴롭게 할 것입니다. "우리에게 믿음을 더하소서!"(눅 17:5) 하고 외치십시오. 여러분이 아사처럼 무엇보다 하나님을 신뢰하는 데서 떠나 육신의 팔을 의지하게 되지 않도록, 피조물을 설득하여 여러분을 돕게 하기 위해 불법적인 수단을 사용하고자 하는 시험에 빠지지 않도록 시련의 시기에 여러분에게 절실히 필요한 것이 바로 그것입니다.

아사는 잘못된 길로 아주 멀리 나갔기 때문에 훨씬 더 좋지 않은 일을 벌이고 말았습니다. 아사가 여호와의 전에 속한 금과 은을 가져가서 아람 왕과 동맹을 맺으려고 하였기 때문입니다. 아사가 자기 집에 속한 것을 가지고 무슨 일을 한다면 나는 거기에 대해서는 아무 말 하지 않을 것입니다. 그가 죄 짓는데 쓰지 않는 한, 자기 것으로 좋아하는 일을 할 수도 있습니다. 그러나 그는 벤하닷이 바아사와 맺은 동맹을 깨트리도록 벤하닷에게 뇌물로 주려고 여호와의 전에 속한 보물을 가져갔습니다. 이렇게 믿음 없는 왕이 사람에게서 도움을 받기 위해 하나님의 것을 강탈하였습니다. "사람이 어찌 하나님의 것을 도둑질하겠습니까?"(말 3:8).

그런데 사람이 하나님을 믿지 못하고 피조물을 바라보면 반드시 하나님의 것을 강탈하게 되어 있습니다. 여러분이 하나님에게서 다른 아무것도 강탈하지 않는다 할지라도 하나님의 명예는 빼앗게 됩니다. 아버지가 자기 자녀가 아버지인 자신을 신뢰하는 것이 아니라 모르는 사람을 신뢰하는 일을 볼 수 있겠습니까? 남편이 자기 아내가 자기 원수를 믿는 것을 두고 볼 수 있겠습니까? 그렇게 하는 것은 금보다 훨씬 더 귀한 것을 그에게서 빼앗는 일이지 않겠습니까? 그것은 부부의 관계에 마땅히 있어야 하는 순전한 애정과 완전한 신뢰를 깨트리는 일이지 않겠습니까? 내가 하늘 아버지, 곧 전능하신 돕는 자를 불신하고 보잘것없는 꺾인 갈대를 신뢰해야 하겠습니까? 내가 불쌍한 다른 죄인에게 내 짐을 맡기고 구주님을 신뢰하기를 잊어야 하겠습니까? 사랑하는 주님을 날씨가 좋을 때에만 의지해야 하겠습니까? 내가 주님을 그처럼 형편없이 생각하여 작은 폭풍이 올 때는 어떤 사람에게 달려가 나의 피난처가 되어 달라고 부탁해야 하겠습니까?

사랑하는 여러분, 우리는 그렇게 하지 맙시다. 그렇지 않으면 우리는 주님을 크게 슬프게 하고 스스로 아주 당혹스러운 일에 빠지게 될 것입니다. 우리는 이미 이런 죄를 충분히 저질러 왔지 않습니까? 우리가 주님을 시기하시도록 만들고 있습니까? 성령님을 슬프게 하는 일에 열심입니까? 우리가 아사의 일을 교훈으로 삼지 못합니까? 도처에 있는 사람들이 파멸하는 것을 보면서도 이 바위로 돌진해야 할 필요가 있습니까? 주님께서 우리가 주의 말씀대로 주의할 수 있게 해 주시기를 바랍니다!

이 훌륭한 사람이 이렇게 믿음이 부족한 탓에 많은 죄에 떨어졌습니다. 나는 그가 자신의 행동의 결과들에 대해 책임을 져야 한다는 점을 덧붙여 말하지 않을 수 없습니다. 아람 왕 벤하닷이 올라와서 이스라엘을 공격했을 때 그가 한두 번의 전투로 만족하지 않고 이스라엘을 약탈하고 대대적으로 그들을 죽임으로써 이스라엘 백성들에게 큰 슬픔이 임했기 때문입니다. 이런 고통에 대해서 유다 왕 말고 누가 책임져야 하겠습니까? 바로 그 목적을 위해 아람 왕을 고용한 사람이 그였기 때문입니다. 이스라엘 백성들을 형제로 대했어야 하는 사람이 그들을 멸망시키는 자가 되었고, 아람 군대의 무자비한 칼이 이스라엘의 여인들과 아이들을 죽일 때마다 고통 받는 이 불쌍한 백성들은 그 일에 대해 아사를 원망하지 않을 수 없었습니다. 죄의 시작은 큰물을 흘려보내는 것과 같습니다. 홍수가 어떤 참화를 일으킬 수 있을지 아무도 예측할 수가 없습니다.

형제 여러분, 우리는 한 가지 잘못된 행동이 어떤 결과를 가져올지 알 수 없습니다. 우리는 그저 손을 좀 따뜻하게 하려는 목적으로 숲에서 불을 피울 수 있습니다. 그러나 불꽃이 날아가게 되면 큰 불이 온 산에 얼마나 퍼질지 천사도 예측할 수 없습니다. 우리는 자신에게뿐 아니라 다른 사람에게도 악한 결과를 가져오지 않도록 방심하지 말고 의심스러운 모든 행위를 멀리합시다. 성냥을 가지고 다니지 않으면 폭발을 일으킬 일이 전혀 없을 것입니다. 거룩한 경계심, 깊은 성실함, 무엇보다 믿음에 대한 엄숙한 성실함이 있으면 좋겠습니다! 여호와를 신뢰하는 것, 그것이 우리의 할 일입니다. 주님만을 의지하는 것, 그것만이 우리의 할 일입니다. "나의 영혼아 잠잠히 하나님만 바라라 무릇 나의 소망이 그로부터 나오는도다"(시 62:5). 불신앙은 그 자체로 우상 숭배입니다. 불신앙은 피조물을 의지하도록 우리를 이끄는데, 피조물을 의지하는 것은 어리석은 일입니다. 피조물을 바라보는 것은 사실 피조물을 예배하는 것이고 피조물을 하나님의 자리에 올려놓는 것이며, 그렇게 해서 하나님을 슬프시게 하고 거룩한 곳에 하나님의 원수를 세우는 것입니다.

여러분이 이 아사의 이야기에 조금만 더 귀를 기울여 주시기를 바랍니다. 아사가 벤하닷을 고용한 일은 그에게 좋은 일로 판명이 나게 되었고, 아마 그것을 보는 사람마다 모두 그것이 사업적으로 성공한 일이라고 말했을 것입니다. 그러나 하나님의 뜻에 따를 때 왕의 방침은 악한 것이었습니다. 그러나 그것이 정치적으로는 그에게 나쁘지 않은 일이 되었습니다. 세상의 많은 사람들은 어떤 행동들을 즉각적인 결과를 보고서 판단합니다. 어떤 그리스도인이 잘못된 일을 행하는데 그 일이 성공하면, 당장에 사람들은 그가 그 일을 한 것이 정당하였다고 결론짓습니다.

그러나 형제 여러분, 그것은 사람들의 행위와 하나님의 섭리를 맹목적으로 판단하는 형편없는 처사입니다. 여러분은 하나님의 섭리뿐 아니라 마귀의 궤계도 있다는 것을 모르십니까? 내 말 뜻은 이것입니다. 요나는 하나님으로부터 도망하기 위해 다시스로 가고자 해서 욥바로 내려갔습니다. 그런데 어떻게 되었습니까? 그가 보니, 마침 다시스로 가는 배가 있었습니다. 참으로 놀라운 섭리입니다! 기가 막힌 섭리가 아닐 수 없습니다! 여러분이 그 일을 그런 식으로 본다면 아주 어리석은 것입니다. 나는 요나가 깊은 곳에서 하나님께 부르짖었을 때 미쳤다고 생각하지 않습니다. 대제사장과 바리새인들이 예수님을 붙잡으려고 했을 때, 그들은 마침 유다가 그를 배반할 마음을 가지고 있다는 것을 발견하였습니다. 이것도 섭리였습니까? 무기를 살인자의 손에 아주 가까이 놓아두거나 강도질과 사기 치는 일을 아주 쉽게 할 수 있게 사탄이 미리 손을 써두었을 수 있지 않습니까? 여러분은 밀이 가뭄으로 잘 자라지 못할 때 종종 가라지는 아주 잘 자라는 것이 하나님의 선하심의 예라고 생각하십니까? 그동안 우리는 사람들이 어떤 나쁜 짓을 저지르고자 하였는데, 때 마침 어떤 일들이 벌어져 그들이 그 일을 쉽게 할 수 있도록 도왔고, 그래서 그들이 "참으로 놀라운 섭리다!"라고 말하는 경우를 많이 보았습니다. 그러나 그것은 사람들을 조사하고 시험하기 위해 보낸 섭리일 뿐이고, 잘못된 일을 하도록 방조하는 섭리는 우리가 기뻐할 섭리가 아닙니다.

그런 시험에 대해서 우리는 "우리를 시험에 들게 하지 마시옵고 다만 악에서 구하시옵소서"(마 6:13) 하고 기도하라고 배웠습니다. 잘못된 일은 거기에서 어떤 것이 나오든 잘못된 일입니다. 여러분이 거짓말을 한 번 해서 영원히 부자가 될 수 있을지라도, 그 사실이 거짓말의 성격을 바꾸지 못할 것입니다. 여러분이 한 번의 부정 거래로 사업상의 모든 빚에서 벗어날 수 있고 그 이후로 사업에 유리한 환경을 이룰 수 있다고 할지라도, 그 점이 하나님 앞에서 악의 칼날을 조금도 제거하지 못할 것입니다. 하나님께서는 잘못하는 그의 종 아사의 정책이 성공하도록 허용하시기를 기뻐하셨는데, 그렇게 하신 데에는 지혜로운 여러 가지 이유가 있었습니다. 그러나 이제 여러분은 아사가 그로 인해 어느 때보다도 나쁜 처지에 놓이게 된 것을 볼 것입니다.

아사의 확고한 믿음의 태도를 조사하는, 즉 그가 하나님 앞에서 행하려고 하는지 그렇지 않은지를 조사하는 그의 마음에 대한 시험이 전보다 더 엄격해 졌습니다. 하나님께서 그의 종 선지자를 아사에게 보내어 이같이 말하게 하셨 기 때문입니다. "왕께서 에티오피아인들로 인하여 하나님께 와서 하나님을 의지 하였을 때, 하나님께서 왕이 성공하도록 하시지 않았습니까? 그들이 수가 아주 많았을지라도 여호와께서 왕에게 승리를 주시지 않았습니까? 그런데 이제 왕이 믿음을 떠났고, 그 때문에 큰 복을 잃었습니다. 이는 왕이 하나님을 신뢰하였다 면 왕이 나가서 바아사와 벤하닷과 싸웠을 것이고, 그들을 모두 물리쳐서, 이 대 적하는 두 나라를 거꾸러트림으로써 왕의 나라가 강성해졌을 것이기 때문입니 다. 그런데 왕이 그 복을 잃어버렸습니다. 왕이 아주 어리석게 행하였고 하나님 께서 그 일로 왕을 징계하시려고 합니다. 이날 이후로 왕에게 더 이상 평화가 없 을 것입니다. 왕으로 다스리는 동안 계속 전쟁이 있을 것입니다."

아사 왕이 정당하지 못하게 행동하였을 때 고난을 만났더라면 틀림없이 그 가 겸손해졌을 것이라는 생각을 하게 됩니다. 그리고 자신이 얼마나 잘못되었는 지를 보고 회개하였을 것입니다. 그가 행한 일로 큰 불행이 오지 않고 하나님께 서 그를 징계하시지 않았기 때문에 왕의 마음이 교만해졌고 그래서 이런 말을 하였습니다. "이자가 누구기에 와서 왕에게 그의 본분을 가르치려 드는가? 이자 는 내가 자기만큼 옳은 일과 그른 일을 모른다고 생각하는가? 이 건방진 훼방꾼 을 감옥에 집어넣어라." 선지자가 나쁜 왕인 르호보암에게 왔을 때 르호보암은 그를 감옥에 집어넣지 않았습니다. 그는 여호와의 말씀을 존중하고 공경하였습 니다. 나쁜 사람이 어떤 특별한 때에는 선한 사람보다 더 나은 일을 할 수가 있 습니다. 그래서 르호보암은 그 문제에 있어서는 아사보다 낫게 행동하였습니다. 아사가 이제는 완전히 잘못되었습니다. 그는 아주 허세를 부리고 있었습니다. 이것은 사람들이 예상하였을 수 있는 일이었습니다. 왜냐하면 사람이 다른 사람 들 앞에 굽실거리려고 할 때는 언제든지 그가 하나님 앞에서 교만하게 행하기 시작할 것이라고 확신할 수 있기 때문입니다. 그는 교만한 마음으로 선지자를 감옥에 집어넣었습니다. 자신이 행한 일 때문에 울고 겸비하기보다는 자기를 책 망하는 사람을 감옥에 집어넣었습니다.

그 다음에는 급한 성미와 오만한 태도로 자기 백성들 가운데 어떤 사람들을 학대하기 시작하였습니다. 그들이 어떤 사람들이었는지 모르지만, 아마도 감옥에 갇힌 선지자를 동정하고 "틀림없이 우리도 하나님의 종을 이렇게 대하는 끔찍한 처사를 당할 것이다"고 말한 경건한 사람들이었을 것입니다. 어쩌면 그들은 그런 말을 거리낌 없이 했을 것이고 그래서 그들도 투옥되었을지 모릅니다. 이렇게 하나님의 자녀가 하나님의 종과 다른 신실한 사람들을 박해하는 사람이 되었습니다. 아, 참으로 슬프고 슬픈 일이었습니다! 이때 하나님께서 이 성난 왕이 자신의 잘못들로 인해서 몹시 상심하게 하시고 매로 그를 뼈아프게 치시며 남은 날을 지극히 슬프게 보내도록 하신다고 해도 정당한 일일 것입니다.

사랑하는 친구 여러분, 여러분이 간절히 기도하는 일들 가운데 무엇보다 하나님께서 여러분의 죄가 결코 성공하지 않게 해 주시기를 간절히 구하십시오. 여러분의 죄가 성공한다면, 그 죄들은 여러분 영혼 속에 암 세포를 낳고 그 암 세포는 계속 자라 결국에는 아주 무서운 영혼의 질병으로 발전하고 반드시 여러분에게 비참한 고통을 가져올 것이기 때문입니다. 하나님께서 자기 자녀들이 잘못을 범하면 언제나 그 즉시 그들을 징계하시는 것은 아닙니다. 때로 하나님은 자녀들에게 징계가 올 것이라고 말씀하시고, 그렇게 해서 실제로 징계를 받고 상심하기 전에 그것을 알고서 괴로워하게 만드십니다. 하나님의 자녀들이 그 징계가 어떠할 것을 생각하게 되고, 그러면 그것이 그들에게는 실제 시련보다 훨씬 더 심한 고통거리가 될 수 있기 때문입니다. 그러나 그들이 확실히 하나님의 친 백성인 한, 그들은 죄가 지극히 큰 악이고, 죄에 손을 대면 결코 즐거워할 수 없다는 것을 반드시 배워야 하고 또한 배우게 될 것입니다.

나는 지금까지 아사가 어떤 사람이었고, 그가 무슨 잘못을 저질렀으며, 이로 인해 그가 또 어떤 다른 잘못들을 범했는지를 설명하였습니다. 이제는 하나님께서 마지막으로 셈을 하시게 되었을 때 그를 어떻게 대하셨는지를 이야기해야 하겠습니다. 하나님께서는 "자, 내가 직접 너를 처리하겠다"고 말씀하시는 것 같았습니다. 하나님께서 그의 발에 병을 보내셨는데, 그것도 매우 고통스러운 병을 보내셨습니다. 그는 밤낮으로 괴로워하지 않을 수 없었습니다. 그는 그 병 때문에 고통을 받았고 도무지 쉴 수가 없었습니다. 하나님께서 친히 손으로 그를 누르신 것입니다. 우리 가운데는 발에 나는 병이 그것이 뇌의 질병이 아닌 한에는 어느 병 못지않게 아주 심각한 고통이 될 수 있다는 것을 쓰라린 경험을 통해서 아는 사람들이 있습니다. 아사 왕은 아름답게 수놓은 슬리퍼가 통풍에 걸린 발을 조금도 편안하게 해 주지 못하고, 병이 날뛰면 잠이 달아난다는 것을 배우지 못했습니다. 이런 일을 겪으면 마땅히 아사가 회개했어야 합니다. 그렇지만 그 결과는 고통 자체가 사람을 바르게 만들지 못한다는 것을 보여줄 뿐이었습니다. 아사는 아주 불신앙적인 생각에 떨어져 도움을 받기 위해 사람을 하나님께 보내고 바로 병을 보내신 하나님께 병 낫기를 간구하지 않고 사람을 보내어 의사를 불렀습니다. 사람을 보내어 의사를 데려오는 것은 잘못된 일이 아닙니다. 그것은 매우 옳은 일입니다. 그러나 하나님께 부르짖는 것 대신에 의사를 부르러 사람을 보내고, 그렇게 해서 하나님보다 사람의 힘을 앞세우는 것은 아주 잘못된 일입니다. 게다가 이 의사들은 그저 이교적인 주술사나 강신술사, 마술을 하는 체하는 사람들일 뿐이고 그래서 이들의 진찰을 받을 때는 환자가 불가피하게 악한 풍습에 관여하지 않을 수 없게 될 가능성이 높습니다. 아사가 이들 의사의 이교를 인정하려고 하지 않았겠지만, 그럴지라도 이렇게 생각했을 수도 있습니다. '아, 저 사람들은 잘 고치기로 유명하다. 그들이 어떤 사람인지는 내가 관여할 바가 아니다. 그런 것은 그냥 참고 지나가겠다. 그들이 나를 고칠 수 있다면 그들을 데려올 수가 있어.'

이렇게 불신앙 때문에 그는 하나님께서 아주 쉽게 주실 수 있는 치료의 기회를 잃어버렸습니다. 그에게는 그를 돌보는 의사들이 있었고 그들의 의술이 동원되었지만, 그들은 그에게 초라한 위로자들이었고 그의 병을 조금도 낫게 하지 못했고, 아마도 그들이 없이 겪었을 것보다 더 많은 고통을 그에게 가져다주었을 것입니다. 그들은 아무 가치가 없는 의사였고, 그들이 주는 약은 속임이었습니다. 우리가 계속해서 하나님을 외면할 때 종종 그런 일이 벌어집니다. 하나님이 있는 사람은 모든 것을 가졌고, 모든 것이 있어도 하나님이 없는 사람은 사실은 아무것도 가진 것이 없는 사람입니다.

이 시기 이후 아사의 생애는 전쟁과 고통의 삶이었습니다. 그의 저녁은 흐렸고 그의 해는 폭풍 속에 저물었습니다. 여러분은 다윗의 일생을 눈여겨보지 않았습니까? 다윗의 생애는 어느 시점까지는 참으로 복된 삶이었습니다! 젊은 시절 그는 자고새처럼 쫓기며 이산 저산을 헤맸습니다. 그러나 그는 매우 유쾌하였습니다. 그가 비천한 목동으로 있었을 때 얼마나 즐거운 시를 노래하곤 하였습니까! 그리고 후에 그가 엔게디 굴로 피신하였을 때, 감사와 기쁨의 선율들을 얼마나 멋지게 쏟아냈습니까! 다윗은 그 때와 그 후 상당한 기간 동안 더할 수 없이 행복한 사람이었습니다. 그러나 그가 자기 집 지붕 위를 걷다가 밧세바를 보고 그의 부정한 욕망에 굴복한 그 시간에 다윗의 행복한 시절은 끝이 났습니다. 그가 하나님의 자녀이었고 하나님께서 그를 결코 버리시지 않았지만, 그의 천부께서는 그를 징계하기를 그치지 않으셨습니다. 그 날 이후로 그의 생애는 고난의 연속입니다. 자식들로부터 잇따라 근심스러운 일을 겪었고, 신하들로부터는 배은망덕한 일을 당하였으며 적들로부터는 성가신 일들을 겪었습니다. 불행한 일들이 밭이랑에 돋는 독초(암 10:4)처럼 그에게 많이 일어났습니다. 그는 기뻐하는 왕이 되지 못하고 슬퍼하는 왕이 되었습니다. 그의 삶의 전체 진로가 바뀌었습니다. 그의 전체 이미지에 음울한 그림자가 드리워집니다. 여러분은 그를 같은 사람으로 보지만, 그의 목소리는 갈라져 쉰 소리를 냅니다. 그의 음악은 낮고 굵은 베이스입니다. 그는 높은 소리를 낼 수 없습니다. 다윗은 범죄한 그 시간부터 점점 더 슬퍼하기 시작하였습니다.

우리도 조심하지 않으면 그와 같이 될 것입니다. 우리가 지금까지 그리스도 안에서 매우 행복한 삶을 살아왔을 수 있습니다. 그리고 주님께서 우리를 결코 버리시지 않을 것도 압니다. 주님께서는 미리 아신 자기 백성들을 결코 버리시지 않기 때문입니다. 그러나 우리가 믿음 없이 행하고 잘못된 행동을 취하며 주님의 이름을 욕되게 하기 시작하면 주님은 이 순간부터 이렇게 말씀하실 수 있습니다. "내가 땅의 모든 족속 가운데 너희만을 알았나니 그러므로 내가 너희 모든 죄악을 너희에게 보응할 것이다(암 3:2). 내가 너희를 사랑하기 때문에 너희를 징계할 것이다. 나는 사랑하는 아들마다 징계하기 때문이다. 그런데 너희가 지금까지 이렇게 잘못 행하였기 때문에 그 대가를 톡톡히 치르게 할 것이다. 너희의 헛된 일들이 남은 날 동안 내내 너희를 괴롭게 할 것이다."

아사는 마침내 잠들 때까지 전혀 평안을 누리지 못한 것으로 보입니다. 그리고 그때서야 그의 장례용 소파가 향기로운 냄새로 꾸며진 것만큼 그의 임종시 침상이 참회와 용서로 향기롭게 되었을 것이라고 믿습니다. 용서하시는 사랑과 소생시키는 믿음이라는 달콤한 향료가 거기에 있었습니다. 그는 큰 희생을 치르고 나서 하나님을 기뻐하며 죽었습니다. 방황하는 시간을 지낸 후에 돌아왔고, 흐리던 날이 마침내 평온하고 빛나는 저녁으로 마무리되었습니다. 그가 마침내 회복되었다고는 하지만, 그렇게까지 잘못된 길로 나아가기를 바랄 사람이 누가 있겠습니까?

형제 여러분, 우리는 그저 천국에 가기만을 바라는 것이 아닙니다. 천국으로 가는 길에서도 천국을 누리기를 바랍니다. 우리는 그저 광야에서 나오기만을 바라는 것이 아닙니다. 광야에서 나올 뿐만 아니라 또한 사랑하는 주님을 의지하기를 바라는 것입니다. 우리는 그저 구원을 받되 "불 가운데서 받은 것 같이"(고전 3:15) 되기를 바라는 것이 아니라 우리 구주 예수 그리스도의 나라에 넉넉히 들어감을 얻기를 바라는 것입니다.

아사의 성품은 사람들 사이에서 잘 알려져 있었습니다. 사람들은 그를 사랑하고 존경하였습니다. 경건한 사람들 가운데 많은 사람들이 그가 행한 잘못 때문에 슬퍼하였을 것이 분명합니다. 그러나 그 모든 사실에도 불구하고 그들은 한 가지 잘못 때문에 거의 40년 동안 하나님께 바친 그의 봉사를 완전히 잊어버려야 한다고 생각하지 않았습니다. 이렇게 사람들은 그를 사랑하였고, 왕에 어울리는 장례식을 거행함으로써 그에게 경의를 표하였습니다. 그런 장례식으로써 자신들의 슬픔과 경의를 표한 것입니다. 그러나 여러분과 나는 이런 말을 듣지 못할 수도 있습니다. "그는 훌륭하게 살았다. 그는 하나님을 섬기는 일에 뛰어났고 많은 일을 하였다. 그렇지만 육신의 약함이 그의 내적 생명을 지배한 불행한 시절이 있었다."

사랑하는 자매님, 자매님은 그동안 자녀들을 양육하였고 가족들을 돌보았으며, 자녀들이 자매님이 하나님과 동행해 온 길과 자신의 본분을 이행하는데 열심을 보였다는 것을 온 세상에 입증해 왔다면, 노년을 성내고 투덜대며 불평하는 일로 보내어 자매님의 친구들이 자매님에 대해 "마지막에는 저 친구가 예전처럼 그리 행복하지 않았어"라는 말을 하게 되지 않도록 하십시오.

사랑하는 형제님, 형제님은 지금까지 장사를 해왔습니다. 그동안 아주 많은 시험들을 이겨냈고, 형제님의 성품이 훌륭하다는 것은 널리 알려진 사실입니다. 그러니 이제 극한 시련을 만나서 하나님을 의심하기 시작하지 마십시오. 성령께서 여러분을 그 큰 악에서 보호하여 주시기를 바랍니다. 형제님은 궁핍할 때에 하나님께서 여호와이레가 되시는 것을 발견할 것입니다. 하나님은 날씨 좋을 때만의 친구가 아니십니다. 하나님은 폭풍우로부터 가려주는 피난처이시고 사나운 비바람을 막아주는 덮개이십니다. 서서 주님을 굳게 믿으십시오. 하나님을 의심하고, 그래서 결과적으로 의심스러운 일들을 하지 마십시오. 여러분이 그렇게 한다면, 여러분 뒤에 오는 사람들이, 어쩌면 여러분이 살아 있는 동안에도 여러분을 사랑하는 사람들이 이렇게 말할 것이기 때문입니다. "그분은 훌륭한 사람이었지만 슬프게도 약점과 모순을 보여준 시기가 있었어. 그분이 깊이 회개하였지만 불행한 시절을 지내다가 절뚝거리며 무덤으로 갔어."

우리가 얼마나 귀한 그리스도를 모시고 있는지 모릅니다! 그리스도는 우리 같은 죄인들을 구원하시는 분입니다. 우리가 얼마나 찬송 받으실 소중한 주님을 모시고 있는지 모릅니다! 주님은 우리의 모든 잘못과 넘어짐, 부끄러운 방황에도 불구하고 우리를 버리시지 않는 분입니다. 사랑하는 여러분, 우리는 까닭 없이 주님을 슬프시게 하는 천한 사람이 되지 않도록 합시다.

> "우리는 주님께서 영원한 사랑으로 택하신 자를
> 버리실 것이라는 염려가 전혀 없네.
> 하지만 우리는 이 은혜를 남용하지 않겠네.
> 우리는 넘어지지 맙시다. 넘어지지 맙시다."

지금 본문에서 보는 아사의 경우와 같은 경고를 받았으니 우리는 경계를 늦추다가 우리도 모르는 사이에 곁길로 가는 일이 없도록 합시다. "의인의 길은 돋는 햇살 같아서 크게 빛나 한낮의 광명에 이르느니라"(시 4:18). 이것이 여러분이 따라야 할 모범입니다. 이것은 성경이 여러분에게 제시하는 약속입니다. 이 점을 이유로 들어 호소하고, 그 점을 실현하도록 노력합시다. 더욱더 힘있게 나아가도록 합시다. 우리가 은혜와 우리 구주 예수 그리스도를 아는 지식에서 자라게 해 주시기를 구합시다. 우리가 지금까지 버팀목들, 곧 보이는 외적인 버팀목들을 필요로 하였고 하나님을 전혀 의지할 수 없었다면, 주님께서 우리를 더욱 튼튼하게 자라도록 도와주셔서 망설임 씨(Ready-to-Halt, 천로역정에 나오는 인물)의 목발 같은 것을 치워버릴 수 있게 해 주시기를 바랍니다. 우리가 하나님을 의지하고, 하나님의 틀림없는 신실하심과, 하나님의 약속이 성취될 것을 보장하는 그 능력을 언제나 신뢰하고 있기 때문에 우리가 하나님 앞에서 똑바로 행할 수 있기를 바랍니다.

나는 지금 전하고 있는 이 말씀이 내게 필요하다는 것을 알지만 다른 사람들도 필요한 말씀으로 여기는지 모르겠습니다. 아마도 이 자리에 있는 어떤 분들에게는 이것이 꼭 필요로 하는 바로 그 말씀일 수도 있습니다. 사랑하는 형제 여러분, 믿음 생활은 복된 것입니다. 신자의 인생행로는 시련을 견디는 것입니다. 그것은 전투입니다. 하지만 그 모든 것, 곧 믿음 생활의 모든 슬픔을 합친 것도 괴로움에 있어서는 한 방울 죄의 슬픔이나 한 가지 불신앙의 비참함에 미치지 못합니다. 왕의 대로가 험할 수 있지만, 샛길 초원(By-path Meadow, 천로역정에 나오는 길)이 결국은 두 길 가운데 더 험한 길입니다. 푸른 잔디밭을 걷는 것은 매우 즐겁게 보입니다. 그러나 샛길 초원이 순전히 겉보기에만 평탄하다는 점을 기억하시기 바랍니다. 그리스도의 길은 유쾌한 길입니다. 그리스도의 모든 소로(小路)는 세상의 다른 어떤 소로들에 비할 때 평탄합니다. 설사 그리스도의 길들이 그처럼 평탄하지 않을지라도, 주님을 섬김으로 결국 우리가 슬픔과 고난에 빠지게 될지라도 이 자리에 있는 충성스러운 심령을 지닌 분들, 곧 그리스도께서 택하신 순결한 영혼들은 예수께서 그 길로 인도하신다면 물속이든지 불속이든지 뚫고서 계속 주님을 따르기로 결심할 것입니다.

사랑하는 여러분, 여러분이 단순한 믿음으로 주님을 굳게 붙잡기를 바랍니다! 주님 밖에 생명의 말씀이 없다는 것을 세상에 증거하기를 바랍니다! 여러분의 마음이 매우 연약하기 때문에, 이제 주님께서 사랑의 끈으로 여러분을 묶고, 또 사람의 끈으로 여러분을 주님의 제단에 단단히 묶어 여러분이 제단을 떠나가지 않도록 해 주시기를 구하십시오. 주님께서 여러분을 굳게 붙드시지 않으면 여러분은 틀림없이 곁길로 가고 결국에는 믿음을 버리게 될 것이기 때문입니다. 그러나 주님은 여러분을 붙잡으실 것입니다. 주님은 성도들의 발을 보호하실 것입니다. "자기의 마음을 믿는 자는 미련한 자요"(잠 28:26). 누구든지 "나는 섰다"고 말한다면, 그 사람은 넘어지지 않도록 조심해야 합니다. 그러한 자신감과 영적인 자랑에 빠지지 않도록 조심하십시오. 영적인 자랑은 그리스도인들 가운데서 점점 흔히 볼 수 있는 태도이고, 좀 더 낫다고 하는 사람들, 즉 학식이나 재능을 자랑할 수 있는 사람들 가운데서도 볼 수 있는 점입니다. 그런데 그들이 자신을 알기만 한다면 자기가 기껏해야 보잘것없고 비참한 벌거벗은 죄인보다 조금도 나은 것이 없고, 예수님을 바라보아야 할 존재라는 것을 고백할 것입니다.

사람들이 그리스도 안에 있을 때에만 의미 있는 존재이므로, 그들이 그리스도를 떠나서는 공허한 허풍쟁이에 지나지 않기 때문입니다. "내가 약한 그 때에 강함이라"(고후 12:9). 다른 때가 아니라 바로 약할 때 강한 것입니다. 나에게 자랑할 만한 것이 있다고 생각할 때, 사실은 바로 그때 나는 천한 상태 가운데 있는 것입니다. 나는 내 자신을 모릅니다. 내가 교만한 마음으로 본다고 생각하는 것만 겨우 볼 수 있으니, 반소경이라고 하는 것이 적절할 것입니다. 성령께서 우리가 계속해서 겸손하게 해 주시기를 바랍니다. 우리가 계속해서 십자가 밑에 있고, 계속해서 약속을 굳게 붙잡게 해 주시며, 영원한 반석을 의지하고 이렇게 외칠 수 있게 해 주시기를 바랍니다. "주님, 저는 아무것도 아닙니다. 참으로 아무것도 아닙니다. 주님만 모든 것의 모든 것이시옵니다. 저는 실로 텅 비어 있으니 오셔서 저를 채워 주소서. 완전히 벌거벗었으니 오셔서 저를 옷 입혀 주소서. 저는 참으로 약하오니 오셔서 저를 사용하여 주의 능력을 나타내소서!"

사랑하는 친구 여러분, 하나님께서 여러분에게 복을 주시기 바랍니다. 여러분 가운데 신뢰할 하나님이 없거나 사랑할 구주님이 없는 분이 있다면, 여러분이 지금 예수님을 찾으시기 바랍니다! 여러분이 예수님을 찾으면 그분을 만나실 것입니다. 그리스도를 믿는 자는 누구든지 구원을 받고, 그리스도를 신뢰하는 사람은 누구든지 구원을 받기 때문입니다. 십자가에 소망을 두는 사람은 누구나 용서와 구원을 받습니다. 하나님께서 여러분에게 풍성한 복을 내려주시기를 바랍니다. 아멘.

제
6
장
—

# 노래하는 군대

—

"유다 사람이 여호와께 도우심을 구하려 하여 유다 모든 성읍에서 모여와서 여호와께 간구하더라." – 대하 20:4

예루살렘이 갑작스러운 소식에 놀랐습니다. 요단 건너 먼 나라들에서 오랫동안 조용히 전쟁을 준비하는 일들이 있었습니다. 산지에서는 에돔이 준비해 오고 있었습니다. 대장간에서는 그동안 내내 망치 소리가 울려 퍼졌습니다. 이스라엘의 적들이 전지하는 낫으로 창과 칼을 만들어 왔고, 이제 그들이 떼를 이루어 내려오고 있었습니다. 강한 세 나라가 있었는데, 이 나라들이 주변 모든 나라들의 도움을 받았습니다. 그래서 약탈하고 싶어 안달이 나 있는 큰 군대가 전쟁을 하려고 전열을 갖추었습니다. 그들은 예루살렘 성전의 부(富)에 대해 들어왔습니다. 유다 사람들이 오랫동안 번성하였다는 것을 알고서 그들이 지금 죽이고 부수고 약탈하려고 오고 있었습니다. 그들은 많기가 황충이나 메뚜기 떼 같았습니다. 하나님의 백성들이 무엇을 할 수 있었겠습니까? 이 불쌍한 유다 사람들이 어떻게 자신들을 지킬 수 있겠습니까? 그들이 즉각적으로 의지할 분은 그들의 하나님이셨습니다. 그들이 크게 걱정하며 자기들의 갑옷과 칼을 보았던 것 같지 않습니다. 사실 그 처지는 그들이 하늘 아래 어떤 것을 의지하려고 해도 소용이 없을 만큼 아주 절망적인 것이었습니다. 그들은 세상적으로 의지할 수 있는 것이 아무것도 없었기에 하나님을 쳐다보지 않을 수 없었습니다. 그들의 경건한 왕 여호사밧이 백성들이 그렇게 하는 일을 도왔습니다. 백성들 전체에게 금식을 선포하였고, 모압과 암몬, 에돔의 군대에 대항하기 위한 준비는 기도하는 것이었습니다. 암몬 사람들이 그 말을 들었으면 웃었을 것이고 에돔 사람들은 비웃었을 것이며 모압 사람들은 기도하는 사람들에게 욕설을 퍼부었을 것이 분명합니다. 유다의 적들은 이렇게 조롱하며 말하였을 것입니다. "뭐라고! 저들은 기도로 우리를 물리칠 수 있다고 생각하는 거야?" 그러나 이 기도가 이스라엘의 대포였습니다. 이스라엘에게는 이 기도가 지상 최대의 대포였습니다. 이 대포가 장전이 되면 포탄을 한 발, 딱 한 발을 쏠 것이고, 그 한 발이 이 세 나라 군대를 그 자리에서 박살낼 것이었습니다. 하나님의 백성들이 오직 보이지 않는 군대, 즉 무적의 군대를 의지하였는데, 지혜롭게 잘한 일이었습니다.

주님께서 우리에게 그들을 본받으라고 가르치시고 그의 은혜로 우리가 본받을 수 있게 해 주신다면 우리는 중요한 교훈을 배울 것입니다. 내 자신이 누구 못지않게 그 점을 배울 필요가 있습니다. 나는 여러분 각 사람이 믿음의 학교의 학생이 되고, 기도와 찬양이라는 신성한 기술에 아주 유능한 사람이 되도록 기도합니다.

### 1. 첫째로, 그들은 어떤 태도로 도움을 구하였습니까?

여러분도 알다시피, 그들은 백성들 전체가 금식하고 기도함으로써 도움을 구하였습니다. 그러나 여기서 내 말뜻은, 그들이 하나님께 가까이 가서 도움을 구할 때 어떤 태도로 기도하였느냐는 것입니다. 그 답변은, 첫째로 그들이 다음과 같이 확신을 표시하며 도움을 구하였습니다. "우리 조상들의 하나님 여호와여 주는 하늘에서 하나님이 아니시니이까 이방 사람들의 모든 나라를 다스리지 아니하시나이까 주의 손에 권세와 능력이 있사오니 능히 주와 맞설 사람이 없나이다." 우선 의심부터 하면, 우리 기도는 지지부진할 것입니다. 믿음은 아킬레스 건(腱)입니다. 이 힘줄이 끊어지면 우리는 하나님과 씨름할 수가 없습니다. 튼튼한 그 힘줄이 있으면, 그 강력한 힘줄이 다치지 않았으면 우리는 기도에서 하나님을 이길 수 있습니다. "너희 믿음대로 되라"(마 9:29)는 이것이 하나님 나라의 규칙입니다. 물론 하나님께서 이 규칙을 넘어가시는 일이 종종 있습니다. 그동안 나는 하나님께서 우리 믿음에 대해 수백 배만큼 주시는 것을 보아왔습니다. 그러나 형제 여러분, 하나님께서 우리 믿음보다 못하게 주신 적은 한 번도 없었습니다. 그렇게 하는 일은 결코 있을 수 없을 것입니다. "너희 믿음대로 되라"는 이것은 주님의 최소한의 규칙이라고 말할 수 있을 것입니다. 그러므로 환난의 때에 여러분은 하나님께 도움을 구하십시오. 하나님께서 도움을 주실 수 있다고 믿고 구하십시오. 하나님께서 도움을 주시리라는 것을 믿고서 구하십시오. 부끄러운 의심과 불신으로 성령님을 슬프게 하지 마십시오. 이런 것들은 여러분 영혼에 불화살과 같아서 여러분 힘의 생명을 태워버릴 것입니다. 여러분이 겪는 싸움이 아무리 힘들고 시련이 아무리 어려울지라도, 여러분을 주님을 찾는다면, 하나님께 합당한 확신을 가지고 하나님께 구하십시오.

그 다음에, 유다 백성들은 하나님의 과거 행위들을 들어 호소하며 하나님께 구하였습니다. 이것은 그동안 성도들이 흔히 취해온 기도의 방식이고, 매우 효력이 있다는 것이 입증되었습니다. "우리 하나님이시여 전에 이 땅 주민을 주의 백성 이스라엘 앞에서 쫓아내시고 그 땅을 주께서 사랑하시는 아브라함의 자손에게 영원히 주지 아니하셨나이까?" 하나님께서 그동안 여러분을 위해 행하신 일을 말씀드리고, 그 다음에 즐거운 후렴구처럼 "예수 그리스도는 어제나 오늘이나 영원토록 동일하시니라"(히 13:8)고 말씀하십시오. 여러분이 기도할 때, 하나님께서 오늘 여러분에게 위안을 주실지 알 수 없다면 하나님이 과거에 행하신 일을 생각하도록 하십시오. 현재 하나님의 은혜를 보여주는 표시들이 없다면, 이전 시절, 곧 옛적을 기억하십시오. 하나님은 지금까지 여러분에게 은혜를 베푸셨습니다. 여러분은 하나님이 얼마나 은혜로우셨는지 말할 수 있습니까? 하나님은 그동안 여러분에게 인자와 친절과 신실하심을 풍성히 베푸셨습니다. 지금까지 하나님이 여러분에게 황무지나 마른 땅처럼 아무 도움을 주지 않은 적이 한 번도 없었습니다. 그렇다면, 하나님께서 여섯 가지 환난에서 여러분을 구원하셨다면 일곱 번째 환난에서도 구원하실 것으로 믿지 않겠습니까? 여러분이 60가지 환난에서 구원받는다면 61번째 환난에 대해 하나님을 신뢰할 수 없겠습니까? 여러분 가운데 머리가 희어지기까지 살아온 분들이 있는 것을 압니다. 여러분은 얼마나 더 살 수 있을 것으로 생각합니까? 대략 10년 정도 남았다고 생각하십니까? 여러분은 지금까지 70년 동안 여러분에게 복을 베푸셨던 주님께서 그 다음 10년 동안은 여러분을 지키실 수 없다고 생각하십니까? 우리는 사람이 우리를 속이기 전까지는 그 사람을 항상 믿어야 한다고 말합니다. 우리는 사람이 다른 모습을 보이기 전까지는 그 사람이 정직하다고 생각합니다. 하나님에 대해서도 그렇게 생각하시기를 바랍니다. 우리가 지금까지 하나님께서 선하고 신실하며 진실하고 친절하며 온유하신 것을 보아왔으니, 이제 곤란한 처지를 만났다고 해서 하나님을 나쁘게 생각하지 맙시다. 그보다는 하나님께 가서 이렇게 말하십시오. "주님은 우리 하나님이 아니십니까? 주께서 우리를 끔찍한 구덩이와 진흙탕에서 건지시지 않았습니까? 주께서 우리를 애굽 같은 우리 죄에서 건지시지 않았습니까? 주님은 우리를 파멸하러 광야로 불러들이시지 않은 것이 확실하지 않습니까? 주께서 이제 우리를 떠나려고 하십니까? 실로 우리는 하잘 것없는 자들입니다. 그러나 우리는 이미 전부터 항상 그랬습니다. 만일 주님께서 우리를 떠나실 이유가 필요하셨다면 이미 오래전에 그 이유를 수만 가지도 더 찾으셨을 것입니다. 주여, 주의 종들을 아주 노여워하지 마시고 우리를 버리지 마소서." 바로 그것이 효과 있게 기도하는 방식입니다. 과거를 상기시키면서 도움을 구한 이 옛적 사람들을 본받으십시오.

이들의 기도를 조금 더 살펴보면, 그들이 하나님의 약속을 이유로 내세웠다는 것을 알게 됩니다. 이 약속은 솔로몬이 성전을 봉헌할 때 한 것입니다. "만일 재앙이 우리에게 임하면 우리가 이 환난 가운데에서 주께 부르짖은즉 들으시고 구원하시리라 하였나이다." 하나님의 약속을 얻고 그 약속으로 하나님을 붙잡는 사람, 그는 이기고 또 이겨야 마땅합니다. 나는 때로 사람이 물건을 쥐지 못하는 것을 보았습니다. 물건이 살짝 빠져나갔고, 그의 손도 미끄러웠습니다. 그런데 그가 손에 모래를 조금 쥐었을 때는 꽉 움켜 쥘 수 있는 것을 보았습니다. 나는 약속들을 덥석 붙잡는 것을 좋아합니다. 그러고 나면 내 자신이 하나님의 신실하심을 아주 굳은 손으로 붙잡을 수 있는 것을 발견합니다. 하나님께 절대적으로 효과가 있는 호소는 "말씀하신 대로 행하시옵소서"(삼하 7:25)라는 것입니다. 여러분은 사람이 여러분 앞에 여러분이 한 바로 그 말을 제시할 때 여러분을 꼼짝못하게 만든다는 것을 압니다. 그는 이렇게 말합니다. "자, 그것이 바로 당신이 하겠다고 말한 것이야. 당신이 자발적으로 이렇게 하겠다고 맹세했어." 그러면 여러분은 그 말에서 도망갈 수 없습니다. 자신에게 해가 되는 것을 맹세했을지라도 맹세한 것은 바꾸지 않는 것이 성도들의 방식이기 때문입니다. 성도들은 자신에게 손해가 되는 것을 말했을지라도 그 말을 지켜야 하는 것입니다. 이 사실은 성도들의 주님에게 항상 적용됩니다. "하나님이 그 말씀하신 바를 행하지 않으시며 하신 말씀을 실행하지 않으시랴?"(민 23:19). 그렇다면 기도에 사용할 강력한 무기가 이렇게 말하는 것입니다. "주님, 주님은 이렇게 혹은 저렇게 말씀하셨습니다. 주께서 이렇게 말씀하셨으니, 이제 말씀하신 대로 행하시옵소서. 주께서 '의인은 고난이 많으나 여호와께서 그의 모든 고난에서 건지시는도다'(시 34:19)고 말씀하셨습니다. 또 '하나님은 여섯 가지 환난에서 너를 구원하시며 일곱 가지 환난이라도 그 재앙이 네게 미치지 않게 하시리라'(욥 5:19)고 하셨습니다. 주님은 '내가 반드시 너에게 복 주고 복 주리라'(히 6:14)고 말씀하셨고, '네가 어디로 가든지 네 하나님 여호와가 너와 함께 하느니라'(수 1:9)고 하셨습니다. 또 '네 문빗장은 철과 놋이 될 것이니 네가 사는 날을 따라서 능력이 있으리로다'(신 33:25)고 말씀하셨습니다. 주님, 그에 대한 주님의 약속이 여기 있습니다." 그런 이유를 들어 호소하면 여러분은 틀림없이 신실하신 하나님을 이길 것입니다.

그 다음에, 이 사람들은 도움을 구할 때 자신들의 불행한 상태를 털어놓았습니다. 그렇게 하는 것이 큰 효과가 있습니다. 관대하게 대해 주시기를 호소하는 가장 강력한 이유들 가운데 한 가지는 궁핍의 절박성입니다. 하나님께 기도할 때 사용할 수 있는 가장 효과적인 논거 가운데 한 가지는 우리의 상태를 있는 그대로 이야기하는 것입니다. 즉, 우리의 슬픈 처지를 털어놓는 것입니다. 그래서 그들은 하나님께 이렇게 말씀드렸습니다. "우리 하나님이여 그들을 징벌하지 아니하시나이까 우리를 치러 오는 이 큰 무리를 우리가 대적할 능력이 없고 어떻게 할 줄도 알지 못하옵고 오직 주만 바라보나이다." 그들은 힘이 없었고 방책도 없었습니다. "우리가 대적할 능력이 없고 어떻게 할 줄도 알지 못하옵나이다." 때로 여러분이 필요한 일을 할 수 없을 때라도, 여러분에게 힘이 있다면 그것을 어떻게 처리할 수 있겠다는 것을 아는 것은 다소 위로가 됩니다. 그러나 당혹스러워하는 이 사람들은 그 일을 행할 능력이 없었고 그것을 처리할 방법도 알지 못하였습니다. 그들은 어찌할 바를 몰랐습니다. 이렇게 강력한 적들에게 둘러싸인, 유다처럼 작은 민족은 참으로 아무 힘이 없었습니다. 자신들의 약함과 무지가 호소할 큰 이유들이었습니다. 그 논리는 신성한 것이었습니다. "어떻게 할 줄도 알지 못하옵고 오직 주만 바라보나이다."

그것은 마치 그들이 이렇게 말하는 것이나 같았습니다. "우리가 스스로 그 일을 처리할 수 있다면 하나님께서 이렇게 말씀하시는 것이 아주 당연하십니다. '가서 그 일을 해라. 내가 너희에게 힘을 준 것은 너희가 그런 일을 처리하는데 사용하라고 준 것이 아니고 무엇이겠느냐?' 그러나 우리는 아무 힘이 없고 어떻게 할 줄도 알지 못하니, 우리가 와서 그저 주님 발 앞에 그 사정을 아뢰고 '사정이 이렇습니다. 오직 주만 바라보나이다' 하고 말할 뿐입니다." 어쩌면 여러분은 그것은 기도가 아니라고 생각할지 모릅니다. 여러분에게 분명히 말하지만 그것은 가장 강력한 형태의 기도입니다. 그냥 여러분의 사정을 하나님 앞에 말씀드리는 것, 여러분의 모든 슬픔과 필요를 있는 그대로 내놓고 "주님, 사정이 이렇습니다" 하고 말하는 것은 가장 강력한 기도입니다.

　　여러분도 알다시피, 사람이 런던 거리에서는 구걸하지 못합니다. 경찰이 그렇게 하도록 두지 않을 것입니다. 그것은 매우 지혜로운 규정이라고 생각합니다. 그런데 가난한 사람은 어떻게 합니까? 여러분은 그런 사람을 본 적이 없습니까? 그는 시골 사람처럼 옷을 입었고, 곧 굶어죽게 생겼으며, 몸을 웅크리면 헌 양복바지 틈새로 무릎이 보입니다. 그는 구걸하지 않습니다. 그는 그런 사람이 아닙니다. 그는 그냥 길모퉁이에 앉아 있습니다. 그는 그냥 자신의 처지를 보여주는 것만으로 충분하다는 것을 아주 잘 압니다. 런던 거리에는 얼굴 자체가 돈을 벌어다 주는 사람이 한두 명은 있습니다. 창백하고 홀쭉하며 슬픔에 잠긴 그 얼굴은 말보다 더 웅변적으로 사람들에게 호소합니다. 나는 이 태버내클 예배당에 오는 사람 가운데 바로 그와 같은 사람이 있다는 것을 말하려고 했습니다. 나는 그 사람을 지적할 수 있는데, 지금은 그 사람이 보이지 않는군요. 그런데 그 사람이 정말로 여기에 옵니다. 그가 와들와들 떠는 모습, 즉 사실은 아프지 않은데 꼭 아픈 것처럼 보이게 하는 그 태도가 사람들을 속입니다. 그래서 사람들은 그의 외모를 보고 계속해서 속고 있습니다. 그것이 바로 해야 할 일이라는 것을, 즉 어떤 말을 하는 것보다 더 사람들을 효과적으로 설득하는 것은 바로 슬퍼 보이는 모습이라는 것을 온 세상이 압니다.

　　자, 여러분이 말로 기도할 수 없을 때는 가서 하나님 앞에 여러분의 슬픔을 털어놓으십시오. 그냥 가서 여러분의 마음을 보여 드리십시오. 여러분의 마음을 무겁게 누르고 괴롭히는 것이 무엇인지 하나님께 말씀드리십시오. 그러면 여러분은 우리 하나님의 인정 많으신 마음을 설득할 수 있을 것입니다. 우리 하나님은 말의 능변과 아름다운 수사에는 마음이 움직이지 않지만 진짜 괴로움을 진실되게 하는 말에는 속히 응답하시는 분이고, 진짜 슬픔은 살펴주실 뿐 아니라 가짜 불행은 간파하실 수도 있는 지혜로운 분이십니다.

　　내 말을 들으면서 자신이 겪은 특별한 시련의 때를 기억하는 분들이 있는지 모르겠습니다. 나는 내 자신이 겪은 그런 시기들이 생각납니다. 내 말을 듣고 여러분이 그런 때를 기억하지 못한다고 할지라도, 어쨌든 우리 모두의 기를 꺾어온 것으로, 우리가 공통적으로 겪는 한 가지 고통이 있습니다. 그것은 죄의 큰 고통입니다. 죄와 그 죄로 인한 수많은 불법들이 우리가 양심의 가책을 받는 가운데 뚜렷이 나타나지만 우리는 단 한 가지 죄도 어떻게 대처할지 모르고 우리에게 제기될 수 있는 수많은 고발 가운데 하나에 대해서도 어떻게 답변할 줄 모를 때가 있습니다. 우리에게 아무 힘이 없다는 것을 느끼고, 어쩌면 죄 때문에 우리가 어떻게 해서든지 빠져나와야 한다고 생각하지만 빠져나올 방법을 알 수 없는 기가 막힌 상황에 떨어졌다는 것을 깨닫는 때가 있습니다. 우리가 오른쪽으로 가지만 막혀 있고 왼쪽도 마찬가지로 닫혀 있으며, 감히 뒤로 갈 생각은 하지 못하고 그렇다고 앞으로 갈 수도 없는 때가 있습니다.

　그때 하나님께서 얼마나 놀랍게 갈 길을 환하게 비추어 주시는지 모릅니다! 아주 놀랍게도 우리는 우리를 죽일 것이라고 생각했던 적들이 모두 죽어 있는 것을 발견하게 됩니다! 그리고 우리를 약탈하려고 하였던 자들로 인해 우리가 오히려 부자가 됩니다. 우리에게서 전리품을 취하기보다는 오히려 그들이 엎드러지고, 그들의 전리품이 우리 것이 되어 우리가 기뻐하며 전리품을 가지고 집으로 갑니다. 하나님께서는 얼마나 놀라운 일들을 행하실 수 있는지 모릅니다! 하나님께서 우리를 사랑하셔서 우리가 처해 있는 곤경을 말씀하시는데, 이는 하나님이 우리를 그 곤경에서 끌어내실 때 우리가 그처럼 참으로 곤란한 처지에 있었다는 것을 기억하도록 하시기 위함입니다. 그것은 참으로 큰 불행이었고 진정으로 환난의 때였습니다. 그런데 주님께서 우리를 거기에서 구원하셨습니다.

　유다 백성들은 도움을 구한 후에, 곧 약속을 들어 호소하고 자신의 처지를 털어놓은 후에 어떻게 했습니까? 그들은 하나님에 대한 신뢰를 표현하였습니다. 그들은 "우리가 오직 주만 바라보나이다" 하고 말했습니다. 그들은 무슨 뜻으로 그렇게 말했습니까? 그들의 말뜻은 이것이었습니다. "하나님이여, 도움이 온다면, 그것은 주님에게서 와야 합니다. 우리는 도움 주실 것을 생각하고 주님을 바라보고 있습니다. 도움이 주님 외에 다른 어디에서 올 수 없습니다. 그래서 우리는 주님만 바라봅니다. 우리는 도움이 올 것이라고 믿습니다. 사람들이 도움이 오지 않을 것을 알면 도움을 바라지 않을 것입니다. 우리는 도움이 올 것이라고 확신합니다. 그러나 어떻게 올지 모릅니다. 그래서 우리는 바라보고 있습니다. 우리는 그 도움이 언제 올지 모릅니다. 그래서 바라보고 있습니다. 주님께서 우리에게 어떻게 하라고 하실지 몰라서 여종이 여주인을 보듯이 우리가 주 하나님을 보고 있습니다. 주여, 우리가 보고 있습니다."

그것은 굉장한 자세입니다. 그렇습니다. 여러분은 바로 그것이 여러분이 구원받는 방식이라는 것을 모르십니까? 여러분은 예수님을 바라봄으로써 구원을 받습니다. 그리고 그것은 이 세상에서 천국으로 가는 길 내내 여러분이 구원받기 위해 의지해야 하는 길입니다. 무슨 근심거리가 오든지 주님을 보는 것이 여러분을 구원할 것입니다. 바라보는 것입니다. 종종 기다리면서 바라봅니다. 망대로부터 여명의 엷은 회색빛이 밝아오는 것을 보고 싶어하는 지친 파수꾼처럼 바라보는 것입니다. 밤이 길고 지쳤지만 가만히 바라보는 것입니다. "오직 주만 바라보나이다." 우리 눈이 졸려서 흐릿해지고 있지만 여전히 주님을 향하고 있습니다. 우리 눈이 희미해질지라도 여전히 우리는 주님만을 바라봅니다. 때로 나는 주님께서 "예수를 알라. 나를 알고 구원받으라"고 말씀하시지 않은 것에 대해 감사하였습니다. 주님께서 말씀하신 것은 "보라"는 것이었습니다. 때로 여러분이 알 수 없을지라도, 보았다면, 즉 어둠을 들여다보았다면 여러분은 자신의 할 일을 한 것입니다. 주님, 내가 주의 십자가를 알 수 있다면 그것이 내게 큰 기쁨을 줄 것입니다. 그러나 내가 주의 십자가를 잘 알지 못하고, 내 눈에 아주 희미하게 보일지라도 나는 십자가만을 봅니다. 여러분도 알다시피, 보는 것이 우리를 구원합니다. 우리가 볼 때 눈이 더 튼튼해지고, 지식을 얻습니다. 그래서 이 경우에 그들은 바라보았고 구원을 얻었습니다. 하나님께서 우리 형제자매들이 그렇게 하도록 도와주시기 바랍니다.

그것이 유다 백성들이 도움을 구한 방식입니다.

**2. 둘째로, 그들이 어떻게 도움을 받았는지 봅시다.**

첫째로, 하나님께서 보내신 전언을 통해서 그들에게 도움이 왔습니다. 그들은 하나님의 선하심에 대해 새롭게 보증을 받았습니다. 새로운 선지자가 일으킴을 받았고, 그가 새로운 말을 전했습니다. "너희는 이 큰 무리로 말미암아 두려워하거나 놀라지 말라 이 전쟁은 너희에게 속한 것이 아니요 하나님께 속한 것이니라." 우리 경우에는 새로운 약속이 없을 것입니다. 그런 일은 없을 것입니다.

"피난처를 찾아 예수께로 피한 여러분에게
　주께서 이미 말씀하신 것 외에 더 말씀하실 것은 없네."

그보다 여러분은 그 약속을 즐거이 마음에 새길 것이고 성령께서는 그 약속을 확증하여 여러분의 기운을 북돋우고 위로할 것입니다. 그러면 여러분은 구원이 오기도 전에 구원을 받을 것입니다. 왜냐하면 시련의 두려움에서 구원받는 것이 중요한 일인 경우가 종종 있기 때문입니다. 마음이 가라앉고 안정되며 확신을 얻는 것이 시련의 쏘는 것에서 실제로 구원받는 것입니다. 마음이 괴롭지 않으면 다른 어떤 것에서도 대단한 걱정거리는 별로 없는 것입니다. 세상의 어떤 가난과 고통도 그 해악이 마음에 들어가 마음을 괴롭게 하지 않는다면 아무 효과가 없을 것입니다. 그래서 이 위급한 상황에서 하나님은 그 백성들의 기도에 응답하실 때 그들의 마음을 진정시키는 일부터 하셨습니다. "너희는 두려워하거나 놀라지 말라 이 전쟁은 너희에게 속한 것이 아니요 하나님께 속한 것이니라 여호와가 너희와 함께 하리라."

은혜로운 그 약속이 두려움을 진정시키므로 그들이 임박한 공격을 두려움 없이 마주할 수 있게 되자, 그 다음에 그들은 이튿날 할 일에 대해 분명한 지시를 받았습니다. 다음 날은 적이 공격하는 날이고, 그 지시는 "그들을 맞서 나가라"는 것이었습니다. 하나님께서 그의 백성들에게 그들의 행동 방침을 알려주어 안심시킴으로써 그들을 구원하신 일이 참으로 많았습니다. 그들이 취한 조처가 그들이 알기도 전에 이미 그들을 구원한 것입니다. 이스라엘 백성들은 적들을 맞으러 행진하여 나가되, 앞으로 볼 것처럼 노래하며 하나님을 찬송하면서 나감으로써 적들을 패주시킬 수 있는 최상의 일을 하고 있었던 것입니다. 이미 앞에서 말하였듯이, 적들은 이런 식의 방어를 도무지 이해할 수 없었던 것이 분명합니다. 틀림없이 그들은 배신행위가 있거나 매복이 있다고 생각했을 것입니다. 그래서 그들은 서로 죽이기 시작했고, 이스라엘은 계속해서 노래하는 것 외에 아무 일도 하지 않았습니다.

그 다음에, 실제로 섭리가 임했습니다. 즉, 그들이 실제 구원을 받았습니다. 유다 사람들이 적들에게 왔을 때 적들이 하나도 없는 것을 발견하였습니다. 적들은 모두 빳빳하게 굳어 죽어 있었습니다. 그 힘 있는 사람들 가운데 아무도 하나님께서 은총을 베푸신 사람들을 손을 들어 칠 수 없었습니다. 형제 여러분, 하나

님께서 이런 식으로 여러분을 구원하실 것입니다. 기도를 듣고서 여러분을 보호
하실 것입니다. 그러니 하나님의 이름을 찬송합시다. 여러분이 여러분의 죄라는
큰 군대를 맞으러 나갈 때 하나님께서 이와 같이 여러분을 구원하시지 않았습니
까? 여러분은 그리스도께서 여러분의 죄를 깨끗이 제거하신 것을 보았고, 이렇
게 말하면서 마음으로 춤을 추었습니다. "그러므로 이제 그리스도 예수 안에 있
는 자에게는 결코 정죄함이 없나니(롬 8:1) 이는 주께서 우리 죄를 죽이셨으므로
우리 죄가 더 이상 우리를 저주할 수 없기 때문이라." 여러분을 눌러 찌그러뜨릴
것 같았던 아주 많은 걱정거리들이 그와 같이 처리되었습니다. 여러분이 그 문
제들을 맞닥뜨렸을 때, 그것들이 이미 사라져버렸던 것입니다. 여러분이 앞으로
나갔을 때, 그 근심거리들이 여러분의 길에서 깨끗이 제거되었습니다. 여러분은
노래하며 하나님의 이름을 찬양한 것밖에 아무 일도 하지 않았습니다.

　이제 세 번째 문제를 살펴보겠는데, 이것이 본문의 요점입니다.

**3. 그들이 기도드리고 하나님의 음성을 들은 후에 어떻게 행동했는지 봅시
다.**

　그들은 하나님께 도움을 청했고, 도움을 받았습니다. 그 다음에 그들은 어
떻게 행동했습니까?

　첫째로, 그들은 하나님께서 자기들을 구원하실 것을 확실히 알게 되자마자,
예배하였습니다. 그것이 우리에게 시련을 허락하시는 목적들 가운데 하나입니다.
즉, 우리 안에 예배와, 하나님과의 교제의 영을 소생시키려는 것입니다. 큰 시련
뒤에 자비가 오는데, 자비는 우리로 하여금 즐거이 기도하게 만듭니다. 레위 지
파의 젊은 자손이 서서 여호와의 말씀을 전한 후에 왕이 엎드리고 모든 백성들
도 엎드려 이스라엘 하나님께 경의를 표했던 이 날에 있었던 것만큼 굉장한 예
배가 예루살렘에서 드려진 적이 없었다고 장담할 수 있습니다. 여러분이 그 시
간에 그 자리에 있었더라면 나무들 사이에서 나는 소리조차도 들을 수 있었을
것입니다. 그때는 나무들이 입을 다물고 지금 여러분이 그러듯이 잠잠히 있었
기 때문입니다. 하나님께서 여러분을 구원하려고 하신다는 것을 알 때, 여러분
이 엎드리고 하나님께 마음으로부터 드리는 조용하고 깊고 엄숙한 예배를 드리
기를 바랍니다. 나는 우리가 공적 집회에서 퀘이커교도식의 예배를 드리는 일은
결코 없을 것이라고 생각합니다. 그렇지만 이따금 그런 식의 예배를 경험하는

것은 여러분에게 유익한 세계를 볼 수 있게 해 줄 것입니다. 즉, 그것은 하나님 앞에 가만히 앉아 찬송을 드리고 찬송을 드리며 거듭거듭 찬송을 드리며 영원한 진리들을 이해할 수 있도록 영혼을 분발시키고 맑게 하는 것입니다. 그들이 예배를 하였는데, 왜 예배를 드렸습니까? 그들은 아직 구원받지 않았습니다. 그렇지만 그들은 자기들이 구원받을 것이라고 확신하였습니다. 그들의 적은 아직 죽지 않았습니다. 그들이 모두 살아 있지만 틀림없이 죽을 것이라고 믿었습니다. 그래서 그들은 예배를 드렸습니다. 그들의 예배는 믿고 감사하는 마음에서 우러나온 것입니다. 우리가 마음으로부터 예배하는 심정에 이르고 계속 그런 심정을 유지하면 좋겠습니다. 그러면 하나님께서 우리를 돕기 위해 나타나실 것입니다.

예배가 끝나자마자 혹은 예배가 완전히 끝나기 전에, 그들은 찬송하기 시작했습니다. 우리가 방금 읽은 대로, 지도적인 음악가의 인도 아래 훈련 받은 가수들이 큰 소리로 노래를 불렀습니다. 그들이 여호와의 이름을 찬양하였습니다. 그들은 지금 우리가 다음과 같이 노래하는 것처럼 노래하였습니다.

"이는 하나님의 자비가 언제나 신실하고 확실하게 지속될 것임이라."

바로 그것이 우리가 하나님을 대해야 하는 방식입니다. 구원이 오기 전에 하나님을 찬양합시다. 앞으로 일어날 일을 인해서 하나님을 찬양합시다. 하나님께서 하려고 하시는 일을 인해서 하나님을 경배합시다. "아직 맛보지 않은 은혜"를 인하여, 즉 아직 받지 못했지만 올 것이라고 확신하는 것을 인해서 하나님을 찬미하는 사람의 노래만큼 하나님을 즐겁게 하는 노래는 없을 것이라고 생각합니다. 과거에 대한 감사의 찬송은 듣기 좋습니다. 그러나 앞날이 잘될 것이라 확신하고서 미래에 대해서 하나님을 찬미하는 그 찬송이 더 듣기 좋습니다. 그러니 여러분, 버드나무에서 하프를 내려서 여호와의 이름을 찬양하십시오. 비록 무화과나무가 꽃이 피지 않고 가축들이 외양간에서 죽고 양들이 우리에서 죽을지라도, 여러분의 필요를 채울 수입이 전혀 없어서 여러분이 곧 거의 굶게 될 처지에 이르게 될지라도, 부양해야 할 하나님의 자녀가 한 사람이라도 있는 한, 그의 능하신 섭리로 그 자녀를 돌보는 일에 실패할 수 없고 실패하시지도 않을 하나님을 찬송하도록 합시다. 여러분이 여전히 곤란한 처지에 있는 동안에 드리는 찬송이 하나님께는 듣기 좋은 음악이 될 것입니다.

예배를 드리고 찬송을 한 후에, 이 사람들이 한 일은 행동하는 것이었습니다. 그들은 행진해 나갔습니다. 예루살렘에 불신자들이 있었다면 나는 그들이 어떤 말을 했을지 압니다. 그들은 문에 서서 이렇게 말했을 것입니다. "거 참, 이것은 어리석은 일이야. 모압 사람들과 암몬 사람들은 당신들을 죽이려고 왔으니, 당신들을 죽일 거야. 당신들은 그 사람들이 당신들에게 이를 때까지 기다리는 게 좋을 거야. 당신들은 지금 스스로를 그들에게 넘겨주려고 하는 것밖에 안 돼." 그것은 불신앙에서 나온 생각일 것입니다. 그것은 또한 우리가 가서 하나님께 의탁할 때 우리의 작은 믿음으로 볼 때도 불신앙적인 생각으로 보입니다. "뭐라고! 당신들은 지금 하나님 앞에 무릎 꿇고 자신의 죄를 고백하고 여러분이 망해도 마땅한 자임을 인정하려고 합니까? 당신들은 지금 모든 구실과 변명, 자신의 모든 신용을 거두어들이고, 말하자면 망하는 일에 자신을 내어주려고 하는 것입니까?" 그렇습니다. 그것이 바로 할 일입니다. 그렇게 하는 것이 가장 지혜로운 일입니다. 우리는 명령에 따라 도시에서 행진해 나가고 있습니다. 여러분이 말하는 대로, 그렇게 하는 것이 우리가 자신을 포기하는 것이라면 우리는 그렇게 할 것입니다. 아마도 여러분의 경우에, 여러분은 다른 모든 사람이 이렇게 말할 행동을 할 것입니다. "거 참, 그것은 아주 어리석은 일이 될 거야. 당신은 영리하게 굴어야 해. 조금은 약삭빨라야 해." 여러분은 이렇게 말할 것입니다. "아닙니다. 나는 명령받은 것 외에는 할 수 없습니다. 나는 바른 일을 해야 합니다." 아마도 그것은 세상에서 지금까지 한 것 가운데 가장 잘한 일로 판명될 것입니다. 각기 다른 두 점 사이에서 가장 가까운 길은 직선으로 이어지는 길입니다. 똑바른 길은 언제나 굽은 길보다 나을 것입니다. 결국에 보면, 일은 언제나 그렇습니다. 하나님의 이름으로 똑바로 가십시오. 여러분의 곤경을 침착하고 당당하게 대하십시오. 어떤 계획이나 꾀를 세우지 말고 그냥 하나님을 의지하십시오. 그것이 여러분이 구원받을 것을 확신하고 기대할 수 있는 길입니다. 옛적의 이 사람들이 성읍에서 나갔습니다.

그런데 그들이 행진해 나갈 때 노래하면서 나갔다는 점을 또한 유의해야 합니다. 그들은 성읍을 떠나기 전에 노래하였고 성읍을 나가면서 노래하였습니다. 적이 보이는 곳에 왔을 때 그들은 다시 노래하기 시작하였습니다. 나팔이 소리를 내었고 하프가 선율을 연주하였으며 가수들이 기뻐서 다시 큰 소리로 노래하였습니다. 그들이 부른 노래는 이것이었습니다.

"이는 하나님의 자비가 언제나 신실하고 확실하게 지속될 것임이라."

그들이 이 구절을 노래하였을 때 그것이 중대한 의미를 지녔음은 틀림없는 일이었습니다. "큰 왕들을 치신 이에게 감사하라 그 인자하심이 영원함이로다 유명한 왕들을 죽이신 이에게 감사하라 그 인자하심이 영원함이로다 아모리인의 왕 시혼을 죽이신 이에게 감사하라 그 인자하심이 영원함이로다 바산 왕 옥을 죽이신 이에게 감사하라 그 인자하심이 영원함이로다"(시 136:17-20). 가수들은 모두 우리에게 단순한 반복처럼 보이는 이 구절들을 노래하였을 때, 틀림없이 이 구절들이 그 인자하심이 영원한, 능하신 하나님의 이름으로 멸망당하게 되어 있는 모압과 에돔과 암몬 사람들의 현재 상태에 꼭 들어맞는다는 것을 느꼈을 것입니다. 그래서 그들은 계속해서 노래를 불렀습니다.

그들이 노래하는 동안 하나님께서 그들을 위하여 큰 구원을 일으키셨다는 것을 알 것입니다. 노래하기를 그쳤을 때, 그들은 전리품을 모을 준비를 하였습니다. 그들이 예상했던 것과는 전혀 다른 일을 하게 된 것입니까? 여러분은 그들이 시체에서 옷을 벗기고 금 투구와 놋 정강이받이를 벗기는 것을 볼 수 있습니다. 그들은 방백들의 귀와 목에서 보석을 떼어내고, 죽은 자들에게서 바벨론 의복과 금장식을 벗겼으며 동방 민족들의 비싼 장막들을 수북이 쌓아올려서 서로 간에 "우리가 어찌할 줄 알지 못하겠다"고 말할 정도까지 되었습니다. 그러나 그 어려움은 처음에 그들에게 일어났을 수도 있었던 그 곤경과는 다른 것이었습니다. 그때는 그들이 적들 앞에서 자신들의 약함 때문에 어찌할 줄 알지 못하였습니다. 그러나 지금의 어려움은 전리품이 너무 많아서 생긴 것이었습니다. 그들은 서로 말했습니다. "이것을 집에 가져갈 수 없겠어. 전리품이 너무 많아. 이 엄청난 노획물을 갖다 저장하려면 몇 날 며칠이 걸릴 거야." 자, 하나님의 자녀 여러분, 일이 여러분에게도 그와 같이 될 것입니다. 어떻게 해서 그와 같이 될 것인지는 모릅니다. 그러나 여러분이 하나님을 신뢰하고 하나님을 찬양하며 똑바로 앞으로 갈 수만 있다면, 여러분이 아주 깜짝 놀랄 일을 볼 것입니다.

그때 여러분은 어떻게 할 것입니까? 여러분은 즉시 다시 하나님을 찬양하기 시작할 것입니다. 이스라엘 백성들이 그렇게 했기 때문입니다. 그들은 노래하면서 돌아갔습니다. "그들이 비파와 수금과 나팔을 합주하고 예루살렘에 이르러 여호와의 전에 나아가니라." 하나님께서 여러분을 위해 큰일들을 행하시고 여러분이 현재의 곤경을 헤치고 갈 수 있게 하셨다면, 여러분은 틀림없이 하나님의 집 궁정에서 지극히 큰 음악과 지극히 기뻐하는 선율로 하나님의 은혜에 보답하고, 여호와의 이름으로 찬송하고 또 찬송할 것입니다.

그 후에, 그들은 평안을 누렸습니다. 이 이야기에 "여호사밧의 나라가 태평하였으니 이는 그의 하나님이 사방에서 그들에게 평강을 주셨음이더라"는 말씀이 덧붙여져 있습니다. 여호사밧의 적들이 더 이상 와서 그를 건드리기를 두려워하였습니다. 아주 심한 폭풍이 몰아친 다음에는 대체로 긴 평안이 있는 법입니다. 하나님의 모든 백성에게 일이 그와 같을 것입니다. 형제 여러분, 여러분이 이 고난을 지나가면, 그 후에는 오랫동안 순탄한 항해가 있을 것입니다. 나는 아주 심한 폭풍우를 만난 하나님의 자녀를 알고 있습니다. 그는 정말로 완전히 망하는 것처럼 보였습니다. 그러나 그 폭풍우가 끝나고 나서는 그의 평온한 삶에 잔물결이 일지 않았습니다. 사람들은 그를 부러워하며 그가 어떻게 그렇게 평온하게 지낼 수 있는지 의아하게 생각하였습니다. 그는 한 번에 모든 폭풍우를 겪었고, 폭풍우가 다 지나갔을 때 그는 다시는 풍랑이 일지 않는 잔잔한 물속에 들어갔습니다. 아마 여러분도 그와 같은 것을 경험할 것입니다. 갈릴리 호수의 위대한 선장께 여러분을 잘 조종하여서 여러분이 사나운 비바람을 안전하게 지나갈 수 있게 해 주시기를 구하기만 하십시오. 그러면 폭풍우가 주님의 명령에 따라 그칠 때, 여러분이 평온하게 되어 기뻐할 것입니다. 그렇게 해서 주님은 여러분을 여러분이 바라는 천국으로 데려가실 것입니다.

그동안 나는 이 위로의 말을 하나님의 자녀들에게 전하기를 바랐습니다. 하나님의 자녀들이 얼마나 지쳐 있는지를 내가 잘 알기 때문입니다. 그래서 나는 위로자이신 주님께서 이 말씀이 근심하는 하나님의 자녀들의 마음에 가 닿게 해 주시기를 기도합니다. 그러나 나는 설교를 마치면서 우리 회중 가운데는 이 위로의 말씀이 해당되지 않는 분들이 항상 있다는 매우 슬픈 생각을 떠올리지 않을 수 없습니다. 그들은 신자가 아닙니다. 그들은 그리스도를 믿은 적이 없습니다. 이것이 여러분의 처지라면, 그렇다면, 아, 친구 여러분, 여러분은 혼자서 싸움을 싸워야 합니다. 여러분의 시련을 혼자서 견뎌야 하고, 여러분의 짐을 스스로 져야 합니다. 마지막 큰 날에 심판대 앞에 올 때, 여러분은 자신의 죄에 대해 혼자서 답변해야 하고 형벌을 혼자서 담당해야 합니다. 하나님께서 여러분에게 자비를 베푸셔서 이와 같은 처지에서 여러분을 구원해 주시기를 바랍니다. 그것은 그 안에서 살아가기에 나쁜 상태입니다. 또한 그것은 그 안에서 죽기에는 끔찍한 상태입니다. 여러분이 그리스도를 여러분의 대속자로, 여러분의 보증인으로 영접하고 그의 이름을 영원히 찬송하게 되기를 바랍니다. 아멘.

제

7

장

—

# 아침 구름 같은 인애

—

"제사장 여호야다가 세상에 사는 모든 날에 요아스가 여호와
보시기에 정직하게 행하였으며." - 대하 24:2
"여호야다가 죽은 후에 유다 방백들이 와서 왕에게 절하매 왕
이 그들의 말을 듣고 그의 조상들의 하나님 여호와의 전을 버
리고 아세라 목상과 우상을 섬겼으므로 그 죄로 말미암아 진노
가 유다와 예루살렘에 임하니라." - 대하 24:17, 18

「자연사(自然史) 박물관」(*The Museum of Natural History*)이라는 책이 있습니다. 그 박물관에서 가장 독특한 동물은 사람입니다. 인간을 이해하는 것보다 다른 어떤 피조물을 이해하는 것이 훨씬 더 쉬울 것입니다. 인간은 아주 깊이 연구해 볼 만한 가치가 있습니다. 인간은 연구해 보면 볼수록 그만큼 더 여러분을 놀라게 만들 것입니다. 호기심을 크게 자극하는 어떤 특성들이 있습니다. 그런가 하면, 슬프게도, 지극히 기괴한 특성들도 있습니다! 여러분은 현재의 인간이 장차 어떻게 변할지 알 수 없습니다. 본문의 경우는 매우 특별한 예입니다. 여기에 나오는 사람은 온갖 장점을 지니고서 오랜 세월 동안 지극히 밝은 성품을 보였던 인물이기 때문입니다. 그런데 결국 그는 유다의 다른 왕들과 다르게 그의 열조의 무덤에 묻히기에 합당치 않은 자로 간주되었습니다. 또한 왕의 묘실에 매장되는 것도 합당치 않게 간주되었습니다. 이는 그의 생애 후반이 그의 인생 전체를 어둡게 하고 더럽혔으며, 하루의 새벽처럼 신선하게 통치를 시작했던 그가

한밤중처럼 깜깜하게 통치를 마쳤기 때문입니다.

이 자리에 인생이 끝나기 전에 그 삶이 매우 죄 많고 악한 것으로 판명 날 사람들이 있을지 모르겠습니다. 내 말뜻은, 시작을 잘해서 지금은 그를 아는 사람들에게 희망과 기쁨인 사람이 마지막에는 나쁘게 끝이 나서 스스로에게 불명예가 되고 가족들에게 슬픔거리가 될 사람들이 있는지 모르겠다는 것입니다. 그런 사람이 이 자리에 있다면, 아마도 여러분은 이 한 가지 점으로 시험해 보면 그들을 알 수 있을 것입니다. "그런 일은 나에게 절대로 없을 거야"라고 말하는 사람들이 아마도 그런 사람일 것입니다. 반면에 자기가 그렇게 될까봐 걱정하며 그렇게 되지 않도록 은혜를 구하는 사람들은 그런 데서 보호를 받고 그 인생길이 점점 더 밝아져서 한낮의 영광에 이를 것입니다.

친구 여러분, 도덕적이고 영적인 성품을 조사하는 일에서 마음을 살피는 일이 참으로 필요합니다! 나는 오늘 밤 이 사실을 여러분에게 증명해야 할 것입니다. 왜냐하면 겉으로 볼 때 요아스는 더 이상 바랄 수 없이 완벽한 사람이었기 때문입니다. 그러나 그가 겉으로 보이는 모습처럼 실제도 그러했다면 그는 계속해서 그런 사람으로 지냈을 것입니다. 그의 삶에서 있는 것처럼 보였던 은혜의 작용이 그의 영혼 속에 있었더라면 그가 그처럼 옆으로 빗나가지 않았을 것입니다. 은혜의 작용이 정말로 실제로 있는 경우에는 생애 전체에 미치는 그 은혜의 지속적인 영향력 때문에 그렇게 되기 때문입니다. 신앙의 원칙들을 전해 들었고 하나님의 생명이 주입된 경우에는 사람에게서 이런 일들이 나오지 않습니다. 요한 사도는 말했습니다. "그들이 우리에게서 나갔으나 우리에게 속하지 아니하였나니 만일 우리에게 속하였더라면 우리와 함께 거하였으려니와 그들이 나간 것은 다 우리에게 속하지 아니함을 나타내려 함이니라"(요일 2:1). 요아스도 그러하였습니다. 그는 여호와를 진정으로 알지 않았기 때문에 하나님을 떠났습니다. 그의 마지막은 그의 처음이 겉으로 보였던 것과는 사실 달랐기 때문에 처음보다 더 나빠졌습니다.

나는 이 자리에 계신 분 모두가 참된 신앙을 가졌고 가짜 신앙을 갖지 않았다고 믿습니다. 내 자신이 사용하기를 바라는 만큼 여러분 모두에게도 추천하고 싶은 기도가 있습니다. "주님, 제가 저의 최악의 경우가 어떤 것인지 알게 하여 주옵소서! 제가 자신을 속이지 않게 하여 주시고 다른 사람들에게 속지도 않게 하여 주옵소서. 제가 주님의 것이 아니라면 제가 주님의 것이 아니라는 것을 알게 하여 주옵소서. 저의 회개가 겉보기만 회개처럼 보이는 것에 불과하다면, 제 믿음이 그저 믿음의 그림자일 뿐이고 실질이 아니라면, 주님, 주의 선하신 성령께서 제가 저의 위험한 미망을 깨닫게 하여 주옵소서. 그리고 제가 어디에 있고, 제가 어떤 존재인지를 분명히 알게 하여 주옵소서!" 나는 틀림없이 여러분 가운데 많은 사람들이 그와 같은 기도를 드리기 바랄 것이라고 생각합니다. 그리고 어쩌면 내가 말하고 있는 동안 특별히 여러분 젊은 친구들 가운데 어떤 이들은 그 기도에 응답을 받았을지 모릅니다.

나는 지난 주일 밤에 설교하면서 내가 아주 조금 아는 어떤 젊은이의 경우에 적합한 설교를 했다는 생각이 들어 아주 기뻤습니다. 그런데 내가 그 사람을 아주 구체적으로 묘사를 해서 그는 내가 특별히 자기를 염두에 두고 말하는 것으로 느꼈던 것 같습니다. 그런데 이 태버너클 예배당의 다른 한쪽에 조용히 앉아 있던 또 한 청년이 있었는데, 그가 목요일에 와서 내가 얼마나 예리하고 분명하게 자기를 묘사하였는지 모른다고 말했습니다. 토요일에, 나는 잉글랜드 중심에서 한 아버지가 보낸 편지를 받았습니다. 그는 자기 아들의 편지를 보내면서 자기가 이 자리에 있었는데, 내가 자기를 보고 분명하고 정확하게 자기에 대해 설명했다는 것입니다. 우리가 언제나 일석이조의 효과를 거둘 수 있는 것은 아닙니다. 하지만 나는 그동안 내가 오늘 밤 훨씬 더 나은 성공을 거둘 수 있기를 기도하였고, 많은 사람들이 "저 설교자가 내게 대해서 이야기하고 있어. 내 성품을 설명하고 있는 거야"라고 느낄 수 있기를 기도해왔습니다. 하나님께서 그렇게 할 수 있게 해 주시기를 바랍니다!

설교의 첫 번째 소제목은 본문의 구절들 가운데 앞 절에서 끌어낼 수 있을 것입니다. "제사장 여호야다가 세상에 사는 모든 날에 요아스가 여호와 보시기에 정직하게 행하였으며." 이것이 첫 번째 소제목입니다. 젊은 사람들이 경건한 영향을 받을 때 그것은 큰 복입니다. 두 번째 제목은 그러나 이것이 필요한 전부가 아니라는 것입니다. 세 번째 제목은 외부의 영향을 쉽게 받을 수 있는 이런 정신은 해악을 가져오는 요인이 될 수 있다는 것입니다. 이런 정신은 거기에 무엇인가 보태어지지 않는다면 복이 되는 것이 아니라 저줏거리가 될 것입니다.

**1. 첫째로, 젊은 사람들이 경건한 영향을 받을 때 그것은 큰 복입니다.**
요아스가 나쁜 가계 출신이지만 그에게는 대제사장과 결혼한 좋은 고모가

있었고, 고모와 고모부가 어린 요아스를 돌보았습니다. 그가 어린 아이에 지나
지 않았을 때 두 사람이 그를 몰래 빼돌렸고, 그래서 아달랴가 왕의 자손들을 죽
이면서 그도 함께 죽이지 못하게 하였습니다. 이렇게 해서 요아스는 이처럼 특
별한 보호를 받으며 6년 동안 성전에서 살았습니다. "요아스가 그들과 함께 하나님
의 전에 육 년을 숨어 있었습니다"(대하 22:12). 하나님의 전에 6년 동안 숨어 지
낸다는 것은 어떤 인생보다 찬란한 시작입니다. 어린 아이 때의 처음 6년 동안
이 얼마나 소중한지 우리가 다 알 수 없습니다. 그때 받은 인상들은 남은 생애
동안에 현저한 영향을 끼칩니다. 요아스는 날마다 하나님께 찬송이 드려지고 끊
임없이 거룩한 기도가 드려지는 곳에 있었습니다. 그는 거의 내내 향기로운 분
향의 냄새가 미치는 곳에 있거나 흰 옷을 입은 제사장들이 보이는 곳에 있었습
니다. 그가 듣는 것 가운데 그의 귀를 더럽히는 것은 아무것도 없었고 듣고 보는
모든 것이 그를 가르치고 그의 마음을 깨끗하게 하였습니다. 그는 하나님의 전
에 숨어 있으면서 나가지 않았고, 그의 생애 처음 6년 동안 경건한 사람들과 함
께 숨어 지냈습니다. 어쩌면 이 자리에 참석한 여러분들 가운데 그와 비슷한 복
을 누린 사람들이 분명히 있을 것이라고 생각합니다. 여러분이 어렸을 때 가장
먼저 기억나는 일은 여러분의 어머니가 여러분을 데리고 예배당에 간 것입니다.
여러분은 아버지가 여러분을 데리고 예배당에 갔고, 복음을 들으러 갈 때 아들
이 옆에서 종종걸음으로 따라오지 않으면 언짢은 표정을 보이던 그때를 잊을 수
없습니다. 우리의 아주 어릴 적 추억들 가운데는 거룩한 찬송에 대한 기억이 있
고, 우리가 어렸을 때 점잖은 사람들이 아버지 집에 오면 흥미 있게 들었던 그들
의 말에 대한 기억들도 있습니다. 사람의 생애 초기에 하나님의 손가락의 흔적
을 지닌다는 것은 굉장한 일입니다. 그릇이 물레바퀴 위에서 돌아가기 시작하고
진흙이 부드럽고 유연할 때 그 진흙에 처음으로 손을 대어 모양을 빚는 손가락
이 하나님의 종들의 손가락이라면 좋은 일입니다. 하나님께서 그의 종들의 손가
락이 바로 우리 영혼을 만지는 하나님의 손가락과 같이 되게 해 주시기를 바랍
니다! 이렇게 요아스는 인생을 시작하면서 처음 6년 동안을 하나님의 전에 숨어
서 보냈습니다.

　일곱 살이 된 후에, 요아스는 아주 감탄할 만한 방식으로 필생의 일을 시작하게
되었습니다. 그는 왕이 되어야 할 사람이었습니다. 그러나 왕위 찬탈자를 보좌에
서 쫓아내고 어린 왕을 보좌에 앉히기 위해서는 매우 주의해서 일을 해야 했습

니다. 여호야다가 전체 일을 아주 노련하게 처리하였습니다. 그는 또한 왕이 서명할 언약을 작성하였습니다. 그것은 요아스가 최고의 왕이신 여호와께 순종하겠다고 하나님과 세운 언약이며, 그가 공평과 의를 따라 다스리고 백성들에게 폭군 노릇을 하지 않겠다고 백성들과 세운 언약입니다. 그 일은 아주 잘되어서 그 언약에 아무도 반대하지 않았습니다. 요아스는 백성을 다스려 큰 번영과 행복을 가져다주었고, 백성들은 그의 통치로 복을 받았습니다. 여호야다는 그동안 내내 그의 신실한 총리와 길잡이 역할을 하였습니다. 인생을 바르게 시작하는 것은 굉장한 일입니다. 인생을 잘 시작하는 것이 성공의 절반을 차지합니다. 젊은 남녀들 가운데는 인생을 잘못 시작한 사람들도 있습니다. 그들은 너무도 강하게 유혹을 받아서 그 시험에 넘어가는 것이 거의 당연한 일처럼 보입니다. 그러나 여러분 가운데 많은 사람들은 인생을 그렇게 시작하지 않았습니다. 아버지의 축복과 어머니의 기도와 함께 시작했습니다. 여러분은 처음 세상 밖으로 나간 일을 기억합니다. 이른 아침에 처음으로 아버지 집을 떠나야 했을 때 마차를 탄 일을 기억하는 사람들도 있을 것입니다. 내가 옛날에 이 나라를 가로질러 가기 시작했을 때 아마도 춥고 서리가 심하게 내린 아침이었을 것입니다. 나는 그일을 잘 기억합니다. 하나님께서 어떻게 나를 돌보시고 복을 주셨는지 잘 기억합니다. 나는 하나님께서 오늘까지 나를 보존하신 것을 생각할 때 하나님께 찬송드리고 싶습니다.

나는 지금 여러분에게 요아스 생애의 전반부의 밝은 면을 보여주고 있습니다. 그는 6년 동안 하나님의 전에서 모든 것이 그에게 유리한 상황에서 인생을 멋지게 시작하였습니다. 그런데 슬프게도, 참으로 슬프게도, 그처럼 빛나게 인생을 시작한 그가 그처럼 슬픈 결말에 이르게 되다니 말입니다!

이렇게 시작을 잘하였으며, "제사장 여호야다가 세상에 사는 모든 날에 요아스가 여호와 보시기에 정직하게 행하였다"는 점을 또한 주의할 필요가 있습니다. 그 훌륭한 제사장이 살아 있는 동안 왕은 그의 영향 아래 있었습니다. 왕은 중요한 문제가 있을 때마다 그의 의견을 구했고, 심지어 결혼 문제에서까지도 어느 정도 그의 지도를 받은 것처럼 보입니다. 요아스는 고모부의 지도를 유순하게 받았고, 그래서 그는 여호와 보시기에 정직히 행하였습니다. 훌륭한 사람들 보기에 정직할 뿐만 아니라 여호와 보시기에도 정직한 일을 행하였다는 점에 주의하시기 바랍니다. 그의 삶은 적어도 외적으로는 여호와의 법에 순종해 왔던 것으로 보입니다. 그는 어쨌든 대왕이신 하나님의 충성스러운 신하 노릇을 열심히 하였던 것으로 보이는데, 짧은 기간만 그렇게 한 것이 아니라 여호야다가 사는 모든 날 동안 그렇게 하였던 것 같습니다. 우리는 일생 동안 어떤 나이 든 사람, 곧 친척 아저씨나 아주머니 혹은 아버지나 어머니의 다정한 영향 아래 살아온 사람들이 있는 것을 알지 않습니까? 또 그 사람들이 경건한 친척이 살아 있는 동안에는 해마다 옳은 일을 하였다는 것을 알지 않습니까? 그들은 부지런히 하나님의 집에 올라갔고, 성경 읽기와 기도에 열심을 보이는 것 같았으며 주일학교의 거룩한 봉사와 주님을 위한 온갖 봉사를 자발적으로 돕고 마치 "제사장 여호야다가 세상에 사는 모든 날에 요아스가 여호와 보시기에 정직하게 행하였던" 것같이 이 고귀한 영향력이 그들에게 미치는 동안은 내내 외적으로 지극히 유용하고 훌륭한 생활을 영위하는 것 같았습니다.

그렇습니다. 이 외에도 요아스는 신앙의 외적인 면들에 대해서도 열심이 있었습니다. "그 후에 요아스가 여호와의 전을 보수할 뜻을 두고." 요아스는 레위 사람들의 더딘 일처리 때문에 고모부인 여호야다를 실제로 책망하였습니다. "왕이 대제사장 여호야다를 불러 이르되 네가 어찌하여 레위 사람들을 시켜서 여호와의 종 모세와 이스라엘의 회중이 성막을 위하여 정한 세를 유다와 예루살렘에서 거두게 하지 아니하였느냐?" 그렇습니다. 마음이 하나님께 바르지 않으면서도 거룩한 예배의 외적인 것들에 대해서는 매우 열심을 보이는 사람들이 있습니다. 하나님을 위한 성전이 되는 것보다 하나님을 위해 건물을 하나 짓는 것은 훨씬 더 쉬운 일입니다. 사람들이 자신의 태도를 개혁하는 것보다 성전을 보수하는 일에 열심을 보이는 것은 아주 쉽게 할 수 있는 일입니다. 그래서, 여러분도 알다시피, 이 젊은이가 하나님의 대의를 위해 큰 열심을 내는 일에 자기 고모부마저 앞질렀는데, 오늘날도 하나님을 위하도록 교육을 받고서 주 예수 그리스도의 대의를 위해 외적인 봉사를 바치는 일에 지칠 줄 모르는 사람들이 많이 있습니다. 그들은 예배당을 짓는 일에 열심을 내고 예배당 건축을 위해 기도하도록 사람들을 독려하거나 그 밖의 일들에 열심을 보일 수 있습니다. 그런데 슬프게도, 여러분이 아낌없이 내놓고 부지런히 일을 하며 신앙의 모든 외적인 것들에 정성을 쏟으면서도 신앙과 아무 관계가 없을 수가 있습니다! 존 번연은 자신이 불신자였을 때에도 신앙의 외적인 면들을 존중하는 심정은 얼마나 컸던지 성직자가 지나간 길에는 입을 맞추고 싶었고, 예배당 문에 박힌 못마다 거룩하게 보였을 정도였다고 말합니다. 그런 것은 다 좋습니다. 그러나 우리 속에 그 이상의 것이 있지 않은 한, 우리는 하나님의 요구 조건에 전혀 미치지 못할 것입니다.

이러는 동안 요아스는 다른 사람들이 선을 행하도록 영향을 미쳤습니다. 왕으로서 그는 백성들이 우상 숭배에 빠지지 않도록 막았고, 여호와를 예배하는 사람들을 후원하였습니다. 그래서 사정이 오랫동안, 곧 "제사장 여호야다가 세상에 사는 모든 날" 동안 잘 진행되는 것 같았습니다. 여호야다가 사는 동안 요아스는 더할 수 없이 잘하는 것처럼 보였습니다.

**2. 이제는 둘째로, 이것이 잘하는 일이긴 하지만 필요한 전부가 아니라는 점을 보겠습니다.**

이것은 마음을 하나님께 드리는 것이 아니라는 점에 주의할 필요가 있습니다. "내 아들아 네 마음을 내게 줄지니라"(잠 23:26)고 하나님은 말씀하십니다. 요아스가 행한 모든 일은 마음을 여호야다에게 주는 것이었지 여호와께 드리는 것이 아니었습니다. 여러분이 어머니나 아버지 혹은 친척 아주머니나 아저씨 혹은 여러분이 옳은 일을 행하도록 돕는 어떤 훌륭한 사람에게 마음을 줌으로써 외형적으로 신앙적 인물이 되는 것은 아주 쉬운 일입니다. 여러분은 그 사람들을 사랑해서 이 모든 일을 하고 있는데, 그 사랑이란 기껏해야 아주 부차적인 동기에 지나지 않습니다. 하나님께서는 "내 아들아 네 마음을 내게 줄지니라"고 말씀하십니다. 여러분이 어떤 피조물을 기쁘게 하기 위해 신앙을 갖는다면, 그것은 창조주를 기쁘시게 하는 신앙이 아닙니다. 여러분이 마땅히 경의를 표해야 할 대상은 하늘 아래 여기 있는 그 어떤 사람이 아니라 하늘에 앉아 모든 사람을 통치하시는 분입니다. 사랑하는 그리스도인 여러분, 여러분이 부모님이 기독교 신앙을 가졌기 때문에 스스로를 그리스도인이라고 생각한다면, 여러분에게 참된 신앙은 여러분 마음에서, 여러분 영혼에서 나오는 것이어야 함을 꼭 기억하라고 말씀드립니다. 여러분이 단지 하늘 아래서 가장 사랑하고 귀하게 여기는 사람을 존중해서 신앙에 관심을 갖는다면 여러분은 하나님이 세우신 표준에 이르지 못합니다.

다음으로, 이렇게 경건한 영향을 따르는 일은 정말로 중요한 개인적인 신앙이 전혀 없이 이루어질 수도 있다는 점을 살펴봅시다. 여러분이 하나님의 백성들을 만나며 지내지만 정작 본인은 하나님의 백성 가운데 한 사람이 아닐 수가 있습니다. 여러분이 하나님의 종의 말에 귀를 기울이면서 정작 본인은 하나님의 종이 아닐 수 있습니다. 젊은이가 어머니의 조언을 따르면서도 사실 죄를 회개하지는 않을 수가 있습니다. 그가 아버지의 말에 귀를 기울이고 아버지 신앙의 외적인 것들은 존중하면서도 본인은 결코 주 예수 그리스도를 믿지 않은 사람일 수가 있습니다. 여러분 스스로가 회개해야 하고 스스로가 그리스도를 믿어야 합니다. 그렇지 않으면 그 외의 나머지 모든 것이 여러분의 책임을 증가시켜 여러분의 죄를 더욱 악화시킬 뿐이고, 여러분은 구원을 향하여 머리카락 하나 굵기만큼도 앞으로 나아가지 못할 것입니다. 나는 남녀노소를 떠나서 이 자리에 있는 모든 분이 신앙이 자기 영혼에 절대로 필요한 것으로 여기는지 자신을 조사해 보기를 바랍니다. 여러분은 거듭났습니까? 나는 지금 여러분의 어머니나 아버지 혹은 친구에 관해 묻는 것이 아닙니다. 여러분은 거듭났습니까? 여러분은 지금 죄 아래 정죄 받은 상태에 있습니까? 아니면 예수 그리스도를 믿는 믿음으로 의롭다 함을 얻었습니까? 여기에는 대리인이 있을 수 없고 보증인도 있을 수 없습니다. 모든 사람은 하나님께 자신에 대해 설명해야 합니다. 남녀 각 사람이 직접 구주 님께 와서 그를 영접하여 그로 말미암아 구원을 받아야 합니다. 그렇지 않으면 틀림없이 영원한 멸망에 이르게 됩니다.

　친구 여러분, 나는 요아스 같은 인물, 남이 하라는 대로 하는 사람, 곧 겉으로만 경건한 사람은 심지어 다른 사람들을 아주 구원받지 못하도록 막을 수도 있다고 믿습니다. 내 말은 여러분이 당연히 자신이 구원받았다고 생각할 수 있다는 뜻입니다. 그러나 여러분은 하나님과 여러분 영혼 사이에 어떤 것도 당연한 것으로 여겨서는 안 됩니다. 나는 여러분이 이 점에서 일을 확실하게 하라고 말씀드립니다. 여러분이 원한다면 자신의 부를 당연한 것으로 여기십시오. 여러분이 원한다면 자신의 부동산 권리증서를 당연한 것으로 생각하십시오. 그러나 하나님과 여러분 영혼 사이에서는 모든 것을 똑바로 그리고 분명하고 확실하게 정리하십시오. 이 문제에 관해서는 결코 실수해서는 안 됩니다. 젊어서부터 계속해서 신앙적인 영향을 받고 지내면서 해마다 한 번도 자신이 그리스도인인지 아닌지에 대해 의문을 제기하지 않고 속으로 '물론 틀림없지' 하고 말하는 것은 아주 쉬운 일입니다. 여러분이 '물론 아니지'라고 말한다면 그것이 진실에 훨씬 더 가까울 것입니다. 여러분이 자신을 지나치게 믿기보다 오히려 지나치게 의심한다면 정직한 결론에 도달할 가능성이 훨씬 높을 것입니다. 나는 이렇게 말하는 것이 여러분을 건전하게 가르치는 것이라고 확신합니다.

큰 시련이나 시험을 겪는 일이 없이 해마다 경건한 영향을 받고 살면, 결국 그 사람은 전혀 발전하지 못하게 될 수 있습니다. 어떤 사람들은 자녀를 계속해서 가두어 두어 아무런 시험도 겪지 않게 합니다. 때로 큰 시설에 있는 아이들에게 그렇게 합니다. 그 아이들은 돈이 일절 없고, 무엇을 가지고 있는 사람이 아무도 없기 때문에 그 아이들은 아무것도 훔칠 수 없습니다. 그 아이들은 세상으로부터 철저히 갇혀 있습니다. 그 아이들은 오직 친구들 하고만 지냅니다. 거기에서는 기도를 많이 하고 모든 것이 선합니다. 그런데 종종 그 아이들이 세상으로 나갈 때 그들을 그때까지 교육했던 사람들은 아이들에게 많이 실망합니다. 그렇지만 그들은 아주 많이 놀랄 필요가 없습니다. 사람이 땅 위에서 자기가 수영할 수 있다고 생각할지라도, 그가 바다에 들어갈 때 과연 수영할 수 있을 것인지는 확실치 않습니다. 우리에게는 어떤 종류의 시험이 반드시 있어야 합니다. 그렇지 않으면 우리는 그 사람의 인물됨을 확실히 알 수 없습니다. 아이가 자신의 것이 아닌 것을 가져갈 기회가 그동안 전혀 없었다면 우리는 아이가 정직한지 아닌지 알 수가 없습니다. 젊은이가 그동안 온실 속에서 지내왔고 그의 도덕이 한 번도 시험을 받은 적이 없다면 여러분은 그 젊은이의 행동 원리가 어떤 것인지 확인할 수 없습니다. 그런데 바로 그것이 요아스의 상태였습니다. 말하자면 여호야다가 그를 가리고 있었기 때문에 그의 실제 성품이 드러난 적이 없었던 것입니다. 요아스는 대제사장의 지도와 영향을 받았습니다. 그러나 그의 성향은 자신의 모습을 드러낼 기회만을 기다렸던 것입니다. 나는 표범 새끼를 길렀던 인도의 한 관리에 대한 이야기를 들은 적이 있습니다. 그 표범 새끼는 완전히 길들여졌습니다. 그래서 고양이처럼 순하게 보였습니다. 그 표범은 계단을 오르내리며 그 사람의 방을 들락거렸습니다. 관리는 그 표범이 유혈의 참사를 벌일 것이라고 전혀 의심하지 않았습니다. 어느 날 오후에 그가 의자에 잠들어 있는 동안 표범이 고양이가 그러듯이 그의 손을 부드럽게 핥았습니다. 한동안 손을 핥은 후에 너무 세게 핥자 피가 조금 흐르기 시작했습니다. 표범이 피 맛을 보자 표범의 본성이 살아났고, 그때는 표범의 눈에 주인이 더 이상 주인으로 보이지 않았습니다. 말하자면, 이와 같이 가두어 놓고 길들이지만 변하지 않고, 복종시키지만 새로워지지 않으며, 억제하지만 회심을 하지 않아서 후에 피 맛으로 옛 본성이 살아나면 그 사람의 모습이 어디론가 사라져 버리는 일들이 많은 사람에게 일어납니다. 여러분은 그 사람이 그렇게 행동하리라고 생각하지 못하였겠지만, 그에게는 새로운 본성이 없기 때문에 그렇게 행동한 것입니다. 그것은 인간 본성이 잠시 억제되어 있었던 것뿐이고, 성령께서 새로운 생명을 일으키고 그 영혼에 새로운 성품을 주입하는 일은 없었던 것입니다.

친구 여러분, 여러분은 내가 지금 어떤 분들에게 말하고 있는지 알겠습니까? 나는 지금 여러분 가운데 죽음에서 생명으로 넘어가지 않은 사람들, 마음의 영이 새롭게 되지 않은 사람들에게 이야기하고 있는 것입니다. 나는 여러분이 제발 자연 종교가 신령한 종교라고 생각하지 않기 바랍니다. 여러분이 어머니 무릎에서 성령님에 관해 배운 교훈을 잘못 알아서, 외적인 어떤 변화를 진정한 변화로 혼동하지 말기 바랍니다. 첫 번째 출생을 통해서 여러분에게 올 수 있는 어떤 것도 두 번째 출생 없이 여러분의 품성의 변화에 이바지할 수 있을 것이라고 생각하지 마십시오. "여러분은 거듭나야 합니다." 그렇지 않으면 비록 여러분의 생애 처음 6년을 하나님의 전에서 보냈을지라도, 여러분이 지극히 거룩한 영향을 받으며 시작하였을지라도, 여러분에게 기회만 주어진다면, 시험, 곧 특별한 곤경이 닥치기만 한다면 여러분은 옛 본성이 끄는 대로 갈 것이고, 그래서 결국 어린 시절의 모든 훈련이 하나님의 나라와 그 의에는 미치지 못하였기 때문에 여러분에게 아무런 효과가 없었다는 것을 여러분 스스로 깨달을 것이고, 다른 사람들도 그것을 알고 경악하게 될 것입니다.

**3. 셋째로, 이런 정신은 해악을 가져오는 요인이 될 수 있다는 것을 설명하도록 하겠습니다.**

우리는 어린 사람들이 순종하는 것을 좋아하고, 쉽게 모양이 형성되는 이들의 유연한 품성을 다루는 것을 매우 기뻐합니다. 하지만 우리는 또한 어린아이들의 그런 품성에 대해 지나치게 확신하지 않는 것이 좋습니다. 성품에 티가 섞인 사람이라도 정말로 하나님의 은혜에 영향을 받으면 지나치게 유연하고 부드러운 품성을 가진 사람보다 훨씬 더 나은 사람이 될 수 있습니다. 사랑하는 여러분, 아주 착하지만 그 속에 아무것도 없는 사람들을 나는 많이 알고 있습니다! 그런가 하면 다루기가 참으로 어렵고 파악하기도 아주 힘든 사람들도 보았습니다. 그러나 하나님의 은혜로 마침내 변화가 일어났을 때, 즉 그들의 완고함과 고집이 성화가 되면 그것이 그들의 성품에 힘을 주었고, 그래서 결점이 되기보다는 도움이 되었습니다.

이 어린 요아스는 여호야다의 손에서 지극히 온순하였습니다. 그런데 슬프게도, 여호야다가 죽었습니다. 다른 고문들이 와서 그에게 아첨하였습니다. "여호야다가 죽은 후에 유다 방백들이 와서 왕에게 절하매." 여러분은 그들이 와서 수백 번도 더 절하는 것이 보이지 않습니까? 그들이 "왕에게 절하였습니다." 여호야다는 그에게 그런 경의를 표하는 일이 많지 않았습니다. 여호야다는 왕에게 합당한 존중심을 가지고 요아스를 대하였습니다. 그러나 또한 그는 왕에게 정직하고 성의를 다하여 말하였습니다. 요아스는 여호야다가 살아 있는 동안에는 우러러볼 사람이 있었습니다. 그런데 이제는 자신이 큰 사람이고, 사람마다 자기를 우러러본다는 것을 알았습니다. 유다의 방백들, 곧 그 나라의 상류 사회 사람들, 다시 말해 여호와를 예배한 적이 없고 언제나 난해하고 의식주의적이며 감각적인 바알 예배, 곧 이성적 신의 예배를 더 선호해 온 신분 높은 사람들이 와서 절하며 왕에게 경의를 표시하였습니다. 나는 그들이 이렇게 말하는 것이 들리는 것 같습니다.

"왕이시여, 왕께서 속박에서 풀려나신 것을 축하드립니다. 이제 왕께서는 혼자서 생각하실 수 있습니다. 젊은 사람이 늙은 고모부의 힘에서 벗어나는 것은 좋은 일입니다. 그분이 훌륭한 사람이었던 것은 분명합니다. 그래서 우리는 그분의 장례식에 참석해서 모두 합당한 존경을 표시하였습니다. 하지만 그는 통상적으로 시대에 뒤진 사람이었지요. 진보는 조금도 이루지 못한 사람이었지요. 그는 여호와 예배를 고수하였고 자기 조상들의 하나님을 섬겼습니다. 왕이시여, 우리는 왕이 마침내 자유를 얻으시게 된 것을 축하드립니다. 그런데 우리는 왕께서 그동안 적지 않게 제사장의 속박을 받아온 것이 걱정됩니다. 이 여호야다는 제사장이었고, 물론 왕께서는 그의 성품을 존경하여 받들어 모셨습니다. 그러나 왕께서는 그가 살아 있는 동안에는 왕의 뜻대로 할 수 없었습니다. 왕이시여, 우리는 언제나 왕을 생각해 왔습니다. 우리는 왕께서 머지않아 이런 상황을 탈피하실 것이라고 언제나 믿었습니다. 그리고 이제 그 훌륭한 분은 잠들었습니다. 우리는 왕께서 죽은 사람이 왕을 붙들어 두지 않게 하고, 또 깨어서 시대에 뒤처지지 않고 시대정신을 따라갈 것이라고 확신합니다."

여러분은 그들이 어떻게 그 일을 하는지 압니다. 귀에다 독약을 붓는 일, 즉 부드럽고 난해한 아첨의 말을 하는 이런 일은 언제나 행해지고 있습니다. 사람이 요아스의 나이가 되었을 때는, 아첨의 힘을 이겨내지 못합니다. 나는 사람이 얼마나 나이를 먹어야 아첨의 말을 좋아하지 않게 될지 모르겠습니다. 물론 사람은 살면서 다른 어떤 때보다 가장 우쭐해하는 그 순간에 "선생님, 선생님은 아첨하는 말을 도무지 참지 못하는 줄로 압니다" 하는 말을 언제나 듣기 좋아합니다. 이 유다 방백들이 그렇게 했습니다. 불쌍한 요아스, 착한 요아스, 성전을 수리한 요아스, 성전을 수리할 때는 여호야다보다 훨씬 더 열심을 보였던 요아스가 사기꾼들의 부드러운 말을 듣고 길을 잃었습니다. 그가 자기 고모부가 죽자 그와 함께 자기 신앙도 묻어버린 것을 봅니다. 여호야다의 무덤에 그의 모든 경건도 묻어버렸습니다. 내가 알고 있는 어떤 사람이 그와 같이 행하였고, 그래서 그에 대해 슬퍼하지 않을 수 없었습니다.

그 후에 그가 갑자기 죄를 짓기 시작하였습니다. 그가 부숴버렸던 형상들을 다시 세웠습니다. 그가 베어버렸던 산당의 나무들을 다시 심었습니다. 여호와의 종으로 그토록 열심을 내는 것 같았던 그가 이제는 더러운 아스다롯을 예배하는 자가 되었고, 저주할 바알들 앞에 절하였습니다. 아, 이것은 슬프고 슬픈, 참으로 슬픈 해악입니다! 요아스에게는 절조(節操)가 없었습니다. 내가 모든 친구들에게 경고하고 싶은 것이 바로 그 점에 대한 것입니다. 제발 여러분은 신앙의 절조 없이 행하는 경건의 습관에 만족하지 말기 바랍니다. 바른 신조를 가지고 있는 것으로 충분하지 않습니다. 여러분은 새롭게 된 마음이 있어야 합니다. 잘 꾸민 의식(儀式)을 갖추는 것으로 충분하지 않습니다. 여러분에게 거룩한 생활이 있어야 합니다. 거룩하려면 여러분이 성령으로 새롭게 되어야 합니다. 이 변화를 성령께서 여러분 속에 일으키시지 않는다면, 선한 것을 그처럼 쉽게 받아들이는 여러분은 악에도 그만큼 빨리 굴복할 것입니다.

그 다음에 어떤 일이 일어났습니까? 요아스는 책망을 뿌리쳤습니다. 하나님께서 선지자들을 백성에게 보내셨습니다. 선지자들이 와서 백성들에게 경고하며 우상 숭배에 반대하였습니다. "선지자들이 그들에게 경고하였으나 듣지 아니하니라." 하나님의 전에서 생애 처음 6년을 보낸 요아스가 이제는 여호와의 선지자들의 말을 들으려 하지 않았습니다. 그는 언제든지 여호야다의 말을 즉시 들었습니다. 그런데 이제는 들으려 하지 않았습니다. 그는 아주 값비싼 건축술과 금과 은을 한량없이 들여 성전을 수리하는 일에 지극한 열심을 보였습니다. 그런데 이제는 하나님의 종들의 말에 전혀 주의하려고 하지 않습니다. 그는 마치

뱀 부리는 사람의 목소리를 듣지 않으려고 하는 귀머거리 독사와 같습니다. 이 제는 선지자의 말을 듣지 않습니다. 그런데 그가 한때는 훌륭한 젊은이였습니다. 경건한 청년이었습니다! 그동안 런던이라는 이 도시가 요아스 같은 많은 사람들을 아주 잘 가려내는 체와 같은 역할을 하였습니다! 그 인생 이야기가 이와 같은 사람들을 나는 많이 알고 있습니다. 그들은 언제나 하나님의 집에 다녔고, 가정 예배를 드리는 곳에서 자랐습니다. 사람마다 그들을 그리스도인으로 여겼습니다. 그런데 그들이 런던에 왔습니다. 처음에는 그들이 아버지가 가라고 권한 곳에 갔습니다. 초라하지만 복음이 전파되는 곳이었습니다. 그런데 얼마 후에 그들은 주일에 좀 더 화려한 종교 집회 장소에 가는 것이 잘못이 아니라고 생각하였습니다. 그렇게 하고 나서는, 종교적인 장소가 아닌 화려한 곳에 갔습니다. 그들은 일주일 내내 아주 열심히 일하였기 때문에 주일에는 나가서 조금 신선한 공기를 마셔야 했습니다. 그리고 점차 그들은 그들을 성실과 순결의 길에서 조금씩 끌어낸 친구들을 만났습니다. 그래서 마침내 "이 선한 젊은이는" 런던 거리의 사람처럼 천하게 되고, 성인처럼 보였던 사람이 죄인이 되었을 뿐만 아니라 다른 사람들을 죄짓게 만드는 자리까지 이르게 되었습니다.

요아스가 그 다음에 한 일은 무엇입니까? 그는 친구의 아들을 죽였습니다. 나이 많은 여호야다의 아들이고, 젊은 요아스가 왕위에 오르도록 도와준 사람들 가운데 하나인 스가랴가 성령의 감동을 받아 일어서서 성전 예배가 한창 진행되는 가운데 백성들에게 말하였습니다. 이것은 그가 그렇게 할 권리가 있었기 때문입니다. 스가랴는 백성들이 여호와에게서 떠나 더러운 우상 신들을 예배하는 것에 대해 신랄하게 비판하였습니다. 왕이 몹시 화를 내는 것을 보십시오! 요아스는 백성들에게 그를 죽이라고 명령합니다. 스가랴가 어떻게 감히 왕에게 불리한 증언을 하겠습니까? 사실 스가랴는 요아스의 가장 친한 친구의 아들입니다. 또한 그는 자신의 사촌이고, 그가 왕위에 오르도록 도운 사람입니다. 그런데 한때 선했던 이 젊은이에게 그 모든 것이 무슨 상관이 있습니까? 인간의 우정이라는 우유가 이제는 시어져버린 것입니다. 그처럼 부드러웠던 기름이 일단 불이 붙자 맹렬하게 타오릅니다. "스가랴를 죽여라. 그를 성전에서 죽여라. 그의 피가 신성한 제단에 튀기게 하라. 그를 돌로 쳐 죽여라. 그가 감히 나를 반대하였다." 여러분의 부드러운 진흙이 어떻게 딱딱하고 조잡하며 거칠게 되었는지 보십시오! 나는 사람들에게 이런 변화가 일어나는 것을 보아왔습니다. 세상에서 가장 악한 박해자들은 대체로 한때 다정하고 부드러운 마음을 가졌던 사람들에게서 나온다고 믿습니다. 네로가 처음에는 범죄자의 사형집행 영장에 서명하는 일조차 제대로 못했을 것입니다. 그런데 그는 살면서 대대적인 살인을 즐겼습니다. 자기 주님을 배반하는 일에 멸망의 자식이 필요하였을 때, 반역자의 원료가 한 사도에게서 발견되었습니다. 착한 것처럼 보이는 사람만큼 철저히 나빠질 수 있는 사람은 없습니다. 요아스가 여호와의 전 뜰에서 자기에게 은혜를 베푼 사람의 아들을 죽였을 때 결국 판명났듯이 여러분이 그와 같은 악인을 만들려면 성전에서 6년을 지낸 사람, 여호야다의 사는 모든 날 동안 여호와 보시기에 정직하게 행한 사람을 택해야 합니다.

나는 오늘 밤 이 자리에 있는 어떤 분들의 얼굴을 찬찬히 들여다보며, 그들이 머지않아 어떻게 될지, 그들이 어떤 일을 할지, 무슨 말을 할지를 예언의 영으로써 생각할 때 갑자기 눈물을 쏟지 않을 수 없습니다! 아마 여러분은 나를 보며 "당신의 개 같은 종이 무엇이기에 이런 일을 행하오리이까?"(왕하 8:13). 여러분, 여러분은 개보다 더 나쁩니다. 여러분 속에는 "만물보다 거짓되고 심히 부패한" 마음이 숨어 있습니다. "그런 것이 마음이라 누가 능히 이를 알리요?"(렘 17:9). "하나님이여, 나를 새롭게 하소서! 주여, 나를 새로운 피조물로 만드소서! 주여, 나를 구원하시어 오늘 내가 그처럼 악한 일을 하는 것이 불가능하다고 생각하는 것처럼 그런 일을 결코 하지 않게 하여 주소서!"

비참하기 짝이 없는 이 요아스는 하나님께 대한 믿음이 전혀 없어서 성전을 강탈하여 성전의 모든 금과 보물을 아람 왕 하사엘에게 주었습니다. 개인적으로 그는 온갖 병에 시달렸고, 머지않아 여호야다의 아들을 죽인 그의 행동에 정나미가 떨어진 그의 신하들이 그를 침상에서 죽였습니다. 여호와의 전에서 6년 동안 숨어 지냈던 젊은이로서는 참으로 뜻밖의 죽음이었습니다! 내가 여러분 가운데 어떤 이들에게 여러분이 장차 어떻게 될지를 말씀드린다면, 그분들은 두 번 다시 여기에 오지 않을 것입니다. 나에게 몹시 화를 낼 것입니다! 내가 이 자리에 있는 어떤 착한 젊은이에 대해, 내 말은 요아스가 처음에 그랬듯이 겉으로 착해 보이는 사람을 가리키는데, 겉으로는 착해 보이지만 새로운 마음이 없고 그 속에 하나님의 은혜가 없는 젊은이에 대해 그가 어떤 사람이 될지 예언할 수 있다면, 그는 내가 감히 그런 사실을 예언한다고 화를 내며 내 얼굴에 침을 뱉을 것입니다.

이 자리에 계시는 남녀 가운데 그리스도께 복종하기 전에는 지극히 혐오스러운 그 죄에서 안전할 수 있는 사람은 아무도 없습니다. 여러분이 와서 예수님의 손에, 곧 자기를 신뢰하는 자들을 신실하게 지키시는 주님의 손에 자기 영혼을 맡기지 않는 한, 자신이 지옥의 가장 끔찍한 천벌을 받지 않을 것이라고 확신할 수 있는 사람은 여기에 아무도 없습니다. 성품 보험회사 같은 것이 있을 수 있습니까? 사람이 우리의 성품을 보증할 수 있는 회사를 만들 수는 없습니다. "의인은 그 길을 꾸준히 가고 손이 깨끗한 자는 점점 힘을 얻느니라"(욥 17:9). 하나님께서 그를 지키실 것이고 악으로부터 그를 보호하실 것입니다. 이는 "의인의 길은 돋는 햇살 같아서 크게 빛나 한낮의 광명에 이르거니와"(잠 4:18).

전도유망한 젊은이 여러분, 살아계신 하나님을 의지하여 여러분에게 간절히 권합니다. 예수 그리스도께 복종하고 그의 지도를 구하여, 오늘의 아름다운 꽃이 아무 열매도 맺지 못하고 실망으로 끝나지 않도록 하십시오.

주님께서 우리 모두가 천국에서 만날 수 있게 해 주시기를 구합니다! 아멘.

<br>

제
8
장

—

# "이 아하스 왕"

—

"이 아하스 왕이 곤고할 때에 더욱 여호와께 범죄하여."   –
대하 28:22

    친구 여러분, 우리가 개인적인 성품이 어떠하든지 간에 고난이라는 단어의
의미를 실제 경험을 통해서 알아야 한다는 것은 너무도 확실한 사실입니다. 성
인이든지 죄인이든지 간에, "사람은 고생을 위하여 났으니 불꽃이 위로 날아가
는 것 같습니다"(욥 5:7). 천국에 이르는 길은 거칠고, 지옥으로 가는 길은 언제나
평탄한 것이 아닙니다. 특별히 하나님의 백성들만 겪는 고난이 있지만, "악인에
게는 많은 슬픔이 있는"(시 32:10) 것도 사실입니다. 사람이 슬픔에서 달아나기
위해 아침의 날개를 타고 바다 끝으로 날아간다고 할지라도 그는 바다 끝에서도
슬픔을 만날 것입니다. 사람이 북극 얼음 땅으로 갈지라도 거기에서도 슬픔을
만날 것입니다. 사람들에게 가장 깊은 애정을 받은 것들이 거기에서 파괴되었기
때문입니다. 사람이 찌는 듯이 더운 남쪽 나라로 여행할지라도 고난은 거기에도
따라갈 것입니다. 전염병과 열병, 늪지의 독기가 그 지역에 출몰하여 죽음의 문
이 가까이 있기 때문입니다. 우리가 천국에 오르기 전에는 슬픔과 한숨에서 피
할 수 없을 것입니다. 우리를 따라다니는 우울한 친구들이 영원히 달아나버린
그곳에서만 우리는 기쁨과 즐거움을 얻을 수 있을 것입니다.
    친구 여러분, 여기에 고통의 시내가 있고 우리가 그 물을 다른 어떤 방향으
로 흐르게 할 수 없는 이상, 그 시내를 어떻게 처리해야 하겠습니까? 우리는 고

통의 시내를 유익하게 사용하도록 노력합시다. 우리는 마음을 들어 하나님께 이렇게 기도합시다. 즉, 다른 모든 것들과 함께 우리의 모든 고통을 정결하게 하여 그것들이 합력하여 지속적인 선을 이루도록 하여 주시고, 또 하나님의 자녀인 우리가 하나님의 뜻대로 온전히 그리스도의 형상을 닮게 해 주시기를 기도합시다. 그러나 고통 자체가 우리에게 유익을 주지 않는다는 점을 기억하기 바랍니다. 세상에서 고통을 견디고 후에는 지옥에서 영원한 형벌을 겪을 수가 있습니다. 죄인들은 점점 쇠약해 가는 침상에서 불타는 침상으로 갈 수가 있고, 이 땅에서 가난과 수고를 겪다가 내세에서는 고통과 절망에 이를 수가 있습니다. 고통에는 죄를 태워 없앨 수 있는 것이 아무것도 없습니다. 인간의 고통에는 하나님의 진노를 제거할 수 있는 것이 전혀 없습니다.

**1. 곤고할 때에 하나님의 백성들은 종종 매우 큰 유익을 얻었다는 점을 먼저 말씀드리겠습니다.**

고통은 은혜 언약에서 복으로 기록되어 있는 것들 중의 하나입니다. 우리가 하나님의 자녀가 되었을 때 우리에게 매가 약속되었으므로, 우리는 매를 피할 수 없습니다. 시인 윌리엄 쿠퍼가 "하나님의 적출(嫡出)인 자녀"는 매를 피할 수 있을지라도 피하려고 하지 않을 것이라고 말했는데, 바르게 말하였다고 생각합니다. 고통이 신자들에게 성결하게 쓰이면, 그 고통이 세상을 붙들고 늘어지는 신자들의 손을 느슨하게 풀도록 해 줍니다. 시련들은 우리 영혼을 세상 것들에 단단히 묶어놓는 밧줄을 끊어서 위로 올라갈 수 있게 해 줍니다. 시련들은 마치 독수리의 발을 묶어서 독수리가 날개를 펴고 태양을 향해 높이 올라가지 못하게 만드는 것 같은 쇠사슬을 끊어놓습니다. 날카로운 삽 같은 고난은 우리 뿌리에 닿을 만큼 깊이 파서 우리가 더 많은 열매를 맺게 합니다. 우리 둥지에 가시가 없다면 우리는 둥지의 포근함에 아주 만족하여서 죽을 때까지 그 안에 앉아 있을 것입니다. 그러나 날카로운 가시가 가슴을 찌르면, 우리는 눈을 위로 돌리고 자신의 힘을 시험하는 법을 배워, 우리가 충분히 자라서 하늘로 올라 위에 있는 기쁨을 맛볼 때를 준비하게 됩니다.

고통은 또한 신자들이 자신의 죄를 살피도록 인도하는 점에서 종종 신자들에게 유익을 줍니다. 우리는 시련을, 속에 있는 은밀한 악과 숨겨둔 범죄, 우리의 오른손에 있는 거짓을 조사하여 찾도록 하나님께서 우리에게 보내신 수색 영장으로 여겨야 합니다. 사랑하는 여러분, 여러분도 알다시피 우리가 스스로 자기 반성을 하는 것이 쉽지 않은 일입니다. 우리는 그렇게 하기를 두려워합니다. 우리는 사물들을 조사하고 시험해서 그것의 실제 모습을 알려고 하지 않고 그냥 외적으로 보이는 대로 받아들이려고 하는 경향이 강합니다. 그러나 하나님의 위안거리들이 우리에게 줄어들 때, 우리는 "내 속에 은밀한 죄가 있는가?" 하고 말합니다. 거친 바람이 숲에 불어 닥치면 썩은 가지들이 삐걱거리다가 상수리나무에서 떨어져 나갑니다. 그렇지 않았다면 그 가지들은 온갖 해충들의 보금자리가 되고 온 나무를 썩게 하는 중심지가 되었을 것입니다. 이와 같이 종종 고난들은 우리를 에워싸고 있는 죄들, 즉 그냥 두었더라면 우리에게 심각한 해를 끼칠 때까지 가슴속에 품고 다녔을, 우리가 소중히 여기는 악한 성향들을 몰아냅니다.

　친구 여러분, 어떻게 시련들이 기도에 새롭게 생기를 주는지 여러분도 알지 않습니까? 우리가 하나님의 말씀이 검처럼 찌르는 것을 느낄 때만큼 기도를 잘하는 때가 있습니까? 하나님께서 우리를 죽일 만큼 심하게 상처를 입히시지는 않지만 때때로 우리를 무감각한 상태에서 깨울 만큼만 침으로 찌르십니다. 혹독한 시련 가운데 있을 때 우리가 얼마나 뜨거운 기도를 드립니까! 그리고 시련에서 빠져나올 때 얼마나 깊은 감사의 노래를 부릅니까! 나는 다른 어떤 때보다 고통 가운데 있을 때 사람의 경건에 더 활력이 생긴다고 믿습니다. 나는 강단의 수고에서 물러나고 싶은 마음은 없습니다. 그러나 솔직히 말씀드리자면 한동안 아픈 후에 돌아와 다시 설교하게 되었을 때 영적인 힘을 비상하게 느낀 때가 종종 있었습니다. 그동안 나는 교우들 가운데 어떤 분들이 "우리 목사님은 설교를 아프기 전에 했던 것보다 지금 더 잘한다"고 말하는 것을 때때로 들었습니다. 그렇습니다. 감람나무에서 기름을 짜내려면 감람나무를 압착기에 집어넣어야 합니다. 포도에서 포도즙이 흘러나오려면 포도를 애정이 깃든 발로 밟아야 합니다. 우리에게서 금속의 본래 특성을 나타내려면 우리를 쇠줄로 갈아야 합니다. 우리를 자주 도가니에 집어넣지 않는 한, 또 그 도가니를 빨갛게 타오르는 석탄 속에 집어넣지 않는 한, 우리를 순도 높은 금으로 만들 수 있는 가능성은 전혀 없습니다. 이와 같이 우리는 시련들에서 많은 유익을 얻습니다.

　친구 여러분, 여러분은 시련 때문에 믿음이 더욱 튼튼해지는 것을 또한 발견하지 않았습니까? 주님의 군대에서 풋내기에 지나지 않는 우리는 아주 쉽게 입대를 합니다. 우리는 모자에 배지를 달고, 자신이 곧 큰일을 할 것이라고, 즉 하나님의 교회를 일깨우고 세상과 육신과 마귀를 패주시킬 것이라고 생각합니다. 그러나 이내 우리는 고통이라는 험악하게 생긴 하사관에게 훈련을 받지 않으면 안되고, 그 후에 "소란스런 소리를 들으며 피로 범벅이 된 옷을 입고서" 전투하러 나가야만 한다는 것을 깨닫습니다. 그리고 이윽고 많은 전투를 치른 후에 우리는 단단해진 고참 병사가 되었고, 시련을 겪기 전이었다면 도망하였을 수도 있는 우리가 이제는 주 우리 하나님을 위하여 사자처럼 담대해졌습니다. 형제 여러분, 아무리 훌륭한 하나님의 종의 가르침이나 설교도 성화된 경험이 주는 그런 유익을 여러분에게 줄 수 없습니다. 여러분 혼자서 배워야 합니다. 고마운 교장 선생인 고난 씨(Mr. Affliction) 밑에서 여러분은 신학이라는 신성한 학문을 공부해야 합니다. 그의 학교에 가는 것은 좋은 일입니다. 거기에서 배우는 수업들이 매우 유익하기 때문입니다. 그 학교 학생들 가운데 한 사람은 이렇게 말했습니다. "고난 당하기 전에는 내가 그릇 행하였더니 이제는 주의 말씀을 지키나이다"(시 119:67).

우리는 또한 고난의 때에 가장 달콤한 위로를 얻습니다. 어머니들이 자녀가 건강할 때는 한 번도 보이지 않는 사랑의 표시들을 아플 때는 아이에게 자주 보이지 않습니까? 나는 예수님께서 고난을 겪지 않는 자녀들에게는 주지 않지만 시련을 당하고 있는 자녀들에게는 주는 주님의 입맞춤이 있다는 것을 압니다. "그는 어린 양을 그 팔로 모아 품에 안으시며 젖먹이는 암컷들을 온순히 인도하시리로다"(사 40:11). 나는 어린 양이 되어서 그처럼 예수님 품에 가까이 안기면 좋겠습니다. 우리가 친절한 목자의 온순한 인도를 더 받기 위해서는 때로 고통과 연약함을 느끼는 것도 좋은 일입니다. 이렇게 말한 사람이 새뮤얼 러더퍼드 목사였다고 생각하는데, 들어보십시오. 그는 그리스도께서 자기를 고난의 지하실에 가두어 두셨을 때 거기에 신령한 포도주를 저장해 두셨기 때문에 자기가 계속 손으로 더듬어 포도주 병을 찾아 마시고 기운을 회복하였다고 하였습니다. 그리스도께서 우리를 깊디 깊은 고난의 지하실에 내려 보내실 때 거기에는 위로의 포도주가 많이 있습니다. 하늘의 기쁨도 이 땅에서 겪는 시련의 경험 때문에 한결 더 달콤해질 것입니다. 여기서 우리는 종종 이렇게 노래합니다.

"이처럼 구주님을 가까이 모셔오게 하니, 달콤한 고난일세."

그리스도는 우리에게 가장 달콤한 분이십니다. 그리고 온 세상에서 그 다음
으로 가장 달콤한 것은 그리스도의 사랑스러운 십자가입니다. 그리스도야말로
가장 귀하신 분입니다. 그러나 그리스도의 입맞춤 가까이에는 고난이 있습니
다. 즉, 그리스도께서 애정을 가지고 못 자국 난 손으로 가볍게 두드리는 일이 있습
니다.

**2. 흔히 불신자들이 하나님의 은혜로 말미암아 자신들의 고난에 대해 하나
님께 감사할 이유가 있었다는 점을 말씀드립니다.**

나는 인생의 한창 때를 넘긴 나이에, 여전히 훌륭해 보이지만 자신이 많은
슬픔과 시련을 겪었고, 그 이마에 슬픔의 발이랑을 지니고 있음을 외모에서 뚜
렷이 보여주는 사람에게서 이와 같은 이야기를 드물지 않게 들었습니다. 그 사
람이 교회의 교인이 되고 나서 자신의 회심에 대해 이야기하기 시작하는데, 그
이야기가 이와 같이 좀 특이합니다. "저는 한때 돈 잘 버는 장사꾼이었습니다.
큰 점포를 가지고 있었고 부자였습니다. 그런데 슬프게도 저는 어리석었습니다.
그보다 더 나쁜 점은, 제가 악하였습니다. 저는 시간을 잘못 썼고, 죄의 길들을
좋아하였으며 난봉꾼이 되었습니다. 친구들은 제가 손이 크다고 생각하였고, 저
는 친구들이 생각하는 것보다 쩨쩨한 사람이 되고 싶지 않았습니다. 그래서 저
는 재산을 방탕한 생활에 탕진하였습니다. 그러다가 사업이 어려움을 겪었고,
마침내 파산하게 되었습니다. 제가 가진 모든 것은, 제가 그랬던 것처럼 사람이
시간과 돈을 낭비할 때 모든 것이 사라지게 되어 있듯이, 사라져버렸습니다. 저
는 무일푼이 되었습니다. 전에는 남이 주는 빵을 먹는다는 것이 무엇인지 몰랐
습니다. 저는 두어 달 동안 그런 빵을 먹었습니다. 친구들이 한동안 저를 도와주
었지만 그 일에 점차 지쳐갔습니다. 저는 세상에 버림을 받았습니다. 누구든지
저를 냉담하게 바라보면 그런 꼴을 당해도 싸다고 느꼈습니다. 여러분, 저는 그
동안 어리석게 살았습니다. 제가 그랬다는 것을 이제는 압니다. 그런데 지독하
게 추운 어느 날 밤이었습니다. 그때 내 머리를 피할 수 있는 곳은 딱 한 군데 밖
에 없었습니다. 그곳은 거지들의 마지막 피난처였습니다. 그때 그리로 가는 길
에 생각하며 눈을 들어 하늘을 보고 이 기도를 드렸습니다. '하나님이여 불쌍히
여기소서 나는 죄인이로소이다'"(눅 18:13).

그 사람은 내게 자기는 가난해진 것 때문에 하나님께 감사드린다고 말했습

니다. 가난이 그를 그리스도께로 데려오는 수단이 되었기 때문입니다. 그는 주
님을 알게 된 후로 자신이 그처럼 낮게 된 것이 크나큰 자비라고 생각하였습니
다. 만일 그가 그처럼 낮게 되지 않았다면 그의 교만한 영혼은 결코 깨지지 않았
을 것이고 주님 앞에 겸비해지지 않았을 것이기 때문입니다.

　자매 여러분, 여러분 가운데 몇몇 분들은 나와 교회에 여러분의 이야기를
한 적이 있습니다. 여러분은 가정에서 행복한 어머니였습니다. 그러나 하나님을
두려워하지는 않았습니다. 여러분에게는 자녀들이 있었고, 여러분과 남편은 여
러분이 "나의 즐거움"이라고 부르는 오락을 안식일에 행하였습니다. 여러분에게
하나님께 대한 두려움이 전혀 없었기 때문입니다. 그런데 얼마 있지 않아 여러
분의 어린 자녀 가운데 하나가 병에 걸렸습니다. 여러분은 창백해져만 가는 아
이의 핼쑥한 뺨을 보고 몹시 근심하며 아이를 간호하였습니다. 그러나 무자비한
죽음은 자매님의 소중한 아이를 여러분에게서 빼앗아갔습니다. 죽음의 창이 다
시 한번 날아왔습니다. 둘째 아이도 빼앗겼습니다. 여러분은 상황의 가혹함 때
문에 마음이 녹아내렸습니다. 이 자리에는 네 자녀를 잇따라 잃은 자매님이 있
습니다. 세상의 모든 위로를 빼앗겨 몹시 괴로워하던 어머니는 결국 그리스도에
게밖에 갈 수가 없었습니다. 그리스도께 갔을 때 그 자매님은 그리스도 안에서
열 아들보다 나은 것을 얻었습니다. 즉, 그리스도의 사랑과 그의 용서, 그의 받아
들이심과 영생이라는 선물을 값없이 받은 것입니다.

　형제자매 여러분, 이렇게 잇따른 사별을 겪고 성령의 거룩하게 하시는 영향
력으로 말미암아 주님을 알게 된 사람들이 그동안 많이 있었습니다. 내가 요즘
도 계속해서 듣고 있는 예들까지 언급할 필요는 없겠습니다. 애정 어린 자비라
는 빛나는 천사만큼이나 고난이라는 검은 천사도 많은 사람을 그리스도께 데려
왔다고 믿습니다. 내가 고난을 검은 천사라고 불렀는데, 사실 여러분이 그 천사
를 잘 보면 그 천사가 검지 않고 지극히 밝다는 것을 알게 될 것입니다. 왜냐하
면 애정이 깃든 그런 슬픔 속에 은혜로운 사역이 들어 있고, 하나님께서 때로 완
고한 죄인들을 자신에게로 데려오시는데 사용하시는 애정이 깃든 무자비한 일
들(어떤 사람들은 고난을 이렇게 부릅니다) 가운데는 천사와 같은 자비가 들어 있
기 때문입니다.

　이제 나는 설교의 주요 요점을 다루게 되었습니다. 그것은 비록 고난이 종
종 하나님의 백성들에게 복이 되고, 거룩하게 사용되어 죄인들을 회심시키는 일

들이 적지 않게 있지만, 본문을 보면 그와는 다른 뚜렷한 증거도 있습니다. "이 아하스 왕이 곤고할 때에 더욱 여호와께 범죄하여."

**3. 고난 자체에는 반드시 마음을 부드럽게 하여 사람을 회개시킬 수 있는 것이 없습니다.**

사람이 근심이나 고통, 병, 죽음 가까이에서 지내는 일을 겪으면 반드시 마음이 부드러워진다는 증거가 더 필요하다면, 그런 일과 관계있는 사람들이 지극히 부드러운 마음을 가지고 있는지 보면 될 것입니다. 그런데 사실은 그렇지 않습니다. 죽은 사람들을 다루는 일을 하는 사람들을 생각해 보십시오. 여러분은 흔히 장의사들에게서 보듯이 한 계층으로서 그들만큼 마음이 완고한 사람들을 어디서 찾을 수 있겠습니까? 장의사들을 잘 아는 사람이라면 누구든지 어떻게 그들이 시체를 두고 농담하며 동료 피조물들의 죽음에 대해 유쾌하게 이야기하고, 아내에게서 남편을 빼앗아가고 아이들에게서 부모를 앗아가는 열병을 재앙으로 보기보다는 자기들에게 일거리를 가져다주는 복으로 여기는지를 틀림없이 보았을 것입니다. 나는 이 경우에 근거 없이 말하는 게 아닙니다. 그리고 다른 사람들의 경우에 대해서도 그 점은 아주 똑같습니다. 내가 일전에 이렇게 말했던 것으로 기억합니다. 즉, 남자든지 여자든지 간에 사람이 교회에서 좌석 안내인이 되기 전에 회심하지 않는다면 거의 틀림없이 그들은 결코 회심하지 않을 것이라고 말입니다. 나는 그 생각에 여전히 변함이 없습니다. 또 언젠가 이렇게 말한 적이 있습니다. 아무리 설교를 받아 적는 사람들이라 할지라도 그들이 그 일을 맡기 전에 주님을 알지 못하면 설교에서 아무 유익을 얻지 못할 가능성이 아주 크다고 말입니다. 그래서 설교를 출판할 생각을 하고서 설교를 받아 적는 사람들이 마음으로 진리의 능력을 깨달았고, 그래서 설교를 적고 인쇄하는 기계적인 작업에 종사하는 가운데서도 그들의 영혼이 후에 다른 사람들이 읽게 될 진리에서 달콤한 것을 맛본다는 사실을 알게 될 때, 그것은 언제나 내게 큰 즐거움입니다.

본문의 이 진리는 아마도 성경의 예를 통해서 가장 잘 설명될 수 있을 것입니다. 바로를 보십시오. 이제까지 누구라도 그만큼 많은 고통을 받은 사람이 있었습니까? 땅과 물과 하늘의 모든 세력이 연합하여 그를 괴롭혔습니다. 마치 세상의 모든 개구리들이 애굽을 그들의 회합 장소로 삼은 것처럼 보였습니다. 메

뚜기, 이, 파리, 역병, 고통스러운 물집, 우박, 그리고 짙은 어둠 등. 이 모든 재앙
들이 바로에게 임했지만 그는 마음을 더욱 완고하게 먹고 이스라엘 백성을 보내
려고 하지 않았습니다. 고통을 겪었지만 그로 인해서 마음이 부드러워지지 않았
고, 반대로 더욱 완고해졌습니다. 아하스의 경우는 그와 똑같이 악한 정신을 보
여주는 또 다른 예입니다. 왜냐하면 그가 시련이 닥치면 닥칠수록 그만큼 더 여
호와께 범죄하였기 때문입니다. 이스라엘 백성들도 많이 괴로움을 당했음에도
불구하고 거듭거듭 반역하였습니다. 그들은 약탈자들에게 쫓기며 적들의 손에
넘어갔습니다. 그들의 농작물은 메뚜기가 삼켰고, 기근과 역병이 그들에게 임하
였습니다. 그런데 이 모든 일에도 불구하고 그들은 주님께로 돌이키지 않았고,
마음을 완고하게 굳히고 하나님께 대적하였으며, 오늘날까지 목이 곧은 백성이
되었습니다.

　나는 계속해서 에둘러 말할 필요가 없습니다. 사람이 고통을 겪는다고 해
서 반드시 마음이 부드러워지는 것은 아니라는 증거가 더 필요하다면, 지금 이
시간에 그런 증거가 이 자리에 많이 있기 때문입니다. 저쪽에 선원이 한 사람 있
는데, 그는 자신이 3, 4년 전보다 훨씬 더 나쁜 상태에 있다는 것을 압니다. 그
는 과거에 지금보다 양심의 가책을 더 많이 받았습니다. 그가 배의 조난 사고에
서 살아난 지가 그리 오래 되지 않았습니다. 그는 성난 바다가 틀림없이 자기를
삼켜버릴 것으로 생각하였습니다. 그래서 고난의 때에 하나님께 이렇게 부르짖
었습니다. "하나님이여 나를 구원하소서 물들이 내 영혼에까지 흘러 들어왔나이
다"(시 69:1). 하나님께서 목숨을 살려주셨지만, 그가 겪은 시련이 그에게 유익한
효과를 전혀 내지 못했습니다. 앞에서 말씀드렸듯이, 그는 몇 년 전보다 더 나빠
졌습니다.

　저쪽에 또 한 사람이 있는데, 그의 사업이 지금까지 계속해서 내리막길을
걸었습니다. 그 시련이 그에게 무슨 효과를 가져다주었습니까? 그는 점점 더 마
음이 완고해져서 이제는 스스로 운이 없다고 하며 그 점에 대해 하나님을 욕하
기까지 하고 있습니다. 자신의 처지를 바꾸어 보려고 하지만 그럴수록 진흙탕
속에 더 깊이 들어갈 뿐입니다. 하나님께서 전능하신 은혜로 그를 구원하시지
않으면 이제 곧 그는 수렁 속에 깊이 빠지게 될 것입니다. 사람이 크나큰 고난을
겪는다고 해서 마음이 부드러워지는 것은 아닙니다. 사람이 밀랍 같았다면 그
마음을 부드럽게 하였을 시련도 그의 본성이 찰흙 같았기 때문에 마음을 완고하

게 만든 것입니다. 하나님께서 그럼에도 불구하고 그에게 자비를 베풀어 주시기를 바랍니다. 그 사람이 겪을 시련 자체로서는 그에게 아무 소용이 없을 것을 뻔히 보기 때문입니다.

그리고 또 한 사람, 거의 기다시피 하여 이 예배에 나온 사람이 있습니다. 그는 병이 너무 중하여서 찾아가는 병원마다 고칠 수 없다고 하며 그를 돌려보냈습니다. 의사들은 그를 위해 더 이상 할 수 있는 일은 아무것도 없다고 말합니다. 그는 절뚝거리며 이 자리에 나왔습니다. 그는 병이 너무 깊고 몸이 약해서 자리에 계속 앉아 있을 수도 없을 정도이지만, 겸비해지지 않은 그는 마치 자신의 갈비뼈가 쇠로 만들어진 것처럼, 심장이 쇠같이 단단한 것처럼 마음이 교만합니다. 그는 더 징계를 받을지라도 더욱더 반항할 뿐입니다. 이미 매를 맞아서 온 머리가 상하고 마음은 쇠약하기 짝이 없으며, 머리끝부터 발바닥까지 성한 곳이 한 군데가 없을 정도가 되었습니다. 하나님의 징계의 결과로 온몸이 상한 곳과 멍든 곳과 헌데 투성이가 되었습니다. 그럼에도 불구하고 죄가 그의 영혼 속에 예전과 같이 견고하게 참호를 구축하고 있습니다. 하나님께서 그에게 어떤 일을 더 하시겠습니까? 하나님께서 그를 가망 없다고 여기고 포기하셔야 하겠습니까? 하나님께서 그를 아드마처럼 만드셔야 하겠습니까(참조. 신 29:23)? 스보임처럼 세우셔야 하겠습니까(참조. 호 11:8)? 하나님께서 그에 대해 "그가 우상과 연합하였으니 버려두라"(호 4:17)고 말씀하셔야 하겠습니까? 이 모든 고통과 시련에도 그의 마음이 깨어지지 않는다면 그에게 행할 다른 무엇이 남아 있겠습니까?

나는 여러분이 어떤 점에서 아하스 왕 같은지를 계속해서 지적할 수 있습니다. 이는 내 주님께서 여러분에 관해 속속들이 알고, 내 혀를 지도하여 여러분을 그대로 묘사할 수 있게 하는 방법을 아시기 때문입니다. 나는 마음에 간절한 열망이 있습니다. 다시 말하자면, 이 자리에 계시는 어떤 분들에 대해 마음에 큰 고통을 느낍니다. 나는 지금 내 설교를 듣고 있는 어떤 분들에 대해 하나님께서 전하시는 특별한 메시지가 있다는 것을 압니다. 그 사람들이 누구인지, 어디에 있는지 주님은 아십니다. 나는 그것을 모르지만, 그분들이 지금 내 메시지를 받아들이시기를 기도합니다. 내가 앞에 모시고 서 있는 여호와 나의 하나님이 살아계시기 때문에 만일 여러분이 하나님의 책망을 듣고 돌이키지 않으면, 이 마지막 고통에도 여러분이 겸손해지지 않는다면, 하나님께서 여러분을 토기장이의 그릇처럼 내던져 산산조각을 내고, 쇠막대기로 여러분을 두들겨 부수실 것입니다! "돌이키고 돌이키라 어찌 죽고자 하느냐?"(겔 33:11). 어째서 여러분은 스스로 파멸을 자초하려고 합니까? 어째서 여러분은 옷을 피로 더럽히려고 합니까? 무엇 때문에 여러분은 여호와의 방패에 부딪혀 산산이 깨어지려고 합니까? 어째서 여러분은 하나님의 칼끝으로 달려들려고 합니까? 왜 지옥의 불길 속으로 뛰어들려고 합니까? 어째서 여러분의 영혼을 영원히 파멸시키려고 합니까? 제발 멈추십시오. 형제의 사랑으로 여러분에게 멈추라고 말합니다. "이 아하스 왕" 같은 여러분, 곤고한 형편에 처해서 한층 더 하나님께 죄 범한 여러분, 다음 한 걸음을 내디뎌서 여러분의 발이 지옥의 두려운 어둠 위로 떨어지지 않도록, 여러분의 영혼이 영원한 심연으로 거꾸로 떨어지지 않도록 멈추고서 생각해 보시기를 바랍니다!

나는 이렇게 해서 내가 지금 마음먹고 있는 목표를 다소 이루었기를 바랍니다. 고통과 시련을 많이 받았지만 그 모든 일을 당했음에도 불구하고 더 나아지기보다는 더 나빠지고 있는 사람들에게 바르게 깨닫도록 말하려고 하는 목적을 다소나마 이루었기를 바랍니다. 이제 그들에 대해서 말하는 것은 끝내고, 여러분 가운데 자신이 언젠가 회개하고 그리스도를 믿을 것이라고 생각하지만 아직까지 회개하고 그리스도를 믿으려 하지 않는 사람들에게 이야기하겠습니다. 여러분이 지옥에 가겠다고 결심하지는 않았습니다. 그렇지 않습니다. 여러분은 머지않아 구원받아야겠다고 생각합니다. 그런데 언제 그렇게 할지를 결정하지 않았습니다. 하지만 머지않아 정말로 그렇게 할 것이라고 여러분은 생각합니다. 여러분의 속생각은 얼마 있지 않아 여러분이 하늘의 이상에 순종하게 되리라는 것입니다. 여러분은 자신에게 이런 식으로 말합니다. "언젠가는 나를 버릴 거야. 하지만 아마도 내가 늙기 전에는 그런 일이 없을 거야. 내가 병이 들면 사태를 조용히 뒤집을 시간이 있을 거야. 친구들이 아주 엉망으로 산 사람들에 대해 이야기하는 것을 들었는데, 마침내는 그들에게 모든 것이 잘될 것으로 생각한다고 했어. 그러니 나도 잘될 것으로 생각할 수 있지 않겠어?"

친구여, 그대에게 경고의 말을 한 마디 하고 싶습니다. 어쩌면 내가 지금 여기서 그대를 만나고 잠시 동안 특별히 그대에게 말하는 것이 그대를 영원한 구원에 이르게 하는 수단이 될 수 있습니다. 그대는 무슨 까닭으로 병들었을 때가 회개하기에 적합한 시간이라고 생각합니까? 그대는 자신이 몸의 고통을 견디는 것만도 벅차서 자신의 영혼의 상태에 대해서 생각할 겨를이 없을 것이라고는 생각하지 않습니까? 여러분이 머리가 아프면 세상 일에도 적절히 신경을 쓸 수가 없습니다. 그러니 여러분이 몸과 마음이 다 같이 아플 때 어떻게 영혼의 일에 신경을 쓸 것이라고 기대할 수 있겠습니까? 여러분은 세상 일들도 적절하게 수행하려면 건강한 몸과 마음이 필요하다는 것을 압니다. 그런데 여러분은 노화와 신체적 허약으로 인해 마음이 약해질 때, 그때가 이 중대하고 영원한 사실을 생각하기에 적합한 시간이 될 것이라고 생각합니까?

　질병에 걸린 많은 사람들의 경우에, 그로 인해 회개와 믿음에 이르는 사람들은 좀처럼 없다고 생각합니다. 어떤 경우들에는, 병으로 인해 영혼에 심한 무감각이 생겨 마음이 거의 활동하지 못할 수가 있기 때문입니다. 살아 있지만, 온갖 문제들 때문에 실제로 죽기 오래전부터 죽어 있는 사람들이 많은 것은 분명합니다. 여러분도 알다시피, 죽음에 대한 생각 자체가 불신자에게는 너무도 괴로운 것이어서 그가 죄에 대해서는 거의 생각할 수 없는 경우가 아주 흔합니다. 살인자가 자신이 교수형에 처해지게 된 것에 대해서는 유감스럽게 생각하지만 자신을 그런 자리에 이르게 만든 살인에 대해서는 후회하지 않을 수 있습니다. 그것은 많은 사람들이 임종의 자리에서 지옥에 대해서는 유감스럽게 생각하지만 죄에 대해서는 회개하지 않는 것과 같습니다. 종종 사람들이 장차 올 진노에 대해서 지나치게 생생하고 현실적으로 생각하는 바람에 죄를 미처 고려하지 못하는 일이 있지 않나 걱정입니다.

　친구 여러분, 여러분을 구원할 것은 지옥에 가게 될 것을 후회스럽게 생각하는 것이 아니라 죄에 대한 회개라는 점을 기억하시기 바랍니다. 형벌 받게 된 것에 대한 후회가 아니라 악한 행위 자체에 대한 회개, 죄가 가져다줄 쾌락에 대한 진실된 미움이라는 점을 기억하시기 바랍니다. 여러분, 내 말을 믿으십시오. 이 자리에 의사들이 있다면, 그들은 내가 여러분의 임종의 자리에서 "하나님과의 화평"에 대해 이야기하기보다 달리 해야 할 일들이 있다고 말할 때 내가 진실을 말하고 있음을 보증할 것입니다. 내가 지금 엄숙한 진리를 말하고 있지만, 그것은 꼭 말해야 하는 진리입니다. 임종의 자리에서 구원받은 사람들이 소수 있을 수 있지만, 그런 사람들은 정말로, 정말로, 정말로 극소수였다고 나는 확신합니다. 우리가 성경에서 임종 시에 구원받은 사람의 경우를 딱 한 번 보는데, 십자가에 못 박힌 강도의 경우였습니다. 한 사람이라도 있었으니 아무도 절망할 필요가 없다고 말했다면 잘 말한 것이지만, 한 사람의 경우밖에 없으니 아무도 자신이 그렇게 될 것이라고 생각해서는 안 될 것입니다. 마지막 순간에 은혜로 부름을 받은 우편 강도 외에 또 다른 사람이 있었는지 나는 모르겠습니다. 다시 한번 말씀드리지만 그런 경우가 또 있었는지 모르겠습니다. 나는 그런 사람이 아무도 없었다고 말하는 것이 아닙니다. 그런 사람이 많았기를 바랍니다. 그러나 그런 경우를 알고 있지 않습니다. 나는 그 일에 관하여 받은 계시가 없고, 이 복된 책에 그에 관한 기록이 전혀 없습니다. 나는 이 경우만 알고 있습니다. 한 사람 있었습니다. 그래서 나는 그런 사람이 더 있었기를 바랍니다. 그러나 나는 이 우편 강도의 경우밖에 알지 못하기 때문에 여러분에게 자신이 마지막 순간에 회개할 수 있다고 결코 생각하지 말라고 경고하고 싶습니다.

여러분이 임종의 자리에서 구원받을 수 있습니다. 그러나 여러분이 그토록 오랫동안 죄를 사랑해왔으면 마지막까지 죄를 꼭 껴안을 가능성이 훨씬 더 높다고 생각합니다. 여러분이 그동안 걸어왔던 인생행로를 갑작스럽게 버리게 될 아무 이유가 없다고 봅니다. 그럴 만한 이유가 있다면, 바로 지금 그 이유로 인생행로를 바꾸십시오. 여러분이 침상에 누워 뒹굴고 있으며 판단력도 이전의 활력을 다 잃어버리지는 않았을지라도 상당히 많이 잃어버린 때에 그 이유가 작용할 것이라면, 여러분이 이 전체 문제를 차분히 그리고 신중하게 숙고할 수 있는 지금 이 시간에도 그만큼 여러분의 양심에 작용할 것이 틀림없습니다. 하나님께서 지금 여러분을 그리스도께 데려가시기를 바랍니다. 여러분이 임종의 자리를 맞이할 것이라거나 그때 회개할 것이라고 꿈에도 생각하지 마십시오. 여러분은 결코 임종의 자리에 눕지 못하고, 그 자리에 눕는다고 해도 회개하지 못할 수가 있습니다.

아주 걸핏하면 하나님의 이름을 대며 욕하는 사람이 있었습니다. 사람들이 그에게 구원받지 못할 것이라고 말할 때마다 그는 이렇게 말하곤 하였습니다. "아, 내가 죽을 때가 되면, '주님, 나를 불쌍히 여기소서' 하고 말하기만 하면 그것으로 충분할 거야." 그런데 어느 어둔 밤에 술이 취한 채 말을 타고 집으로 가다가 말이 큰 다리의 난간을 훌쩍 뛰어넘었을 때, 말과 탄 사람이 함께 곧바로 물에 떨어지는 일이 발생하였습니다. 그 사람이 마지막으로 내뱉은 말은 하나님의 이름을 들먹인 욕이었습니다. 이렇게 그는 희망 없는 영원으로 뛰어들어간 것이 틀림없었습니다. 여러분이 임종의 기도를 드릴 기회를 전혀 갖지 못할 가능성은 얼마든지 있습니다. 혹은 여러분이 그런 기회를 가질 수 있다 할지라도 그런 기도를 드리고 싶은 마음이 전혀 없을 가능성도 얼마든지 있습니다. "보라 지금은 은혜 받을 만한 때요 보라 지금은 구원의 날이로다"라는 사실을 기억하시기 바랍니다. 하나님께서 주권적인 자비로 여러분이 지금 하나님께로 돌이키게 해 주시기를 바랍니다!

이제 나는 그동안 많은 시련을 겪었지만 그 시련으로 더 나아지지 않은 여러분의 문제를 다시 다루겠습니다. 저쪽에 있는 친구여, 그대는 목사가 하나님 말씀을 전하는 것을 자주 듣지 못합니다. 그래서 이제 그대가 이 자리에 있으니, 내가 아주 분명하고 충실하게 그대에 대하여 이야기하겠습니다. 그대는 그대가 당하는 시련들이 왜 그대에게 보내졌다고 생각합니까? 앞에서 말했듯이, 많은 경우에 고난이 다른 사람들에게는 복이 되었습니다. 자, 다른 사람들에게 복이 되었던 것을 여러분도 경험했지만 그것이 그대에게는 복이 되지 않았다면, 여기서 우리는 무엇을 추론할 수 있습니까? 사람이 금이 다소 들어 있을 것으로 생각하는 석영 조각을 가지고 있으면 그것으로 금을 추출하는 통상적인 과정을 거치게 하는데, 그 과정을 거치고 나서 보니, 그 속에서 금을 찾을 가능성이 전혀 없다면 그 사람이 그 석영 조각을 어떻게 할 것 같습니까? 오래지 않아 그는 생각할 수 있는 모든 방법을 다 동원해 시험해 보고 나서는 그것을 던져버리고 더 이상 관심을 갖지 않을 것입니다.

하나님께서도 곧 그대를 전혀 가치 없는 것으로 여기고 버리실 것 같지 않습니까? 얼마 전 밤에 그대는 하나님께서 그대를 그냥 내버려두셨으면 좋겠다고 말하지 않았습니까? 그대는 내가 그처럼 날카롭고 직접적으로 그대에 대해 말할 것이라고 생각했다면 이 예배에 오지 않았을 것입니다. 그렇지 않습니까? 그대는 교회마다, 예배당마다, 선교 홀마다 문을 닫으면 좋겠다고 생각합니다. 그대는 주일이 없고 신자들도 없으면 좋아할 것입니다. 그런 것들이 여러분을 괴롭히고 방해하며 편하게 잠들지 못하게 만들며 여러분이 사망의 잠을 자도록 내버려두지 않기 때문입니다.

여러분이 아무의 간섭도 받지 않기를 바란다는 사실 자체가 여러분의 마음이 악한 것을 나타내는 증거라는 것을 보지 못합니까? 하나님께서 여러분을 버려두기 시작하고 계시는 것입니다. 나는 여러분에게 두려운 저주가 임할까봐 무섭습니다. 어쩌면 곧 그 저주가 여러분에게 임할 것입니다. 여러분의 이런 현 상

태가 훨씬 더 오래 지속된다면, 나는 여러분에게 어떤 일이 벌어질지 말씀드릴
수 있습니다. 여러분은 공공연한 무신론자가 되어, 하나님의 존재마저도 부인하
게 될 것입니다. 여러분은 아주 대놓고 하나님을 모독하는 사람이 될 수 있으며,
아니면 영적인 감정을 전혀 느끼지 못하게 될 수 있습니다. 여러분은 더 이상 양
심의 가책을 못 느끼고, 그래서 죽을 때까지 오만한 태도로 계속해서 죄를 지
을 것입니다. 그렇게 되면, 아마도 어떤 경보나 두려움도 여러분의 거짓된 평안
을 깨트리지 못할 것입니다. 심지어는 여러분이 죽음의 찬 강물에 발을 살짝 담
그는 때에도 끝까지 자기기만에 빠져 있게 될 것입니다. 그러나 여러분, 여러분
이 일단 영원한 진리의 세계에 들어가면 여러분에게 얼마나 놀라운 변화가 임할
지 모릅니다! 마침내 여러분이 자신이 망했고, 장차 올 진노를 기다려야 한다는
것을 깨달을 때, 그때는 어떻게 하겠습니까? 여러분, 피가 여러분의 정맥 속에서
끓고 여러분의 신경은 고통의 바퀴가 지나가는 불타는 길이 될 것입니다! 하나
님께서 여러분을 구원해 주시기를 바랍니다! 하나님만이 이 일을 하실 수 있습
니다. 여러분이 하나님께 그냥 죄 가운데 지내도록 여러분을 내버려두라고 구하
기 시작하면 나는 여러분에게서 지옥의 불길을 보게 될 것이라고 두려운 예고를
하지 않을 수 없습니다.

　　어떤 사람은 이렇게 말합니다. "글쎄, 이 아하스 왕처럼 나는 온갖 고난을
겪었음에도 불구하고 하나님께 훨씬 더 많은 죄를 범했습니다. 하지만 모든 것
을 아시는 하나님께서는, 내가 구원받으려고 하면 내가 구원받으리라는 것을 아
십니다." 여러분이 이 찬송을 부르고 있는 동안 나는 그 찬송대로 행하겠다고 생
각했습니다. 나는 속으로 이렇게 말했습니다.

> "내가 가면 죽을 수밖에 없어도
> 가기로 굳게 결심하네.
> 내가 떠나 있으면 반드시
> 영원히 죽는다는 것을 알기 때문이네."

　　친구 여러분, 내 손을 잡으십시오. 나는 여러분을 기뻐할 수 있을 것 같습
니다. 이는 성령 하나님께서 여러분의 마음을 움직여 여러분이 "나는 가기로 굳
게 결심하였다"고 말하거나, 더 낫게는 "나는 예수 그리스도를 내 구주님으로 믿

기로 굳게 결심하였다. 설사 그리스도께서 나를 죽이실지라도 그분을 믿겠다"고 말한다면, 틀림없이 주님께서는 여러분을 죽이시지 않을 것이기 때문입니다. 여러분이 아무리 시커먼 죄인일지라도, 여러분이 모든 범죄자들 가운데 가장 악한 사람이 되기까지 죄를 지었다고 할지라도 그리스도께서는 여러분을 죽이려고 하시지 않을 것입니다. 예수께서는 믿음으로 자기에게 오는 사람은 아무도 내쫓지 않으십니다. 이제 여러분은 속으로 제발 이렇게 말하십시오. '하나님께서 나를 도와주시니 이제 그리스도께 가겠어. 천국에 나 같은 사람을 위해서는 하프가 없다고, 내게는 영광의 면류관이 없다고 누가 말할 수 있겠어? 나는 머지않아 하늘의 하나님 보좌 앞에서 피로 씻음 받은 모든 무리와 함께 서서 성부와 성자와 성령 하나님께 영원한 찬송의 노래를 부를 수 있을 것이라고 믿습니다. 그리고 이 땅에서도 나는 하나님의 자녀들 가운데 있을 수 있고, 용서받을 수 있고, 구원받을 수 있으며 사랑하시는 주님의 용납하심을 받을 수 있습니다.' 만일 여러분이 이렇게 말하고 그 말대로 생각한다면, 나는 이것이 여러분에게 사실이 될 수 있을 뿐만 아니라 지금 이 시간에 여러분에게 이루어질 수 있다고 말씀드립니다.

> "아, 이 참된 약속을 믿으십시오.
>  하나님께서 그대에게 그의 아들을 주셨다는."

사랑하는 아버지께서는 돌아오는 방탕한 아들을 환영하여 가슴으로 끌어안기 위해 팔을 뻗고서 기다리십니다. 예수께서는 여러분을 모든 죄의 얼룩에서 깨끗이 씻어 주시기 위해 그의 보혈로 가득 찬 샘 곁에서 기다리십니다. 성령께서 바로 지금 여러분 속에서 일하고 계십니다. 여러분에게 오라고 말씀하시는 분은 바로 성령님이십니다. 사탄이 여러분에게 예수님께 가기에는 때가 너무 늦었다고 설득하는 말에 넘어가지 마십시오. 하나님의 자비의 메신저가 여러분에게 계속해서 말씀을 전하는 동안은 결코 때가 늦지 않습니다. 마귀가 여러분은 너무 죄가 많아서 구원받을 수 없다고 설득하는 말에 넘어가지 마십시오. 지극히 큰 죄인들이 누구보다 먼저 구원받는 일이 많이 있습니다. 만약 마귀가 여러분이 크나큰 죄인이라고 말하면, 그에게 그리스도께서는 참으로 크신 구주여서 온갖 죄인, 즉 평범한 죄인이나 큰 죄인이나 모두 구원하실 수 있다고 말하십시오. 여러분은 마음속으로 자신이 구원받을 수 없다고 말하지 마십시오. 하늘이 땅보다 높음 같이 하나님의 생각은 여러분의 생각보다 높고, 하나님의 길은 여러분의 길보다 높기 때문입니다.

　가엾은 친구 여러분, 여러분이 구주님이 필요하다고 생각한다면, 나와 함께 그리고 이 자리에 있는 하나님의 모든 백성들과 함께 이 시를 노래하십시오. 마음으로부터 노래하십시오. 그 큰 일이 이루어졌으니 말입니다.

> "빈손 들고 앞에 가
> 십자가를 붙드네.
> 의가 없는 자라도
> 도와주심 바라고
> 생명 샘에 나가니
> 맘을 씻어 주소서."

제
9
장

—

# 망하게 하였더라

—

"그 신이 아하스와 온 이스라엘을 망하게 하였더라."  —
대하 28:23

내가 이 본문을 가지고 사람들을 개인적으로 다루기 전에 유다와 아하스의 상태에 관해 할 말이 조금 있습니다. 하나님께서는 자기 백성들에게 매우 간단한 예배 방식을 주셨습니다. 하나님은 보이지 않으나 살아계신 유일한 하나님이셨습니다. 그래서 그의 백성들은 하나님을 영과 진리로 예배해야 했습니다. 제단은 하나만 두어야 했고, 그 제단은 예루살렘에 있도록 했습니다. 그러나 세상의 다른 모든 민족들은 우상 숭배에 빠졌습니다. 그리고 이스라엘 백성들이 아주 신령한 민족이 아니었기에, 얼마 있지 않아 그들은 볼 수 있는 어떤 것, 곧 어떤 형상, 상징을 원하였습니다. 열 지파가 유다에게서 떨어져 나갔을 때, 그들은 하나님의 힘을 나타내기 위해 소의 형상을 세웠습니다. 아무런 상징이 없이 보이지 않으시는 여호와에 대한 예배를 지키던 그들은 이런 상징들을 비웃었고, 그래서 그것들을 소라고 불렀고, 경멸하는 투로 송아지라고 불렀습니다. 그런데 이 송아지 예배가 이스라엘 전역에 아주 번성하게 되었습니다. 유다에도 그 예배에 마음이 끌린 사람들이 많이 있었습니다. 그것이 하나님께 대한 예배였지만 그릇된 방식으로 하나님을 예배하는 것이었습니다. 그런 식의 예배를 금하는 지극히 분명한 명령이 있었기 때문입니다. "너를 위하여 새긴 우상을 만들지 말고 또 위로 하늘에 있는 것이나 아래로 땅에 있는 것이나 땅 아래 물속에 있는 것의 어떤 형상도 만들지 말며 그것들에게 절하지 말며 그것들을 섬기지 말라 나 네 하나님 여호와는 질투하는 하나님인즉 나를 미워하는 자의 죄를 갚되 아버지로 부터 아들에게로 삼사 대까지 이르게 하리라"(출 20:4,5).

우상과 형상들을 예배하는 사람들이 지금도 많습니다. 그런데 그들은 "아니요. 우리는 그런 것들을 예배하지 않아요. 그런 것들을 통해서 하나님을 예배합니다"라고 말합니다. 그러나 다른 신들을 예배하는 것이 첫 계명에서 금지된 것만큼이나 엄격하게 그것이 둘째 계명에서 금지되지 않았다면 그렇게 해도 좋습니다. 두 가지 행위 모두 하나님의 법을 어기는 것입니다. 유다 백성들은 형상을 통해서 하나님을 예배하게 된 다음에는, 더 나아가 바알과 아스다롯, 그리고 태양에 절하였고 심지어는 파리들에도 절하였습니다. 이는 파리들의 신인 바알세붑이 그들의 경배 대상이 되었기 때문입니다. 이 우상 숭배에는 온갖 죄된 것이 관련되어 있었습니다. 이 신들의 예배와 관련해서 목격된 참으로 끔찍하고 역겨우며 혐오스러운 것들에 대해서는 여러분에게 도무지 말할 엄두가 나지 않습니다.

그러나 우리는 이 유대인들과 이스라엘 백성들을 정죄할 때 또 다른 이야기를 기억하지 않을 수 없습니다. 이 세상에, 이 말세의 때에 하나님의 아들 그리스도께서 하나님 비슷한 것이라고는 도무지 없는 곳에 더럽혀지지 않은 순수한 종교를 세우셨습니다. 그런데 얼마 후에 그리스도를 예배한다고 주장했던 사람들이 십자가와 십자가에 못 박힌 예수 상(像), 그림과 형상이 필요하다고 생각합니다. 물론 그들이 십자가나 십자가에 못 박힌 예수 상 혹은 그림이나 형상을 예배한 것은 아닙니다! 그렇게 하지는 않았습니다. 그들은 이런 것들의 도움을 받아서 그리스도를 예배한다고 하였습니다. 그러나 그것은 첫째로 예배의 단순성을 어기는 것이었고, 사실상 살아계신 하나님을 떠나는 행위였습니다. 얼마 있지 않아 곧, 그들은 성인 숭배에 몰두하게 되었고, 거기에서 더 나아가 헝겊과 낡은 옷(참조. 렘 38:11)을 예배하였으며, 심지어 우리 가운데 몇몇 사람들이 친히 보았듯이 뼈들, 곧 성인들의 것이라고 추정되는 뼈들과 썩은 이, 온갖 쓰레기들이 미혹된 사람들의 뚫어지게 보는 눈에 띄었을 때는 예배의 대상이 되기까지 하였습니다.

자칭 그리스도인이라고 하는 사람들이 점차 그런 우상 숭배에 빠졌습니다. 불과 삼사백년 전만 해도 이 섬 한쪽 끝에서 다른 쪽 끝까지 온 땅이 십자가 상

(像)과 형상, 유해들과 그 밖에 무엇인지 모를 것들로 가득하였습니다. 사람들이 완전히 우상 숭배에 빠졌고, 하나님의 복음을 거의 알지 못하였습니다. 그때, 위클리프와 루터, 칼빈 그리고 그와 같은 사람들의 분명하고 강한 목소리가 울려 퍼졌습니다. 그리고 얼마 후에 "우리가 하나님만 예배하자. 이런 형상들은 끔찍하게 싫다"고 말하는 사람들이 일어났습니다. 그런 사람들에게는 감옥과 화형, 온갖 잔인한 죽음밖에 기다리지 않았습니다. 그러나 그들은 마지막까지도 확고부동한 태도를 보였습니다.

용감한 휴 래티머(Hugh Latimer: 열정적인 설교와 순교를 통해서 영국의 종교개혁을 앞당긴 영국의 성직자)는 노년의 나이에 화형대에서 불타기 시작하였을 때, 이런 말로써 그의 친구를 격려하였다는 것을 여러분은 압니다. "리들리 선생, 안심하세요. 그리고 장부답게 행동하세요. 우리는 이 날이 하나님의 은혜로 잉글랜드에서 결코 꺼지지 않을 촛불을 밝히게 되도록 합시다." 그리고 두 사람은 그렇게 했습니다. 가난하고 비천하며 배움이 없는 사람들과 일부 귀족 계층의 사람들이 나와서 그리스도를 위해 죽었습니다. 심지어 주교들도 때로 박해를 당하고 죽기까지 하였고, 그래서 마침내 사람들이 우상 숭배를 유지하는 가운데 사용된 잔인한 행위 때문에 우상들을 미워하기 시작하였습니다. 그때 로마 가톨릭 교회에 대한 반란이 일어났고, 잉글랜드 전역에서 사람들이 "성수"(聖水) 대야를 박살을 내고 그림을 훼손시키며 형상들을 허물어뜨리고, 그런 것들을 아주 멸시하였습니다. 이렇게 해서 잉글랜드가 아주 오랫동안 그 밑에서 신음해왔던 우상 숭배에서 벗어나게 되었습니다.

우리는 잉글랜드가 언제까지나 자유로울 것이라고 생각했습니다. 그러나 슬프게도 우리는 그것을 꿈꾼 것에 지나지 않았습니다. 얼마 있지 않아 영국 국교회의 어떤 사람들이 왔는데, 그들은 우리에게 성인 숭배를 요구하지 않았고, 처음에는 우상 숭배에서 그렇게 멀리까지 가지 않았습니다. 그러나 그들은 자기들에게 성직자의 제의(祭衣)와 분향이 있어야 한다고 말했습니다. 나는 그런 것들이 왜 필요한지 모르겠습니다. 그리고 이제 그들은 뻔뻔스럽게 십자가에 못 박힌 예수 상을 세워놓았습니다. 그것은 바알의 송아지 우상과 다를 것이 하나도 없습니다. 우리는 그것이 중대한 일의 작은 실마리가 되었기 때문에, 즉 사람들을 처음으로 다시 우상 숭배로 돌아가게 만드는 것이 되었기 때문에 그들이 경배하는 그 형상을 몹시 싫어합니다.

잉글랜드에서 진정 프로테스탄트인다운 의식은 어디서 볼 수 있습니까? 내가 볼 때, 그런 의식은 거의 사라진 것 같습니다. 많은 사람들이 관심을 갖는 것은 화려하게 꾸민 의식뿐입니다. 즉, 눈으로 보기에 아름다운 것과, 온실보다도 많은 꽃들과 귀에 즐거운 음악과 냄새 좋은 향뿐입니다. 하나님께서 막지 않으시면, 이렇게 해서 머지않아 우리는 옛날 로마 가톨릭 교회의 우상 숭배로 돌아가게 될 것입니다. 그렇게 되면, 우상 숭배가 휩쓸었던 모든 나라가 망했듯이 이 나라도 망하게 될 것입니다. 하나님께서 그 날개로 잉글랜드를 덮으시고, 스페인의 무적함대를 바람 앞의 겨처럼 사나운 비바람으로 쓸어버리신 때가 있었습니다. 하나님께서 우리나라와 함께 하시며 이 나라에 힘을 주셔서 바다의 여왕이 되게 하셨습니다.

그러나 이 나라가 자기 하나님을 버리면 이 나라는 그 고지에서 떨어질 것입니다. 이 땅이 다시 형상과 우상들로 가득하게 되고 거기에 반대할 사람이 아무도 없다면 우리를 높은 곳에 올리신 그 하나님께서 우리를 내던지실 것입니다. 자기의 영광을 위해 우리를 쓰신 하나님께서 우리가 그의 일에 적합하지 않다고 여기시고, 우상 숭배 때문에 더럽혀졌기 때문에 하나님이 버리신 다른 나라들과 함께 우리를 버리실 것입니다. 나는 이 문제에 대해서는 더 이상 말하지 않고, 기도하도록 하겠습니다. 내가 지금 느끼듯이 그렇게 느끼는 모든 사람에게 이 우상들 때문에 우리가 "그 신이 아하스와 온 이스라엘을 망하게 하였더라"는 말을 듣지 않기 위해서 계속 기도하라고 부탁드립니다. 이는 우리가 살아계신 하나님을 버리고 아무것도 아닌 신들에게로 향한다면 틀림없이 그렇게 될 것이기 때문입니다.

이제 우리는 각 개인과 관련해서 좀 더 실제적인 문제를 다루게 되었습니다. 첫째로 나는 여러분이 사람이 스스로 망하는 것을 보기를 바라고, 둘째는 망한 그 사람을 보며, 셋째는 다른 사람들이 그와 함께 망하는 것을 보기 바랍니다.

**1. 첫째로, 사람이 스스로 망하는 점을 살펴봅시다.**

죄는 누구든지 망하게 만들 것입니다. 죄를 버리지 않으면 죄가 영원히 사람을 망하게 할 것입니다. 아하스는 스스로 망하는 사람들의 표본입니다. 아마도 많은 사람들이 이 말을 들으면 즉시 이렇게 소리칠 것입니다. "이 말은 내게 해당되지 않아." 아마 여러분도 그 말이 결코 여러분에게 해당되지 않는다고 생각할 것입니다. 잘 들어보십시오. 나는 거룩한 생활을 할 수 있는데도 돌이켜 지극히 부도덕한 행위를 하는 사람들을 보아왔습니다. 종종 그들은 자기들에게서는 시험이 지나갔고, 그래서 자기들이 곁길로 갈 일은 절대로 일어나지 않을 것으로 생각하였습니다. 아하스에 대해서 이야기해 봅시다. 그에 대해서 이야기할 때, 각 사람은 자기에게 속한 것은 즐거이 받아들이도록 합시다. 그리고 자기에게 속하지 않은 것에 대해서는 하나님께서 그것을 받을 만한 사람에게 복으로 내려주시기를 기도하도록 합시다.

왕으로서 자기 인생을 스스로 주장하겠다고 결심하고서 삶을 시작한 사람이 여기 있습니다. 그는 율법에서 명하는 단순한 의식들로 보이지 아니하는 하나님을 예배하도록 명령을 받았습니다. 그러나 그는 자기가 기뻐하는 것을, 자기가 좋아하는 곳에서, 자기가 원하는 방법대로 예배하기로 마음먹었습니다. 그는 지시받은 대로 행하지 않고, 자기가 좋아하는 신들을 선택하고, 자기가 원하는 만큼 많은 신들을 예배하고자 하였습니다. 그렇게 하였지만 "그 신들이"(개역개정은 "그 신이") "그를 망하게 하였습니다." 사람이 이런 결심을 가지고 인생을 시작할 수 있습니다. "나는 아무에게도 매이지 않을 거야. 내가 하고 싶은 대로 할 거야. 마음대로 할 것이고, 아무 간섭도 받지 않을 거야. 나는 하나님께 순종하지 않을 것이고 하나님의 책이 하는 말도 듣지 않을 거야. 내가 원하는 대로 마음대로 살 거야." 그렇게 한다면, 그런 방종이 "그를 망하게 할" 것입니다. 하나님께 순종하는 것을 초석으로 삼지 않는 사람은 언젠가는 굴러 떨어져 망할 것입니다. 젊은이여, 이 같은 결심을 가지고 인생을 시작하십시오. "나는 하나님을 섬기겠어. 하나님의 뜻과 마음을 알려고 노력하고, 다른 모든 사람들에게 '너희의 말을 듣는 것이 하나님의 말씀을 듣는 것보다 옳은가 판단하라'(행 4:19)고 말하겠어."

또한 이 사람 아하스는 죄를 범하는 일에 아주 대담하였습니다. 그는 심지어 성전 안에까지 우상의 제단들을 세웠습니다. 두려운 일이었음에도 불구하고, 다메섹으로부터 제단을 가져와 하나님의 단이 있는 곳에 그 단을 세웠습니다. 그는 온 땅에 우상 숭배를 가득하게 하려는 결심에서 그의 모든 전임자들보다 앞섰으며, 여호와의 신실한 종들을 박해하고 학대하였습니다. 사람이 하나님을 대적하는 일에 아주 담대해지면 바로처럼 이렇게 비웃으며 물을 수가 있습니다. "여호와가 누구이기에 내가 그의 목소리를 듣겠느냐?"(출 5:2). 사람이 그렇게 한다면, 그런 뻔뻔한 태도가 "그를 망하게 할" 것입니다. 바로는 그런 물음이 아무 소용이 없는 것을 알았습니다. 그가 어쩌면 계속해서 여호와를 노엽게 하는 말을 할 수도 있었습니다. 그러나 결국 하나님께서 그의 모든 힘의 시작인 애굽의 장자들을 쳤을 때, 그는 사람이 하나님께 대해 그처럼 고압적인 자세를 취하는 것이 위험한 일이라는 것을 깨달았을 것입니다.

더 나아가서, 아하스는 죄 짓는 일에 큰 재산을 낭비하기도 하였습니다. 그는 자기가 원하는 대로 자기 신들을 예배하기 위해 자기의 모든 재산을 허비하려고 하였습니다. 그렇지만 "그 신들이 그를 망하게 하였습니다." 아마도 그는 바로 그 이유 때문에 훨씬 더 빨리 망했을 것입니다. 사람에게 돈이 아주 많고, 또 순전히 하나님께 대해 죄를 범하고 자신의 악한 정욕들을 만족시키기 위해 돈을 마음껏 뿌리고자 할 때, 그가 얼마 동안은 활개 치고 다니는 것처럼 보일 수가 있습니다. 그렇지만 아무도 그를 부러워하지 마십시오. 그런 악한 정욕들이 "그를 망하게 할" 것이기 때문입니다. 나라에 은과 금이 가득하고, 말과 전차가 끝이 없이 많을지라도, 하나님께서 살아계시므로, 사람이 이런 것들을 하나님을 대적하는데 사용한다면, 그런 것들이 "그를 망하게 할" 것입니다. 조만간에, 아마도 속히 일이 그렇게 될 것입니다.

또한 아하스는 하나님의 징계를 무시하였습니다. 하나님께서는 적들이 그의 나라를 침공하게 함으로써 그를 징계하셨습니다. 그의 백성들이 포로로 잡혀갔지만, 그는 그 일 때문에 겸손한 태도를 취하려고 하지 않았습니다. 고난을 당할수록 그만큼 더 그는 죄를 지었습니다. "이 사람이 아하스 왕입니다"(개역개정은 "이 아하스 왕"). 우리는 하나님께서 심하게 치셨지만 하나님께 굴복하지 않은 사람들을 그동안 많이 보았습니다. 그들은 심지어 병상에 누웠을 때보다 일어났을 때 더 악해져서 약속들을 어기고 맹세를 아무것도 아닌 것처럼 내팽개치며 마치 "개가 그 토하였던 것에 돌아가고 돼지가 씻었다가 더러운 구덩이에 도로 눕는"(벧후 2:22) 것처럼 되었습니다. 그들은 고통이나 병을 전혀 개의치 않는다고 하며, 주님께로 돌이키려고 하지 않았고, 그래서 이렇게 그들의 죄가 그들을 망하게 만들었습니다. 마침내 하나님의 타격이 그들에게 명중하였고, 결국 죄가 그들을 죽였습니다.

게다가 아하스는 아주 영리하였습니다. "앗수르 왕 디글랏빌레셀과 친해지겠어. 그러면 그가 나를 보호해 줄 거야. 아람이나 이스라엘 같은 작은 나라 왕들이 감히 나를 건드리지 못할 것이고, 나는 평안히 지낼 거야." 아, 사람들은 때로 죄 짓는 일에 매우 영리합니다. 적어도 그들은 그렇게 생각합니다. 그들은 하나님께 굴복하려고 하지 않고 그리스도인이 되려고 하지 않습니다. 그들은 아주 어리석은 사람들이 아닙니다. 아주 약삭빠릅니다. 그들은 일을 아주 잘 처리합니다! 그들은 어딘가에 친구를 두고 있고, 아직 쓰지 않은 카드가 남아 있으며, 여러분이 알게 되면 깜짝 놀랄 계획을 갖고 있습니다. 그들은 하나님 없이도 일을 잘 처리할 것입니다. 하나님이 필요한 사람들이나 하나님께 기도하도록 하십시오. 그렇지만 그들의 죄가 그들을 망하게 할 것입니다. 영리한 사람들은 자기 꾀에 속을 것이고, 바로 이 사람 아하스가 그랬듯이 성공을 가져오기 위해 사용했던 바로 그 수단들에 의해 망할 것입니다. 앗수르 왕이 왔을 때, 그가 아하스의 궁정을 약탈하여 그의 재산을 빼앗아 가고 조금도 그를 도와주지 않았기 때문입니다.

아하스는 또한 취미가 고상한 사람이었습니다. 바로 이 점이 그가 우상 숭배자가 된 한 가지 이유였습니다. 단순하기 그지없는 하나님의 예배가 그의 마음에 들지 않았거나 그의 세련된 취향에 맞지 않았습니다. 그는 교양이 있고 심미안이 있는 사람이었습니다. 그래서 다메섹에 가서 거기에 있는 우상의 제단을 보고 "바로 저것이 내가 생각하는 제단이야. 나도 저와 같은 것을 만들겠어"라고 말했습니다. 그래서 그 제단의 식양을 그린 것을 예루살렘에 보냈고, 제사장 우리야가 왕의 요청하는 바를 이루는데 아주 열심을 내어서, 아하스가 돌아올 때쯤에는 새로운 제단이 완전히 준비되었습니다. 생각하건대, 아하스는 그 제단을 보고 "이것이야말로 내 스타일에 맞는 제단이다" 하고 말했을 것입니다. 그렇지만 그의 멋진 생각들이 "그를 망하게 하였습니다." 나는 자신들의 기호 때문에, 다시 말해 기호가 양심을 짓밟도록 내버려두고, 하나님 말씀의 가르침을 따르기보다는 자신의 변덕스러운 생각과 공상에 끌려 다님으로써 망하게 될 사람들이 아주 많지 않나 생각합니다. 내게는 하나님께서 정하시는 것이 아름답게 보이고, 하나님께서 싫어하시는 것은 아주 혐오스럽습니다. 우리 각 사람이 다 그렇게 생각하기를 바랍니다. 그러나 우리가 자신의 취향을 따라 죄 짓는 데로 나간다면, 그것이 우리를 망하게 할 것이고, 우리처럼 행하는 사람들을 모두 망하게 할 것입니다.

이 사람에 대해서 아직 설명을 완전히 마치지 못했는데, 이 사람 아하스에게는 마땅히 그에게 이의를 제기했어야 하는데도 불구하고 그의 뜻을 지지한 사람들이 있었습니다. 그의 선왕(先王) 웃시야가 성전에 들어가 분향하려고 하였을 때, 제사장들이 그를 저지하고 성전에서 밀어냈습니다. 그가 왕이라도 그렇게 할 권한이 없었기 때문입니다. 나병이 그의 이마에 생겼고, 그래서 그는 황급히 성전에서 나갔습니다. 그런데 아하스가 새로운 제단을 세우고자 했을 때, 제사장 우리야는 자기 군주의 생각을 아주 기꺼이 받아들였습니다. 물론 그는 시대에 뒤진 저교회파 교회를 좋아했을 것입니다. 그럼에도 불구하고 그는 아주 마음이 넓은 사람이어서, 자기 군주가 원한다면 기꺼이 고교회파 교회의 제단을 세울 뜻이 있었습니다. 그의 군주가 그렇게 말했을 때, 그가 와서 그 제단 위에 제사를 드렸을 때, 우리야는 거기에 대해 반대하는 말을 한 마디도 하지 않았습니다. 그가 어떻게 그럴 수 있습니까? 그것은 국가 교회였습니다. 그러므로 왕이 자기 하고 싶은 대로 하였습니다. 그런 식의 행위를 종교 활동과 사회 활동에서 종종 볼 수 있습니다. 어떤 사람이 잘못된 일을 합니다. 목사는 그 점에 관해 그에게 분명히 이야기해야 하는데, 감히 그렇게 하려고 하지 않습니다. 어쩌면 목사들은 자기 주님을 위하여 마땅히 충성해야 하는데, 그러기보다는 평화를 위해 간섭하지 않는 것이 낫다고 생각하여 그렇게 하지 않는지 모르겠습니다. 그러면 죄를 지은 그 사람은 이렇게 말합니다. "내가 무엇을 하는지는 중요하지 않아. 내게는 나를 지지하는 사제가 있어. 나는 괜찮을 거야." 그렇지만 그 모든 일을 인하여 그의 죄가 "그를 망하게 할" 것입니다. "악인은 피차 손을 잡을지라도 벌을 면하지 못할 것이라"(잠 11:21).

　　이 사람 아하스는 속에 또 다른 생각이 있었습니다. 즉, 그는 성공하는 죄인들을 본받으려고 했습니다. 그는 말했습니다. "아람 왕을 보라. 그가 얼마나 번영하는지 보라! 나도 그의 신들을 예배하겠어. 그러면 나도 성공할 거야." "그러나 그 신들이 그를 망하게 하였습니다." 본문이 강조하는 부분이 바로 여기입니다. 나는 사람이 말로 표현하지는 않을지라도 행위로 이렇게 말하는 것을 보았습니다. "나는 내가 어떻게 해야 할지 알아. 나는 하나님을 믿지 않고 그의 섭리도 믿지 않아. 돈 버는 기막힌 방법을 알고 있는 아무개가 있어. 나도 그 사람처럼 하겠어." 많은 사람들이 성실과 의의 속박에서 벗어나고 정직과 진실을 농락하기 시작했을 때, 이런 식의 행위가 그들을 망하게 만든다는 것을 깨달았으면 좋겠습니다! 친구 여러분, 성공하는 죄인을 본받지 않도록 주의하십시오. 주의하지 않고 그의 방식을 따르면 틀림없이 여러분이 망하게 될 것이기 때문입니다. 정직하지 않은 방법으로 부를 얻는 사람을 시기하지 마십시오. 그는 반드시 악한 결말을 맞이하기 때문입니다.

아하스가 그러했습니다. 그가 하나님께 대한 예배를 완전히 버렸기 때문입니다. 그는 하나님 전의 거룩한 기구들을 부수고 항상 불을 밝혔던 등불들을 껐으며 여호와의 전의 문들을 닫았습니다. 이것이 지금까지 신앙생활을 해왔다고 말하는 사람들의 오늘날 실상입니다. 그들의 집에서는 아무도 예배당에 가지 않습니다. 그들에게는 읽기 귀찮은 성경이 없습니다. 그들은 안식일에 대해 전혀 신경을 쓰지 않습니다. 그들은 아무 교회에도 나가지 않습니다. 여러분은 더 이상 교회에서 그들을 보지 못합니다. 그들은 이렇게 말합니다. "우리는 습관적으로 하곤 하였던 이것과 저것을 치워버렸어요." 그러나 그런 행위가 그들을 망하게 할 것입니다. 사람이 스스로 완고해지면 아래 맷돌 짝처럼 단단해질 수 있고, 그의 양심은 질식되며 마지막 선의 불꽃은 그의 속에서 완전히 꺼진 것처럼 보일 수 있습니다. 그는 이 모든 일로 인하여 임박한 파멸을 피할 수 없습니다. 그의 죄가 "그를 망하게 할" 것입니다. 이런 말을 하는 것이 힘든 일이지만, 이 엄한 진리를 반드시 말해야 하는 것은 그렇게 하지 않으면 자기 죄 가운데서 죽을 사람들이 있기 때문입니다.

**2. 둘째로, 망한 그 사람에 대해 아주 간단하게 살펴봅시다.**

어쩌면 여러분은 자신은 결코 그런 상태에 떨어지지 않을 것이라고 말할지 모릅니다. 여러분은 회심한 사람은 아니지만, 그래도 정직하고 올곧으며 진실합니다. 곧 알게 되겠지요. 아니면 아무튼 하나님은 아시게 될 것입니다. 나는 한때 그리스도인이었던 것 같으나, 지금은 몰락한 사람을 보았습니다. 그는 형제들 가운데서 드나들었으며, 형제들은 그를 존경하였습니다. 그런데 그는 남몰래 더러운 생활을 하였습니다. 그는 부정한 생활을 하였고, 그 벌레가 그를 물어뜯고 물어뜯어서 마침내 가족을 버리게까지 되었으며, 가정의 위로는 사라졌습니다. 이 시간 나는 그가 어디 있는지도 모릅니다. 그것을 알고 싶어하는 사람이 아무도 없습니다. 그가 아주 타락하고 더러워져서 한때 그를 알았던 사람들이 이제 그를 생각하면 한숨밖에 나오지 않기 때문입니다.

나는 이와 같은 사람들을 더 알고 있습니다. 그들은 잘 지내고 있는 것처럼 보였습니다. 그들은 칭찬할 만하고 뛰어난 사람들이었습니다. 그들과 교제하는 사람은 누구나 그들을 기쁘게 생각하였습니다. 그런데 그들이 취하게 하는 잔을 조금 마셨습니다. 다음에는 조금 더 마셨습니다. 그 다음에는 얼굴만 보아도 이렇게 몰래 술 마시는 생활을 하고 있다는 것을 분명히 알 수 있을 만큼 되었습니다. 머지않아 일을 소홀히 하였고 다른 일들에도 신경을 쓰지 않았습니다. 이제는 입고 다니는 옷만 보아도 그를 알 수가 있습니다. 누더기를 걸치지는 않았지만 거의 누더기나 다름없는 옷을 입고 다닙니다. 그의 고상한 인격은 사라졌습니다. 술주정뱅이가 되었기 때문입니다. 그는 그 사실을 인정해야 합니다. 그가 정직하게 자신을 본다면 그 점을 부인할 수 없을 것입니다. 이것이 또 다른 종류의 파멸입니다. 나는 한 그리스도인 청년이 나쁜 친구들을 사귀기 시작하고 재미있는 사람들과 어울리기 시작하는 것을 보았습니다. 사실 그들은 신앙을 비웃었지만 그는 그것을 못 본 체하였습니다. 그들과 어울려 지내는 것이 좋았기 때문입니다. 친구들이 그를 우쭐하게 만들었습니다. 이제 그는 그들만큼이나 나쁘게 되었습니다. 불신앙적인 말을 들으면 충격을 받기보다는 이제는 그가 먼저 그런 말을 내뱉습니다. 신성한 것을 조롱하여 사람을 망하게 하는 일에 주동자가 된 것입니다.

나는 평안에 대해서 망한 사람들을 보았습니다. 그들은 한때 밝고 행복하게 보였으나 이제는 그렇지 않습니다. 그들의 웃음은 기쁨을 흉내 내는 것에 불과합니다. 그들이 죄를 범하였고 하나님에게서 빗나갔으며 그래서 그들의 평안이 망가졌습니다. 어떤 사람들의 경우에는 그들의 인격이 망가졌습니다. 그들을 아는 사람들이 그들을 신뢰하지 못합니다. 그래서 그들의 전망도 망가졌습니다. 그들은 조금씩 조금씩 빗나갔습니다. 우리는 그들이 유용하고 훌륭한 사람이 되었을 것이라고 기대하였지만, 그들은 정반대가 되었습니다. 그들은 마치 물에 빠진 사람과 같습니다. 그들 스스로 가라앉고 있으면서 다른 사람들도 함께 끌고 물속으로 들어갑니다. 무엇보다 나쁜 점은 그들의 영혼이 망가졌다는 것입니다. 무한한 자비가 막지 않는 한, 그들은 영원히 망했습니다. 죽어가는 죄인에게까지 문이 열려 있는 유일한 한 소망, 곧 예수 그리스도를 믿는 믿음으로 붙잡는 그 소망을 제외하고는 모든 희망을 지나 망해버린 것입니다. 비록 한때는 그들이 이 세상의 어떤 사람만큼이나 선해질 수 있을 것처럼 보였는데, 이제는 망하되, 완전히 망했습니다.

망한 사람을 볼 때마다, 나는 한때 그가 보였던 모습을 생각하지 않을 수 없습니다. 그렇지 않습니까? 여기에 한때는 기사들이 식탁에 앉았고, 음유시인이 지극히 감미로운 노래를 불렀는데, 이제는 모든 것이 황폐해졌습니다! 그와 같이 그 사람에게서도 모든 것이 희망에 차 있었습니다. 여러분이라면 그와 함께 어울려 하나님에 집에 올라가는 것을 기뻐했을 것입니다. 그런데 지금 그를 보십시오. 이제 그는 온갖 정욕의 희생자이고, 악의 큰 바다에 떠도는 부랑아일 뿐입니다.

폐허를 보면 여러분은 그것이 과거에 어떤 모습이었을까를 생각하지 않을 수 없을 것입니다. 그것이 한때는 하나님을 찬양하는 소리가 아침저녁으로 울려 퍼졌던 유명한 교회였습니다. 건물은 그대로 서 있지만, 지붕은 사라졌고, 담은 흔들거리며 창문으로는 찬바람이 드나듭니다. 이와 같이 나는 한때 하나님을 찬양하던 사람이 이제는 몰락해버린 것을 봅니다. 그의 죄가 "그를 망하게 한" 것입니다. 여러분은 폐허에서 종종 무엇을 봅니까? 밤에 그곳에 가서 올빼미가 우는 소리를 들어보십시오. 낮에 가서 온갖 역겨운 짐승들이 그곳에 둥지를 틀고 있는 것을 보십시오.

그와 같이 망한 사람에게 가보십시오. 그는 한때 우리 가운데 누구 못지않게 전도가 유망한 사람이었는데, 하나님을 떠나고 죄에 굴복하였으며 의의 길에서 점점 더 멀리 빗나갔습니다. 그를 생각할 때 슬픕니다. 그는 기회를 잃어버렸습니다. 그가 어떤 사람이 되었을 수 있었는지 생각해 보십시오. 아, 그가 죄 때문에 지금 어떤 사람이 되었는지 생각해 보십시오. "그 신들이 그를 망하게 하였습니다."

시간이 있다면, 이 자리에 있는 분들에게 사람을 망하게 만들 수 있을 많은 점들을 말씀드리고 싶습니다. 그런데 이제 막 하나님을 떠나기 시작했고, 하나님 없이 지낼 수 있다고 생각하는 사람이 한 사람이라도 있다면, 나는 그분에게 죄가 "그를 망하게 할" 것이기 때문에 제발 더 나아가지 말고 멈추라고 말씀드립니다. 죄와 거래해서 이익을 본 사람은 이제까지 아무도 없었습니다. 이생에서 인생행로를 마친 사람이 자신의 죄악된 생활의 결과를 요약한 서판을 보고서 자기가 그 생활로 말미암아 이익을 얻었다고 말할 수 있는 사람은 영원 가운데서도 아무도 없습니다.

죄악된 생활로 말미암아 그가 왕이 되었다면, 그가 죄를 지은 끝에 왕위에 올랐다면 어떻게 되는 것입니까? 오늘 그의 이익은 무엇입니까? 그가 부자가 되었다면 어떻게 됩니까? 그의 부는 지금 어디에 있습니까? 우리 주님의 이 엄숙한 질문에 대해 그는 자신에 대해 슬프게 대답할 수밖에 없을 것입니다. "사람이 만일 온 천하를 얻고도 자기 목숨을 잃으면 무엇이 유익하리요?"(막 8:36). 찬송 받으실 성령 하나님께서 죄를 만지작거리기 시작하는 사람들에게 이 경고의 말씀을 명심하여 그들이 죄로 인해 망하지 않도록 해 주시기를 바랍니다!

여기서 생각할 점이 한 가지 더 있습니다.

### 3. 그것은 망한 사람이 있을 뿐만 아니라 그와 함께 망하는 사람들도 있다는 것입니다.

본문은 "그 신들이 아하스와 온 이스라엘을 망하게 하였더라"고 말합니다. 아하스는 자신뿐 아니라 온 이스라엘도 망하게 하였습니다. 이 사람은 자신의 죄악으로 혼자서만 망한 것이 아닙니다. 친구 여러분, 여러분이 죄 가운데서 망하면 여러분 혼자만 망하지 않을 것입니다. 이것이 악에 있어서 아주 끔찍한 사실들 가운데 한 가지입니다. 내가 이 교회에서 목회하는 동안 여러분에게 거짓 교리들과 하나님의 말씀에 속하지 않은 것을 전파하였다면, 이 자리에 나와 함께 반드시 망할 사람들이 많이 있을 것입니다. 그때, 내가 여러분을 잘못 인도하였다면, 내가 성실하지 않았다면 나의 운명은 여러분 가운데 어떤 누구의 운명보다 더욱 두려운 것이 될 것입니다.

강단을 차지하고 있으면서 복음을 전하지 않은 사람이 하나님의 법정 앞에 가서 자기에게 맡겨진 영혼들에 대해 책임져야 하는 것은 두려운 일일 것입니다. 옛적부터 전해진 그 메시지는 지금도 들어야 할 필요가 있습니다. "칼이 임함을 파수꾼이 보고도 나팔을 불지 아니하여 백성에게 경고하지 아니하므로 그 중의 한 사람이 그 임하는 칼에 제거 당하면 그는 자기 죄악으로 말미암아 제거되려니와 그 죄는 내가 파수꾼의 손에서 찾으리라"(겔 33:6). 우리 목사의 일이 그처럼 중대하여서 우리가 다시 강단에 올라갈 것을 생각하면 무릎이 심하게 떨릴 만큼 만드는 것이 바로 그 점입니다.

여러분, 앞으로 심판이 있다면, 그리고 우리가 자신의 성실함이나 불성실함에 대해 책임을 져야 한다면, 그것은 어린애 장난이 아닙니다. 우리가 하나님과 사람에게 충실하지 않는다면, 우리가 어떤 책임을 져야 하겠습니까? 어떤 사람은 "너무 심하게 말하지 마십시오" 하고 말합니다. 또 어떤 사람은 "목사님, 목사님은 너무 독단적입니다"라고 말합니다. 무슨 말씀인지 알겠습니다. 그런데 내가 양심을 깨끗이 하여 마지막 날에 정직한 사람으로 설 수 있는 것에 비하면, 그게 무슨 대수겠습니까? 나는 내 목회 마지막에 가서 퀘이커교도인 조지 폭스가 임종할 때 말했던 것처럼 "나는 깨끗하다, 나는 깨끗하다"고 말할 수 있기를 많이 기도하였습니다. 우리가 증거하는 일에 충성스러웠다면, 우리가 느끼는 바를 말하되 죄인들을 두려워하여 거리낌 없이 말하기를 주저하지 않고, 취미가 고상한 소수의 사람들의 찬동을 얻기 위해 부드러운 말을 하여 우리 속에서 행하시는 성령의 행로를 억제하는 일을 하지 않았다면, 큰 심판의 날에 우리는 괜찮을 것입니다.

어떤 사람은 "하지만 나는 목사가 아닙니다" 하고 말합니다. 그렇습니다. 여러분이 목사가 아닐 수 있습니다. 그러나 여러분이 아버지입니까? 여러분의 자녀가 여러분의 죄악 때문에 망한다면, 여러분은 그 점에 대해 무엇이라고 말하겠습니까? 언젠가 나는 술에 곤죽이 된 어떤 사람이 자기 아들에게 "아들아, 어깨를 쫙 펴고, 사내답게 굴어. 너도 아버지처럼 술 마시면 좋겠다" 하고 말하는 것을 들었습니다. 그 아이를 술주정뱅이로 만들 사람이 그의 아버지 말고 누가 또 있겠습니까?

무심코 하나님의 이름을 들어 욕하는 아버지가 있었습니다. 여러분은 목사님이 지금 저 보고 이야기하시는 것입니까 하고 속으로 물을 수 있습니다. 그렇습니다. 오늘 밤 여러분이 이 자리에 와 있다면 말입니다. 여러분의 자녀가 하나님의 이름을 들어 욕하는 습관이 들었을 때 여러분은 싫어하였습니다. 그런데 누가 아이에게 욕하는 버릇을 가르쳤습니까? 자녀들의 영혼을 망하게 할 사람들이 많이 있지 않습니까?

딸들에게 화려한 복장과 천박한 생각을 가르치고, 그래서 그들의 영혼이 망하도록 만든 것에 책임을 져야 할 어머니들이 있지 않습니까? 사람들에게 존경받고 싶어 하면서도 자녀들을 죄의 희생물이 되도록 기르려고 계획하는 사람들이 있다고 생각하지 않습니까? 그들은 자기들이 자녀들을 선한 영향을 받을 수 있는 곳에 두고 있지 않고, 오히려 본성에 따라 그들이 하나님에게서 떠나고 하나님을 섬기는 일에서도 떠나게 될 곳에 두고 있다는 것을 압니다. 여러분, 우리모두에게는 생각하는 것보다 훨씬 더 큰 영향력이 있습니다!

가게의 그 점원은 자기가 친구들의 나쁜 본보기의 희생자라고 생각합니다.

그러나 그가 좀 더 기개가 있다면 친구들의 선생과 지도자가 될 수도 있습니다. 이제 그는 남이 하는 대로 하고 시류에 편승합니다. 그러나 그가 회심할 수 있다면 아주 많은 사람들에게 선한 영향을 끼칠 수 있을 것입니다! 감사하게도, 사람들이 하나님의 은혜로 정말로 돌이켰을 때는 최악의 상태에 있었던 사람들이 보통 최고의 사람이 됩니다.

여러분은 내가 방금 전에 믿음을 위하여 그처럼 용감하게 화형당한 대단한 노인인 휴 래티머에 대해 이야기한 것을 듣지 않았습니까? 그렇지만 그도 회심하기 전에는 세상에서 가장 철저한 로마 가톨릭교도 가운데 한 사람이었고, 매우 폭력적이어서 자기가 붙잡은 이단자는 모조리 사형에 처하게 하려고 했었습니다. 그러나 하나님의 은혜가 그를 체포하였을 때, 그는 이전에 예수 그리스도의 복음에 열심히 반대하였던 것만큼이나 복음에 열성을 보이게 되었습니다.

죄가 사람을 망하게 할지라도, 그리고 틀림없이 그렇게 할 것인데, 그럼에도 우리 주 예수 그리스도께서는 망한 죄인들을 붙잡아서 주께서 거하시는 성전으로 세우시는 법을 압니다. 그리스도께서는 마귀에게 버림받은 자들을 데려다 자신을 위해 사용하실 것입니다. 주님께서는 거름더미를 굽어보시고, 던져져 깨진 그릇을 집어서 주님이 쓰시기에 합당한 그릇으로 만드십니다. 때로 우리는 주님께서 우리를 거름더미에서 끄집어내어 방백들 가운데, 곧 하나님 백성의 방백들 가운데 앉게 하시는 것에 대해 하나님을 찬송하지 않습니까?

방황하는 여러분, 하나님께로 돌이키십시오. 그리스도께로 돌이키십시오. 그러면 여러분이 그와 같이 될 것입니다. 여러분은 크신 구속자의 피 흘리시는 상처들을 보십시오! 성령께서 지금 이 시간에 그렇게 해 주시기를 바랍니다. 그 상처들을 보면, 여러분이 살 것입니다. 그러면 죄가 여러분을 망하게 하지 못할 것입니다. 이런 파멸을 고치는 수리자께서 여러분을 성전으로 세워 하나님을 찬송하도록 만드실 것입니다! 주님께서 보잘것없는 이 말에 복을 베풀어 주시기 바랍니다! 아멘.

제
10
장

—

# 전심으로 행하는 생활

—

**"그가 한 마음으로 행하여 형통하였더라."** - 대하 31:21

이것은 결코 진기한 일이 아닙니다. 사실, 자기 일을 마음을 다해 하는 사람들은 성공하고, 반면에 일을 하면서도 마음의 절반은 다른 데 두고 있는 사람은 거의 틀림없이 실패한다는 것은 도덕 세계의 일반적인 규칙처럼 보입니다. 사업하는 데서 여러분 주변을 둘러보십시오. 점포에서 승진하는 젊은이들은 어떤 사람들입니까? 계산대 뒤에서 조는 젊은이가 아니고, 할 수만 있으면 손님을 피하려고 하는 젊은이가 아닙니다. 고용주들은 자기 일에 정력을 기울이는 사람들이 누구인지 금방 알아차립니다. 그들은 그 속에 "진취적 기상"이 있는 젊은이를 좋아합니다. 그는 틀림없이 승진하게 되어 있고, 때가 되면 독립하여 장사꾼이 될 것입니다. 바쁘게 돌아가는 이 경쟁의 시대에 어떤 사람이 성공하는 상인입니까? 빈둥거리는 게으름뱅이 직원입니까? 아닙니다. 부지런히 일하는 젊은이입니다. 전력을 다해 자기 일을 하는 사람이고, 흐름에 떠내려가 파산이라는 폭포에 떨어지는 것을 비웃으며 온 힘을 다해 흐름에 맞서는 사람입니다. 여러분의 직원들 가운데 높은 자리에 올라가는 사람은 어떤 사람입니까? 사람들이 밤에 잠자리에 들었다가 아침에 깨어보니 유명하게 되는 일은 없습니다. 적어도 사람들이 괴로운 수고를 많이 감당하기 전에는 그런 일이 일어나지 않습니다. 하나님께서 지금 게으른 사람들에게는 엉겅퀴 외에는 아무것도 거두게 하시지 않기 때문입니다. 하나님은 자기 밭에 숨어 있는 보물을 찾기 위해 밭을 파려고 하지 않는 사람에게 부를 주기를 기뻐하시지 않습니다. 사람이 성공하려면 일을 부지런히 해야 한다는 것은 사람들이 보편적으로 인정하는 바입니다. "얼굴에 땀을 흘려야 먹을 것을 먹으리라"(창 3:19)는 말씀은 앞선 모든 시대를 초월해서 지금도 참이기 때문입니다.

우리가 장사하는 일을 떠나서 다른 어떤 생활 분야를 조사해 보더라도 이 사실은 똑같이 적용됩니다. 사람이 과학에서 어떤 사실들을 발견하려고 하면 그가 우연히 그런 것들을 발견하게 되지 않고, 연구하는 과정에서 과학적 지식이 그를 만나는 것입니다. 사람이 의사로서 뛰어나고자 한다면 그는 병원에서 수련을 해야 합니다. 사람이 법정에서 자리를 차지하고자 한다면 그는 밤낮으로 법전(法典)에 매달려야 합니다. 오늘날 어떤 일이든지 사람이 거기에 온 마음을 기울여 매진하지 않는 한 그는 아무 일에도 성공할 희망이 없습니다. 이것은 다른 일들에서와 마찬가지로 종교의 분야에서도 똑같습니다.

나는 여러분이 종교를 마치 사업처럼 다루지 않기를 바랍니다. 그렇지만 여러분이 사업에 쏟는 것만큼 종교에도 힘과 능력과 정력과 열심과 진심을 쏟기를 바랍니다. 종교는 그보다 훨씬 더 많은 것을 쏟을 만한 가치가 있다는 점을 덧붙일 수 있겠습니다. 거짓 종교가 멀리 퍼진 것은 어떻게 된 것입니까? 무엇 때문에 이슬람교가 한때 세상에서 가장 강력한 종교가 되었습니까? 그것은 마호메트가 자신의 교리를 전파할 때 그의 추종자들 중 어떤 사람 못지않게 그 자신이 진심으로 미혹되었기 때문입니다. 그가 길거리에서 돌을 맞았지만 그래도 보전되었고, 암살자들이 그를 미행했을 때도 그는 자기 목숨을 귀한 것으로 여기지 않고 자신이 하늘로부터 받은 계시라고 생각하는 것을 선포할 수 있었습니다. 그의 추종자들에 대해서 말하자면, 그들은 생기 없는 고백자들이 아니었습니다. 그들은 칼집에서 언월도를 빼들고 자기들이 검으로 사람들을 위협하여 자기들 선지자의 신앙에 굴복하게 하기까지 쉬지 않겠다고 맹세하였습니다. 그리고 그들의 종교가 마치 거대하게 일어나는 바다처럼 그 앞에 있는 모든 것을 쓸어버리기까지 돌진하였고, 그와 마찬가지로 뜨거운 다른 열정이 일어나 그 진행을 막기 전까지는 무섭게 일어나는 그 파도를 물리칠 수가 없었습니다.

로마 가톨릭교회의 선교를 다시 한번 봅시다. 우리가 그동안 한 번도 하지 않았고, 또 우리가 사람들을 변화시키기 전에는 결코 하지 않을 것이라고 걱정하는 일을 로마 가톨릭교도들이 한 것은 어떻게 된 일입니까? 프란시스 사비에

르(Francis Xavier)가 그의 신앙을 인도에 전하고 미얀마에서 설교하였으며 중국에서 큰 영향력을 획득하였고, 심지어 일본 깊숙한 곳까지 들어가 마침내 도처에서 수도회나 수녀원을 볼 수 있게 되었고, 십자가가 세워지고 그 앞에 절하는 열성적인 가톨릭교도들을 보게 된 것은 어찌된 일입니까? 그것은 사비에르의 영혼이 정열로 가득 차 있었기 때문입니다. 그는 하늘 이쪽 끝에서 저쪽 끝까지 빛을 비추는 번개의 섬광과 같은 사람이었습니다. 이 사실이 거짓 종교에 적용되었듯이 참 종교에는 틀림없이 적용된다는 점을 이제 살펴봅시다.

성령 하나님의 도우심 아래에서 우리가 교회의 부흥과 세상의 회심을 위해 가질 수 있는 유일한 소망은 우리 속에 있는 에너지를 발휘하는데 있습니다. 즉, 그리스도인들 영혼 속에서 열심을 끄집어내는데 있습니다. 처음에 이교 세계를 회심시킨 것은 학식이 아니었습니다. 왜냐하면 카타콤에 있는 묘지 석판들에서 우리는 1세기 그리스도인들이 자기 이름의 철자도 제대로 쓸 줄 몰랐다는 결정적인 증거를 보기 때문입니다. 초기 신자들을 그처럼 위대하게 만든 것은 학식의 화려함이 아니었고 철학의 오만함도 아니었으며 웅변의 힘도 아니었습니다. 그것은 그들의 비상한 열심이었습니다. 교회는 온통 불이 활활 타올랐습니다. 교회는 마치 화산 같았습니다. 교회가 주변의 어떤 산들처럼 아주 높지 않을 수 있습니다. 그러나 주변의 산들은 꼭대기에 서리가 덮여 있는 반면에 교회는, 앞길을 불태우며 달려가 온 땅을 덮어버리는 용암 시내처럼 중대한 진리들을 흘려보냅니다.

그 당시의 그리스도인들은 진짜 그리스도인들이었습니다. 그들은 자기들이 고백하는 바를 믿었습니다. 자기들이 말하는 것을 알았습니다. 그리고 자기들이 본 것을 증언하였습니다. 그들은 정복할 수 없고 길들일 수 없는 에너지를 가지고 말했고, 그 에너지가 로마의 무쇠 같은 권력마저도 쳐서 산산조각을 냈습니다. 교회는 오늘날 그래야 하고, 또 사실 그러합니다. 주변을 둘러보십시오. 오늘날 그리스도의 교회에서 어떤 사람이 가장 유용한 사람들입니까? 하나님을 위하여 맡은 일을 온 마음으로 행하는 사람들입니다. 하나님께서 복을 주시어 한 해에 수백 명을 회심시키는 설교자가 어디에 있습니까? 그가 꾸벅꾸벅 졸며 활기 없는 그런 사람입니까? 좁은 틀에 틀어박힌 사람입니까? 그는 졸고 있는 회중에게 생기 없는 말을 하는 사람입니까? 그렇지 않다는 것을 우리는 압니다. 하나님께서 회중을 일으키시기를 기뻐하는 곳에는, 그 회중이 어떤 사람들이든지 간에, 설교자에게 열심이 있었다는 증거가 됩니다. 어떤 사람이 가장 일 잘 하는 주일학교 선생님입니까? 가장 학식이 많은 사람입니까? 모든 주일학교 책임자마다 그렇지 않다고 말합니다. 그러면 가장 재능이 뛰어난 사람입니까? 아니면 가장 돈 많은 사람입니까? 아닙니다. 가장 열성적인 사람들이 가장 뛰어난 주일학교 교사들입니다. 마음에 불이 활활 타오르는 사람들입니다. 그들은 그리스도를 명예롭게 하는 사람들입니다.

오늘 여러분 가운데 주님의 나라를 위하여 가장 많은 일을 하고 있는 사람이 누구입니까? 여러분에게 말씀드리겠습니다. 내게 여러분 심장의 열을 잴 수 있는 영적 온도계를 주십시오. 여러분의 성공의 정도를 말씀드리겠습니다. 여러분의 마음이 하나님께 대하여 차다면, 여러분이 무슨 일을 하고 있는 체하지만 실제로는 아무것도 행하고 있지 않다고 확실히 말씀드릴 수 있습니다. 그러나 여러분이 "주님, 내 영혼이 사람들의 영혼을 이롭게 하고자 하는 간절한 바람으로 온통 불타오르고 있습니다" 하고 말할 수 있다면, 여러분은 지금 선을 행하고 있는 것이며, 하나님께서 온 마음으로 그같이 하여 형통한 히스기야에게 복을 주셨듯이 여러분에게도 복을 주실 것입니다.

아주 많은 그리스도인들이 사실은 진심을 다하는 그리스도인이 아니며, 어쩌면 여러분들 가운데 어떤 이들은 예수 그리스도께 식탁의 상좌에 앉으시고 보좌에서 다스려 주시라고 말씀드리기보다는 여러분 마음에서 거미줄이 잔뜩 쳐진 따분한 한 구석만 드렸을 것이라고 생각하며, 우리가 모두 라오디게아 교회 교인들의 미적지근한 상태에 빠질 수 있는 위험이 있는 것이 아닌가 걱정하면서 나는 오늘 아침 여러분을 분발하도록 만들고 싶습니다. 내 자신만이라도 분발하게 만들 수 있다면, 나는 아주 기뻐하며 집으로 가서 적어도 한 사람은 오늘 예배에서 유익을 얻었다고 생각할 것입니다. 왜냐하면 설교자도 청중들만큼이나 생생하게 살아있어야 할 필요가 있기 때문입니다. 하나님의 종이라도 그 입술에 핀 숯이 부족하면 그의 청중들에게 아무 소용이 없을 것입니다.

오늘 아침 나는 그리스도인이 온 마음을 기울여 일하는 결과들에 대해 살펴보려고 합니다. 그 다음에는 여러분이 믿음의 역사와 사랑의 수고에 열심을 내도록 많은 논증으로써 여러분을 분발시키도록 노력하겠습니다. 그렇게 하고 나서 나는 아직까지도 종교를 하찮은 문제로 여겨온 사람들에게 말하겠습니다. 하나님께서 그들이 언제든지 온 마음으로 하나님을 찾을 수 있게 해 주시기를 바랍니다. 그러면 그들은 틀림없이 하나님을 만날 것입니다.

**1. 첫째로, 거룩한 생활에서 그리스도인의 열심이 차지하는 범위에 대해서 생각해 봅시다.**

내가 지금 정말로 구원 얻을 만큼 하나님께로 돌이킨 사람들에게만 이야기 한다는 점을 유의하십시오. 우리가 먼저 하나님과 바른 관계에 있지 않다면, 하나님에 대한 열심은 거짓에 불과하기 때문입니다.

철저한 열심이 그리스도인에게 도움이 될 수 있는 첫 번째 일들 중의 한 가지는 그가 주님을 위해 매우 열심히 생각하도록 만들어 준다는 것입니다. 조나단 에드워즈의 일기에서, 우리는 주님의 일에 대한 그의 감정에 대해 다음과 같은 설명을 봅니다. "나는 세상에서 그리스도의 나라를 전진시키는 일에 대해 큰 열망이 있었다. 나의 은밀한 기도는 그것을 위해 기도하는데 많은 시간이 할애되곤 하였다. 나는 세상 어떤 곳에서 일어나는 일이든지 간에 이런저런 면에서 그리스도의 나라 사업에 호의적인 것처럼 보이는 일이라는 암시를 조금이라도 보면, 마음을 온통 거기에 빼앗겼고, 그 일로 나는 새로이 힘을 많이 얻고 심신이 상쾌해지곤 하였다. 나는 주로 그 목적을 위해, 즉 세상에서 신앙 사업에 유리한 어떤 소식을 찾을 수 있는지 보려고 공공(公共) 회보들을 열심히 읽곤 하였다."

자, 우리가 하나님을 위하는 열심으로 가득 차 있다면, 우리도 그와 같이 하게 됩니다. 우리의 생각은 거룩한 일들에 끊임없이 몰두하게 됩니다. 사랑하는 여러분, 우리가 정말로 하나님께 대해 열심이 있다면 잠에서 깨자마자 세상에서 돌아가는 그리스도의 일에 대해 생각하기 시작할 것입니다. 그리고 밤에 쉴 때도 여전히 주님을 앞에 모시고 있고 마음에는 그리스도의 영광을 새긴 채 쉴 것입니다. 나는 여러분 가운데 그리스도에 대해서 그리고 세상에서 진행되는 그리스도의 대의에 대해서 거의 생각하지 않는 분들이 있을까 걱정입니다. 우리 선교 신문이 발행되어도 아무도 그것을 읽을 생각을 하지 않는 일이 얼마나 많이 벌어지는지 모릅니다. 하나님께서 외국에서 행하고 계시는 일에 대한 연례 보고가 우리에게는 일반적으로 지극히 무미건조하고 재미없는 일입니다. 그것은 그 자체가 무미건조한 일이기 때문이 아닙니다. 그보다는 이 세대에 속한 우리는 복음의 진척과 그리스도의 대의의 진행에 대해 생각하도록 교육받은 적이 없기 때문입니다. 뜨겁게 타오르는 이 열심의 횃불이 한번 여러분 영혼에 불을 붙여서 여러분이 항상 마음에 그리스도의 대의를 품을 수 있게 되기를 바랍니다.

사람이 이렇게 자신의 영혼을 일깨워 그리스도의 대의를 생각하게 하였을 때, 그가 다음으로 할 일은 그리스도의 대의를 위해 계획하고 그 일을 이루려고 결심하는 것입니다. 사람들이 아주 훌륭한 결심들을 하지만 그것을 이루지 못하는 일들이 얼마나 많습니까! 사람들은 어떤 열렬한 설교를 듣고 나서는 집으로 가는 길에 "그래, 뭔가를 해야 해" 하고 생각합니다. 그들은 무엇인가를 할 생각을 절반쯤 갖고 있지만 히스기야처럼 한 마음으로 행하려는 굳은 결의가 없기 때문에 그들의 결심은 결코 명확한 형태를 띠지 못합니다. 그 결심은 여전히 구름 가운데 있습니다. 공중에 성을 짓는 사람들이 있듯이 교회를 공중에 세우는 사람들이 있습니다. 그들은 설교자들을 교육하고 목사들을 지지하며 새로운 선교사들을 파송할 생각을 하지만 전혀 현실성이 없습니다. 그들의 계획은 모두 아주 멋집니다. 그런데 그들의 멋진 계획에 비해서 구체적인 사항들은 시원치 않습니다. 그 모든 것은 실체가 없는 꿈입니다. 처음에는 기분 좋은 그림으로 보이지만 점점 희미해지고, 이내 그것은 분해되어서 그들에게 좀 더 현실적인 것, 곧 세상과 세상의 일들로 변합니다.

사람에게 열심을 주어 보십시오. 그가 결심을 할 때마다 그것은 결심입니다. 그의 영혼 속에서 큰 동력이 움직일 때마다 그것은 효과가 있고, 바퀴를 움직이게 만듭니다. 사람이 몸에 피를 순환시킬 때는 핏방울 속에서 생명도 함께 순환하게 됩니다. 그런데 정맥 속에 죽은 피가 들어 있는 사람들도 있습니다. 그 피가 몸을 돌고 심장으로 가며 심장에서 나옵니다. 그러나 그 핏방울 속에는 생명이 없습니다. 사람들이 말하고, 때로 어떤 결심을 할 수 있습니다. 그러나 그것이 명확한 결심에는 결코 이르지 못합니다. 그들은 굳게 마음먹고 발을 땅에 딛고 이렇게 말하지 못합니다. "하나님께서 나를 도우시니 내가 무엇인가를 하겠습니다. 하나님이 나와 함께 계시니 내가 아무것도 하지 않은 채 세상에 살지 않겠습니다. 진흙 속에 누워서 식사 시간쯤에 조수가 밀려오는데 따라 껍질을 여는 조개처럼 살지 않겠습니다. 그저 먹고 마시고 재산을 모으기 위해 살았다는 말을 듣지 않도록 하겠습니다. 그리스도 예수시여! 참된 모든 것을 인해서, 주께서 나를 도와주시면 나는 살면서 주님을 섬기겠습니다. 그리고 꼭 그렇게 해야 한다면, 주님의 대의를 위해 기꺼이 죽도록 하겠습니다." 열심 있는 사람들만이 자신의 결심을 선택하고 끝까지 그 결심을 추구하여 나아갑니다. 친구 여러분, 총을 집었으면, 탄알을 모두 소진할 때까지 총을 놓지 않도록 주의하십시오.

우리는 그동안 굉장히 충동적인 사람들을 보아왔습니다. 신앙적 열광으로 발작적인 흥분 상태에 이르면 엄청난 결심을 합니다. 하지만 그들은 그 결심을 실행하기도 한참 전에 냉정한 의식으로 돌아왔습니다. 피가 아주 힘차게 머리로 달려 올라갔습니다. 머리에 피가 너무 많이 몰려 있었습니다. 피가 열광의 발작 속에 요동쳤지만 실제적인 결과는 내지 못했습니다. 사람이 하나님과 바른 관계에 있으면, 하겠다고 결심한 것을 행할 것입니다. 나는 한 사람에 대해서 말할 수 있습니다. 내가 한 사람을 알고 있는데, 그는 하나님께서 자기에게 할 일을 주셨다는 것을 알 때는, 자기가 일단 그 일을 하기로 마음먹었을 때는 하늘과 땅을 움직여서라도 그 일을 이루려고 하였습니다. 그는 심장이 상하고 건강을 잃을지언정 그 일에 실패하고 싶어하지 않았습니다. 그것이 하나님의 일이라면 그 일을 반드시 이루어야 한다고 생각하기 때문입니다. 사람의 일은 그칠 수 있습니다. 그러나 하나님의 일은 그칠 수 없습니다. 어떤 것이 그의 길을 막고 그의 결심을 훼방하는 것처럼 보이면 그는 속에서 열심이 끓어 넘치는 것을 느낍니다. 그래서 하나님을 위해서 다른 모든 것은 잊어버립니다. 심지어 소중한 우정도 그것이 그리스도의 대의를 위태롭게 하는 것처럼 보이면 단호하게 끊어버립니다.

나는 이 점을 알고 있습니다. 사람이 철저히 하나님을 위해서 살 때, 그는 스스로 일하지 않고 다른 사람들도 일하지 못하게 만들려고 하는 게으른 사람들을 그냥 참고 보지 못한다는 것입니다. 일단 신자가 하나님과 그리스도를 위하여 그 일을 하기로 계획하면, 그 일에 온 마음을 바치게 되면, 이제는 그 일을 따라갑니다. 겁 많은 여러분은 하나님의 마음을 지닌 그 사람이 용기를 잃지 않도록 집으로 가기 바랍니다. 여러분의 얼음 같이 찬 영혼의 냉랭한 영향력이 우리의 열정을 식게 하지 않도록 떨어져 있기 바랍니다. 내가 생각할 때, 그리스도인은 굳은 결심을 하고 하늘로부터 나온 뜻을 이루기까지, 세상적이고 세속적인 것은 모두 산산이 부술 수 있고 또 부수며, 다만 하나님께서 불러서 맡기신 필생의 사업을 영원하신 하나님의 이름으로 이루기 전까지는 그 모든 것을 별로 가치 있게 생각하지 않는 것 같습니다.

목적이 있는 이 열심은 인내에서 나타납니다. 그 사람이 처음으로 넘어졌습니다. 그는 말합니다. "괜찮아. 이것은 하나님의 일이야. 다시 한번 해보자." 그가 또 실패합니다. 그러나 그는 또 일어납니다. 그는 햇빛 속에 반짝이는 산 정상을 봅니다. 등에 무거운 짐이 있지만 이렇게 다짐합니다. "저기에 올라가겠어." 그는 험한 바위산에서 떨어졌습니다. 시퍼렇게 멍이 들어서 누워 신음합니다. 그가 눈에서 먼지를 닦아내고 나서 맨 먼저 하는 일은 산꼭대기를 쳐다보며 "언젠가 저기에 올라가겠어"라고 말하는 것입니다. 그는 이내 다시 올라갑니다. 그러나 반대자가 그를 밀어뜨립니다. 그는 그 사람이 누구인지 조사하고 그 무례한 짓에 화를 낼 시간이 없습니다. 그는 다시 오르기 시작합니다. 때때로 그는 달립니다. 달릴 수 없을 때는 걷습니다. 걸을 수 없을 때는 기어갑니다. 손과 무릎으로 기어갈 수 없을 것 같을 때에는 순전히 손만으로 몸을 끌어당겨서 가는데, 심지어는 가시나무를 붙잡고 가시가 몸을 찌를지라도 여전히 "이것이 하나님이 주신 자리야. 하나님께서 나에게 올라가라고 명령하셨어. 하나님의 힘으로 그 일을 해내겠어. 나는 쉴 수 없어. 그 일을 끝내기 전에는 조용히 있을 수 없어."라고 말하며 갑니다. 인내는 하나님을 향하여 온 마음을 쏟는 열심의 확실한 결과입니다.

이렇게 마음에 불이 붙게 되면 하나님을 전적으로 의지하는데서 그리고 하나님의 도움과 복 주심을 구하는 뜨거운 기도를 드리는 데서 열정이 나타난다는 것을 주의 깊게 보기 바랍니다. 사람이 고귀한 뜻이 있을 때 하나님을 떠나서 그 일을 시도하는 사람은 자신을 알 수 없습니다. 그는 그 일이 하나님의 일이라면 하나님의 힘으로 해야 한다는 것을 아주 잘 압니다. 그는 힘이 있어야 하기 때문에 마치 힘을 얻기로 되어 있고 하나님께서 안된다는 말을 못하게 할 수 있는 것처럼 하나님 앞으로 갑니다. 옛 청교도들 가운데 한 사람은 이렇게 말합니다. "열정이 없이 하나님께 기도하는 것은 마치 하나님께 우리 말을 듣지 마시라고 기도하는 것과 같습니다. 그러나 열정을 가지고 하나님께 갈 수 있다면, 우리는 반드시 이길 것입니다." 하나님의 사람이 마치 삼손처럼 자비를 얻고 자신의 죄를 부수기 위해 하늘의 두 기둥을 붙잡고 온 힘을 다해 몸을 굽혔을 때, 사람은 때때로 그에게서 그와 같은 기도를 들었습니다. 그가 천국 문에서 사람이 못 들을까봐 온 힘을 다해 문을 두드리는 굶주린 거지처럼 문을 두드릴 때 그런 기도를 듣습니다. 우리가 천사를 붙잡고 씨름할 수 있을 때, 그것이 이기는 기도입니다.

나는 파리의 한 교회에서 유명한 미술가가 야곱이 천사와 씨름하는 모습을 그린 그림을 보았습니다. 나는 미술가가 표현한 것처럼 그 모습을 정말로 말 그대로 씨름하는 것으로는 생각하지 못했습니다. 미술가는 족장 야곱이 천사의 두 발 사이에 자기 발을 집어넣고 천사를 넘어뜨리려고 하는데, 마치 정말로 레슬링 선수가 링에서 레슬링 하는 모양으로 그렸기 때문입니다. 우리의 기도에는 실제적인 목적이 있어야 하고, 레슬링 하는 사람의 입장에서 상대를 바닥에 메어붙이려고 하듯이 천사로부터 복을 얻어내려는 뜨거운 열심이 있어야 합니다. 우리에게 기도하는 가운데 자기 일을 마음을 다해 행하여 성공하는 사람들이 있기 전에는 교회에서 참되고 지속적인 부흥을 얻지 못할 것입니다.

친구 여러분, 열심의 적절한 범위에 대해서는 더 이상 설명하지 않겠습니다. 사실, 그것은 영적인 사람의 모든 면에 관계됩니다. 열심은 그의 맥박이 빨라지게 만들고 혈액 순환을 증가시키며 모든 면에서 그를 건강하게 만듭니다. 이런 거룩한 자극들은 거인이 새 포도주를 마시고 기운을 차렸을 때보다 더 영혼을 강하게 만듭니다. 여러분이 내게 불이 그리스도인의 제사와 무슨 관계가 있느냐고 묻는다면, 나는 모든 것과 관계가 있다고 대답하겠습니다. 여러분이 어둠 가운데서 제사를 드릴 수 있지만, 불이 없으면 제물을 태울 수 없습니다. 여러분은 빛이 거의 없어도 제사를 드릴 수 있지만, 제물을 온전히 태우려면 반드시 불이 있어야 합니다. 그렇지 않으면 제사를 결코 드릴 수 없습니다. 이 불이 더 있으면 좋겠습니다! 예수시여! 주님이시여! 우리를 성령으로, 불로 세례 주소서! 우리 영혼을 열정으로 채워주시고, 우리에게 선조들의 불굴의 에너지를 회복시켜 주소서. 사람들의 단호한 성품을 보여주는, 북쪽 사람들의 강철 같은 의지를 우리에게 돌려주소서. 사람들이 바람이 불 때마다 몸을 굽히는 이 변덕스러운 시대에서 우리를 구원하여 주시고, 우리를 의의 경주를 할 수 있는 강한 사람으로 만들어 주시고, 성령으로 말미암아 능력 있게 되어 사람들 가운데서 열심으로 주님을 섬기는 힘 있는 자로 세워주소서!

**2. 내가 여러분이 이런 열심을 품을 수 있게 할 주장들로 여러분을 분발시키려고 애쓸 때 내 말을 잘 들어주기를 바랍니다.**

우리 종교는 이제까지 인류를 거짓으로 속여 온 것 가운데 가장 큰 사기이거나 아니면 우리 종교의 은총을 받은 사람에 대해서는 누구에게나 그의 전 생애와 정신력과 힘을 요구할 만한 가치가 있는 종교입니다. 오늘 만일 내가 하나님 말씀이 사실이라고 확신하지 못한다면, 또 은혜로운 귀한 교리들이 하늘의 계시라고 확신하지 못한다면 나는 담대하게 그 사실들을 부인하겠습니다. 하나님 앞에서 말하건대, 나는 그리스도의 종교를 붙잡고 있으면서 그것에 대해 생각할 때 멍하게 앉아 있을 수 없습니다. 내가 생각할 때, 종교가 무언가 가치가 있다면, 그것은 모든 것에 가치가 있다고 봅니다. 그래서 어떤 농부들이 자신의 작은 농장을 그저 즐거움을 위해서 되는대로 경작하고 자신들의 생명과 재산은 다른 곳에 허비하듯이 사람이 그런 식으로 자신의 신앙을 지키는 것이 내게는 지극히 악한 일이고 더할 수 없이 불합리한 일로 보입니다. 나는 하나님과 그의 의를 전혀 구하지 않든지 아니면 무엇보다 먼저 그것들을 구하고 싶습니다. 그것은 내가 볼 때, 지혜처럼 가장 중요한 것을 정신 나간 사람처럼 공격하는 것이고, 지극히 악한 것들을 맨 앞자리에 놓고 최상의 것들을 맨 뒷자리에 놓는 것이며, 세상을 머리 위에 두고 천국은 발아래 놓는 것이며, 우리 마음에서 그리스도를 차선책으로 여기고 맘몬을 주로 삼는 것입니다. 이런 일은 절대로 해서는 안 될 것입니다.

그리스도인 여러분, 내가 오늘 아침 여러분의 마음을 따뜻하게 하기를 바라고, 성령께서 이 말들을 쓰셔서 뜨거운 숯처럼 여러분의 영혼에 불을 지피시기를 바랍니다. 사랑하는 형제 여러분, 여러분과 내가 지금 참으로 엄숙한 사실들을 다루고 있음을 기억하시기 바랍니다. 우리는 지금 지극히 귀한, 사람들의 불멸의 영혼을 다루고 있는 것입니다. 우리는 하나님 아래서 천국과 지옥의 영원한 일들을 대하고 있습니다. 죄인들의 죄를 대하며, 그것이 그리스도의 보혈로써 깨끗이 씻기는 것을 간절히 보고자 하는 것입니다. 우리는 죄로 말미암은 사람의 본성적인 죽음을 다루며, 사람들이 성령으로 말미암아 거듭나기를 바랍니다. 자, 영혼이 성경이 우리에게 말하는 대로라면, 천국과 지옥이 있다면, 그리스도께서 속죄를 이루셨다면, 이런 것들은 소홀히 다룰 수 없는 문제입니다. 우리가 이처럼 두려운 사실들을 다루면서 열의가 없는 마음으로 가볍게 다룬다면, 그것은 하나님의 제단 위에서 춤을 추고, 어린양의 피에 창기의 옷을 철벅거리며 장난질 치는 것과 같습니다.

우리가 다루어야 하는 일의 큼에 대해 생각해 봅시다. 여러분 가운데 누구든지 런던이라는 이 도시에 대해서 얼핏 한 번이라도 생각해 본 사람이 있습니까? 이

도시에 3백만 명이 삽니다! 3백만 명이 말입니다! 그것은 스코틀랜드 민족만큼 이나 많은 수입니다. 그리고 해마다 그 숫자에 6만 명씩 추가됩니다. 우리가 예배당에 그들을 받아들일 수 있는 시설을 증축하는 것보다 많은 수가 불어납니다. 그래서 우리 교회들이 성장한다고 할지라도 아직은 인구 증가율만큼 불어나지는 않습니다. 이 도시의 주민들 가운데 50만 명 이상이 이교도들이라는 말을 듣습니다. 그들은 마치 다호메이(Dahomey: 아프리카 공화국 베냉[Benin]의 옛 이름) 왕의 지배 아래 살았거나 타타르 지방 한가운데서 하나님이 없고 그리스도도 없이, 한 번도 복음을 듣지 못하고 태어나서 지금까지 한 번도 예배당에 들어가 본 적이 없이 살았던 것처럼 철저한 이교도들입니다. 이것은 허리를 동이고 달려들어야 할 일입니다. 형제 여러분, 우리는 내키지 않는 마음으로 이 자리에 있을 수가 없습니다. 이 세상에서 모든 사람들이 하나님의 말씀을 듣고, 거기에서는 대부분의 사람들이 회심한 행복한 어떤 도시가 있다고 하더라도, 거기에서도 냉담함은 용서받을 수 없을 것입니다. 그러나 여기에서, 할 일이 너무도 많은 이 도시에서 흐리멍덩하게 있는 것은 결코 용서받을 수 없는 일일 것입니다! 하나님, 우리가 좀 더 깨어있지 못한 것을 용서하여 주옵소서! 그 일을 하는 사람들이 얼마나 적은지 한번 생각해 보십시오. 어쩌면 일꾼이라고 하는 사람들은 많이 있을지 모릅니다. 사제의 옷은 걸쳤지만 그리스도를 그의 복음의 능력대로 알지 못하는 사람들 말입니다. 그 일을 위해 언제든지 돈을 쓰려고 하는 사람이나 후원을 받고 그 일을 하는 사람들 가운데 충성스러운 사람들은 얼마나 적은지 모릅니다! 큰 추숫거리를 볼 때, 여러분도 잠시 생각을 크게 해서 보면, 추수할 들판은 곧 세상입니다. 내 눈에는 줄지어 있는 옥수수 밭이 보입니다. 즉, 수천만의 영혼들이 보입니다. 어떤 나라들에서는 선교사 한 명이 2백만 명을 상대하고, 어떤 나라에서는 천만 명의 영혼들에게 선교사가 단 한 명도 없습니다. 한 사람은 할 일이 너무 많기 때문에 찌는 듯이 더운 날에 이마에서 땀을 닦아가며 일하지만, 냉담한 사람은 일을 멈추고 쉬려고만 합니다. "추수할 것은 많되 일꾼이 적습니다"(마 9:37). 그런데 일꾼들이 자야 하겠습니까? 주님이시여, 우리를 불쌍히 여기시고 우리가 다시 자지 않게 도와주시며, 불쌍한 영혼들을 위하여 열심을 내게 하여 주소서.

여러분은 사탄이 얼마나 열심인지 생각해 보시기 바랍니다. 우리는 꾸벅꾸벅 졸지라도 사탄은 결코 졸지 않습니다. 우리는 게으름을 피울지라도 그는 틀림없이 게으름을 피우지 않을 것입니다. 휴 래티머가 말했듯이, 마귀는 이 나라에서 가장 바쁜 고위 성직자입니다. 그는 자기 교구를 구석구석 돌아다니며 언제나 자기 양 무리를 방문합니다. 그는 때를 얻든지 못 얻든지 간에 기회만 있으면 파괴하려고 합니다. 저 믿음 없는 자와 저 로마 가톨릭교도, 곧 거짓 교리를 쥐고 있는 자들의 활동을 보십시오. 그들이 개종자 한 사람을 얻기 위해 얼마나 열심히 바다와 육지를 돌아다니는지 보십시오. 우리는 무엇을 하고 있습니까? 형제 여러분에게 묻겠습니다. 우리는 무슨 일을 하고 있습니까? 아무것도 하지 않았다고 말하십시오. 여러분은 그 일을 조금도 생각해 보지 않았습니다. 저들은 살아 있고 우리는 거반 죽어 있습니다. 그들은 뜨거운 열로 펄펄 끓고 있는데, 우리는 차지도 않고 뜨겁지도 않아 미적지근합니다.

　여러분, 여러분이 이 점을 생각하고 마음이 움직이기를 기도합니다. 교회로서 우리에게 지워진 책임들을 생각해 보시기 바랍니다. 나는 이기적인 생각으로 여러분에게 내 자신을 칭찬하거나 여러분 속에서 나를 미화할 생각으로 말하는 것이 아닙니다. 그동안 우리가 받았던 것보다 많은 은혜를 받은 회중은 없습니다. 비국교도 교회 가운데 그런 교회는 확실히 없습니다. 하나님께서 우리 안에 얼마나 놀라운 일을 하셨습니까! 하나님의 말씀에 얼마나 놀라운 하늘의 이슬이 내렸습니까! 그러니 우리가 마땅히 어떤 사람이 되어야 하겠습니까! 형제 여러분, 나는 여러분을 책망할 필요가 없습니다. 여러분이 책임을 느끼고, 성령께서 여러분이 책임을 이행하도록 돕고 계시기 때문입니다. 이 교회 가운데는 내가 어떤 사람들 앞에서도 사도 시대도 그들보다 나은 사람을 거의 배출할 수 없을 것이라고 감히 말할 수 있는 사람들이 있습니다. 나는 이 교회에서 선한 모든 것의 모범이 되는 사람들, 그리스도를 위해서 시간을 쓸 뿐만 아니라 또한 내가 죽을 인생에게서 기대한 것 이상으로 그리스도와 그의 대의를 위해 수고와 재산과 재능을 드리는 사람들을 볼 수 있는 지극한 복과 명예를 얻었습니다. 나는 언제나 그들을 진리를 온전히 올바르고 신실하게 전한 것의 고귀한 결과물로 여기며 기쁘게 바라봅니다.

　그런가 하면 이렇게 말할 수 없는 사람들도 많습니다. 내가 여러분 모두에게, 여러분이 하루를 돌아볼 때 여러분이 할 수 있는 일을 하였다고 말하거나 할 수 있는 일을 절반 정도 하고 있다고 하고, 또 어떤 경우들에는 여러분이 하고자 하는 일의 백 분의 일을 하였다고 말한다면, 나는 위선으로 거짓말을 하는 것이 될 것입니다. 하나님께서는 여기에 회중을 세워주시기를 기뻐하셨고, 우리 가운데 매일 일어나는 많은 사람의 회심에서 볼 수 있듯이 성령이 그 위에 임한 목사를 주시기를 기뻐하셨습니다. 기독교계는 우리를 보고 "하나님께서 저 교회에 참으로 큰 은혜를 베푸셨다!"고 말했습니다. 그런데 우리가 잠을 잔다면, 우리가 얼마나 감사할 줄 모르는 천하고 파렴치한 자들이 되겠습니까? 하나님께서 이런 시기에 우리를 하나님의 나라에 데려오셨는데 우리가 무가치한 자들이 된다면, 구원이 다른 방면으로부터 이 나라에 올 것이고, 우리가 할 일이라곤 이 예배당의 벽에 이가봇이라고 쓰는 것밖에 없을 것입니다. 영광이 떠날 것이고, 하나님께서는 우리가 제멋대로 하도록 내버려두실 것입니다. 그동안 우리는 다른 어떤 그리스도인 집단도 좀처럼 얻지 못한 선을 행할 기회들을 받았습니다. 그런데 우리가 그 기회들을 이용하지 않는다면, 이제까지 그리스도인 공동체에 임했던 저주 가운데 가장 두려운 저주가 틀림없이 우리에게 내릴 것입니다. 하나님께서 우리가 책임을 충성스럽게 수행하는 자들로 발견되도록 도와주시기를 바랍니다.

여러분을 분발시킬 다른 무엇이 필요합니까? 오늘 여러분 앞에서 죽음의 강물이 무수한 영혼들을 쓸어가 버리는 것을 보십시오. 자, 보십시오. 오늘 아침 여러분 앞에서 죽어가는 저 영혼들을 말입니다. 들어보세요! 저들의 끙끙대는 소리가 지금 하늘로 올라가고 있고, 그들이 마지막 고통 가운데 내는 신음소리가 지존하신 하나님 앞에서 여러분을 고발하고 있습니다. 많은 사람들이 이렇게 외칩니다. "아무도 내 영혼에 관심이 없었어요. 크신 하나님, 나는 기독교 국가에서 살았는데 아무도 내 영혼을 걱정하지 않았습니다. 나는 골목길에서 살았는데, 그리스도인들이 골목길 입구를 지나서 예배당에 갔지만, 그들은 내게 대하여 전혀 생각하지 않았어요. 나는 그리스도인 옆집에 살았지만, 그는 나를 위해 기도하지 않았습니다. 나는 하나님의 사람이 살았던 바로 그 집 맨 꼭대기에 살았는데, 그는 나에게 전혀 관심이 없었어요!" 성령께서 자기 자녀들을 돌보지 않은 냉정한 교회에 대해 마지막으로 숙고할 때, 그 마지막 외침들을 들어보십시오. 천사가 다음과 같이 외칠 때, 천사의 고발을 들어보십시오. "들개들도 젖을 주어 그들의 새끼를 먹이나 딸 내 백성은 잔인하여 마치 광야의 타조 같도다 젖먹이가 목말라서 혀가 입천장에 붙음이여 어린 아이들이 떡을 구하나 떼어 줄 사람이 없도다"(렘 4:3,4).

제발 들어보십시오. 여러분이 그 고발을 듣고 깜짝 놀라 열심을 내도록 하십시오. 저주 받은 영혼들의 비명 소리를 잠시 들어보십시오. 또 한 영혼이 방금 지옥에 떨어졌습니다. 내가 말하고 있는 동안, 또 한 영혼이, 그리고 또 한 영혼, 또 다른 영혼이 지옥에 떨어졌습니다. 영혼이 떨어지는 엄숙한 소리와, 검은 바다가 가라앉는 그 영혼을 에워쌀 때 움직이는 소리를 들어보십시오. 엄청난 물이 나이아가라 절벽을 굴러 떨어지듯이 수많은 영혼들이 떼를 지어 파멸로 굴러 떨어집니다. 여러분, 여러분은 하나님께서 이 세상의 구조자가 되라고 보내신 사람들입니다. 여러분은 시간을 낭비하고 책임을 소홀히 하려고 합니까? 시커먼 밤이 지금까지 나라들을 덮고 있습니다.

여러분, 여러분만이 이 짙은 어둠 속으로 타오르는 횃불을 가져갈 사람들입니다. 곧, 그리스도의 추종자들, 그리스도의 제자들만이 그 일을 할 수 있습니다. 여러분은 고통과 쇠사슬에 묶여 사망의 그늘진 골짜기에 앉아 있는 사람들의 구원자가 되어야 합니다. 그런데 여러분은 가만히 앉아서 팔짱을 끼고 있겠습니까? 이 세상과 자신에게 그리스도께 속한 것을 줄 생각이 있습니까? 내 눈물을 보고 여러분이 마음을 움직이기 바랍니다. 그렇지만 파멸한 영혼들의 비명 소리를 듣고도 우리가 깨어나지 않는다면 이 눈물이 무슨 소용이 있습니까? 우리는 지옥의 공포가 우리를 두르고 있는 동안에도 느끼지 못하는 참으로 철석같이 단단한 마음을 갖고 있는 것이 틀림없습니다! 사람들이 망하고 있어도 그들에 대해 전혀 걱정하지 않아도 된다고 믿는다면 우리는 참으로 완고하기 짝이 없는 마음을 받은 것이 분명합니다! 내 주위에, 내 위에 혹은 내 아래에 도처에 그리스도인이 앉아 있는데, 이 가운데 사람의 영혼에 관심이 없는 사람이 있습니까? 하나님께서 그 사람의 귀에 도벳에서 나오는 귀를 찌르는 비명 소리를 들려주시고, 그 소리가 뇌리 속에 남고 그의 영혼에 울려 퍼져서 마침내는 "내가 죄인들을 그리스도께 데려가기 위해 무엇인가를 해야 하겠다"고 말하도록 해 주시기를 기도합니다.

다시 한번 말씀드리지만, 내가 여기에서 실패하면 나는 완전히 무너집니다. 나는 내 자신과 여러분이 마음을 다해 하나님을 섬기기를 기도합니다. 그것은 우리가 예수께 받은 사랑 때문에 그렇습니다. 자, 예수께서 저기에 매달려 계십니다. 내 눈에 주님이 보입니다. 그의 머리는 가시 면류관을 쓰셨습니다. 그의 발은 못이 박혀 있습니다. 그의 손에서는 피가 뚝뚝 떨어지고 있습니다. 예수님!

주님! 주님께서는 나를 위해 죽으십니다. 주님의 심장의 귀한 피가 내 구속을 위해, 나를 깨끗이 씻기 위해 흐르고 있습니다. 주님의 발 앞에 내가 엎드려 주님께 입을 맞춥니다. 주님은 내 영혼을 사랑하시는 분입니다. 내가 주님을 사랑하지 않을 수 없습니다. 주님은 제 마음을 얻으셨습니다. 그리스도의 사랑이 나를 강권합니다! 주여, 주께서는 죄인들을 위해, 반역자들을 위해, 원수들을 위해, 주께서 자기를 통치하시게 하려고 하지 않는 자들을 위해 피를 흘리시나이까? 그러니 내가 주를 경배하지 않겠습니까? 그렇습니다. 그런데 내가 무릎을 펴고 일어나 세상에 들어가서는 주님을 잊겠습니까? 머리에 가시관을 쓰신 주님을 잊겠습니까? 손과 발이 못 박힌 주님을 내가 잊겠습니까? 온 몸에 상처를 입으신 주님을 잊겠습니까? 죽임당하신 임마누엘을 잊겠습니까? 절대로 그럴 수 없습니다.

> "내가 구주님을 사랑하지 않기보다는
>    차라리 죽는 것이 낫겠습니다."

사랑하는 여러분, 무슨 말을 하는 것입니까? 여러분은 주님의 얼굴은 들여다보면서 영혼들을 위해서는 울지 않겠습니까? 여러분이 주님의 상처는 보면서 죽어가는 불쌍한 사람들 때문에 마음의 상처는 받지 않으려고 합니까? 여러분은 자신을 위해서 살고 자신을 위해서 죽으려고 합니까? 여러분, 우리가 신앙에 열의가 없다면 불신자가 우리에게 우리 종교는 위선이라고 말할 때, 아주 틀린 말이 아닐 것입니다. 가십시오. 교회의 원수인 당신은 가서 그 사실을 가드에서 알리십시오. 그 사실을 아스글론 거리에서 전파하십시오. 만일 당신이 우리가 마치 진리가 거짓인 것처럼, 하나님의 계시된 교리들이 잘못된 생각이고 사기인 것처럼 산다면 우리가 경멸과 비난의 대상이 되기까지 그렇게 하십시오! 하나님의 교회여, 일어나라. 무엇 때문에 그대가 잠들어 버렸는가? 천둥 같은 목소리를 발했으면 좋겠습니다! 어떻게 해야 내가 그대를 깨울 수 있겠는가! 하지만 반쯤 잠든 것보다 조금 나은 내 자신은 어떤가?

내가 톤턴(Taunton)의 얼레인(Joseph Alleine, 1634-1668. 영국의 청교도 목사)과 키더민스터(Kidderminster)의 백스터(Baxter), 호어스(Haworth)의 그림쇼(William Grimshaw. 18세기 영국의 설교가)와 같은 사람, 그리고 도처에서 볼 수 있는 휫필드와 같은 사람들의 생애를 읽을 때, 나의 냉랭한 마음에 얼굴을 붉힙니다. 특별히 바울 사도의 생애를 꼼꼼히 읽을 때, 나는 내가 참으로 게으르게 살았다는 사실에 천 번도 더 얼굴을 붉히게 됩니다. 죄인들이여, 이들도 다 사람이었습니다. 그들은 죄인들이 영원히 멸망하는 것을 생각할 때 눈물이 뺨을 적셨습니다. 그들의 말은 그 입술에서 고드름처럼 얼지 붙지 않았습니다. 그들은 말하였고, 하는 말마다 힘이 있었습니다. 그들은 참으로 간절히 호소하였습니다! 바울 사도는 참으로 이렇게 말할 수 있었습니다. "밤낮 눈물로"(행 20:31, 바울 사도가 어떻게 말하는지 보십시오) "우리가 그리스도를 대신하여 사신이 되어 하나님이 우리를 통하여 너희를 권면하시는 것 같이 그리스도를 대신하여 간청하노니 너희는 하나님과 화목하라"(고후 5:20). 그는 자신이 사람들을 위하여 영혼을 쏟아 붓지 않았다고 자신을 나무랄 수 없었을 것이 확실합니다. 그럴 수 없었을 것입니다. 이런 사람들이 살았습니다. 나는 우리가 살고 있다고 감히 말하지 못하겠습니다. 하나님의 오래 참으심과 애정 어린 자비를 인하여, 하나님께서 오늘날과 같은 교회에 지금까지 자비를 베풀어 주셨는데, 우리가 그리스도를 섬기는 일에 아주 둔하고 게으를지라도 계속해서 자비를 베풀어 주시기를 구합니다.

지금 이렇게 설교하고 있는 동안에도 나는 우리가 이런 설교가 필요하다는 사실이 유감스럽게 느껴집니다. 스파르타 사람들이 전투하러 나갈 때는 스파르타 사람 하나하나가 노래하면서 기꺼이 싸우려는 의지를 갖고 행진해 나갔습니다. 그런데 페르시아 사람들이 전투하러 나갈 때는 많은 사람들이 채찍 소리를 들으며 오는 것 같고, 장교들이 군사들을 싸움터로 내모는 것처럼 오는 소리를 들을 수 있었습니다. 여러분은 소수의 스파르타 사람들이 수많은 페르시아 사람들보다 더 강했다는 점을, 사실 스파르타 사람들은 마치 양들 가운데 있는 사자 같았다는 사실을 이상하게 생각할 필요가 없습니다. 교회도 이와 같이 해야 합니다. 채찍질을 당해야 겨우 행동하게 되어서는 안 되고, 하나님을 반대하는 것은 무엇이든지 맞서 싸우려고 나서는 억누를 수 없는 생명력으로 충만해야 합니다. 그때 우리는 짐승 떼 같은 적의 무리들 가운데서 사자같이 될 것입니다. 하나님으로 말미암아 아무것도 우리에게 맞설 수 없을 것입니다.

남자들이여, 더 이상 놀지 마십시오! 시장에서 피리 불고 춤추는 일을 그치십시오. 자, 어린아이 장난감들에서 손을 떼십시오. 여러분이 아주 편안하게 자는 기숙사에서 나오고, 아주 즐겁게 노는 운동장에서 나오십시오! 할 만한 가치가 있는 일, 높고 고귀하며 여러분의 태생에 어울리는 천상적인 일을 시작하십시오. "여러분은 지금 이것을 놀이라고 부릅니까?" 하고 여러분은 묻습니다. 여러분의 일, 여러분의 사업, 여러분의 관심사가 하나님께 드려지지 않는 한, 그것은 놀이에 불과합니다. 여러분, 영원의 관점에서 볼 때, 하나님을 섬기는 것을 제외한 다른 모든 것은 그저 아이들 장난이고, 연극이며, 가면무도회에 지나지 않습니다. 그런 것들은 사육제(謝肉祭)의 야단스러운 의식들에 지나지 않고, 코미디의 농담이며, 무언극의 웃음에 불과합니다. 영원한 일을 행하는 것은 하나님을 섬기는 것밖에 없습니다. 참되게 사는 것은 그리스도를 위하여 사는 것뿐입니다.

이제 결론을 이야기하지 않을 수 없습니다. 하나님께서 새로운 은혜를 주셔서 이 결론을 잘 마치도록 해 주시기를 구합니다.

**3. 끝으로, 나는 관심이 없는 회심하지 않은 영혼들을 다루는 엄숙한 일을 시작하겠습니다.**

횟필드 목사가 호어스의 교구 교회에서 설교를 하다가 자기반성이라는 점에 이르렀을 때 이렇게 말했습니다. "나는 불신자들에게 설교하려고 했습니다. 그런데 여러분이 그동안 이 교회에서 들어온 충실한 설교를 볼 때 내가 이 점에 관해 무엇인가를 이야기할 필요가 거의 없는 것 같습니다." 그 말을 듣고 그림쇼 목사가 일어나 이렇게 말했습니다. "횟필드 목사님, 우리 교인들에게 아첨하는 말을 하지 마십시오. 나는 교인들의 절반은 눈을 뜬 채로 지옥으로 가지 않을까 걱정입니다."

나는 오늘 아침 그동안 여기서 일어난 모든 회심을 인하여 하나님께 감사하다는 말을 하지 않을 수 없습니다. 그렇지만 나는 여러분에게 듣기 좋은 말을 하고 싶은 생각이 없습니다. 아직도 여러분 가운데는 그동안 그랬던 것처럼 여전히 하나님에게서 멀리 떨어져 있으며 쓰디쓴 고통과 죄악의 속박 가운데 있는 사람들이 많이 있습니다. 내가 그동안 여러분에 대해 울며 거듭거듭 설교했지만, 여러분의 단단한 마음은 부서지지 않았습니다. 지금까지 여러분은 내가 할 수 있는 모든 일이 아무 소용이 없다는 것을 보여주었습니다. 성령님이 여러분에게 임하실 때까지는 여러분이 그대로 있을까 걱정입니다. 이제 하나님의 이름으로 여러분에게 말씀드리겠습니다.

청중 여러분, 여러분은 하나님의 일들은 심각하게 생각할 만한 가치가 없다고 여깁니다. 혹은 적어도 아직까지는 그렇게 생각하지 않고, 그 일들이 완전히 하찮은 것들은 아닐지라도 별로 중요하지 않아서 조금이라도 시간을 쓸 만하지는 못하다고 생각합니다. 그런 일들에는 여러분 인생의 말라빠진 끄트머리만 내놓아도 충분할 것이라고 생각합니다. 이런 일들을 우습게 여길 수도 있는 여러분에게 이 점이 이성과 감각과는 상반된다는 사실을 말씀드립니다. 머지않아 여러분이 열심히 일하기를 몹시 바라는 때가 올 것입니다. 죽음의 손에 맞서서 임종의 자리에 누워 의사에게 이런 말을 듣는 일은 재미있지 않을 것입니다. "이제 선생님을 위해서 할 수 있는 일은 아무것도 없습니다. 선생님은 잠시 목숨을 유지할 수는 있으나 반드시 죽습니다." 죽음의 고통이 찾아올 때, 죽음이 여러분을 붙잡을 때, 여러분이 모든 뼈가 덜거덕거리는 것을 느낄 정도까지 무자비한 괴물들이 여러분을 흔들 때, 그 괴물들이 여러분의 이마에서 마지막 죽음의 땀방울을 씻어낼 때, 어둠이 어느덧 여러분의 눈에 엄습할 때, 여러분의 사지가 죽음으로 차가워질 때, 목소리가 막힐 때, 목구멍에서 임종 때의 가래 끓는 소리가 날 때, 아, 여러분, 그때는 여러분이 웃지 않을 것입니다. 이런 일들이 공상이라고 말하지 않을 것입니다. 그 마지막 순간에는 여러분에게 경고한 사람들에게 험한 말을 하지 못할 것입니다.

노아가 마른 땅에 방주를 지을 때 사람들은 노아를 비웃었습니다. 그러나 그들이 범람하는 파도를 피해 산꼭대기로 올라갈 때는 도무지 비웃고 조롱할 수가 없었습니다. 그들의 눈물과 부르짖음, 신음소리에서 그들이 노아가 의를 전파한 것이 사실이었음을 느꼈다는 것을 알 수 있습니다. 여러분도 그렇게 될 것입니다. 누구든지 그 일의 증인이 될 사람은 주의하십시오. 여러분은 죽음이 어린아이 놀이가 아니라는 것을 알게 될 것입니다. 그 다음에는 심판이 옵니다. 하늘은 불에 타고 땅은 흔들릴 것입니다. 재판장이 앉아 계시고, 책들이 펼쳐집니다. 그때, 곧 여러분의 이름이 불리고 이어서 "들어와 심판을 받으라"는 말을 들을 때, 여러분이 웃겠습니까? 재판장의 불꽃 같은 눈이 여러분을 뚫어지게 보고 여러분의 행위가 기록되어 있는 페이지를 찾아서 사람들과 천사들이 듣는 가운데 그 기록을 엄숙하게 낭독할 때, 여러분이 웃을 수 있겠습니까? 죄인이여! 죄인이여! 여러분이 "저주를 받은 자들아 나를 떠나 마귀와 그 사자들을 위하여 예비된 영원한 불에 들어가라"(마 25:41)고 선고할 두려운 목소리의 멀리 울려 퍼지는 메아리를 듣고자 한다면 오늘 아침 마음껏 웃어도 좋습니다.

죄인이여, 심판 후에는 무엇이 옵니까? 그 다음에는 끝없는 진노가 옵니다. 하나님께서 여러분을 다루실 것입니다. 하나님께서 맨손으로 여러분을 치실 것입니다. 하나님께서 여러분을 산산이 찢지 않으시도록 조심하십시오. 여러분을 구원할 자가 아무도 없을 것입니다. 자비의 문이 영원히 닫힙니다. 하나님의 오래 참으심은 이제 끝이 납니다. 공의가 두려운 일을 시작합니다. 여러분, 여러분이 지옥에서는 즐거운 농담거리가 없을 것입니다. 여러분이 거기에서는 하나님의 신비를 비웃지 못할 것입니다. 여러분, 여러분이 지금은 계속해서 농담할 수 있지만, 그때는 하지 못할 것입니다. 지금은 좀 더 자자, 좀 더 졸자고 말할 수 있으나, 그때는 그런 말은 조금도 할 수 없을 것입니다. 여러분은 잘못 써버린 과거와 소원을 돌아보며, 지금까지 살면서 여러분의 유일한 구원의 소망을 잃어버리기보다는, 여러분이 구원을 얻을 수 있는 유일한 시간을 잃어버리기보다는 차라리 창조 받지 않았으면 좋았을 것이라는 헛된 소원을 품게 될 것입니다.

오, 하나님, 나의 하나님. 주님께 사람들에 대해 호소합니다. 우리는 다 약한 존재들입니다. 그들에 대해 간청합니다. 그들이 죽음도, 심판도, 지옥도 가볍게 여길 일들이 아니라는 것을 알게 하여 주소서! 이 꽃에서 저 꽃으로 날아다니는 나비 같은 여러분, 여러분은 그리스도께서 영혼들을 구원하러 세상에 오셨을 때 놀러 오신 것이 아니라는 점을 기억하십시오. 주님의 삶은 유쾌하고 우아하게 지낸 인생이 아니었습니다. 힘들고 엄한 삶이었습니다. 주님의 삶은 자신을 온통 삼켜 버리는 열심으로 가득한 것이었습니다. 그리스도께서 굵은 핏방울 같은 땀을 흘리셨을 때, 주께서 그 복되신 어깨로 짊어지셔야 했던 것은 가벼운 짐이 아니었습니다. 주님께서 그 마음을 털어놓으셨을 때, 주님께서 자기 백성의 구원을 위해 힘쓰고 계셨던 것이 약한 노력이 아니었습니다. 죄인이여! 죄인이여! 그리스도께서는 여러분의 구원을 위해 열심을 내셨는데, 여러분은 어리석게 굽니까? 그리스도께서는 열심이셨는데, 여러분은 이 큰 구원을 멸시하고 잊어버리며 소홀히 여깁니까? 하나님께서 보내시는 종들은 열심이 있다고 말씀드립니다.

이 시간 나는 청중 여러분의 구원을 얼마나 간절히 바라는지 말로 다 표현할 수 없다고 말씀드릴 수 있습니다. 오늘 아침 내가 죽음의 잠을 잘 수도 있는데, 그 죽음으로 여러분의 영혼을 지옥에서 구원할 수 있다면 나는 그 일을 큰 특권으로 여길 것입니다. 그런데 어째서 여러분이 회심을 하지 않아 내가 울게 될지 모른다는 생각이 드는 것입니까? 내가 여러분의 영혼을 소중히 여기는 것보다 여러분이 마땅히 나보다 자신의 영혼을 더 소중히 여겨야 하는 것이 아닙니까? 우리가 여러분에게 경고를 하였음에도 여러분이 망한다면, 여러분의 피에 대해 우리는 책임지지 않을 것입니다. 우리가 책임을 져야 할 때는 오직 내가 냉담하고 무관할 경우뿐입니다. 그러나 내가 여러분에게 마음을 쏟았을 때, 팔을 뻗고 아이를 안은 어머니처럼 여러분을 예수님의 손에 넘겨드리려고 했을 때, 나는 할 수 있는 모든 일을 다 했고, 나머지는 하나님께 맡기지 않을 수 없습니다. 그런데 어떻게 여러분이 이것을 우습게 여길 수가 있습니까? 이것은 여러분의 구원이지 내 구원이 아닙니다. 이것이 여러분 자신의 영원한 상태입니다. 지옥에 영원히 누워 있든지 아니면 즐겁게 천국에 올라갈 사람은 바로 여러분입니다. 그것은 바로 여러분 죄인이요, 여러분 자신이지, 여러분의 이웃이 아니고 여러분 옆자리에 앉아 있는 사람이 아닙니다. 이 무리 속에 거기 서 있는 당신이고 저쪽에 있는 당신입니다. 바로 여러분 각 사람입니다. 어째서 나는 열심을 내고 여러분은 재미없어 해야 합니까? 하나님께서 여러분에게 이 죄를 용서해 주시고, 여러분이 더 이상 실없는 소리를 하지 않게 해 주시기를 구합니다.

끝으로, 여러분은 하나님께서 여러분을 형벌하러 오실 때 열심을 낸다는 것을 발견할 것입니다. 하나님께서 여러분에게 공포를 쏟으실 때 여러분은 그것이 결코 장난이 아니라는 것을 알게 될 것입니다. 오늘 시위에 먹인 화살이 발사될 때, 여러분은 그것이 결코 어린아이 장난감이 아니라는 것을 알 것입니다. 오랫동안 연마되어 왔고, 하늘에서 적셔진 칼이 베기 시작하면, 여러분은 칼을 보고 "칼이여, 네가 언제 쉬겠느냐, 네가 언제 잠잠하겠느냐"라고 말할 수 있겠으나 칼은 결코 쉬지 않을 것입니다. 칼이 여러분에 대하여 무섭게 열심을 내며 죄에 대하여 여러분을 형벌할 것이기 때문입니다.

지금 누군가가 여러분을 일깨울 수 있으면 좋겠습니다. 이 자리에 계신 모든 분이 하나님을 성심으로 대해야 할 필요를 느끼면 좋겠습니다. 그런데 여러분은 그런 일에 신경 쓰지 않고 이 자리를 떠날 것입니다. 내가 좋은 악기로 곡을 연주하는 사람처럼 여러분에게 말을 할지라도 여러분은 그 모든 것을 잊어버릴 것입니다. 여러분은 방금 전에 이 설교를 듣고 눈물을 흘렸습니다. 아마도 그것은 여러분이 자신의 경우를 생각하고 마음으로부터 흘린 눈물이 아니라 내 열심에 자극을 받고 공감하는데서 흘린 눈물일 것입니다. 결국 여러분은 이 자리를 떠나면 그 모든 것을 잊어버릴 것입니다. 여러분은 그 다음에 다시 오고 또다시 잊어버릴 것입니다. 나는 계속해서 여러분과 함께 기도하고 여러분에게 설교를 하지만 여러분은 들은 것을 잊어버릴 것입니다. 그리고 언젠가 사람들이 "아무개 씨가 죽었는데, 소망 없이 죽었다"는 말을 할 것입니다. 이때 목사가 "하나님 보시기에 나는 할 수 있는 모든 것을 다했다. 나는 그에게 경고하고 가르치고 권면하며 호소하였다"고 말할 수 있다면, 그것이 위안거리가 되겠지만, 사실 얼마나 슬픈 이야기이겠습니까! 하나님께서 하나님의 말씀이 여러분에게 효력 있도록 복을 베푸시어, 여러분이 하나님께서 여러분을 끔찍한 구덩이와 진흙탕에서 건져내시고 여러분의 발을 반석 위에 세우시며 여러분의 걸음을 견고하게 하셨다고 말하는 것을 듣는 것이 참으로 훨씬 더 나은 일입니다.

"주 예수를 믿으라 그리하면 네가 구원을 받으리라"(행 16:31). 그리스도를 믿는 것이 구원의 큰 길입니다. 예수님을 믿으십시오. 마음을 다해 믿으십시오. 그러면 여러분이 오늘 아침 구원을 받고, 여러분의 죄가 사라집니다. 여러분이 구원을 받으면 오늘 아침 내가 여러분에게 주입하려고 하였던 것, 곧 우리가 전심으로 하나님을 섬기면 우리가 하나님의 길에서 형통하게 될 것이고, 우리가 어떤 일이든지 주께 하듯 하지 않고 사람에게 하듯 하면 어떤 일에서도 주님의 복을 기대할 수 없다는 점을 잊지 않기를 바랍니다.

제
11
장

—

# 므낫세

—

> "므낫세가 그제서야 여호와께서 하나님이신 줄을 알았더라." -
> 대하 33:13

　므낫세는 그 역사가 성경에 기록된 아주 주목할 만한 인물들 가운데 한 사람입니다. 우리는 심각한 죄를 범했지만 큰 자비를 얻은 사람들의 명단에 그의 이름을 언급하는데 익숙합니다. 다소의 사울, 그리고 눈물로 예수님의 발을 적시고 머리칼로 발을 닦은 죄 많은 여인, 십자가에서 죽은 그 강도, 즉 십일 시에 용서 받은 죄인과 더불어 우리는 므낫세라는 이름을 적는데 익숙합니다. 그는 "무죄한 자의 피를 심히 많이 흘렸습니다"(왕하 21:16). 그럼에도 불구하고 그때 죽지 않았지만 죽으실 것을 하나님이 미리 아신 구주님의 피로 말미암아 그는 용서를 받았고 자비를 얻었습니다. 하나님께서 그의 희생의 공로를 므낫세같이 큰 죄인에게 전가시켜 주신 것입니다.

　오늘 아침은 서론이 없이 바로 므낫세의 역사를 다루고, 세 가지 관점에서 그를 생각해 보겠습니다. 첫째는, 죄인으로서 므낫세, 그 다음에는, 불신자로서 므낫세, 셋째로는, 회심한 자로서 므낫세를 살펴보겠습니다. 이 예배당 안에도 므낫세 같은 사람이 있을 수 있습니다. 그래서 내가 이 고대 이스라엘 왕의 경우를 설명하는 가운데 어느 정도 그 사람에게 해당하는 말을 하게 된다면 그는 므낫세가 회개의 지하 감옥에 있을 때 그에게 위로가 되었던 바로 그 진리를 자신에게 적용할 것이라고 믿습니다.

**1. 첫째로, 므낫세의 죄에 대해서 생각해 봅시다.**

(1) 첫째로, 나는 그가 악의 진영(陣營)에서 제일 앞자리에 서는 죄인들, 곧 큰 빛을 받았음에도 죄를 짓고, 경건한 교육과 어린 시절의 훈련에도 불구하고 죄를 짓는 사람들의 계층에 속했다는 것에 주목합니다. 므낫세는 히스기야의 아들이었습니다. 히스기야는 몇 가지 잘못이 있었지만 그럴지라도 "여호와께서 보시기에 정직하게 행하였다"는 말을 들은 사람입니다. 그는 그의 조상 다윗이 행하였듯이, 상당히는 하나님 앞에서 온전한 마음으로 행하였습니다. 우리는 그런 그가 아들 므낫세의 교육을 소홀히 했을 것으로 생각할 수 없습니다. 므낫세는 히스기야가 나이 들어서 낳은 아들이었습니다. 여러분은 그가 심한 병이 들었을 때 하나님께서 그의 생명을 15년 연장시켜주겠다고 약속하신 사실을 기억할 것입니다. 그 일이 있은 지 3년 뒤에 므낫세가 태어났습니다. 그러므로 그는 아버지가 죽었을 때 겨우 열두 살밖에 되지 않았습니다. 그럴지라도 그는 아버지와 어머니의 경건한 기도를 충분히 기억할 수 있을 나이였고, 옳고 그른 것을 이해할 수 있을 만큼 충분히 성숙했으며, 또 대부분의 경우에 그의 이후 생애에 매우 유용하였을 인상들을 어렸을 때 충분히 받았을 것입니다. 그런데 므낫세는 자기 아버지가 그동안 세운 것을 무너뜨리고, 무너뜨린 우상의 신전들은 세웠습니다. 좋은 교육을 받은 후에 길을 잘못 들어 악을 행하는 사람들이 세상에서 가장 악하다는 것은 잘 알려진 사실입니다.

여러분은 잘 모르겠지만, 에로만가 섬에서 윌리엄스 목사(John Williams)가 죽은 유감스러운 사건은 이 섬에 먼저 갔었고 또 선교사의 아들이었던 한 장사꾼의 악행 때문에 일어났다는 것은 사실입니다. 그는 아주 마구잡이로 행동하였고 섬사람들을 매우 잔인하게 대하였습니다. 그래서 그들은 그의 행위에 대해 그 다음에 섬에 발을 디딘 백인에게 앙갚음을 하였습니다. 마지막 순교자 가운데 한 사람인 사랑하는 윌리엄스 형제는 자기보다 앞서간 사람들의 죗값을 치르느라 죽은 것입니다. 사람들 가운데 가장 악한 사람들은 많은 빛을 받고도 잘못된 길로 달려가는 사람들입니다. 여러분은 지옥의 진영의 가장 위대한 용사들 가운데는 바로 우리 진영에서 자라고 교육 받은 사람들이 있는 것을 발견할 것입니다. 그 이름을 일일이 언급할 필요가 없지만, 여러분 가운데 오늘날 불신앙의 지도자들로 활동하는 사람들을 잘 알고 있는 사람은 금방 그 사실을 알아차릴 것입니다. 그리고 사실 그런 사람들 때문에 믿음 없는 자들이 지극히 악하게 됩니다. 그런가 하면 그리스도인들 가운데 가장 훌륭한 사람들이 지극히 악한 죄인들에게서 나오는 경우가 종종 있습니다. 존 번연 같은 인물들이 선술집이나 볼링장에서 혹은 사회의 비천한 곳에서 나왔습니다. 우리 가운데 최고의 사람들이 지극히 악한 곳에서 나왔고, 그들은 죄인들을 개심하게 하는데 가장 적합한 인물들이었습니다. 그것은 그들이 스스로 수렁에 들어갔지만 그럼에도 불구하고 구주님의 정결하게 하는 피로 깨끗이 씻음을 받았기 때문입니다. 그와 같이 그리스도의 원수들 가운데 가장 악한 자들은 우리 가운데서 자랐으면서도, 농부가 가슴에 품고 키운 옛 뱀처럼 돌이켜 자기를 키운 자를 문 사람들입니다. 므낫세가 그런 사람이었습니다.

(2) 다음으로, 므낫세는 아주 대담하게 죄를 지은 사람이었습니다. 그는 남몰래 죄를 짓는 사람이 아니었습니다. 그런 사람들은 뻔뻔스러운 얼굴을 갖고 태어나 아주 오만하게 얼굴을 하늘로 쳐들고 다니며, 죄를 지을 때도 조금도 부끄러워하지 않는 것 같습니다. 여러분이 이 장을 읽으면 알겠지만, 므낫세는 우상을 세우고 싶으면 나라에서 눈에 잘 띄지 않는 곳에 세우지 않고 바로 하나님의 전에다 세우는 그런 사람이었습니다. 그는 지존하신 하나님의 이름을 더럽히려고 했을 때는 자신의 악한 신을 예배할 수 있는 개인 사당에 몰래 간 것이 아니라 마치 대놓고 하나님을 모욕하려고 하는 것처럼 하나님의 전에다 그 신을 두었습니다. 그는 죄에 있어서 무법자였습니다. 그래서 죄의 끝까지 나아가서 아주 담대하고 필사적으로 악을 행하였습니다. 옳은 일이든지 그른 일이든지 간에, 확실히 담대함은 언제나 싸움에서 이기게 합니다. 내게 겁쟁이를 보내십시오. 그러면 나는 아무것도 얻지 못합니다. 내게 담대한 사람을 보내십시오. 그러면 나는 그리스도의 대의를 위하든 아니면 마귀를 위하든 간에 대단한 일을 해낼 수 있는 사람을 얻게 됩니다. 므낫세가 이와 같은 사람이었습니다. 그는 하나님을 저주한다면 아주 큰 목소리로 저주하였습니다. 그가 지존하신 하나님을 대적하는 명을 내릴 때는 구멍이나 구석에서 한 것이 아니라 왕위에 앉아서 하였고, 아주 대담무쌍하게 이스라엘 하나님을 모욕하였습니다.

친구 여러분, 그런데 이 모든 사실에도 불구하고 이 사람이 구원을 받았습니다. 이 지극히 큰 죄인, 아버지의 기도를 짓밟은 이 사람, 근심하는 부모가 그의 이마에 흘린 눈물을 닦아낸 이 사람, 양심의 가책을 눌러버리고 담대하게 공공연히 필사적으로 죄를 지어 더할 수 없이 큰 죄책을 지게 된 이 사람이 마침내 하나님의 은혜로 겸비해졌고 무릎을 꿇고 여호와만이 한 분 하나님이신 것을 인정하게 되었습니다. 그러므로 아무도 다른 사람에 대해서 절망하지 않도록 합시다. 나는 하나님께서 나를 구원하셨다는 것을 생각할 때 절망하지 않습니다. 나는 내가 살아 있는 한 어떤 개인에 대해 "저 사람은 가망이 없어"라고 말할 수 있는 경우를 보지 못할 것이라고 확신합니다. 어쩌면 아주 많은 권고를 받고 또 경고를 받고서도 양심의 달콤한 모든 구애를 뿌리치는 바람에 마음이 마비되고 완고해져서 결과적으로 가망이 없어 보이게 된 사람을 만날 수 있습니다. 그렇지만 너무나 지독하게 죄를 지어 그는 결코 구원받을 수 없다고 말할 수 있는 사람은 결코 없을 것입니다. 아, 그런 사람은 없습니다.

나를 구원할 만큼 긴 자비의 팔은 여러분도 구원할 만큼 충분히 깁니다. 주께서 여러분을 죄에서 구원하실 수 있었다면, 주님의 자비의 팔이 여러분보다 더 낮은 데 내려간 사람들에게까지 미칠 수 있다고 믿을 수 있을 것입니다. 무엇보다 아무도 자신에 대해서 절망하지 않도록 하십시오. 생명이 있는 동안은 소망이 있습니다. 자신을 사탄의 손에 넘겨주지 마십시오. 사탄은 여러분에게 사형 집행 영장이 확정되었다고, 여러분의 운명이 정해졌다고, 여러분은 결코 구원받을 수 없다고 말합니다. 그의 얼굴을 똑바로 바라보고 그에게 거짓말쟁이라고 말하십시오. 예수 그리스도께서는 "자기를 힘입어 하나님께 나아가는 자들을 온전히 구원하실 수 있으니 이는 그가 항상 살아 계셔서 그들을 위하여 간구하시기"(히 7:25) 때문입니다.

(3) 다시 말하지만, 므낫세는 우리가 자주 볼 수 없을 것으로 생각되는 특권 계급에 속한 죄인이었습니다. 그는 하나님의 진리와 신앙에서 떠나 아주 멀리 다른 데로 사람들을 이끌고 갈 수 있는 힘을 지닌 사람들 가운데 하나였습니다. 그는 왕이었습니다. 그러므로 큰 영향력이 있었습니다. 그가 명령하는 것은 그대로 행해졌습니다. 우상 숭배자들의 대열에서 므낫세는 가장 선두에 섰습니다. 유다의 왕이 이방인 신들의 편에 있다는 것은 거짓 제사장들에게는 큰 자랑거리였습니다. 므낫세는 지도자였고, 싸움에서 맨 앞장에 선 사람이었습니다. 불신자들의 군대가 온 땅의 하나님과 싸우러 갔을 때 므낫세는 선봉 부대를 이끌고 계속해서 그들을 격려하였습니다. 그는 그들의 골리앗 장수로서 살아계신 하나님께 도전하였습니다. 악한 자들 가운데는 뒤로 물러나고 전투를 무서워하는 사람들이 많았습니다. 그러나 그는 무서워하는 법이 없었습니다. "그가 말하매 이

루어졌으며 명령하매 견고히 섰습니다"(참조. 시 33:9). 그래서 그는 담대하였고 지금도 그런 사람들이 살아 있습니다. 그들은 자기들만 넓은 길을 가는데 만족하지 않고 다른 사람들도 꾀어 그 길로 데려가려고 하는 사람들입니다. 아, 그들은 그런 일에 얼마나 적극적인지 모릅니다! 집집마다 다니며 마음을 더럽히는 불순한 인쇄물들을 나누어줍니다. 거리에 서서 젊은이들, 곧 이제 막 하나님의 집에서 나오거나 하나님의 전으로 가는 사람들을 어떻게 해서든지 불러 모아서 그들에게 하나님이 없다는 끔찍한 이야기나 아니면 미래가 없고 우리는 모두 반드시 개처럼 죽어 소멸되고 만다는 우울한 거짓말을 합니다. 다른 사람들을 타락시키지 않으면 전혀 행복하지 않은 것처럼 보이는 사람들이 있습니다. 그들은 혼자만 하나님을 대적하는 것으로 충분하지 않습니다. 반드시 다른 사람들과 함께 죄를 지어야 합니다. 잠언에 나오는 여인처럼 그들은 귀한 생명을 사냥하고, 피에 목마른 사냥개처럼 사람들을 찾아가 멸망시키려고 합니다. 지금 사회는 프로메테우스 같습니다. 대부분 사회는 우리를 둘러싸고 있는 바로 그 관습들에 손발이 묶여 있습니다. 프로메테우스와 같이 우리 위에는 우리 심장에 구멍을 뚫고 영혼의 생혈을 계속해서 빨아먹는 날개 달린 지옥의 개가 덮쳐 있습니다. 내 말뜻은 우리에게 사람들을 하나님에게서 끌어내고 또 그들을 자기들의 창조주로부터 몰아내려고 애쓰는 저주받은 불신자들이 있다는 것입니다. 그럼에도 불구하고 그들 가운데 지도자 노릇을 한 사람들이 구원을 받았습니다. 하나님을 미워한 사람들의 지도자였던 므낫세가 그럼에도 불구하고 겸비하였고 지존하신 하나님을 사랑하게 되었습니다.

여러분은 저에게 그런 경우들이 지금도 일어나느냐고 묻습니까? 예, 정말로 그런 일들이 일어난다고 말씀드립니다. 아주 드물지만 정말로 그런 일들이 발생합니다. 어제 나는 아주 기뻐서 하나님께 감사하지 않을 수 없게 만드는 어떤 것을 받았습니다. 즉, 모든 반대에도 불구하고 하나님께서 여전히 나를 이 세상에서 조금이라도 사용하셨다는 것을 알게 된 것입니다. 나는 어떤 도시에서, 그곳의 일반 사회에서 지도자들 가운데 속했던 사람으로부터 장문의 편지를 받았습니다. 편지를 쓴 사람은 이렇게 말합니다.

"저는 '이 사람, 스펄전은 누구인가?'라는 제목이 붙은 소책자를 하나 샀습니다. 그리고 목사님의 초상화(혹은 목사님의 것이라고 하며 판 초상화)도 3달러를 주고 샀습니다. 저는 이것들을 집에 가져가 점포 진열장에 놓아두었습니다. 저는 조롱하는 즐거움을 느끼고 싶어서 그렇게 한 것입니다. 이 소책자의 제목은 자연스럽게 풍자하는 그림을 생각나게 합니다. 그리고 제가 이 책자와 목사님의 초상화를 나란히 붙여 진열장에 놓았을 때는 특별히 그런 인상을 더 떠올리게 했습니다. 그러나 사실 저는 또 다른 의도를 마음에 품고 있었습니다. 저는 그것이 손님들을 끌어들여 장사가 더 나아질 것이라고 생각한 것입니다. 저는 책이나 서류를 보는 일에 전혀 관심이 없습니다. 그런 점 때문에 제가 더욱 그것을 진열하게 되고 그런 동기를 품었던 것 같습니다. 이제는 그것을 내려놓았습니다. 제 자신도 기가 꺾였습니다.……저는 하루 이틀 전에 불신자에 대한 목사님의 설교를 구입했습니다. 저는 그 설교에서 이런 글을 읽었습니다. '그들은 계속해서 나아갑니다. 그 걸음이 안전합니다. 그들은 걸음을 내딛습니다. 그 다음 걸음도 안전합니다. 그들이 걸음을 내딛습니다. 그들의 발이 어둠의 심연 위로 쑥 나아갑니다.' 저는 계속 읽었습니다. 그러나 어둠이라는 단어가 마음에 걸렸습니다. 그 단어가 제게는 아주 깜깜하였습니다. '사실, 길이 지금까지는 안전했습니다. 그런데 저는 길을 잃고 당황하고 있습니다. 안 됩니다. 안 돼요. 안 됩니다. 저는 흥하든 망하든 그냥 해보지는 않겠습니다.' 저는 가만히 앉아서 생각하고 있던 방을 떠났습니다. 방을 떠날 때, '누가 말해줄 수 있지?'라는 이 말이 마음속에서 속삭이는 것 같았습니다.

저는 돌아오는 주일에 반드시 예배당을 찾아가기로 마음먹었습니다. 내 영혼이 얼마나 빨리 나를 필요로 하는지 모르겠지만, 제 영혼에게 기회를 주지 않는 것은 천하고 비겁한 일일 것이라는 생각이 들었습니다. 그렇습니다. 제 친구들은 비웃고 조롱하며 저를 겁쟁이, 변절자라고 부를지 모릅니다. 하지만 저는 제 영혼에게 정당한 일을 하겠습니다. 저는 예배당에 갔습니다. 저는 두려움으로 몸이 얼어붙는 것 같았습니다. 거기서 제가 무엇을 바랄 수 있었겠습니까? 안내인이 눈을 크게 뜨고 무심결에 물었습니다. '아무개 씨 아니십니까?' 그래서 제가 '예, 맞습니다' 하고 대답했습니다. 그 사람이 저를 자리로 안내하였습니다. 조금 후에 제게 찬송가를 가져다주었습니다. 저는 갑자기 괴로움으로 마음이 폭발할 것 같았습니다. 저는 생각했습니다. '자, 나는 지금 여기 있다. 이곳이 하나님의 집이라면, 하늘이여 내게 하나님 말씀을 들을 수 있게 하여 주소서. 내가 전적으로 복종하겠나이다. 하나님이여, 당신께서 계시다는 것과, 당신은 위험을 무릅쓰고 당신의 얼굴과 당신의 용서하시는 자비를 얻고자 온 이 비천한 도망

자를 결코 쫓아내시지 않는다는 것을 알 수 있게 하는 어떤 표시를 보여주소서.'
내 마음을 찢는 것 같은 고통에서 벗어나기 위해 저는 찬송가를 폈습니다. 내 눈
을 사로잡은 첫 번째 가사는 이것이었습니다.

> '그 죽음은 어둡고, 실로 어두울 것이네,
>   하나님이여, 우리에게 주께로부터 오는 빛이 없다면.'"

　　그는 자신이 진정으로 회심한 사람이라는 증거로 간주하는 몇 가지 사실들
을 이야기한 후에, 그는 이런 말로써 끝을 맺습니다. "목사님, 저처럼 교만 때문
에 지옥과 결탁하게 된 불쌍한 사람에게 이 점을 전해 주십시오. 망설이는 사람
들과 소심한 사람들에게 이 점을 이야기해 주십시오. 냉랭한 그리스도인에게 이
점을 말씀해 주십시오. 하나님께서는 곤경에 처해 있는 모든 사람에게 즉석에서
도움이 되신다는 것을 말입니다.……이 세상에서는 목사님을 볼 수 없을지 모르
지만, 살면서 여기서 목사님께 감사드리고 목사님을 위해서 기도하며, 죄 많은
의심과 인간의 교만과 타락하는 마음이 없는 세상에서 목사님을 만나기를 고대
하는 불쌍한 죄인을 생각해 주십시오."
　　아, 그분은 내게 용서를 구할 필요가 없습니다. 나는 행복합니다. 그리스도
의 교회에서 그를 "형제"라고 부를 것을 생각하니 참으로 행복합니다. 이 편지는
이 도시에서 멀리 떨어진 곳에서, 그리고 그리스도를 미워하는 사람들의 사회에
서 적지 않은 지위에 있었던 사람에게서 왔습니다. 아, 지금까지 구원받은 사람
들 가운데 므낫세와 같은 자들이 있었습니다. 그리고 그런 자들은 앞으로도 있
을 것입니다. 하나님을 미워하였던 자들인데, 이제는 기뻐 뛰며 "용서 받았네. 용
서 받았네. 기적 같은 은혜를 받았네"라고 말하고, 한때 비웃고 조롱하며 그 얘
기를 듣는 것조차 견딜 수 없어 하던 그 발에 입을 맞추는 사람들이 있었습니다.
　　므낫세에 관해서는 그가 정말로 죄인의 괴수라는 것을 보여주는 한 가지
사실이 있는데, 그것은 이것입니다. "그가 힌놈의 아들 골짜기에서 그의 아들들
을 불 가운데로 지나가게 하고" 도벳에게 자기 아들들을 바쳤습니다. 이것은 두
려운 죄였습니다. 왜냐하면 비록 므낫세가 회개하였을지라도 그의 아들 아몬이
아버지의 전철을 밟아 의를 행하지 않고 악을 행한 것을 보기 때문입니다. 들어
보십시오. "아몬이 왕위에 오를 때에 나이가 이십이 세라 예루살렘에서 이 년 동

안 다스리며 그의 아버지 므낫세의 행함 같이 여호와 보시기에 악을 행하여 아몬이 그의 아버지 므낫세가 만든 아로새긴 모든 우상에게 제사하여 섬겼으며 이 아몬이 그의 아버지 므낫세가 스스로 겸손함 같이 여호와 앞에서 스스로 겸손하지 아니하고 더욱 범죄하더니"(대하 33:21-23). 자녀들은 아버지를 따르는데, 회개하는 일은 좀처럼 본받지 않고 악을 행하는 것을 본받습니다. 부모가 죄를 범하면 거의 틀림없이 자녀들은 부모를 따를 것입니다. 그런데 부모들이 회개하고 하나님께로 돌이킬 때, 자녀를 한 번 버린 길로 돌이키게 하는 것은 그리 쉬운 일이 아닙니다. 이 자리에 고대 카르타고인들처럼 원수를 대항하는 일에 자기 아들들을 바친 사람이 있습니까? 여러분은 자기 아들 한니발을 태어날 때부터 로마인들의 영원한 원수가 되도록 바친 사람을 기억할 것입니다. 이 자리에 자식을 그리스도의 복음의 영원한 원수가 되도록 사탄에게 바치고, 하나님을 경외하는 것에 반대되는 길로 자녀를 기르고 훈련하려고 하는 사람이 있을지 모르겠습니다. 그런 사람은 소망이 없습니까? 그의 죄는 무시무시하고 그의 상태는 비참합니다. 회개하지 않으면 그는 죄 때문에 틀림없이 망할 것입니다. 그러나 그런 사람이 여기에 있다면, 우리는 므낫세가 하나님을 알게 되고 그 많은 죄를 용서받았다는 것을 알기 때문에 여전히 그에게 회개하라고 외칠 것입니다.

**2. 둘째로, 불신자인 므낫세에 관해 생각해 봅시다.**

므낫세를 불신자라고 하는 것은 그가 여호와만이 한 분 하나님이시라는 것을 믿지 않았기 때문입니다. 그는 거짓 신들을 믿는 사람이었고, 진리에 관한 한, 그는 불신자였습니다. 여러분은 틀림없이 므낫세가 진리를 믿지 않으면서도 이교도의 온갖 허황된 신들은 너무도 쉽게 믿었을 것이라는 생각이 처음부터 들지 않습니까? 사실 세상에서 가장 경솔하게 믿는 사람들은 불신자들입니다. 불신자가 되는 것은 계시를 믿는 것보다 천 배나 더 믿음이 필요합니다. 어떤 사람은 내게 와서 내가 너무 쉽게 믿는다고 말하는데, 내가 천지를 창조하신 제1원인인 하나님을 믿고, 하나님께서 사람이 되어 죄를 위해서 죽었다고 믿기 때문이라는 것입니다. 나는 그에게 내가 그럴지 모르고, 그가 나를 고지식하다고 생각한다면 내가 아주 쉽게 믿는 것이 분명할 것입니다. 그러나 나는 내가 믿는 것이 내 이성과 완전히 일치하고 그래서 나는 그것을 받아들입니다. 그는 이렇게 말합니다. "하지만 나는 경솔하게 믿지 않습니다. 절대로 그렇게 하지 않습니다. 목사님, 목사님께 한 가지 부탁하고 싶은 게 있습니다. 세상이 하나님에 의해 창조되었다고 믿지 마십시오." "그렇게 할 수는 없습니다." 그렇게 말한다면, 당신도 놀랄 정도로 아주 쉽게 믿는 사람임에 틀림없다고 확신합니다. 당신은 이 성경책이 만들어진 적도 없는데 존재한다고 생각합니까? 당신은 내가 이 성경이 나오기까지는 인쇄업자가 있고 제본하는 사람이 있었다고 믿기 때문에 내가 너무 쉽게 믿는 사람이라고 말한다면, 나는 여러분이 이 성경책이 결코 만들어진 적이 없다고 확언한다면 당신이야말로 더할 수 없이 경솔하게 믿는 사람이라고 말할 것입니다.

그러면 여러분은 내게 창조에 관한 당신의 이론들 가운데 하나, 즉 원자들이 공중에 떠다니다가 어떤 모양을 이루게 되었다는 말을 이야기하기 시작할 것입니다. 그렇다면, 당신이야말로 너무도 쉽게 믿는 사람이 될 것입니다. 그뿐 아니라 어쩌면 당신은 사람이 어떤 피조물들의 개선으로 말미암아 이 세상에 존재하게 되었다고 믿을 것입니다. 나는 여러분이 다음과 같이 말하는 것을 읽었습니다. 즉, 단세포 생물들이 있었고, 이 생물들이 미소(微小) 동물이 될 때까지 스스로 개량을 하였다고, 또 후에 이 미소 동물들이 자라 물고기가 되었고, 이 물고기들이 날고 싶어 하자 날개가 자랐으며, 얼마 있지 않아 그들이 기어 다니고 싶어 하자 다리가 나와서 도마뱀이 되었으며, 몇 단계를 거쳐서 그 다음에는 도마뱀이 원숭이가 되었고, 그 다음에 원숭이들이 사람이 되었으며, 당신은 자신이 오랑우탄의 친사촌으로 믿는다고 하는 것을 말입니다.

자, 내가 아주 쉽게 믿는 사람일지 모르지만 그래도 당신만큼 그렇게 경솔하게 믿는 사람은 아닐 것입니다. 내가 아주 이상한 사실들을 믿을 수가 있습니다. 나는 삼손이 나귀 턱뼈를 가지고 사람을 천 명이나 죽였다는 것을 믿을 수 있고, 땅이 물에 잠겼다고 믿을 수 있습니다. 당신이 말하는 것처럼, 그 외에도 이상한 많은 사실들을 믿을 수가 있습니다. 그러나 당신의 신조에 대해서 말하자면, "그것은 기이하고, 정말로 기이하며 놀랍기 그지없습니다." 내가 쉽사리 믿는 사람이라면, 바다가 물 한 방울을 이기는 것만큼이나 당신은 나보다 더 아주 쉽게 믿는 사람입니다. 성경을 부인하려면 세상에서 무엇보다 단단한 믿음이 필요합니다. 이는 사람이 속으로는 성경이 맞다는 것을 알고, 어디를 가든지 무엇인가 자기에게 "네가 틀릴 수도 있어. 어쩌면 네가 틀렸을 거야"라고 속삭일 때 자기가 할 수 있는 일이라곤 고작해야 "양심아, 누워 있어! 가만히 있어. 네가 말하도록 두지 않을 거야. 그렇지 않으면 내일 가서 강연을 할 수 없어. 친구들에게 갈 수 없고 이런저런 클럽에도 갈 수 없어. 내가 하나님을 붙들어 둘 수 없으면 양심도 붙들어 둘 수 없거든"이라고 말할 수밖에 없기 때문입니다.

이제 므낫세가 불신자가 된 이유들이라고 생각하는 바를 말씀드리겠습니다. 첫째로 나는 므낫세가 쥐었던 무한한 권력에 그가 하나님을 믿지 못하도록 만드는 아주 강력한 성향이 있었다고 생각합니다. 나는 독재자, 곧 절대적인 권력을 쥔 사람이 하나님을 부인하는 것을 이상하게 생각하지 않습니다. 그것은 자연스런 일일 뿐이라고 생각합니다. 여러분은 나폴레옹의 유명한 말을 알 것입니다. 나폴레옹은 사람이 계획하고 하나님이 결정하신다는 말을 듣고서 "아, 내가 계획하고 결정도 내가 한다"고 말했습니다. 그 점에서 그는 하나님의 주권을 자기 것으로 가로챘습니다. 나는 그 점을 이상하게 생각하지 않습니다. 그가 아주 빠르게 잇따라 성공을 거두었고, 그의 용감한 행위는 아주 철저하였으며, 그의 명성은 아주 대단하였으며 신하에 대한 그의 권력은 절대적이었기 때문입니다. 은혜로 바르게 통치를 받는 마음을 제외하고는, 내가 믿는 바대로 권력은 언제나 우리를 하나님을 부인하는 데로 이끄는 경향이 있습니다.

아무개 씨가 토론장에 나오게 된 것은 그의 대단한 지성 때문이었습니다. 그는 토론 분야에서 두 번, 세 번, 네 번, 다섯 번, 여섯 번, 일곱 번이나 아주 당당하게 이겼습니다. 그는 주위를 둘러보며 말합니다. "납니다. 나 외에는 아무도 없습니다. 무엇이든지 내가 원하는 주제를 택하면 나는 그 주제를 변호할 수 있습니다. 내 지성의 칼날에 맞설 수 있는 사람은 아무도 없습니다. 나는 확실하게 그를 이길 수 있도록 그의 급소를 찌를 수 있습니다." 얻기 힘든 승리를 달성하기를 좋아하였기 때문에 해당 문제에서 자기가 믿지 않는 편의 입장을 종종 취했던 존슨 박사처럼, 이들도 자신의 능력을 보이는 아주 멋진 기회를 제공해 줄 것이라고 생각해서 자기들이 틀렸다고 믿는 것을 지지합니다.

상당히 똑똑한 어떤 사람은 이렇게 말합니다. "그리스도인과 싸우겠습니다. 내 논제를 입증하려면 굉장히 힘들 것입니다. 그리스도인이 나에게 맞서 제기하는 진리의 요새를 훼손하려면 큰 어려움을 겪을 것입니다. 그러나 나로서는 그만큼 더 좋습니다. 그처럼 강력한 반대를 만나 지는 것도 가치 있는 일일 것입니다. 그런데 내가 반대자를 이길 수 있다면, 내 자신이 그보다 더 설득력을 지녔다는 것을 입증할 수 있다면 그때는 내가 자기 편이 그토록 많은 적과 싸웠음에도 넉넉히 이겼으니 영광스러운 일이다, 참으로 영광스러운 일이다라고 말할 수 있을 것입니다."

세상에서 아무리 훌륭한 사람이라도 권력을 맡는 것은 참으로 어려운 일이라고 믿습니다. 하나님의 은혜가 그를 지켜 주지 않으면 그는 머지않아 권력을 잘못 사용하게 될 것입니다. 그러므로 하나님의 종들 가운데 지극히 영향력이 큰 사람들은 거의 예외 없이 아주 많은 단련을 받은 사람들입니다. 우리 하늘 아버지께서는 큰 시련과 고통이 없다면 우리가 하나님께 대적하고 우리가 주장할 권리가 전혀 없는 영광을 가로채기 시작할 것을 아십니다.

므낫세가 불신자가 된 또 한 가지 이유는 그가 교만했기 때문이라고 나는 생각합니다. 불신앙의 뿌리에 교만이 있고, 교만은 하나님을 대적하는 일의 시작입니다. 사람들은 "내가 왜 믿어야 하나?" 하고 말합니다. 주일학교 아이는 성경을 읽고 성경이 맞다고 말합니다. 그렇지만 지성인인 내가 어린 아이와 나란히 앉아서 단순히 하나님의 말씀이 맞다고 하는 그런 일을 받아들여야 하겠습니까? 아니요, 나는 그렇게 하지 않을 것입니다. 내가 직접 그 사실을 밝혀낼 것입니다. 그저 성경이 내게 계시되기 때문에 믿지는 않을 것입니다. 그것은 어린 아이처럼 행동하는 일이 될 것입니다. 그런데 그 사람이 계시의 책을 뒤적이다가 "너희가 돌이켜 어린 아이들과 같이 되지 아니하면 결단코 천국에 들어가지 못하리라"(마 18:3)는 글을 읽으면 이렇게 말합니다. "뭐야! 그렇다면 나는 절대로 돌이키지 않겠어. 나는 어린애가 되지 않을 거야. 나는 성인이고, 앞으로도 성인으로 있을 거야. 어린 아이가 되어 구원받느니 차라리 어른으로 망하고 말겠어. 뭐라고요! 내가 판단을 포기하고 가만히 앉아서 하나님의 말씀을 믿어야 한다고요?" 이에 대해 하나님의 말씀은 이렇게 말합니다. "그렇다. 너는 믿어야 한다. 너는 어린 아이처럼 되어 온순하게 내 말을 받아들여야 한다." 그는 아주 오만한 태도로 말합니다. "그렇다면 나는 믿지 않겠어"라고 말하고, 사탄처럼 천국에서 섬기기보다는 지옥에서 다스리는 것이 낫겠다고 선언합니다. 그는 믿는다는 것이 너무나 사람을 낮추는 일이기 때문에 믿지 않고 떠납니다.

그런데 므낫세의 불신앙을 설명해 줄 가장 설득력 있는 이유는 아마도 그가 죄를 너무도 사랑했다는 이 점에 있지 않을까 생각합니다. 므낫세가 자신의 거짓 신들을 위해 단을 세웠을 때 아주 쉽게 죄를 짓고 양심에 아무런 가책을 받지 않을 수 있었습니다. 그러나 그는 여호와의 율법이 아주 엄중한 것을 알았습니다.

그래서 그가 일단 유일하신 하나님을 믿었다면, 그가 그처럼 죄를 지을 수 없을 것입니다. 그는 여호와의 율법에서 이런 글을 읽습니다. "안식일을 기억하여 거룩하게 지키라. 살인하지 말라. 도둑질하지 말라." 등등. 그런데 므낫세는 이 모든 일을 하고 싶어 했습니다. 그래서 그는 자신이 믿으면서 죄를 계속 지을 수는 없기 때문에 믿으려 하지 않았던 것입니다. 우리에게 불신앙이 큰 이유는 바로 우리에게 죄에 대한 사랑이 많기 때문입니다. 사람들은 하나님께서 자기들의 욕망에 간섭하시기 때문에 하나님을 모시려고 하지 않습니다. 사람들이 일단 자기 위에 영원하신 하나님이 계시다고 믿거나 그것을 믿는다고 고백하면 그들은 계속해서 죄를 지을 수 없을 것입니다. 모든 사람들이 그렇다고 말을 하든지 않든지 간에 그렇게 믿기 때문입니다. 하나님에 대한 생각은 그들이 불신앙과 정욕을 행하는 일을 방해하기 때문에 그들은 "하나님이 없다"고 소리치고, 그것을 마음으로만 말하는 것이 아니라 입으로도 말합니다. 므낫세가 하나님의 성도들을 박해하게 된 것이 바로 이런 점 때문이었다고 생각합니다. 그의 죄들을 이야기하는 가운데 "그가 무죄한 자의 피를 심히 많이 흘렸다"(왕하 21:16)고도 기록하고 있습니다. 선지자 이사야가 므낫세를 죄에 대하여 책망한 것 때문에 톱으로 토막토막 켜 죽임을 당했다는 것이 유대인들 가운데 내려오는 전승입니다. 이사야는 좀처럼 겁을 먹지 않고 왕에게 그의 악한 정욕들에 대해 말했고, 그래서 므낫세는 이사야를 두 널빤지 사이에 집어넣고 머리부터 발까지 토막토막 톱으로 잘라 죽였습니다.

바로 이것이 사람들이 하나님을 미워하고 하나님의 종들을 미워하는 이유입니다. 진리가 그들에게는 너무 뜨거워 견딜 수가 없는 것입니다. 여러분에게 죄를 말하려고 하지 않는 설교자를 보내면 여러분은 평화롭게 그의 설교를 들을 것입니다. 그러나 복음이 힘 있게 올 때는 사람들이 복음을 견딜 수 없습니다. 복음이 사람들의 쾌락과 죄 혹은 그들의 욕망을 침해하면 그들은 복음을 믿으려 하지 않습니다. 여러분이 복음을 믿으면서도 계속해서 죄 가운데 살 수 있다면, 복음을 믿으려 할 것입니다. 사람이 술주정뱅이로 있으면서도 그리스도인으로 지낼 수 있다면 참으로 많은 술주정뱅이 무뢰한들이 그리스도인이 될 것입니다! 사람이 믿으면서도 계속해서 죄를 지을 수 있다면 악한 불량배들이 참으로 많이 신자가 될 것입니다! 그러나 영원하신 하나님을 믿는 믿음은 죄와 나란히 있을 수 없기 때문에, 복음이 "죄를 버려라! 죄를 버려라! 네 죄를 버려라!" 하고 소리치기 때문에, 사람들이 돌이켜 "복음을 버려라!"고 말하는 것입니다. 여러분, 죄 많은 세대여, 복음이 여러분에게는 너무 뜨겁습니다. 복음이 여러분의 정욕을 용납하려 하지 않고 여러분의 죄악을 만족시키려고 하지 않기 때문에 여러분이 복음에서 돌이키는 것입니다.

지금까지 우리는 불신자인 므낫세를 살펴보았습니다.

### 3. 이제는 끝으로, 죄에서 돌이킨 므낫세를 살펴보도록 하겠습니다.

하늘이여 듣고 땅이여 들으라! 여호와 하나님께서 이같이 말씀하셨습니다. 므낫세를 구원하시겠다고 말입니다. 그는 무자비한 보좌에 앉아서 하나님의 성도들을 박해하는 또 다른 칙령에 방금 서명하였습니다. 그럼에도 불구하고 그가 겸비해져서 자비를 구하고 구원을 받으리라는 것입니다. 므낫세가 하나님의 이 칙령을 듣고 웃습니다. "뭐라고! 내가 위선자가 되어 무릎을 꿇는다고? 절대로 안 되지. 그런 일은 있을 수 없어. 신자들이 그 얘기를 들으면 모두 '그것은 불가능하다'고 말할 것이야. 뭐라고! 사울이 선지자들 가운데 있다고? 므낫세가 거듭났다고? 므낫세가 지존하신 하나님 앞에 엎드리게 된다고? 그것은 불가능한 일이야."

아, 그것이 사람에게는 불가능한 일이지만 하나님께는 가능한 일입니다. 하나님께서는 그 일을 하실 줄 압니다. 원수가 이 도시의 입구에 있습니다. 적군의 왕이 이제 막 예루살렘 성벽을 포위하였습니다. 므낫세가 왕궁에서 도망하여 가시덤불 사이에 숨습니다. 그는 거기에서 붙잡혀 바벨론에 포로로 끌려가 감옥에 갇혔습니다. 이제 우리는 하나님께서 어떤 일을 하실 수 있는지 봅니다. 이 교만한 왕은 더 이상 교만하지 않습니다. 권력을 다 잃었기 때문입니다. 대단한 사람이 더 이상 대단하지 않습니다. 힘을 다 빼앗겼기 때문입니다. 이제 깊은 지하 감옥에 있는 그의 말을 들어 봅시다. 그는 더 이상 하나님을 모독하지 않고 하나님을 미워하지 않습니다. 찬 바닥에 앉아 있는 그를 보십시오!

므낫세는 무릎을 꿇고 눈물을 흘리며 부르짖습니다. "하나님, 내 아버지의 하나님이시여! 버림받은 자가 주께 옵니다. 피로 얼룩진 지옥의 사냥개가 주의 발 앞에 엎드리나이다. 더러움으로 가득한, 귀신이나 다름없는 제가 이제 주 앞에 엎드리나이다! 내 하나님이여, 저같이 천한 자에게 자비를 베푸실 수 있겠나이까? 베푸시겠나이까?" 하늘이여, 들으라! 다시 한번 귀를 기울이라. 자, 하늘로부터 천사들이 손에 자비를 들고 날아옵니다. 아, 그가 어디로 나는 듯이 달려갑니까? 바벨론의 지하 감옥으로 갑니다. 교만하던 왕이 무릎을 꿇고 있고, 자비가 와서 그의 귀에 속삭입니다. "소망을 가져라!" 그가 무릎을 꿇고 있다가 깜짝 놀라 소리칩니다. "소망이 있습니까?" 그가 다시 땅에 엎드립니다. 다시 한번 그가 호소하고, 자비가 달콤한 약속, 일찍이 죽임당한 이사야가 말했던 약속을 속삭입니다. "나 곧 나는 나를 위하여 네 허물을 도말하는 자니 네 죄를 기억하지 아니하리라"(사 43:25).

여러분은 이 므낫세가 보입니까? 그의 눈을 보면 그의 마음을 알 수 있습니다. 아, 그가 참으로 기뻐하여 눈물을 흘리고, 자신이 이토록 자비하신 하나님께 그렇게 큰 죄를 지었다는 슬픔 때문에 눈물을 흘립니다. 잠시 뒤에 지하 감옥 문이 열립니다. 하나님께 감동을 받은 바벨론 왕이 그에게 자유롭게 가라고 명령을 내립니다. 그는 자기 나라로 돌아와 왕위에 복귀하는데, 그가 과거에 보였던 것과는 다르게 행복하고 더 나은 사람으로 복귀하였습니다. 나는 그가 예루살렘으로 돌아오는 것이 보이는 것 같습니다. 그의 정치가들과 그의 총애하는 신하들이 있습니다. 그들이 그를 환영하며 말합니다. "들어오십시오, 므낫세 왕이시여. 술잔을 가득 채우고 오늘 밤 즐겁게 잔치를 벌입시다. 우리가 아스다롯 신당 앞에 절하고 아스다롯 신께 폐하를 방면해 준 것에 감사합시다. 자, 태양의 군마들이 준비되었으면 와서 땅을 비추고 하늘의 군대를 인도하는 태양에게 경의를 표하라!"

나는 므낫세가 이렇게 소리칠 때 그들이 놀라는 모습이 보이는 것 같습니다. "물러나라! 물러나라! 너희가 하나님의 친구가 되기 전에는 더 이상 내 친구들이 아니다. 그동안은 내가 너희를 무릎에 앉히고 귀여워했다. 그런데, 뱀 같은 자들아, 너희는 나를 독사의 독으로 쏘았다. 나는 너희를 친구로 삼았는데, 너희는 나를 지옥의 심연으로 끌고 갔다. 그러나 이제는 내가 그 사실을 안다. 너희가 더 나은 사람이 되기 전까지는 물러나 있어라. 이제는 다른 자들을 내 신하로 삼을 것이다." 그런가 하면, 불쌍한 성도들은 왕이 돌아왔기 때문에 몹시 두려워하면서 예루살렘 성의 어두운 거리에 숨어서 기도회로 모여 하나님께 무시무시한 박해 칙령이 다시 내려지지 않게 해 주시기를 부르짖고 있습니다.

그런데 자, 한 사자(使者)가 와서 말합니다. "왕이 돌아왔다." 사람들이 그를 바라보면서 그가 무슨 말을 할까 궁금해하고 있을 때 그가 말합니다. "왕이 돌아왔는데, 예전의 므낫세가 아니라 마치 천사 같다. 왕이 직접 손으로 아스다롯을 박살을 내는 것을 보았다. 왕이 이렇게 소리치는 것을 들었다. '태양의 군마들을 찍어버리겠다.' 하나님의 전을 청소하라. 우리가 거기서 유월절을 지킬 것이다. 아침과 저녁으로 어린 양을 여호와의 제단에서 다시 번제로 드릴 것이다. 이는 여호와는 하나님이시고, 여호와 외에 다른 이가 없기 때문이다."

아, 여러분은 그 경사스러운 날에 신자들이 기쁨이 어떠했을지 상상할 수 있습니까? 신자들이 어떻게 기쁨과 감사함으로 하나님의 전에 올라갔을지 생각할 수 있겠습니까? 그리고 다음 안식일에 그들은 이 노래를 불렀습니다. 이전에는 한 번도 불러본 적이 없었습니다. 그들은 이전에 하나님의 성도들을 박해하였던 왕이 이제는 그가 한때 싫어했던 바로 그 진리를 옹호하는 것을 기억하면서, "오라 우리가 여호와께 노래하며 우리의 구원의 반석을 향하여 즐거이 외치자"(시 95:1) 하고 노래하였습니다. 그렇습니다. 그때는 땅에 기쁨이 있었고 하늘에서도 즐거움이 있었습니다. 므낫세가 기도하는 날, 하늘의 종들이 즐거운 소리를 내었고, 하늘의 천사들은 므낫세가 회개하던 날에 배나 빠르게 날개를 퍼덕거렸습니다. 하늘과 땅이 기뻐하였고, 전능하신 하나님께서도 보좌 위에서 다시금 "나 곧 나는 나를 위하여 네 허물을 도말하는 자니 네 죄를 기억하지 아니하리라"고 말씀하시는 동안 은혜로운 동의를 나타내는 미소를 지으셨습니다.

이제 여러분은 므낫세의 믿음의 기초가 무엇이었는지 몹시 알고 싶을 것입니다. 므낫세가 하나님께 대한 믿음을 세운 그 토대는 무엇이었습니까? 나는 그 토대가 두 가지였다고 생각합니다. 그가 하나님을 믿은 것은 첫째로, 하나님께서 그의 기도에 응답하셨기 때문입니다. 둘째로, 하나님께서 그의 죄를 용서하셨기 때문입니다. 나는 의심하는 생각에 사로잡힐 경우에는 때로 이렇게 말하였습니다. "자, 이제 나는 하나님이 계시는가 하고 의심할 생각이 추호도 없다. 왜냐하면 내가 일기장을 들추어 보고서, 그처럼 깊은 곤경에 처한 날에 내가 하나님께 무릎을 꿇었고, 무릎을 펴고 일어났을 때 기도의 응답을 받았다고 말할 수 있기 때문이다." 여러분 가운데도 그렇게 말할 수 있는 분들이 많을 것입니다. 그러므로 다른 사람들이 뭐라고 하든지 간에, 여러분은 하나님께서 여러분의 기도에 응답하셨기 때문에 하나님이 계시다는 것을 압니다. 여러분은 브리스틀(Bristol)의 조지 뮐러라는 거룩한 사람에 대해서 들어본 적이 있을 것입니다. 여러분이 뮐러를 만나서 그에게 하나님이 계시지 않다고 말한다면, 그는 여러분을 보고 울면서 이렇게 말할 것입니다. "하나님이 안 계신다고요? 나는 그동안 하나님의 손을 보았어요. 내 기도에 대한 응답이 어디에서 왔겠습니까?" 아, 여러분, 여러분은 우리가 쉽게 믿는다고 비웃을지 모릅니다. 그런데 이 자리에는, 자기들이 여러 가지 문제에 대해 하나님께 구하였고 하나님께서는 자기들을 실망시키지 않고 자신들의 구하는 바를 주셨다고 아주 진지하게 주장할 수 있는 사람들이 수백 명이나 있습니다. 이것이 므낫세가 여호와 그는 하나님이시라는 것을 알게 된 한 가지 이유였습니다.

또 한 가지 이유는 므낫세가 자신이 사죄 받았음을 알았다는 것입니다. 아, 그것은 하나님의 계심을 밝혀주는 매우 기쁜 증거입니다. 여기 불쌍하고 가련한 사람이 있습니다. 그는 무릎을 심하게 떨고 있고 마음은 가라앉고 있습니다. 그는 절망에 빠지고 있습니다. 그에게 의사들을 불러 오십시오! 그러면 의사들은 이렇게 말할 것입니다. "그의 마음이 너무 약한 것이 걱정입니다. 그를 결국 정신 병원에 데려가야 할 것 같습니다." 그리고 의사들이 약을 처방해 주지만, 그는 조금도 나아지지 않고 오히려 상태가 더 악화됩니다. 죄의식으로 괴로워하고 죄책감 때문에 신음하던 이 불쌍한 피조물이 갑자기 성경의 소리를 들을 수 있는 곳에 이릅니다. 그가 성경의 소리를 듣습니다. 그의 비참함이 더욱 심해집니다. 그가 다시 듣습니다. 그의 고통이 배로 커집니다. 그리고 마침내 사람마다 그의 경우는 아주 절망적이라고 말하는 데까지 이릅니다. 그런데 돌연, 하나님께서 정하신 복된 어느 날 아침, 목사가 달콤한 어떤 구절을 읽게 됩니다. 어쩌면 그 구절이 이것일 수도 있습니다. "여호와께서 말씀하시되 오라 우리가 서로 변론하자 너희의 죄가 주홍 같을지라도 눈과 같이 희어질 것이요 진홍 같이 붉을지라도 양털 같이 희게 되리라"(사 1:18). 성령께서 그 구절을 사용하십니다. 그 불쌍한 사람이 공기처럼 가벼운 마음으로 집에 가서 아내와 아이들에게 말합니다. "자, 나와 함께 기뻐하자." 식구들이 "왜요?" 하고 묻습니다. 그가 말합니다. "내 죄가 용서받았거든." "그것을 어떻게 아시지요?" 그가 말합니다. "아, 마음속으로 사죄하시는 사랑을 느꼈어. 세상의 의심하는 사람들이 다 온다고 해도 그 느낌을 부정할 수 없어. 온 세상이 일어나서 나를 반대하고 내가 틀림없이 정죄받을 것이라고 말할지라도, 나는 '이제 내게 정죄함이 없다는 것을 안다'고 말할 수 있다."

여러분은 사죄하는 피가 여러분에게 발라졌다는 것을 느낀 적이 있습니까? 여러분이 그것을 느낀 적이 있다면 여러분이 결코 하나님을 의심하지 않으리라는 것을 압니다. 친구 여러분, 만일 세상에서 불쌍하기 짝이 없는 늙은 여인을 참으로 대단한 지성을 지닌 지혜롭기 짝이 없는 불신자 앞에 데려와서 그가 그 여인을 신앙에서 벗어나게 하려고 노력한다면, 그녀는 그를 보고 웃음을 띠며 이렇게 말할 것입니다. "이봐요, 그것은 아무 소용이 없어요. 주님께서 옛적에 내게 나타나셔서 '실로 내가 너를 영원한 사랑으로 사랑하였다'고 말씀하셨기 때문이에요. 그러니 당신이 내게 하고 싶은 말을 해도 좋아요. 하지만 나는 피로 값 주고 사신 사죄가 내 마음속에 뿌려진 것을 알아요. 주님께서 하나님이신 것을 알아요. 당신은 내게서 그 생각을 빼앗아갈 수 없어요." 이런 때는 우리도 훌륭한 와츠(Watts)가 아래와 같이 말하듯이 그런 확신을 가지고 말할 수 있습니다.

"사람들이 고안해 내는 온갖 형식들이
　위험한 기술을 가지고 내 신앙을 공격할지라도
　나는 그런 형식들을 헛되고 거짓된 것들이라 부르며
　복음을 내 마음에 묶을 것이네."

아, 여러분이 죄를 용서받았다는 것을 안다면 여러분은 결코 하나님의 존재를 의심할 수 없습니다. 여러분에 대해 이같이 말하게 될 것이기 때문입니다. "그가 그제서야 여호와께서 하나님이신 줄을 알았더라"(대하 33:13).

이제 나는 조금만 더 힘을 내어서, 여러분 가운데 구원받으려면 어떻게 해야 하는지를 알고 싶어 하는 분들에게 말씀드리도록 하겠습니다. 여러분, 이보다 중요한 질문은 없습니다. 이처럼 반드시 물어야 할 질문은 없습니다. 그런데 슬프게도, 그 질문을 묻지 않고, 지연시키고 미루라는 매혹적인 노래를 들으면서 어두운 절망의 심연으로 내려가고 있는 사람들도 많이 있습니다.

여러분이 "내가 어떻게 하여야 구원을 받으리이까?"(행 16:30)라는 이 질문을 엄숙하고 진지하게 묻게 되었다면, 나는 기쁘고, "주 예수 그리스도를 믿고 세례를 받는 사람은 구원을 얻을 것이요 믿지 않는 사람은 정죄를 받으리라"(막 16:16)는 하나님의 말씀을 전할 수 있게 되어 더없이 기쁩니다. 또 성경은 "행위에서 난 것이 아니니 이는 누구든지 자랑하지 못하게 함이라"(엡 2:9)고 말합니다. 그러면 여러분은 말합니다. "하지만 목사님, 나는 선한 행실을 한 것이 많으니 그 행실을 믿겠습니다." 여러분이 그렇게 한다면 반드시 망합니다. 그것은 나이 든 매튜 윌크스(Matthew Wilks)가 일찍이 담담한 어조로 다음과 같이 아주 재미있게 말한 것과 같습니다. "여러분이 자신의 행실로 천국에 가려고 한다면 차라리 종이배를 타고 미국으로 가려고 하는 편이 낫습니다. 여러분이 그렇게 한다면 항해하는 도중에 물에 잠기고 말 것입니다."

우리는 몸을 완전히 가릴 수 있을 만큼 큰 옷을 짤 수 없습니다. 우리는 하나님을 충분히 만족시킬 수 있을 만한 의를 행할 수 없습니다. 여러분이 구원을 받으려면 반드시 그리스도께서 행하신 일을 통해서만 구원을 받아야 하지, 여러분이 행한 일로써는 절대로 구원을 받지 못합니다. 여러분은 스스로 자신의 구주가 될 수 없습니다. 여러분이 과연 구원받는다면, 반드시 그리스도께서 여러분을 구원하시는 것입니다. 그러면 여러분이 어떻게 그리스도로 말미암아 구원을 받을 수 있습니까? 구원의 방식은 이것입니다. 기록된 말씀은 이것입니다. "미쁘다 모든 사람이 받을 만한 이 말이여 그리스도 예수께서 죄인을 구원하시려고 세상에 임하셨다 하였도다"(딤전 1:15).

여러분은 자신이 죄인이라고 느낍니까? 그렇다면 예수 그리스도께서 여러분을 구원하러 오셨다는 것을 믿으십시오. 여러분이 자신이 죄인이라는 것을 확실히 느끼는 것만큼 그리스도께서 여러분을 위하여 죽으셨다는 사실도 확실하기 때문입니다. 그리스도께서 여러분을 위하여 죽으셨다면 여러분은 멸망하지 않을 것입니다. 그리스도께서 헛되이 죽으셨을 것이라고 생각할 수 없기 때문입니다. 그리스도께서 여러분을 위하여 죽으셨다면 여러분은 아주 확실하게 사죄받고 구원받을 것이며, 언젠가 천국에서 노래할 것입니다. 중요한 한 가지 질문은 그리스도께서 여러분을 위하여 죽으셨는가 하는 것뿐입니다. 여러분이 죄인이라면 그리스도께서 여러분을 위하여 죽으신 것은 지극히 확실합니다.

다시 한번 말씀드리지만 이 말씀이 기록되었기 때문입니다. "미쁘다 모든 사람이 받을 만한 이 말이여 그리스도 예수께서 죄인을 구원하시려고 세상에 임하셨다 하였도다." 불쌍한 죄인이여, 믿으십시오! 친구 여러분, 손을 내미십시오! 내가 여러분의 손을 그리스도의 손에 쥐어줄 수 있으면 좋겠습니다! 그리스도를 껴안으십시오! 그분을 껴안으십시오! 여러분이 그분을 찾기 전에 밤의 구름이 여러분을 덮치지 않게 하고, 해가 지지 않도록 하십시오. 죽음과 멸망이 여러분을 덮치지 않도록 그분을 붙잡으십시오. 여러분이 불에 타지 않도록 이 산으로 도망하십시오. 여러분이 일단 그리스도 안에 있으면 위험으로부터 안전하다는 것을 기억하십시오.

> "한 번 그리스도 안에 있으면 영원히 그리스도 안에 있으니
> 아무것도 우리를 그의 사랑에서 끊을 수 없네."

아, 그리스도를 믿으십시오! 여러분, 청중 여러분, 부디 그리스도를 믿으십시오! 아멘.

제
12
장

—

# 스스로 겸손함

—

"내가 이곳과 그 주민을 가리켜 말한 것을 네가 듣고 마음이
연약하여 하나님 앞 곧 내 앞에서 겸손하여 옷을 찢고 통곡
하였으므로 나도 네 말을 들었노라 여호와가 말하였느니라."

– 대하 34:27

요시야는 하나님을 위하는 일에 매우 열심이었습니다. 그는 예루살렘 성전
을 청소하고 아름답게 꾸미며 보수하는 일을 하고 있었습니다. 이렇게 하는 동
안에 율법 책의 사본 한 권이 발견되어 그 책이 왕에게 전달되었고, 왕은 즉시
율법 책을 부지런히 읽었습니다. 율법 책을 읽는 동안에 그는 우상 숭배자들과
그 밖의 범죄자들에게 임할 두려운 형벌들을 알게 되었습니다. 자기 백성들이
오랫동안 율법 책에서 이같이 정죄하는 죄들을 지어 온 것을 알고서, 그는 하나
님의 의로운 심판이 자기들에게 임할 것을 확신하게 되었습니다. 크게 놀란 요
시야는 비록 자신은 그 죄가 없을지라도 옷을 찢고 울며 지존하신 하나님 앞에
서 겸손하였습니다. 개인적으로 아무 비난 받을 것이 없는 그처럼 훌륭한 사람,
진심으로 하나님을 위하는 마음을 가지고 지극히 거룩한 일에 힘쓰고 있는 그런
사람이 한창 순조롭게 일을 해나가는 중에 그처럼 슬프고 낙심하게 만드는 사실
을 발견하게 되었다는 것이 이상한 일처럼 보였습니다! 그에게 율법 책을 보내
어 그처럼 엄하게 꾸짖는 일을 할 수 있는 시간이 이때 말고는 없었습니까? 훨
씬 더 크게 잘못하였기 때문에 율법의 책망 앞에서 겸손해야 했을 죄인이 요시

야 말고는 없었습니까? 도량이 넓고 왕다우며 애정 어린 마음을 갖고서 온전히 하나님께 헌신한 이 왕이 왜 한창 열정적으로 일하고 있는 순간에 울면서 비통한 마음으로 조심히 행해야 되었습니까? 나는 그 이유가 이것이었다고 생각합니다. 즉, 하나님께서는 요시야를 많이 사랑하셨다는 것입니다. 또 그에게 성전을 재건할 수 있는 영예를 주셨으므로, 교만해질 수 있는 사람 마음의 본성적인 경향을 아시고, 하나님께서 그토록 사랑하시는 사람을 그냥 내버려두셨더라면 마음이 높아짐으로써 위험에 처하였을 수 있었을 때 그가 계속 겸손하도록 하기 위해 이 율법 책을 발견하도록 하신 것입니다.

사랑하는 친구 여러분, 여러분은 하나님께서 히스기야를 병상(病床)에서 일으키셨을 때의 일을 기억할 것입니다. 히스기야가 하나님께 받은 은혜대로 보답하지 않았다고 했는데, 이는 그의 마음이 높아졌기 때문입니다. 그러자 하나님께서 선지자를 보내어 그에게 왕궁의 보물들이 바벨론으로 옮겨질 것이고 그의 아들들은 포로가 되어 바벨론 왕을 섬길 것이라고 말씀하셨습니다. 이렇게 하나님께서는 죄가 드러난 후에는 거기에 응분의 조처를 취하셨습니다. 그러나 이번 경우에 하나님은 치료책보다는 예방책을 택하셔서 해악이 발생하기 전에 억제책을 보내셨습니다. 그래서 거룩한 일꾼이 또한 겸손히 회개하는 사람이 된 것입니다. 요시야의 생애는 많은 덕들로 이루어진 아름다운 무지개처럼 빗방울과 햇빛이 뒤섞여 있는 것 같았습니다. 우리는 그가 힘을 다하여 자기 하나님을 위해 수고함에도 불구하고, 하늘의 은혜의 보좌 앞에서 겸손히 간구하는 자처럼 티끌과 재를 뒤집어쓰고 엎드려 있는 모습을 보기 때문입니다.

이 사실에서 우리는 이 점을 배웁니다. 즉, 여러분과 내가 하나님으로 말미암아 한창 성공의 가도를 달리고 있을 때, 곧 우리 마음이 지극히 순결하고 올바를 때 모든 것이 순탄하게 진행될 것으로 기대해서는 안 되고, 오히려 바로 그이유 때문에 우리를 겸손하게 만드는 상황을 경험하게 될 수 있다는 것입니다. 바울처럼 풍성한 계시를 받는 은혜를 얻었을 때 우리는 마음이 너무 높아지지 않도록 하기 위해 "육체의 가시"를 만날 것을 예상할 수 있습니다. 하나님께서 우리를 지극히 영예롭게 하고 계시는 바로 그때 우리가 자신의 연약함과 죄 많음을 알게 되는 경우가 종종 있습니다. 우리 배가 하나님의 은혜의 강한 순풍을 견딜 수 있기 위해 주님께서는 무한하신 은혜로 우리에게 슬픔이나 시련이라는 무거운 바닥짐을 주어 배를 안정시키십니다.

오늘 아침에 본문을 전부 다룰 수는 없겠지만 여러분이 요시야가 스스로 겸손한 점에 대해서는 주의를 기울이시기 바랍니다. 이 문제에서 우리는 첫째로, 기꺼이 받아들일 수 있는 행위, 둘째로, 그 행위를 본받도록 하는 강력한 이유들, 그리고 셋째로, 거기에 따라오는 고무적인 결과들에 대해서 살펴볼 것입니다. 이 결과들 가운데 어떤 것들은 요시야의 경우에서 분명히 볼 수 있고, 또 어떤 것들은 우리 자신의 경우에서 볼 수 있을 것입니다.

**1. 첫째로, 요시야가 행했던 기꺼이 받아들일 수 있는 행위에 대해서 이야기해 봅시다.**

나는 지금 미점이나 상태를 말하는 것이 아니라 행위를 말하고 있습니다. 요시야가 겸손했다는 점을 말하는 것이 아닙니다. 물론 그는 겸손하였습니다. 그렇지 않았다면 그가 하나님의 말씀을 들었을 때 떨지 않았을 것입니다.

모든 미점이 그리스도인들에게는 다 어느 정도 있습니다. 그리스도인에게는 누구나 모든 미덕의 싹이 있습니다. 정상적인 아이에게는 누구나 근육과 힘줄과 신경과 뼈가 다 있듯이, 물론 그 모든 것이 다 발달하려면 한참 있어야 하지만, 아무튼 그 모든 것이 있듯이 그리스도인에게는 누구나 다른 모든 미점들과 함께 겸손이 있습니다. 물론 이 겸손이 어떤 사람들에게서는 아직 거의 인지할 수 없는 상태에 있고 또 어떤 사람들에게서는 그 상태가 완전과는 아주 거리가 먼 모습이긴 합니다. 요시야에게는 틀림없이 겸손이라는 미점이 있었습니다. 그의 마음이 마땅히 그랬어야 하듯이 지속적으로 겸손한 상태에 있었다고 말하는 것은 아닙니다. 우리는 어떤 의미에서 언제나 겸손의 골짜기에 있어야 합니다. 교만은 신자에게서 결코 용납되어서는 안 됩니다. 우리가 마음이 높아져도 안전할 수 있는 때란 없습니다. 우리는 언제나 자신에 대해 겸손하게 생각해야 합니다. 사람이 사실 자신이 아무것도 아닌데도 대단한 존재처럼 생각하면 스스로 속는 것입니다. 원래 우리는 언제나 아무것도 아니기 때문에 이 사실을 알고 느껴서 스스로 속거나 자기 마음의 비위를 맞추는 일을 하지 않는 것이 잘하는 일입니다.

본문에서 언급하는 것은 행위입니다. 미점이나 상태가 아니라 행위입니다. 우리는 본문에서 요시야에게 겸손이라는 미점이 있고, 그 미점이 자기 본성을 따라 행하여 그의 마음에 겸손의 상태를 일으키는 것을 봅니다. 그는 겸손하였습니다. 즉, 그는 남아 있는 교만을 스스로 고치고, 하나님의 은혜가 그의 안에 일으키신 겸손을 자신에게 교육하는 일을 시작한 것입니다. 그는 겸손하였습니다. 그는 하나님께서 정죄하신 죄에 자신이 연루되어 있음을 고백하였습니다. 그는 그처럼 두려운 형벌을 내리겠다고 으르시는 일에서 하나님은 정당하시다고 인정하였습니다. 그는 왕복을 벗었습니다. 자신이 성전에서 하나님께 드린 봉사들에 대해서는 전혀 언급하지 않았습니다. 그는 여호와의 전을 꾸미기 위해 보물을 넉넉히 드린 일에 대해서 언급하지 않았습니다. 주님의 유명한 비유에 나오는 그 불쌍한 세리가 "감히 눈을 들어 하늘을 쳐다보지도 못하고 다만 가슴을 치며 이르되 하나님이여 불쌍히 여기소서 나는 죄인이로소이다"고 하였다고 묘사되듯이, 그런 태도로 나왔습니다. 그래서 형제 여러분, 오늘 아침 나는 여러분이 자신에게 겸손이 있는지 조사해 보기를 바라는 것이 아닙니다. 여러분이 신자라면, 겸손이 여러분 마음 어디엔가 있다는 것을 알기 때문입니다. 여러분에게 오늘 아침 여러분이 겸손한 상태에 있는지를 묻는 것도 아닙니다. 여러분은 그런 상태에 있지 않을 수 있습니다. 내가 여러분에게 바라는 것은, 나와 함께 겸손히 행하자는 것입니다. 즉, 하나님 앞에서 마음을 굽히라는 것입니다. 각 사람이 자신의 경험에 따라 지존하신 하나님 앞에서 낮고 공손하게 엎드려 우리 각 사람이 필요로 하는 자비들을 하나님께 얻을 수 있도록 하자는 것입니다.

(1) 이 행위에 대해서 말하자면, 첫째로 그것은 실제적이고 개인적인 행동이었습니다. 본문은 이렇게 말합니다. "내 앞에서 겸손하여 옷을 찢고 통곡하였으므로." 너는 겸손하겠다고 말하지 않고 실제로 겸손하였다. 너는 다른 사람들에게 겸손하라고 명령하지 않고 네 자신이 겸손하였다는 것입니다. 그것이 네게 개인적인 의무의 문제였는데, 네가 그 의무를 행하기를 연기하거나 그것을 보고 칭찬하고 나서는 "내가 틈이 있으면 너를 부르리라"(행 24:25)고 말하지 않았다. 너는 실제로 진심으로 바르게 겸손하였고, 그것을 행동으로 보였다. 너는 지존하신 하나님 앞에서 실제로 몸을 굽혀 티끌을 뒤집어쓰기까지 하였다. 나는 여러분에게 설교하는 습관 때문에 내 자신도 이 의무와 그 밖의 거룩한 의무들을 이행해야 한다는 점을 잊어버릴까 두렵습니다. 그런 일이 없기를 구합니다! 그리고 다른 한편으로 여러분이 내 설교 스타일을 비판할 수가 있고, 그렇게 하는 가운데 내 설교 스타일이 당면한 문제가 아니라는 것을 잊어버릴 수가 있습니다. 우리는 지금 본문이 우리에게 일깨워주고 있는 매우 엄숙한 의무를 깊이 생각해야

합니다. 우리가 정직하게 이 일을 행하기를 바랍니다. 그리고 성령께서 우리를 도우셔서 우리 각 사람이 기꺼이 "네가 겸손하였다"는 말을 듣고자 하기를 바랍니다.

(2) 그 일이 실제적이고 개인적인 행위였듯이 **자발적이었다는** 점도 살펴봅시다. "네가 겸손하였다." 이것은 하나님께서 그를 겸손케 하셨다는 말이 아닙니다. 그렇다고 해서 하나님의 은혜가 그를 돕지 않았다거나 하나님의 성령이 그의 겸손을 일으키신 것이 아니라고 말하는 것이 아닙니다. 하나님께서 섭리를 통한 명백하고 공공연한 심판을 통해 요시야로 하여금 교만한 마음이 꺾이도록 하신 것이 아니라는 뜻입니다. 여러분은 겸손한 것(being humble)과 오만한 콧대가 꺾인 것(being humbled)의 차이를 본 적이 있습니까? 전혀 겸손하지 않은 사람들이 그 교만한 콧대가 꺾이는 경우가 많이 있습니다. 바로가 교만한 마음이 꺾였습니다. 그가 파리와 이 같은 것들이 자신과 자신의 병사들을 이길 수 있다는 것을 보았을 때, 그 오만한 콧대가 완전히 꺾였습니다! 하늘의 하나님께서 잇따라 자기에게 재앙을 보내실 수 있다는 것을 알고서 "여호와가 누구이기에 내가 그의 목소리를 듣겠느냐?"(출 5:2) 하고 말하던 입으로 "여호와께 구하여 이 우렛소리와 우박을 그만 그치게 하라"(9:28)고 소리치게 되었을 때, 참으로 콧대가 꺾였습니다! 그의 오만한 콧대가 꺾인 것은 틀림없지만 그가 겸손하지는 않았습니다. 그리고 홍해에서 찬 바닷물이 그 위로 굽이쳤을 때 그는 교만한 마음을 그대로 지니고 죽었지만, 극도로 굴욕을 당한 것입니다. 바로 그처럼 하나님께서는 우리들 중 어떤 이들에게도 콧대를 꺾는 일을 하실 수 있습니다. 하나님께서 우리에게서 재산을 가져가실 수 있습니다. 그래서 우리가 가난하게 됨으로 교만한 마음이 꺾일 수가 있습니다. 하나님께서 지금 우리가 자랑하는 것들을 거두어 가실 수 있고, 그러면 우리는 그 상실로 말미암아 교만한 마음이 꺾일 수가 있습니다. 그러나 오늘 아침 내가 여러분에게 주의하라고 말씀드리는 의무는 심판이 와서 여러분을 다루기 전에 여러분 스스로 겸손하라고 하는 것입니다. 여러분이 이 은혜로운 교훈에 주의하여 하나님의 능하신 손 아래서 스스로 겸손하지 않으면 반드시 심판이 와서 여러분을 다룰 것입니다. 우리는 모두 꺾어지든지 아니면 허리를 굽혀야 합니다. 우리는 즐겁게 허리를 굽힙시다. "그의 아들에게 입맞추라 그렇지 아니하면 진노하심으로 너희가 길에서 망하리라"(시 2:12). 요시야의 모범이 가르치는 바는 바로 영혼의 자발적인 겸손입니다. 성령께서 그

의 권능의 날에 우리에게 자원하는 마음을 주셔서 우리가 하나님 앞에서 기꺼이 겸손하도록 해 주시기를 바랍니다.

(3) 그 다음에, 요시야의 입장에서 그것은 진정한 신앙적 행위였습니다. 우리는 요시야가 "하나님 앞에서" 겸손하였다는 말을 듣습니다. 그가 굵은 베옷을 입고 옷을 찢은 것은 사실입니다. 그만큼 그의 겸손함이 사람들에게 분명히 보였습니다. 그러나 그의 겸손함의 정수는 홀로 하나님 앞에 선 것이었습니다. 여러분의 마음이 하나님 앞에서 자신을 낮추지 않는 한, 굵은 베옷을 입고 사람 앞에서 풀처럼 고개를 숙이는 것은 헛된 일입니다. 외적인 애통과 금식은 자신을 낮추는 것이 아닙니다. 거기에 마음이 빠져있으면 하나님께서도 그런 것을 돌아보시지 않습니다. "너희는 옷을 찢지 말고 마음을 찢을지어다"(욜 2:13). 여러분은 마음을 낮추고 심령으로 회개하십시오. 친구 여러분, 우리는 하나님 앞에서 더욱더 믿음으로 행합시다. 사회의 형식과 관습을 존중하는 거룩함은 가져가버리십시오! 죽을 인생의 눈앞에서 자기를 과시하는 종교는 치워버리십시오. 우리는 은밀한 가운데서 보시는 하나님을 존중하는 은혜가 필요합니다. 사실 우리는 영적 예배가 더욱더 필요합니다. 영이신 하나님을 예배하는 자들은 "하나님을 영과 진리로 예배해야" 하기 때문입니다. 여러분의 찬송이 하나님께 드려지지 않으면, 그것은 찬송이 아닙니다. 여러분이 이스라엘의 하나님의 얼굴을 구하지 않는 한, 여러분의 기도는 전혀 기도가 아닙니다. 마음으로 하나님을 깊이 공경하지 않으면, 여러분의 겸손은 또 다른 형태의 교만에 지나지 않습니다.

(4) 그 다음에, 요시야의 입장에서 그 행위는 매우 깊고 철저한 것이었습니다. 그는 겸손하려고 노력한 것이 아니라 실제로 겸손하였습니다. 본문에서 그 사실이 거듭 언급되는 데서 이 점을 생각하게 됩니다. 성경이 어떤 사실을 두 번 언급할 때, 그것은 하나님께서 우리에게 그것에 주의하게 하시려는 것입니다. "네가 하나님 앞에서 겸손하였다"고 기록되었고, 또 "내 앞에서 겸손하여"라고 기록하고 있습니다(개역개정은 "네가 하나님 앞 곧 내 앞에서 겸손하여"라고 하여 "겸손하다"는 말을 한 번만 번역하고 있음). 그것은 단지 옷을 찢는 것이 아니라 마음을 찢는 행위였습니다. 요시야는 정말로 마음이 찢어졌습니다. 그는 마땅히 그래야 하는 곳에서 몸을 굽히려고 노력한 것이 아니라 정말로 마음이 낮아졌습니다. 그는 진정으로 마음이 상하여 통회하는 자로서 시은좌 밑에 엎드립니다. 사랑하는 여러분, "겸손하겠어"라고 말하는 것은 쉬운 일입니다. 그러나 하나님 앞에서

겸손한 것은 또 다른 문제입니다. 지존하신 하나님 앞에서 자기를 낮추는 이 거룩한 일을 시작하는 것은 큰 일이 아닙니다. 정말로 큰 일은 계속 그 일을 하여 마침내 여러분이 "여호와여 내가 깊은 곳에서 주께 부르짖었나이다"(시 130:1) 하고 말할 수 있게 되는 것입니다. 이것은 복된 일이고, 그 일에서 여러분은 성령의 도우심이 필요합니다. 우리는 모두 어떤 때 자신의 약함을 의식하지만, 자기 마음을 낮추는 그 사실을 잊어버립니다. 우리의 겸손은 쉽게 사라지는 아침 구름 같고 아침 이슬 같습니다. 우리 마음이 완전히 낮아지고 교만이 쫓겨나고 다시 들어오지 못하게 되기까지 이 겸손을 우리 영혼 속에 짜 넣기 위해서 우리에게 필요한 것이 이것이고, 복을 가져올 것도 바로 이것입니다.

사랑하는 친구 여러분, 내가 첫 번째로 말한, 겸손하게 하는 이 은혜는 하나님 앞에서 매우 달콤한 것이고, 그래서 이 은혜가 없는 곳에서는 사람이 겸손할 수 없다는 것을 말씀드립니다. 이 겸손한 상태는 단순한 겸손의 행위보다 훨씬 더 복되고 따라서 항상 모든 그리스도인의 상태가 되어야 한다는 점도 말씀드립니다. 우리는 언제나 하나님 앞에서 겸손하게 행해야 합니다. 그러나 우리가 겸손한 상태에 있지 않다면 겸손한 상태에 들어가기 위해 겸손한 행위를 해야 합니다. 우리는 언제나 깨끗한 상태에 있도록 해야 합니다. 그러나 우리는 이 악한 세상과 접촉하고 있기 때문에 항상 깨끗할 수는 없습니다. 그래서 자신을 깨끗이 씻는 시간이 있어야 합니다. 이와 같이 우리는 언제나 겸손해야 합니다. 그러나 우리가 그렇지 못하기 때문에 자신을 낮추는 시간이 있어야 합니다.

자, 남녀를 막론하고 이 자리에 계신 분은 아무도 이 일에서 면제받을 생각을 하지 않아야 합니다. 참으로 뛰어난 사람이신 왕이 계시는데, 그런 분이 스스로 겸손하시기 때문입니다! 어떤 목사나 사역자도, 장로나 집사, 아무리 열심 있는 복음전도자라도, 아주 열심히 일하는 일꾼이라도 그리스도인이라면 자신이 이 일에서 면제받았다고 생각해서는 안 됩니다. 요시야도 엎드렸는데, 누가 감히 똑바로 서려고 합니까? 각 사람은 제자리에서 지존하신 하나님 앞에 엎드리도록 합시다. 깨끗한 생애를 살았고 하나님을 경외하였으며 동쪽 동맹국들과의 조약을 이행하다 죽은 사람이 있습니다. 자신이 하나님의 보내심을 받았다고 자처하며 그를 이 전투에 참가하지 못하게 하려고 한 폭군 바로느고로부터 자기 나라를 지키려다가 죽은 사람이 있습니다. 그는 성도로 살았고, 애국자 왕으로서 죽기를 원하였을 것인데, 바로 그 모습으로 죽었습니다. 그런 그가 지존하신 하나님 앞에서 겸손합니다! 친구 여러분, 이 모범을 보면 우리가 즉각 그것을 본받아야 한다는 생각이 들지 않습니까? 주님께서 우리가 그 모범을 본받게 하여 주시기 바랍니다.

**2. 요시야에 대해 기록된 바로 그 행위를 우리가 이행해야 되는 중요한 이유들을 설명할 때 아주 잘 들으시기 바랍니다.**

(1) 형제 여러분, 우리가 겸손해야 하는 이유들은 아주 많아서 내게 허락된 시간 내에 여러분에게 다 말할 수 없을 것입니다. 첫째로, 죄와 죄의 악함, 죄에 마땅히 따르는 형벌을 깊이 의식하고 분명히 볼 때, 우리는 당연히 하나님의 보좌 앞에서 겸손하지 않을 수 없습니다. 우리는 죄를 지었습니다. 우리는 죄를 범하여 길 잃은 양처럼 하나님의 길을 떠났습니다. 지금 이 자리에 있는 우리가 그런 사람입니다. 우리는 그리스도인으로서 죄를 범하였습니다. 슬프게도 사실이 그렇습니다. 은혜를 받았음에도 불구하고 우리는 아직도 감사할 줄 모르며 지냈습니다. 큰 특권을 받았음에도 그에 합당한 열매를 맺지 못하였습니다. 우리 가운데 오랫동안 그리스도인으로서 전투를 해온 사람이라 할지라도 과거를 돌아볼 때 얼굴을 붉히지 않을 사람이 누가 있겠습니까? 우리가 거듭나기 전에 보낸 날들에 대해서 생각할 때, 우리는 하나님께서 그 날들을 깨끗이 지워주시고 용서하며 잊어주시기를 바랍니다. 그러나 그 이후로, 비록 우리가 이전처럼 죄를 짓지는 않았을지라도, 우리 마음에 진정으로 빛이 비추었고 또 하나님의 사랑을 우리가 인식할 수 있었고 또한 그것을 기뻐하였음에도 죄를 지은 만큼 우리의 죄는 더욱 악화되었습니다.

아, 사죄 받은 영혼이 짓는 죄는 참으로 흉악한 것입니다! 내가 생각할 때, 용서받지 않은 죄인이 짓는 죄는 하나님의 택하신 자들, 곧 그리스도와 교제를 나누었고 그 머리를 예수님의 품에 기댄 자가 짓는 죄에 비할 때 값싸다고 봅니다. 형제 여러분, 다윗을 보십시오! 많은 사람들이 그의 죄에 대해서 이야기하지만, 나는 여러분이 그의 회개를 보고, 그의 꺾인 뼈들 하나하나가 신음하며 슬픈 고백을 하는 것을 듣기 바랍니다! 그의 눈물이 땅에 떨어지는 것을 보고, 그가 하프로 부드러운 음악을 연주하면서 내쉬는 깊은 한숨을 들어보십시오! 우리가 죄를 범하였습니다. 그러므로 우리는 회개의 영을 구합시다. 또 베드로를 보십시오! 우리는 베드로가 자기 주님을 부인한 일에 대해 많이 이야기합니다. "그가 심히 통곡하니라"(눅 22:62)고 기록되어 있습니다. 우리는 그렇게 심하게 통곡할 죄가 없습니까? 주님을 부인한 것 때문에 눈물을 흘리며 슬퍼해야 할 일이 우리에게는 없습니까? 형제 여러분, 우리의 이러한 죄들은 가장 극렬한 지옥 형벌을 받아 마땅합니다. 타오르는 불길에서 타다 만 막대기 같은 우리를 끄집어내어 다르게 만든 주권적인 자비가 없었다면, 회심 전과 후에 지은 이런 죄들로 말미암아 우리는 꺼지지 않는 불이 타오르는 곳으로 넘겨질 것입니다. 마음을 겸손하게 하는 일에 이르도록 우리를 도울 것은 아무것도 없습니까? 내 영혼아, 네 본성적인 더러움을 깨닫고서 엎드려 네 하나님을 예배하라.

(2) 우리 마음을 낮추는 또 다른 주제, 곧 우리의 기원과 끝에 대해서 생각해 봅시다. 한 날의 자식인 우리가 여기 있습니다. 더러운 것들에서 더러운 것이 나왔습니다. 우리는 행위가 부패한 자식이며 행악의 종자입니다(사 1:4). 우리는 기껏해야 걸어 다니는 땅의 사람들 외에 무엇입니까? 머지않아 우리는 벌레들이 아래서 기어 다니고 또 우리를 온통 뒤덮을 초라한 무덤에 들어갈 것입니다. 우리는 한 모금 바람이 되고, 한 줌 먼지가 될 것입니다. 그때도 우리가 자랑하겠습니까? 아무것도 아닌 것에서 나왔고 반드시 아무것도 아닌 것으로 돌아가게 되어 있는 우리가 자랑할 것이 있습니까? 티끌에서 나온 벌레여, 네 자신을 알고 더 이상 교만하게 굴지 말라!

(3) 형제 여러분, 나는 또 여러분에게 여러분을 다르게 만든 주권적인 은혜에 대해서도 말씀드리겠습니다. 내게 대한 하나님의 놀라운 사랑을 깨닫는 것이 내 자신의 죄를 아는 것보다 더 나를 겸손하게 만드는 경향이 있다는 점을 종종 발견합니다. 형제 여러분, 여러분이 하나님의 은혜로 어떤 존재가 되었는지 생각해 보십시오! 여러분은 하나님의 뜻을 따라 하나님의 택하심을 받았습니다. 여러분에게 있는 어떤 선함 때문이 아니라 하나님께서 여러분을 택하시기로 마음먹으셨기 때문에 택하신 것입니다. "하나님께서 긍휼히 여길 자를 긍휼히 여기고 불쌍히 여길 자를 불쌍히 여기시기"(롬 9:15) 때문입니다. 여러분이 "대속함을 받은 것은 은이나 금 같이 없어질 것으로 된 것이 아니요……그리스도의 보배로운 피로 된 것"(벧전 1:18)입니다. 여러분은 완전히 망했기 때문에 하나님의 독생자의 희생이 없이는 아무것도 여러분을 구원할 수 없습니다. 그 점을 생각하십시오. 예수께서 여러분을 위하여 허리를 굽히셨으니 여러분도 그의 발 앞에 겸손히 엎드리십시오. 여러분이 이제는 하나님의 자녀입니다. 영광에 이르는 길에서

하늘의 은총을 받은 자입니다. 해와 달들이 그 빛을 잃었을 때 여러분이 검은 강물 건너서 차지하게 될 기업을 받은 자입니다. 여러분은 영원히 하나님 가까이 지내며 하나님을 닮게 될 것입니다. 하나님의 그처럼 놀라운 선하심을 생각하게 되면 자비를 아주 무겁게 실은 배는 거의 잠길 정도까지 물에 깊이 빠지게 될 것이 확실합니다. 여러분은 자신이 하나님의 그 모든 자비 가운데 가장 작은 것도 받기에 합당치 않기 때문에 하나님께 감사하고 하나님을 찬양하지 않을 수 없다는 것을 틀림없이 느낄 것입니다.

(4) 그 다음에는, 여러분이 하나님의 크심에 대해 생각해 보기를 바랍니다. 여러분 앞에 이 엄청난 주제를 제시하는 것은 내가 말로 할 수 있는 일이 아닙니다. 그러나 내가 여러분을 욥이 "내가 주께 대하여 귀로 듣기만 하였사오나 이제는 눈으로 주를 뵈옵나이다"라고 말했을 때의 위치에 둘 수 있다면, 여러분은 틀림없이 이 족장과 함께 이 말을 덧붙이게 될 것입니다. "그러므로 내가 스스로 거두어들이고 티끌과 재 가운데에서 회개하나이다"(욥 42:5,6).

> "크신 하나님, 주는 참으로 무한하신 분이십니다!
> 우리는 참으로 하잘것없는 벌레이옵니다!"

(5) 그 다음에, 구주님의 생애와 죽음을 생각해 보십시오. 여러분의 주님께서 수건을 가지고 제자들의 발을 씻어주시는 것을 보십시오. 그런데 그리스도의 제자인 여러분은 겸손하려고 하지 않습니까? 아니, 주님께서 그의 생애 동안 내내 어떻게 하셨는지 보십시오. "그가 순종하셨다"(빌 2:8. 개역개정 "그가 복종하셨다")는 이 문장이 주님의 전기(傳記)에 대한 요약이 아닙니까? 주님은 여기 이 땅에 계실 때 언제나 헐벗지 않으셨습니까? 처음에는 겉옷부터 시작하여 차례로 옷을 벗어 마침내 벌거벗게 되셨으며, 주께서 십자가에 달리시고 그 다음에는 자신의 가장 깊은 곳을 비우시고 심장으로부터 피를 홍수같이 쏟으시며 우리를 위해 모든 것을 내놓으시어 마침내 빌린 무덤에 무일푼으로 누이시기까지 하지 않았습니까?

> "명예도 숨도
> 다 빼앗기시고

악한 자들과 함께 죽임을 당하여
저들과 같이 악한 자로 여김을 받으셨네."

우리의 구속자께서 얼마나 낮은 자리까지 이르셨습니까! 그런데 우리가 어떻게 교만할 수 있겠습니까? 사랑하는 형제자매 여러분, 십자가 밑에 서서 여러분을 깨끗이 씻기 위해 흘리신 붉은 핏방울을 세어 보십시오. 가시 면류관을 보고, 그의 뺨에 여전히 남아 있는 침 자국을 보십시오. 십자가를 돌며 새빨간 실개천이 아직도 흘러나오고 있는, 채찍 맞은 그의 어깨를 보십시오. 거친 쇠못에 박힌 손과 발을 보고 온갖 조롱과 비웃음을 당하고 있는 그분을 보십시오. 그분의 육체에서 나타나는 내적 슬픔의 쓰디씀과 고통과 번민을 보십시오. "나의 하나님, 나의 하나님, 어찌하여 나를 버리셨나이까?"라고 외치는, 오싹하게 만드는 그 비명을 들어보십시오. 이런데도 여러분이 십자가 앞에서 땅에 엎드러져 있지 않다면, 여러분은 이 광경을 보지 못한 것입니다. 여러분이 예수님 앞에서 겸손하지 않다면 여러분은 그를 알지 못하는 것입니다. 주님께서 우리가 골고다를 깊이 생각하도록 해 주시기를 바랍니다. 우리 처지가 우쭐해져서 거들먹거리는 교만한 사람의 입장이 더 이상 되지 못할 것을 압니다. 그보다 우리는 죄사함 받은 것이 많기 때문에 많이 사랑하는 사람의 겸손한 위치에 서야 할 것입니다.

나는 경험이 없는 신자에게 이 겸손의 행위에 관하여 잘못 생각하지 말라고 경고하고 싶습니다. 가짜 겸손을 진짜 겸손으로 잘못 생각하지 말기 바랍니다. 사람들 사이에 잘 알려진, 겸손을 가장한 아주 위선적인 말투가 있습니다. 사람들은 기도할 때 "티끌 같은 보잘것없는 제가"라고 말하고, 마음은 루시퍼처럼 교만하면서도 자기를 비하하는 온갖 표현을 사용합니다. 그들은 주님 앞에서 자신들에 관하여 실제로는 전혀 믿지 않는 사실들을 말합니다. 이것은 그들의 태도와 자세를 보면 자신들에 대한 그들의 평가가 겸손한 것과는 아주 거리가 멀기 때문입니다. 그런가 하면 게으름을 겸손이라고 생각하는 사람들이 있습니다. 그들은 할 수 있고 하는 것이 바람직하며 또 하는 것이 마땅한 경우에 "아, 이것은 할 수 없어! 저것은 할 수 없어!" 하고 외칩니다. 그리고 성령께서 도우시면 그 일을 할 수 있을 것인데, 그들은 자신이 무능력하다고 생각하기 때문에 모든 의무를 회피하며, 자신들의 게으름을 겸손한 것처럼 보이는 모습으로 숨깁니다. 모세는 하나님께서 불러 그에게 시키신 큰 일에 대해 자꾸 핑계를 대고 어떻게 해서든지 피하려고 하였을 때 하나님께 아주 심하게 책망을 들었습니다. 하나님께서 우리를 불러 일을 시키실 때 하나님께 이의를 제기하지 맙시다. 그보다는 "내가 여기 있나이다 나를 보내소서"(사 6:8) 하고 말합시다. 그처럼 볼품없는 가짜 겸손에 빠지지 말고, 장부답게 예수님을 위하여 모든 힘을 다 사용하십시오. 다시 말하지만, 불신앙을 겸손으로 잘못 생각하지 마십시오. "저는 ~하기를 바랍니다"라든지 "저는 ~할 것으로 생각합니다" 혹은 그와 같은 표현들은 마음의 겸손을 나타내기보다는 하나님께 대한 불신의 느낌이 훨씬 더 풍깁니다. 최상의 겸손은 최고의 믿음과 조화를 이루기 때문입니다. 사실, 겸손하지 않은 것은 참된 믿음이 아니고 가짜인 것입니다. 그리고 하나님을 신뢰하지 않는 것은 진정한 겸손이 아닙니다. 믿음과 겸손은 언제나 함께 갑니다. 여러분 속에 있는 은혜가 진정한 은혜가 되도록 하고, 그 목적을 위해서 성령께 그 은혜를 여러분 속에 일으켜 주시기를 구하십시오.

친구 여러분, 여기서 한 마디만 더하겠습니다. 여러분이 하나님 앞에서 겸손하기가 어렵다는 것을 발견하면 더욱 열심히 그 일에 매달리십시오. 그 일이 어려우면 어려울수록 여러분에게 그만큼 더 필요한 일이기 때문입니다. 여러분의 마음이 겸손하다면, 여러분이 겸손하게 되는 것은 쉬운 일일 것입니다. 그러나 마음이 교만하기 때문에 마음을 낮추는 일이 필요한 것입니다. 바로 이 점 때문에 겸손이라는 의무가 육체에게는 넌더리나고 불쾌한 일인 것입니다. 형제 여러분, 교만을 누르십시오. 여러분의 죄를 생각하고 마음을 낮추십시오. 여러분 스스로는 그 일을 할 수 없다면, 여러분의 힘이 있는 곳을 알고, 힘을 얻기 위해 강하신 분에게 달려가십시오. 그러면 여러분은 능하게 하는 은혜를 얻을 것입니다.

다시 말씀드리지만, 여러분은 겸손하기 위해 모든 능력을 발휘하십시오. 과거 죄들을 기억하십시오. 총명을 발휘하여서 피조물로서, 죄인으로서, 그리고 지금은 하나님께 속한 종으로서 여러분의 위치에 대해 바르게 판단하도록 하십시오. 총명이 여러분에게 큰 도움이 될 것입니다. 참된 겸손은 자신에 대해 정당하게 평가하기 때문이고, 겸손하다는 것은 자기가 마땅히 있어야 할 자리로 자신을 끌어내리는 것이기 때문입니다. 여러분의 소망과 두려움, 여러분의 애정과 열정, 여러분의 지력과 마음의 모든 기능들을 발휘하여 이 점, 곧 이제 하나님 앞에서 여러분이 요시야가 했던 것처럼 겸손하겠다는 점에 동의하도록 하십시오. 지금까지 여러분에게 그 이유들을 말하였습니다. 하나님이 성령께서 능력 있게 그 이유들을 적용하게 해 주시기를 바랍니다.

**3. 끝으로, 나는 친구들에게 고무적인 결과들을 보고 이 의무를 이행하라고 격려하지 않을 수 없습니다.**

성(聖) 베르나르이던가 아니면 중세 설교자들 가운데 한 사람이 이 말을 했던 것으로 압니다. "겸손에 관해 이야기할 것이 한 가지 있는데, 겸손은 사람에게 조금이라도 해를 끼칠 수 없다는 것이다." 사람이 문을 지나갈 때 머리를 숙이는 습관이 있다면, 문이 아주 높아서 머리를 숙일 필요가 전혀 없을 수 있지만, 그래도 머리를 숙이는 것이 그에게 전혀 해를 주지 않기 때문입니다. 문이 어떻게 하다 보니 낮을지라도 그에게는 머리를 숙이는 습관이 있기 때문에 그는 문 꼭대기에 머리가 살짝 닿으며 지나갈 수 있습니다. 참된 겸손은 어떤 정원이든지 아름답게 꾸밀 꽃입니다. 겸손은 생활이라는 매일의 음식에 맛을 내고, 어떤 경우에서든지 상황을 개선하는데 사용할 수 있는 양념입니다. 그것이 기도이든지 찬양이든지, 일이든지 고난이든지 간에, 겸손이라는 소금은 아무리 사용해도 지나치지 않을 것입니다.

(1) 겸손과 관련하여 우리가 받는 적극적인 이점들이 있습니다. 첫째로, 겸손이 심판을 막는 경우가 종종 있습니다. 이스라엘 역사에서 이스라엘 백성들이 적에게 넘겨지게 되었을 때, 그들이 겸손하자 즉시 침략자들이 물러가고, 그들이 하나님의 징계를 면하게 된 일들이 참으로 많았습니다! 내가 인용할 수 있는 아주 두드러진 경우들 가운데는 악인의 경우들도 있을 것입니다. 이는 그들의 경우가, 달리는 하나님을 움직일 수 있는 것이 아무것도 없는 경우에 겸손이 하나님께 미치는 능력을 보여주기 때문입니다. 르호보암이 거짓 예배를 세우고 "여호와 보시기에 악을 행하였습니다"(대하 36:12). 그래서 하나님이 르호보암과 유다에 대해 진노하셨고, 애굽 왕 시삭이 올라와 유다를 약탈하였고 이제 곧 예루살렘을 점령하려고 하였습니다. 그러나 우리는 르호보암과 유다가 하나님 앞에 겸비하였고 하나님께서 시삭이 예루살렘을 해하지 못하게 하시겠다고 말씀하신 사실을 봅니다. 또한 하나님께서는 그 땅에 은총을 베푸셨고, "유다에서 상황도 순조롭게 진행되었다"(개역개정은 "유다에 선한 일도 있었다")고 말합니다. 이러한 자비를 받은 것은 르호보암이나 그의 백성들에게 선한 것이 있었기 때문이

아니라 순전히 그들이 겸비하였기 때문이었습니다.

좀 더 주목할 만한 경우는 그래도 아합의 경우입니다. 아합은 나봇의 포도원을 얻기 위해 그를 죽였습니다. 그러나 그가 무죄한 피로 얼룩진 그 포도원에 들어갔을 때, 엘리야가 "네가 죽이고 또 빼앗았느냐?"(왕상 21:19) 하고 그에게 예리한 질문을 던졌습니다. 그러자 아합의 아주 교만한 마음이 엘리야에 대한 두려움으로 겁을 먹었고 그래서 "대적자여 네가 나를 찾았느냐!"(21:20) 하고 소리쳤습니다. 엘리야는 아합에게 하나님의 무서운 선고를 전달하였습니다. 즉, 그의 온 집안이 죽을 것이며 또 이세벨은 바로 그 포도원에서 개에게 먹힐 것이라고 하였습니다. 이 선고를 듣고 나서 아합은 더 이상 얼굴을 뻔뻔스럽게 쳐들고 다닐 수 없었습니다. 그 다음에 우리는 이런 기사를 읽게 됩니다. "아합이 이 모든 말씀을 들을 때에 그의 옷을 찢고 굵은 베로 몸을 동이고 금식하고 굵은 베에 누우며 또 풀이 죽어 다니더라"(왕상 21:27). 그러자 여호와께서 엘리야에게 이렇게 말씀하셨습니다. "아합이 내 앞에서 겸비함을 네가 보느냐 그가 내 앞에서 겸비하므로 내가 재앙을 저의 시대에는 내리지 아니하리라." 그래서 참으로 비열하기 짝이 없는 이 사람, 곧 역대기에서 악명이 높은 이 악한 아합이라도 겸비하였을 때 하나님께 복을 받았습니다. 하나님의 백성들에 관해서는 하나님께서 그들을 곧 치려고 하셨을 때에도 보통 그들이 겸비하면 치려던 손을 멈추셨습니다.

우리가 이미 앞에서 언급하였던 히스기야의 경우를 봅시다. 히스기야가 마음의 교만함을 뉘우치고 겸손하였을 때 하나님께서 재앙을 그의 생전에는 내리지 않겠다고 말씀하셨습니다. 이런 경우에 요시야도 겸비하였기 때문에 그의 생전에 여호와의 칼이 이스라엘에 임하는 것을 피하였습니다. 친구 여러분, 여러분은 아버지이신 하나님에게 훈련을 받습니다. 그래서 하나님께서는 여러분이 하나님의 징계하시는 매를 맞도록 하실 것입니다. 그러나 여러분이 겸비하면 그 매를 피하게 됩니다. 여러분도 자녀들을 대할 때, 자녀를 징계하지 않을 수 없다고 느끼다가도 아이의 마음이 부드럽고 유순해져서 자신의 잘못을 즉시 순순하게 인정하는 것을 보면, 매를 사용해야 하겠다는 마음이 사라져서 매를 치우게 됩니다. 그것은 여러분이 매를 써서 일으키려고 하는 것이 바로 이 겸손한 슬픔이기 때문입니다. 이미 그 효과가 나타났다면 더 이상 엄하게 대할 필요가 없는 것입니다. 이렇게 여호와께서는 자기 백성이 겸비할 때는 그들에게서 징계를 철회하십시다.

(2) 마음을 낮추는 것은 언제나 긍정적인 복을 가져다줍니다. 옛 철학자들은 물질의 법칙으로서 "자연은 진공 상태를 싫어 한다"는 주장을 입버릇처럼 말하였습니다. 이 옛날 주장이 오늘날에는 시대에 뒤진 것입니다. 그렇지만 영적인 면에서는 여전히 사실입니다. 그래서 여러분과 내가 자신을 비운다면 틀림없이 하나님께서 우리를 채우실 것입니다. 겸손으로 진공 상태를 만드십시오. 그러면 하나님께서 그 진공 상태를 그의 사랑으로 채우실 것입니다. 그리스도와 즐거운 교제를 나누고자 하는 사람은 주님의 이 말씀을 기억해야 합니다. "무릇 마음이 가난하고 심령에 통회하며 내 말을 듣고 떠는 자 그 사람은 내가 돌보리라"(사 66:2). "여호와께서는 높이 계셔도 낮은 자를 굽어 살피시며 멀리서도 교만한 자를 아심이니이다"(시 138:6). 친구 여러분, 여러분이 천국에 올라가고 싶다면 몸을 굽히십시오. 우리가 예수님에 대해 "그가 오르시기 위해 내리셨다"(참조. 엡 4:9)고 말하지 않습니까? 여러분도 그와 같이 해야 합니다. 여러분이 올라가기 위해서는 내려가야 합니다. 왜냐하면 가장 달콤한 천상의 교제는 마음이 겸손한 자들이 누리게 되어 있고, 오직 그런 자들만 누리게 되어 있기 때문입니다. 하나님께서는 참으로 마음이 겸손한 자들에게는 결코 복을 거절하시지 않으리라고 믿습니다. "심령이 가난한 자는 복이 있나니 천국이 그들의 것임이요"(마 5:3), 또 천국의 모든 부요와 보물도 그들의 것입니다. 하나님께서는 그의 모든 보고를 마음이 겸손한 자에게 선물로 넘겨주실 것인데, 그것을 선물로 받고도 마음이 교만해지지 않을 수 있을 만큼 마음이 겸손한 자에게 주실 것입니다.

(3) 형제 여러분, 겸손이 우리의 영적 건강을 증진시킬 것이기 때문에 마음을 낮추는 그 행위 자체가 여러분과 내게 복이 될 것입니다. 여러분이 마음을 낮추는 것은 마치 아프리카 정글을 지나가는 여행자들이 때때로 키니네를 한 모금 마셔야 하는 것처럼 이 악한 세상에서 반드시 필요한 일입니다. 자기를 낮추는 일의 괴로움이 영혼에는 강장제입니다. 나는 하나님 앞에 엎드리는 사람만큼 사람들 앞에서 용감한 사람이 있는지 모르겠습니다. 나는 하나님께, 오직 하나님께만 무릎을 꿇겠습니다. 그러나 만일 내가 하나님께 무릎을 꿇지 않는다면, 반드시 곧 내가 원하지 않을 때 무릎을 꿇게 될 것입니다. 즉, 사람 앞에서 떨게 될 것입니다. 여러분이 깊고 강력한 두려움으로 하나님을 두려워하면 다른 아무도 두려워하지 않게 될 것입니다. 여러분은 느부갓네살 같은 흉포한 폭군 앞에서도

거룩한 세 청년들과 같이 이렇게 말할 수 있을 것입니다. "왕이여 우리가 왕의 신들을 섬기지도 아니하고 왕이 세우신 금 신상에게 절하지도 아니할 줄을 아옵소서"(단 3:18). 하나님을 두려워하는 것이 다른 모든 두려움을 소멸시킵니다. 하나님을 두려워함은 힘센 사자처럼 그 앞에서 다른 모든 두려움을 내쫓습니다. 믿음을 제외하고 겸손만큼 사람을 활기 있고 강하게 만드는 것은 없습니다. 믿음조차도 겸손이 없는 곳에서는 강한 힘을 발휘할 수 없습니다.

(4) 또, 겸손은 유용함을 증진시킬 것입니다. 신자라고 하는 사람들 가운데 복을 받으면 말할 수 없이 교만해지기 때문에 하나님께서 복을 주실 수 없는 사람들이 있습니다. 나는 어떤 형제가 자기는 하나님께서 우리 모두에게 복을 주시되, 주는 것이 안전하다고 여기시는 것만큼 충분히 그리고 끝까지 복을 주셨다고 믿는다고 하는 말을 들었습니다. 나도 그렇다고 믿습니다. 여러분이 복을 얻지 못한다면, 그것은 여러분이 복을 받는 것이 안전하지 않기 때문입니다. 우리 하늘 아버지께서 여러분이 그의 거룩한 전쟁에서 이기도록 하려고 하신다면, 여러분이 스스로 면류관을 내려놓고, 여러분을 이길 적을 만나 자신의 안전을 위해 몸을 낮추게 될 것입니다. 사람이 진정으로 겸손하여 조금이라도 칭찬 들을 생각을 하지 않을 때, 하나님께서는 그를 위해 무엇이든지 행하실 것입니다. 겸손은 우리가 언제든지 하나님의 은혜를 받을 수 있고, 다른 사람들을 정당하게 대할 수 있도록 복을 줍니다. 사람은 누구나 교만한 사람을 가능한 한 멀리하려고 합니다. 사실 나는 교만한 사람들을 보는 것이 큰 즐거움이었던 때가 있었습니다. 그때는 내가 그 사람들을 잘 분간할 줄 몰랐습니다. 우리는 마음이 아주 온유한 사람들에게 가까이 가는 일에 별로 주의를 기울이지 않습니다. 그들은 천사들에게나 어울리는 사람들이기 때문입니다. 교만한 사람들은 큰 죄인들을 상대하고 싶어 하지 않습니다. "떨어져 있어. 나는 너보다 거룩한 사람이야"라고 하는 것은 쓸모 있는 사람이 할 말은 아닙니다. 여러분은 바리새인 같은 사람이 도시 선교사가 될 수 있다고 생각합니까? 아주 거만하게 구는, 점잔 빼는 저 신사를 보십시오! 그런 사람이 아주 유용한 설교자가 되겠습니까? 그런 사람을 보내어 저 타락한 불쌍한 여자들과 함께 저녁 집회에 참석하도록 해 보십시오. 차라리 공작새를 보내는 것이 나을 것입니다! 그는 "떨어져 있어. 나는 너보다 거룩한 사람이야"라고 말할 것입니다. 이렇게 생각하는 사람은 하나님을 섬기는 일에 부적절합니다. 그는 십자가의 군사가 되겠다고 말하기보다는 이 세상의 헛

된 것들을 따르는 것이 더 적합한 사람입니다. 넘치는 교만은 여러분을 무능력하게 만들지만, 풍성한 겸손은 성령께서 여러분에게 시키실 수 있는 어떤 그리스도인 사역도 잘 감당할 수 있게 만들 것입니다. 그러므로 친구 여러분, 하나님께서 때가 되면 우리에게 수고의 결과를 보게 하여 우리를 높이시도록 겸손 합시다.

이제 더 이상 드릴 말씀은 없는 것 같습니다. 다만 나는 성령님이 내 자신과 같은 믿음을 지닌 형제 여러분에 대하여 아주 간절히 바라는 바, 곧 우리 모두가 요시야처럼 하나님 앞에서 겸손하게 되는 일을 이루어주시기를 구합니다.

그렇지만 구원받지 못한 사람들에게 한 마디 드리고 싶은 말씀이 있습니다. 나는 여러분에게 먼저 겸손하라고 말씀드리지 않습니다. 여러분의 소망은 예수 그리스도에게 있습니다. "땅의 모든 끝이여 내게로 돌이켜 구원을 받으라"(사 45:22). 이것이 복음입니다. 여러분의 구원은 여러분에게 있지 않고 예수님에게 있습니다. 또한 겸손하고 통회하는 심령은 곧바로 여러분을 그리스도에게로 인도할 길에 서게 할 것입니다. 그러므로 나는 여러분이 이 심령을 기르기를 간절히 바랍니다.

아우구스투스 카이사르(Augustus Caesar)에 관한 전통적인 역사에서 회자되는 이야기가 있습니다. 아주 골치 아픈 해적이 로마의 배들을 많이 파손시켰습니다. 그래서 카이사르는 한동안 그를 추적하였지만 허탕을 치고 나서 그 해적의 머리에 1만 달란트 포상금을 걸었습니다. 그 해적은 상황이 절망적인 것을 알고, 마침내 동의하여 카이사르 앞에 나가 땅에다 머리를 대고 이렇게 말했습니다. "1만 달란트라고 하셨습니다! 제가 그 해적의 머리를 가져왔습니다." 카이사르가 그를 보고 깜짝 놀랐지만 이렇게 말했습니다. "너는 카이사르의 넉넉함을 믿었다. 그 같이 믿는 사람은 아무도 실망하지 않을 것이다. 너는 용서받았다. 또 1만 달란트도 가져가라."

자, 죄인이여, 나는 그대에게 그 해적의 본을 따르라고 권하겠습니다. 그의 모범은 민첩하고 현명한 것이었습니다. 여러분도 그와 같이 현명하십시오. 하나님께서는 여러분의 머리를 원하십니다. 아니, 여러분의 영혼을 얻기 바라십니다. 그러니 여러분 스스로 영혼을 가지고 가서 복종하십시오. 우리 잉글랜드 역사에서 저 악명 높은 노동절 후에, 즉 도제들이 폭동을 일으켜 외국인들의 집을 부수고 불태움으로써 엄청난 해악을 끼쳤을 때, 위원회가 그들을 재판하기 위해 모였고, 그들 가운데 많은 수를 런던 시청사로 소환하였습니다. 그런데 그들이 목에 밧줄을 걸고 나타나 자기들은 교수형에 처해져야 마땅하다고 인정했을 때, 그들 가운데 아주 많은 사람에게 특별 사면이 베풀어졌습니다. 불쌍한 영혼이여, 오십시오. 여러분이 스스로 자신의 목에 밧줄을 맨다면 하나님께서는 결코 여러분을 교수대에 달지 않으실 것입니다. 여러분이 스스로 자신의 머리를 내놓으려 한다면, 하나님께서는 결코 그 머리를 떼 내려고 하시지 않을 것입니다. 여러분은 자신의 잘못을 인정하고 현재 모습 그대로 와서 예수 그리스도 안에 있는 하나님의 넉넉하심을 기대하십시오. 하나님께서는 여러분을 실망시키시지 않을 것입니다.

스스로 의롭다고 여기는 교만한 여러분들은 망할 것이고, 겸손한 여러분은 예수님을 의지하기 때문에 구원받을 것입니다. 저기 침몰하고 있는 배가 있습니다! 저 배는 신속히 가라앉고 있습니다. 다 같이 어떻게 해서든지 살기를 바라는 두 사람이 보입니다. 그들 중 한 사람은 금 레이스가 잔뜩 달린 무거운 옷을 입고 보석으로 온몸을 치장하고 주머니에는 은금을 잔뜩 넣은 채 바다로 뛰어듭니다. 그가 어떻게 될지 여러분은 압니다. 그는 죽으려고 몸을 무겁게 하였습니다. 그런데 또 한 사람이 있는데, 그는 몸에 장식하고 있을 수 있는 보석들을 제거할 뿐만 아니라 마지막 남은 누더기까지 벗고 알몸으로 바다에 뛰어듭니다. 그 상황에서 수영할 수 있는 사람이 있다면, 바로 그 사람입니다. 여러분, 불쌍한 영혼이여, 바로 그렇게 하십시오. 여러분에게 자기 의라는 누더기가 있으면 벗어버리십시오. 여러분 자신의 것 가운데 무엇이든지 의지하는 것이 있다면, 버리십시오. 하나님의 사랑의 바다에서 수영할 수 있는 사람이 있다면, 당신이 바로 그 사람입니다. 한 마디 덧붙인다면, 벌거벗은 영혼은 거기에서 결코 빠져죽지 않았다는 것입니다. 여러분은 예수님을 붙잡되, 손에 아무것도 쥐지 말고 붙잡으십시오. "여러분은 멸망하지 아니할 것이요 또 여러분을 주님의 손에서 빼앗을 자가 없을 것입니다"(참조. 요 10:28). 하나님께서 주님의 사랑을 인해서 이 말씀이 우리 모두에게 복이 되게 하여 주시기를 바랍니다. 아멘.

제
13
장

—

# 동지들이여, 힘내라!

—

"왕이 제사장들에게 그들의 직분을 맡기고 격려하여 여호와의
전에서 직무를 수행하게 하고." – 대하 35:2

여러분도 알다시피, 요시야가 통치 초기에는 그 땅에 널리 퍼져 있던 우상
숭배를 단호히 반대하고 그것을 땅에서 뿌리 뽑으려고 하였습니다. 그 다음에는
성전을 수리하고 아름답게 꾸미는데 온 마음을 기울였습니다. 그 후에 여호와의
전에서 발견된 언약책의 말씀에 따라 거룩한 예배를 회복하고, 절기를 엄숙하게
지키며 바른 질서대로 하나님께 대한 예배를 부활시키는 것이 그의 목표하는 바
였습니다. 본문은 요시야가 일을 시작할 때 사용한 방법에 대해 다소 우리에게
알려주는 바가 있는데, 그것이 우리에게 모범으로서 도움이 될 수 있을 것입니
다.

첫 번째는 모든 사람을 각각 적소에 배치하는 것입니다. 그 다음은 모든 사
람이 자신의 현재 위치를 합당하게 차지하도록 하기 위해 그 위치에서 선한 정
신을 갖는 것입니다. 친구 여러분, 나는 여러분이 하나님의 섭리 가운데서 현재
의 위치에 있고, 또 그동안 성령의 인도로 여러분이 발휘해야 할 유용함의 정확
한 형태를 찾아왔고 결국 발견하였다고 생각합니다. 오늘 밤 여러분을 다루는
것이 내 할 일은 아닐 것입니다. 그러나 여러분이 현재 있는 곳에 계속 있는 것
이 잘하는 일이라고 생각할 때, 여러분이 낙심하지 않고 주님을 위하여 일을 하
도록 격려하는 것이 내 목적이 될 것입니다. 나는 주님의 일에 낙심해 있는 사람

들을 일깨우고 그들을 불러 모으며 그들에게 질서를 유지하라고 격려하기 위해 말을 많이 할 생각은 없습니다.

**1. 첫째로, 아무것도 할 수 없다고 생각하는 사람들에게 간단히 이야기하겠습니다.**

그들은 그런 설교에서 자기들에게 관한 것은 한 문장도 있을 수 없다고 말할 것입니다. 내가 사람들에게 하나님의 집의 일에 힘쓰라고 격려하려고 한다면, 그들은 아무것도 할 수 없기 때문에, 그런 말이 그들에게는 무익할 것입니다. 친구 여러분, 여러분은 그 생각을 당연하게 여겨서는 안 됩니다. 여러분은 내가 그렇다고 말하기도 전에 마치 그것이 사실인 것처럼 스스로 아무것도 할 수 없다고 확신해서는 안 됩니다. 하려는 의지가 없기 때문에 할 수 있는 길이 보이지 않는 때가 있기 때문입니다. 이것이 여러분의 경우라고 말하지는 않겠지만, 우리는 "할 수 없다"는 것이 종종 "하지 않겠다"는 의미이고, 승리하지 못했다는 것이 시도하지 않았다는 의미일 수가 있다는 것을 잘 압니다. 여러분은 몹시 낙심하였고 그래서 자신이 아무런 활동을 하지 않는 것에 대해 변명하였으며, 이렇게 아무 활동을 하지 않는 것이 나중에는 게으름이 되었습니다. 어떤 사람이 오른팔을 들 수 없다고 생각하고서 계속 그 팔을 가만히 내버려둔다면, 몇 주 혹은 몇 달이 지난 뒤에는 그 팔을 사용할 힘이 없다는 것이 사실이 되는 것은 이상한 일이 아닙니다. 그 팔이 실제로 아무 이유가 없이 뻣뻣해질 수가 있는데, 그것은 순전히 그 팔을 사용하지 않았기 때문입니다. 여러분은 근육이 굳어지기 전에 봉사를 함으로써 근육을 사용하는 것이 잘하는 일이라고 생각하지 않습니까? 특별히 젊은이 여러분, 여러분이 회심하자마자 주님을 위하여 일을 하지 않는다면, 후에 주님의 일을 하기가 매우 어려울 것입니다. 나는 적성이라는 것이 계속 사용하는 것과 더불어 오는 것을 종종 보았습니다. 사람들은 태만과 게으름을 통해서 힘이 빠지고 무기력해지는 것입니다. 여러분은 자신이 팔을 움직일 수 없기 때문에 움직이지 않는다고 말합니다. 여러분의 그런 생각 때문에 머지 않아 실제로 무능력하게 될 수가 있으니, 조심하십시오.

하지만 나는 여러분이 말한 것을 사실로 받아들이겠습니다. 여러분은 병들어 있습니다. 한창 건강할 때 느꼈던 활력이 이제는 여러분에게 없습니다. 여러분은 고통과 피로, 기진맥진함을 느끼지 않을 수 없습니다. 집에 그냥 눌러 앉아 있어야 하는 때가 종종 있습니다. 저녁 그림자가 지면, 이제는 집이 여러분에게 기분 좋은 여관이 되기보다는 하루 종일 우울한 병원처럼 보입니다. 그래서 정말로 여러분은 할 수 있는 것이 거의 없습니다. 할 수 있는 일이 너무 적다 보니, 여러분은 정말로 아무것도 하지 못하는 것처럼 생각하기가 쉽습니다. 그 생각이 여러분에게는 무거운 짐입니다. 여러분은 주님을 섬길 수 있기를 바랍니다. 주님을 섬기는 특권을 거절당한 이후로 얼마나 끊임없이 그 즐거움을 꿈꾸었습니까! 여러분의 발이 달려가기를 얼마나 바랐습니까! 여러분의 손은 일하기를 얼마나 바라고, 여러분의 혀는 증언하는 것을 얼마나 기뻐합니까! 여러분은 유능한 사람들을 부러워하며, 어찌하든지 그들과 겨루어 이기고 싶어합니다. 그러나 사실 여러분이 그들에게 악의를 품고 있는 것은 아닙니다. 다만 주님을 위하여 개인적으로 어떤 일을 할 수 있기를 진심으로 바라는 것뿐입니다.

　자, 나는 먼저 여러분에게 다윗의 후손인 그리스도의 법이 바로 다윗 자신의 법과 동일하다는 사실을 기억하여 힘을 얻도록 하고 싶습니다. 여러분은 전쟁하러 가는 사람들에 관한 다윗의 법을 압니다. 발을 절뚝거리는 사람들이 있었고, 또 다른 이유로 활동할 수 없는 사람들이 있었습니다. 다윗은 그들에게 뒤에 남아서 짐을 지키도록 하였습니다. 다윗은 그들에게 말했습니다. "당신들은 아주 지쳤고 병이 들었다. 그러니 진에서 머물며, 우리가 나가 싸우는 동안 장막과 무기를 지키시오." 그런데 싸우러 나간 사람들이 전리품은 다 자기들 것이라고 주장하는 일이 벌어졌습니다. 그들은 말했습니다. "이 사람들은 아무것도 한 것이 없어요. 이들은 참호 진지에서 누워 있었어요. 이들이 전리품에서 자기들 몫을 가져가게 해서는 안돼요." 그러나 다윗 왕은 그때 그 자리에서 사람들이 몫을 나누되 똑같이, 즉 참호 진지에 있었던 자들이나 전투에 참가했던 자들이나 똑같이 나누어야 한다는 법을 세웠습니다. "전장에 내려갔던 자의 분깃이나 소유물 곁에 머물렀던 자의 분깃이 동일할지니 같이 분배할 것이니라 하고 그날부터 다윗이 이것으로 이스라엘의 율례와 규례를 삼았더니 오늘까지 이르니라"(삼상 30:24,25).

　다윗의 후손이신 그리스도의 법도 그와 같이 은혜롭습니다. 병 때문에 여러분이 집에 붙들려 있다면, 다시 말해 나이나 허약함과 같은 다른 어떤 이유로 여러분이 실제적인 봉사에 참여할 수 없다면, 그렇지만 여러분이 진정한 군사이고 할 수만 있다면 나가 싸우려 하고, 그 싸움에 마음을 두고 있다면, 여러분은 하나님의 갑주를 입고 적과 맞서 격렬하게 싸우는 지극히 용감한 최고의 군사들과 똑같이 몫을 받을 것입니다.

형제 여러분, 여러분이 그리스도를 섬기는 일에 부지런하고 좋은 결과를 얻는 사람을 다 마음껏 칭찬할 수는 있지만 그들을 부러워할 이유는 전혀 없습니다. 여러분이 잘 알고 있는 천국의 법칙을 말씀드리겠습니다. "선지자의 이름으로 선지자를 영접하는 자는 선지자의 상을 받을 것이요"(마 10:41). 사실 그것은 하나님의 종에게 빛나는 약속입니다. 다윗은 그렇게 생각하였습니다. 다윗의 시편들의 첫 머리를 보면, "이스라엘의 왕 다윗의 기도"라는 문구는 보이지 않고 "하나님의 종 다윗의 기도"라는 문구가 많이 보이는 것을 볼 때 그렇습니다. 주님을 위한 사명을 수행할 수 있는 건강, 힘, 능력과 기회는 간절히 바랄 것들이지만, 이것들을 개인의 구원을 보여주는 신뢰할 만한 증거로 언제나 받아들일 수 있는 것은 아닙니다. 사람이 감탄할 만하게 설교할 수 있고, 교회 안에서 놀라운 일들을 할 수가 있지만, 그럼에도 그 자신은 구원하는 은혜를 받지 못한 사람일 수가 있습니다. 그래서 제자들이 설교를 마치고 돌아와서 "주여 주의 이름이면 귀신들도 우리에게 항복하더이다"(눅 10:17) 하고 말했을 때, 주님께서 이렇게 말씀하셨습니다. "그러나 귀신들이 너희에게 항복하는 것으로 기뻐하지 말고 너희 이름이 하늘에 기록된 것으로 기뻐하라"(10:20). 유다가 이들 가운데 있었습니다. 그가 귀신들을 쫓아내었습니다. 유다가 복음을 전하였습니다. 그럼에도 유다는 멸망의 자식이었고, 그래서 영원히 멸망하였습니다.

여러분이 많은 일을 할 수 없다고 해서, 그러므로 여러분이 구원받지 못하였다고 생각해서는 안 됩니다. 이는 여러분이 아주 우수한 그리스도인 사역자들 가운데 있다고 해서, 그 사실이 여러분이 확실히 하나님의 자녀라는 것을 입증하는 것은 아니기 때문입니다. 그러므로 여러분이 다른 사람들이 참여하고 있는 즐거운 활동들에서 밀려났다고 해서 괴로워하지 마십시오. 여러분의 이름이 천국에 기록되어 있고 여러분의 마음이 진정으로 주님을 따르고 있는 한, 여러분은 비록 이 땅에서 일꾼보다는 환자로 지내게 되어 있다고 할지라도 마지막 큰 날에 풍성한 보상을 받을 것이기 때문입니다.

친구 여러분, 내가 볼 때, 여러분 가운데 마음이 우울한 사람들은 자신의 운명을 합당한 정도를 넘어서 훨씬 더 그늘진 모습으로 표현하였을 수 있다고 봅니다. 정말로 여러분은 자신의 인생을 변화와 활동이 별로 없어서 남길 기록이 전혀 없는, 판에 박힌 따분한 삶이라고 생각합니까? 그렇지 않다고 생각합니다. "뜻 있게 사용한 시간의 값진 잔재들"이 때로는 여러분의 길에, 여러분은 눈치 채지 못할 수가 있지만 우리 눈에는 즐겁게 보이는 빛줄기를 비춥니다. 여러분은 지금 고통을 견디고 있습니까? 마음을 다스려 불평하는 것을 삼가고 마음을 밝게 하기 위해 육신을 복종시키려고 노력합니까? 친구 여러분, 그렇다면 여러분은 지금 큰일을 하고 있는 것입니다. 고통 가운데 있는 하나님의 자녀가 보이는 거룩한 평온함은 가정에서 전할 수 있는 최상의 설교 가운데 하나라고 확신합니다. 병든 성도가, 아주 웅변적으로 설교하는 목사보다 더 유익한 봉사를 가정에서 한 경우가 종종 있습니다. 식구들은 여러분이 얼마나 즐거이 하나님의 뜻에 복종하는지, 고통스러운 수술을 얼마나 인내심 있게 견디는지, 어떻게 주님께서 밤에 여러분에게 찬송을 주시는지 봅니다. 여러분은 매우 유용한 봉사를 하고 있는 것입니다. 때로 나는 아주 오랫동안 일어날 수 없어서 누워서 지냈지만, 내가 알기로 그 영향력이 모든 교구를 넘어서까지 끼친 사람들을 방문해 보라는 말을 들었습니다. 그들은 가난하지만 경건한 부인이거나 경험이 많은 그리스도인 남성들이었습니다. 많은 사람들이 그들을 만나러 갔습니다. 기독교 목사들은 자기들이 가서 가난하고 나이든 베스티 여사와 함께 30여분 이야기한 데서 자기 서재의 모든 책에서 얻는 것보다 더 많은 유익을 얻었다고 말했습니다. 그런데도 베스티 여사는 자기는 아무것도 하는 것이 없다고 했습니다. 이 관점에서 여러분의 경우를 생각해 보십시오. 여러분은 침상에서도 하나님을 찬양할 수 있고, 이 강단이 할 수 있는 만큼 여러분의 방이 하나님에 대해 말할 수 있다는 것을 알게 될 것입니다.

게다가, 친구 여러분, 여러분은 우리가 흔히 하나님을 섬기는 일을 교회의 공적 활동에만 국한시키고 주님께서 우리의 개인적인 충성과 순종에 대해 말씀하신 강력한 주장은 잊어버린다고 생각하지 않습니까? 여러분은 학교에서 가르칠 수 없거나 강단에서 설교할 수 없을 때, 여러분이 위원회에 앉지 못하거나 단상에서 말할 수 없을 때, 마치 이런 것들이 생각할 수 있는 유일한 봉사의 형태들인 것처럼 "나는 하나님을 섬길 수 없습니다" 하고 말합니다. 여러분은 아기에게 젖 먹이는 어머니가 하나님을 섬기고 있다고 생각하지 않습니까? 남자든지 여자든지 간에 가정생활의 의무들을 이행하며 끈기 있게 부지런히 매일의 수고에 힘쓰고 있는 사람들이 하나님을 섬기고 있다고 생각하지 않습니까? 여러분이 바르게 생각한다면 그들이 하나님을 섬기고 있다고 이해할 것입니다. 방을 청소하는 종이든 식사를 준비하는 주부 혹은 못을 박는 노동자나 장부를 정리하는 상인이든, 누구나 하나님을 섬기는 가운데서 모든 일을 해야 합니다. 물론 우리 각 사람이 모두 누가 보아도 신앙적인 일에 관여하고 있는 것이 매우 바람직한 일이지만, 그보다는 우리가 아주 평범한 일을 거룩하게 만들고, 누구나 하는 보통의 일에서 하늘을 향해 조율이 된 영혼의 선율이 울려 퍼지게 하는 것이 훨씬 더 낫습니다. 참된 신앙이 우리의 생명이 되게 합시다. 그러면 우리의 생활이 참된 신앙이 될 것입니다. 그것은 바로 이렇게 하는 것입니다. "먹든지 마시든지, 무엇을 하든지 다 주 예수의 이름으로 하고 그를 힘입어 하나님 아버지께 감사하라"(고전 10:31; 골 3:17). 이와 같이 여러분의 평범한 생활이 세상에 알려지지 않고 남의 눈에 띄지 않은 채 흘러갈지라도, 거룩하고 씩씩하게 생활하십시오. "그냥 서서 기다리기만 하는 사람들도 하나님을 섬긴다"(밀턴이 실명했을 때 쓴 시에 나오는 구절)고 한다면, 여러분이 더 이상 아무것도 할 수 없을 때 그냥 예수님의 발 앞에 앉아 그의 말씀을 듣기만 한다고 해서 여러분을 소홀히 하거나 빠트리고 보지 않으시리라는 것을 알 것입니다. 바로 이것이 하나님께서 인정하실 수 있는, 하나님을 위한 봉사입니다.

　자매 여러분, 주님께서는 여러분이 슬픔을 겪음으로 인하여 다른 사람들에게 동정심을 보이게 하셨다는 점을 또한 아시기 바랍니다. 형제 여러분, 여러분을 단련시킨 그 징계로 인해서 여러분이 다른 사람을 위로하는 법을 배우게 되었다는 것을 아시기 바랍니다. 그러니 여러분이 아무것도 할 수 없다고 말하겠습니까? 나는 여러분이 잊고 있는, 여러분에 관한 비밀을 한두 가지 알고 있습니다. 여러분은 우리가 여러분을 생각하듯이 자신을 생각하지 않습니다. 여러분은 언젠가 자신이 몹시 아팠을 때 여러분에게 보이신 하나님의 선하심을 말해 줌으로써 가엾은 여러분의 이웃을 위로하려고 한 적이 있지 않습니까? 여러분이 다른 사람의 고통을 보고서 지극히 신성한 눈물을 흘리지 않았습니까? 여러분이 불쌍한 환자이지만, 할 수 있는 때는 언제든지 비슷한 처지에 있는 다른 사람들에게 주님을 대신해서 그저 한두 마디라도 하려고 하는 것이 여러분의 습관이 아닙니까? 여러분은 자신이 아무것도 할 수 없다고 말합니다. 여러분, 하나님의 성도들을 기운 나게 하는 일은 누구나 종사할 수 있는 지극히 고귀한 일들 가운데 하나입니다. 하나님께서는 때로 그의 종들이 책망 받을 필요가 있을 때는 그들에게 선지자를 보내실 것입니다. 그리고 그들을 위로하기 원하시면 대체로 그들에게 천사를 보내십니다. 그것은 천사의 일이기 때문입니다. 예수 그리스도께서도 친히 자기를 돕도록 천사들을 보내셨다는 글을 우리는 읽습니다. 언제 그러셨습니까? 그것은 겟세마네 동산에서 예수께서 슬픔으로 기가 꺾였던 때가 아니었습니까? 위로하는 것은 평범한 일이 아닙니다. 그것은 천사가 하는 일과 같은 것입니다. "천사가 하늘로부터 예수께 나타나 힘을 더하더라"(눅 22:43). 이스라엘 백성들에게 그들의 죄에 대해 경고하기 위해서는 한 선지자가 보냄을 받았습니다. 그러나 기드온에게 자기 나라를 위해 가서 싸우도록 용기를 북돋으려고 했을 때, 그에게 온 것은 바로 여호와의 천사였습니다. 그래서 나는 위로하는 일은 천사의 일이라고 생각합니다.

친절한 마음씨를 지닌 그리스도인 여러분, 낙심하고 몹시 당황해하는 사람들을 기분 좋은 말로 위로하는 것 외에는 아무것도 할 줄 모른다고 생각하는 여러분, 여러분은 지금 지극히 복된 직무를 수행하고 있는 것이며, 많은 목사들이 하기 어렵다고 느끼는 일을 행하고 있는 것입니다. 나는 고생이나 병약함이라는 것을 한 번도 겪어보지 못한 사람들을 알고 있습니다. 그런데 이 사람들이 지친 하나님의 백성들을 위로하려고 할 때, 그들은 자기들이 그 일에 너무도 서툴다는 것을 느낍니다. 그들은 핀을 찾는 코끼리 같습니다. 그들이 그 일을 할 수는 있지만, 엄청난 노력이 들어갑니다. 시련을 겪은 하나님의 백성들은 애정을 갖고 서로를 위로합니다. 그들은 물고기가 물을 만난 듯이 능숙하게 그 일을 합니다. 그들은 지쳐 있는 사람에게 때에 맞는 말을 할 줄 압니다. 이것이 그 경우라면, 그들은 자기들이 아무것도 하고 있지 않다고 불평할 수 없을 것입니다.

하지만 사랑하는 여러분, 아무것도 하지 않고 있다고 생각했으나 이제는 자신이 정말로 유용한 사람이라는 것을 알게 된 여러분, 나는 여러분이 앞으로 나아갈 수 있는 더 넓은 영역이 여전히 있다는 것을 깨닫기를 바랍니다. 오늘 밤 야베스의 기도를 드립시다. 야베스는 그의 어머니가 수고롭게 낳은 자식이었기 때문에 그의 형제들보다 존귀한 자였습니다. 그의 기도는 이것이었습니다. "주께서 내게 복을 주시려거든 나의 지역을 넓히소서!"(대상 4:10). 여러분이 더 유용하게 쓰일 수 있는 영역을 열어달라고 하나님께 구하십시오. 그러면 하나님께서 열어주실 것입니다.

**2. 자신은 하나님을 섬기는 일에서 제켜졌다고 생각하는 또 다른 일꾼들에게 한두 마디 하겠습니다.**

어떤 사람들은 이렇게 말합니다. "목사님, 저는 목사님께서 제게 용기를 북돋아 주는 말씀을 해주셨으면 좋겠습니다. 제가 한때는 유용한 사람이었습니다. 적어도 저는 정말로 다른 사람들에게 진심으로 일하는 사람이라고 인정받았습니다. 그런데 이사를 간 후로, 저는 지금 살고 있는 지역 이웃들에게는 알려지지 않은 사람입니다. 저는 마치 대열에서 탈락된 것 같습니다. 최근에 한 일이 거의 없거나 아무것도 없어요. 저는 그 점이 불편합니다." 형제 여러분, 나는 형제가 유용한 사람이 될 것이라고 생각합니다. 그러니 그런 염려는 잠시도 하지 말기 바랍니다. 오늘날은 누군가 "어떻게 해야 그리스도를 위해 일할 수 있습니까?" 하고 물으면 내가 버릇처럼 "가서 그리스도를 위해서 일하세요"라고 말할 만큼, 그리스도인의 노력이 아주 많이 필요한 시대입니다. "그런데 어떻게 하는 것이 그리스도를 위해 일하는 길입니까?" 당장 시작하십시오. 형제 여러분, 그 점을 분명히 아십시오. 잠시도 일을 쉬는 일이 없도록 하십시오. 여러분이 어쩔 수 없이 잠시 일을 쉬어야 한다고 생각한다면, 일은 쉬더라도 우리 주님의 대의에 대한 관심은 식지 않도록 하십시오. 하나님의 일꾼들 가운데 지극히 뛰어난 사람들도 오랜 동안 일에서 밀려나 지내기도 하였습니다. 모세는 아무것도 하지 않으면서 광야에서 40년을 지냈습니다. 그보다 위대하신, 찬송 받으실 우리 주님조차도 30년 동안 일을 하시지 않았는데, 나는 주께서 아무 일도 하지 않으셨다고 말하려는 것이 아니라, 공적인 사역을 전혀 하시지 않았다는 것입니다. 여러분이 은퇴해서 활동하지 않는 위치에 있을 때, 하나님께서 다시 여러분을 불러내실 시간을 위해 준비하고 있으십시오. 여러분이 한쪽으로 치워져 사용되지 않고 있다면 거기에서 녹슬지 않도록 하십시오. 그보다 주님께 여러분을 빛나게 닦아 주셔서 하나님이 여러분을 다시 쓰실 때 여러분에게 맡기시는 일에 여러분이 완전히 적합할 수 있게 해 주시기를 기도하십시오.

여러분이 일에서 옆으로 물러나 있어야 하는 동안에는 이렇게 하시기 바랍니다. 즉, 일하고 있는 다른 사람들을 위해 기도하십시오. 그들을 돕고 격려하십시오. 까다롭게 구는 비천한 마음 상태에 빠져서 다른 사람들의 활동을 시기하고 얕보는 일을 하지 마십시오. 여물통에 머리를 박고 있는 개처럼 되지 마십시오. 어떤 사람들은 자신이 아무것도 할 수 없을 때는 다른 누군가가 열심히 일하는 것을 싫어합니다. 하지만 여러분은 이렇게 말하십시오. "내가 도울 수는 없지만 방해하는 일은 결코 하지 않고 형제들을 격려해야 하겠다."

여러분이 주님의 쓰시기에 합당하게 되도록 기도하고, 그러는 동안에 다른 사람들을 돕는 일에 기민하게 되도록 기도하는데 시간을 쓰십시오. 여러분도 알다시피, 지브롤터의 포위 공격이 있을 때, 함대가 그 항구 도시를 둘러싸고 오래된 그 요새를 공격하기로 결정하였을 때, 총독은 전함들을 향해 맹렬하게 포격하였습니다. 적은 총독의 이 따뜻한 영접에 기가 질렸습니다. 어떻게 이런 일이 이루어졌는지 생각해 보십시오. 성벽에는 포수(砲手)들이 있었습니다. 수비대에 있는 사람은 누구나 포수들처럼 사격하고 싶어 했을 것입니다. 그러면 대포를 쏠 수 없는 사람들은 무슨 일을 하였습니까? 그들은 사격하는 일을 도왔습니다. 바로 이것이 여러분이 해야 하는 일입니다. 나는 대체로 여기에서 주 포수입니다. 여러분에게 할 뜻이 있다면, 내가 사격하는 것을 도우십시오. 노(爐)를 계속 가동하여, 내가 설교를 발사할 때, 설교가 여러분의 간절한 기도로 말미암아 뜨겁게 작열할 수 있게 하십시오. 여러분이 친구들이 주일학교에서 일하는 것을 보거나 길거리에 서서 하나님을 위하여 일하는 것을 볼 때, 여러분이 그 일에 합류할 수 없다면 이렇게 말하십시오. "상관없어. 나는 저 친구들이 일하는 것을 돕겠어. 내가 다른 어떤 것으로도 기여할 수 없다면, 내 기도가 부족하지 않도록 하겠어." 바로 이것이 잠시 하나님의 쓰임을 받고 있지 않는 여러분을 위한 조언입니다.

**3. 그런가 하면 재능이 아주 조금밖에 없어서 많이 낙심해 있는 사람들이 있습니다.**

그 사람들은 이렇게 말합니다. "아, 내가 바울처럼 혹은 횟필드처럼 예수 그리스도를 섬길 수 있다면 좋겠는데. 온 나라를 돌아다니며 주님의 귀하신 이름을 선포하고 수많은 회심자들을 얻을 수 있으면 좋겠는데. 하지만 나는 말이 더디고 생각이 둔해서 기껏 일해봐야 효과가 조금밖에 없거나 아니면 하나도 없어." 형제 여러분, 여러분은 자신이 할 수 있는 일을 하는데 마음을 쓰십시오. 여러분은 달란트를 받은 자들의 비유를 기억하지 않습니까? 나는 달란트를 땅에 묻은 사람이 바로 한 달란트 받은 자였다는 사실을 지나치게 강조하고 싶지 않습니다. 그런데 왜 한 달란트 받은 사람이 땅에 묻은 것으로 묘사됩니까? 그것은 두 달란트 받은 사람과 다섯 달란트 받은 사람들은 때로 달란트를 땅에 묻지 않기 때문이 아니라, 주로 한 달란트 받은 사람들에게 시험이 오기 때문이라고 나는 생각합니다. 한 달란트 받은 사람들은 이렇게 말합니다. "내가 무엇을 할 수 있어? 내 용도가 대체 뭐야? 나는 너그러이 봐줄 수 있을 거야." 바로 그것이 시험입니다. 형제 여러분, 그 올가미에 걸리지 마십시오. 주님께서 여러분에게 한 달란트만 주셨다면, 주님은 여러분이 다섯 달란트 받은 자가 내놓는 것만큼 한 달란트에 대해 그만큼의 이익을 내기를 기대하시지 않습니다. 하지만 주님은 여전히 이익을 얻기를 바라십니다. 그러므로 여러분의 달란트를 손수건에 싸두지 마십시오. 우리 가운데 누구든지 주님을 섬길 수 있는 것은 자기에게 주어진 힘만큼밖에 할 수 없는 것입니다. 우리는 처음에 주님께로부터 받은 은사 외에는 주님께 바칠 것이 아무것도 없습니다. 여러분은 약합니다. 여러분 자신도 그것을 압니다. 그러나 하나님은 여러분에게 뭐라고 말씀하십니까? "여호와께서 말씀하시되 이는 힘으로 되지 아니하며 능력으로 되지 아니하고 오직 나의 영으로 되느니라"(슥 4:6). 하나님께서는 비록 여러분이 특별히 타고난 재능이 없을지라도 여러분을 유용한 사람으로 만드실 수 있습니다. 포도탄(grape-shot: 옛날 대포에 쓰인 한 발이 9개의 작은 탄알로 이루어진 탄환)이 수류탄이나 포탄에 필적할 수는 없지만 그래도 상당한 파괴력을 발휘할 수 있습니다. 교수의 학식이나 설교자의 웅변의 도움을 받는 일이 없이도, 농부나 장인의 소박한 진심 때문에 죄인이 그리스도께 올 수가 있습니다.

하나님께서는 여러분이 스스로 생각하는 자신의 능력에 훨씬 뛰어넘게 여러분에게 복을 베푸실 수 있습니다. 그것은 여러분의 능력의 문제가 아니라 하나님의 도우심의 문제이기 때문입니다. 여러분은 자신감이 없다고 말합니다. 그렇다면 제발 하나님께로 피하십시오. 여러분은 하나님의 도움이 더욱 필요한 사람임이 분명하기 때문입니다. 가서 하나님의 도움을 붙잡으십시오. 하나님의 도움을 받아야 합니다. 하나님께서는 약한 자를 힘으로 띠 띠우십니다. "소년이라도 피곤하며 곤비하되 오직 여호와를 앙망하는 자는 새 힘을 얻으리라"(사 40:30,31). 하나님의 도움을 받으면 여러분은 다섯 달란트를 가졌을 경우보다 더 많은 선을 행할 수 있을 것입니다. 여러분은 스스로 힘이 있었다면 그랬을 경우보다 이제 더 많이 기도하고 하나님을 더 많이 의지할 것이기 때문입니다.

한 마디 더 말씀드리겠습니다. 여러분이 달란트를 많이 받지 않았기 때문에, 여러분에게 있는 달란트들을 경제적으로 사용하는데 마음을 쓰십시오. 여러분은 사업에서 자본이 조금밖에 없는 상인과 장사꾼들이 재산이 더 많은 사람들과 어떻게 경쟁하는지 압니까? 그들은 돈을 매일 회전시키려고 노력합니다. 과일 장사를 하는 사람은 세 달이 지나야 값을 지불할 사람들에게 상품을 판매할 수 없습니다. 그렇게 할 수 없습니다. 그는 당장에 돈을 받아 내일 아침에 판매할 물건을 구입하고, 돈을 회전시켜야 합니다. 그렇지 않으면 그처럼 적은 자본을 가지고서 생활비를 벌 수 없습니다. 여러분에게 9펜스밖에 없다면 그 돈을 "빨리 유통"시키십시오. 그러면 여러분은 9펜스를 가지고서도 다른 사람이 크라운(crown: 영국의 25펜스 경화)을 가지고 굼뜨게 이용하는 데서 나오는 것만큼의 수익을 거둘 것입니다. 활동이 능력의 부족을 메우는 경우가 종종 있습니다. 여러분이 공의 무게로 힘을 얻을 수 없다면 공의 회전하는 속도를 높임으로 힘을 얻을 수 있습니다. 한 달란트밖에 갖지 않은 시시한 사람이라도 아주 뜨겁게 타오르면 마귀에게 골치 아프기 짝이 없는 존재가 되고, 그리스도를 위한 용사가 될 수 있습니다. 다섯 달란트나 받았으면서도 아주 꾸벅꾸벅 졸면서 가는 대단한 목사에 대해서 말하자면, 사탄이 언제나 그를 앞질러 가서 싸움에 이길 것입니다. 여러분이 비록 한 달란트밖에 없지만 그 돈을 하나님의 이름으로 거듭거듭 회전시킬 수만 있다면, 아주 놀라운 결과를 거둘 수 있습니다. 그래서 여러분에게 주님의 일에 힘을 내라고 말씀드립니다.

**4. 큰 곤경 가운데 있는 일꾼들에게 이제 한 마디 말씀드리겠습니다.**

나는 난처한 일들을 당할 때 기뻤고 궁지에 처했을 때 즐거웠으며 까다로운 과업을 거절하기보다는 오히려 반겼던 적이 있습니다. 지금도 나는 어떤 문제를 놓고 씨름하며, 다른 사람들이 피하는 것을 해보기를 좋아합니다. 이 세상에서 선한 것 가운데 어떤 것도 어려움이 없이 성취될 수 있는 것은 없습니다. 크나큰 다이아몬드들은 게으름쟁이들은 뒤집을 수 없는 무거운 돌들 밑에 놓여 있습니다. 하기 쉬운 일은 할 만한 가치가 거의 없는 일입니다. 열정적인 사람은 어려운 일을 만나면 끈기 있는 정신으로 힘을 내고 지혜를 동원하며 모든 능력을 사용하여 자신의 노력에 보답할 목표를 성취하려고 노력합니다. 친구 여러분, 여러분은 큰 어려움을 겪고 있습니까? 하나님을 위하는 일꾼들 가운데 여러분만 어려움을 겪은 것이 아닙니다. 다시 모세의 이야기를 해 봅시다. 그는 이스라엘을 애굽에서 이끌어 내야 했습니다. 그러나 그의 길은 그리 평탄해 보이지 않았습니다. 그는 바로 앞에 가서 하나님의 명령을 이야기해야 합니다. 모세가 "내 백성을 보내라"(출 5:1)고 말했을 때 바로는 뚫어지게 보았습니다. 이 오만한 군주는 대체 누가, 특별히 히브리 사람이 그 같은 말을 하는 것을 듣고 깜짝 놀랐습니다. 그래서 그는 모세에게 물러가라고 명령했습니다. 그러나 모세는 그에 대해 "여호와께서 이렇게 말씀하시기를 내 백성을 보내라 하셨나이다"고 대꾸합니다. 그의 용기는 바로 그 자리에서 즉각적인 성공을 거두지 못했습니다. 마침내 오만한 바로의 마음이 꺾이고, 이스라엘 백성들이 그들을 미워하던 자의 손에서 구원을 받고 그들이 떠날 때 애굽이 기뻐하기까지 재앙이 잇따라 내리고 또 내려야 합니다. 그러나 이것은 모세의 사명의 시작에 불과하였습니다. 그의 인생은 고난의 생애였습니다. 지극히 온유한 사람이었으나 몹시 화를 내지 않을 수 없었습니다. 그가 비스가 산 꼭대기에 오르고 은혜로우신 그의 주님께서 그의 영혼에 입 맞추어 눈물을 씻어주실 때까지 이 호렙의 선지자에게는 고난이 그치지 않았습니다. 선한 일은 무엇이든지, 특별히 하나님을 위하여 행하는 선한 일은 무엇이든지 거의 틀림없이 온갖 고난으로 둘러싸여 있으며 적들의 방해를 받는다고 말씀드립니다.

느헤미야와 에스라, 스룹바벨과 예루살렘을 두 번째 건축한 사람들을 보십시오. 이 사람들은 열정적으로 일하였지만, 산발랏과 도비야는 조롱하고 비웃으며 성벽을 무너뜨리려고 하였습니다. 여러분이 아무 어려움 없이 성을 세운다면, 그것은 예루살렘이 아닙니다. 그 점을 분명히 아십시오. 여러분이 하나님을 위하여 일을 시작하자마자 곧 여러분을 반대하는 강력한 힘이 작용하는 것을 알게 될 것입니다. 반대를 만나면 그것을 좋은 표시로 받아들이십시오. 우리 젊은이들이 지방 도시에 가서 복음을 전할 때, 그들이 어떻게 일을 잘 해나가고 있는지 알고 싶으면, 그들의 이야기를 귀담아 들은 후에 이렇게 묻습니다. "누군가가 여러분을 비방하였습니까? 신문에서 여러분을 바보라고 공공연히 비난합니까?" 젊은이들이 "아니요"라고 대답하면, 나는 그들이 일을 잘 해내고 있지 못하다고 결론짓습니다. 그리스도의 대의가 성공을 거두고 있으면, 세상은 영혼을 그리스도께 인도하는 자를 비난할 것입니다. 여러분이 귀신의 나라에 손해를 입히면 귀신은 여러분에게 으르렁댈 것입니다. 여러분의 행로가 순탄하다면, 그것은 마귀가 이렇게 말하고 있기 때문입니다. "저 사람의 지루한 말 속에는 내가 신경

쓸 것이 하나도 없어. 저 친구에게는 비방의 불화살을 쏠 필요가 없겠어. 저 친구는 있으나마나한 존재이니, 그냥 내버려두겠어." 그런 사람은 대체로 인생을 아주 편안하게 살아갑니다. 사람들은 그를 보고 "저이는 거슬리지 않는 조용한 사람이야" 하고 말합니다. 그리스도를 섬기는 일에서 그런 군사는 필요가 없습니다.

일찍이 한 왕이 칼이 마루에 닿아 덜거덕거리는 소리를 내는 장교에게 이렇게 말했습니다. "참으로 마음에 들지 않는 친구로군! 자네의 검이 몹시 신경을 거슬리는군." 그러자 장교가 말했습니다. "폐하, 바로 그것이 폐하의 적들이 생각하는 바이옵니다." 믿음이 없는 사람들이 우리를 골치 아픈 존재들이라고 할 때, 우리는 그들의 눈 밖에 난 것에 대해 상심하지 않습니다. 그리스도의 적들이 우리를 골치 아픈 존재라고 생각한다면, 우리는 그것을 큰 칭찬으로 여깁니다. 형제 여러분, 반대를 만나면 거기에 기도로 맞서십시오. 더욱 믿음을 발휘하십시오. 여러분이 그리스도를 위하여 앞으로 나아가는 일을 적들이 방해하지 못하도록 해야 합니다. 다이아몬드는 다이아몬드로 깎아야 합니다. 이 세상에서 다이아몬드만큼 단단한 것이 없는데, 여러분이 다이아몬드를 깎으려면 그보다 더 단단한 것으로밖에 깎을 수가 없습니다. 여러분이 하나님께 여러분의 영혼을 아주 단단하게 하여 정복할 수 있는 점까지 이르게 하여 주시고 또 여러분의 결심을 더없이 견고한 돌처럼 굳게 해 주시기를 구한다면, 여러분은 주님을 섬기는 일에 다이아몬드 같은 산을 만날지라도 뚫고 지나갈 수 있을 것입니다.

여러분에게 적들에 맞서서 힘을 내라고 말씀드리겠습니다. 여러분에 대항하여 진을 친 세력들이 어리석은 사람들에게는 방해물이 될지 모르나 장부들에게는 자극제가 될 뿐입니다. 이런 반대 요소들 때문에 어느 날 여러분의 영예가 더 커질 것이고 보상은 더 높아질 것입니다. 그러므로 용기를 내고 두려워하지 말며, 하나님의 힘으로 전진하십시오.

**5. 또 다른 부류의 일꾼들인, 제대로 인정을 받지 못하는 사람들에게 위로의 말을 한 마디 하겠습니다.**

나는 이런 사람들에 대해 충분히 공감하지 못하기 때문에 그들에 대해서 이야기를 많이 하지 않을 생각입니다. 그렇지만 나는 아무리 가벼운 모욕이라도 모욕은 아주 예민한 사람들을 화나게 만든다는 것을 압니다. 그들은 "나는 최선을 다하는데, 아무도 내게 고마워하지 않아" 하고 불평합니다. 여러분은 자신을 순교자로 생각하고, 여러분이 다른 사람들에게 잘못 이해되고 있다고 불평합니다. 형제 여러분, 그렇게 내버려두십시오! 바로 그것이 주님의 운명이었고, 주님의 모든 종들의 운명입니다. 이것이 우리 모두가 지고 가야 하는 십자가입니다. 그렇게 하지 않으면 우리는 면류관을 얻지 못할 것입니다. 여러분은 이것이 여러분만이 겪는 새로운 경험이라고 생각합니까? 요셉을 보십시오. 그의 형제들은 그를 두고 볼 수 없었습니다. 그렇지만 기근 때에 식구들을 구원하고 부양한 사람은 그였습니다. 다윗을 보십시오. 그의 형들은 그에게 왜 목동의 책임을 버리고 전쟁터로 내려왔는지 물으며, 그가 교만한 마음 때문에 군인들 가운데로 들어온 것이 아닌가 하고 의심하였습니다. 그렇지만 이 젊은 다윗 말고는 아무도 골리앗의 머리를 가져올 수 있는 사람은 없었습니다. 얼굴이 붉은 이 영웅에게서 교훈을 배웁시다. 여러분의 형제들이 여러분에게 하는 말을 마음에 두지 마십시오. 위험을 무릅쓰고 선한 일을 행하는 것이 악의적인 비난에 대한 최선의 답변입니다. 여러분이 주님을 섬기고 있다면, 사람들의 비방을 들을 때 그 일로 더욱 자신을 주님께 드리도록 하십시오. 사람들이 여러분이 너무 앞서간다고 소리 높여 항의하면, 주님을 더욱 힘 있게 섬기십시오. 그렇게 하는 가운데 여러분은 그들의 비방의 독을 해독할 수 있을 것입니다.

여러분은 사람들에게서 명예를 얻기 위해 그리스도의 일에 손을 댑니까? 그렇다면 그 일에서 물러나십시오. 여러분이 좋지 않은 동기를 가지고 왔기 때문입니다. 그러나 여러분이 순전히 그리스도께 영예를 드리기 위해, 주님의 웃는 얼굴을 보기 위해 입대하였다면, 여러분에게 더 필요한 것이 무엇이 있겠습니까? 여러분은 무엇을 더 원하십니까? 그러므로 여러분이 박수갈채를 받지 못한다고 해서 낙심하지 마십시오. 이 점을 확실히 아십시오. 즉, 뒤 열에 계속 있어야 하는 것이 장차 높은 곳에 이르기 위해 반드시 필요한 경우가 종종 있다는 것입니다. 여러분이 한 사람을 앞줄에 세우고 등을 두드리며 "이 친구 참으로 대단한 사람이야!" 하고 말한다면, 그는 오래지 않아 발을 헛디디게 될 것이고, 그것으로 여러분의 영웅은 끝이 날 것입니다. 그러나 하나님께서 사람을 앞으로 데려오실 때, 사람마다 그를 비판하고 트집을 잡으며 사기꾼이라고 비난하는 경우가 많습니다. 그러나 그를 비난하는 사람은 그가 안정되게 중심을 잡도록 배의 바닥짐 역할을 할 수가 있습니다. 그래서 성공을 거두게 될 때, 그는 자부심으로 망쳐지지 않을 것입니다. 하나님의 은혜로 머리를 숙여 하나님께 감사를 표할 것이기 때문입니다. 전쟁의 날에 왕의 손에 들려 적의 머리와 등뼈를 쪼개도록 하기 위해 제작되는 칼은 용광로에서 거듭거듭 벼려야 합니다. 그 칼은 충분히 오랜 시간 동안 불을 통과하기 전에는 그처럼 큰 일에 사용되기에 적합할 수 없습니다. 사람들에게 인정받기를 바라지 마십시오. 그처럼 하찮은 생각을 하지 마십시오. 양심의 평온함 가운데서 스스로를 평가하고 여러분의 명예는 하나님께 맡기십시오.

**6. 끝으로, 성공을 거둔 것이 별로 없어서 낙심한 사람들에 대해 조금만 더 말씀을 드리겠습니다.**

며칠 전 저녁에 우리 교회 주일학교 교사들로 구성된 빛나는 그룹을 만난 것이 내게는 큰 기쁨이었습니다. 여러분은 내가 그때까지 이분들의 수고를 충분히 평가하지 않은 것을 이상하게 생각할 것입니다. 그것은 내가 교회의 여러 부서들의 총수를 계산하지 않았기 때문입니다. 그런데 계산해 보니, 어린아이들의 수가 6천 명까지 늘어난 것을 보고, 나는 말할 수 없이 기뻤습니다. 아이들이 또 한 해가 지났을 때 1만 2천명으로 늘어난다면 기쁨이 넘칠 것입니다. 이처럼 넓은 지역에 이 아이들의 수가 너무 많은 것은 아닐 것입니다. 그러나 현재의 이 수는 매우 고무적입니다. 자, 나는 우리 교사들 가운데 뒷골목에서, 우리 교회와 관련을 맺고 있는 셋방들에서 아주 열심히 일하고 있는 분들이 있습니다. 그런데 우리는 그분들이 누구인지 거의 알지 못하였습니다. 이는 그분들이 남의 눈에 띄지 않는 소박한 일을 아주 조용히 진행하고 있었기 때문입니다. 여러분 가운데 수고를 했지만 소용이 없고 힘을 썼어도 거둔 것이 아무것도 없을까봐 걱정인 분이 있습니까?

친구 여러분, 여러분이 선한 결과를 거두지 않는 한 씨를 뿌리는 것으로 만족하지 마십시오. 그렇지만 실망시키는 것이 조금 있다고 해서 마음이 너무 약해져서 포기하지 않도록 하십시오. 여러분이 열매 없이 만족할 수는 없을지라도, 어느 한 철에 열매를 거두지 못하게 된다고 해서 씨 뿌리는 일을 그치지 마십시오. 나는 교우들 가운데 농사짓는 분들에게 금년에 수확이 좋지 못하다고 해서 농사를 그만두라고 권하지 않습니다. 만일 그들이 현재의 실패를 가지고 미래를 전망하려고 한다면 그것은 크게 애석한 일이 될 것입니다. 여러분이 그리스도를 위해 설교하거나 가르쳤고 혹은 일을 하였는데 지금까지 별로 성공을 거두지 못하였을지라도, 여러분이 언제까지나 실패할 것이라고 생각하지 마십시오.

성공하지 못한 것을 유감스럽게 생각할지라도, 성공하려고 하는 노력을 포기하지 마십시오. 여러분이 슬퍼하는 것은 이해할 수 있는 일이나 절망할 권리는 없습니다. 성공이 없는 상태는 결국에는 승리한 충실한 많은 종들이 겪었던 믿음의 시련입니다. 제자들이 온 밤을 새워 수고하였지만 아무것도 잡지 못하지 않았습니까? 방금 우리가 그물을 던졌지만 고기를 한 마리도 잡지 못한 사람들에 대한 것을 읽지 않았습니까? 우리 주님께서 어떤 씨는 돌밭에 떨어지고, 또 어떤 씨는 가시떨기 가운데 떨어지고, 이 씨들에서는 아무 수확물을 거두지 못할 것이라고 말씀하시지 않았습니까?

예레미야가 얼마나 선한 일을 하였습니까? 그는 틀림없이 애썼고 하나님께서도 그에게 복을 주셨습니다. 그러나 그의 설교의 결과는 그가 말한 대로였습니다. "풀무불을 맹렬히 불면"(렘 6:29). 예레미야는 풀무를 태워버리기까지 불길을 높였지만 사람들의 마음이 전혀 녹지 않았습니다. 그래서 그는 "어찌하면 내 머리는 물이 되고 내 눈은 눈물 근원이 될꼬!"(9:1) 하고 말했습니다.

나는 노아의 사역의 결과가 무엇이었는지 모르겠습니다. 그러나 한 가지 확실히 아는 것은 그가 120년 동안 의의 전파자로 일하였고, 그랬지만 자기 가족 외에는 한 영혼도 방주로 들이지 못했다는 것입니다. 우리는 그 설교가 발휘한 영향력을 보고서 그것을 형편없는 설교였다고 생각할 수 있습니다. 그렇지만 우리는 그것이 하나님께서 명령하신 것으로 위대한 설교였다는 것을 압니다. 그러므로 여러분의 노력이 성공하는 것을 보지 못한다고 해서 여러분이 우리의 크신 주님을 섬기는 일에 쓰는 시간이나 힘을 아까워하지 마십시오. 여러분보다 나은 사람들도 실패한 것을 인해서 울었기 때문입니다.

여러분은 정말로 주님을 철저히 그리고 진심으로 섬긴다면 비록 여러분의 수고에서 아무 선한 것이 나오지 않을지라도 주님께서는 여러분을 받으시고 여러분의 봉사를 인정하시리라는 것을 또한 기억하시기 바랍니다. 물 위에 빵을 던지는 것은 여러분이 할 일입니다. 그런데 여러분이 많은 날이 지난 후에 그 빵을 발견하지 못할지라도 그것은 여러분이 상관할 일이 아닙니다. 씨를 뿌리는 것은 여러분이 할 일입니다. 농부라면 아무도 종에게 이렇게 말하지 않습니다.

"존, 너는 나를 잘 섬기지 않았어. 수확물이 아무것도 없잖아." 그러면 그 종은 이렇게 대꾸할 것입니다. "주인님, 제가 수확물을 만들 수 있습니까? 저는 땅을 갈고 씨를 뿌렸습니다. 그 이상 제가 무엇을 할 수 있습니까?" 바로 그와 같이 우리의 선하신 주님께서도 가혹하시지 않고, 우리에게 우리가 할 수 있는 것 이상을 요구하시지도 않습니다.

여러분이 땅을 갈아 젖혔다면 그리고 씨를 뿌렸다면, 수확물이 없을지라도 하나님께서 여러분을 받으실 것은 분명합니다. 여러분은 여러분 뒤에 오는 다른 일꾼들이 아주 풍성하게 수확할 그 땅을 파 일구고 준비하는 일에 지금 고용되어 있다는 생각이 들지 않습니까? 아마도 주님은 여러분이 참으로 중요한 농부라는 것을 아실 것입니다. 주님께는 큰 농장이 있습니다. 그런데 주님은 여러분이 땅을 아주 잘 갈아 엎는다고 해서 여러분이 꼭 수확도 거두게 하려고 하시지는 않습니다. 주님께서는 여러분이 씨 뿌리는데 아주 능숙하다고 해서 수확하는 데도 참여하도록 하시지는 않습니다. 주님은 일년 내내 씨 뿌리는 일이 필요한 작물이 있기 때문에 계속해서 여러분에게 그 일을 시키십니다. 주님은 여러분을 여러분 자신보다 더 잘 아십니다. 아마 주님께서 일단 여러분을 곡식단을 아주 무겁게 실은 짐마차 꼭대기에 올려놓으신다면 여러분은 현기증을 느끼고 거기에서 굴러 떨어질 것입니다. 그래서 주님은 이렇게 말씀하십니다. "너는 계속해서 땅을 갈고 씨를 뿌리고, 다른 사람을 시켜서 수확하는 일을 하도록 해야겠다." 아마도 여러분은 달려갈 길을 다 마치고 천국에 이르면, 그동안 자신이 헛되이 수고하지 않았고 아무것도 거두는 것이 없이 힘만 쓴 것이 아님을 알게 될 것입니다. "한 사람이 심고 다른 사람이 거둔다"(요 4:37). 이것이 하나님의 섭리입니다. 주님을 사랑하는 사람은 누구나 이렇게 말할 것이라고 생각합니다. "수확기가 정말로 오기만 한다면, 나는 누가 수확하느냐는 것은 신경 쓰지 않을 것입니다. 다만 제게 수확기가 올 것이라고 확신하는 믿음을 주십시오. 그러면 만족하겠습니다."

윌리엄 캐리(William Carey, 1761-1834. 근대 선교의 아버지로 불리는 영국인 인도 선교사)가 인도로 가는 것을 보십시오. 그때 그는 "그리스도께 인도(India)를" 하고 기도하였습니다. 그런데 캐리는 살면서 무엇을 보았습니까? 그는 충분히 기뻐할 만큼의 성공을 보았습니다. 그러나 그가 자신의 기도대로 모든 것이 성취되는 것을 보지 못한 것은 분명합니다. 그 이후로 잇따라 선교사들이 가서 그 거대한 일터에 자기 생명을 바쳤습니다. 그래서 어떤 결과를 얻었습니까? 그들의 모든 수고가 헛되지 않았다고 할 만큼 충분한 결과를 보았지만, 이교도 국가에 앉아 있는 수백만 명의 영혼들에 비할 때, 그것은 교회의 간절한 열망에 턱없이 부족하며 그리스도의 영광에 한참 미치지 못한 것입니다. 사람이 어떻게 지내느냐 하는 것은 별로 중요하지 않습니다. 이 거대한 제국은 이 세상의 구속자에게로 돌아갈 것입니다. 그러면 다윗의 용사들의 영웅적인 행위들을 우리 주님께서 연대기에 기록하시듯이 나는 장래의 기록에서 주님의 일꾼들에 대해 "다윗의 용사들의 이름은 이러하니라"(삼하 23:8)고 기록된 것을 찾을 수 있을 것입니다.

　오래된 성 바울 성당을 허물어 현재의 멋진 건물을 세울 공간을 마련하려고 하였을 때, 그 벽들 가운데는 너무도 견고하여 바위처럼 굳게 서 있는 것들이 있었습니다. 크리스토퍼 렌 경(Sir Christopher Wren)은 옛날 로마의 공성(攻城) 망치를 사용하여 그 벽들을 허물기로 결정하였습니다. 공성 망치가 사용되기 시작하였고, 사람들은 그 일에 몇 시간, 몇 날을 매달렸지만 뚜렷한 성과가 없었습니다. 잇따라 벽에 타격이 가해졌습니다. 지나가는 사람들을 떨게 만들 만큼 엄청나게 큰, 쿵 하는 소리가 계속 났습니다. 사람들이 그 작업이 아무 소용이 없다고 생각할 정도까지 그 벽은 여전히 견고하게 서 있었습니다. 그러나 건축가는 알았습니다. 그는 벽의 모든 입자가 진동을 느끼고 마침내 무너져 완전히 파괴되기까지 계속해서 공성 망치를 가동시켰습니다. 마지막으로 벽이 와르르 소리를 내며 무너지게 만든 일꾼들을 칭찬하거나 모든 성공의 원인을 그들에게 돌리는 사람이 있었습니까? 아무도 그렇지 않았을 것입니다. 그것은 그들 전체가 합력해서 이룬 일이었습니다. 식사하러 떠난 사람들이나 며칠 전에 일을 시작하였던 사람들도 마지막으로 벽을 쳐서 무너뜨린 사람들만큼 그 문제에서 같은 영예를 얻은 것입니다. 그것은 그리스도의 일에서도 마찬가지입니다.

　우리는 계속해서 치고, 치고, 또 쳐야 합니다. 그러면 다음 천 년 동안에 일어나지 않을지라도, 마침내 그리스도께서 승리하실 것입니다. 그리스도께서 빨리 오시더라도 다음 천 년 동안에 오시지 않을 수 있지만, 어떠한 경우에도 우상 숭배는 반드시 사라지고 진리가 군립할 것입니다. 오랜 세월 동안 축적된 기도와 에너지가 그 일을 할 것이고, 하나님께서는 영광을 얻으실 것입니다. 다만 우리는 계속해서 거룩한 노력을 기울이도록 합시다. 그러면 그 끝은 분명히 올니다. 한 미국 장군이 전쟁을 하고 있을 때, 사람들이 물었습니다. "요즘 뭐하세요?" 이에 그는 "뭐 큰 일을 하고 있지는 않지만, 계속해서 열심히 일하고 있기는 합니다" 하고 대답하였습니다. 바로 이것이 우리가 해야 할 바입니다. 우리가 어느 때든지 많은 일을 할 수는 없습니다. 그러나 일은 계속해서 해야 합니다. 우리는 적에 대해 계속해서 일해야 합니다. 그러면 머지않아 거기에서 무엇인가 나올 것입니다.

친구 여러분, 어쩌면 여러분 가운데서 여러분이 별로 성공을 거두지 못했다고 생각하는 사람들이 사실은 여러분이 알고 있는 것보다 훨씬 더 많은 일을 하였을 수 있습니다. 그런가 하면 또 어떤 사람들의 경우에는 성공이 부족하다는 사실이 그들에게 다른 어떤 곳에서 일을 시도해 보라고 하거나 다른 방법을 사용해보라고 암시하는 표시일 수가 있습니다. 우리가 한 방법으로 선을 행할 수 없다면, 다른 방법으로 선을 행해야 합니다. 문제를 기도로 하나님 앞에 가져가십시오. 하나님께 큰 소리로 외치십시오. 하나님께서 머지않아 여러분이 그 일을 하도록 도우실 것이고, 하나님의 도우심은 여러분의 찬송거리가 될 것입니다. 하나님께서 여러분을 낮추셨을 때, 여러분에게 자신이 참으로 무능하다는 것을 가르치셨을 때, 하나님께서 여러분을 절망에 빠지게 하여 무조건 하나님을 의지하게 만드셨을 때, 그때서야 하나님께서 여러분에게 이제까지 생각했던 것보다 많은 승리를 주실 것입니다.

어쨌든 내가 인생에서 성공하느냐 하지 못하느냐 하는 것은 내가 관심을 가질 문제가 아닙니다. 영혼들을 그리스도께 인도하는 것이 내가 주로 힘써야 할 일이지만, 그것이 내 목회에 대한 최종적인 증거는 아닙니다. 나의 할 일은 하나님을 위해 사는 것이고 내 자신은 옆으로 제쳐두고 나를 온전히 하나님께 드리는 것입니다. 그렇게 한다면, 다른 어떤 일이 일어날지라도 하나님께서 나를 받으실 것입니다. 나는 우리가 화형에 처하도록 명령을 받은 저 용감한 노인의 정신을 지녔으면 좋겠습니다. 사람들이 그를 화형시키려고 하였습니다. 그 노인은 그 선고가 다음 날 아침에 실행되리라는 것을 알았습니다. 그러나 그는 용기가 충일하고 즐거운 마음으로 앉아서 친구들과 이야기하며 밤의 마지막 시간을 보냈습니다. 아침이면 장작단과 불을 보게 될 텐데 말입니다. 그가 친구들 가운데 한 사람에게 말했습니다. "나는 우리 주님의 과수원에 있는 늙은 나무일세. 젊었을 때 나는 주님의 은혜로 열매를 조금 맺었네. 그 열매는 설익고 시었

네. 그러나 주님께서는 참아주셨네. 나는 나이가 좀 더 들면서 익어 맛이 들었고 주님의 은혜로 열매를 조금 주님께 드렸네. 그런데 이제 그 나무가 너무 늙어버려서 주님께서 나무를 베어 늙은 땔나무를 불태우려고 하시네. 내가 불에 타는 동안 이 나무가 하나님의 가족 중 몇 사람의 마음을 따뜻하게 덥혀 줄 것이네." 그는 자신이 그처럼 선한 목적에 쓰일 수 있다는 것을 생각하고 기뻐서 미소를 짓기까지 하였습니다.

나는 여러분이 그 정신을 갖고 이렇게 말하기를 바랍니다. "나는 젊을 때 그리스도를 위해 살겠어. 그리고 죽을 때까지 주님을 위해 살겠어. 내가 고통스러운 죽음을 죽을지라도 주님을 위해 죽으며 내 형제들의 마음을 따뜻하게 덥혀 주기를 기도하겠어." 여러분은 그와 같은 순교자 시절의 박해들이 제자들 가운데, 평화로운 시절에 사려 깊은 사람들이라면 거의 시도할 생각을 하지 않았을 영웅적인 행위와 용기를 낳았다는 것을 압니다.

이 도시에 있는 오래된 침례교회에 대해서 전해지는 말이 있습니다. 그 교회 교인들이 자기들 목사가 화형당하는 것을 보려고 아침 일찍 화형장으로 가는데, 어떤 사람이 그 젊은이들에게 무엇 때문에 거기 가느냐고 묻자 그들이 참된 길을 배우러 간다고 대답했다는 것입니다. 참으로 멋진 말입니다! 그들은 참된 길을 배우러 갔습니다. 살고 죽는 길을 배우러 우리 주님의 십자가로 가십시오! 어떻게 주님께서 여러분을 위해 자신을 다 쓰셨는지 보고, 그 다음에 주님을 위하여 여러분 자신을 다 드리십시오. "이스라엘이 모이지 아니할지라도 그럼에도 네가 여호와 보시기에 영화롭게 되리라"(사 49:5, 개역개정은 "이스라엘이 그에게로 모이는도다 그러므로 내가 여호와 보시기에 영화롭게 되었으며").

여러분이 스스로 성공하지 못하였다고 생각할 수 있을지라도 여러분의 성심 어린 헌신은 주님의 날에 여러분의 영예가 될 것입니다. 여러분의 거룩한 생활과 겸손한 봉사로 말미암아 주님의 이름에 영광을 돌리게 될 것입니다. 주님, 우리에게 책임을 맡겨 주시고, 주님의 전을 섬기는 일에 우리에게 용기를 북돋아 주옵소서. "주 우리 하나님의 은총을 우리에게 내리게 하사 우리의 손이 행한 일을 우리에게 견고하게 하소서 우리의 손이 행한 일을 견고하게 하소서"(시 90:17). 형제 여러분, 우리 언약의 하나님의 복이 여러분에게 임하기를 바랍니다. 아멘.

에
스
라

제
1
장

—

# 큰 열심을 낼 선한 이유

—

"우리가 이제 왕궁의 소금을 먹으므로 왕이 수치 당함을 차마
보지 못하여 사람을 보내어 왕에게 아뢰오니." – 스 4:14

이 상황의 사실들은 이러하였습니다. 스룹바벨 하에서 바벨론에서 돌아온 유대인들이 예루살렘 재건을 시작하였습니다. 이 땅에는 이도저도 아닌 사람들, 곧 유대인도 아니고 이방인도 아닌, 다소 사마리아인 같은 사람들이 있었습니다. 처음에 이들이 자기들도 예루살렘을 건축하는 일에 가담할 수 있도록 해 달라고 요청하였습니다. 유대인들은 이교도들이나 반(半) 이교도들과는 일절 손잡지 않기로 결심하고 이 요청을 거절하였습니다. 그래서 그들은 이 일에 몹시 분개하여서 아닥사스다 왕에게 편지를 써 보냈습니다. 왕에게 그가 지금 유다에서 어떤 일이 벌어지고 있는지 거의 알지 못한다고 하였습니다. 유대인들은 아주 옛날부터 항상 골치 아픈 백성들이었고, 지금 그들이 자기들의 성을 다시 건설하기 시작하고 있는데, 성읍 건축이 끝나면 필시 그들은 곧바로 아닥사스다 왕에게 반역을 하고, 그들의 조상들이 이전 왕들에게 하였듯이 왕에게 성가신 일을 많이 일으킬 것이라고 하였습니다. 이 편지를 쓰면서 그들은 스스로 그 세대에서 지혜로운 자로 자처하였습니다. 이는 그들이 본문에 있는 대로 아닥사스다 왕에게 자신들이 감사하는 마음이 있어서 그에게 편지를 쓴다고 말하였기 때문입니다. 그것은 거짓말이었습니다. 그러나 위선자들은 자기들의 속임을 감추기 위해 종종 최상의 말을 사용하고 뛰어난 감각을 발휘합니다. 그들은 자기들이

왕의 궁정으로부터 부양을 받고 있으며, 따라서 왕이 수치를 당하는 것을 견딜수 없다고 말했습니다. 바로 이 이유 때문에 그들이 왕에게 이 유대인들이 성벽을 건축하고 있다는 것을 알리기 위해 편지를 썼으며, 자기들은 왕이 왕 자신의명예와 자기의 신하들을 위해 유대인들이 건축하는 일을 그치게 할 것으로 믿는다고 하였습니다.

나는 본문의 이 말씀을 시커먼 그들의 입에서 꺼내 여러분과 내 자신의 말로 바꾸어 보겠습니다. 이 말씀을 만왕의 왕이신 주님께 돌릴 때, 우리에게 잘어울릴 것입니다. 우리는 진심으로 이렇게 말할 수 있습니다. "우리가 이제 왕궁의 부양을 받으므로(개역개정은 "왕궁의 소금을 먹으므로") 왕이 수치 당함을 차마보지 못하여 사람을 보내어 왕에게 아뢰나이다."

본문을 볼 때 나는 세 가지 점에 대해 말할 수 있습니다. 첫째로, 여기에는사실에 대한 인정이 있습니다. "우리가 이제 왕궁의 부양을 받으므로." 둘째로, 의무에 대한 인식이 있습니다. "왕이 수치 당함을 차마 보지 못하여." 셋째로, 여기에는 행동 방침에 대한 규정이 있습니다. "사람을 보내어 왕에게 아뢰나이다."

**1. 우리는 본문 말씀을 우리가 하나님의 왕궁의 부양을 받는다는 지극히 은혜로운 이 사실을 인정하는데 사용할 수 있습니다.**

모든 면에서 이 말씀이 하나님의 모든 백성들에게 참으로 적용된다는 것을여러분도 즉시 인정할 것입니다. 우리가 마시는 위샘과 아래 샘이 모두 크신 왕하나님의 영원한 하사품에서 재료를 공급받습니다. 지금까지 우리는 음식과 의복을 공급받았습니다. 때로 우리는 곤궁한 처지에 떨어졌을 수가 있습니다. 그러면 우리는 본성의 연약함으로 인해 의문을 제기하고, 불신앙 때문에 "무엇을먹을까 무엇을 마실까 무엇을 입을까"(마 6:31) 하고 애를 태웠을 수가 있습니다.그러나 우리는 지금까지 이 땅에 거하며 정말로 양식을 공급받았습니다. 틀림없이 여러분 가운데 많은 분들은, 마치 하나님 아버지의 손에서 직접 빵을 받는 것처럼 아주 기쁘게 부양을 받았을 것이라고 봅니다. 그동안 여러분은 정말로 가난이 무엇인지를 경험하였습니다. 그 다음에야 여러분은 기도의 응답으로 여러분에게 보내주시는 매일의 양식이 참으로 달다는 것을 알았습니다. 비록 우리가반석에서 나오는 물을 마시지 않고 매일 아침 장막 문 앞에 떨어진 만나를 줍지않을지라도, 하나님의 섭리가 우리에게 그와 똑같은 결과를 가져다줍니다. 그래서 우리가 먹고 배불렀습니다. 어쨌든 우리 가운데 과거를 돌아볼 때 이렇게 말할 수 있는 사람들이 많을 것입니다. "내 잔이 넘치나이다 내 평생에 선하심과 인자하심이 반드시 나를 따르리이다"(시 23:5,6). 그러므로 우리는 세상적인 것들에서조차도 이렇게 하나님의 왕궁의 부양을 받아왔다는 것을 느끼게 되었습니다.

그러나 사랑하는 여러분, 우리가 왕이신 주님의 하사품을 계속해서 아주 두드러지게 받은 것은 영적인 일들에서였습니다. 우리는 새 생명이 있습니다. 그러므로 우리에게는 새로운 필요, 새로운 굶주림, 새로운 갈증이 있습니다. 하나님께서는 우리의 이 새로운 생명에 대해 그의 왕궁으로부터 필요한 것들을 공급하셨습니다. 사랑하는 여러분, 우리는 때때로 하늘의 것들을 추구하는 강한 굶주림을 경험하였지만, 하나님께서는 "좋은 것으로 우리 소원을 만족하게 하셨고" 우리 청춘을 "독수리 같이 새롭게 하셨습니다"(시 103:5). 그동안 우리에게는 거대한 부족함이 있었고 바닥을 모르는 깊은 필요가 있었습니다. 우리의 어찌할 수 없는 비참함이 깊고, 우리의 죄가 끝이 없을지라도, 크신 하나님께서 하나님의 은혜의 보물들을 영원히 우리의 것으로 주셨습니다. 때로는 우리가 견고히 선 데서 비꾸러졌고 그래서 다시 우리가 굳게 서고 다시 한번 "주 안에서와 그 힘의 능력으로 강건하여지기"(엡 6:10) 위해 큰 은혜가 필요하였는데, 그때마다 그 은혜를 받지 않았습니까? 우리는 그 은혜를 구하였고 또 받았습니다. 우리의 신발이 철과 놋이 되었고 그래서 우리가 사는 날 동안 힘이 있었습니다. 지금 이 순간까지 우리는 밑에서 우리를 떠받치는 영원한 팔이 있다는 것을 보아왔습니다. 주 우리 하나님께서 지금까지 우리를 인도하신 모든 길을 돌아볼 때, 우리는 그 길의 처음에 대해서 기쁘게 노래할 수 있고, 중간에 대해서도 노래할 수 있으며, 그 마지막에 대해서도 노래할 수 있을 것이라고 믿습니다. 우리가 그 길 내내 하나님의 왕궁으로부터 부양을 받았기 때문입니다. 이것은 세상적인 것과 영적인 것들에 대해서 다 같이 사실입니다.

사랑하는 여러분, 여러분과 내가 신자로서 하나님의 왕궁으로부터 부양을 받았다는 것은 큰 자비입니다. 우리가 다른 곳에서 부양을 받을 수도 있었기 때문입니다. 그런데 우리가 다른 어디에서 부양을 받을 수 있습니까? 영적인 일들에 대해서, 지금까지 우리를 그토록 선대해 오신 주님 말고 다른 누구에게 우리가 갈 수 있겠습니까? 우리가 목사들을 본다면, 그들은 참으로 메마른 우물

일 뿐입니다! 그러나 그들의 주님을 본다면, "비가 또한 그 웅덩이들을 채웁니다"(시 84:6, 개역개정은 "이른 비가 복을 채워 주나이다"). 우리의 위로를 위해 전해지는 설교 말씀에 공급품이 있는 것을 압니다. 그동안 여러분을 먹여왔던 하나님의 종조차도 여러분의 사정을 채우지 못한다는 것을 종종 경험하지 않았습니까? 그가 다른 많은 사람들의 경우는 다루면서, 어찌된 일인지 여러분은 놓칩니다. 그래서 여러분의 영혼을 위한 양식은 전혀 내놓지 않습니다. 예, 그렇습니다. 또 여러분이 한때 읽고서 많은 위로를 받았던 책들이 이제는 그 풍미와 향기와 달콤한 맛을 잃어버린 것처럼 보입니다.

그리고 한 마디 덧붙이자면, 심지어 하나님의 말씀조차도 그것이 변하지 않음에도 불구하고 때로는 여러분에게 변한 것처럼 보이는 수가 있습니다. 그러나 하나님, 곧 이스라엘의 하나님, 여러분의 하나님께서는 지금까지 끊임없이 참으로 은혜롭게 여러분에게 양식을 공급하셨습니다! 내 하나님이여, "나의 모든 샘들이 주께 있나이다"(시 87:7, 개역개정은 "나의 모든 근원이 네게 있다 하리로다"). 그 샘들이 다른 곳에 있었다면, 그 샘들은 오래전에 물이 그쳤을 것입니다. 여호와 외에 어느 누가 우리의 필요를 채울 수 있습니까? 사마리아가 굶주렸을 때 이스라엘 왕이 사마리아 여인에게 "여호와께서 너를 돕지 아니하시면 내가 무엇으로 너를 도우랴 타작 마당으로 말미암아 하겠느냐 포도주 틀로 말미암아 하겠느냐"(왕하 6:27) 하고 말한 대로입니다.

하나님의 자녀에게는, 그의 하늘 아버지께서 곡식창고 문을 닫으시면 도울 것이 아무것도 없습니다. 하나님의 왕궁으로부터 때를 맞춰 양식이 오지 않으면 우리는 스스로를 포기하고 절망에 빠져 죽을지도 모릅니다. 하나님 외에 누가 우리를 붙들 수가 있습니까? 하나님 외에 누가 우리를 지도할 수 있습니까? 하나님 외에 누가 우리를 파멸로 떨어지는 데서 지킬 수 있습니까? 하나님 외에 누가 매 시간 우리에게 절대적으로 필요한 것들을 공급할 수 있습니까? 그러니 그동안 우리가 하나님의 왕궁으로부터 부양받았다고 생각하는 것이 아주 타당한 일이 아닙니까?

매우 기분 좋은 이 생각을 조사하는 동안, 우리는 하나님의 왕궁으로부터 오는 부양을 위해 주님께서 값비싼 비용을 치르셨다는 점을 기억할 수 있습니다. 하나님께서는 아무 대가도 치르지 않고서 우리를 먹이신 것이 아닙니다. 솔로몬 왕이 자신의 모든 조정 신하들에게 매일 포도주와 기름, 굵은 밀가루와 가

제1장 큰 열심을 낼 선한 이유〈스 4:14〉 **417**

는 밀가루, 양과 살진 소, 사슴과 노루, 새와 닭고기를 공급하기 위해 그의 금화를 얼마나 많이 지출했는지 우리는 모릅니다. 그러나 솔로몬의 그 모든 비용도 하나님께서 아낌없으신 손으로 우리를 부양하기 위해 치르시는 거대한 비용에 비하면 아무것도 아니었다는 것은 확실히 압니다. 그 일은 무엇보다 첫째로 하나님께 그의 독생자를 희생시키는 대가를 치르게 하였습니다. 하나님께서 그의 아들을 아끼시고 우리에게서 물러나셨다면 우리는 사는 것을 시작조차 할 수 없었을 것입니다. 그러나 하나님께서는 하늘의 최고의 보물, 곧 하나님의 왕보(王寶)인 코이누르(the Koh-i-noor: 1849년 이래 영국 왕실 소장의 유명한 106캐럿의 인도산 다이아몬드)를 우리가 살 수 있도록 우리를 위해 기꺼이 지출하셨습니다. 그리고 그 이후로 항상 우리는 바로 예수 그리스도를 먹고 살아온 것입니다. 그리스도 외에 다른 어떤 음식도 우리의 필요에 적합하지 않을 것입니다. 그의 살은 참된 양식이고, 그의 피는 참된 음료입니다. 영혼에게는 하나님의 아들을 먹고 사는 이것이야말로 생각할 수 있는 최고의 진미(珍味)입니다. 우리는 지금까지 오랫동안 하나님의 아들을 먹고 살아왔습니다. 이렇게 무한하신 은혜로 우리의 필요를 채워주신 넉넉하신 우리 하나님께 감사하고 하나님을 찬양합시다. 하나님께서 우리를 위해 아무것도 아끼지 않으시고 모든 것을 내어주시므로, 우리도 인색하게 무엇이든지 하나님께 드리기를 아까워하지 맙시다. 그처럼 후하신 하나님께는 아낌없이 드리되 또한 자발적으로 드려야 마땅할 것입니다. 우리의 봉사가 아무리 고귀한 것이라 하더라도, 즉 아무리 뜨거운 봉사라 하더라도 주님께서 지금까지 오랫동안 우리를 부양하느라 지출하신 그 막대한 비용에 비할 때, 그것은 하찮은 보답에 지나지 않을 것입니다.

여러분이 지금까지 하나님의 왕궁으로부터 받은 양식과 부양을 깊이 생각해 보시겠습니까? 그렇게 깊이 생각해 보면 여러분 속에 감사의 마음이 일어날 것입니다. 사랑하는 여러분, 우리는 그동안 풍성한 공급을 받아왔습니다. 하나님께서는 한 번도 우리에게 무엇을 주기를 아까워하시지 않았습니다. 그것은 마치 태양이 열과 빛을 풍성하게 발산하되, 사람들이 소비하는 것에 따라 재어주지 않고 온 세상에 넓게 열과 빛을 뿌리는 것과 같습니다. 바로 그와 같이 하나님께서는 세상에 그의 선하심을 햇빛처럼 부어주십니다. 그래서 하나님의 성도들이 그 선하심을 풍성하게 받게 됩니다. 만약 지금까지 여러분이 그 선하심을 충분히 받지 못했다면 그것은 하나님 때문이 아닙니다. 여러분이 <u>스스로를 제한</u>

하였기 때문입니다. 우리의 수용 능력이 작을 수 있으나, 하나님의 주시는 성향은 풍성합니다. 하나님께서는 그동안 우리에게 자비를 홍수처럼, 사랑을 바다처럼 부어주셨습니다. 우리가 그동안 얼마나 아낌없는 부양을 받았는지 모릅니다! 충분하고 남아돌아갔습니다. 우리가 아무리 생각을 펼칠지라도 은혜 언약 안에서 우리가 받지 못한 것을 생각해낼 수 없을 것입니다. 모든 것이 여러분의 것이기 때문입니다. 즉, 모든 것이 하나님께 받은 선물이기 때문입니다. 하나님이 우리 것입니다. 곧, 무한자가 우리 것입니다. 전지하신 이가 우리 것이며, 전능하신 이가 우리 것입니다. 우리가 얼마나 풍성한 유업을 받았는지 모릅니다!

그 다음에, 우리는 지금까지 끊임없이 양식을 받았습니다. 양식을 많이 받은 만큼 또한 양식이 언제나 때에 맞춰 우리에게 왔습니다. 궁핍한 때가 왔지만, 그 필요를 채우는 공급품도 이어서 왔습니다. 만일 이 자리에 하나님에 대해 불리한 증언을 할 것이 있는 신자가 있다면, 말하도록 내버려두십시오. 그런데 그렇게 말하는 그대는 지금까지 하나님을 의지하였는데 하나님께서 그대를 실망시킨 적이 있었습니까? 하나님을 신뢰하였는데, 아무 소용이 없었습니까? 하나님의 약속이 거짓입니까? 하나님께서 그대를 깊은 물속에 버려두셨습니까? 그대가 불을 지나갈 때 불길이 그대를 덮쳤습니까? 그대가 겪어보니 하나님이 황무지와 같은 분이셨습니까? 지극히 곤궁한 날에 하나님이 아무 도움을 주지 못했습니까? 아닙니다. 사랑하는 여러분, 우리 하나님은 지금까지 넉넉하게 베푸셨고, 그의 하사품을 끊임없이 내려주셨습니다. 이따금 생각난 듯이 선을 베푸신 것이 아니라 항상 우리에게 은혜로우셨습니다.

여기가 적당한 자리라면 나는 말을 멈추고 이에 대해 내가 알고 있는 바를 이야기하고 싶습니다. 아마도 그렇게 하면 틀림없이 더 나이 든 성도들이 나를 막고 "내가 그 점에 대해 이야기하겠습니다" 하고 말할 것입니다. 예전에 강단에서 하나님의 지극히 선하심에 대해 말하려고 했던 일이 기억납니다. 그때 지금은 천국에 계시는 존경하는 저의 할아버지께서 내 옷자락을 잡아당기며 말을 멈추라고 하셨습니다. 할아버지께서 그 점에 대해서는 나보다 당신이 더 잘 말할 수 있을 것이라고 생각하셨던 것입니다. 그리고 정말로 그분은 살아계신 하나님의 신실하심에 대한 깊은 경험 때문에 더 잘 말씀하실 수 있었을 것입니다. 머리가 허연 어른들이 일어서서 자기들이 경험한 바와 하나님의 영원히 선하심을 시험하여 알게 된 바에 대해 이야기하는 것을 듣는 것이 젊은이들에게는 큰 기쁨이고 유익입니다. 그러나 젊은이든 노인이든 간에 우리가 몇 년간 하나님의 이름을 알았다면 이렇게 말할 수 있을 것이라고 생각합니다.

> "근심이 어두운 구름처럼
> 빽빽이 모여들고 큰 소리를 낼 때
> 주님께서 언제나 내 영혼 가까이 서 계셨네.
> 주님의 인자는 참으로 선하도다!"

주님은 그동안 우리에게 신실한 친구이셨습니다. 그래서 우리는 왕의 식탁으로부터 아주 잘 부양을 받았습니다.

지금까지 이렇게 하나님의 공급하심이 넉넉하고 지속적으로 이루어짐으로 우리가 존귀하게 되었습니다. 왕궁으로부터 부양을 받는다는 것이 얼마나 대단한 일인지 생각해 보십시오. 그렇다면 만왕의 왕의 하사품으로 먹고 산다는 것은 모든 특권들 가운데 가장 큰 특권입니다. "이런 영광은 그의 모든 성도에게 있도다"(시 149:9). 다리를 저는 약한 므비보셋도 이 왕의 식탁에서 먹을 것입니다. 선한 목자이신 주 예수께서는 그의 모든 소자들을 비유에 나오는 어린 암양처럼, 곧 그 주인의 잔에서 마시고 그의 품에 누운 양처럼 대하십니다. 지극히 약하고 천하기 짝이 없는 사람들도 이 고귀한 영예를 얻습니다. 즉, 그들이 필요한 모든 것을 친히 왕으로부터 공급받는 것입니다. 고개를 숙이고 있는 여러분, 머리를 드십시오. 자신이 세상 누구보다도 작다고 생각하여, 낙심해 있는 불쌍한 성도 여러분, 여러분 한 사람 한 사람이 다 왕의 아들입니다. 여러분은 모두 만왕의 왕의 고귀한 자유민들입니다. 여러분의 음식은 천사들의 음식보다 낫습니다. 하나님께서는 여러분을 굶기느니 차라리 가브리엘을 굶기실 것입니다.

> "하늘의 천사들도 맛보지 못하였네,
> 구속하시는 은혜와 간절한 사랑은."

그럼에도 그것이 여러분에게는 매일 아침저녁으로 먹는 음식이었습니다. 기뻐하십시오. 여러분에게 세상적으로 좋은 것이 거의 없습니까? 하지만 여러분의 하늘 아버지께서 그것을 여러분에게 보내십니다. 여러분에게 영적으로 좋

은 것이 참으로 적다고 슬퍼합니까? 그런 것이 조금이라도 있다면 하나님께 감사하십시오. 그것을 보내시는 분이 바로 하나님이시기 때문입니다. 하나님의 무한하신 은혜가 없었더라면 여러분이 영적인 좋은 것을 하나도 받지 못하였을 것입니다. 그러므로 여러분이 받은 것에 대해 하나님께 감사하고, 확신을 가지고 더 많이 주시기를 구하십시오.

친구 여러분, 우리가 하나님 안에서 그처럼 영혼을 만족시키는 양식을 받는다는 이 점에 기운을 낼 만한 이유가 있습니다. 하나님께서 주시는 것을 받는 영혼은 자신이 붙들 수 있는 양만큼, 그리고 자기에게 필요한 양만큼 많은 것을 얻습니다. 그는 다른 사람들이 충분히 부러워할 만한 몫을 받은 것입니다. 그리스도인들이 참으로 행복하고 복되다는 것을 세상 사람들이 알기만 한다면, 그들은 그리스도인들을 왕의 가족으로 간주하고, 다른 누구보다 그들을 부러워할 것입니다. 세상 사람의 재산에는 부러워할 것이 하나도 없습니다. 그는 많이 가지면 가질수록 그것을 떠나는 것이 그만큼 더 괴로운 일일 것입니다. 멋진 마당과 잔디밭과 큰 정원은 그가 죽은 것을 그만큼 힘들게 만들 것입니다. 그의 세상적 명예가 크면 클수록 그의 영원한 수치는 그만큼 더 커질 것입니다. 높게 날아올랐다가 그 다음에 높이 오른 것 때문에 그만큼 더 크게 떨어지는 것이 그에게는 끔찍한 일임에 틀림없습니다.

"너는 행악자들로 말미암아 분을 품지 말며 악인의 형통함을 부러워하지 말라"(잠 24:19). 그렇게 악을 행하여 형통한 자는 결국 어떻게 됩니까? "내가 악인의 큰 세력을 본즉 그 본래의 땅에 서 있는 나무 잎이 무성함과 같으나 내가 지나갈 때에 그는 없어졌나니 내가 찾아도 발견하지 못하였도다"(시 37:35,36). 그들을 알았던 장소와 그들의 이름을 불렀던 땅이 속히 그들에 대한 기억을 잊어버릴 것입니다. 그들에 대한 기록은 금방 사라졌고, 그들 자신도 "그들이 나왔던 하찮은 티끌로" 돌아가 버렸습니다. 하지만 여러분에게는 여러분의 유업이 될 영원이 있습니다! 여러분에게는 여러분의 몫이 될 천국이 있습니다! 오늘 여러분의 잔에 들어 있는 몇 방울 쓸개즙은 곧 깨끗이 씻겨지고, 그 잔은 하늘의 천사들이 마시는 감미로운 음료로 가득찰 것입니다. 여러분은 지금 받는 흑빵과 딱딱한 음식을 잠시 동안 즐거이 받으십시오. 여러분이 장차 천사들의 진미를 먹을 것이기 때문입니다. 그렇습니다. 여러분은 지금도 하나님께서 왕궁으로부터 보내시는, 골수가 가득 찬 기름진 것과 찌꺼기를 걸러낸 포도주를 믿음으로 마음껏 즐길 수 있습니다. 형제 여러분, 우리 가운데 기가 꺾인 사람이 있다면, 기뻐하십시오. 우리의 양식이 하나님의 왕궁으로부터 오기 때문입니다. 우리가 그보다 더 바랄 것이 있겠습니까?

> "아버지여, 내가 아버지의 매일의 뜻을 기다리나이다.
> 아버지께서 여전히 양식을 나누어 주실 것이니
> 이 땅에서 아버지께서 최선으로 여기시는 것을 내게 주소서.
> 죽어 하늘에서 안식을 얻기까지."

이렇게 우리는 그 사실, 곧 "우리가 이제 왕궁으로부터 부양을 받는다"는 그 사실을 생생한 흥미와 경건한 감사의 마음을 가지고 인정합니다.

**2. 둘째로, 여기에는 의무에 대한 인정이 있습니다.**

"왕이 수치 당함을 차마 보지 못하여." 틀림없이 여러분은 많은 설명이 없이도 이 주장이 힘이 있는 것을 알 것입니다. 그것은 설득력 있는 이론입니다. 그들이 왕궁으로부터 먹을 것을 받았다면, 왕이 수치 당하는 것을 가만히 서서 보는 것은 합당하지 않은 일이었습니다. 이 이론은 우리 마음에 와 닿습니다. 우리 믿는 자들이 그처럼 은총을 받았다면, 즉 그처럼 좋은 음식으로 부양받았다면, 우리 하나님께서 수치 당하시는 것을 가만히 앉아서 보는 것은 합당치 않은 일입니다. 여기서 나는 하나님께 수치를 드리는 일로서, 우리가 그냥 참아서는 안 되는 일들을 몇 가지 보겠습니다.

우리는 어떻게 해서든지 우리 때문에 하나님께서 수치 당하시는 일을 보지 않도록 해야 합니다. 이 문제에 대한 검토를 집에서부터 시작하는 것이 좋을 것입니다. 여러분은 지금 무엇이든지 하나님께 수치를 끼쳐드리는 일을 하고 있습니까? 그것이 집에서 하는 일이든, 일상적인 어떤 일이든, 사업을 하는 데서 만나는 일이든 간에 말입니다. 여러분의 대화에, 행동에, 읽는 것에, 쓰는 것에, 말하는 것에 하나님께 수치를 끼치는 것이 있습니까?

여러분이 왕의 식탁으로부터 먹을 것을 받는다는 것을 안다면, 제발 왕이신 하나님께서 여러분 때문에 손해를 입으셨다는 말이 들리지 않도록 하십시오. 반역자가 있다면 그 사람은 다른 데서 나오도록 하고, 하나님의 택하신 백성들 가운데는 없도록 하십시오. 여러분은 피로 값 주고 사신 바된 사람들입니다. 그런데 여러분이 그 피를 짓밟으려고 합니까? 십자가에 못 박히신 그리스도께서 여러분을 위하여 죽으셨습니다. 그런데 여러분이 다시 주님을 못 박고 공공연히 수치를 당하시게 하려고 합니까? 여러분은 예수께서 계시는 곳에 곧 가게 될 것입니다. 여러분은 주님의 얼굴을 보고 그 앞에 설 때 얼굴을 붉히려고 합니까? 대체 여러분이 예수님께 수치를 끼친다는 말을 들으려고 합니까? 하나님께서는 여러분에게 천사들보다 나은 운명을 주셨습니다. 그런데 여러분은 마귀가 한껏 입을 벌려 웃게 하고, 마귀에게 하나님을 대항해서 자랑할 거리를 갖게 하려고 합니까? 형제 여러분, 결코 그렇게 해서는 안 됩니다! 하나님께서 우리에게 은혜를 베푸셔서, 만일 우리가 하나님의 왕궁으로부터 부양을 받는다면 왕이 수치를 당하시게 하는 것이 우리에게 합당한 일이 아니라는 것을 알게 해 주시기를 바랍니다!

어쩌면 이 수치가 우리와 한 지붕 아래 있고, 우리 집 안에 살고 있는 사람들로부터 올 수가 있습니다. 부모가 된 분들과 주인의 입장에 있는 분들에게 이 점을 유의하라고 말씀드립니다. 여러분이 감독할 수 있는 사람들에게서 하나님께 수치를 끼치게 될 일은 조금이라도 묵인하지 않도록 하십시오. 엘리를 기억하십시오. 그는 아들들을 제지하지 않았고, 그 아들들은 부끄럽게 행동하였습니다. 그들은 목회자의 아들들이었습니다. 그들을 제지하지 않았기 때문에 하나님께서 엘리의 집을 뒤엎으셨고, 그에 관한 소식을 듣는 사람들마다 얼이 빠질 만큼 두려운 일을 행하셨습니다. 여호수아는 이같이 말했습니다. "나와 내 집은 여호와를 섬기겠노라"(수 24:15). 우리가 자녀들에게 새 마음을 나누어 줄 수는 없지만, 우리 집 안에서 예수 그리스도의 종교를 손상시키는 일이 결코 일어나지 않게 할 수는 있습니다. 여러분에게 그 점을 명심하라고 말씀드립니다.

하지만 여러분은 자녀들을 통제할 수 없다고 말합니다. 그렇다면 하나님께서 여러분에게 자비를 베푸시기 바랍니다! 자녀를 통제하는 것이 여러분의 할 일이고, 또 그렇게 해야 합니다. 그렇지 않으면 머지않아 자녀들이 여러분을 통제하는 것을 보게 될 것입니다. 자녀들과 종들이 죄짓는 것을 꾸짖지 않고 그냥 지나가는 사람들에게 하나님으로부터 어떤 심판이 임할지 모릅니다. 그래서는 안 됩니다. 우리가 하나님의 왕궁으로부터 부양을 받는다면, 왕이 수치 당하는 것을 그냥 두고 보지 맙시다.

우리는 이 거룩한 질투심으로 인해 우리가 영향을 끼칠 수 있는 사람들, 예를 들면 교회에 가입하여 우리와 교제를 나누기를 바라는 사람들 가운데서 왕을 위하여 힘 있게 일하도록 합시다. 가치가 없는 사람들, 곧 부르심을 받고 택하심을 받은 신실한 사람들인 성도들의 회중에 끼어든 사람들로부터 왕이신 예수님의 명예와 존엄을 할 수 있는 대로 지키는 것이 모든 교회의 의무입니다. 우리는 속고 또 언제나 속을 것입니다. 과거를 보면 교회가 결코 잘못이 없지 않았기 때문입니다. 그럴지라도 우리가 판단력이 부족한 것에 더하여 실천도 태만히 하는 일을 하지 않도록 합시다. 불신자들이 눈치 채지 못하게 몰래 다가설 것이기 때문에 우리는 그들이 들어오는 것을 묵인해서는 안 됩니다. 자신이 거듭났다고 고백하지도 않는 사람들을 성찬상에 나오도록 허락하는 것은 만왕의 왕께 대한 명백한 반역 행위입니다. 죄 많고 부정하며 불의한 생활을 하는 사람들, 곧 방종한 생활과 해이한 생각을 갖고 있는 사람들, 다시 말해 예수 안에 나타난 진리를 알지 못하는 사람들을 교인으로 받아들이는 것은 그리스도께서 우리에게 주신 진리를 배반하는 일이 될 것입니다. 그렇게 해서는 안 됩니다. 모든 교인은 하나님 보시기에 교회를 더럽히는 일로부터 교회를 지키기 위해 최선을 다해야 합니다. 여러분이 왕이신 하나님의 식탁으로부터 부양을 받는다면 하나님께서 수치를 당하시도록 하는 것은 합당한 일이 아닙니다.

우리는 하나님의 규례와 증거들을 지켜야 하는 참으로 신성한 의무가 있습니다. 하나님의 말씀을 훼손하고 잘못 전하는 일로 말미암아 왕이신 하나님께서 얼마나 수치를 당하시는지 모릅니다! 그러므로 형제 여러분, 우리는 거짓 교리에 대해 언제나 항의해야 합니다. 때로 나는 말을 날카롭게 한다는 비난을 받습니다. 그 비난은 내 양심에 그리 영향을 주지 못합니다. 누군가가 내가 말을 부드럽게 한다고 이야기한다면, 나는 그 말이 훨씬 더 괴로울 것이라고 생각합니다. 이 세상에 악이 있는 한, 하나님의 종들은 악에 대항해야 합니다. 이 세상을 지나면서 만나는 사람마다 "헤이, 친구, 어서 오시오!"라고 말하며, 박애라는 현대의 다이아나 여신, 즉 보편적인 박애, 다시 말해 거짓된 박애, 거짓된 사람들을 향한 박애라는 현대의 다이아나 여신을 칭찬하는 사람이 자기의 창조주 앞에 서게 될 때, 그는 자신의 계산서를 내놓기가 어렵다는 것을 알 것입니다. 오늘날, 아무도 무엇을 믿지 않는 이 시대, 사람마다 검은 것이 흰 것이고 흰 것이 검은 것이라고 믿으며, 색깔은 상상으로 구별하는 것 외에 아무것도 아니라고 믿는 신앙에 동의한 이 시대는 누군가는 무엇을 믿어야 하는 때입니다. 따라서 우리가 자기가 알고 있는 바를 말하고 자기가 받은 진리를 정직하게 증언하는 사람들이라면 말을 조금 날카롭게 하는 것은 변명할 필요가 없을 뿐만 아니라 또한 권할 일이기도 합니다.

이 자리에 계신 분들 가운데 하나님의 왕궁으로부터 부양을 받는 사람은 모두 그리스도를 모욕하는 모든 교리에 맞서 싸워야 합니다. 어떤 사람이 사제인 체하며 자기에게 죄를 용서하고 사죄와 은혜를 베풀 수 있는 권한이 있는 듯이 하는 것을 볼 때, 내가 최선을 다하여 그 속이는 자의 가면을 벗기고 그의 사기를 반대하지 않는다면, 나는 그의 범죄를 방조하였고 따라서 그의 죄에 대해 책임이 있으며 그의 정죄를 함께 받아야 할 자로 간주될 수가 있습니다. 그러므로 모든 영국인은, 모든 개신교도는, 무엇보다 모든 그리스도인은 누구나 로마가톨릭 교회든, 성공회든, 비국교회든 간에 교회 안에 있는 온갖 비성경적인 제사장적 행위를 공공연히 비난하도록 합시다. 이 점을 분명히 아십시오! 제사장은 오직 한 분이시고, 그분은 하늘에 계십니다. 우리 가운데 아무도 속죄 제사를 드릴 권한이 없으며 다른 사람에게 사죄를 베풀 권한도 없습니다. 여러분이 우리를 보고 검열관 같다고 비난하든 하지 않든 간에, 우리는 하나님을 모독하는 그 행위를 보면 소름이 끼치고, 그 행위가 끌어들이는 표리부동함을 보면 놀라지 않을 수 없습니다. 그리고 복음을 진심으로 사랑하기 때문에 우리는 마음이 불타올라서 항의의 말을 외치게 됩니다. 진리를 이처럼 심하게 왜곡하는 것에 대해 큰 소리로 말하지 않는다면 우리는 자신을 부끄럽게 생각해야 마땅합니다.

요즘은 그리스도의 신성을 부인하는 자들이 있습니다. 이들과 우리 사이에는 평화 협정이란 있을 수 없습니다. 한 유니테리언 박사가 한 말이 기억나는데, 나는 그의 말이 아주 정확하다고 생각하였습니다. 그는 유니테리언들에 대해서 심하게 반대한다는 비난을 듣는 어떤 칼빈주의자에 대해서 이렇게 말했습니다. "아주 옳습니다. 칼빈주의자가 옳다면 유니테리언은 전혀 그리스도인이 아니고, 유니테리언이 옳다면 칼빈주의자는, 사람이지만 하나님의 아들은 아닌 자를 예배하기 때문에 우상 숭배자가 되므로, 그의 말은 옳은 것이 틀림없습니다." 우리가 붙잡고 있는 것이 참이라면, 그리스도의 신성을 부인하는 사람은 그리스도인이 될 수 없고, 그에게 구원의 소망도 있을 수 없습니다. 그는 장차 올 진노를 피할 수 있는 유일한 길을 의도적으로 거부하는 것입니다. 나는 어떤 사람이 로

마 가톨릭교인으로서 그의 모든 오류에도 불구하고 천국에 이른다는 것을 이해할 수 있습니다. 그것은 그의 신조에 많은 미신이 얽혀 있을지라도 그가 그리스도의 신성을 믿고 그리스도의 죽음의 속죄 제사를 의지하기 때문입니다. 그러나 나는 우리의 찬송 받으실 구주 예수 그리스도의 신성을 의심하거나 믿지 않으면서 우리의 지극히 거룩한 믿음의 큰 닻을 버리고 보혜사 없이, 그리스도 없이, 자비를 위한 호소 없이 자기의 창조주를 대면하려고 하는 사람이 진주 문에 들어갈 것이라는 것은 이해할 수 없고 믿지도 못합니다. 지금은 우리가 그 점을 큰 소리로 분명하게 말할 때입니다. 이것은 하찮은 주제가 아닙니다. 반역을 꾀하는 적들에 대해서는 점잖은 말은 집어치워야 합니다. 우리는 이 일에서 자제를 해야 하는 사람들이 아닙니다. 만일 우리가 하나님의 왕궁으로부터 부양을 받고 있는데, 우리 왕을 위해 변호하지 않는다면 비겁자들입니다.

그 다음에, 현대에 와서 그리스도의 대속의 교리에 대한 공격들이 있었습니다. 대속의 교리가 참이 아니라면 나는 망한 사람입니다. 그러므로 나는 이 교리를 위해 필사적으로 싸울 것입니다. 주 예수 그리스도의 대속을 제외하고는 내게 하늘 아래 다른 어떤 소망도 없습니다. 그리스도께서 내 대신에, 곧 의로운 분께서 불의한 자를 대신하여 고통 받지 않으셨다면 반드시 지옥의 불길이 내 운명이 될 것입니다. 그러므로 나는 그 진리를 포기할 수 없습니다. 그 진리를 포기하는 것은 내 구원을 포기하는 것이기 때문입니다. 그 진리가 계시되었고, 나는 절대적인 신뢰로 그 진리를 붙듭니다. 여러분이 내게 "현대 사상"이 그 진리를 공격한다고 말하겠습니까? 그러면 여러분에게 묻습니다. 현대 사상이 어떻게, 무슨 무기를 가지고 공격합니까? 현대 사상이 논증이나 증거가 있습니까? 아니면 그 진리에 반대되는 암시가 있습니까? 없습니다. 그 진리에 대해 공격하는 것은 단지 모호한 질문과 쓸데없는 트집, 당치 않은 비웃음뿐입니다. 그런데 이것이 아무것도 확언하지 않으면서도 많은 영향을 끼치는 답변 방식입니다.

형제 여러분, 여러분이 어디에 있든지, 우리의 지극히 거룩한 믿음의 근본 교리, 곧 주 예수 그리스도께서 자기 백성의 죄를 속하기 위해 목숨을 버리셨다는 이 교리를 변호하시기를 바랍니다. 그렇지 않으면 우리는 다른 어떤 형태의 거짓 교리를 만날 것입니다. 혹은 온갖 종류의 회의론을 만날 것입니다. (회의론! 형태도 없고 공허한 이상한 것입니다). 그러면 우리는 서서 듣기 좋은 말로 "예, 형제 여러분, 당신은 그렇게 믿지만 나는 다르게 믿습니다"라고 이야기하겠습니까? 아닙니다. 더 이상 항소할 수 없는 최고 법정에서 판결이 선언될 때, 의견은 거품처럼 가볍습니다. 여러분은 어떻게 생각합니까? 사실이라는 것이 없습니까? 진리라는 것이 없습니까? 하나님의 말씀이 왔다 갔다 하고 변하는 것입니까? 하나님의 말씀이 아무렇게나 뒤섞인 카드 꾸러미나 사람이 마음대로 할 수 있어서 누구나 좋아하는 그런 것이라는 결론에 이르렀습니까? 그렇지 않습니다! 항상 살아계신 하나님을 두고 맹세하지만, 진리는 반드시 어딘가에 있습니다. 그래서 우리는 할 수 있다면 그 진리를 찾을 것이고, 찾았으면 그 진리를 굳게 붙들 것입니다. 전쟁의 날에 우리의 깃발을 흔듭시다. 우리 팔이 떨어져 나갈지라도 깃발은 쓰러지지 않을 것입니다. 다른 사람들이 나타나 그 깃발을 붙들 것입니다. 옛적의 용감한 시절에 그랬듯이 말입니다. 그때 우리 선조들은 이런 일들 때문에 화형대에서 타죽었습니다. 그렇지 않으면 사람들 가운데서 하나님 말씀의 진리를 증언하지 않기보다는 차라리 노예와 죄수들이 노 젓는 갤리선으로 가거나 알프스 산맥 가운데서 죽었습니다! 여러분은 마음에 이런 일들을 추호도 용인하지 마십시오. 여러분이 지금까지 배운 사실들을 굳게 붙드십시오. 그리스도께 대한 믿음과 사랑으로 굳게 붙드십시오.

하나님의 왕궁으로부터 부양을 받는 사람들은 하나님이 제정하신 의식(儀式)들을 소홀히 함으로써 하나님께서 수치를 당하시도록 해서는 안 됩니다. 형제 여러분, 신자인 여러분들에게 명령합니다. 주 예수께서는 여러분에게 상징적인 의식들을 딱 두 가지만 주셨습니다. 여러분이 그 의식들을 잘 사용하도록 주의하십시오. 예수께서 "이와 같이 하여 모든 의를 이루는 것이 합당하니라"(마 3:15)고 말씀하시면서 하신 대로 주님을 따라 하십시오. 그리스도의 이름으로 세례를 받으십시오. 그리스도를 따라 성찬상에 나가십시오. 예수께서 이렇게 말씀하셨습니다. "이것을 행하여 마실 때마다 나를 기념하라"(고전 11:25). 여러분의 주님의 은혜로운 말씀에 순종하고, 그리스도의 교훈이 소홀히 다루어지지 않게 하십시오.

그 다음에, 우리가 정말로 그리스도의 신하라면 우리는 주님께서 그의 교회의 전반적인 쇠퇴로 말미암아 수치를 당하시지 않도록 주의합시다. 교회가 잠이 들 때, 다시 말해 하나님의 일을 형식적으로 하는 것이 눈속임으로 하는 것인데, 그처럼 하나님의 일이 눈속임으로 행해질 때, 기도회에 생명력이 전혀 없을 때, 구주의 나라의 확장을 위해 펼쳐지고 있는 거룩한 사업이 없을 때, 그때 세상은 이렇게 말합니다. "저것이 당신의 교회이다! 이 성도들이라는 사람들이 얼마나 졸고 있는지 보라!" 그리스도께서 이렇게 수치를 당하시지 않도록 합시다. 형제 여러분, 분발하십시오! 우리 교회가 나이가 들수록 바람이 미치지 않는 곳에 안주하거나 잠에 빠지지 않기를 바랍니다. 하나님께서 우리 교회가 성장할수록 더욱더 열심을 내게 해 주시기를 바랍니다. 여기에 왕 예수님을 위해 싸우고 부끄러워하지 않을 용감한 사람들의 군대가 있기를 바랍니다. 그리스도께서 친히 오실 때까지 우리 교회가 생명과 활력이 넘치기를 바랍니다. 우리가 선조들을 따라서 잠이 들 때는, 우리보다 더 낫게 왕 예수님의 대의와 왕의 권리들을 지킬 다른 사람들이 일어나기를 바랍니다.

친구 여러분, 그토록 많은 사람들이 그리스도의 복음을 거절함으로써 그리스도께 수치를 끼치는 일을 우리가 어떻게 용인할 수 있겠습니까. 사람들이 그렇게 하는 것을 우리가 막을 수는 없지만, 그들을 위해 슬퍼할 수는 있습니다. 그들을 위해 기도할 수 있고, 그들을 위해 호소할 수 있습니다. 우리는 그들에게 신자들이 자기들을 사랑하는데 자기들은 구주님을 사랑하지 않는 것을 생각하고 불편하게 느끼게 만들 수 있습니다. 여러분이 그리스도의 왕궁으로부터 부양을 받는다면 그리스도께서 수치를 당하시는 것을 태연히 보고 있는 것은 합당치 않은 일입니다. 어떤 사람이 길거리에서 하나님의 이름을 들먹이며 욕하는 것을 들으면 슬퍼하고 애통해하십시오. 사람들이 안식일을 어기는 것을 보면 슬퍼하십시오. 사람들의 술 취한 모습을 보면 비웃지 마십시오. 외설적인 노래들을 들으면 그냥 웃어넘기지 마십시오. 신자는 무엇이든지 악한 것을 보거나 들으면 가슴 아프게 생각해야 합니다. 영혼들이 멸망하고 있는 것을 보는 것이 신자인 우리에게는 끊임없는 슬픔이 되어야 합니다.

> "그리스도께서는 죄인들을 위해 우셨는데
>  우리는 눈물 한 방울 흘리지 않아야겠습니까?"

사랑하는 여러분, 여러분은 특권을 받았으므로 마땅히 여러분의 주님을 사랑해야 하고, 그래서 아무리 사소한 말이라도 주님을 대적하는 말을 들으면 마음속에 거룩한 질투심이 타올라야 합니다.

**3. 마지막으로 살펴볼 점은, 행동 방침에 대한 규정이 있었다는 것입니다.**

본문은 "우리가 사람을 보내어 왕에게 아뢰오니"라고 말합니다. 우리는 어떻게 해야 그같이 할 수 있겠습니까? 우리가 가서 주님께 그 일에 관한 모든 것을 말씀드릴 때 우리에게 합당한 대로 행하는 것임에 틀림없습니다. "왕에게 아뢰오니"라고 했습니다! 그러면 하나님이 모르신다는 말입니까? 아무것도 그 앞에 감추일 것이 없는 하나님께 모든 것이 다 노출되어 있는 것이 아닙니까? 맞습니다. 그런데 히스기야는 하나님을 모욕하는 랍사게의 편지를 받았을 때 그것을 가져가 하나님 앞에 펼쳐놓았습니다. 성도들이 사람들 가운데서 보는 죄와 슬픔, 즉 사람들이 느끼는 슬픔과 불평하는 고통을 하나님께 보고하고, 자기가 들은 하나님을 모독하는 말들을 하나님 앞에 내놓으며 받고 있는 위협들에 관해 하나님께 호소하는 것은 성도들의 거룩한 과제입니다. 그렇습니다. 여러분은 사람들에게 전해지는 거짓 교리와 오늘날 인쇄되어 유포되는 천한 궤변을 주님께 보고할 수 있습니다. 그런 것들을 아주 분명하게 말씀드리면 그것이 하나님께 상당한 호소력을 발휘하여 하나님께서 일어나 자신의 대의를 주장하시고 친히 당신의 일을 행하실 수가 있습니다.

하나님, 주께서는 오늘날 당신의 아드님의 신성이 훼손당하고, 하나님의 말씀이 영감되었다는 사실이 부인당하며, 성령의 능력이 조롱당하고 하나님의 영원한 사랑이 거절당하며 하나님의 무한히 복되신 주권이 비웃음당하고 속죄하는 보혈이 경멸을 당한 것을 아십니다. 하나님이여, 일어나 당신의 대의를 변호하소서! 온 세상을 보십시오. 사람들이 우상에 미쳐 있습니다! 사람들은 이 거짓과 다른 거짓말에 빠져 있습니다. 진리의 하나님이시여, 일어나 복수하십시오! 주께서 이같이 말씀하시지 않았습니까? "내가 장차 내 대적에게 보응하여 내 마음을 편하게 하리라"(사 1:24). 그러니 그대로 행하십시오. 영광이 마땅히 돌아가야 할 자에게 돌아가게 하시고, 예수님의 이름이 불경건한 자들에게 불쾌한 것으로 영원히 버려지는 일이 없게 하소서. 이것이 교회의 끊임없는 호소거리가 되어야 합니다. "하나님께서 그 밤낮 부르짖는 택하신 자들의 원한을 풀어 주지 아니하시겠느냐?"(눅 18:7). 이같이 해야 합니다. 이 모든 일에 대해 밤낮 부르짖어야 합니다. 런던의 죄, 우리가 그것을 느낀다면, 그 죄가 우리를 무겁게 누를 것입니다. 런던의 술 취함, 런던의 정욕, 똥 더미에서 나는 것처럼 악취를 풍기는 온갖 형태의 악함이 말입니다! 하나님이여, 주께서 언제까지나 이것을 참으시겠습니까? 주께서 일어나시어 이 모든 것을 바꾸지 않으시겠습니까? 은혜로운 개혁을 일으킬 수 있는 주의 복음에 능력을 베푸시지 않겠습니까? 그 점에 관해 하나님께 말씀드리십시오! 왕에게 아뢰십시오!

그 사람들은 왕에게 아뢴 후에 힘써서 탄원을 하였습니다. 이미 앞에서 말한 대로, 그들은 왕에게 예루살렘이라는 성은 아주 골치 아픈 성이고, 그러므로 그 성을 재건해서는 안 된다고 평가하여 말했습니다. 하나님께 간청하십시오. 하나님께 간청하십시오. 하나님께 간청하십시오! 간청하지 않는 기도는 보잘것없는 임시방편입니다. 하나님께서는 "너희는 확실한 증거를 보이라"(사 41:21)고 말씀하셨습니다. 여러분은 강력한 근거를 제시하십시오. 존 녹스가 하나님께 다음과 같은 식으로 말하였을 때, 그것은 참으로 강력한 기도였습니다. 그는 말하기를 "스코틀랜드를 이 이유 때문에, 저 이유 때문에, 또 한 가지 이유 때문에, 아직도 남은 또 한 가지 이유 때문에 구원하여 주소서"라고 하였는데, 그 이유의 수는 그의 마음의 열정과 함께 계속해서 늘어났습니다. 이렇게 녹스는 마치 자기 목숨을 위해 간청하는 것처럼 하나님께 힘을 썼고, 스코틀랜드를 위한 자신의 청원을 얻기 전에는 하나님을 그냥 보내드리려고 하지 않았습니다. 스코틀랜드가 진리를 알게 된 것은 다른 무엇보다 지금도 하늘에서 울리고 있는 녹스의 기도 덕분이라는 것은 틀림없는 사실입니다. 그는 "죽었으나 지금도 말하고" 있습니다(히 11:4).

이 나라에 그와 같은 역량과 마음을 지닌 사람들이 일어나 그와 같이 런던을 위해 간청하면 좋겠습니다! 그러면 런던이 그리스도의 면류관에 아주 빛나는 보석처럼 될 것입니다! 그리스도께서 런던을 얻기만 하신다면, 많은 면에서 세계의 심장인 이 거대한 도시로부터 건강과 생명과 복의 강수가 세상 끝까지 흘러갈 것이 분명합니다. 런던의 사정을 하나님 앞에 펼쳐놓고, 지존하신 하나님께 간청하십시오. 여러분이 그렇게 기도했으면, 그 다음에 가서 그와 반대의 행동을 하든가 일절 행동을 하지 않음으로써 여러분의 기도가 거짓말이 되게 하지 마십시오. 열심히 기도하는 사람은 열심히 일해야 합니다. 진실하게 기도하는 사람치고 자기가 하나님께 구하는 것을 얻기 위해 모든 노력을 기울일 준비를 하지 않는 사람은 없기 때문입니다. 발휘할 힘을 얻기 위하여 기도하는 동안 우리는 크게 힘을 써야 합니다. 모든 성공은 하나님께 달려 있습니다. 그런데 하나님께서는 수단을 사용하시는데, 그 일에 소용이 없고 부적합한 수단은 사용하려고 하시지 않습니다. "우리가 그리스도로 말미암아 하나님을 향하여 이 같은 확신이 있으니 우리가 무슨 일이든지 우리에게서 난 것 같이 스스로 만족할 것이 아니니 우리의 만족은 오직 하나님으로부터 나느니라 그가 또한 우리를 일꾼 되기에 만족하게 하셨으니"(고후 3:4-6). 그러니 우리가 일어나 열심히 일을 합시다. 우리가 하나님의 왕궁으로부터 부양을 받는다면 하나님께서 수치 당하시는 것을 그냥 두고 보는 것은 합당치 않은 일이고, 마땅히 하나님께 영광을 돌리기를 힘써야 하기 때문입니다.

자, 나는 여러분 한 사람 한 사람이 모두 하나님의 왕궁으로부터 부양을 받는다는 것이 무엇인지 알았으면 좋겠습니다. 그런데 슬프게도, 이 자리에는 왕의 떡을 먹어 본 적이 없는 사람들이 있습니다. 그들은 현재 상태에서 죽는다면 그리스도 앞에서 영원히 쫓겨날 것입니다. 그러나 그리스도께서는 언제나 반역하는 자신의 신하들을 받아들이실 준비가 되어 있고, 그리스도는 언제든지 기꺼이 용서하시는 하나님이시라는 사실을 기억하시기 바랍니다. "아들에게 입맞추라 그렇지 아니하면 진노하심으로 너희가 길에서 망하리니 그의 진노가 급하심이라 여호와께 피하는 모든 사람은 다 복이 있도다"(시 2:12). 여호와께 피하는 이것이 화해의 길입니다. 여러분이 하나님의 사랑하시는 아들에게 피한다면, 여러분은 그리스도와 화해하게 됩니다. 여러분은 하나님의 왕궁에서 부양을 받을 것입니다. 그러면 여러분이 하나님의 영광에 이르도록 살게 될 것입니다. 아멘. 아멘.

느
헤
미
야

제
1
장
—

# 묵도

—

내가 곧 하늘의 하나님께 묵도하고 — 느 2:4

우리가 성경에서 보는 것처럼, 느헤미야는 예루살렘 성읍의 상태에 관해 물었고, 그는 그 결과를 듣고 쓰라린 슬픔 속에 빠졌습니다. 그는 이렇게 말했습니다. "내 조상들의 묘실이 있는 성읍이 이제까지 황폐하고 성문이 불탔사오니 내가 어찌 얼굴에 수심이 없사오리이까"(느 2:3). 그는 성읍이 황폐한 땅 — 한때는 터가 높고 아름다워 온 세계가 즐거워했던 도시(시 48:2) — 으로 변해버린 것을 도저히 참을 수가 없었습니다.

그는 그 문제를 자기 마음속에 담아두고 다른 사람들에게 한 마디 말하지 않았고, 또한 이스라엘 백성들에게 애국심을 고취시키기 위해 그럴듯한 계획을 세우지도 아니했습니다. 다만 그에게는 자신이 홀로 감당해야 할 일이 일어났을 뿐이었습니다.

이것이 바로 실천력이 강한 사람들이 어떤 일을 시작할 때 가는 길입니다. 실천력이 없는 사람들은 해야 할 일에 대해 계획을 세우고, 정리를 하고, 생각을 많이 합니다. 그러나 진실로 시온을 사랑하는 그는 다음과 같이 스스로에게 질문해 보았습니다. "느헤미야, 너는 무엇을 할 수 있니? 네 스스로 할 수 있는 일이 뭐니? 오라. 네가 해야 할 일이 있다. 네가 그 일을 해야 할 사람이다. 최소한 네가 해야 할 몫이 있다. 너는 무엇을 할 수 있니?"

그 후부터 그는 기도 시간을 따로 갖기로 결심했습니다. 거의 넉 달 동안 그것은 그의 마음에서 떠나지 않았습니다. 밤낮을 가리지 않고 마치 그 이름이 그의 눈동자 위에 그려진 것처럼, 그의 마음속에도 예루살렘이란 이름이 새겨져 있었습니다.

그는 오직 예루살렘만 생각했습니다. 그는 밤에는 예루살렘에 관한 꿈을 꾸었습니다. 그리고 일어나면 "황폐한 예루살렘"이 가장 먼저 떠올랐습니다. 잠자리에 들기 전 그의 저녁기도는 예루살렘의 허물어진 성벽에 관한 것이었습니다. 여러분도 아시다시피, 실천력이 있는 사람은 강한 사람입니다. 그의 온 마음이 한 가지 열정에 사로잡히면, 그 열정은 분명히 현실로 나타날 것입니다. 그것을 믿으십시오. 그의 마음의 소원은 특히 그가 하나님 앞에서 기도할 때 완전히 현실로 나타날 것입니다. 이에 대해 어떤 일이 일어났습니다. 오래지 않아 느헤미야에게는 좋은 기회가 주어졌습니다.

하나님의 사람들은 하나님을 섬기기 원하지만 좋은 기회가 주어지지 않는다면, 묵묵히 기도하면서 기다립니다. 그러면 한줄기 광선처럼 그의 길에 기회가 찾아들 것입니다. 진실하고 용기 있는 사람이 주님을 섬기고자 할 때, 어디서든 또는 언제든 적절한 기회를 얻지 못해 방황하는 경우는 결코 없었습니다.

부지런한 모든 일꾼은 그분의 포도원에서 자기에게 할당된 일의 몫이 주어지게 마련입니다. 여러분도 오래 기다려야 할지 모릅니다. 주인이 여러분을 고용하지 않기 때문에 시장에서 할 일 없이 서 있는 것처럼 보일 때도 있을 것입니다. 그러나 거기서 불타는 마음과 열렬한 목적의식을 지니고 기도하면서 기다리십시오. 그러면 틀림없이 기회가 올 것입니다. 시간은 그것을 활용할 줄 아는 사람을 기다리고 있습니다.

하나님은 느헤미야에게 기회를 주셨습니다. 드디어 그 기회는 왔고, 진실로 그것은 그가 전혀 기대하지 않을 때 왔습니다. 그때는 그가 큰 슬픔 속에 빠져 있을 때였습니다. 이 문제는 자신이 무척 불행하다고 느끼게 할 정도로 느헤미야의 마음을 근심스럽게 했습니다. 다른 사람들이 그것을 보았는지 모르지만, 느헤미야가 섬겼던 왕(아닥사스다)은 그가 포도주잔을 들고 궁정에 들어왔을 때, 그의 얼굴에 수심이 있는 것을 알아차렸습니다. 왕은 그에게 물었습니다. "네가 병이 없거늘 어찌하여 얼굴에 수심이 있느냐? 이는 필연 네 마음에 근심이 있음이로다"(느 2:2).

그때 느헤미야는 자신의 기도가 자기에게 기회를 제공하고 있다는 것을 거의 깨닫지 못했습니다. 기도의 결과가 그의 얼굴에 나타난 것이었습니다. 그의 금식이 그의 얼굴에 흔적을 남겨 놓았습니다. 정작 본인은 그것을 깨닫지 못했지만, 느헤미야는 왕 앞에 나아왔을 때 스스로 기회를 예비하게 되었습니다.

그러나 여러분도 보다시피, 기회가 왔을 때 그는 떨고 있었습니다. 왜냐하면 "내가 크게 두려워하여"(2절)라고 말하고 있기 때문입니다. 그런 까닭에 왕은 그가 무엇을 원하는지를 물었습니다.

그 질문 속에서 그는 왕이 자기를 도와줄 의사가 있음을 확신하게 된 것으로 보입니다. 그리고 여기서 우리는 그가 왕에게 즉각 대답하지 않고(대답은 즉각 주어지지 않았습니다), 사실과 관계되는 일련의 행동을 하게 되는 것에 대해 좀 놀라게 됩니다. 그는 여태까지 기도하고 금식한 사람이었음에도 불구하고, 본문에는 "내가 곧 하늘의 하나님께 묵도했다"는 짧은 삽입구가 들어 있습니다.

저는 이 삽입구를 다루고자 합니다. 이 짧은 기도(묵도)를 자세히 살펴볼 것입니다. 이 묵도 속에서 저는 세 가지 사상을 발견하는데, 이것들을 하나씩 설명하겠습니다. 그것들은 다음과 같습니다. 첫째는, 그런 상황에서도 느헤미야가 기도했다는 사실, 둘째는, 그의 기도의 방법, 그리고 셋째는, 그가 사용한 탁월한 기도의 본질.

### 1. 느헤미야가 기도했다는 사실

느헤미야가 기도했다는 사실은 주목할 만한 일입니다. 그는 그의 지배자인 왕에게 질문을 받았습니다. 이때 여러분이 상상할 수 있는 적절한 반응은 그가 그 질문에 즉각 대답하는 것일 것입니다. 그런데 그는 그렇게 하지 않았습니다. 그는 대답하기 전에 "하늘의 하나님께 묵도"했습니다. 저는 왕이 그가 잠시 기도하는 것을 알아챘다고는 보지 않습니다.

어쩌면 그 간격은 그가 알아채기에는 너무 짧았을지도 모릅니다. 하지만 하나님이 알아채기에는 충분한 시간이었고, 느헤미야로서는 왕에게 어떻게 대답해야 할지 하나님의 인도를 구하고 그 응답을 받기에는 충분한 시간이었습니다. 여러분은 하나님의 사람이 질문과 대답 사이에 하나님께 기도할 시간을 갖는다는 게 놀랍지 않습니까? 하지만 느헤미야는 그 시간을 가졌습니다.

마음이 극히 불안한 상태에 있었음에도 불구하고, 그 순간 그가 기도했다는 것에 대해 우리는 더 놀라게 됩니다. 왜냐하면 2절에 따르면 그는 "크게 두려워하고 있었기" 때문입니다. 우리는 당황하거나 낙담할 때 기도하는 것을 잊기 쉽습니다. 여러분은, 아니 최소한 여러분들 가운데 어떤 분들은, 그것을 여러분이 헌신을 다하지 못한 것에 대한 그럴듯한 핑곗거리로 삼지 않습니까? 그러나 느헤미야는 불안 속에 있었을 때 그것은 기도를 생략할 이유가 아니라 오히려 기도를 해야 할 이유라고 느꼈던 것입니다. 그래서 그는 하나님과 습관적으로 교제하고 있었기 때문에, 딜레마에 빠져 있는 자신을 보자마자 비둘기가 자신을 숨기기 위해 바위의 갈라진 틈으로 날아드는 것처럼 하나님의 품으로 날아들었습니다.

그의 기도는 자신의 목적에 대해 애타는 소원을 담고 있었기 때문에, 이것은 굉장히 주목할 만한 경우였습니다. 왕은 그에게 그가 무엇을 원하는지 물었습니다. 그때 그의 온 마음은 예루살렘 성벽을 수축하는데 쏠려 있었습니다. 여러분은 그가 왕에게 곧장 "오 왕이여, 만세수를 하옵소서. 저는 예루살렘 성벽을 수축하기를 간절히 원하옵니다. 할 수 있으면 제게 도움을 베푸소서" 하고 아뢰지 않은 것이 놀랍지 않습니까? 그러나 그는 그렇게 하지 않았습니다. 그는 자신이 원하는 목적을 관철시키는데 온 마음을 집중하고 있었기 때문에 "하늘의 하나님께 묵도"하기 전까지는 도움의 손을 내밀지 않았습니다.

저는 그를 칭찬하고 싶습니다. 저 역시 그를 닮고 싶습니다. 저는 모든 그리스도인의 마음속에 느헤미야를 그렇게 성급하지 않도록 이끈 거룩한 신중함이 들어있기를 바랍니다. 기도와 준비는 사람의 길을 절대로 방해하지 않습니다. 확실히 우리 마음의 소원이 더 강해질수록 우리는 그것을 붙잡기 위해 안달을 합니다. 그러나 우리가 진정하고 멈추어 서서 우리 마음을 하늘로 향하게 하고 하늘의 하나님께 기도한다면, 수풀 속에 숨어있는 새를 우리 손으로 붙잡는 것은 훨씬 더 쉬워질 것입니다.

느헤미야는 그 똑같은 문제를 놓고 지난 3, 4개월 동안 이미 기도하고 있었기 때문에 그때 그토록 신중하게 또 기도했다는 것은 더욱 놀라운 일입니다. 우리 가운데 어떤 이들은 이렇게 말할 것입니다. "그것은 지금까지 내가 기도했던 것입니다. 지금 제가 해야 할 일은 그것을 취하고, 그것을 사용하는 것입니다. 왜 또 기도합니까? 하늘의 하나님께 밤낮으로 눈물 흘리며 부르짖고, 골방에 앉아 금식하며 부르짖고, 고민을 아뢰었더니 결국 확실한 응답을 받았습니다. 하나님이 내게 주신 응답을 취하고 그 안에서 즐거워하는 것 외에 할 일이 무엇입니까?" 그러나 아닙니다. 여러분은 언제든 많이 기도한 사람은 더 많이 기도해야 하는 사람이라는 것을 깨닫게 될 것입니다. "무릇 있는 자는 받아 풍족하게 되고"(마 25:29). 만일 여러분이 기도의 감미로운 맛을 알고 있다면, 더 자주 기도하게 될 것입니다. 만일 여러분이 은혜의 보좌에 익숙하다면, 즉각 그곳을 방문할 것입니다.

> "기도의 힘을 아는 사람은
> 얼마나 자주 그곳에 있기를 바랄까요?"

따라서 느헤미야는 항상 기도했음에도 불구하고 또 다른 간구를 주께 드렸던 것입니다. "내가 곧 하늘의 하나님께 묵도하고."

그런데 여기서 상기할 가치 있는 사실이 한 가지 더 있습니다. 그것은 그는 궁정 곧 하나님을 모르는 이방인 왕의 궁정에 있었고, 그때 그는 왕에게 포도주 잔을 올리는 행동을 하고 있었다는 것입니다. 그는 눈부신 조명과 금과 은으로 장식된 호화찬란한 장소에서, 그 나라의 왕족과 귀족들이 함께 참석하고 있는 국가적 연회에서 자신의 사명을 수행하고 있었다고 저는 생각합니다. 또는 비록 그것이 왕과 왕비만이 참석하는 사적 연회였다고 할지라도 사람들은 그 막중한 책임을 감당하는데 크게 신경 써야 하기 때문에 그 경우 그들은 기도를 잊기 쉬웠을 것입니다. 그러나 이 신실한 하나님의 백성 느헤미야는 왕의 발 아래 서서 금잔을 바치는 그런 시간, 그런 자리에서도 하늘의 하나님께 먼저 기도할 때까지 왕의 질문에 대답하는 것을 미루었습니다.

## 2. 묵도의 방법

느헤미야가 이런 기도를 드렸다는 사실 속에서 우리는 그의 기도의 **방법**을 특별히 주목하지 않을 수 없습니다. 아주 간단히 말하면, 그것은 우리가 묵도라고 부르는 것, 말하자면 창을 던지자마자 끝나는 찰나의 기도였습니다. 그것은 자비의 문을 두드리며 — 똑, 똑, 똑 — 서 있는 기도의 형태가 아니라 무수한 노크를 한 번에 집중시키는 그런 기도였습니다. 그것은 시작하자마자 끝나는, 말하자면 단숨에 이루어지는 기도였습니다. 저는 이 묵도를 가장 좋은 기도의 방법들 가운데 하나로서 여러분에게 추천하고자 합니다.

그 기도 시간이 얼마나 짧은지 주목해 보기 바랍니다. 그것은 왕의 질문과 느헤미야의 대답 중간에 도입되어 ― 끼워져, 삽입되어 ― 있습니다. 앞에서 말한 것처럼 그것은 거의 찰나로서, 감지할 수 있는 시간이 거의 없다고 생각합니다. 왕은 느헤미야가 멈추거나 주저하는 것을 거의 느끼지 못했습니다. 왜냐하면 그는 조금도 지체하거나 동요하지 않았고, 고민하는 문제로 불안한 상태에 있었지만, 그의 기도는 참으로 빠른 속도로 섬광처럼 드려졌기 때문입니다.

강한 흥분 상태에 빠졌을 때, 찰나적으로 마음이 제기능을 발휘하는 것은 참으로 놀라운 일입니다. 물에 빠진 사람들은, 구조되거나 회복되면, 물에 빠져 있는 동안 자기들이 살아온 인생 전체의 파노라마가 그들 앞에 순식간에 스쳐간다고 말합니다. 이처럼 마음은 짧은 시간에 굉장히 큰 기능을 발휘할 수 있습니다. 그렇게 그의 기도도 눈으로 윙크하는 것처럼 순식간에 드려졌습니다. 그것은 직관적으로 드려졌고, 그렇게 드려진 기도는 하나님의 마음을 움직인 기도로 입증되었습니다. 그것은 참으로 주목할 만한 형식의 기도였습니다. 제가 그의 기도를 그렇게 생각하는 이유는 느헤미야가 자기가 그렇게 기도했다는 것을 잊지 않고 있었기 때문입니다.

저는 수백, 수천 번의 기도를 드렸지만, 그때 저를 자극시킨 사건이나 저를 흥분시킨 감정들이 자세히 생각나지는 않습니다. 그러나 제 인생 속에서 결코 잊을 수 없는 한두 개의 기도는 있습니다. 저는 그것들을 일기장에 적어두지 못했지만, 그 기도하는 시간이 너무 특별했고, 참으로 깊이 기도에 침잠했으며, 또 그 응답이 아주 특별했기 때문에, 그때 기도하던 순간을 잊지 못합니다. 지금 느헤미야는 그 기도를 자신의 기억으로부터 결코, 결코 지우지 못했고, 이 사실이 역사에 기록되었을 때, 그는 이렇게 기록했습니다. "내가 곧 하늘의 하나님께 묵도하고."

### 3. 최고의 기도 방법
그런데 사랑하는 형제들이여, 세 번째로, 저는 여러분에게 이 탁월한 기도의 **방법**을 추천합니다. 저는 지금 이 설교를 주로 하나님의 자녀들, 곧 하나님을 믿는 믿음을 가지고 있는 자들에게 전하고 있습니다. 저는 여러분이 가끔 ― 아니, 항상 ― 이 묵도의 방법을 사용하도록 권면합니다. 그리고 또한 하늘의 하나님께 묵도하는 방법 외에는 다른 형식으로 기도하지 못하는 사람들을 위해 하나님께 기도합니다.

짧지만 애절한 간구, 예를 들면 성전에서 세리가 했던 것과 같은 기도가 여러분으로부터 나오기를 바랍니다. "하나님이여 불쌍히 여기소서 나는 죄인이로소이다"(눅 18:13).

묵도는 정시기도를 드리는 모든 그리스도인들에게도 의무이자 특권입니다. 저는 최소한 아침과 저녁에 정규적으로 기도 시간을 갖지 않으면 경건의 능력을 유지하지 못하는 사람을 이해할 수 없습니다. 다니엘은 하루에 세 번씩 기도했고, 다윗은 "내가 하루 일곱 번씩 주를 찬양하나이다"(시 119:164)라고 말했습니다. 여러분이 어떤 시간을 정해 놓고, "이 시간은 하나님께 속한 시간이다. 이 시간에 나는 하나님과 교제할 것이고, 비록 친구를 만날 약속이 있다고 해도 이 시간만큼은 정확하게 지킬 것이다"라고 말하는 것은 여러분의 마음과 여러분의 기억과 여러분의 언행일치의 삶을 위해서는 좋습니다.

토머스 에브니 경(Sir Thomas Abney)은 런던 시장이 되자 빈번하게 개최되는 연회 때문에 조금 골치가 아팠습니다. 왜냐하면 그는 항상 정해진 시간에 가족들과 함께 기도했기 때문입니다. 가족기도회를 지키기 위해 연회 장소를 어떻게 빠져나올 것인가가 그에게는 문제였습니다. 그는 옆에 있는 사람에게 중요한 사람과 만나야 될 특별한 약속이 있기 때문에 가봐야 한다고 말하고 자리를 비우곤 했습니다. 그렇게 그는 가족기도회를 지켰고, 기도회를 마친 다음에 그는 다시 자기 자리로 돌아왔습니다. 자신의 기도 습관을 지키는데 그만큼 지혜로운 사람은 없었습니다.

로웨(Rowe) 부인은 기도할 시간이 되면, 비록 사도 바울이 설교하고 있었다고 해도 자기는 기도시간을 포기하지 않았을 것이라고 말하곤 했습니다. 아니, 그녀는 만일 12명의 사도가 함께 거기 모여 있어 다른 시간에는 절대로 그들의 설교를 들을 수 없는 상황이었다고 해도, 그 시간이 정해진 기도시간이라면, 절대로 기도실에서 나오지 않았을 것이라고 말했습니다.

그러나 지금, 저는 습관적인 기도의 중요성을 인정하면서, 동시에 또 다른 기도법 즉 느헤미야가 그 실례를 보여주는 것처럼 짧고 간단하고 빠르고 언제든 할 수 있는 묵도의 가치도 여러분에게 강조하고자 합니다. 그리고 저는 그것이 여러분의 약속을 방해하지도 않고 시간을 빼앗지도 않기 때문에 이 방법을 적극 추천하는 바입니다. 여러분은 가게에서 물건을 사거나 카운터에서 계산을 하는 사이에 "주여, 저를 도우소서" 하고 기도할 수 있습니다. 여러분은 하늘에 대고 숨을 쉬면서 "주여, 저를 지켜 주소서" 하고 기도할 수 있습니다. 시간이 필요하지 않습니다.

묵도는 업무로 시간이 쪼들리는 사람들에게 굉장히 큰 이점이 있습니다. 왜냐하면 그것은 업무를 조금도 방해받지 않고도 할 수 있는 기도이기 때문입니다. 이 기도는 특별한 장소가 필요하지 않습니다. 여러분은 여러분이 서 있는 자리에서, 택시 안에서, 거리를 걸어가다, 제재소에서 목재를 자르는 동안에 얼마든지 기도할 수가 있습니다. 제단, 교회 말하자면 거룩한 자리가 필요치 않고, 여러분이 있는 곳은 어디에서든 이 찰나의 기도는 하나님의 귀에 들리고, 축복을 가져다줄 것입니다.

이 기도는 어디서나, 어떤 상황에서나 드려질 수 있습니다. 땅에서나 바다에서, 병들었을 때나 건강할 때, 손해가 있을 때나 이득이 있을 때, 큰 역경 속에 있을 때나 회복 속에 있을 때 등 어떤 상황에서든 하나님께 짧고 빠른 문장으로 자신의 영혼을 표현하는 사람이 될 수 있습니다. 이 기도의 이점은 여러분이 자주 또는 언제든 기도할 수 있다는 것입니다. 기도의 습관을 들이는 것도 중요하지만, 그것보다 기도의 정신이 더 필수적입니다. 이런 묵도의 어머니는 기도의 영입니다. 기도의 영은 부유한 어머니이기 때문에 저는 묵도를 좋아합니다. 이 기도를 통해 우리는 하루에 많은 시간을 주 우리 하나님과 대화할 수 있습니다.

이런 기도는 모든 환경 속에서 드려질 수 있습니다. 저는 언젠가 저를 크게 칭찬하던 한 가난한 사람이 생각납니다. 그는 병원에 입원하고 있었고, 제가 그를 만나러 갔을 때, 그는 말했습니다. "나는 몇 년 동안 당신에 관해 들었습니다. 지금 제가 바라보는 것은 무엇이든 당신이 말한 어떤 것 또는 다른 것을 상기시키는 것처럼 보입니다. 처음 그것을 들었을 때처럼 아주 새롭게 다가옵니다."

그렇습니다. 그런데 묵도를 알고 있는 사람은 주변의 모든 환경이 그 거룩한 기도에 도움이 된다는 것을 발견합니다. 그것이 아름다운 풍경입니까? 그러면 "나의 눈을 즐겁게 하고 나의 마음을 기쁘게 하기 위해 온 세계를 각종 아름다운 모양과 색채의 보물들로 수놓으신 하나님께 복이 있도다!"라고 하십시오.

여러분이 우울한 어둠 속에 있고 그 날이 안개가 자욱한 날입니까? 그러면 "오 주여, 나의 어둠을 빛으로 밝혀 주십시오"라고 말하십시오. 여러분이 사람들과 함께 있습니까? 그러면 여러분은 이렇게 기도하면 좋을 것입니다. "여호와여,

내 입술의 문을 지키소서"(시 141:3). 아주 외롭습니까? 그러면 "아버지, 저를 홀로 두지 마시고, 저와 함께 하옵소서"라고 기도하십시오. 옷을 입고 있을 때, 아침식사를 할 때, 자동차를 타고 갈 때, 거리를 따라 걷고 있을 때, 장부를 들여다볼 때, 창문을 닫을 때 등등 모든 순간에 만약 여러분이 그렇게 할 마음의 준비만 되어있다면, 제가 지금 설명하는 그런 형태의 기도를 드릴 수가 있습니다.

이 기도는 참으로 영적이기 때문에 추천할 만합니다. 말이 많은 기도(wordy prayer)는 말만 남는 기도(windy prayer)가 될 가능성이 많습니다. 전혀 추천할 가치가 없는 기도 안내서들이 많습니다. 프랑스어를 할 줄 모르고 프랑스를 여행하는 사람에게 프랑스 회화 책은 얼마나 큰 도움이 되겠습니까? 그것은 기도 안내서가 우리 하늘 아버지께 그가 구하는 축복이나 유익을 구하는 법을 모르는 연약한 영혼에게 큰 도움이 되지 않는 것과 같습니다. 입문서, 안내서 정말 좋지요! 그러나 여러분의 마음으로 기도하고 손으로 기도하지 마십시오. 아니면 만일 여러분이 기도할 때 손을 높이 든다면, 그것이 다른 사람의 손이 아니라 여러분 자신의 손이 되게 하십시오. 영혼으로부터 흘러나오는 기도 — 강한 감정의 폭발, 열렬한 욕구, 생동력 있는 믿음 — 가 참된 영적 기도입니다.

이러한 종류의 기도는 불손한 동기로 사람의 만족을 위해 드려지는 기도에 흔히 있는 막연한 감정이 전혀 없습니다. 누구도 우리 영혼의 은밀한 묵도가 우리 자신을 만족시키기 위해 드려지는 것이라고 말할 수 없습니다. 왜냐하면 누구도 우리가 기도하고 있는지 전혀 모르기 때문입니다. 그러므로 저는 이런 기도를 여러분에게 추천하고, 여러분이 그런 기도를 많이 드리기를 바랍니다.

시간을 정해 놓고 기도하는 사람들 중에는 위선자들이 있습니다. 저는 천사들이 하나님의 보좌 앞에서 행하는 것처럼 규칙적으로 자기들의 헌신을 보여주지만, 사실은 가식에 불과한 외식자들이 있다는 것을 의심하지 않습니다. 그러나 그들의 거짓된 기도 속에는 생명도 없고, 영도 없고, 응답도 없습니다. 반면에 묵도하는 — 마음으로 하나님과 대화를 나누는 — 사람은 결코 위선자가 아닙니다. 그의 기도 속에는 진실이 있고, 힘이 있고, 생명이 있습니다. 만일 제가 굴뚝으로부터 불꽃이 일어나는 것을 본다면, 굴뚝 내부 어딘가에 불이 있다는 것을 압니다. 묵도는 예수 그리스도에 대한 불타는 사랑의 연료들로 가득 찬 영혼으로부터 피어오르는 불꽃과 같습니다.

사랑하는 형제들이여, 짧은 묵도는 우리에게 굉장히 유익합니다. 가끔 그것은 우리를 절제시킵니다. 거친 기질의 사람들은, 만일 기도가 거의 없다면, 그 입술로부터 성질 급한 표현들이 나오는데, 그러나 항상 묵도를 드리게 되면, 절제하고 거친 말들을 거의 안할 것입니다. 현명한 아내는 남편에게 잔소리하기 전에 물이 든 컵을 들고 5분 동안 그것을 마시라는 충고를 받아들였습니다. 그러나 그것은 나쁜 처방은 아니지만, 만일 그녀가 그같이 이상한 행동을 하는 대신에, 즉시 하나님께 짧게 묵도를 드린다면, 확실히 그것이 더 효과적이고, 훨씬 더 성경적이라고 저는 생각합니다. 저는 그것을 성질이 급하고 흥분하기 쉬운 사람들 곧 성내는 데는 빠르고 모욕이나 무례를 용서하는 데는 느린 모든 사람들에게 유효한 처방으로 추천하고 싶습니다.

여러분이 사업상의 거래를 끝내고자 하거나 약간의 의심이나 어떤 의심이 있는 행동을 해야 할 때, "은혜로우신 주님, 저를 인도하소서"라고 말하는 묵도는 종종 여러분이 나중에 후회할 일을 하지 않도록 사전에 막아 줄 것입니다.

이같이 간단한 묵도를 드리는 습관은 또한 여러분 자신에 대한 신뢰를 점검할 수 있게 합니다. 그것은 하나님에 대한 여러분의 의존도를 보여줄 것입니다. 그것은 여러분이 세속화되는 것을 막아 줄 것입니다. 그것은 여러분의 마음으로부터 세상에 대한 정욕을 제거하기 위해 여러분의 영혼의 방 속에서 불타고 있는 달콤한 향료와 같습니다. 그래서 저는 이 짧지만 달콤하고 복된 기도를 강하게 추천하는 바입니다. 성령이 여러분에게 그 기도를 허락하시기를!

나아가 묵도는 실제로 우리에게 하늘의 축복들을 가져다줍니다. 아브라함의 종 엘리에셀의 경우를 보십시오(창세기 24:12-14을 참조하십시오). 죽는 순간에도 "여호와여 나는 주의 구원을 기다리나이다"(창 49:18)라고 기도한 야곱의 경우를 보십시오. 모세는 우리가 볼 때 기도한 것처럼 보이지 않지만, 실제로는 여러 번에 걸쳐 기도를 했는데, 그때 하나님은 그에게 "너는 어찌하여 내게 부르짖느냐?"(출 14:15)고 말씀하셨습니다. 다윗도 자주 묵도를 했습니다. 이런 기도는 지존자를 참으로 흡족하게 했습니다. 그러므로 묵도를 많이 하십시오. 하나님은 그 기도에 용기를 주고 응답하기를 좋아하실 것입니다.

지금까지 설교한 것만으로도 저는 여러분에게 묵도를 좋은 것으로 추천할 수 있었지만, 이번에도 묵도를 추천해야 할 한 가지 사실이 또 있습니다. 저는 묵도가 오랫동안 기도할 수 없는 특별한 기질을 가진 사람들에게 아주 적합하다고 생각합니다. 그들의 마음은 급하고 신속합니다. 그러나 사랑하는 형제들이여, 시간은 하나님의 판단의 한 요소가 아닙니다. 하나님은 우리의 기도가 길다고 들으시는 것이 아니라 그 진실성 때문에 들으십니다. 기도는 야드로 길이를 재고 파운드로 무게를 다는 것이 아닙니다. 그것은 그 힘과 능력, 그 진실성과 솔직함, 그 활력성과 열렬함에 있습니다. 말을 많이 사용할 수 없거나 어떤 사실에 대해 오래 생각하지 못하기 때문에 마음이 급하거나 신속한 사람은 묵도가 적합하다는 것이 위로가 될 것입니다.

그리고 사랑하는 형제들이여, 여러분이 다른 방법으로는 도저히 기도할 수 없는 신체 조건 속에 있을 수도 있습니다. 삶의 중요한 순간에 자주 육체에 고통을 주는 두통이 있는 어떤 사람들은 한 주제에 관해 오랫동안 마음을 집중할 수 없습니다. 흥분 잘하는 영혼은 짧고 간단한 말로 하나님께 자기를 의탁하기 위해 거듭거듭 ― 하루에 오십 번이나 백 번 정도 ― 기도할 수 있다는 것은 즐거운 일입니다. 이것이야말로 참으로 복된 기도의 방법입니다.

이제 저는 우리가 이 묵도의 습관을 갖는 것이 좋다고 말하면서 간단하게 몇 가지 언급하는 것으로 결론을 맺고자 합니다. 로울랜드 힐(Rowland Hill)은 심오한 경건의 소유자로 유명했습니다. 그러나 제가 그의 연구소를 찾아가 연구를 어디서 하는지 물었을 때, 저는 만족스러운 답변을 듣지 못했습니다. 결국 친절한 한 목사가 대신 말해 주었습니다. "사실은 우리도 어디에 계실지 잘 모릅니다. 그분은 정원에서, 거실에서, 침대에서, 거리에서, 숲 속에서, 아니 어느 곳에서나 연구를 하시거든요."

저는 그가 기도하기 위해 머무르는 곳이 어디인지 물어보았습니다. 그들은 그의 방이 아니겠느냐고 하면서 하는 말이, 그는 항상 기도하기 때문에 장소는 문제가 아니라고 말했습니다. 신실한 노 신앙인은 항상 기도했던 것입니다. 비록 사람들 사이에서 선을 행하는 데에도 열심이었지만, 그의 한평생은 마치 지속적인 기도를 위한 인생처럼 보였습니다. 그는 도미니코 수도원 길 위에서 코트 뒷주머니에 손을 넣은 채 건물의 창문 안을 들여다보며 서 있는 것으로 유명했습니다. 만일 여러분이 그 말을 들었다면, 여러분은 곧 그가 하나님 앞에서 그의 영혼이 기도하고 있었다는 것을 직감했을 것입니다. 저는 사람이 항상 기도하고, 쉬지 않고 기도할 수 있는 최상의 방법은 이런 묵도를 통해 하나님께 가까이 나아가는 것이라고 확신합니다.

그러나 만일 제가 여러분에게 가장 적당한 기도 시간을 정해 주어야 한다면, 무시로 기도하라고 말할 것입니다. 여러분이 큰 기쁨을 느낄 때는 언제든, "주여, 이 기쁨이 저의 참된 축복이 되게 하소서" 하고 말하십시오. 다른 사람들에게 "나는 행운아가 아닙니까?"라고 자랑하지 말고, "주여, 당신은 얼마든지 은혜를 베푸실 수 있으니, 저에게 더 큰 은혜와 더 큰 감사를 베풀어 주소서"라고 고백하십시오. 여러분이 어떤 힘든 일을 하거나 막중한 업무를 담당할 때, 짧은 기도로 먼저 여러분의 영혼이 하나님을 부르기 전에는 그 일을 시작하지 마십시오. 여러분이 어려움에 봉착하거나 심각한 상황에 직면했을 때, 하던 일이 잘못되어 수습할 수 없을 정도로 엉키거나 혼란스럽게 되었다면, 기도로 속삭이십시오. 그 기도는 채 일 분도 걸리지 않습니다. 하지만 그 기도 후에는 엉켰던 일들이 얼마나 실타래처럼 풀어져 있는지 놀랄 것입니다.

특별히 자녀들이 여러분을 걱정스럽게 합니까? 걱정으로 도저히 견딜 수가 없습니까? 그러면 그때가 묵도를 드릴 때입니다. 여러분은 그것을 통해 자녀들을 훨씬 더 잘 양육하게 되고, 그들의 잘못된 성격이 바람직한 모습으로 되돌아오는 것을 보게 될 것입니다. 어쨌든 여러분 자신의 마음이 훨씬 더 평안해질 것입니다.

여러분은 여러분에게 다가오는 유혹을 알고 있습니까? 어떤 사람이 여러분에게 악한 일을 꾸미고 있다는 의심이 듭니까? 그러면 이렇게 기도하십시오. "내 원수를 생각하셔서 평탄한 길로 나를 인도하소서"(시 27:11).

여러분은 벤치에서, 가게에서 또는 창고에서 귀에 거슬리는 추잡한 대화와 수치스러운 욕설을 듣는 자리에 앉아 있습니까? 그러면 일어서서 간단하게 묵도하십시오. 자신을 고통스럽게 하는 어떤 죄가 생각났습니까? 그러면 어서 기도를 서두르십시오. 이런 일들이 벌어지면 여러분은 기도를 생각해야 합니다.

저는 만일 그리스도인들이 저주를 들을 때마다 항상 기도한다면, 마귀가 사람들에게 마음대로 저주의 역사를 펼치지는 못하리라고 믿습니다. 그때 마귀는 어쩔 도리가 없다는 것을 알게 될 것입니다. 만일 사람들의 모욕이 우리에게 기도할 마음을 일으킨다면, 그것들도 어느 정도 진정될 것입니다.

여러분의 마음이 궤도를 이탈했다고 느낍니까? 죄가 여러분을 유혹하기 시작합니까? 그러면 그때가 바로 기도할 때입니다. 진실하고 진지하고 열렬한 마음으로 "주여, 나를 붙드소서"(시 119:117)라고 기도하십시오.

눈으로 못 볼 것을 보고 그것이 마음속에 유혹이 되었습니까? 여러분은

"거의 넘어질 뻔하였고, (여러분의) 걸음이 미끄러질 뻔했다"(시 73:2)고 느낍니까? 그러면 그때 "내 오른편에 계신 주여, 나를 붙드소서"라고 기도하십시오. 전혀 예기치 못한 불상사가 일어났습니까? 못되게 구는 친구가 있습니까? 그러면 다윗처럼 "여호와여 원하옵건대 아히도벨의 모략을 어리석게 하옵소서"(삼하 15:31) 하고 기도하십시오. 지금 기도로 속삭이십시오.

여러분은 뭔가 좋은 일을 하기를 원합니까? 그러면 그것에 대해 확신을 가지고 계속 기도하십시오. 여러분은 교회에 나오지 않는 젊은이에게 그의 영혼에 관해 대화를 나누기 바랍니까? 그럼 먼저 기도하십시오. 여러분의 학급의 학생들에게 그들의 영적 행복에 대해 편지를 써 보내고 싶습니까? 그러면 매 줄을 쓸 때마다 기도하십시오. 여러분이 그리스도에 관해 대화를 나누는 동안에도 계속 기도하는 것은 참으로 유익합니다. 저는 기도하면서 설교하면 훨씬 더 설교가 잘되는 것을 발견합니다.

우리의 마음은 얼마든지 기도 활동에 참여할 수 있습니다. 공부하는 동안에도 기도할 수 있습니다. 사람과 대화를 나누는 동안에도 하나님을 바라볼 수 있습니다. 그리고 죽음의 그림자가 우리 주위를 둘러싸고 있을 때, 불길한 예감으로 마음이 불안하거나 으스스해지고, 인생의 종말이 다가왔다고 분명히 느껴질 때, 그러면 기도하십시오. 오, 그때가 바로 묵도할 때입니다.

다음과 같은 짧고 간단한 기도를 드리십시오. "여호와여 … 주의 얼굴을 내게서 숨기지 마소서"(시 143:7). 또는 이렇게 기도하십시오. "오 하나님, 나를 멀리 마옵소서"(시 22:11). 그러면 그 기도는 확실히 여러분을 안심시킬 것입니다.

"주 예수여 내 영혼을 받으시옵소서"(행 7:59)는 스데반이 극한 상황 속에서 부르짖은 감동적인 기도였습니다. "아버지 내 영혼을 아버지 손에 부탁하나이다"는 주께서 십자가상에서 숨지기 직전에 하신 절규였습니다(눅 23:46). 여러분도 똑같은 상황을 상정하고 그분을 본받아야 할 것입니다. 이러한 생각들과 권면들은 여러분이 "불신자에게 전해 줄 말은 없습니까?"하고 한 번 물어볼 정도로 성도들 곧 신실한 그리스도인들에게만 주어진 것입니다. 물론 여기서 주어진 권면들은 성도들의 유익을 위해서만 사용될 수 있겠지요.

그러나 사랑하는 형제들이여, 저는 할 수 있는 한 분명히 모든 사람들에게 이 권면을 드립니다. 여러분이 아직 구원받지 못했다고 해도, 여러분은 "나는 기도할 수 없다"고 말해서는 안됩니다. 왜냐하면 만일 기도가 단순히 이런 것이라면, 그것을 빼먹었을 때 그것을 어떻게 변명할 수 있겠습니까? 그것은 잴 수 있는 시간의 길이가 필요하지 않습니다. 이런 기도는 하나님이 들으실 것이고, 그 것들에 대해 감사하고 표현할 능력과 기회를 여러분이 누구든 간에 가질 것입니다. 여러분 모두가 이런 기도를 드리는 것은 "그가 계신 것과 또한 그가 자기를 찾는 자들에게 상 주시는 이심"(히 11:6)을 믿고 있는 기본 신앙만 있으면 됩니다. 고넬료는 예수 그리스도로 말미암아 자기에게 평강을 주도록 영혼의 회심에 관해 설교할 베드로를 청하도록 천사의 지시를 받았는데 아마 그때 그는 바로 이런 상태에 있었을 것입니다.

결코 기도하지 못하는 사람만큼 이상한 존재가 있을까요? 여러분에게 이것을 어떻게 설명할 수 있을까요? 우리가 사용하는 찬송가 속에 포함되어 있지는 않지만 제가 이에 대한 대답을 하는 데는 아주 적절하고, 기꺼이 그의 시를 인용해도 될 만큼 제 귀에 즐겁게 들리는 한 시인의 시구(詩句)를 발췌하여 말할 수 있습니다.

"이 세상에서 꿈꾸는 것보다 참으로 더 많은 일들이
기도를 통해 일어나네.
그러므로 그대의 목소리를 밤낮 흐르는 샘처럼 치솟게 하라.
그 머릿속에 눈먼 생명이 자라고 있는
양이나 염소들보다 사람들은 얼마나 더 고상한 존재던가!
만일 그들이 하나님을 안다면,
그들 자신을 위해서
그리고 그들을 친구라고 부르는 사람들을 위해서
기도의 손을 들지 않겠는가?
그때 온 세상은 하나님의 발 주위에
금사슬로 묶인 모든 길이 되리라."

저는 기도를 못하는 피조물은 없다고 생각합니다. 왜냐하면 사람들은 일반적으로 누군가에게 또는 다른 무엇인가에 대해 기도하는 존재이기 때문입니다. 이런 기도들을 하나님께 하지 못하는 사람들은 다른 방식으로 하나님께 기도를 하게 됩니다. 하나님께 자기를 저주해 달라고 구하는 것은 아주 두려운 일인데도, 그렇게 구하는 사람들이 있습니다. 그분이 여러분의 기도를 들으셨다고 생각하십시오. 그분은 기도를 들으시는 하나님이십니다.

만일 제가 하나님을 저주하고 욕하는 어떤 사람에게 말한다면, 바로 이 점을 분명히 말해 주고 싶습니다. 전능자가 여러분을 들으신다면 — 여러분이 악한 저주의 말을 하는 동안 여러분의 눈이 감겨지고, 여러분의 혀가 얼어붙게 되었다면 — 여러분은 여러분의 불경스러운 말에 주어지는 갑작스러운 심판을 어떻게 견디겠습니까?

만일 여러분이 하는 기도 중 이런 종류의 기도가 응답되었다면, 또 만일 여러분이 여러분의 상한 감정으로 한 말이 여러분의 아내나 자녀들에게 상처를 주고 그것이 여러분의 고통이 되었다면, 그것은 참으로 두려운 일이 될 것입니다.

그렇습니다. 하나님은 기도를 응답하시고, 어느 날인가 그분은 여러분의 수치와 계속되는 혼란에 대한 기도에 응답하실 것입니다. 지금 "주여, 나에게 자비를 베푸소서. 주여, 저를 구원하소서. 주여, 내 마음을 변화시켜 주소서. 주여, 그리스도를 믿는 믿음을 주소서. 주여, 예수님의 보배 피로 지금 저를 도와주소서. 주여, 지금 저를 구원하소서" 하고 기도하는 것이 좋지 않겠습니까? 여러분 각자 그와 같은 기도를 드리지 않겠습니까? 성령께서 그렇게 하도록 여러분을 인도하시기를!

여러분이 일단 올바른 기도를 드리기 시작하면, 저는 여러분이 그 기도를 곧 멈추게 될 것이라고 생각하지 않습니다. 왜냐하면 참된 기도 속에는 영혼을 견고하게 붙들어 주는 힘이 있기 때문입니다. 거짓 기도 — 그 유익이 무엇이 있겠습니까? 그러나 진실한 마음의 간구 — 하나님과 대화하는 영혼 — 는 일단 시작하면, 결코 멈추지 아니할 것입니다. 여러분은 기도가 찬양으로 바뀔 때까지 그리고 밑에 있는 속죄소로부터 위에 있는 하나님의 보좌로 나아갈 때까지 기도해야 합니다.

하나님이 여러분 모두를 축복하시기를 바랍니다. 저는 지금까지 그리스도 안에 있는 내 사랑하는 모든 사람들과 그 구원을 위해 제가 간절히 기도하는 사람들 모두에게 설교했습니다. 하나님이 우리의 사랑하는 구속주로 말미암아 여러분 모두와 모든 사람에게 복을 베푸시기를 바랍니다. 아멘.

제
2
장

—

# 넓은 성벽

—

"넓은 성벽." - 느 3:8

옛적의 찬란하던 시절에 예루살렘 주위에는 넓은 성벽이 있었는데, 이 성벽은 예루살렘 방어 시설이며 또한 예루살렘의 자랑거리였던 것 같습니다. 예루살렘은 하나님의 교회의 예표입니다. 우리가 속해 있는 하나님의 교회가 넓은 성벽으로 둘려 있다는 것을 아주 분명하게 알 수 있으면, 그것은 언제나 좋은 일입니다.

하나님의 교회를 두르고 있는 넓은 성벽의 개념은 분리, 안전, 즐거움이라는 세 가지 사실을 시사합니다. 이 세 가지를 하나씩 차례로 살펴보겠습니다.

**1. 첫째로, 하나님의 백성들이 세상과 분리되어 있는 것은 거룩한 성 예루살렘을 두르고 있는 넓은 성벽과 같습니다.**

사람이 그리스도인이 될 때, 그는 여전히 이 세상에 있지만 더 이상 세상에 속해 있지 않습니다. 그는 진노의 자식이었으나 이제는 은혜의 자녀가 되었습니다. 별다른 본성을 받았으므로 그는 "거룩하고 악이 없고 더러움이 없고 죄인에게서 떠나 계신"(히 7:26) 주 예수 그리스도께서 그러셨던 것처럼 다른 사람들로부터 분리되어야 할 필요가 있습니다. 주님의 교회는 주님의 영원한 목적에 따라 구별되었습니다. 하나님의 언약과 정하신 뜻 안에서 구별되었습니다. 주님의 교회는 속죄로 인하여 구별되었습니다. 이 점에서도 우리는 주님께서 "모든 사람 특히 믿는 자들의 구주시라"(딤전 4:10)고 불리는 것을 봅니다. 실제적인 분리는 은혜로 말미암아 시작되고, 성화의 사역에서 계속되며, 하늘이 불에 타고 성도들이 다 함께 이끌려 올라가 공중에서 주님을 만나는 그 날에 완성될 것입니다. 그 두려운 마지막 날에 주님은 민족들을 목자가 양과 염소를 나누듯이 나눌 것입니다. 그때 믿지 않는 자들이 의인들에게 갈 수 없고 의인들이 악한 자에게 가까이 갈 수도 없게 하는, 변치 않는 거대한 심연이 생길 것입니다.

실제적으로 내가 할 일은, 여러분 가운데 주님의 백성이라고 말하는 사람들에게 자신과 세상을 분리시키는 넓은 성벽을 유지하도록 주의하라고 말하는 것입니다. 나는 지금 여러분에게 특이한 옷을 입으라거나 기묘한 방식으로 이야기하라고 말하는 것이 아닙니다. 짐짓 꾸미는 그런 태도는 조만간에 위선을 일으킵니다. 사람은 같은 옷을 입고 있으면서도 전혀 다른 사람일 수 있는 것처럼 신자인 체하면서 철저히 세상적일 수가 있습니다. 사람은 같은 방식으로 이야기하면서도 전혀 다른 의미로 말할 수 있는 것처럼 말과 다르게 속으로 아주 허영심이 강하고 우쭐해할 수가 있습니다. 사람은 홀로 구별된 척하는 가식적인 모습을 버렸을 때보다 구별된 체 꾸미고 있는 그때 훨씬 더 세상에 속해 있을 수 있습니다. 내가 지금 여러분에게 호소하는 분리는 도덕적이고 영적인 것입니다. 그 분리의 기초는 마음속 깊은 데 있고, 그 분리의 실질적인 모습은 생활에서 아주 분명하게 알 수 있습니다.

내가 생각할 때, 그리스도인은 누구나 태도에 있어서 다른 사람들보다 더 양심적이어야 합니다. 그리스도인은 정직의 길에서 벗어나서는 안 됩니다. 그리스도인이라면 "그것은 관행이에요. 장사에서는 누구나 다 알고 있는 사실이에요"라고 말해서는 안 됩니다. 그리스도인은 관행이라고 해서 틀린 것이 옳은 것이 되지 않으며, 사람들이 다 "알고 있다"는 사실이 잘못된 설명에 대한 변명이 되지 않는다는 것을 기억해야 합니다. 거짓말인 것을 사람들이 "알았다"고 해서 거짓말이 참말이 되지 않습니다. 다른 사람들은 황금률을 실천하기보다는 감탄하는 것에 그칠지라도 그리스도인들은 언제나 다른 사람들이 자기에게 해 주기를 바라는 대로 다른 사람들에게 행하도록 해야 합니다. 그리스도인은 말이 곧 증서가 되는 사람, 일단 말로 약속을 했으면 자기에게 해가 될지라도 약속을 바꾸지 않는 사람이 되어야 합니다. 복음이 거듭 가르치고 구주께서도 친히 모범을 보이신 더 높은 기준 때문에 그리스도인과 최고의 도덕가 사이에는 근본적인 차이가 있어야 합니다. 회심하지 않은 사람 가운데 최고의 사람이 이를 수 있는 가장 높은 곳도 회심한 사람이라면 거기까지 내려갈 것이라고는 도무지 생각하지 않는 낮은 수준으로 여길 수 있는 것이 확실합니다.

그 다음에, 그리스도인은 특별히 즐거워하는 일들로 말미암아 구별되어야 합니다. 보통 이 점에서 사람이 본성을 드러내기 때문입니다. 우리의 하는 일이 선택에 의해서보다는 필연적으로 진행되는 일상적인 활동의 영역에서는 아마도 우리의 본 모습이 잘 나타나지 않을 것입니다. 우리는 혼자가 아닙니다. 우리가 처해 있는 사회는 여러 가지로 우리를 속박합니다. 우리는 스스로에 대해 재갈과 굴레를 씌우지 않으면 안 됩니다. 그러므로 이때는 사람의 본 모습이 나타나지 않습니다. 그러나 그 날의 일이 끝났을 때, 그때 "사람들이 같은 성격과 취미를 가진 사람들끼리 만납니다." 이 말이 "놓이매 그 동료에게 가서"(행 4:23)라는 말을 들었던 옛날의 성도들에게 적용되었듯이 많은 상인과 장사꾼들에게도 적용됩니다. 이와 같이 여러분의 즐거움과 오락거리들이 여러분의 본심이 무엇이고 여러분의 마음이 어디에 있는지를 증언할 것입니다. 여러분이 죄에서 즐거움을 찾을 수 있다면, 여러분은 죄 가운데서 살기로 선택하게 되고, 은혜가 막지 않는다면 죄 가운데서 살다가 끝내는 망할 것입니다. 그러나 여러분의 즐거움이 좀 더 고귀하고 여러분의 친구들도 좀 더 경건한 사람들이라면, 여러분이 영적인 즐거움을 추구한다면, 여러분이 예배, 교제, 말없는 기도 혹은 하나님 백성들과의 공적 집회에서 가장 행복한 순간을 찾는다면 여러분의 고귀한 본능이 여러분의 순결한 성품을 증거하게 되고, 여러분을 효과적으로 세상으로부터 분리시키는 넓은 성벽으로 말미암아 여러분은 즐거워하는 일에서도 세상 사람들과 구별될 것입니다.

나는 그리스도인에게 영향을 미치는 모든 일에서 그러한 분리를 시행해야 한다고 생각합니다. 이사야는 히스기야에게 "그들이 왕궁에서 무엇을 보았나이까"(왕하 20:15) 하고 물었습니다. 손님이 집에 올 때는 집을 잘 정돈하여 집에 주님이 계시다는 것을 분명히 인식할 수 있도록 해야 합니다. 어떤 사람이 우리 집에서 하룻밤을 묵으면서도 우리가 보이지 아니하시는 하나님을 경외하고, 하나님의 얼굴 빛 가운데서 살고 활동하기를 바란다는 것을 깨닫지 못하는 일이 있게 해서는 안 됩니다. 나는 여러분이 비범하게 보이기 위해서 기이한 버릇을 길러서는 안 된다고 이미 말한 바 있습니다. 대부분의 사람들은 자기들이 다른 사람들이 하는 만큼만 하면 만족할지라도, 공중을 나는 독수리의 길이 땅 밑을 파고 다니는 두더지의 길보다 높은 것 같이 여러분은 보통 세상 사람들의 생활을 훨씬 초월하는 생활 방식과 방침을 알았으므로 자신이 다른 사람들보다 더 많이 더 낫게 행하기 전에는 결코 만족해서는 안 됩니다.

신자와 경건치 않은 자들을 분리시키는 이 넓은 성벽이 우리 마음의 기풍에서 아주 분명하게 보여야 합니다. 경건치 않은 자는 오직 이 세상만을 바라고 삽니다. 따라서 그가 아주 열심히 이 세상을 위해서 산다면, 하나도 이상한 일이 아닙니다. 그에게는 다른 보물이 아무것도 없기 때문입니다. 따라서 그는 어떻게 하든지 이 세상에서 많은 것을 가지려고 할 것입니다. 그러나 그리스도인 여러분, 여러분은 자기에게 불멸의 생명이 있다고 고백합니다. 그러므로 여러분의 보물은 이 짧은 세상에서 모을 수 있는 것이 아닙니다. 여러분의 보물은 하늘에 저장되어 있고 영원히 사용할 수가 있습니다. 여러분의 최고의 소망은 시간의 좁은 한계를 뛰어넘고 죽음을 초월합니다. 그러므로 여러분의 영은 땅에 매여 기어 다녀서는 안 되고 하늘로 높이 날아올라야 합니다. 여러분에게는 신을 신고 허리를 동이며 손에 지팡이를 든 사람의 태도가 항상 있어야 합니다. 즉, 언제든지 더 나은 땅으로 갈 준비가 되어 있는 순례자의 태도가 있어야 하는 것입니다. 여러분은 이곳이 여러분의 본향인 것처럼 세상을 살아서는 안 됩니다. 이 세상이 영원히 지속할 것처럼 세상에 대해서 말해서는 안 됩니다. 여러분은 이 세상에 소망을 둔 것처럼 세상을 마음에 품고 소중히 여겨서는 안 됩니다. 이 세상에는 둥지가 없고 또 얻을 수도 없으며, 다만 영광의 산꼭대기에 있는 하나님의 백향목들 사이에서 여러분의 안식처를 찾을 것을 기대하는 것처럼 하늘을 날아다녀야 합니다.

그리스도인이 세속에 물들지 않으면 않을수록 그만큼 더 좋은 것은 틀림없는 사실입니다. 이 성벽이 넓어야 하는 이유에 대해서는 여러 가지를 언급할 수 있을 것입니다. 여러분의 신앙 고백이 진실하다면 여러분과 회심하지 않은 사람들 사이에 아주 뚜렷한 구별이 있습니다. 생명이 죽음과 얼마나 멀리 떨어져 있는지 말할 수 있는 사람은 아무도 없습니다. 여러분은 둘 사이의 차이를 잴 수 있습니까? 이 둘은 북극과 남극처럼 정반대입니다. 여러분의 신앙 고백에 따르면, 여러분은 하나님의 살아있는 자녀이고 새 생명을 받았습니다. 반면에 이 세상 자녀들은 허물과 죄로 죽었습니다. 빛과 어둠이 얼마나 뚜렷하게 다릅니까! 여러분은 자신이 "전에는 어둠"이었는데, 이제는 "주 안에서 빛"(엡 5:8)이 되었다고 고백합니다. 그러므로 여러분이 스스로 고백하는 바와 같은 사람이라면 여러분과 이 세상 사이에는 뚜렷한 구별이 있습니다. 여러분이 그리스도의 이름을 받게 되면 이렇게 말합니다. 여러분은 하늘의 도성, 곧 새 예루살렘을 향해서 가고 세상은 이 하늘의 도성에 등을 돌리고 파멸하게 되어 있는 다른 도성을 향하여 내려가고 있다고 말입니다. 여러분의 길은 세상 사람들의 길과 다릅니다. 여러분이 스스로에 대하여 말하는 그런 사람이라면, 여러분이 취하는 길은 경건치 않은 사람이 취하는 길과는 정반대입니다. 여러분은 그 두 길의 끝의 차이를 압니다. 의인의 결국은 영광이 영원할 것이고 악인의 결국은 파멸입니다. 여러분이 위선자가 아닌 한, 여러분과 다른 사람들 사이에는 오직 하나님만이 만드실 수 있는 그런 구별이 있습니다. 그 구별은 이 땅에서 시작되어 영원까지 지속될 것입니다. 신분과 거기에 따르는 것, 곧 부와 가난, 무지와 학식에 의해 생겨난 차이점들이 모두 사라져버린 때에도, 하나님의 자녀와 사람의 자녀들 사이의 구별, 성도와 비웃는 자들 사이의 구별, 택함 받은 자들과 버림 받은 자들 사이의 구별은 여전히 존재할 것입니다. 하나님께서 여러분의 신분과 운명에 넓은 성벽을 만들어 주셨으니, 여러분은 행동에서 그 넓은 성벽을 유지하기 바랍니다.

우리 주 예수 그리스도께서 자신과 경건치 않은 자들 사이에 넓은 성벽을 두셨다는 사실을 다시 한번 생각하십시오. 주님을 보고, 주께서 그의 시대 사람들과 얼마나 다르셨는지 아십시오. 여러분은 주님께서 그의 생애 내내 그 땅에서 나그네와 외국인으로 지내시는 것을 봅니다. 참으로 주님은 할 수 있는 대로 죄인들에게 가까이 가셨고, 죄인들이 주님께 가까이 오려고 할 때는 그들을 받아들이셨습니다. 그러나 그들의 죄에는 가까이 가시지 않았습니다. 주님은 "거룩하고 악이 없고 더러움이 없고 죄인에게서 떠나 계셨습니다"(히 7:26). 예수께서 자신의 고향 나사렛에 가셨을 때, 거기에서는 설교를 단 한 번만 하셨습니다. 동네 사람들은 할 수 있다면 주님을 언덕에서 거꾸로 내던졌을 것입니다. 주께서 거리를 지나가셨을 때, 주님은 술주정뱅이의 노랫거리가 되고 어리석은 자들의 조롱거리가 되며 교만한 자들이 비웃음의 화살을 날리는 과녁이 되셨습니다. 마침내 자기 땅에 오셨으나 자기 백성들이 그를 영접하지 않았고, 그들은 주님을 진(陣)에서 밀어내기로 결심하였습니다. 그래서 그들은 주님을 붙잡아 골고다로 가서 나무에 행악자로, 폭동 주동자로 못 박았습니다. 주님은 그의 시대의 위대한 비국교도이셨습니다. 민족 교회는 먼저 그를 파문하고 그 다음에 처형하였습니다. 그는 하찮은 일들에서 차이를 추구하시지 않았습니다. 그보다는 주님의 순결한 생활과 진실한 증언이 통치자들과 회당장들의 화를 돋우었습니다. 주께서는 언제든지 모든 일에서 그들을 섬기고 복을 주시려 하셨지만 그들과 섞이려 하시지 않았습니다. 사람들은 예수님을 왕으로 삼으려고 하였습니다. 주님께서 세상과 한통속이 되려고 하기만 하셨다면 이 세상 임금이 산꼭대기에서 "만일 내게 엎드려 경배하면 이 모든 것을 네게 주리라"(마 4:9)고 말하였듯이 세상은 주님께 우두머리 자리를 주었을 것입니다. 그러나 주께서는 마귀를 쫓아내시고 그의 생애 마지막 순간까지 순결하고 구별되게 서십니다. 여러분이 그리스도인이라면 그리스도인답게 행하십시오. 여러분이 그리스도를 따른다면 진(陣) 밖으로 나가십시오. 그러나 여러분과 다른 사람 사이에 아무 차이가 없다면, 그리스도께서 오셔서 여러분이 다른 사람과 여러분을 구별시킬 수 있는 혼인식 예복을 입지 않은 것을 보시는 날에 주님께 무엇이라고 말할 것입니까?

그 다음에, 친구 여러분, 여러분은 분리의 넓은 성벽이 여러분에게 크게 유익하다는 것을 알게 될 것입니다. 세상에서 그리스도인이라면 누구도 여러분에게 자신이 세상 관습에 굴복했을 때, 그로 말미암아 유익을 얻었다고 말하지 않을 것이라고 생각합니다. 만일 여러분이 저녁에 의심스러운 곳에 가서 오락거리를 찾고 그로 말미암아 유익을 얻을 수 있다고 생각한다면, 단언컨대 여러분은 그리스도인이 아닙니다. 여러분이 정말로 그리스도인이라면 그렇게 하는 것이 양심을 괴롭게 하고, 마음을 더욱 경건하게 사용하는데 적합하지 않을 것이기 때문입니다. 여러분이 물고기에게 한 시간 동안 마른 땅에서 지내보라고 요구한다고 합시다. 그 물고기가 여러분의 요구에 따른다면 물고기는 그렇게 지내는 것이 자기에게 별로 유익하지 못하다는 것을 발견할 것입니다. 그렇게 지내는 일이 물고기 본성에 맞지 않기 때문입니다. 이 점은 여러분이 죄인들과 교제하는 것에도 그대로 적용될 것입니다. 여러분이 어쩔 수 없이 일반적인 사업에서 세상 사람들과 손잡지 않을 수 없을 때, 여러분은 듣기에 불편하고 마음을 괴롭게 하며 영혼을 성가시게 만드는 것을 많이 발견합니다. 여러분은 악인들의 대화 때문에 괴로움을 당하는 의로운 롯과 같이 되는 경우가 종종 있을 것입니다. 여러분은 다윗과 같이 이렇게 말할 것입니다.

"메섹에 머물며
게달의 장막 중에
머무는 것이
내게 화로다."

　여러분은 마음으로 한탄하고 한숨을 쉬다가 나가서 손에서 더럽고 불결한 것은 모두 씻어낼 것입니다. 여러분은 거기에서 아무 위로를 찾지 못하기 때문에 거기를 떠나 순결한 자, 거룩한 자, 경건한 자들에게로 가기를 갈망할 것입니다. 즉, 성도들의 유익한 사귐에 이르기를 간절히 바랄 것입니다. 친구 여러분, 여러분의 일상생활에 넓은 성벽을 두십시오. 여러분이 조금 세상에 지기 시작한다면 머지않아 아주 많은 것을 잃게 될 것입니다. 여러분이 죄에 조금 양보하면 죄가 여러분을 통째로 삼킬 것입니다. "푼돈을 아끼면 큰돈은 저절로 모인다"는 속담이 경제의 적절한 표어입니다. 이와 같이 여러분이 "큰 죄과"(시 19:13)에서 깨끗하려면 작은 죄들을 범하지 않도록 주의하십시오. 세상적인 것에 조금 가까이 다가가고, 경건치 않은 일들에 조금 손을 대는 것에 주의하십시오. 그렇지 않으면 여러분은 육신이 제 욕심을 이루는 일을 막지 못할 것입니다.

　분리의 성벽을 계속 유지해야 할 또 한 가지 중요한 이유는 여러분이 그렇게 할 때 세상에 가장 많은 유익을 주게 된다는 것입니다. 나는 사탄이 여러분에게 만일 조금만 머리를 숙이고 경건치 않은 자들에게 가까이 간다면 그들도 조금 가까이 와서 여러분을 만날 것이라고 말하리라는 것을 압니다. 아, 그런데 그것은 그렇지 않습니다. 여러분은 본래의 위치를 떠나는 순간 힘을 잃습니다. 불경건한 자들이 여러분이 자기들을 계속 기쁘게 하지 못한다는 것을 안다면 여러분 뒤에서 뭐라고 말할 것이라고 생각합니까? 그들은 말합니다. "아, 저 친구 신앙에는 우쭐대는 허식밖에는 아무것도 없어. 저 친구는 진실하지 않아." 세상이 엄격한 청교도를 공공연히 비난하지만, 사실 세상은 몰래 그를 칭찬합니다. 세상에서도 도량이 넓은 사람들은 아주 정직해서 자신의 원칙을 조금도 양보하려고 하지 않는 사람을 존경합니다. 지금과 같은 시대, 곧 건전한 신념이 별로 없고, 원칙을 내팽개치며, 생각과 행동에서 전반적으로 교의나 형식에 매이지 않는 광교회파(廣敎會派)적인 경향이 세상을 지배하는 것처럼 보이는 이때이지만, 신념을 굳게 쥐고 자신의 생각을 대담하게 말하고 자기 고백에 따라 행동하는 사람은 확실히 사람들에게 존경심을 일으킨다는 것은 지금도 사실입니다. 자매 여러분, 여러분의 남편과 자녀들이 여러분이 "그리스도인으로서 내 특권들 가운데 어떤 것들을 포기하겠어" 혹은 "때로는 당신과 함께, 너와 함께 죄 된 곳에 가겠어"라고 말한다고 해서 여러분을 더욱 존경하지 않을 것은 틀림없는 사실입니다. 여러분이 직접 진창에 뛰어든다고 할지라도 남편과 자녀를 진창에서 나오도록 도울 수는 없습니다. 여러분이 가서 손을 더럽힌다고 할지라도 남편과 자녀들을 깨끗해지도록 도울 수 없습니다. 여러분의 손이 더럽다면 어떻게 그들의 얼굴을 깨끗하게 씻을 수 있겠습니까? 가게에서 일하는 청년 여러분, 작업실에 일하는 처녀 여러분, 만일 여러분이 그리스도의 이름으로 예수님을 위하여 자신을 정숙하고 순결하게 지키며, 얼굴을 붉히게 만들 농담에 웃지 않고 의심스러운 오락거리에 손을 대지 않는다면, 그리고 다른 한편으로 의심스러운 일은 죄악적인 것으로 여기고 피하며 양심을 잃지 않기 위해 힘쓰고 믿음을 굳게 붙들며 진리에 대해서 신중하다면, 여러분이 이렇게 자신을 지키려고 한다면, 여러분의 친구들이 다른 사람들과 한창 떠들다가도 서로에게 "지금 이것은 하지 마, 저것은 하지 마. 아무개가 여기 있어"라고 말할 것입니다. 그들은 어떤 의미에서 여러분을 두려워할 것입니다. 그들이 속으로는 여러분을 칭찬할 것입니다. 마침내 그들이 여러분을 본받게 되지 않을지 누가 알겠습니까?

여러분이 하나님을 시험하겠습니까? 황폐케 하는 홍수에 대항하겠습니까? 교회가 타락하여 세상과 뒤섞일 때는 언제든지 소수의 신실한 사람들은 언약궤로 달려가 보복하는 폭풍우를 피하는 일이 발생합니다. 하나님의 아들들이 사람의 딸들을 보고 아름답다고 생각하였을 때, 하나님께서 땅 위에 사람을 지으신 것을 한탄한다고 말씀하셨고, 대홍수를 보내어 사람들을 쓸어버리셨습니다. 하나님의 백성들은 구별된 백성이 되어야 합니다. 따라서 이들은 구별된 백성이 될 것입니다. "이 백성은 홀로 살 것이라 그를 여러 민족 중의 하나로 여기지 않으리로다"(민 23:9)는 것이 하나님께서 친히 선언하신 말씀입니다. 어떤 의미에서 그리스도인은 유대인들 같습니다. 유대인은 그리스도인의 예표(모형)입니다. 여러분은 유대인에게 그가 마땅히 받아야 하는 대로 정치적 특권들을 줄 수 있고, 또 마땅히 그래야 하는 대로 그를 국민으로 받아들일 수 있습니다. 그러나 그는 유대인이고, 여전히 유대인으로 있을 수밖에 없습니다. 심지어 그가 자신을 영국인이나 포르투갈인, 혹은 스페인인 혹은 폴란드인이라고 부를지라도 그는 이방인이 아닙니다. 그는 여전히 이스라엘 백성 가운데 한 사람이고 아브라함의 자녀이며 여전히 유대인입니다. 여러분은 그가 유대인임을 구분할 수 있습니다. 어느 나라에서든지 그가 말하는 것을 들으면 유대인인 것이 드러납니다. 그리스도인도 그와 같아야 합니다. 그는 직업상 다른 사람들과 섞이지 않을 수 없습니다. 많은 사람들 가운데 한 사람으로서 사람들 사이를 드나들며, 시장에서 장사를 하고 가게에서 사람을 상대하며, 사회적인 집단에서 사람들과 즐거움을 함께 나누고, 또 시민이기 때문에 정치에도 참여합니다. 그러나 동시에 그리스도인은 더 고귀한 생명, 곧 세상이 알 수 없는 비밀을 가지고 있고, 또 그의 높은 거룩함과, 하나님을 위한 열심, 신뢰할 만한 정직, 사심이 없는 진실함으로 그리스도께서 세상에 속하시지 않았듯이 그도 세상에 속하지 않았음을 세상에 보여줍니다. 나는 여러분들이 이 성벽을 계속 유지하는데 마음을 쓰기를 간절히 바랍니다. 왜냐하면 여러분 가운데 때로 이 성벽을 아주 좁히려고 하고, 어쩌면 성벽을 아주 무너뜨리기를 바라는 사람들이 있다는 것을 알기 때문입니다.

주 안에서 사랑 받는 형제 여러분, 교회가 이 세상과 같이 되는 것만큼 교회에 일어날 수 있는 악한 일은 없다는 것을 분명히 아십시오. 교회가 그렇게 되었다면 교회의 벽에 "이가봇"이라고 쓰십시오. 파멸의 선고가 이미 교회에 내려졌기 때문입니다. 그러나 여러분이 자신을 "담이 둘린, 택하여 특별히 만든 정원"으로 지킬 수 있다면 주님께서 여러분과 함께 할 것이고, 여러분의 도덕적 힘이 자랄 것입니다. 여러분은 마음이 즐거울 것이고 그리스도께서 여러분의 생활을 통해 영예를 얻으실 것입니다.

**2. 둘째로, 예루살렘을 두른 이 넓은 성벽은 안전을 표시하였습니다.**

마찬가지로 그리스도의 교회를 두르고 있는 넓은 성벽도 교회의 안전을 표시합니다. 하나님의 교회에 속한 사람들이 누구인지 생각해 보십시오. 사람은 세례에 의해서나 생득권(生得權)에 의해서 혹은 신앙 고백이나 도덕에 의해서 그리스도 교회의 지체가 되지 않습니다. 그리스도는 양 우리로 들어가는 문이십니다. 예수 그리스도를 믿는 자는 누구든지 참된 교회의 지체입니다. 그 사람은 그리스도의 지체이므로 따라서 그리스도의 몸의 지체입니다. 그리고 교회가 곧 그리스도의 몸입니다. 자, 하나님의 교회, 다시 말해 은혜로 택함 받은 자들, 피로 구속 받은 자들, 특별한 백성, 양자로 삼은 자들, 의롭다 함을 받은 자들, 거룩하게 하심을 입은 자들, 이들 교회의 주위에는 엄청나게 튼튼한 보루가 있고, 그 보루를 지키는 군수품들이 있습니다. 적이 와서 예루살렘을 공격할 때, 망대와 성벽을 고려하였고, 특별히 거기에 주의를 기울였습니다. 그러나 적은 이 거룩한 성의 힘을 겪고 나서는 도망하였습니다. 적이 대체 그와 같은 성벽을 오를 수 있을 것이라고 어떻게 생각할 수 있겠습니까? 형제 여러분, 사탄은 종종 새 예루살렘의 망대와 성벽을 공격할 것을 계산해 봅니다. 사탄은 성도들의 파멸을 간절히 바라지만, 그 일은 결코 이루어지지 않을 것입니다. 그리스도를 믿는 자는 구원을 받습니다. 믿음의 문을 지나 예수 그리스도를 신뢰한 자는 즐거운 확신을 가지고 이렇게 노래할 수 있습니다.

> "안식을 위해 예수님을 의지한 영혼을
> 나는 내놓지 않겠네. 결코 영혼의 적에게 내놓지 않겠네.
> 온 지옥이 나서서 흔들려 할지라도 그 영혼을
> 나는 버리지 않겠네. 결코, 결코, 버리지 않겠네."

그리스도인은 하나님의 능력이라는 넓은 성벽으로 둘려 있습니다. 하나님은 전능하시므로 사탄이 하나님을 이길 수 없습니다. 하나님의 능력이 내편에 있다면, 누가 나를 해칠 수 있겠습니까? "만일 하나님이 우리를 위하시면 누가 우리를 대적하리요?"(롬 8:31).

그리스도인은 하나님의 사랑이라는 넓은 성벽으로 둘려 있습니다. 하나님이 사랑하시는 자들을 누가 이길 수 있겠습니까? 하나님께서 저주하시지 않은 자들을 저주하거나 하나님께서 문제 삼으시지 않은 자들을 문제 삼는 일이 헛수고라는 것을 나는 압니다. 하나님께서 복 주시는 자는 누구든지 정말로 복을 받기 때문입니다. 십볼의 아들 발락이 하나님의 사랑을 받는 백성들을 저주하려고 하였습니다. 그는 먼저 한 산꼭대기에 올라갔고 그 다음에 다른 산꼭대기에 올라가 하나님 백성의 진영을 내려다보았습니다. 그러나 아하, 발람이여, 너는 비록 발락이 원하였어도 하나님 백성들을 저주할 수 없었도다! 너는 다만 "저들은 진실로 복 받은 자들이니, 그들이 복을 받을 것이로다!"라고 밖에 말할 수 없었다.

하나님의 율법은 우리를 두르고 있는 넓은 성벽이고, 하나님의 공의가 또한 그렇습니다. 하나님의 율법과 공의가 한때는 우리를 파멸하겠다고 위협하였으나, 지금은 하나님의 공의가 믿는 모든 신자의 구원을 요구합니다. 그리스도께서 나를 대신해서 죽으셨는데, 내가 내 죄 때문에 죽어야 한다면 그것은 공의가 아닐 것입니다. 하나님께서 주 예수 그리스도의 손에서 빚에 대한 지불금을 완전히 받으셨다면, 그렇다면 어떻게 하나님께서 그 빚을 갚기를 또 요구하실 수 있겠습니까? 하나님께서 만족하셨으므로 우리는 안전합니다.

하나님의 변치 않으심이 또한 넓은 성벽처럼 자기 백성을 두르십니다. "나 여호와는 변하지 아니하나니 그러므로 야곱의 자손들아 너희가 소멸되지 아니하느니라"(말 3:6). 하나님께서 동일하신 한, 우리 구원의 반석은 안전한 피난처가 될 것입니다.

우리는 이 즐거운 진리에 대해 오랫동안 생각해도 좋을 것입니다. 하나님께서 언약 안에서 자기 백성들에게 주신 튼튼한 안전에 우리의 기운을 북돋우는 것이 많기 때문입니다. 하나님의 백성들은 선택하신 사랑이라는 넓은 성벽에 둘려 있습니다. 하나님께서 그들을 택해 놓고서 잃어버리려고 하시겠습니까? 하나님께서 그들에게 영생을 주기로 결정하시고서 그들을 망하게 하시겠습니까? 그들의 이름을 당신의 마음에 새기고서 그 이름들을 지워버리려고 하시겠습니까? 하나님께서 그의 아들에게 그들을 그의 기업으로 주시고서 그의 아들이 자기 기업을 잃도록 하시겠습니까? "만군의 여호와가 이르노라 나는 내가 정한 날에 그들을 나의 특별한 소유로 삼을 것이요"(말 3:17)라고 말씀하셨는데, 그들에게서 손을 떼시겠습니까? 만물을 자기에게 복종케 하시는 하나님께서 자신을 위하여 자기의 특별한 기업이 되도록 지으신 백성들을 지킬 능력이 없으시겠습니까? 우리는 그 점을 결코 의심해서는 안 됩니다! 선택하신 사랑이 넓은 성벽처럼 은혜의 모든 상속자를 두르고 있습니다.

그 다음에, 구속하시는 사랑의 성벽은 참으로 넓습니다! 예수께서 그처럼 큰 값을 주고 사신 그 백성들을 자기 것으로 찾지 못하시겠습니까? 주께서 피를 흘리신 것이 헛되겠습니까? 주님께서 일찍이 그들의 허물을 그들 탓으로 돌리지 않고 하나님과 화해시킨 자들에게 다시 적의를 품으실 수 있겠습니까? 주님이 그들을 위해 영원한 구속을 이루시고 나서 다시 그들에게 영원한 파멸을 선고하시겠습니까? 주께서 제사로 그들의 죄를 깨끗이 제하시고 나서 그들이 사탄의 간계에 희생되도록 내버려두시겠습니까? 영원한 언약의 피로 말미암아 그리스도인이라면 누구든지 자기가 망할 수 없고 아무도 자기를 그리스도의 손에서 빼앗을 수 없다고 확신할 수 있습니다. 십자가가 결코 우연이 아니고 속죄가 단순한 사색이 아닌 한, 예수께서 위하여 죽으신 자들은 그의 죽음으로 말미암아 구원을 받습니다. 그러므로 "그가 자기 영혼의 수고한 것을 보고 만족하게 여길 것입니다"(사 53:11).

성령의 활동은 하나님의 성도들을 두르고 있는 성벽과 같습니다. 성령께서 은혜의 활동들을 시작하고 끝마치지 않으십니까? 그렇지 않습니다! 성령께서 후에는 소멸하고 마는 생명을 주십니까? 그것은 있을 수 없는 일입니다. 주님께서 우리에게 하나님의 말씀은 살아 있고 항상 있는 썩지 아니할 씨라고 말씀하시지 않았습니까? 지옥의 권세나 우리 육신의 악이 하나님께서 영원하다고 선언하신 것을 파괴할 수 있거나 하나님께서 썩지 않는다고 말씀하시는 것을 분해시킬 수 있겠습니까? 성령님을 영원히 우리와 함께 거하시도록 우리에게 주신 것이 아닙니까? 그런데 성령님께서 자신의 영원한 거처로 삼으신 그 마음에서 쫓겨나실 수가 있겠습니까? 형제 여러분, 우리는 두려움이나 잘못된 생각에 빠져 그런 억측을 하는 사람들과 생각이 다릅니다. 우리는 바울과 함께 기쁘게 말할 수 있습니다. "너희 안에서 착한 일을 시작하신 이가 그리스도 예수의 날까지 이루실 줄을 우리는 확신하노라"(빌 1:6). 즐거이 이렇게 노래할 수 있습니다.

> "은혜가 슬픔에서 죄에서 구원하기 위해 시작하는 일을
> 은혜가 마침내 이룰 것이네.
> 지혜가 떠맡은 일을
> 영원한 자비가 결코 포기하지 않을 것이네."

거의 모든 은혜의 교리가 우리에게 넓은 성벽, 다시 말해 견고한 요새, 튼튼한 보루, 거대한 방어 군수품을 제공합니다. 예를 들어, 그리스도의 보증을 약속으로 붙잡으십시오. 그리스도는 하나님 아버지께 대해 자기 백성을 위한 보증이십니다. 주님께서 양 떼를 집으로 데리고 오실 때, 양 떼 중 얼마는 잃어버렸다고 보고하실 수밖에 없을 것이라고 생각합니까? 그렇지 않습니다!

주님께서는 이렇게 말씀하실 것입니다. "자, 아버지께서 내게 주신 자녀들입니다. 내게 주신 모든 자들 가운데 하나도 잃지 않았습니다." 주님께서는 모든 성도들을 마지막까지 지키실 것입니다. 이 문제는 그리스도의 명예가 달려 있

습니다. 그리스도께서 자기를 의지하는 영혼을 단 하나라도 잃는다면 그리스도의 면류관의 완전함은 사라집니다. 지옥에 믿는 영혼이 단 하나라도 있다면, 어둠의 권세자가 그 영혼을 붙잡고 이렇게 말할 것이기 때문입니다. "아하, 그리스도가 믿는 자들을 다 구원할 수는 없었구나. 아하, 너 구원의 대장이여, 네가 여기서 패하였구나! 여기에 불쌍한 어린 베냐민이 있구나. 네가 그를 영광으로 데려가지 못하였으니 내가 영원히 먹이로 삼으마!" 그러나 결코 그렇게 되지 않을 것입니다. 보석은 모두 예수님의 면류관에 있을 것입니다. 양은 모두 예수님의 양 떼 가운데 있을 것입니다. 주님은 결코 패하시지 않을 것입니다. 주님은 전리품을 강한 자들과 나눌 것이고, 맡은 대의를 확고하게 세우실 것이며, 영원히 이기실 것입니다. 그의 크고 선하신 이름에 영광을 돌립시다!

### 3. 끝으로, 넓은 성벽의 개념은 즐거움을 시사합니다.

니느웨와 바벨론의 성벽들은 넓었습니다. 얼마나 넓었던지 전차 여러 대가 서로 통행할 수 있을 정도의 여유가 있었던 것으로 발견되었습니다. 여기서 사람들이 해질녘에 산책하고 이야기하며 좋은 교제를 나누었습니다. 여러분이 뉴욕 시를 가 본 적이 있다면 거기에서 넓은 성벽 둘레를 걸어 다니는 것이 참으로 재미있다는 것을 알 것입니다. 그러나 지금의 비유는 동양인들에게서 이끌어낸 것입니다. 동양인들은 집에서 나와 넓은 성벽 위를 산책하는 것에 익숙하였습니다. 그들은 성벽을 힘든 노고를 그치고 쉬는데 사용하였습니다. 또 기분 전환을 위한 여러 가지 즐거운 일들을 위해 사용하였습니다. 해가 저물어 가고 있고 모든 것이 서늘할 때 넓은 성벽 위를 걷는 것은 아주 즐거운 일이었습니다. 이와 같이 신자가 하나님의 깊은 사실들을 알게 되고 하나님 백성의 방어물들을 볼 때, 그는 성벽을 따라 걸으며 신뢰 가운데 안식합니다. 신자는 이렇게 말합니다. "나는 편히 쉬고 있어. 파괴하는 자가 나를 괴롭힐 수 없어. 나는 지금 활 쏘는 자들의 소리로부터 멀리 떨어진 물 긷는 곳에(사 5:11) 있어. 여기서는 기도와 묵상을 할 수 있어. 성벽과 성채로 인하여 구원이 확정되었으니, 나를 위하여 이 같은 큰 일들을 행하신 하나님께 찬송을 드리겠어. 조용히 쉬겠어. 믿는 자는 이미 안식에 들어간 것이야. 그러므로 그리스도 예수 안에 있는 자에게는 이제 정죄함이 없어." 이렇게 넓은 성벽은 휴식을 위한 것입니다. 우리 구원의 넓은 성벽도 그와 같습니다.

넓은 성벽은 또한 교제를 위한 것이었습니다. 사람들은 성벽에 와서 서로 이야기하였습니다. 사람들은 성벽에 기대어 사랑의 말을 속삭였고, 사업상의 대화를 하였으며 서로를 위로하고 자신들의 근심과 즐거움을 이야기하였습니다. 이와 같이 신자들이 그리스도 예수께 올 때, 그들은 서로 교제하고, 천사와 교제하며 또 온전케 된 의인의 영들과도 교제하고 무엇보다 첫째이신 그들의 주님 예수 그리스도와 교제를 나눕니다. 이 넓은 성벽 위에 사랑의 깃발이 펄럭일 때, 때때로 그들은 그들을 사랑하여 자신을 주신 주님과 교제하는 가운데 말할 수 없는 기쁨으로 기뻐합니다. 여러분이 복음의 교리들에 대해 그처럼 알게 되어 살아계신 하나님의 교회 전체와 지극히 즐거운 교제를 나눌 수 있다는 것은 그리스도의 교회 안에서 복된 일입니다.

그 다음에 넓은 성벽은 또한 조망(眺望)과 경치를 위한 목적으로도 건축되었습니다. 시민들은 이 넓은 성벽에 올라가 성내에서 피어오르는 연기와 먼지에서 눈을 돌려 푸른 들판을 가로질러 반짝이는 강물과 멀리 있는 산들을 보고, 풀이 움직이는 모습이나 곡식을 추수하는 것 혹은 먼 산 너머로 해가 지는 것을 보며 즐거워하였습니다. 성벽에 올라가 멀리 떨어진 경치를 바라보는 것은 성벽으로 둘린 도시의 시민들이 일반적으로 누리는 즐거움 중의 하나였습니다. 이렇게 사람이 일단 복음 교리들의 높은 고지에 올라가서 그리스도 예수 안에 있는 하나님의 사랑을 배우고 나면, 그는 참으로 넓은 시야를 가질 수 있게 됩니다! 그는 인생의 불행들을 참으로 하찮게 봅니다! 그는 죽음이라는 아주 폭 좁은 시내를 넘어서 아주 멀리까지 봅니다! 때로 날씨가 화창하고 눈도 아주 밝아서 망원경을 사용하게 될 때, 그는 진주문 안을 들여다보고 죽을 인생의 눈은 보지 못한 기쁨의 거리들을 보고, 죽을 인생의 귀는 듣지 못한 노래를 들을 수가 있는데, 이런 것들은 눈과 귀로 경험하지 못하고 오직 마음과 영으로만 보고 들을 수 있는 것입니다! 하나님의 교회 안에 거하는 자는 복이 있습니다. 이는 그가 넓은 성벽에서 지극히 아름다우신 그리스도를 볼 수 있고 아주 멀리 떨어진 그 나라를 볼 수 있는 장소를 만날 수 있기 때문입니다!

친구 여러분, 나는 이런 것들이 여러분 모두와 관계가 있기를 바라는데, 그렇지 않게 생각되어 걱정입니다. 여러분 가운데는 이 성벽 밖에 있는 사람들이 많기 때문입니다. 파괴하는 자가 올 때, 그리스도의 사랑과 자비의 성벽 안에 있는 사람들을 제외하고는 아무도 안전하지 않을 것입니다. 문이 열려 있으니, 즉시 그 문으로 피하기를 바랍니다. 그 문이 닫힐 것입니다. 어느 날 닫힐 것이지만, 지금은 열려 있습니다. 밤이 올 때, 죽음의 밤이 올 때, 문이 닫힐 것입니다. 그때서야 여러분은 와서 "주여, 주여 우리에게 열어 주소서"(마 25:11) 하고 말할 것입니다. 그러나 이 답변을 들을 것입니다.

> "너무 늦었다, 너무 늦었어!
> 너는 이제 들어갈 수 없다."

그러나 아직은 너무 늦지 않았습니다. 여전히 그리스도께서는 이렇게 말씀하십니다. "볼지어다 내가 네 앞에 열린 문을 두었으되 능히 닫을 사람이 없으리라"(계 3:8). 여러분이 와서 예수님을 믿을 뜻이 있으면 좋겠습니다. 여러분이 그렇게 한다면 구원을 받기 때문입니다. 나는 여러분 가운데 어떤 분들에게는 안전하다고 말씀드릴 수 없습니다. 그분들에게는 보호해줄 넓은 성벽이 없기 때문입니다. 여러분은 안전을 떠나 멀리 달아나버렸습니다. 어쩌면 여러분은 지금까지 자신의 의를 잘 섞이지 않은 회반죽으로 덧대어 수선해왔는지 모릅니다. 그런데 여러분의 의라는 것은 무너지는 담이나 비틀거리는 울타리처럼 완전히 넘어질 것입니다. 여러분이 예수님을 믿으면 좋겠습니다! 그러면 여러분은 지옥의 모든 공성(攻城) 망치가 결코 깨트리지 못하는 넓은 성벽을 얻게 될 것입니다. 영원의 폭풍우가 성벽을 칠 때, 그 성벽은 영원히 견고히 서 있을 것입니다.

내가 여러분 가운데 어떤 분들에게는 안식과 즐거움과 교제에 대해서 말씀드릴 수가 없습니다. 이는 여러분이 안식이 없는 곳에서 안식을 찾고 평화가 없는 곳에서 평화를 구하였으며 여러분을 파멸시킬 것을 위로로 찾았기 때문입니다. 하나님께서 여러분을 괴롭게 하시고 심한 긴장으로 힘들게 하셔서 여러분이 주 예수께로 도망하여 거기에서 참된 평안, 유일한 평안을 얻게 하시기를 바랍니다. "그는 우리의 화평이시기"(엡 2:14) 때문입니다. 여러분이 그리스도를 모셔 들이고 그를 믿으면 좋겠습니다! 그러면 여러분은 믿음이 이 땅에서 여러분에게 줄 행복을 누리며 기뻐할 것입니다. 그러나 무엇보다 즐거운 일은 그리스도께서 자기를 믿는 모든 자들을 위해 준비해 두신 영원한 행복을 여러분에게 보여줄 앞날을 조망하게 된다는 것입니다.

제
3
장
—

# 왕의 동산

—

"왕의 정원." – 느 3:15

역사상 왕의 정원 가운데는 아주 유명한 것들이 많이 있었습니다. 예를 들면, 사르다나팔루스(Sardanapalus: 아시리아의 마지막 왕)가 아주 좋아했다는 니느웨의 "공중 정원"과, 키루스(Cyrus: 기원전 6세기경의 페르시아 왕, 페르시아 제국 건설자) 본인이 말했듯이 그 안에 있는 모든 나무와 식물을 그 자신이 손수 심고 길렀기 때문에 아주 큰 관심을 가졌다고 하는 키루스의 주목할 만한 정원이 그런 것입니다. 여러분이 상상의 나래를 펼치면 로마 황제들의 유명한 별장과 정원들의 아름다움에 빠져 여기저기 돌아다니거나 페르시아 칼리프들의 요염한 정원들의 장미와 백합에 취해 오래 머물 수도 있을 것입니다. 그러나 우리에게는 당면한 더 중요한 과제가 있습니다. 나는 여러분에게 함께 석류나무 과수원에 가고, 각종 유향목과 더불어 나도와 번홍화와 창포와 계수와 몰약과 침향(아 4:14)이 어우러진 향기로운 꽃밭(6:2)에 가자고 말씀드립니다. 나는 지금 세상 어떤 군주의 정원에 대해 이야기하려고 하는 것이 아닙니다. 우리는 만왕의 왕의 동산에서, 곧 하나님의 아들이신 임마누엘 왕의 휴양지에서 그보다 훨씬 더 아름다운 꽃과 귀한 열매들을 볼 수 있기 때문입니다.

이 "왕의 동산들" 가운데 내가 여러분을 데리고 갈 동산은 여섯 군데 있습니다. 그러나 우리는 그 동산들 하나하나에 오래 머물 시간은 없을 것입니다.

**1. 이 왕의 동산들 가운데 첫 번째는 에덴 한가운데 있었던 낙원이었습니다.**

여러분은 창세기를 보면 이 낙원에 대해 읽을 것입니다. 틀림없이 그곳은 우리가 지금까지 보았던 어느 곳보다 더 아름다웠을 것이고 상상할 수 있는 것보다 훨씬 더 놀라울 정도로 아름다웠을 것입니다. 그곳은 온갖 기쁨거리들이 가득하였고, 열매를 잘 맺는 곳이어서 그곳을 경작하게 되어 있는 사람이 고생할 필요가 없으며, 호사스러운 식물들을 가꾸는 것이 즐겁고 상쾌한 일이라는 것을 알게 될 그런 곳이었습니다. 그의 행복한 이마에 식은 땀이 맺힌 적이 없었습니다. 그는 깨끗한 땅을 경작하였기 때문입니다. 지천에 널려 있는 달콤한 열매들이 그의 배고픔을 채웠습니다. 그는 푹신한 이끼 침대에 몸을 눕힐 수 있었고, 험악한 날씨가 휴식을 방해하는 일이 없었습니다. 겨울바람이 에덴 동산의 나뭇잎들을 흩날리게 하지 않았고 여름의 열기가 동산의 꽃들을 태우는 일도 없었습니다. 그곳에서도 낮과 밤이 즐겁게 바뀌었지만, 낮이 슬픔을 가져오지 않았고 밤도 위험을 가져오지 않았습니다. 거기에 짐승들이 있었습니다. 그러나 맹수들로 있었던 것이 아니고, 하나님께서 손으로 지으신 모든 것을 다스리도록 하기 위해 만드신 그 즐거운 사람에게 순종하는 종으로 있었습니다. 그 동산 한 가운데는 신비로운 생명나무가 있었습니다. 우리가 이 나무에 대해서 실제로 알고 있는 것은 거의 없지만, 그것의 영적 의미에 대해서는 상당히 많은 것을 알고 있다고 생각합니다. 우리가 그 나무의 열매를 먹고 살았고 그 잎사귀로 치료를 받았기 때문입니다. 그 나무 가까이에 선악을 알게 하는 나무가 순종을 시험하는 시금석으로 서 있었습니다. 아담의 마음은 균형이 잘 잡혀 있었고 악으로 치우친 경향이 없었습니다. 하나님께서 그에게 의지의 자유를 주셨는데, 그의 충성을 알아보는 시금석으로 주신 것입니다. 그래서 순종한다면 그는 그 나무의 열매에 절대 손을 대지 않을 것입니다. 그 사람이 그럴 필요가 무엇이 있겠습니까? 수많은 나무들이 있었고, 그 나무들은 모두 그의 굶주림과 즐거움을 위한 열매를 풍성히 맺어 가지들이 휘어져 있었습니다. 하나님께서 둘레에 울타리를 쳐서 접근을 막은 나무를 그 사람이 탐낼 필요가 있겠습니까? 우리는 그 사람이 창조된 후에 얼마나 빨리 그 악한 시간에 뱀의 비열한 제안을 받고 손을 뻗어 금하신 열매를 따먹었는지 모릅니다! 그 열매를 딴 단순한 행동이 생각 없는 자들에게는 아무것도 아닌 것처럼 보이겠지만, 창조주의 법을 어기는 것은 하나님에 대한 큰 죄였습니다. 그것은 사람이 자기의 창조주와 싸우겠다고 도전하는 것이고, 자기의 주와 창조주에 대한 충성을 깨트리는 것이었기 때문입니다. 이것은 그 자체로 큰 죄였고, 그것이 끼치는 유해한 결과에 있어서 큰 죄였습니다. 이는 아담이 그날에 타락하였고 에덴 동산에서 쫓겨나 열매를 잘 맺지 않는 가시덤불의 땅을 경작하게 되었으며, 여러분과 내가 그 안에서 타락하여 그와 함께 추방되었기 때문입니다. 우리는 아담의 허리에 있었습니다. 그는 "우리 모두의 조상"이었는데, 우리에게 노고의 저주를 가져왔으며 우리 모두 안에 죄악의 씨앗을 뿌렸습니다. 에덴 동산과 관련해서 우리가 결코 잊어서 안 될 것은 우리가 이제는 순결하고 죄 없는 인종이 아니며, 아무리 문명화되었을지라도 날 때부터 죄인이라는 사실입니다. 사람들은 더 이상 균형 잡힌 마음을 갖고 태어나지 않고 무거운 원죄로 인해 한쪽으로 기울어진 채 태어납니다. 그래서 우리는 선한 것을 싫어합니다. 사람의 마음의 성향은 이 세상에 태어날 때 악한 쪽으로 기울어져서 태어납니다. 그래서 뱀이 쉿 소리를 내거나 이리가 찢고 삼키는 것을 천성적으로 배우듯이 우리는 천성적으로 잘못을 범합니다.

형제자매 여러분, 이 타락을 아주 하찮게 생각하지 않도록 조심하십시오. 타락을 가볍게 여기는 생각이 거짓 신학들의 뿌리에 있습니다. 우리 안에 일어난 해악은 사소한 문제가 아니라 두려워 떨 일입니다. 오직 하나님의 손만이 우리를 개심시킬 수 있습니다. 인간이라는 집이 기초까지 흔들렸고, 목재는 모두 썩어버렸으며, 흔들리는 담에 나병이 퍼졌습니다. 사람은 처음 자기를 만든 창조주의 손에 의해 다시 새로 지어져야 합니다. 그렇지 않으면 그는 하나님이 거하시기에 적합한 처소가 될 수 없습니다. 천성적으로 선함을 자랑하는 사람들은 에덴 동산을 보고 교만을 부끄러워하고, 자신의 행동들을 하나님의 지극히 거룩한 율법이라는 안경을 쓰고 조사해 보고 자신의 순결을 꿈에도 생각할 수 없다는 것을 알고 당황해야 합니다. 여자에게서 태어난 자가 어떻게 순결할 수 있겠습니까? "누가 깨끗한 것을 더러운 것 가운데에서 낼 수 있으리이까? 하나도 없나이다"(욥 14:4). 우리 어머니들이 죄인들이었으므로 우리가 죄인이고, 우리 자녀들도 죄인이 될 것입니다. 사람들이 보통 생육법에 의해 세상에 태어나는 한, 우리는 "죄 가운데 잉태되고 죄악 중에 출생할"(시 51:5) 것입니다. 우리가 하나님께 받아들여지려면 우리는 다시 태어나야 하고 그리스도 예수 안에서 새로운 피조물이 되어야 합니다.

슬프게도, 참으로 슬프게도, 왕의 첫 번째 동산은 그와 같이 되었습니다! 꽃들이 사라졌습니다. 새들이 노래하기를 그쳤습니다. 겨울바람이 동산을 윙윙거리며 지나가고, 여름 태양이 동산을 태웁니다! 맹수들이 거기 있습니다. 거기가 어디인지 지금은 알 수 없지만, 바로 그 장소가 어쩌면 큰 뱀들의 굴이 되고 사막의 펠리컨과 쓸쓸한 해오라기의 거처가 되었을지 모릅니다! 만일 그렇다면, 그것은 우리 본성의 상태에 맞는 상(像)입니다. 구원하기에 능하신 이가 우리의 대의를 지지하고 우리의 구속을 떠맡지 않으셨다면 우리는 완전히 파괴되고 황폐해진 채로 있었을 것이기 때문입니다.

여러분에게 소개할 왕의 두 번째 동산은 첫 번째 동산과 아주 다르지만, 아름다운 향기와 건강한 풀을 생산하는 일에 단연코 첫 번째 동산보다 앞섭니다.

## 2. 왕의 두 번째 동산은 겟세마네 동산입니다.

그것은 감람유를 짜는 동산이었습니다. 그 동산에서 주 예수 그리스도는 감람나무였고, 죄에 대한 하나님의 진노가 압착기였습니다.

여러분 발에서 신을 벗으십시오. 여러분이 서 있는 곳은 거룩한 땅이기 때문입니다! 때는 밤입니다. 저쪽에서 열두 명이 걷고 있고, 그들은 걸으면서 즐겁게 이야기합니다. 신비스러운 위엄을 지닌 한 사람을 주목해 보십시오. 그는 분명히 다른 사람들보다 뛰어나신 분입니다. 그는 인자이십니다. 쉿! 그는 하나님의 아들이십니다. 그분이 말씀하실 때 여러분은 이같은 말을 들을 수 있습니다. "나는 포도나무요 너희는 가지니 내 안에 거하라 나도 너희 안에 거하리라"(요 15:4,5, 개역 개정은 두 문장의 순서가 바뀌어 있다. "내 안에 거하라 나도 너희 안에 거하리라 나는 포도나무요 너희는 가지라"). 우리는 감람나무들 뒤에 숨으면 여기에서 어떤 일이 일어나는지 볼 수 있을 것입니다. 하나님께서 에덴에 있는 첫 번째 동산에서 거니셨듯이 하나님의 아들께서도 이 두 번째 동산에서 걸으셨습니다. 하나님이 첫 번째 동산에서 사람과 친하게 교제하셨듯이 두 번째 동산에 대해서도 예수께서 종종 제자들과 함께 그곳에 가셨다고 기록되어 있습니다. 자, 예수께서는 제자들 가운데 여덟 사람은 떠나게 하셨습니다. 그 여덟 제자들에게 저쪽에서 기다리라고 하시고, 제자들 세 명만을 데리고, 열한 제자 가운데 베드로, 야고보, 요한 이 세 사람만 데리고 더 가신 다음, 그들에게 깨어 있으라고 말하시고서 그들을 떠나 혼자 계십니다. 우리는 할 수 있는 대로 가까이 가 봅시다. 하나님의 아들이 기도하시는 모습이 보입니다. 그는 기도하실 때 힘을 모아 간절히 기도하십니다. 그는 보이지 않는 적과 싸우고 계십니다. 적을 이기려고 사람이 아주 맹렬하게 맞붙어 싸우므로 땀을 흘리는 것처럼 기도하십니다. 그런데 그것은 이상한 땀입니다! "땀이 땅에 떨어지는 핏방울 같이 되더라"(눅 22:44). 그는 지금 여호와의 진노의 잔을 마시기 시작하십니다. 그 잔은 우리의 죄로 말미암아 온 것이고, 그 잔의 한 방울 한 방울이 다 지옥의 고통이었고, 우리는 영원히 마셔도 비울 수 없었을 잔이었습니다. 그리스도께서는 그 진노의 잔을 꿀꺽꿀꺽 들이키십니다. 그리고 쓴 쑥과 쓸개즙보다 더 지독한 그 잔의 맹렬한 맛을 보고 떨면서 "만일 할 만하시거든 이 잔을 내게서 지나가게 하옵소서" 하고 소리치십니다. 그러나 그리스도는 정신을 가다듬고 이렇게 기도하십니다. "그러나 나의 원대로 마시옵고 아버지의 원대로 하옵소서"(마 26:39). 여러분은 그리스도께서 마음이 산란한 사람처럼 왔다 갔다 하시는 모습을 봅니다. 주께서는 위로를 얻기 위해 세 번 제자들을 바라보지만, 그들은 꾸벅꾸벅 졸고 있습니다. 그러자 다시 주님은 하나님께로 돌아와 그 앞에 엎드려 심한 통곡과 눈물로 그 영혼을 피같이 쏟으십니다. 주님의 괴로운 마음의 고통이 그러하였습니다.

여기서 우리 구속의 시작을 보십시오. 이때 예수께서 우리 대신 고통을 받고 우리의 죄악을 속하기 시작하셨습니다. 에덴의 해악이 겟세마네에 떨어진 것입니다. 죄의 안개가 에덴 동산에서 피어올랐습니다. 그 안개가 일어나 모여서 검고 무시무시한 폭풍우 구름이 되었다가 이내 번개를 번쩍이며 천둥소리와 함께 양들의 목자장 위에서 터졌습니다. 폭풍우에 완전히 기가 질려야 마땅한 우리가 하나님의 백성들에게 남아 있는 안식 가운데서 맑은 날씨를 누리도록 하기 위해서 말입니다.

십자가에 못 박힌 모습을 제외하고, 이제까지 사람들에게서나 천사들에게서 보았던 광경 가운데 아마도 겟세마네 동산의 고통만큼 무서운 것은 없었을 것입니다. 순교자들이 화형을 당하는 것을 보거나 사람들이 로마 원형경기장에서 사자와 곰에게 먹히는 모습을 보는 것은 틀림없이 끔찍한 광경이었을 것입니다. 그러나 그리스도인의 눈에는 이 무서운 광경들에 기쁨이 섞여 있거나 하나님께서 그의 신실한 자들을 붙들고 계시는 모습이 보였습니다. 그들은 불속에서 손뼉을 쳤습니다. 야수들이 그들에게 뛰어오르려고 할 때 찬송을 불렀습니다. 그러한 거룩한 기쁨이 그들의 얼굴에서 빛나므로 그들의 형제들이 괴로워하기보다는 위로를 받았고, 성도들은 그들과 함께 있어서, 그들이 죽어 순교자의 면류관을 얻은 것처럼 자기들도 죽기를 바랐습니다. 그러나 여러분이 겟세마네 동산에 계시는 주님을 볼 때, 순교자들이 받았던 도움을 거기에서는 보지 못합니다. 하나님은 그를 버리십니다. 그는 홀로 포도주 틀을 밟아야 합니다. 그 백성들 가운데 그와 함께하는 자가 아무도 없습니다. 아, 그렇습니다. 그날 밤은 어두웠습니다. 지금까지 이 세상에 찾아왔던 밤 가운데 가장 어두운 밤이었지만, 지금은 이방인들에게 빛을 비추고 이스라엘에게 영광을 가져오는 완성된 구속이라는 복음의 빛이 탄생되는 시작이었습니다.

이제 우리는 이 왕의 동산을 살펴보기를 마치면서 우리 때문에 예수께서 그처럼 큰 고난을 받으셔야 했다는 사실에 대해 깊은 회개의 심정을 느끼며, 그렇지만 또한 주께서 그렇게 우리를 타락의 폐허에서 구속하셨다는 것을 생각하며 거룩한 기쁨을 느끼지 않을 수 없습니다.

### 3. 우리는 장사(葬事)와 부활의 동산에 대해 잠시 생각해 보아야 할 것입니다.

요셉의 동산에 있는 새 무덤에 우리 영혼의 사랑하시는 이께서 잠시 잠드셨고, 거기에서 일어나 영광스러운 생명으로 부활하셨습니다. 그는 죽음에 붙들려 계실 수 없었습니다. 그는 더 이상 죽음의 포로가 아니셨기 때문입니다. 그는 일을 마쳐서 그 보상을 얻으셨고, 그러므로 그를 가두고 있던 돌이 굴려 치워졌습니다. 그는 여기에 계시지 않습니다. 부활하셨기 때문입니다. 봉인이 깨어졌고 파수꾼들은 흩어졌으며 돌이 치워졌고 포로가 풀려났습니다. 여기에 참으로 큰 위로가 있습니다. 예수께서 일어나셨으므로 잠자고 있는 그의 모든 성도들도 그와 같이 무덤을 떠날 것이기 때문입니다. 그리스도의 부활은 모든 성도들의 부활입니다. 잠시만 기다리십시오. 그러면 무덤이 더 이상 죽음의 금고가 되지 않을 것입니다. 주님께서 무덤에서 나와 영광과 영생에 들어가신 것처럼 아주 확실히 그의 모든 성도들도 의롭다 함을 받고 깨끗하게 되었습니다. 주님께서 부활하셔서 정말로 더 이상 죽지 않으시므로 이제 아무도 여러분을 고소할 수 없습니다. 그의 단번의 제사가 하나님의 택하신 모든 백성들을 온전케 하였고, 그가 영광스럽게 하늘로 올라가심은 그의 백성들을 하나님께서 받아들이심을 보증합니다. 믿음의 눈으로 보는 사람은, 막달라 마리아가 본래 잘 알았으나 잠시 알아보지 못한 주님을 만나고, 고난 받으신 불멸의 주께서 떠나간 빈 무덤을 천사들이 지키고 있었던 그 동산을 기뻐합니다. 이제부터는 왕의 동산이 우리에게 즐거운 열매와 향기로운 꽃으로 가득한 곳이 됩니다.

이제 나는 여러분을 왕의 네 번째 동산으로 데려가려고 합니다. 여러분은 멀리 갈 필요가 없습니다. 손을 가슴에 대 보십시오. 그러면 여러분의 손이 그 동산의 문빗장에 닿을 것입니다.

### 4. 왕의 네 번째 동산은 사람의 마음이라는 동산입니다.

마음은 작은 동산입니다. 그런데 마음이 작은 것처럼 보이지만 사실은 아주 광대해서 거의 무한하다고 말할 정도입니다. 사람 마음의 한계가 얼마나 되는지, 영혼의 상상력과 감정이 얼마나 멀리까지 갈 수 있는지 아무도 모르기 때문입니다. 인간의 마음이라는 이 작은 거인은 하나님의 동산이 되도록 지어졌습니다. 내가 마음을 동산이라고 하였습니까? 마땅히 그래야 합니다. 그런데, 슬프게도 마음은 본래 그런 이름을 받을 만한 가치가 거의 없습니다. 인간 마음에는 잡초들, 곧 엉겅퀴, 찔레, 독초, 쐐기풀 등이 무성하게 자라 있기 때문입니다. 그 외에 도처에서 다른 무엇이 싹이 트는지 알 수 없습니다. 마음속에서 자란 나무들을 보지만, 그 나무들은 치명적인 유퍼스 나무(upas: 독화살에 쓰이는 나무)처럼 한 방울이면 사람을 죽이는 독이 흐릅니다. 여기에 감미로운 열매는 전혀 없고 그 대신에 고모라의 포도와 소돔의 사과들만 열릴 뿐입니다. 곪게 하는 악들로 가득한 역겨운 이 굴은 마땅히 하나님의 동산이 되었어야 하는 곳입니다. 그런데 어떻게 되었습니까? 이곳은 가시와 엉겅퀴, 온갖 유해한 것들을 내놓는 황무지입니다.

이 방치된 동산을 어떻게 해야 하겠습니까? 이 동산을 황폐한 상태에서 개간하려면 어떤 하늘의 원예술을 동원할 수 있겠습니까? 위대한 농부이신 하나님께서 오셔서 이 동산을 하나님의 방식을 따라 갈아 엎으셔야 합니다. 양심의 가책이라는 거친 쟁기로 그 땅을 갈아야 합니다. 근심이라는 삽으로 땅 표면을 파 일구고 흙덩어리를 잘게 부수며 잡초를 뽑고 불로 쓰레기들을 태워버려야 합니다. 여러분, 여러분의 마음이라는 동산에 지금까지 그런 일이 있었습니까? 여러분은 지금까지 거의 절망에 빠질 만큼 슬픔으로 영혼이 쟁기질당하고 써레질당한 경험이 있습니까? 자신이 좋아하는 죄들이 죽임을 당하는 것을 보고, 그래서 더 이상 그 죄들을 즐길 수 없고 그 죄들에서 깨끗이 벗어나기를 바란 적이 있습니까? 이 동산이 개간되어 거룩한 소유주이신 하나님께 합당하게 되려면 이 같은 일이 행해져야 합니다.

땅을 파 일구고 흙덩어리를 뒤덮은 다음에는 씨 뿌리는 일을 해야 합니다. 생명나무에서 잘라낸 어린 가지들을 심고, 하늘의 종묘원에서 가져온 씨, 곧 그리스도께서 받으실 만한 아름다운 향기로 가득할 꽃을 피울 씨들을 뿌려야 합니다. 믿음, 사랑, 소망, 인내, 끈기, 열심이라는 씨들을 성령께서 준비하신 땅에 조심스럽게 뿌리고 또한 애정 어린 손길로 길러야 합니다. 마음이 만왕의 왕께 합당한 동산으로 불릴 수 있으려면, 먼저 싹이 나고 꽃을 피우며 열매를 맺는 일이 있어야 합니다. 아주 최근까지 잡초로 뒤덮였으나 이제는 씨가 뿌려지고 식물이 심겨진 동산을 주의해서 보면, 땅이 배수가 되지 않는 한 잘 자라지 않는 식물이 있는 것을 봅니다. 우리에게서 언제나 지나친 방종과 육체적 신뢰를 비워야 합니다. 그렇지 않으면 우리 마음은 차가운 늪지, 곧 식물이 죽는 가치 없는 수렁이 될 것입니다. 고통이 우리에게서 물을 빼냅니다. 우리는 돈이나 친구를 잃고 싶어 하지 않습니다. 그러나 하나님께서 이런 것들을 제거하시지 않는다면, 이런 것들을 사랑함으로 말미암아 우리는 망쳐져서 아무 열매를 맺지 못합니다. 배수 되는 것 외에도 끊임없이 괭이질과 갈퀴질, 파 일구는 일도 해야 합니다. 동산을 만든 뒤에 꽃밭을 오랫동안 내버려두어서는 안 되고, 정원사는 계속 꽃밭을 눈여겨보아야 합니다. 그렇지 않으면 꽃밭이 엉망이 됩니다. 꽃밭은 내버려두면 이내 다시 잡초가 자라고 예전처럼 엉망이 됩니다. 동산을 깨끗하게 보존하려면 끊임없이 계속해서 괭이질을 해주어야 합니다. 마음의 동산도 그와 같습니다. 깨끗이 치우고 가지 치는 일을 매일 해야 합니다. 하나님께서 우리를 통해 그 일을 하셔야 하고, 우리는 끊임없는 자기반성과 회개로써 그 일을 하되, 너무도 쉽게 우리를 에워싸는 죄들을 피하기 위해 성령의 능력으로 힘써 그렇게 해야 합니다. 나는 마음속에서 잡초가 너무도 빨리 자라는 것을 보고 잡초가 자라는 것을 막기 위해 온 힘을 씁니다. 신앙시인 쿠퍼(Cowper)는 "나를 주님의 발 앞으로 데려가고 내 어리석음들을 뿌리째 뽑아버린 귀한 시간"에 대해서 말합니다. 확실히, 훌륭한 쿠퍼가 여기서는 실수한 것이 틀림없습니다!

나는 내 어리석음이 완전히 제거되지 않은 것을 압니다. 어리석음을 베어버리고 나면, 그 뿌리에서 이내 싹이 돋습니다. 내가 믿고 기대하는 대로, 어느 날 내 어리석음이 뿌리째 모습을 드러낼 것입니다. 그때까지 계속해서 주의해서 보아야 합니다. 그 전까지는 뿌리가 여전히 있습니다. 슬프게도, 슬프게도 틀림없이 그럴 것입니다! 오, 주 예수님, 우리를 도와주소서. 그렇지 않으면 우리를 에워싸고 있는 죄들이 무성히 자라 우리를 덮어버릴 것입니다. 중생한 사람들의 마음속에도 여전히 부패한 본성이 남아 있습니다. 그래서 만왕의 왕의 동산에 잡초가 무성하게 자라는 일이 종종 있습니다. 그렇지만 하나님께 우리 마음은 이제 예수께서 그 안에서 거니시는 동산입니다. 그리고 주님께서 황송하게도 우리 영혼의 정자에 앉으시는 행복한 시간이 있습니다. 그런 때 우리의 보잘것없는 마음이 얼마나 아름다운 왕의 동산이 되는지요! 몸은 허름한 옷을 입고 있을 수 있고, 우리의 외적인 사람은 병들어 아주 약할 수 있습니다. 그럴지라도 우리 인간은 그리스도께서 그 속에 계실 때 왕의 동산입니다. 예수께서 우리와 교제를 나누실 때 우리는 하나님께 왕과 제사장들입니다. 천사들이 이 동산에 들어오기도 합니다. 공기가 움직이지 않고 세상 걱정거리의 소음이 잠잠해졌을 때, 종종 우리는 마음속에서 작은 천국을 누렸습니다. 우리가 곧 가게 될 것으로 소망하는 천국의 시작을 누렸습니다. 청중 여러분, 여러분은 내가 마음속의 낙원, 마음속에서 영광이 빛남, 영혼의 천국이라고 말할 때 무슨 뜻으로 이야기하는지 아십니까? 예수께서 여러분에게 그것을 가르쳐 주실 수 있습니다.

　사랑하는 여러분, 마음은 왕의 동산입니다. 예수께서 그의 보혈을 값으로 치르고 마음을 사셨습니다. 이제 예수께서 그의 은혜로 마음속에 들어오셔서 마음이 당신의 것이라고 주장하셨습니다. 친구 여러분, 예수께서 아직 여러분에게 가시지 않았다면, 예수께서 가시기를 바랍니다. 여러분이 마음을 예수님께 드리지 않았다면, 은혜로우신 성령으로 말미암아 마음을 예수님께 드리기를 바랍니다. 그런데 여러분의 마음이 주님의 것이 된다면, 사랑하는 주님을 위해 마음을 지키십시오! 다른 어떤 사람에게도 그 열쇠를 주지 마십시오. 남편이나 아내, 자녀에 대한 사랑은 그 각각이 고유한 위치가 있습니다. 그러나 마음의 중심은 그리스도의 동산입니다. 여러분 마음의 중심은 남편의 동산이 아니고 아내의 동산도 아니며 자녀의 동산도 아니라는 사실에 주의하십시오. 우리에게 있는 아무리 귀한 우상도 마음의 중심에 두어서는 안 됩니다. 거기는 왕의 동산입니다. 나는 여러분이 오늘 밤 잠자리에 들기 전에 이렇게 말하기를 바랍니다.

　"왕이시여, 내 동산에 들어오셔서 나의 즐거운 열매를 드십시오! 하늘의 바람이여 깨어서 내 영혼의 동산에 불어라. 그래서 내 새 본성의 모든 식물들이 다 향기를 발하여 내 사랑하는 주님께서 나의 교제에 기뻐하시고 나는 그의 달콤한 사랑을 충만히 받게 하라."

그러나 나는 여러분이 다섯 번째 동산에서 대부분의 시간을 보내기 바랍니다.

### 5. 다섯 번째 동산은 그리스도의 교회라는 동산입니다.

이것은 우리가 이곳에 심겨지고 자라기 때문에 우리의 동산이지만 사실은 왕의 동산입니다. 나를 따라서 본문의 한 마디 한 마디를 살펴봅시다. 이것은 무엇입니까? 동산입니다. 하나님의 교회는 동산입니다. 꿀벌 통에 있는 벌들처럼 이 은유에는 많은 사상들이 모여 있습니다. 하나님의 교회가 아가서에서 동산으로 불립니다. 그래서 나는 우리가 이 예를 사용하는 것이 틀리지 않았다는 것을 압니다. 그러면 동산은 무엇을 의미합니까?

첫째로, 동산은 분리를 의미합니다. 동산은 훤히 트인 폐허가 아니고 풀이 무성한 황무지도 공유지도 아닙니다. 동산은 황야가 아니라 담이 둘려 있고 울타리가 쳐 있는 곳입니다. 그리스도인 여러분, 여러분이 교회에 가입할 때, 신앙고백을 함으로써 왕 예수님을 위해 울타리 안으로 들여지게 된다는 점도 기억하시기 바랍니다. 나는 교회와 세상을 나누는 분리의 성벽이 더 넓어지고 튼튼해지는 것을 보기 간절히 바랍니다. 정말로 나는 교인들이 "글쎄, 이것을 해보니 아무 해가 없어. 저것을 해보아도 아무 해가 없어"라고 말하면서 할 수 있는 대로 세상 가까이 가는 것만큼 내게 슬픔을 주는 일은 없습니다. 여러분이 세상에 대해 어떻게 생각하느냐는 것은 중요하지 않습니다. 그보다는 여러분이 세상을 따라 얼마나 깊숙이까지 들어갈 수 있는지 묻는다면 여러분 영혼 속에서 은혜가 쇠퇴하고 있는 것이 틀림없다고 말할 수 있을 것입니다. 우리는 바로 그런 모습을 가장하고 나타나는 악을 피해야 합니다. 특별히 바로 지금과 같은 축제의 시기에 조심해야 합니다. 이 크리스마스 때에는 여러분 가운데 파티를 벌이고 자녀들의 운동회를 열고 온갖 일을 하는 사람들이 아주 많습니다. 나는 교인 여러분들이 배나 조심해서 여러분이 정말로 그리스도인이라면 언제나 그리스도인답게 행해야 한다는 점을 생각하고, 루터 시대에 로마 가톨릭교인들이 그랬던 것처럼 우리가 죄에 호의를 베풀어서는 안 된다는 점을 생각하였으면 좋겠습니다. 여러분은 그리스도의 군사로서 언제나 군복을 입고 있어야 하고, 어느 때고 "이번만 이렇게 하겠어. 일 년에 딱 한 차례야. 세상이 하듯이 하겠어. 유행에 뒤처질 수는 없어"라는 말을 해서는 안 됩니다. 여러분은 그리스도의 수욕을 지고 진(陣) 밖으로 나가도록 부름을 받았습니다. 여러분이 진(陣) 안에 있기를 바란다면 그리스도의 제자가 될 수 없습니다. 세상을 사랑함이 그리스도께는 원수가 되는 일이기 때문입니다. 여러분은 세상으로부터 떨어져 있어야 합니다. 그렇지 않으면 망합니다. 여러분이 도시 한가운데 있는 공원이 되기를 바란다면 하나님의 동산은 될 수 없습니다. 여러분이 정말로 하나님의 동산이 되기를 바란다면, 공원이 되려고 하지 마십시오. 울타리를 쳐 두어야 하고, 동산 문을 빗장으로 단단히 걸어놓아야 합니다. 하나님의 동산을 도둑과 강도들에게 열어놓아서는 안 됩니다. 세상을 따라가지 말고 마음을 새롭게 함으로 변화를 받으십시오. 왕의 동산은 분리된 곳이니, 계속해서 분리되어 있도록 하십시오.

하나님의 동산은 질서가 있는 곳입니다. 여러분이 동산에 들어가 보면 꽃들이 아무렇게나 심겨지지 않았고 아주 지혜로운 정원사가 꽃들을 색깔과 특색에 따라 배열을 해놓아서, 한여름에도 정원은 마치 무지개가 잘게 쪼개져 땅에 떨어진 것처럼 보기에 매우 즐겁다는 것을 알게 될 것입니다. 모든 산책길들은 가지런하고, 화단들은 균형이 잡혀 있으며 식물들은 마땅히 그래야 하듯이 잘 배열되어 있습니다. 그리스도의 교회는 그래야 합니다. 목사, 집사, 장로, 교인들이 모두 자기 본연의 자리에 있어야 합니다. 우리는 벽돌 더미가 아니라 집입니다. 우리는 단순한 재료들 더미가 아니라 하나님을 위해 지어지는 왕궁이 되어야 합니다. 즉, 하나님께서 거하시는 성전이 되어야 합니다. 우리는 모두 그리스도의 집에서 질서를 유지하도록 노력하고, 무엇보다 불일치와 혼란을 미워합시다. 우리는 질서를 유지하는 법을 아는 사람, 곧 모든 일에 품위 있는 질서와 규칙을 유지하는 사람이 됩시다. 우리는 모두가 카타콤에 있는 시신들처럼 자기 자리에 잠들어 있는 그런 질서를 추구하는 것이 아닙니다. 그보다는 모두가 주 예수님이라는 공통된 대의를 위해 자기 자리에서 일하는 질서를 원합니다. 우리가 하나로 연합되지 못한 무질서하고 단정치 못한 교회가 되지 않기를 바랍니다. 이 동산에 사랑과 은혜의 힘으로 보존되는 질서가 있기를 바랍니다.

동산은 아름다운 곳입니다. 그리스도의 교회는 그런 곳이 되어야 합니다. 여러분이 온 나라에서 가장 아름다운 꽃들을 모아다가 여러분의 동산에 심습니다. 그러면 여러분이 길거리에서는 아름다운 것을 보지 못할지라도 여러분 동산의 화단에서는 아름다운 것들을 볼 수 있으리라 기대합니다. 그와 같이 우리가 이 바깥세상에는 거룩함이나 사랑, 열심, 깊은 경건을 볼 수 없을지라도 교회에서는 이런 것들을 볼 수 있어야 합니다. 우리는 세상을 지도자로 삼아서는 안 되고, 오히려 세상보다 뛰어나야 합니다. 우리는 세상 사람들이 하는 것 이상의 일을 해야 합니다. 주 예수 그리스도께서는 제자들에게 그들의 의가 서기관과 바리새인보다 나아야 하고, 그렇지 않으면 그들이 천국에 들어갈 수 없다고 말씀하셨습니다. 진정한 그리스도인은 생활이 가장 훌륭한 도덕가보다 뛰어나도록 힘써야 합니다. 이는 그리스도의 동산에는 온 세상에서 가장 아름다운 꽃들이 있기 때문입니다. 아무리 좋은 것이라 하더라도 그리스도께서 마땅히 받으셔야 하는 것에 비하면 초라하기 짝이 없습니다. 우리는 그리스도께 시들고 죽어가는 식물들을 드리지 맙시다. 더없이 귀하고 값지며 아름다운 백합과 장미들이 예수께서 자기 것이라고 부르시는 곳에서 피어나도록 해야 합니다.

왕의 동산은 또한 성장하는 곳입니다. 꽃을 가꾸는 사람은 식물이 자라지 않는 땅이 동산에 적합하다고 생각하지 않을 것이라고 봅니다. 꺾꽂이용 가지가 그대로 있고 싹이 꽃으로 자라지 않는다면, 꽃 가꾸는 사람에게는 크나큰 손실일 것입니다. 하나님의 교회에서도 그렇습니다. 우리는 언제나 똑같은, 다시 말해 언제나 은혜 안에서 어린 아이로 지내는 그런 교제에 들어가서는 안 됩니다. 우리는 은혜에서 자라야 하고, 우리 구주 예수 그리스도를 아는 지식에서 자라야 합니다. 기도회는 사랑하는 우리 젊은 교인들을 실제적으로 가르치는 학교가 되어야 하고, 어린 새끼들이 자신의 튼튼한 날개를 시험하는 곳이 되어야 합니다. 젊은이들이 기도하려고 해본다면, 처음에는 거의 기도를 하지 못할 수가 있습니다. 그러나 그들이 어리석은 소심함에 굴복하려고 하지 않는다면, 그들은 곧 소심함을 극복하고 자신들이 공적인 기도에서 뿐만 아니라 그 밖의 수많은 유용한 일들에서도 쓸모 있다는 것을 알게 될 것입니다. 예수님께서 농부로 계시고 성령님께서 하늘로부터 내리는 이슬로 계시는 곳에서는 성장이 빠르게 이루어질 것입니다.

그 다음에, 동산은 물러나 쉬는 곳입니다. 사람이 동산에 있을 때는 자신의 고객들이 모두 화단 사이에서 걸어와 자기와 거래하기를 바라지 않습니다. 그는 "아니요, 나는 지금 정원에서 산책 중이에요. 나는 혼자 있고 싶습니다" 하고 말할 것입니다. 이와 같이 주 예수 그리스도께서는 세상에는 자신을 나타내시지 않지만, 교회를 우리에게 자신을 나타내실 수 있는 곳으로 마련해주시고자 하셨습니다. 나는 그리스도인들이 좀 더 세상에서 물러나 있고, 그리스도를 위하여 자신의 마음을 좀 더 닫아두었으면 좋겠습니다! 나는 우리가 마르다처럼 많은 음식을 준비하는 일로 근심하고 염려하느라, 마땅히 그래야 하는 대로 마리아처럼 그리스도를 위한 자리를 마련하고 그리스도의 발 앞에 앉아야 하는데 그렇지 못하고 있는 것이 아닌가 염려가 됩니다. 주님께서 은혜를 베푸셔서 우리가 그리스도께서 그 안에서 거니시도록 우리 마음을 울타리 친 동산으로 유지하도록 해 주시기를 바랍니다.

지금까지 교회가 무엇인가에 대해 부족하게나마 설명하였습니다. 그러면 이제는 교회가 누구의 것인지에 대해 아주 간단히 말씀드리겠습니다.

교회는 동산입니다. 교회는 그리스도의 동산입니다. 교회는 내 것도, 여러분의 것도 아니라 그리스도의 것입니다. 교회가 그리스도의 동산인 것은, 그리스도께서 친히 교회를 택하셨기 때문입니다.

> "우리는 담을 둘러친 동산이요
> 택함을 받아 특별하게 만든 땅이라.
> 세상의 넓은 황무지에서
> 은혜로 울타리를 친 작은 곳이라."

우리는 그리스도께서 우리를 값 주고 사셨기 때문에 그리스도의 것입니다. 나붓은 자기 포도원을 유업을 물려받았기 때문에 포기하려고 하지 않았습니다. 그와 같이 그리스도께서는 무효로 할 수 없는 권리에 의해 우리를 유업으로 물려받습니다. 우리는 그리스도의 상속 재산입니다. 그리스도께서 자신의 보혈로써 아주 비싼 값을 치르고 우리를 사셨으므로 결코 우리를 포기하시지 않을 것입니다. 그리스도의 이름을 찬송합시다! 그리스도께서 우리를 획득하셨기 때문에 우리는 그리스도의 것입니다. 그리스도는 정당한 싸움에서 우리를 획득하셨습니다. 그러므로 이제 우리는 그의 권리증서의 효력을 인정하고, 우리 한 사람한 사람은 그의 교회의 지체로서 모두 우리가 그의 것이고 그는 우리의 것이라고 고백합니다.

이 사실은 그리스도의 교회를 참으로 고귀하게 만듭니다! 나는 때로 사람들이 교회의 집회들에 대해 깔보듯이 말하는 것을 들었습니다. 이 자리에는 그런 사람들이 거의 없을 것인데, 그런 분들 가운데 젊은 교인들이 있을 수 있고 나이 든 교인들도 있을 수 있습니다. 아무튼 나는 사람들이 교회 집회를 보고 그처럼 멸시하는 말을 들었을 때 아주 마음이 아팠습니다. 그리스도께서는 교회를 멸시하시지 않을 것이기 때문입니다. 그런 일을 하지 않도록 주의합시다. 교인들 전체가 모이든 대표들만 모이든 간에, 교회가 모일 때는 언제든지 그 집회에는 왕들과 제후들의 의회에서는 볼 수 없는 엄숙한 위엄이 드리워져 있습니다. 그렇습니다. 이를테면, 이렇게 말씀드릴 수 있을 것입니다. 루이 나폴레옹이 파리에 이 세상의 모든 군주들을 불러서 의회를 열지라도, 그들 전부를 합친 것이 주님의 명령에 순종하여 그리스도의 이름으로 교회로 모이는 나이 든 경건한 부인 여섯 명에 비할 때 그 가치가 조금도 더 낫지 못할 것입니다. 하나님께서 그 군주들과 함께 파리에 계시려고 하시지 않을 것이기 때문입니다. 하나님께서 그들에게 무슨 관심을 보이시겠습니까? 그렇지만 하나님께서는 그의 백성들 가운데 아무리 하찮고 멸시받는 사람들이라도 교회로서 예수 그리스도의 이름으로 모이면 그들과 함께 계실 것이기 때문입니다. "보라, 세상 끝날까지 내가 너희와 항상 함께 있으리라." 이 말씀이 왕후의 담비 모피 외투나 고관의 자줏빛 옷이나 왕관보다 더 영광에 넘칩니다. 그리스도의 이름으로 교회를 세우고 교회로 모이십시오. 그러면 지면에서 교회에 비교할 수 있는 회합은 없습니다. 심지어 하늘에 있는 장자들의 총회조차도 땅에 있는 교회들이 핵심 부분을 이루고 있는 거대한 전체의 한 가지에 불과합니다. 교회는 그리스도의 동산입니다.

교회가 동산이라면, 교회에 필요한 것이 무엇인지를 이제 물어보려고 합니다. 확실히 필요한 한 가지는 노동입니다. 여러분은 일하지 않고서는 동산을 단정하게 유지할 수 없습니다. 우리 교회에는 **일꾼들**이 더 많이 필요합니다. 특별히 한 종류의 일꾼들이 필요합니다. 경작자가 될 일꾼들이 필요합니다. 나는 지난 주에 한 젊은 부인에게서 편지를 받았습니다. 나는 그 여성이 누구인지 모릅니다. 그분이 어디에 앉는지도 모릅니다. 아마도 맨 위층 꼭대기에 앉거나 아니면 2층에 앉는 분일지 모릅니다. 아마 2층에 앉는 것이 확실할 것입니다. 그 여성은 말하기를, 자기가 이 예배당에 2년 동안 나왔고, 자신의 영혼에 대해 아주 많이 걱정을 하였으며, 그래서 종종 누군가가 자기에게 이야기해 주기를 바랐지만 아무도 말을 걸지 않았다고 했습니다. 내가 그 여성분이 앉는 곳을 안다면, 그쪽에 앉는 분들에게 그분들을 부끄럽게 생각한다고 말씀드리겠습니다! 그분이 어디에 앉는지 모르기 때문에 어떤 분들을 구체적으로 지목하여 말할 수는 없겠지만, 여러분 가운데 그리스도를 사랑한다고 하면서 다른 사람들에게 관심을 갖는 습관은 들이지 않은 사람들은 스스로를 부끄럽게 생각해야 할 것입니다. 누군지는 모르지만 이런 일에 책임을 져야 할 사람이 그런 사람들 가운데 있기 때문입니다. 여러분이 정말로 예수님을 사랑한다면, 어떤 사람이 2년간 이 태버너클 예배당에 나오는 동안 어떻게 그에게 말을 한 번도 걸지 않을 수 있는지 모르겠습니다. 그동안 누군가 태만했던 것입니다. 아주 태만했던 것입니다. 그 사람이 누구이든지 간에, 그는 그 점을 분명히 알아야 합니다. 나는 여러분이 그 사람을 처음 만나자마자 바로 가장 중요한 사실들에 대해 말할 수 있다고 이야기하는 것이 아닙니다. 어쨌든 여러분이 그렇게 하려고 할지라도 잘 되지 않을 것입니다. 그렇지만 어떻게 2년 동안 한 마디도 건네지 않은 채 지낼 수 있습니까? 어떻게 이런 일이 있을 수 있습니까? 여러분은 주일에 두 번 이 예배당에 나왔고, 그 젊은 여성도 두 번 나왔습니다. 그렇다면 2백 번 나온 것인데, 여러분은 2백 번의 기회를 놓친 것입니다. 2백 번 동안 여러분은 그 불쌍한 영혼이 말 한 번 건네받지 못한 채 무거운 짐을 지고 여기를 떠나간 것입니다! 나는 일꾼들이 정말로 필요합니다. 진정으로 영혼을 얻기 위해 열심히 일하는 일꾼들이 너무도 필요합니다. 어린 가지들을 가져다가 그것들이 자랄 곳에다 심을 수 있는 경작자가 필요합니다. 나는 어린 양들이 태어나자마자 양들을 모아서 잠시 동안 가슴에 품을 조력자들이 필요합니다. 마음이 상한 사람들에게 위로를 주고, 떨고 있는 불쌍한 죄인들의 상처에 위로의 기름을 부을 영적 유모들이 필요합니다.

　모든 교회에는, 심겨진 이들을 지켜 볼 사람들이 있어야 합니다. 교인들을 받아들일 때 우리는 그들을 돌보아야 합니다. 한 사람이 그 일을 다할 수 없고, 장로와 집사들이 수가 아무리 많아도 그처럼 큰 일을 다 감당할 수 없기 때문에, 어린 교인들을 애정을 갖고 돌보는 것은 교회의 경험 있는 모든 그리스도인들의 목표와 의무가 되어야 합니다. 나는 여러분 가운데 많은 분들이 이렇게 하는 줄로 믿습니다. 우리 교회에서 직분을 맡지는 않았지만 병든 자들을 찾아가 보고 어린 교우들을 돌보느라 아주 많은 수고를 하는 열심 있는 교우들에게 참으로 감사드립니다. 나는 여러분 모두가 그렇게 하기를 바랄 뿐입니다. 모든 사람이 이 동산을 단정하게 유지하는데 제대로 열심을 보인다면, 모든 화단이 아주 아름답게 손질될 것이고, 화단에 잡초가 거의 나지 않을 것입니다! 교인 여러분,

여러분은 지금 그리스도의 동산에서 여러분의 의무를 행하고 있습니까? 여러분은 하나님의 택하신 자들이고 그리스도께서 여러분을 위하여 일을 다 이루셨습니다. 그래서 여러분이 자신을 구원하기 위해 일할 필요는 전혀 없습니다. 그럴지라도 여러분이 게으르게 지내서는 안 됩니다. 주님께서 여러분에게 "오늘 포도원에 가서 일하라"(마 21:28)고 말씀하셨기 때문입니다. 여러분은 포도원에서 일하고 있습니까? 일하고 있다면 감사한 일입니다. 일하고 있지 않다면, 스스로를 나무라야 합니다.

모든 교회에는 우거져 퍼진 가지들을 한데 모으는 작은 끈이 있어야 합니다. 우리의 포도나무들은 할 수만 있다면 무질서하게 자랄 것입니다. 우리는 이 나무들을 지혜롭게 단단히 묶어서 제자리에 있게 해야 합니다. 우리는 타락이 시작되는 곳에서 주의해야 합니다. 어린 그리스도인들이 다시 죄에 빠지는 것을 막는 일에 나이 든 그리스도인들이 할 수 있는 일이 얼마나 많은지 모릅니다! 일이 잘못되어 버린 많은 경우들 가운데 절반은 신자들이 때맞춰 그 문제들을 생각하였다면 사전에 조금이라도 적절한 판단을 내려 막았을 수 있었을 것이라고 나는 믿습니다. 다시 말씀드리지만, 이 교회의 직분자들이 그 많은 사람들에게 무슨 일을 할 수 있겠습니까? 우리 교회 교인 수가 3천 5백 명이 넘습니다. 그러나 여러분이 서로를 돌보고, 교회 안의 어디서든지 형제를 뒤로 물러가게 만드는 타락이나 냉랭함이 조금이라도 있는지 보려고 한다면 이 그리스도의 동산은 잘 유지될 것입니다. 그리스도의 동산에는 일꾼들이 필요합니다. 여러분 모든 일꾼과 이 동산의 필요가 이 점에서 서로 만나기를 바랍니다.

형제 여러분, 우리는 때로 쓰레기를 태우고 잎들을 쓸어버릴 필요가 있습니다. 아무리 훌륭한 교회에도 언제나 떨어지는 잎들은 있기 마련입니다. 어떤 사람은 또 다른 형제와 사이가 좋지 않습니다. 우리 가운데 아무도 완전한 사람은 없습니다. 하지만 우리는 교회로서 서로 아주 상당히 잘 지내고 있습니다. 나는 정말로 우리만큼 그리스도의 사랑으로 잘 연합된 교회를 보지 못하였습니다. 그렇지만 언제나 주변에 떨어진 잎들이 있고 구석에 모아서 태워야 할 티끌들이 적지 않게 있습니다. 내가 형제 여러분에게 바라는 바는, 어떤 해악이든지 볼 때마다 그것을 쓸어버리고 거기에 대해서는 일절 말하지 말라는 것입니다. 여러분이 어떤 형제가 조금 잘못을 하고 있는 것을 볼 때는 언제든지 그에게 그 점에 관해 조용히 말하고 교회 전체에 퍼트려서 소란을 피우고 의심을 일으키는 일을 하지 않도록 하십시오. 그 잎을 따서 제거하십시오. 어떤 형제가 여러분에게 잘못을 범해서 여러분이 몹시 화가 났을 때는 그를 용서하십시오. 아마도 몇 날이 못 가서 여러분이 용서를 필요로 하게 될 것이기 때문입니다. 아마도 우리 가운데 더할 수 없이 친절한 기질을 가진 사람은 아무도 없을 것입니다. 만약에 우리에게 그런 기질이 있다면 그것을 증명해 보이는 길은 그런 기질이 없는 사람들을 용서하는 것입니다. 모든 사람이 화목하기를 힘쓴다면, 이 그리스도의 동산에 불화가 아주 크게 싸여 주님을 괴롭게 하는 일은 있을 수 없을 것입니다. 그리스도께서 오셔서 동산 안을 거니실 때 주님은 이 동산이 지극히 아름답고 단정하며 온갖 꽃들이 즐겁게 피어 있는 것을 보시며, 사람들의 노랫소리에 기뻐하실 것입니다.

교회에는 일꾼들이 필요하다는 점은 이미 앞에서 말씀드렸습니다. 그런데 친구 여러분, 교회는 그것 말고 또 필요한 것이 있습니다. 교회는 새로운 식물들이 필요합니다. 오늘 밤 새로운 식물들을 조금 발견할 수 있으면 좋겠습니다. 우리 왕께서는 담 밖에서 자기 동산을 위한 식물들을 찾으십니다. 주께서는 돌 감람나무 가지들을 꺾어다가 좋은 감람나무에 접붙이십니다. 그러면 수액이 돌 감람나무 가지의 본성을 변화시킵니다. 새로운 것이 됩니다! 집에 있는 우리 마당에서는 그렇게 되지 않습니다. 그러나 그리스도의 동산에서는 기이한 일들이 일어납니다. 그리스도께서는 거름더미에서 잡초를 옮겨 심어 잡초가 그의 아름다운 동산 한가운데서 백합처럼 자라게 만드십니다. 여러분이 그런 식물이 되겠습니까? 우리 주님의 사랑이 여러분을 강권하여 여러분이 그런 식물이 되기를 바라게 만드시기를 바랍니다. 여러분이 원한다면 그렇게 될 것입니다. 주 예수 그리스도를 믿으십시오. 그러면 여러분은 주님의 것입니다. 오직 주님만 의지하십시오. 그러면 여러분은 주께서 오른손으로 심으신 식물이고, 따라서 결코 뿌리 뽑히지 않을 것입니다. 하나님께서 여러분이 천국에서 꽃을 피울 수 있게 해 주시기를 바랍니다.

그러나 친구 여러분, 교회에 다른 어떤 것이 없다면 모든 일꾼과 모든 새로운 식물들이 교회가 필요로 하는 것이 되지 못할 것입니다. 모든 동산이 비가 필요하고 또 햇빛이 필요하기 때문입니다. 우리 교회에 일꾼들이 아주 많았을지라도, 성령이라는 이슬과 하나님의 은총이라는 햇빛이 없었다면 우리 교회는 잘 성장하지 못하였을 것입니다. 우리는 지금까지 이런 복들을 아주 크게 받았습니다. 우리는 이 복들을 더 많이 받기를 기도해야 합니다. 나는 여러분이 지금까지 얼마나 오랫동안 기도회에 참석하였는지 알고 싶습니다. 내가 잠시 말을 멈출 테니 여러분이 시간을 계산해 보겠습니까? 여러분이 아주 최근에는 크리스마스 시즌이기 때문에 기도회에 참석하지 않았습니다. 좋습니다. 나는 여러분이 참석할 것으로 생각하지 않았습니다. 만약 내가 기대했었다면 실망했을 것입니다. 하지만 지난 10월은 크리스마스 시즌이 아니었습니다. 그런데 여러분이 그때 이 자리에 없었습니다. 여러분 가운데는 기도회에 좀처럼 참석하지 않는 분들이 있습니다. 여러분이 정당한 일로 집에 있어야 한다면, 나는 여러분에게 오라고 하거나 여러분이 집안일에 신경을 쓰는 것을 두고 여러분을 나무라지 않을 것입니다. 왜냐하면 여러분이 여기 오기 위해서 마땅히 해야 할 정당한 일을 그만둘 권리는 없기 때문입니다. 그러나 나는 여러분 가운데 게으른 사람들이 있고, 그런 사람들은 원하면 올 수 있다고 믿습니다. 주님께서 여러분이 나올 때까지 여러분의 양심에 근심이라는 말채찍을 보내주시기를 바랍니다.

교인들이 기도회에 참석하지 않는 것은 우리 모두의 기도를 약하게 만들고, 그때 교인들의 신앙이 쇠퇴하기 때문입니다. 교인들이 주중 저녁 예배를 소홀히 할 때는 언제든지, 경건의 생생한 능력을 잃어버리게 된다는 이 점을 확실히 아십시오. 주중 예배에 참석하는 것은 그 사람의 본 모습을 보여주는 확실한 표입니다. 위선자는 누구든지 주일에 교회에 나올 것입니다. 그러나 신자는 하나님 백성들과 함께 기도하기 위해 기도회에 정말로 관심을 가질 필요가 있습니다. 여러분 가운데 영혼들이 구원을 받든지 않든지 별 관심이 없는 분들이 있다고 내가 믿어야 하겠습니까? 우리 교회 교인으로서 여러분 가운데 우리의 봉사가 복을 받든지 안 받든지 전혀 관심이 없는 분이 있다고 믿어야 하겠습니까? 여러분이 교회에는 전혀 관심이 없으면서 계속해서 교인으로 지내려고 한다고 믿어야 하겠습니까? 그리스도께서 영광을 얻으시든가 아니면 멸시를 받으시든가 하는 것이 여러분에게는 아무 문제가 되지 않는다고 믿어야 하겠습니까? 그렇다고 믿지 않겠습니다. 하지만 여러분이 기도회에 참석하지 않는 것을 볼 때 나는 여러분이 틀림없이 그렇지 않겠나 하는 걱정이 생깁니다. 이 문제에서 여러분 스스로를 바로 잡으시기 바랍니다. 그리스도의 동산은 비와 햇빛이 필요하고, 기도 없이는 그런 것을 얻을 것으로 기대할 수 없기 때문에, 우리는 어떤 사람들의 습관처럼 함께 모이는 일을 잊지 않도록 합시다. 더 많이 기도하면 좋겠고, 기도하기 위해 더 자주 모이고, 기도하는 사람들은 더 뜨겁게 기도하고 더 끈질기게 기도하면 좋겠습니다!

여러분에게 한 가지 부탁을 하고 싶습니다. 여러분이 기도회에 참석할 수 없다면, 여러분 가운데 많은 분들이 참석할 수 없다는 것을 아는데, 그런 분들을 나무라지 않겠습니다. 아무튼 기도회에 참석할 수 없으면 가정에서 기도하시고, 여러분을 위하여 골방에 들어가 기도하십시오. 우리는 기도가 부족하지 않도록 합시다. 돈이 부족한 것은 바람직하지 않은 일입니다. 우리는 수만 가지 이유로 돈이 필요하고 돈 없이 지낼 수는 없기 때문입니다. 그렇지만 기도 없이 지내는 것보다는 차라리 돈 없이 지내는 것이 낫습니다. 나는 여러분의 기도가 있어야 합니다. 나는 여러분에게 여러분이 매일 나를 위해서 기도하지 않는다면 교인 되는 것을 포기하라고까지 말하다시피 하였습니다. 그런 상황에서 교인이라는 것이 여러분 자신에게 아무 유익이 되지 못하고 내게도 아무 유익이 될 수 없기 때문입니다. 교회 교인으로서 할 수 있는 일 가운데 가장 작은 일은 하나님께 복을 내려주시기를 간구하는 것입니다. 교회는 그리스도의 동산입니다. 그런데 여러분은 교회를 위해 기도하지 않겠습니까? 교회는 그리스도께서 그 안에서 거니시고, 그리스도께서 자기 피로 값 주고 사신 그리스도의 동산입니다. 그런데 여러분은 그리스도의 교회가 번성하고 그리스도의 나라가 임하도록 기도를 드리지 않겠습니까?

이제 끝으로 이 점을 생각해 봅시다. 이 그리스도의 동산인 교회는 무엇을 생산합니까? 시간이 있었다면 나는 여러분이 얼마나 많은 것을 생산하였는가라는 이 질문에 답을 하도록 기다렸을 것입니다. 때로는 이 동산에 나무가 한 그루 있는데, 열매가 어찌나 많이 달려 있던지 그 가지가 계속 흔들리지 않도록 그 밑에 버팀목을 받쳐주어야 하는 경우가 있습니다. 우리 교회에 이와 같은 분이 한 두 사람 있습니다. 이분들은 하나님을 위하여 열매를 많이 맺는데, 몸이 몹시 약해서 그들이 열심과 성실함으로 이처럼 많은 열매를 맺는 것이 마치 그들을 상하게 만드는 것처럼 보입니다. 나는 하나님께서 은혜로운 약속으로 그분들을 지지해 주시기를 기도합니다. 그런데 유감스럽게도 이것이 우리들 대부분의 모습이 아닙니다. 여러분은 때로 정원사에게 이렇게 묻습니다. "이 철에 저 나무에 열매가 조금이라도 있겠습니까? 지금이 열매가 나와야 할 때인데 말입니다." 정원사가 보고, 또 보고, 다시 보고 마침내 말합니다. "선생님, 맨 꼭대기에 작은 열매가

하나 있는 것 같습니다. 그런데 앞으로 열매가 많이 나올지는 모르겠습니다." 그
것이 신자라고 하는 많은 사람들의 모습이 아닌가 걱정이 됩니다. 열매가 있기
는 있습니다. 그렇지 않으면 그들은 구원받은 사람들이 아닐 것입니다. 그런데
그 열매는 "작습니다." "너희가 열매를 많이 맺으면 내 아버지께서 영광을 받으
실 것이요 너희는 내 제자가 되리라"(요 15:8). 여러분이 단지 열매 맺기만을 기
도할 것이 아니라 열매를 많이 맺기를 위해 기도하고, 하나님께 많은 열매를 보
내주시기를 기도하기 바랍니다. 일단 열매가 조금이라도 있다면 모든 것이 그리
스도께 속해 있다는 것을 기억하시기 바랍니다. 한 영혼이 구원을 받는다면 그
리스도께서 그 영혼으로 인해 영광을 받으셔야 할 것입니다. 진리와 의를 위해
조금이라도 진보가 이루어졌다면, 그 영광을 그리스도의 머리에 돌려야 할 것입
니다. 이 포도원의 파수꾼들에게도 영광이 돌아갈 것입니다. 그러나 그리스도께
는 그들의 영광에 비해 수만 배의 영광이 돌아갈 것입니다. 그리스도께서는 그
모든 영광을 마땅히 받으실 분이기 때문입니다.

여러분, 마지막으로 언급해야 할 동산이 하나 더 있습니다. 그러나 시간이
너무 많이 지나가서 그 동산에 관해 많은 이야기를 할 수 없겠습니다.

### 6. 그것은 하늘에 있는 낙원의 동산입니다.

나는 바로 하나님의 말씀에서 그 동산에 관한 것을 살펴보고서 설교를 마
치겠습니다.

"또 그가 수정 같이 맑은 생명수의 강을 내게 보이니 하나님과 및 어린 양의
보좌로부터 나와서 길 가운데로 흐르더라 강 좌우에 생명나무가 있어 열두 가지
열매를 맺되 달마다 그 열매를 맺고 그 나무 잎사귀들은 만국을 치료하기 위하
여 있더라 다시 저주가 없으며 하나님과 그 어린 양의 보좌가 그 가운데에 있으
리니 그의 종들이 그를 섬기며 그의 얼굴을 볼 터이요 그의 이름도 그들의 이마
에 있으리라 다시 밤이 없겠고 등불과 햇빛이 쓸 데 없으니 이는 주 하나님이 그
들에게 비치심이라 그들이 세세토록 왕 노릇 하리로다"(계 22:1-5).

우리가 마침내 하늘에 있는 낙원의 동산에서 모두 만날 수 있기를 바랍니
다. 아멘.

제
4
장
—

# 흙 무더기

—

"흙 무더기가 아직도 많으니 우리가 성을 건축하지 못하리라."
- 느 4:10

예루살렘이 느부갓네살에게 철저하게 파괴됐다는 점을 기억하시기 바랍니다. 그리고 이 무시무시한 왕의 사나운 군대가 철저히 파괴한 도성들의 터에 가루가 된 벽돌과 숯덩이가 된 나무들이 거대한 무더기로 발견되었다는 사실에서 이 바벨론 사람들이 얼마나 무서운 파괴를 감행했었는지 알 수 있다는 것도 기억하시기 바랍니다. 흔히 이 폐허의 상태가 어찌나 철저하던지 전승에서조차도 여왕 같은 도성의 무덤을 표시하는 유일한 기념물인 흙 무더기의 이름이 언급되지 않았을 정도입니다. 바벨론 사람들은 일을 할 때 확실히 하였습니다. 그들의 농부는 밭고랑을 깊게 갈았고, 파괴하는 자들은 서로 "뒤집어엎자, 뒤집어엎자, 뒤집어엎자, 돌 하나도 그곳에 남지 않을 때까지" 하고 외쳤습니다. 그들은 곡물을 낫으로 베듯이 칼로 한 민족을 거둬들였고, 도성들의 폐허가 여름 타작마당의 티끌만큼 작아질 때까지 도성을 두들겨 부쉈습니다. 여러분은 예루살렘 터에 많은 흙 무더기가 남아 있었다는 것이 이상하게 생각됩니까? 현대의 많은 파괴자들은 황폐케 하는 일을 아주 놀라울 정도로 잘하였습니다. 그래서 나는 폐허가 된 성의 기초를 확실히 덮을 만큼 많은 흙 무더기를 예로 들어 그들의 파괴 행위에 대해서 이야기할 수 있을 것입니다.

나는 로마의 팔라틴 산(Palatine Mount) 위에 선 적이 있습니다. 그곳은 예전에 가이사의 궁전들이 아주 웅장하게 서 있던 자리입니다. 그러나 그곳은 엄청난 파편들로 이루어진 높은 산이었습니다! 부서진 담과 기둥들, 돌들로 이루어진 참으로 거대한 산이 본래부터 땅에 있었던 암석처럼 하늘로 솟아 있었습니다! 이 팔라틴 궁전을 복구하려면 첫째로 할 일은 그 기초를 파는 일일 것입니다. 그리고 이 일은 아마도 궁전 자체를 재건하는 것만큼이나 거대한 일이 될 것입니다. 돌 하나라도 놓을 수 있으려면 산 같은 거대한 폐허 더미를 치워야 합니다.

여러분이 로마에 있는 공회(the Forum, 公會)를 방문할 수 있다면, 오늘 거기에 있다면 수많은 노동자들이 말과 수레를 사용하여 엄청나게 많은 흙 무더기를 끊임없이 치우는 일을 하고 있는 모습을 볼 것입니다. 그 흙 무더기들은 고대 로마의 중심지를 덮고 있는 것들입니다. 틀림없이 예루살렘도 그와 같이 집들과 망대, 다윗의 무기고, 왕궁과 성전의 파편들로 이루어진 거대한 무더기였을 것입니다. 우리가 이제 곧 이야기하려고 하는 그 시기에는 성전이 재건되었고 옛날 예루살렘 터에 현대식 집들이 자리잡고 있었을지라도, 사람들이 철저히 복구할 생각으로 성벽을 찾아보았을 때 그것이 완전한 폐허가 된 것을 알았습니다. 황폐한 상태가 어찌나 심하던지 성벽을 덮고 있는 흙 무더기가 너무 많아서 파헤치기가 어려울 정도였습니다. 그들은 흙 무더기가 너무 많아서 성벽을 건축할 수가 없었습니다.

내가 볼 때, 이것은 하나님의 백성들이 이 세상에서 예수님의 이름으로 그리고 성령의 능력으로 수행해야 할 일의 모형을 나타내는 것으로 생각할 수 있습니다. 아니면 적어도 그런 일의 모형으로 정당하게 사용할 수 있을 것으로 보입니다. 우리는 하나님을 위하여 교회의 벽을 세워야 하는데 세울 수가 없습니다. 우리의 일을 방해하는 흙 무더기가 너무 많기 때문입니다. 이 사실은 첫째로, 하나님의 예루살렘인 교회를 세우는 일에 적용됩니다. 이 사실은 또한 우리 각 사람의 마음속에 세워야 하는 하나님의 전에 대해서도 적용됩니다. 우리가 낙심하게 되는 경우는 아주 많습니다. 우리는 "사랑하는 자들아 너희는 너희의 지극히 거룩한 믿음 위에 자신을 세우며 성령으로 기도하며 하나님의 사랑 안에서 자신을 지키라"(유 1:20,21)는 목소리를 듣지만 그럼에도 쓰레기(흙 무더기)가 너무 많아서 이 벽을 세울 수 없다고 느끼는 경향이 있습니다.

**1. 그러면 첫째로 교회를 세우는 일에 포함된 큰 일에 대해서 말씀드리겠습니다.**

자, 이 사업은 하나님의 일입니다. 하나님만이 교회를 세우실 수 있습니다. "여호와께서 시온을 건설하시고 그의 영광 중에 나타나셨음이라"(시 102:16). 그래서 우리가 할 수 있는 대로 교회를 세울지라도 "여호와께서 집을 세우지 아니하시면 세우는 자의 수고가 헛됩니다"(127:1). 그렇지만 교회를 세우는 일이 하나님의 일이라는 우리의 충만하고 견고한 확신이 하나님께서 세상에 자신의 교회를 세우시는 일에 대행자들을 사용하신다는 이 중요한 진리와 전혀 충돌하지 않습니다. 사실 하나님께서는 하나님의 택하신 종들인 우리에게 일을 맡기셨고 우리를 세상에 보내시되 각 사람이 자신의 능력과 기회를 따라 하나님을 위해 일하도록 보내신 것입니다. 우리가 일하는 것은 하나님께서 우리를 통해 일하시기 때문입니다. 그렇지만 우리는 너무나 많은 쓰레기(흙 무더기)가 길을 막고 있다는 사실 때문에 일에 방해를 받습니다. 이 일은 언제나 그랬습니다. 바울이 하나님을 위하여 교회를 세우기 시작하고 사도들이 지혜로운 건축자들처럼 세상으로 나갔을 때, 그들 앞에는 오래된 유대인의 쓰레기가 거대한 산처럼 쌓여 있어서 치우기도 힘들고 지고 가기도 힘들었습니다.

기초가 있었습니다. 그래서 감사하게도 우리는 기초를 놓아야 할 필요는 없습니다. 그 기초는 그리스도 예수 안에서 견고하게 놓였습니다. 그래서 "이 닦아 둔 것 외에 능히 다른 터를 닦아 둘 자가 없습니다"(고전 3:11). 그런데 유대인들이 자기들의 전통을 가지고 그 기초 위에 다른 기초들을 놓았습니다. 그들은 하나님 말씀에 자기들의 말을 보탰고 자기들의 해설을 덧입히며 하나님 말씀의 실제 의미를 제거하고 자신들이 생각하는 의미를 내놓았습니다. 그들은 의식(儀式)과 예식을 수도 없이 고안해내었고 선조들의 모호하고 신비스러운 전승들을 궁리해냈습니다. 그래서 사람이 진리를 찾으려고 할지라도 그들이 진리 위에 덮어버린 혼란스러운 재료와 전통적인 미신이 너무 많아서 찾을 수가 없었습니다. 사도들은 자기 동포들 가운데 이처럼 많은 흙 무더기 가운데서 복음 사역을 시작해야 했습니다. 사도들이 이 쓸모없는 퇴적물을 제거하기 시작하자마자 전통을 고수하는 이들이 그들을 공격하며 큰 소동을 일으키고 광포한 박해자들이 되어 이 도시에서 저 도시로 사도들을 따라다니며 비방하고 그들에게 온갖 폭력을 행사하였습니다. 여러분이 흙 무더기를 제거하려고 하면 올빼미와 박쥐를 깨우지 않을 수 없습니다. 세상에서 가장 부패한 흙 무더기에는 틀림없이 그것을 지키는 자들이 있기 마련입니다. 이 쓰레기로 인해 많은 사람들이 부를 얻었습니다. 그래서 누구라도 이 흙 무더기를 휘저으려고 하면 그들은 불같이 화를 냅니다. 사도들은 이내 자기들이 골치 아픈 시대를 만났다는 것을 알았습니다. 그렇지만 사도들은 하나님의 도우심으로 그 흙 무더기를 치우고 성벽을 세울 수 있었고, 그래서 마침내 새 예루살렘이 땅에서 널리 알려지게 되었습니다.

그들은 로마 제국이라는 더 넓은 세상에서 오래된 이교 신앙이라는 흙 무더기를 만났습니다. 그것은 참으로 대단한 흙 무더기였습니다! 고전적인 작가들을 잘 알고 있는 사람은 그들 시대의 사람들이 얼마나 타락하였는지 압니다. 그 시대의 풍자가들은 누가 아무리 사정해도 우리는 감히 언급할 생각조차 하지 않을 악들을 그 시대 사람들이 행하는 것으로 유쾌하게 이야기합니다. 그 시대의 미신들은 끔찍할 정도까지 천박해지고 있었고, 그들의 신들 자체가 범죄를 밥 먹듯이 저지르는 괴물들이었으며, 그들의 신성한 의식은 정욕과 술 취함으로 떠들썩한 유흥이었습니다. 사제들은 어떻게 해서든지 악을 종교로 만드는 일에 성공하였고, 신비한 예배라는 구실 하에 지극히 타락한 인간 본성의 천하기 짝이 없는 열정을 충족시키기 위한 수단들을 고안해냈습니다.

오늘날 학생이 그리스 로마의 신화를 연구할 때 치워야 하는 쓰레기 더미가 적지 않습니다. 이 시대는 사람들이 하나님을 찾을 수 없었습니다. 많은 신과 많은 주들이 길을 막고 있었기 때문입니다. 그들은 그 어리석은 마음이 어두워졌기 때문에 예수 그리스도의 단순한 진리를 믿을 수 없었습니다. "하나님은 사람을 정직하게 지으셨으나 사람이 많은 꾀들을 낸 것이니라"(전 7:29). 이런 모든 꾀들 때문에 사람이 정직한 데서 떠났고 판단력이 흐려지게 된 것입니다. 그렇지만 우리 앞서간 사람들이 더럽고 악취 나는 쓰레기 더미(흙 무더기) 가운데서 수고하였으며 부지런히 땅파기 하는 일에 큰 성공을 거두었습니다. 그래서 오늘날에는 아무도 고대 로마 최고의 신인 유피테르나 농업의 신인 사투르누스 혹은 베누스(비너스)나 메르쿠리우스를 예배할 생각을 하지 않습니다. 이 귀신 신들은 그들이 나왔던 지옥의 변방(邊方, limbo)으로 사라졌습니다. 그 신들은 맞아 죽었습니다. 복음에 맞아 죽은 것입니다. 그 신들은 풀처럼 시들어버렸습니다. 그래서 아무도 더 이상 그 앞에 엎드리지 않습니다. 진리의 하나님이 오셨습니다. 그래서 이 밤의 박쥐와 올빼미들이 냅다 어두컴컴한 곳으로 도망을 쳐서 잊혀지고 말았습니다. 우리 앞서간 부지런한 사람들이 이 쓰레기를 깨끗이 치웠고 기초를 세웠습니다. 물론 그렇게 하기 위해서 그들은 돌 하나 하나를 순교의 피로써 놓았고 고통과 눈물로 결합하지 않으면 안 되었습니다.

그 다음에, 일찍이 교회는 세워져 가는 과정에서 인류의 다양한 철학이라는 많은 쓰레기를 만나지 않을 수 없었습니다. 이교도의 마음에 "하나님을 더듬어 찾는"(행 17:27) 일이 있었습니다. 그러나 이렇게 하나님을 더듬어 찾는 일은 방향을 잘못 잡았고 자신감이 넘쳐서 길을 잃었습니다. 사고의 과정에서 사람들 가운데 좀 더 영적인 기질을 가진 사람들은(은혜로 새롭게 되지 않은 사람들에 대해서도 영적이라고 부를 수 있다면) 여러 가지 이론과 상상을 만들어 냈습니다. 그들은 이런 이론과 상상들을 아주 지혜로운 것이라고 생각했지만 사실은 허영의 옷으로 자신을 치장한 어리석음에 지나지 않았습니다. 이런 철학들에는 많은 추종자들이 있었고 아주 미묘하고 강력한 영향력을 발휘하였는데, 심지어 교회에서조차 이 영향을 받았습니다. 바울 사도와 요한 사도의 글을 보면, 아주 많은 그리스도인들을 나쁜 길로 이끈 영지주의 철학을 암시하는 언급들을 끊임없이 만납니다.

그날 이후로 언제나 인간의 지혜는 다른 무엇보다 교회에 큰 저줏거리가 되었습니다. 그리스도인들의 무지가 나쁜 것이긴 하지만 공허한 지식, 곧 사람들이 육신적인 마음으로 우쭐하며 자랑하였던 거짓된 지혜만큼 악하지는 않았습니다. 지금은 사람들이 너무나 많은 것을 아는 바람에 그리스도를 모르는 악한 시대입니다. 지금은 사람들이 너무나 씩씩해서 회심을 하고 어린 아이가 되어 위대하신 선생님 발 앞에 앉을 수 없는 불행한 때입니다. 그런데 신앙이 있다고 말하는 사람들 가운데 마치 이것이 자기들의 상태인 것처럼 말하고 또 그것을 자랑스럽게 여기는 것 같은 사람들이 많습니다. 오늘날에도 불신자들의 세상 철학들이 교회에 영향을 미치고 교회를 망치며 상처를 입히고 하나님 나라의 포도주를 묽게 만들며 생명의 떡을 아주 못쓰게 만듭니다. 일이 이렇게 되는 것이 슬픈 일이지만, 철학이라는 쓰레기는 언제나 하나님 교회의 벽을 건설하는 일을 방해하였습니다. 사도 시대의 그 이야기가 이 악한 시대에 우리에게는 큰 위로가 될 수 있습니다. 사도들이 방해를 받았듯이 우리도 방해를 받습니다. 그러나 사도들이 우리의 크신 주님의 도움으로 견디고 이겼듯이 우리도 그러할 것입니다.

이 쓰레기 무더기가 치워지고 나서도 일이 겨우 시작되는 정도에 불과하였습니다. 사도 시대가 막 지나고 그리스도인들의 처음 열심이 사라진 후에 오래된 로마 가톨릭교회의 쓰레기가 왔기 때문입니다. 그리고 이 쓰레기가 결국에는 그 이전의 모든 쓰레기보다 더 악한 장애물이었다는 것이 판명되었습니다. 로마 교황주의의 쓰레기가 층층이 쌓여 있었습니다. 첫 번째는 교리적 오류가 있었고, 다음에는 다른 오류, 그 다음에는 또 다른 오류가 쌓이고, 그 다음에 계속 쌓여서 마침내 오늘날에는 로마 교회의 오류들은 별처럼 셀 수 없이 많고 한밤중처럼 캄캄하며 지옥처럼 악취가 납니다. 로마 교회의 혐오스러운 것들이 모든 선한 사람들의 코에 악취를 풍깁니다. 로마 교회의 우상 숭배는 이성을 멸시하고 믿음을 끔찍이 싫어하는 행위입니다. 로마 교회의 관습의 죄악과 교리의 중대한 죄는 거의 신앙을 뛰어넘을 정도입니다. 천주교는 복음이 하나님의 걸작인 것만큼 사탄의 걸작입니다. 천주교에 필적할 수 있을 만큼 마귀적인 교활함이나 사탄적인 악함을 지닌 것은 거의 생각할 수가 없습니다. 천주교는 비할 데 없는 죄악의 여왕입니다. 천주교회의 이마에 쓰인 이름, 곧 비밀이라, 큰 바벨론이라, 땅의 음녀들과 가증한 것들의 어미(계 17:5)라는 이름을 보십시오. 로마 교회와 그 교회의 가르침들은 진리를 덮고 있는 거대한 산 같은 쓰레기 더미입니다. 선한 사람들이 지치도록 오랫동안 수고했지만 기초에 이를 수 없었던 것은 이처럼 너무도 많은 쓰레기 때문이었습니다.

여기저기서 위클리프 같은 사람이 기초를 찾다가 마침내 찾아 그 기초 위에 설 수가 있어서 기뻐 뛰며 이렇게 말했습니다. "예수 그리스도, 바로 이분이야말로 내가 소망을 걸 수 있는 택하심을 입은 보배로운 돌이시다"(참조. 벤전 2:4). 여기저기서 얀 후스(John Huss) 같은 사람이나 프라하의 제롬(Jerome of Prague) 같은 사람 혹은 사보나롤라(Savonarola) 같은 사람들이 한밤중의 깊은 어둠 속에서도 그 기초를 찾았고, 마침내 찾고 나서 울면서 자기 심정을 말했는데, 그것은 그들이 기초를 찾는 동안 그들을 파묻어버릴 것처럼 위협하였던 그 많은 흙 무더기로 심한 괴로움을 겪었기 때문이었습니다. 위대한 발굴자는 마르틴 루터였습니다. 그가 오직 믿음으로 의롭다 함을 받는다는 영광스러운 기초를 얼마나 당당하게 밝히 드러냈습니까! 이 위대한 사업에서 마찬가지로 대단한 일꾼은 존 칼빈이었습니다. 그는 은혜 언약의 길게 뻗은 고대의 기초들을 드러냈습니다. 그는 취리히에 있는 그의 형제 츠빙글리(Zwingle)와 스코틀랜드의 존 녹스, 그리고 그 밖의 우리나라 사람들에게 많은 지지를 받았습니다. 그들이 한동안 이 흙 무더기 가운데 얼마를 치웠지만, 흙 무더기가 너무도 많았기 때문에 흙 무더기를 어느 한쪽으로 던져서 무더기처럼 쌓지 않을 수 없었습니다. 그래서 흙 무더기가 가루가 되어 다시 기초에 쌓이면서 기초를 또다시 덮기 시작하고 있습니다. 그들은 개혁을 완전히 성취할 수 없었습니다. 그래서 남은 흙 무더기가 이제 우리에게 재앙과 장애물이 되었습니다. 도처에서 그 악한 자의 사신들이 부지런히 이 성벽에 많은 쓰레기를 던지고 있습니다. 그래서 우리는 하나님께서 당신의 성전을 건축하는데 쓰도록 우리에게 맡기시는 금과 은과 보석들로 세울 기초를 거의 찾을 수가 없습니다. 슬프게도, 정말로, 정말로 쓰레기가 많습니다.

　나는 로마에서 고대 로마의 광장(the Forum)에서 흙을 실어 나르는 짐마차들에 "왕립 발굴단"이라는 글자가 적힌 것을 보았습니다. 이 짐마차들은 왕의 발굴 사업에 고용된 것들이었습니다. 나는 만왕의 왕께서 예루살렘 성벽의 기초를 다시 발굴하고 성벽 위에 지금도 쌓여 있는 엄청난 흙 무더기를 수레로 실어 나르는 일을 하도록 고용하신 왕의 발굴자들을 보고 싶은 마음이 간절합니다. 우리가 오래지 않아 이 방면에서 선하고 큰 일이 이루어지는 것을 볼 수 있기를 바랍니다.

　사랑하는 여러분, 랍비들로부터 온 쓰레기와 이교의 쓰레기, 철학적인 쓰레기, 로마 가톨릭교회의 쓰레기 등, 이 모든 쓰레기(흙 무더기)가 다 사라진다고 해도, 그 일은 겨우 시작된 것에 불과할 것입니다. 왜냐하면 이 근처에 다른 흙 무더기들이 여전히 어마어마하게 많기 때문입니다. 세상과 육신과 마귀로부터 온 흙 무더기들이 아주 많아서 성벽을 세울 수가 없습니다. 인간의 죄를 보십시오. 그 죄가 우리를 얼마나 방해하는지 모릅니다! 거짓된 신앙 체계가 없을지라도, 제사장과 서기관이 잠잠히 있다고 하더라도, 거짓 선지자와 적그리스도가 모두 방해 안 되는 곳에 있을지라도, 사람들의 죄가 끔찍할 정도로 엄청난, 썩은 쓰레기 더미를 이루고 있어서 우리의 사랑의 수고가 방해를 받습니다. 사람들에게 우리 말을 듣게 만드는 것은 참으로 어려운 일입니다. 왜냐하면 대부분의 사람들이 세상 말만 듣기 때문입니다. 사람들의 귀가 쓰레기로 막혀 있습니다. 사람들의 마음에 도달하는 것은 훨씬 더 어려운 일입니다. 사탄이 그곳을 자기 자리로 차지하고서 육신의 정욕과 교만과 불신앙의 쓰레기로 거대한 바리케이드와 토루(土壘)를 부지런히 쌓기 때문입니다. 사람들은 끈과 고무로 감겨 있는 미라처럼 영원한 것들에 대한 무관심에 싸여 있습니다.

사람들은 "무엇을 먹을까 무엇을 마실까 무엇을 입을까?"(마 6:31)라는 질문에 답하는데 온 정력을 쏟습니다. 사람들은 불멸의 존재임에도 불구하고 죽을 인생을 위해서만 삽니다. 그들의 가장 원대한 운명은 영원에 있는데도, 그들의 모든 노력은 시간이라는 좁은 틀에 제한됩니다. 뱀을 부리시는 주여, 뱀을 부리는 일에 너무 마음을 쓰지 마십시오. 이 독사는 주님의 말씀을 들을 귀가 없습니다. 자기 욕망을 채우기에 급급한 이 백성들은 여전히 자신의 꾀를 좇을 것입니다. 그리스도께서 못 자국 난 손으로 손짓을 할지라도 그들은 주님께 등으로 돌릴 것입니다. 꼭 그렇게 할 것입니다. 주님은 골고다에서 이렇게 외치십니다.

"지나가는 너희 모든 사람들아, 이것이 아무것도 아니냐?
예수께서 죽으셔야 한다는 것이 너희에게 아무것도 아니냐?"

그리스도께서 사람들에게 멸시를 받고 거절당하십니다. 사람들은 천상의 모든 아름다움이 그 얼굴에 숨어 있는 그리스도에게서 고운 모양도 풍채도 전혀 보지 못합니다. 그들은 사랑이나 율법으로 붙잡을 수 없고 눈물이나 공포로 혹은 기도나 설교로도 붙잡을 수 없습니다. 사람들은 세상적인 것들에 온통 마음이 빼앗겨 있습니다. 우리는 그들의 많은 쓰레기 때문에 성벽을 건설할 수가 없습니다. 그들은 죄와 결혼하였고 우상을 굳게 붙들고 있습니다. 자신의 영혼에 대해, 하나님에 대해, 구주에 대해 생각조차 하려고 하지 않습니다. 그들은 스스로의 잘못된 생각을 선택하고 자신들에게 행운이 되는 것들을 거절합니다. 그것은 마치 세상의 모든 것들이 그들을 이쪽으로 가도록 도운 것처럼 보입니다. 일상생활의 일, 근심과 편안함, 조용함과 소음, 소동과 혼란 등, 이 모든 것이 같이 사람들을 함정에 빠트리기 때문입니다.

이런 모든 것들이 사람들의 소외된 마음에서 쓰레기 더미로 변합니다. 어떤 사람에게는 추구, 곧 학문에 대한 치열한 추구가, 또 다른 사람에게는 돈에 대한 맹렬한 탐욕이, 세 번째 사람에게는 야망이, 네 번째 사람에게는 쾌락의 정욕이 쓰레기 더미입니다. 각 사람에게 이런 쓰레기 더미가 가로막고 있어서 우리가 사람의 마음에 도달하지 못합니다. 우리는 성벽을 건설할 수가 없습니다. 우리

가운데서 종종 하나님께로 돌아가서 이렇게 말한 사람들이 있지 않았습니까? "우리가 전한 것을 누가 믿었으며 여호와의 팔이 누구에게 나타났습니까?"(사 53:1)

이 경쟁의 시대는 상황을 어느 때보다 더 악화시키는 것처럼 보입니다. 어떤 사람들은 너무 가난해서 들을 수 없다고 말합니다. 그들은 그저 몸과 영혼을 유지하기 위한 빵을 위해서 노예처럼 아주 힘들게 일해야 하기 때문입니다. 또 부자들에 대해서 말하자면, 하나님이여, 부자들을 도와주옵소서! "낙타가 바늘귀로 들어가는 것이 부자가 하나님의 나라에 들어가는 것보다 쉬우니라"(마 19:24)는 말씀은 여전히 사실이고, 어쩌면 어느 때보다 지금 더욱 해당이 되는 사실입니다. 왜냐하면 이 세상의 염려와 부의 속임은 크나큰 쓰레기 더미여서 성벽을 건설할 수 없기 때문입니다.

목사가 마음을 가로막고 있는 쓰레기 때문에 그 양심에 결코 닿을 수 없었던 많은 사람들을 회고할 때 참으로 슬프고, 또 같은 이유로 앞을 전망할 때도 참으로 슬픕니다! 우리의 유일한 위로는 우리는 성벽을 건설할 수 없을지라도 건설하실 수 있는 분이 계시다는 것입니다. 쓰레기가 너무나 많아서 짐을 나르는 사람들의 힘이 쇠약해질지라도, 결코 쇠하지 않는 힘이 있고, 지치지 않고 필요한 모든 일을 다 해낼 수 있는 팔이 있습니다.

형제 여러분, 나는 교회를 세우는 일에서 이 쓰레기가 죄인들에게만 있는 것이 아니라 성도들에게도 많은 쓰레기가 있는 것이 아닌가 걱정이 됩니다. 신자라고 하는 사람들 가운데도 쓰레기가 아주 많이 있어서 성벽을 건설할 수가 없습니다. 나는 모든 사람들을 아주 인내심 있게 대할 것입니다. 그것은 내 자신에 대해서 많은 인내가 필요하기 때문입니다. 그런데 그리스도 안의 형제들 가운데 모든 시간을 하찮은 일을 부지런히 하는데 쏟는 사람들이 너무나 많습니다. 나는 큰 인내심과 상당한 기술 덕분에 여러 날을 수고해서 버찌 씨(cherry-stone)에 카이사르(Caesar)의 상을 아주 멋지게 새겨 넣었다는 사람에 대한 이야기를 들었습니다. 참으로 멋진 결과를 성취했습니다. 그 위업이 많이 보도되고 기록되기도 하였습니다. 그러나 그렇게 해서 어쨌다는 것입니까? 정말로 내가 볼 때 실제적인 가치는 아무것도 없고 버찌 씨에 카이사르 초상을 새기는 것만큼의 가치는 있을지 몰라도 그 이상은 아무것도 없는 것에 아주 조예가 깊은 책들이 있습니다. 그런 것에서 무슨 유익한 것이 나올 수 있을지 모르겠습니다.

종교 세계에서 형제들이 때때로 어떤 새로운 유행과 일시적인 생각을 가지고, 혹은 자기들이 발견한 중요한 어떤 사실을 가지고, 교리상의 놀라운 점, 또는 그들이 보기에 영혼을 감동시키는 놀라운 사실을 가지고 아주 멋지게 나타납니다. 그러면 온 세상은 가만히 있고, 모든 교회들은 낭패를 당하게 됩니다. 그리고 그들이 이 귀한 사실을 제시했을 때, 나도 어떻게 해야 할 줄 모릅니다. 그런데 여러분이 그 사실을 자세히 들여다보면, 그것이 아주 엄청난 수고를 들였음에도 불구하고 아주 하찮게 나온 결과와 같은 것임을 알게 될 것입니다. 거기에서는 더 이상 아무것도 나오지 않습니다.

형제 여러분, 우리 주위에는 쓰레기가 너무나 많습니다. 현재의 고난에도 불구하고 모든 기독교 사역자가 계속해서 그리스도와 그의 십자가에 못 박히심만을 전한다면, 나는 그가 성공할 것이라고 생각합니다. 모든 그리스도인이 성경의 분명한 진리들을 굳게 붙들고 그 진리들이 성령으로 말미암아 자기 마음속에서 일하도록 하고 그 진리들을 힘 있게 이야기하며 영혼을 그리스도께 인도하기 위해 살며 그 외에 다른 어떤 것에도 관심을 갖지 않는다면 그는 성공할 것이라고 생각합니다. 그런데 쓰레기가 참으로 많습니다. 형제들은 중세 대학 교수들의 유명한 질문, 즉 바늘 꼭대기 위에 천사들이 몇 명이나 설 수 있는가라는 질문 정도만큼 하찮은 질문에 대해 토론하는 일에 온 밤을 꼬박 새울 것입니다. 그 문제를 놓고 다소 열을 내어 토론하고 어쩌면 거기에 대해서 많이 기도한 후에, 과연 사람들이 그렇게 하는지 잘 모르겠지만, 아무튼 그 모든 일은 기껏해야 결국 허풍선이로 끝이 납니다.

만약 똑같은 시간을 병자를 방문하고 길거리의 아라비아 사람들을 회심시키며, 런던의 불량배들의 언행을 품위 있고 도덕적이며 기독교 신앙적인 것으로 변화시키는 일에 쏟았다면, 훨씬 더 나은 일이었을 것입니다. 우리 주위에는 쓰레기가 참으로 많습니다. 나는 우리 모두가 이 쓰레기 더미를 좀 더 높이 쌓는데 일조를 하고 있는 것이 아닌가 심히 염려스럽습니다. 우리 모두에게는 저마다 좋아하는 사상, 공상, 자신이 고안해 낸 이야기, 하나님 말씀에 덧붙이는 것과 하나님 말씀에서 빼는 것, 성경의 가르침에서 나온 것이라기보다는 자신이 생각해 낸 교리나 교훈이 있습니다. 이렇게 쓰레기가 참으로 많습니다. 그래서 우리는 성벽을 건설할 수가 없습니다. 우리는 자주 이렇게 말하고 싶은 생각이 들지 않습니까? "아, 내가 꼭 그 일을 할 수 있으면, 정말로 그 일을 할 수 있으면 좋겠는데, 하나님을 위하여, 그리스도를 위하여 그리고 사람들의 영혼을 위하여 무슨 일인가 할 수 있으면 좋겠는데." 그러면 쓰레기 운반차를 불러와서 길을 치우도록 하십시오. 미래에 대한 이 훌륭한 책들, 그리고 하찮은 것에 관한 심오한 책들, 비록 이런 것들이 아주 멋지게 쓰였을지라도 다 버리십시오. 그리고 우리는 일 한가운데 뛰어들어 이렇게 말합시다. "내게는 우리 주 예수 그리스도의 십자가 외에 결코 자랑할 것이 없느니라"(갈 6:14).

자, 여기서 이 문제에 관해 위로가 되는 사실이 두 가지 있습니다. 우리에게 첫째로 위로가 되는 사실은 기초가 놓였다, 기초가 놓였다는 것입니다. 기초가 놓였을 뿐 아니라, 그 위에 보석들이 멋지게 줄지어 쌓여 있다는 것입니다. 주님께서는 보석으로 장식한 열두 길을 아직 다 놓으시지는 않았습니다. 그러나 교육을 받은 사람은 좀 더 아래층에 놓인 이 보석들 가운데 어떤 것들을 볼 수 있을 것입니다. 역사를 회고해 보면, 나는 그리스도 위에 세워진 순교자들의 기초를 볼 수 있습니다. 이들은 사도와 고백자들과 함께 벽옥(碧玉)과 청옥(靑玉), 옥수(玉髓)로 세워진 좀 더 아래층의 기초를 이룹니다. 나는 성벽 위에 줄지어 쌓인 이 보석들이 반짝이는 것을 벌써 볼 수 있는 것 같습니다. 요한계시록을 읽어 보면, 이 보석들이 어떻게 묘사되는지 알 수 있습니다. 지난 1800년 동안, 망치 소리가 들리지 않았어도 이 보석들이 하나씩 쌓여 왔고, 성벽은 여전히 올라가고 있는 중입니다.

하나님께 영광을 돌립시다. 복음은 성공을 거두었습니다. 산발랏의 조롱과 암몬 사람 도비야의 지독한 모함의 말에도 불구하고, 성전은 건설되고 있고, 하나님의 눈이 그것을 지켜보고 있습니다. 성전은 하나님의 놀라운 건축물입니다. 하나님께서는 그것을 기쁘게 바라보십니다. 그에 관하여 이렇게 말할 수가 있습니다. "나 여호와가 그것을 지키리로다 매 순간 지키고 밤낮으로 간수하여 아무든지 이를 해치지 못하게 하리로다"(사 27:3). 성전을 건축하는 일에 관하여는 다음과 같이 하나님의 정하신 뜻이 있습니다. "만군의 여호와께서 이같이 말씀하시되 보라 싹이라 이름 하는 사람이 자기 곳에서 돋아나서 여호와의 전을 건축하리라 그가 여호와의 전을 건축하고 영광도 얻으리라"(슥 6:12,13). 하나님의 정하신 뜻은 전능합니다. 그 뜻은 성취되고 있고 끝까지 성취될 것입니다. 나는 지금 석공의 우두머리께서 이 성벽 위에서 일하고 계시는 모습을 봅니다. 그리고 그에 관하여 이렇게 쓰인 글을 읽습니다. "그는 쇠하지 아니하며 낙담하지 아니하리라"(사 42:4). 또 이런 글도 읽습니다. "그의 손으로 여호와께서 기뻐하시는 뜻을 성취하리로다"(53:10).

또한 나는 그와 더불어 주께서 그 마음을 감동시키신 사람들의 무리도 봅니다. 이들은 밤낮 수고하고 쉬지 않으며 예루살렘 성벽이 완성될 때까지는 결코 쉬지 않을 것입니다. 그는 뛰어난 건축가이십니다. 우리 각 사람은 칼과 흙손을 들고서 주께 배운 대로 그의 지휘 하에 지혜로운 건축자들이 되어야 합니다. 이 일은 계속 됩니다. 그 일이 결코 지치지 않는 손에 있고, 결코 낙담하지 않는 마음의 지휘를 받고 있기 때문입니다. 또한 그 일은 확고한 하나님의 뜻에 의해 끈으로 단단히 묶고 세우며 결합되기 때문에 결코 실패할 수 없고 그 위에 있는 돌 하나도 무너지지 않을 것입니다.

하나님께서 일을 아직까지 완성되지 않은 채로 버려두시지 않았다는 이 사실이 우리에게는 격려가 됩니다. 하나님께서 창조를 시작하셨습니다. 사실 창조는 하나님의 교회를 세우는 이 일만큼 어려운 작업은 아니었습니다. 왜냐하면 창조에서는 비록 아무것도 없었지만 또한 그 일을 방해하는 것도 아무것도 없어서 하나님이 말씀하시면 모든 것이 존재하게 되었기 때문입니다. 교회를 세우는 일에는 두 가지 작업이 있습니다. 파괴와 창조, 즉 옛것을 제거하고 새것을 수립하는 일입니다. 그렇지만 "보라 내가 만물을 새롭게 하노라"(계 21:5)고 말씀하신 하나님은 친히 시작하신 그 일을 충분히 감당하실 수 있는 분입니다. 그래서 하나님이 세상을 반만 짓고 말지 않으셨듯이, 동산을 만드실 때 그것을 경작할 사람도 없이 만들지 않으셨듯이, 사람을 완성하시지 않은 채 내버려두지 않고 여자를 그의 돕는 배필로 지으셨듯이 하나님께서 일단 시작하신 구원의 일을 완성하지 않은 채로 내버려두시지 않을 것입니다. 층마다 보석들이 놓일 것입니다. 옥수(chalcedony) 위에 녹보석(emerald)이 놓일 것이고, 홍마노(sardonyx) 위에 홍보석(sardius)이 놓이며, 황옥(chrysolyte) 위에 녹옥(beryl), 담황옥(topaz) 위에 비취옥(chrysoprasus)이 놓이며, 마침내 정한 때가 되면 청옥(jacinth)과 자수정(amethyst)의 보석들이 성벽을 완성할 것이고 사람들이 머릿돌을 내놓을 때 "은총, 은총이 그에게 있을지어다!"(슥 4:7) 하고 무리가 외칠 것입니다.

하나님께서는 세상을 창조하실 때 힘이 새로 필요하다며 일을 중단하시거나 일손을 잠시 놓고 할 일이 너무 많다고 말씀하시지 않았습니다. 그보다는 창조의 기사는 여섯 번의 놀라운 저녁과 아침을 지나도록 계속해서 영광스럽게 달려 마침내 일곱 째 날이 이르렀고, 하나님께서 모든 일을 쉬셨습니다. 이 여섯 날이 저녁이 되면 어두워지고 아침이 오면 밝아지면서 지금 우리에게 지나가고 있습니다. 주님은 지금 새로운 세상을 짓고 계시고 주님의 교회를 세우고 계십니다. 이 일이 우리에게는 더딘 것처럼 생각되지만 확실하고 알맞은 때에 합당한 질서를 따라 세우고 계십니다. 여러분은 기다리며 인내하십시오. 머지않아 천년의 안식일이 올 것입니다. 그때는 하나님의 말씀이 성취되고 하나님의 일이 완성되었기 때문에 하나님의 아들들이 다시 기뻐서 소리치고 천사들도 노래할 것입니다.

형제 여러분, 용기를 내십시오! 이 쓰레기를 치우는 일에서 여러분의 짐을 감당하십시오. 칼과 흙손을 계속 사용하십시오. 이 일은 하나님의 일이고, 반드시 성취될 것이기 때문입니다. 이 일이 우리의 일이라면, 이 일이 그처럼 연약한 우리 어깨에 지워진 그 날을 저주해야 할 것입니다. 그러나 이것이 하나님의 일이므로 우리는 혼자라는 생각에 두려워 떨 필요가 없습니다. 일어나 기운을 차리십시오.

## 2. 이 주제를 우리 자신에 대한 것으로 잠시 바꾸어 생각해 보겠습니다.

하나님께서 내가 이 점에 대해 말씀드리는 것에서 우리가 잠시 유익을 얻을 수 있도록 해 주시기를 바랍니다.

우리 속에도 건설하는 일이 진행되고 있습니다. 우리를 교화하는 것은 성령님의 일입니다. 말하자면 그것은 우리를 은혜로 세우는 일이며, 이렇게 세우는 일은 사랑의 은혜로 이루어집니다. "지식은 교만하게 하며 사랑은 덕을 세우나니"(고전 8:1). 앞에서 말했듯이, 우리 각 사람은 건축자, 곧 하나님의 힘으로 일하는 건축자로 부름을 받았습니다. 그러니 그 점을 잊지 맙시다. 그렇지만 사랑하는 여러분, 나는 우리 대부분이 "쓰레기가 너무 많아서 성벽을 세울 수가 없어요" 하고 말하게 되지 않을까 걱정입니다. 여러분은 자신의 타락한 본성이라는 쓰레기 때문에 하늘의 은혜로 자신을 세울 수 없다고 종종 느끼지 않습니까? 인간의 타락은 참으로 무서운 타락이었습니다! 그 타락이 우리의 도덕적 본성 전체를 얼마나 황폐케 했는지 모릅니다!

형제 여러분, 여러분은 내가 거의 알지 못했던 새로운 쓰레기 더미가 있었다는 것을 발견하지 않습니까? 나는 정말로 거의 매일 같이 발견합니다. 우리가 스스로 강하다고 생각했던 점이 우리의 약점이었음이 드러납니다. 우리가 자신에게는 전혀 없는 것으로 생각한 약점이 있었습니다. 우리에게는 없다고 생각했기에 그런 약점과 죄가 있는 다른 사람들에 대해 엄하게 대했는데, 마침내 그 약점이 갑작스럽게 우리 자신에게서 나타났습니다. 사실 그 약점은 항시 우리 속에 있었는데 그것이 나타날 때와 기회가 없었던 것뿐입니다. 그리고 결국 그것을 도발시키는 일이 왔고, 숨은 악이 드러난 것입니다.

형제 여러분, 그런 쓰레기가 우리 속에 훨씬 많이 남아 있습니다. 교만이라는 쓰레기, 불신앙, 악한 정욕, 분노, 낙담, 우쭐함이라는 쓰레기가 있습니다! 형제 여러분, 그것은 뒤적여 볼 만한 가치가 없는 쓰레기입니다. 아주 더러운 쓰레기 더미입니다! 나는 조금이라도 무엇을 찾아보려고 그 쓰레기를 체로 걸러볼 마음이 전혀 없습니다. 거기에는 체로 걸러볼 보석이 하나도 없기 때문입니다. 우리 속에는 그런 쓰레기가 있습니다. 그래서 은혜로 세우는 일이 우리 속에 여전히 자리 잡고 있는 부패 때문에 바라는 만큼 진척되지 않습니다.

그 다음에, 그리스도인들에게는 율법주의적인 생각, 율법주의적인 행동, 율법주의적인 두려움이라는 오래된 쓰레기가 있습니다. 옛날 상태에서는 우리가 자신의 공로로 구원받으려고 했습니다. 그것이 우리의 생각이었습니다. 회심한 후로, 교리적으로는 우리가 인간의 공로를 조금이라도 생각하는 사상을 아주 싫어하지만 경험적으로는 그 사상을 은근히 떠받듭니다. 율법주의적인 생각이 잡초처럼 일어날 것입니다. 은혜가 뿌리째 뽑아버렸는데 모르는 사이에 마당에서 그 생각이 자라납니다. 우리가 여종의 자식이 아니고 자유인의 자식임에도 불구하고, 종종 육신이 우리에게 오래된 속박의 멍에를 씌우려고 합니다. 그래서 바울이 여기 있다면 우리에게 이같이 말할 것입니다. "성령으로 시작하였다가 이제는 육체로 마치겠느냐?"(갈 3:3). 이스마엘이 이삭을 좌지우지하려고 합니다. 집에서 쫓겨났음에도 그가 창문에 폭군과 같은 그 얼굴을 내밉니다. 우리에게는 종의 두려움이 있습니다. 그래서 때로 우리는 종의 소망을 품고서 하나님의 선물은 영생이라는 것을 알지 못하고 삯을 받기 위해 일해야 한다는 생각을 합니다. 하지만 우리가 얻을 수 있는 삯은 죄의 삯, 곧 죽음밖에 없을 것입니다. 아, 오래된 율법주의적인 성향이여! 이 성향이 우리 속에 얼마나 깊이 자리잡고 있는지 모릅니다! 얼마나 쉽게 되살아나는지 모릅니다! 죄인들이 스스로 의롭다고 생각하면서 동시에 죄 있다고 생각하는 일은 거의 없을 것입니다. 우리에게 죄를 지으려는 경향이 많지만 또한 우리 육신 가운데 선한 것이 있다고 생각하는 경향도 강합니다. 여기에서 또 다른 쓰레기 더미가 생기는 것입니다.

그 다음에 오래된 습관들이 있습니다. 그것들이 얼마나 끔찍한 쓰레기인지요! 회심 전에 큰 죄를 지었던 여러분, 여러분은 예전의 그 시절에 대한 기억이 악몽처럼 여러분에게 갑작스럽게 떠오르는 것을 종종 경험하지 않습니까? 내가 알고 있는 어떤 분들은 찬송을 부를 때 옛날에 부르곤 했던 노래가 자연스럽게 생각난다고 하는데, 아마도 찬송가의 지극히 거룩한 가사 때문인 것 같습니다. 그렇습니다. 때때로 성경의 어떤 본문은 그들이 떠오르지 않기를 온 마음으로 바랐고 잊어버릴 수 있다면 눈이라도 빼어주려고 할 죄가 기억 속에 떠오르게 하였습니다. 그렇습니다. 옛날 습관들은 기를 쓰고 우리를 지배하려 들 것입니다. 내가 바라는 대로 우리가 그 습관들에 빠지지 않는다고 하더라도, 그 습관들은 우리를 짜증나게 만들고 괴롭힐 것입니다. 이 점에서도 많은 쓰레기가 거룩한 생활이라는 성벽을 쌓는 일을 방해합니다.

이것은 세상적인 관계들에서도 그렇습니다. 여러분은 사업상 맺지 않을 수 없는 일반적인 관계들이 여러분 영혼의 성벽에 많은 쓰레기를 쌓는 일에 크게 작용한다는 것을 깨닫지 않습니까? 여러분은 신앙이 없는 사람들을 만나야 합니다. 여러분은 그들에게 말조심 하라고 요구할 수 없습니다. 그들이 신성모독적인 말을 할 때 그런 말을 한다고 책망할 수 없습니다. 그들이 하는 말 가운데는 신성모독적인 것이 아니고 그래서 나무랄 수도 없지만 경건에 도움이 되지 않거나 은혜에 적절하지 않는 것이 많이 있습니다. 그런 말은 우리에게 해를 끼칩니다. 때로 우리는 세상 사람들에게서 완전히 떨어져 있고 싶은 경우가 있습니다. 그래서 이렇게 외칩니다. "메섹에 머물며 게달의 장막 중에 머무는 것이 내게 화로다!"(시 120:5). 이렇게 우리가 세상에 있는 결과로 아주 많은 쓰레기가 있습니다.

여러분에게 말씀드릴 또 한 가지 쓰레기가 있습니다. 내가 생각할 때 어떤 형제들은 이 쓰레기를 너무 많이 갖고 있지는 않다고 할지라도 아주 충분히 갖고 있는 것 같습니다. 그 쓰레기란 자신들이 결국 대단한 인물이 되었다고 하는 부질없는 생각입니다. 많은 사람들이 세상에서 성공하고 있으면 그런 생각을 갖게 됩니다. 하나님께서 그들을 성공시키면 그들은 이렇게 말합니다. "자, 이제 나는 정말로 위대한 인물이야. 큰 영예를 얻을 만하지. 나는 이제 보잘것없는 내 형제들과는 다른 사람이야." 성공했다고 하는 신자들이 참으로 어처구니없는 허풍을 치는 것을 보는 것은 슬픈 일입니다. 그들은 자기들을 떠낸 반석을 잊어버리고 마치 자기들이 죽을 인생이 아닌 것처럼 아주 우쭐댑니다. 그것은 정말로 쓰레기입니다.

그런가 하면 오랫동안 그리스도와 더할 수 없이 깊은 교제를 나누었고 한동안 시험도 일절 겪지 않았으며 그들 속에 있는 타락의 깊은 바다도 크게 요동친 적이 없는 사람들이 있습니다. 그러므로 그들은 말합니다. "아, 지금 나는 잘해가고 있어. 어쨌든 더 고귀한 생활에 이르게 될 거야. 틀림없이 나는 요즘 시대에 온전한 사람이 될 거야." 형제여, 쓰레기 같은 생각입니다! 그것은 완전히 쓰레기입니다. 잠시도 마음에 품을 가치가 없는 쓰레기 같은 생각입니다. 그것이 아주 빛나는 쓰레기일 수 있습니다. 금처럼 대단하게 보일 수 있습니다. 그러나 "반짝이는 것이라고 해서 다 금인 것은 아닙니다." 우리가 자신이 달성한 것을 대단하게 생각해서 잠시라도 자기 만족감을 가지고 자신이 대단한 사람이라고 말할 수가 있는데, 그런 생각이 모두 쓰레기에 불과합니다. 나로서는 항상 십자가 밑에 서기를 바라는데, 거기에 서면 내 자신에 대해서는 이 외에 다른 어떤 말을 할 수가 없습니다.

"내가 죄인 가운데 괴수인데
예수께서는 나를 위해 죽으셨구나."

우리는 자신의 거룩함을 마음을 다해 추구해야 하고, 그 거룩함은 오직 예수 그리스도를 믿는 믿음, 그리스도를 믿는 단순한 믿음으로만 얻을 수 있습니다. 예수께서는 우리에게 그의 보혈로 말미암아 죄를 이길 수 있는 힘을 주십니다. 그러나 우리가 이겼다고 생각하고 바울이 하지 못하였던 말, 즉 자신이 목표에 도달하였고 온전해졌다는 말을 하는 순간, 우리는 나쁜 상태에 있는 것입니다. 교만 때문에 판단력이 흐려졌고, 바보가 된 것입니다. 이 자리에 계시는 어떤 분이든지 입을 크게 벌려 자신을 칭찬할 수 있는 상태에 있다면 그분에게 이렇게 충고해드리겠습니다. 큰 쓰레기 운반차를 불러 오든지 아니면 우리 교구에 있는 쓰레기 수레를 모두 가져와 그 자랑을 있는 대로 다 퍼 담아서 가져가 버리라고 말입니다. 그 쓰레기는 그에게 아무 소용이 없고, 또 아주 금세 엄청나게 많은 먼지가 되어 그리스도인 형제들의 눈과 귀로 날려갈 것이기 때문입니다. "내 속 곧 내 육신에 선한 것이 거하지 아니하는 줄을 아노라"(롬 7:18). 십자가 밑에 내려 앉아 티끌 가운데 있는 것이 여전히 우리의 자리가 되어야 합니다. 왜냐하면 우리에게는 아무것도 없기 때문입니다. 무(無), 공허함, 덧없음, 죽음 밖에 없기 때문입니다. 거기가 우리 자리입니다. 예수는 하나님으로부터 나와서 여러분에게 "지혜와 의로움과 거룩함과 구원함"(고전 1:30)이 되셨습니다. 여러분은 그리스도를, 오직 그리스도만을 자랑하십시오. 그렇게 하지 않으면 쓰레기가 기초를 덮어버릴 것입니다.

여러분 가운데는 어떤 분들, 다시 말해 하나님 백성들 가운데 어떤 분들은 오늘 밤 이 모든 쓰레기 때문에 슬퍼할 것이라고 생각합니다. 여러분에게 이 점을 말씀드리고 싶습니다.

첫째로, 형제 여러분, 여러분에게 확실히 놓인 기초가 있다는 점에 대해 하나님께 감사하십시오. 여러분은 그 점을 확실히 알고 있습니까? 나는 여러분이 그 사실을 확실히 알 때까지 쉬지 않기를 바랍니다.

"그와 함께 있으면 안전하고
내가 그의 손에 맡긴 것을
마지막 그날까지
그가 능력으로 보호하실 것을 나는 아네."

"내가 믿는 자를 내가 알고"(딤후 1:12). 그분은 바로 예수님입니다. 바로 예수님입니다. 우리 영혼의 소망은 오직 그리스도의 보혈과 그의 의에 있습니다. 그 외의 모든 소망을 우리는 진심으로 아주 싫어합니다. 자, 기초가 놓여 있습니다. 그 점에 대해 하나님께 감사합시다! 사람이 오직 예수님만을 의지할 때, 시온에 그를 위한 확실한 기초석이 놓여 있고, 그는 주권적인 은혜로 그 기초에 결합됩니다.

우리 안에 하나님의 전을 세우는 것이 하나님 자신의 일이라는 점에 대해 다시 한번 하나님께 감사드립시다. 하나님께서 그 일을 시작하셨습니다. 하나님께서 우리 속을 파헤쳐서 우리 자신이 텅 비어 있음을 우리에게 분명히 드러내셨습니다. 우리의 자기 의를 내던지셨고, 한때 우리 자아가 있던 곳에 그리스도를 놓으셨습니다. 하나님께서 그 일을 하셨습니다. 그밖에 우리 안에서 이루어진 일 가운데 할 만한 가치가 있는 모든 일을 하셨습니다. 나나 이 자리에 계시는 어떤 형제도 이제까지 자신이 취한 조처 가운데 하나님의 힘 외에 다른 어떤 힘으로 취한 조처가 거룩한 생활에서 진정으로 진보를 가져왔다고 볼 수 없을 것이라고 확신합니다. 우리가 지금까지 자신에 대해서 한 것은 무엇이든지, 사실은 하지 않은 것이 훨씬 더 나았습니다. 사람이 본성적으로 하는 것은 모두 조만간에 수포로 돌아가지 않을 수 없기 때문입니다.

"구원은 여호와께 속하였습니다"(욘 2:9). 요나는 고래 뱃속에서 이 사실을 배웠습니다. 그것은 배우기 위해서 고래 뱃속에라도 들어갈 만한 진리입니다. 나는 이 사실을 철저히 알고 싶습니다. 구원은 오직 하나님께만 속하였습니다. 그러므로 하나님께 모든 찬송을 드려야 합니다. 그리고 거기에 우리의 위로가 있습니다. 우리를 구원하는 것이 하나님의 일입니다. 우리는 스스로를 구원하지 못합니다. 그리스도께서 우리의 구원자이십니다. 우리를 빛 가운데 있는 성도들의 기업을 받기에 합당한 자로 만드는 것은 성령님의 일입니다. 신부를 남편에게 어울리게 만들어야 하는 것은 신부가 아니라 신랑입니다. 성경에서 그같이 말합니다. "그리스도께서 교회를 사랑하시고 그 교회를 위하여 자신을 주심같이 하라 이는 곧 물로 씻어 말씀으로 깨끗하게 하사 거룩하게 하시고 자기 앞에 영광스러운 교회로 세우사 티나 주름 잡힌 것이나 이런 것들이 없이 거룩하고 흠이 없게 하려 하심이라"(엡 5:25-27). 신랑이신 주님이 신부를 자신에게로 데려오며, 신부를 자기 앞에 모습을 나타내기에 합당하도록 만드는 것도 신랑이신 주님이십니다. 이 일을 확실하고 유능한 손이 맡고 있음을 하나님께 감사합시다.

그러므로 끝으로, 우리는 하나님의 은혜로 계속해서 믿음을 가지고 부지런히 일하도록 합시다. 나는 우리의 믿음의 역사와 사랑의 수고가 주 안에서 헛되지 않다고 믿으며, 기도가 부질없는 일이 아니고 하나님께 가까이 나아가 교제하는 것이 헛된 일이 아니며, 주님을 신뢰하는 것이 무익한 꿈이 아니라고 믿으며, 하나님께서 시작하신 일을 틀림없이 완성하실 것으로 믿는다고 믿음으로 말씀드립니다. 그러나 우리는 믿음에 매우 성실한 노력을 더하도록 합시다. 이 쓰레기를 치우기 위해 부지런히 노력합시다. 하나님께서 우리의 경건을 방해하는 나쁜 습관은 무엇이든지 우리가 물리치도록 도와주시기를 바랍니다. 우리에게 있는 죄가 무엇이든지 예수님의 보혈로 그 죄를 이길 수 있게 해 주시기를 바랍니다. 형제자매 여러분, 우리는 주의 형상으로 깰 때까지 결코 만족하지 말고 앞으로 나아갑시다. 우리가 아직은 주의 형상을 온전히 닮지 못했으니 스스로에 대해 만족하지 말고, 우리 뒤에 있는 것은 잊어버리고 앞에 있는 것을 바라보며 나아갑시다. 우리에게 믿음과 부지런함이 있으면 하나님의 선하신 은혜로 말미암아 우리는 나무나 풀이나 짚으로 하는 것처럼 실패하지 않고 불 가운데 그대로 견딜 금이나 은이나 보석으로 하는 것처럼 지극히 거룩한 믿음 위에 확실히 서게 될 것입니다.

여러분을 이 기초 위에 세우도록 하십시오. 여러분이 그 기초 위에 있느냐는 것이 마지막 질문이며 또한 가장 중요한 질문입니다. 아주 빠르게 건설하는 사람들이 있는데, 그들은 이 기초 위에 있지 않습니다. 그렇습니다. 여러분은 성품이 훌륭하고, 신앙 고백도 아주 멋지게 합니다. 그러나 그 호화로운 건물이 바위로 된 기초에 서 있습니까? 아니면 모래 위에 서 있습니까? 바닷가에서 우리 아이들은 나무 삽을 가지고 아주 멋진 성을 쌓습니다. 그렇지만 다음 순간 바닷물이 모든 것을 깨끗이 쓸어 가버립니다. 그것이 모래 위에 지은 모래성이기 때문입니다. 나는 아주 많은 사람들의 신앙이 바로 그런 것, 즉 모래 위에 지은 모래성이 아닐까 걱정입니다. 여러분, 여러분의 신앙이 그런 것입니까? 여러분의 신앙이 교회 다니고 기도회에 참석하며 성례에 참석하는 그런 것입니까? 그것이 전부입니까? 그렇다면 그것은 모래 위에 지은 모래성입니다. 그러나 여러분이 보잘것없고 가난한 죄인이지만 영혼을 예수님께 의탁하였고, 그 다음에 성령으로 말미암아 마음이 새롭게 되어 그동안 선한 일에 열심을 보였다면, 그것은 더 이상 모래 위에 지은 모래성이 아닙니다. 그것은 하나님께서 영원부터 그의 독생자의 인격과 사역 안에서 놓으신 유일한 기초 위에 성령께서 세우신 작품입니다.

하나님께서 여러분 한 사람 한 사람에게 복을 베풀어 주시기를 바랍니다! 아멘.

제
5
장

—

# 불리한 증언들

—

"내가 대회를 열고 그들을 쳐서 이르기를." – 느 5:7

　　그 사실은 이러합니다. 어떤 유대인들이 느헤미야와 함께 예루살렘에 돌아
왔을 때, 그들 가운데 많은 유대인들이 매우 궁핍한 처지에 있었습니다. 그런데
유대인 율법에 어긋나게 부유한 유대인들이 매달 1퍼센트나 매년 12퍼센트에
해당하는 높은 이자를 받고 가난한 사람들에게 돈을 빌려주었습니다. 그들은 가
난한 형제들에게서 땅을 빼앗거나 아니면 무거운 대부금을 물렸습니다. 또 사람
들이 어쩔 수 없이 빚을 졌을 때, 그 빚에 대한 대가로 그 사람들을 종으로 삼는
경우들도 있었습니다. 자, 여러분도 알다시피, 유대인은 모두가 지주입니다. 그
리고 그의 땅은 얼마 동안 저당 잡혔더라도 50년째가 되는 해에는 그에게 무상
으로 돌려주어야 합니다. 유대인이 같은 유대인 형제에게 얼마 동안 종이 될 수
는 있지만, 7년이 끝나면 그는 종 된 집에서 자유롭게 나갈 수 있습니다. 그는 짧
은 기간 동안만 종으로 묶여 있을 수 있었습니다. 그래서 느헤미야가 예루살렘
의 장로들과 귀족들과 민장들을 불러서 그들에게 그들이 가난한 자기 형제들을
종으로 삼은 일이 크게 잘못되었음을 지적하였습니다. 느헤미야는 "너희가 각
기 형제에게 높은 이자를 취하는도다"고 말하며, 그 점에 대해 그들을 심하게 책
망합니다. 자신의 말이 그들에게 거의 아무런 효력이 없는 것을 알고서 그는 백
성들을 한데 모으고, 백성들이 모두 한 목소리를 내게 하였습니다. 많은 사람들
이 말하자 효과가 있었습니다. 느헤미야가 "내가 대회를 열고 그들을 쳐서 말했

다"고 하였습니다. 어떤 사람들은 공의의 목소리에 전혀 귀를 기울이지 않다가 수많은 사람들이 큰 소리로 되풀이할 때에야 겨우 듣습니다. 그들은 말없이 전하는 원칙과 의의 목소리를 들으려고 하지 않습니다. 신실한 친구가 점잖게 꾸짖는 말을 그들은 멸시하려고 합니다. 그러나 의가 여론을 자기편으로 끌어들일 때, 많은 사람들이 의의 옹호자로 나서는 것을 볼 때, 그때는 이 사람들도 자기들에게 양심의 잔해가 남아 있고, 정당한 요구들을 수용한다는 것을 보여주려고 하는데, 이는 그 요구들이 옳을 뿐만 아니라 또한 대중들의 지지를 받기 때문입니다. 이것이 약한 사람들에게는 중요한 점입니다. 우리가 느헤미야처럼 "대회를 열고 그들을 쳐서 이르면" 국면을 변화시키게 됩니다.

자, 오늘 밤 나는 이 사건을 보고서 아무런 어려움 없이 큰 집회를 열어 이 자리에 계신 회심하지 않은 모든 사람을 치는 이야기를 아주 적절하게 할 수 있겠다는 생각이 들었습니다. 또 회심하지 않은 사람에게 하나님의 이름으로 그리고 진리의 주장하는 바에 따라 자신의 길을 생각해 보고 하나님께로 돌이키라고 요구할 뿐 아니라, 큰 집회를 열어 회심하지 않은 자들이 추구하고 있는 악한 길을 반대하는 증언을 하도록 할 수 있겠다는 생각도 들었습니다.

나는 아직도 회심하지 않고 있는 사람들에 대해서 오늘 밤 이 계획을 따라 행하려고 합니다. 여러분은 자신들의 죄를 회개하지 않았습니다. 그리스도 예수 안에서 제공되는 구원을 받아들이지 않았습니다. 여러분은 기도하지 않고 살며, 하나님을 찾기보다는 여러분 자신의 뜻을 추구합니다.

나는 이 땅 위에 있는 모든 경건한 자들의 큰 집회를 열어 여러분을 대항합니다. 그들은 모두 여러분에게 불리한 증언을 합니다. 사랑과 근심으로 여러분을 보며 여러분이 회심하는 것을 보기 원합니다. 그러나 여러분이 현재의 상태대로 있는 한, 그들은 여러분을 대항합니다. 진정한 모든 그리스도인의 시종일관된 생활을 보면 마음이 찔리지 않습니까? 겸손한 사람들이 경건하고 친절한 것을 볼 때 비록 아무 말을 하지 않을지라도, 그들이 웅변적으로 말을 하지 못할지라도, 그들의 생활 자체가 여러분에게 웅변이지 않습니까? 여러분은 그런 것을 느끼지 않습니까? 여러분이 아무리 무관심한 사람이라 할지라도 자신이 그들과 같다면 더 좋았겠다고 느낀 적이 없습니까? 그들이 시험을 받고서도 여전히 진실하고 정직한 것을 보고서 속으로 이렇게 말한 적이 없습니까? "어쨌든 저 사람들 속에는 감탄하지 않을 수 없는 것이 있어. 나도 시련의 때에 나를 올바르게 붙잡아

줄 저와 같이 강력한 원칙들을 가졌으면 좋겠다." 결국 모든 사람이 마음속 깊은 데서 경건의 능력을 느낍니다. 느끼지 않을 수 없습니다. 하나님은 거룩한 자의 모임 가운데에서 매우 무서워할 분이십니다(시 89:7). 악인들은 하나님의 백성들 가운데서 하나님의 임재를 느낍니다. 그들은 그 사실을 고백하든지 않든지 간에 하나님의 임재를 두려워합니다. 사실 중상, 조롱, 박해는 반항이 순종에게, 죄가 의의 발등상에 표시하는 존경의 형태입니다. 악한 자들이 선한 자들을 미워하는 것은 선이 자신들의 악을 비난하기 때문입니다. 악한 자들이 선한 자들을 멸시하려고 하는 것은, 그들이 선을 보면 스스로를 멸시하게 되기 때문입니다.

　의인들은 그들의 일관된 성품에서 여러분을 꾸짖을 뿐만 아니라 하나님을 기뻐하는 점에서도 책망합니다. 만약 여러분이 어쩌다 보니 회심하지 않은 사람이고 경건한 어머니를 두고 있는데, 어머니가 많이 약하고 병으로 고생하는 분이었다면, 여러분은 어머니가 평생의 고통을 견디면서 보여주었던 그 신성한 쾌활함을 잊을 수 없을 것입니다. 여러분이 그리스도인 아내를 잃었는데, 그 아내가 여러분과 함께 살면서 별로 위로를 받지 못하고 세상을 떠났다면, 여러분은 여러분에게 작별을 고하고 안식에 들어간 창백하지만 행복한 그 얼굴을 기억하지 않을 수 없을 것입니다. 고난의 시간에 그 여인에게 여러분이 흉내 낼 수 없는 평온함이 있었다는 것을 압니다. 여러분이었다면 깜짝 놀라 미쳐버렸을 고통을 그녀가 참을성 있게 견딘 것을 압니다. 그녀가 그렇게 견딜 수 있었던 것은 그녀 안에 은혜의 능력이 있었고 그 능력이 그녀를 강하게 만들었기 때문입니다. 그녀는 비록 그런 상태에 있었지만 하나님의 자녀이었기에 조용하고 평온하며 행복하였습니다. 나는 이런 사람들을 모아서 여러분을 대항합니다. 여러분이 살아계신 하나님을 순종하지 않기 때문에 그들은 여러분에게 불리한 증언을 합니다.

　그 다음에, 그들이 증언할 뿐만 아니라 여러분의 상태와 죄에 대해 느끼는 그들의 두려움 자체가 여러분에게 불리한 증언을 합니다. 내가 이 자리에 있는 회심하지 않은 분들의 상태를 정말로 안다면(철저하게 안다면) 아마도 그분들에게 설교할 수 없을지 모른다는 생각을 종종 합니다. 나는 여러분 가운데 어떤 분들의 위치를 깨닫고 그분들이 하나님 없이, 소망도 없이 죽는다면 그들을 기다리고 있는 미래를 마음에 그려보려고 합니다. 나는 장차 올 세상의 두려운 모습을 조금이라도 설명할 마음이 나지 않습니다. 하지만 내가 그 세상에 대해 아무리 두려운 설명을 할지라도 그것이 실제 모습을 그리기에는 무한히 부족할 것이라는 사실을 기억하시기 바랍니다. 내가 그 두려운 미래를 좀 더 충분히 깨닫는다면 마음의 공포 때문에 이 혀가 얼어붙을지 모릅니다. 그러므로 우리가 여러분에게 말하면서 느끼는 바로 그 두려움이 여러분에게 그 같은 비참함을 가져올 죄를 치는 불리한 증언 노릇을 하기를 바랍니다. 나는 여러분 앞에 놓여 있는 그 미래를 생각하면 두려워 떨지 않을 수 없습니다. 거룩한 휫필드는 그 주제를 다루기 시작할 때는 뺨에 눈물을 흘리면서 "장차 올 진노여! 장차 올 진노여!" 하고 소리치곤 하였습니다. 그 일이 그에게는 너무나 두려웠던 것입니다. 그는 그 말만 반복하고 그칠 수밖에 없었습니다. 여러분이 스스로의 불행을 슬퍼하지 않는다면 나는 여러분이 참으로 딱합니다. 이 자리에는 밤에 무릎을 꿇을 때마다 회심하지 않은 사람들을 위해 마음의 큰 부담을 가지고 기도하는 사람들이 있습니다. 그분들 가운데 몇 분들이 이 자리에 있는 것을 압니다. 열심이 있는 분들입니다. 나는 그분들이 여러분과 경건치 않은 자들의 영혼을 위하여 괴로워하면서 거룩한 열정에 사로잡혀 기도하는 것을 보았습니다. 그것은 단지 그들의 남자다운 얼굴에 눈물이 홍수처럼 흘러내린 것만이 아니었습니다. 마음 또한 속에서 허덕였고, 여러분이 멸망하지 않기를 바라고 그들의 전 존재가 영혼의 고통으로 몸부림쳤던 것입니다.

　나는 이 세상의 기도하는 모든 사람들을 대회로 불러 모아 여러분에게 대항합니다. 이들은 여러분을 위해 기도하는데 여러분은 자신을 위해 기도하지 않겠습니까? 그들은 여러분의 죄 때문에 두려움에 사로잡히는데 여러분은 아무런 공포도 느끼지 않습니까? 경건한 어머니가 밤마다 여러분을 위하여 눈물을 흘리는 것이 아무 소용이 없습니까? 아닙니다. 그것은 아무 소용 없는 일이 아닙니다. 그렇게 어머니는 여러분의 영혼을 위해 눈물을 흘리는데 여러분은 회개의 눈물을 흘리지 않으려고 합니까? 우리는 할 수 있는 대로 모든 열심을 다하여 여러분에게 간청하고 호소력 있는 말을 찾으려고 애쓰며 여러분을 설득하기 위해 최선을 다하고 나서도 모든 것을 너무 부족하게 했다고 느끼는데, 우리는 이 모든 일을 하는데도 여러분은 "그것은 나하고 아무 상관이 없어. 아무 상관이 없어"라고 말하겠습니까? 그것이 정말로 여러분에게 아무 상관 없는 것이 될 수밖에 없다면, 나는 지상의 살아있는 모든 성도들을 대회로 불러 여러분을 대항한다는 말밖에 할 수 없습니다. 그들로 여러분을 움직이도록 하겠습니다.

그러면 여러분은 이렇게 말합니다. "아, 하지만 그들 가운데는 위선자들이 많습니다." 좋습니다. 그들은 여러분 편으로 넘어갈 것입니다. 그들은 여러분을 환영할 것입니다. 그러나 나는 나머지 모든 진실한 자들로 여러분을 대항하도록 하겠습니다.

여러분은 말합니다. "하지만 진실한 자들만이 기도하는 것은 아닙니다." 좋습니다. 불성실한 자들은 다 여러분에게로 갈 것입니다. 이제 남은 무리는 얼마 되지 않습니다! 여러분이 그들도 여러분 편이라고 주장할지 모르겠습니다. 그렇지만 진실한 신자는 모두 하나님께 간구할 때 여러분이 한 번도 무릎을 꿇지 않고 영들의 아버지이신 하나님께 결코 마음으로 부르짖지 않는다고 여러분에게 불리한 증언을 합니다. 매주, 매달, 매년 기도 없이 생활하는 사람들이 있습니다. 이슬람교도들과 이교도들도 여러분을 비난합니다. 그들은 살면서 단 하루도 빠짐없이 기도합니다. 여러분은 그들보다도 나쁩니다. 어린 병아리도 시냇가에서 물을 마실 때는 마치 하나님께 감사하듯이 물 한 모금 마시고 머리를 치켜듭니다. 여러분은 이 보잘것없는 병아리보다 나쁩니다. 여러분은 상수리나무 아래의 돼지와 같이 되어버렸습니다. 도토리는 찾으면서도 그 나무는 전혀 생각하지 않는 돼지처럼 되어버린 것입니다. 여러분은 하나님의 자비를 받지만 그것을 주시는 분에게 전혀 감사하지 않습니다. 양심이여, 양심이 남아 있다면, 하나님 없이 살려고 하는 사람에게 부끄러운 줄 알라고 말하라! 나는 기도하는 사람들을 불러 여러분에게 대항하도록 하겠습니다.

그 다음에, 내게는 소집할 또 다른 강력한 기병 대대가 있습니다. 나는 구약과 신약 성경의 영감 받은 모든 저자들로 회심하지 않은 사람들에게 대항시킵니다. 그들이 한 사람씩 나와서 늘상 하듯이 말하도록 하겠습니다. 자기 죄를 회개하려고 하지 않는 사람에게 위로의 말을 할 사람은 아무도 없습니다. 속죄 제사를 받아들이는 사람에게는 그들 모두 "감사한 일"이라고 소리칠 것입니다. 그러나 사람이 예수님을 믿지 않으려고 하면 모든 선지자들과 사도들이 한 목소리로 말할 것입니다. "화로다, 화로다, 그리스도 없이 살고 죽는 자에게 말로 다할 수 없이 큰 화가 있으리로다!" 언제나 성령께서 마음을 감동시키신 대로 말하는 모든 사람들의 일치하는 의견이 불경건한 자들에게 대항합니다.

이제 나는 이들 가운데 어느 경우보다 더 많은 무리들, 곧 고인이 된 성도들을 이야기하겠습니다. 여러분은 오늘 그들이 흰 옷을 입고 있는 것을 볼 수 있습니까? 그들의 거룩한 노래를 들을 수 있습니까? 그것이 죽어서라도 볼 만한 광경이라면, 그것이 이 땅의 모든 목소리를 잠재워서라도 들을 만한 소리라면, 그렇게 할 수 있겠습니까? 그런데 회심하지 않은 여러분, 여러분이 피로 씻은 이 무리들 가운데서 친구를 찾는다고 생각해 보십시오. 나는 그들이 영광스러운 대열 가운데 서 있을 때 여러분이 그들을 보면서 이렇게 말하는 모습을 그려보겠습니다. "나는 하나님의 적이야. 기도하지 않고 회개하지도 않아. 나는 타락한 사람이야. 그래도 나는 이대로 그냥 있겠어. 이들 모두 가운데 누가 내 친구가 되겠어?" 화가 나서 보는 것 외에는 단 한 사람도 여러분을 보지 않을 것입니다. 단 한 사람도 손을 뻗어 여러분을 붙잡지 않을 것입니다. 자, 그 긴 줄을 따라 걸어가며 기뻐하는 그 얼굴들을 들여다보십시오. 그리고 그 모든 사람들 가운데서 단 한 사람에게서라도 여러분의 완고한 반항에 동정하는 눈빛을 찾을 수 있는지 보십시오. 그들에게 부탁해 보십시오. 그들에게 와서 여러분이 죄 짓는 것을 도와달라고 하거나 여러분이 회개하지 않는 것을 위로해 달라고 해보십시오. 그렇게 해 줄 사람이 한 사람이라도 있겠습니까?

나는 이 모든 사람을 여러분에게 대항시킵니다. 저기에 한 사람이 서 있습니다. 여러분은 저 여성을 기억합니다. 저 여성이 기이하게 변화되었고 행복에 넘친 모습 때문에 그녀의 모든 부분이 아주 영광스럽게 빛나긴 하지만, 여러분은 그녀를 압니다. 그 여성은 여러분의 어머니였습니다. 어린 시절에 여러분을 위하여 울고, 마지막까지 여러분을 위하여 기도하며 죽은 어머니였습니다. 어머니에게 물어보십시오. 여러분이 살다가 회심하지 않고 죽는다면 어머니가 여러분의 친구가 될 것인지 물어보십시오. 그러면 여러분이 그동안 종종 애정을 가지고 바라보았고, 언제나 여러분에 대한 사랑으로 가득했던 그 얼굴이 여러분을 외면합니다. 아무리 자기 자식이라도 그 자식이 진노의 후사라면 그렇게 하는 것 외에 그녀가 무엇을 할 수 있겠습니까? 그녀는 구주님을 너무도 사랑하기 때문에 구주님의 원수를 편들 수 없습니다. 땅에서는 어머니가 여러분을 위해 울고 기도할 수 있었지만, 하늘에서는 다른 할 일이 있습니다. 그리고 어머니는 하나님의 뜻에 완전히 동화되어서 여러분의 영혼이 새롭게 되지 않은 또 다른 세상으로 넘어간다면, 그 사랑스러운 입으로 여러분의 정죄에 대하여 아주 엄숙하게 "아멘!"이라고 말할 것입니다. 모든 신자들의 무리와 함께 그녀도 그 판결이 정당하다고 인정할 것입니다.

여러분이 땅에서 알았고 지금은 하늘에 있는 사람들 가운데서 여러분이 마음이 새롭게 되고 변화되지 않는 한 여러분을 사랑할 수 있는 사람은 한 사람도 없습니다. 그동안 나는 여러분 가운데 많은 사람들에게 여러 번 진리를 할 수 있는 대로 분명하게 전하고, 할 수 있는 대로 열심히 이야기하려고 노력하였습니다. 그러나 일단 문을 지나 여러분이 다른 세계로 가버리면, 거기에서는 어떤 설교자도 여러분을 괴롭게 하지 않을 것입니다. 죽음과 지옥의 그늘로 내려가십시오. 거기에서는 아무도 뜨거운 목소리로 여러분에게 간청하지 않을 것입니다. 거기에서는 여러분이 광신자라고 조롱할 사람이 아무도 없을 것입니다. 거기에서는 여러분이 아무 설교도 듣지 못하기에 "저 사람, 참 헛소리를 하고 있다"고 말할 일이 없을 것입니다. 그런 일은 없을 것입니다! 여러분에게는 다른 친구들이 있고 다른 일들이 있을 것입니다. 그러나 하나님의 모든 종들은 여러분을 반대할 것입니다. 여러분이 이 땅에서 계속해서 믿음이 없이 지내는 한, 그들은 여러분을 반대합니다. 나는 하늘에 있는 구속받은 모든 무리를 지금 여러분 앞에 불러 세우고, 그들의 모든 영광에 의지해서 여러분에게 잘못된 길에서 돌이키라고 요구합니다. 결국 그 영광이 대조적으로 여러분의 비참함을 증가시키는 결과만 가져오지 않도록 하기 위해서는 말입니다.

나는 땅에 있는 이 모든 성도들과 하늘에 있는 영화롭게 된 영들에다 모든 천사의 무리를 보태지 않을 수 없습니다. 이들은 성도들의 친구들이자 동반자들입니다. 그러나 그들이 불경건한 자들에게는 결코 친구가 아닙니다. 천사들은 여러분이 회개한다면 기뻐할 것입니다. 그러나 여러분이 회개하지 않는 동안은, 천사들이 우리 가운데서 용무를 수행하듯이 "복수하시는 크신 하나님, 우리가 칼을 뽑아서 이 반역자들을 치게 하소서"라고 소리치고 싶은 때가 참으로 많을 것이라는 생각이 듭니다. 일전에 하나님의 이름을 들어 욕하고 하나님께 자기 사지를 끊어보라고 큰소리친 사람이 저기 있습니다. 그때 지나가는 천사가 있었더라면, 틀림없이 그랬을 것인데, 나는 그 천사가 공중에서 아주 기겁을 하고 가던 길을 멈추지 않았을까 생각합니다. 그런 사람에게 가까이 가는 것이 자기에게 독(毒)이라고 생각하고 천사가 스랍들이 휘두르는 강력한 칼을 뽑아 그 사람을 쳐 죽이려 했다고 하더라도 나는 전혀 이상하게 생각하지 않을 것입니다. 천사들은 여러분을 반대합니다. 이 거룩한 군대 가운데 아무도 하나님의 적인 사람의 친구는 없습니다.

최악의 상황이 남아 있습니다. 하나님이 여러분을 적대하신다는 것입니다. "여호와의 얼굴은 악을 행하는 자를 향하사 그들의 자취를 땅에서 끊으려 하시는도다"(시 34:16). 하나님은 기꺼이 여러분을 구원하시려고 하였습니다. 이렇게 맹세하셨습니다. "주 여호와의 말씀이니라 나의 삶을 두고 맹세하노니 나는 악인이 죽는 것을 기뻐하지 아니하고 악인이 그의 길에서 돌이켜 떠나 사는 것을 기뻐하노라"(겔 33:11). 그러나 여러분이 돌이키려고 하지 않으면 반드시 불에 타 죽습니다. 여러분이 회개하려고 하지 않으면 반드시 멸망합니다. 하나님께서 그렇게 말씀하셨고, 하나님은 거짓말하시지 않을 것입니다. 공의가 그것을 요구하고, 온 세상의 재판장께서 반드시 공의대로 처리하실 것입니다.

그리고 결국, 여러분이 하나님의 원수가 되기로 결심한다면 하나님의 아들이신 예수 그리스도께서 여러분을 적대하십니다. 예수께서는 죄인들을 사랑하십니다. 죄인들을 위하여 죽으셨습니다. 주께서는 언제나 그들을 받아들이실 뜻이 있습니다. 그러나 죄인들이 계속해서 회개하지 않고 믿지 않는 한, 주께서 그들의 죄를 사랑하실 수 없고, 그들을 사랑하실 수 없으며 고집스럽고 완고한 반역자로 그들을 보실 것입니다. 그리스도께서 마지막 날 오실 때, 그리스도를 사랑하지 않은 자들에게 어떤 일이 벌어질지 여러분은 압니다. 그들은 저주 받은 자들이 될 것입니다. 그리스도께서 오실 때 저주를 받을 것입니다. 주님께서 친히 그 사실을 말씀하실 것입니다. 내가 여러분에게 그 사실, 즉 주님께서 오실 때 친히, 다시 말해 백합처럼 단물이 떨어지고 몰약 냄새가 풍기며 여인의 입술처럼 부드럽고 온유한 바로 그 입으로 "저주를 받은 자들아 나를 떠나 마귀와 그 사자들을 위하여 예비된 영원한 불에 들어가라"(마 25:41)고 말씀하시리라는 것을 알려주어야 한다는 것이 소름끼치도록 두렵습니다. 여러분은 그 무시무시한 마지막 날에 그리스도 안의 친구를 아무도 찾지 못할 것입니다. 그리스도께서 토기장이의 그릇을 산산이 부수듯이 철장으로 여러분을 박살내실 것입니다. 그래서 나는 이 큰 무리를 여러분에게 대항시킵니다. 곧, 지상의 성도들과 하늘에 있는 성도들, 천사들, 하나님 그리고 그리스도 자신이 여러분에게 대항한다고 말씀드립니다.

여러분을 위하는 사람이 누구 있습니까? 하나님의 적들이여, 누가 여러분 편에 있습니까? 여러분을 적대하는 사람들을 생각하는 것만큼이나 여러분을 위하는 사람들을 생각하는 것도 두려운 일입니다. 여러분을 위하는 사람들, 여러분 편에 있는 사람들도 여러분처럼 불경건한 자들이기 때문입니다. 지옥에 있는 망한 자들, 여러분도 피하지 않으면 틀림없이 그렇게 될 것인데, 그 망한 자들과 자기들 죄 때문에 형벌 받는 마귀와 그의 사자들이 여러분 편에 있는 자들이기 때문입니다. 이 소름끼치는 무리가 바로 여러분을 위하는 자들입니다! 이 말을 들으면 아마 어떤 사람은 놀라서 일어나 이렇게 말할 것입니다. "나는 이런 무리들 가운데 있을 수 없어요! 내가 이처럼 무시무시한 선원이 타고 있고 사탄이 선장으로 있는 이 해적선을 타고 항해한단 말입니까? 맹세코 나는 이 배에서 뛰어내려 다른 배로 헤엄쳐 갈 것입니다. 아무리 많은 뇌물을 준다고 하더라도 나는 절대로 이 배에 있지 않을 것이고 이 검은 깃발 아래서 싸우지 않을 것입니다. 나는 사탄을 섬길 수 없고 섬기지도 않을 것이에요."

친구 여러분, 여러분이 그렇게 말한다면 나는 예수님의 종으로 이 자리에 서서 여러분 위에 피로 얼룩진 그리스도의 십자가의 깃발을 들겠습니다. 그리스도의 군대에 입대할 뜻이 있는 여러분, 자, 오십시오. 그 뜻이 있는 사람은 그리스도를 영접하십시오. 그리스도를 영접하는 사람은 누구든지, 그리스도를 믿음으로 그를 영접하는 사람은 누구든지 그리스도의 종과 십자가의 군병이 되는 권세를 받습니다. 그러면 나는 그에게 대항시킬 무리가 아무도 없게 될 것이고, 오히려 바로 그 당당한 무리가 예수를 믿음으로 구원받은 그 사람의 편이 될 것입니다! 하나님께서 이 말이 유용하게 쓰일 수 있게 해 주시고, 그래서 그리스도께서 영광을 얻도록 해 주시기를 바랍니다!

잠시 내가 선율에 변화를 주겠지만 중심 생각은 그대로 유지할 것입니다. 죄는 매우 즐겁고 유익한 것이라고 말하는 사람들이 있습니다. 정말로 오늘날 많은 사람들이 그렇게 생각한다고 말합니다. 여기에도 그렇게 생각하는 사람들이 있을 수 있습니다. 특별히 인생을 막 시작한 젊은이들로서, 런던 생활의 매력에 얼이 빠져 있고, 이상한 여인의 집에서 파는 위험한 포도주를 마시기 시작한 그런 사람들이 있을지 모릅니다. 그런 이들에게는 악이 즐거운 일처럼 보입니다. 젊은 이여, 나는 방에서 여러분 혼자만 만날 수 있으면 좋겠습니다. 공중 집회에서는 암시적으로밖에 언급할 수 없지만 사적으로는 열심히 이야기할 수 있는 것들을 말할 수 있게 말입니다. 죄의 결과들은 내가 이 자리에서 말할 수 있는 그런 것이 아닙니다. 여러분은 큰 망상에 사로잡혀 있습니다. 여러분이 죄가 여러분에게 즐거움을 줄 것으로 생각한다면, 나는 수많은 사람들이 그 망상에 대하여 여러분을 대적하도록 하겠습니다. 내가 자기 죄 때문에 세상에서 지옥과 같은 고통을 겪고 있는 불쌍한 사람들을 병원들에서 불러낸다면 그들은 엄청난 무리가 될 것입니다! 내가 그 사람들을 보지 않았습니까? 내가 그들이 땅속으로 기어 다니는 것을 보지 않았습니까? 침울증(hypochondriasis, 沈鬱症)으로 망가져서 감히 위를 올려다보지 못하고, 사람에게 악한 것밖에 가져다주지 않는 절망으로 낙담하고 자포자기하며 지내는 것을 보지 않았습니까? 나는 그들이 죄 때문에 뼈가 썩은 것 같은 상태를 보지 않았습니까? 죄에 대한 영원자의 저주임을 보여주는 표와 인인 질병들이 있습니다. 지옥의 무시무시한 폭풍우에서 끝없이 쏟아지는 비 가운데 처음 떨어지는 큰 빗방울들이라고 할 수 있는 질병들이 있습니다. 이 자리에 의사가 있다면, 그는 사람들이 흔히 짓는 죄 가운데 이 세상에서도 사람들에게 아주 끔찍한 형벌을 가져다주는 죄들이 있다고 말해줄 수 있을 것입니다. 지옥의 용광로는 불이 무섭게 타오릅니다. 이 세상에서 사람들이 거기에 가까이 가면 느부갓네살 근위병들처럼 영원히 타오르는 불길의 맹렬한 열기에 타죽고 맙니다.

이때 하나님께서는 사람들이 죄의 결과들 가운데 일부를 이 세상에서 겪게 하시는 것입니다. 만약 그렇게 하는 것이 정말로 적절한 일이라면, 오늘 밤 내가 젊은 시절을 온갖 방탕으로 낭비하는 바람에 가난과 질병을 떠안고 사는 사람들을 불러오지 못하겠습니까? 부랑자 임시 수용소를 조사해 보고 구빈원(救貧院)에 들어가 보며 싸구려 하숙집에서 하룻밤을 지내며 앉아서 목사 아들들이나 점잖은 사람들의 아들들, 귀족의 자제들, 한때 무역업자였거나 장사꾼, 변호사, 의사였던 사람들의 이야기를 들어 보십시오. 이들은 바로 방종과 죄 때문에 스스로 몰락해서 구호 대상자의 떡을 먹으며 그처럼 괴로운 운명의 결핍을 경험하고 있는 사람들입니다. 나에게 죄는 즐거운 것이라고 말해 보십시오! 죄가 즐거운 것이라면 여러분은 죄에 지나치게 탐닉할 수 있습니다. 그러나 머지않아 죄가 쓰디쓴 것이 됩니다. 그러므로 죄에서 도망하는 사람들이 지혜로운 사람입니다.

어떤 사람은 이렇게 소리칩니다. "글쎄요, 우리가 다 그런 죄를 사랑하는 것은 아닙니다." 정말, 나는 여러분이 다 죄를 사랑하는 사람이 아니기를 바랍니다. 나 역시 그런 죄들을 거부하였습니다. 그러나 내게는 다른 죄들이 있었습니다. 세상에서는 그런 것을 죄라고 하지 않겠지만 사실은 죄였습니다. 구주님을 발견하기 전에 내가 죄가 무엇인지 알기 시작했을 때(지금은 죄가 무엇인지 확실히 압니다), 내 죄들이 의식 속에서는 작은 지옥과 같은 고통거리였습니다. 구원받지 못한 사람들이 때로 어두운 밤에 혹은 아플 때나 근심할 때 혹은 혼자 있을 때 양심이 작용하도록 내버려두면 그들이 몹시 불안해진다는 것을 나는 압니다. 여러분이 친구가 죽었다는 말을 들었을 때 얼굴이 창백해지는 것을 내가 보지 않았습니까? 장례식 종소리가 울려 퍼졌을 때, 여러분은 숲속 깊은 곳에서 그 소리를 듣지 않기를 바라지 않았습니까? 여러분이 잠시 동안 혼자 앉아 있을 수밖에 없었을 때 마음속으로 영원에 대해 생각해 보기를 무서워했습니다. 그래서 여러분은 이 세상의 부질없는 일들에는 아무것도 없다는 것을 느꼈지만 다시 그리로 도망치려고 했습니다. 죄는 비참한 것이고, 아무리 좋게 생각한다고 해도 그것은 만족을 주지 못하는 것입니다. 죄는 이세벨의 얼굴처럼 화장을 짙게 할지라도 사실은 아름답지 않습니다. 사람들이 부도덕한 행위라고 부르는 것들은 그 자체가 겉으로 보기에 불쾌한 것들입니다. 사람이 상식이 조금만 있으면 그 부도덕한 행위들의 비참함이 그 즐거움보다 훨씬 더 크다는 것을 알 수 있을 것입니다. 나는 죄악에 즐거움이 있다고 큰소리치는 사람에 대해 많은 사람들과 함께 일어나 대항합니다.

그런가 하면 참된 종교는 사람들을 비참하게 만든다는 말이 있습니다. 나는 뻔뻔스럽게도 그렇게 말하는 사람이 있으면 많은 사람들과 함께 일어나 그에게 대항합니다. 나는 그리스도인이 되어서 불행하다고 하는 분들에게 오늘 밤 기독교 신앙에 불리한 증언을 해보라고 말할 생각이 있었습니다. 그리고 그 사람들이 그렇게 말하면 나는 그 말을 뒤집어 놓겠다고 생각했습니다. 여러분 가운데 구주님을 사랑하고 구주님에게서 위안과 행복을 얻는 분들은 나와 함께 즐거운 찬송을 한 곡 부릅시다. 여러분, 우리는 확실히 이 큰 둥근 지붕이 진심 어린 노래로 울려 퍼지게 할 수 있을 것입니다. 불행하다고요! 그리스도인이 되어 불행하다고요! 나는 이 자리에 계신 대부분의 사람들처럼 육체적인 고통을 많이 겪었습니다. 또 때로 누구라도 겪는 마음의 우울함에 대해서도 알 만큼 압니다. 그러나 내 주님을 섬기는 일은 복된 봉사이고, 주님을 믿는 믿음 때문에 내 마음은 기뻐 뜁니다. 나는 아무리 건강한 사람이나 아무리 부유한 사람 혹은 아무리 학식이 많고 혹은 온 세상에서 가장 뛰어난 사람이라도 내가 예수 그리스도를 믿는 믿음을 포기해야 한다면, 그와 자리를 바꾸지 않겠습니다. 그리스도인이 된다는 것은 복된 일입니다. 하나님의 백성들은 모두가 그렇게 말할 것입니다.

종종 우리가 병든 사람을 찾아 가 보는데, 보통 병든 신자들이 오히려 우리를 격려합니다. 바로 이 아래에 사랑스러운 자매가 앉던 자리가 있습니다. 여러분도 잘 아는 그 자매가 아플 때 내가 심방을 갔습니다. 단언컨대, 그 자매가 초췌하고 거의 죽게 생겼을 때 그 자매와 지낸 동안 만큼 행복한 시간을 보낸 적이 없습니다. 불과 한 주 전 혹은 열흘 전, 내가 곁에 앉았고 그녀가 거의 말을 할 수 없었을 때, 그녀가 한 말은 말로 표현할 수 없을 만큼 신성한 기쁨으로 가득하였습니다. 그 자매가 지금은 천국에 있지만, 그때도 그 자매 속에는 천국이 있었습니다. 그 자매는 이렇게 말했습니다. "저는 더 나은 땅에 아주 많이 왔어요. 이렇게 힘들게 숨 쉴 일이 훨씬 더 적어진 것이지요. 이 힘든 고통을 견뎌야 할 일도 그만큼 아주 적어졌고요. 저는 곧 예수님 계신 데에 갈 거에요."

내가 심방을 마치고 집으로 가야겠다고 이야기하자 그 자매는 죽어서 본향으로 가는 일에 대해 거리낌 없이 말했습니다. 자매가 어제 열두 시 경 잠들기 전에 주위 사람들에게 마치 자기가 강을 건너는 것 같은 이상한 느낌이 든다고 말했습니다. 한번은 자매가 자신이 강 가운데 있는데 사방에 큰물이 있다고 말하더니, 곧이어서 의식이 간간이 끊기는 가운데 이렇게 말하였습니다. "가고 있어요, 저편으로. 물이 얕아졌어요. 나는 지금 반대편 둑에 올라가고 있어요." 마침내 자매가 소리쳤습니다. "예수님이 제게로 오고 계세요. 하늘의 음악이 들려요!" 그녀의 심장은 아름답고 신비한 선율에 터질 것만 같았습니다. 그 선율이 귀를 통해서 들리지 않았을지라도, 어떻든 다른 어떤 경로를 통해서 그의 영혼의 가장 깊은 내면에 들렸던 것입니다. 그녀는 또 이렇게 말했습니다. "사람들이 노래하는 것이 들려요! 노래하는 것이 들려요! 예수님이 오시니까 예수님이 저를 기다리시지 않게 해 주세요. 제가 가는 길을 멈추기를 바라지 마세요. 제가 가도록 두세요."

자매는 갔습니다. 죽으면서 그 자매처럼 많은 고통을 겪고, 폐병으로 그처럼 숨쉬기 힘들어한 사람을 보지 못했습니다. 감사하게도 사람들이 많은 경우에 그 자매가 겪은 것만큼 많은 고통을 당하지 않습니다. 그렇지만 그토록 고통을 겪은 이 딸만큼 임종의 자리에서 조용하고 편안하며 기뻐한 사람은 없었습니다.

나는 하나님이 계시고 내 영혼에 대한 하나님 자신의 계시만 있으면 아무 증거가 없어도 하나님을 믿습니다. 그렇지만 여러 가지 증거를 주신 것에 대해서 하나님께 감사드립니다. 내게 지극히 유용한 증거들 가운데 신자들의 임종이 있습니다. 주님의 백성들이 이 세상을 떠나는 모습을 보는 것은 내게 큰 유익을 줍니다. 나는 여러분이 하늘로 떠나는 것이 슬픕니다. 여러분이 여기에 있기를 바라기 때문입니다. 그러나 여러분 가운데 누가 되었든지 내가 최근에 기쁘게 목격하였던 죽음처럼 아주 아름답게 떠나간다면, 나는 담대한 마음을 품고 강단에 서게 될 것입니다. 내가 가르치는 종교로 사람들이 이렇게 아름답게 죽는다면, 나는 그 종교를 전하는 것을 부끄러워하지 않겠습니다. 내가 성령의 능력으로 사람들에게 전한 믿음 때문에 사람들이 죽음의 마지막 순간에 그처럼 영광스러운 승리를 거두게 된다면, 나는 다른 어떤 것도 가르치지 않고 다만 계속해서 사람들에게 예수 그리스도의 대속을 단순하게 믿고 전적으로 오직 거기에 안식하라고 가르치겠습니다. 참으로 기뻐하며 지내는 살아 있는 성도들과, 죽어가면서도 두려워하지 않는 성도들로 인해서, 나는 참된 종교가 사람들을 행복하게 만들지 못한다고 뻔뻔스럽게 참된 종교를 비방하는 사람들에게 많은 무리를 일으켜 대항합니다.

이밖에도 이야기할 것이 많지만 여러분을 현재 있는 곳에 그대로 두어야 한다면, 나는 시간이 짧음을 인해서, 죽음이 갑작스럽게 닥친다는 점을 인해서, 심판이 반드시 옴을 인해서, 지옥의 공포를 인해서, 천국의 행복을 인해서, 여러분 영혼의 가치를 인해서 예수님의 피를 인해서 영원하신 하나님의 영광을 인해서 여러분이 더 이상 하나님의 원수 노릇을 하지 말라고 기도할 뿐입니다. 여러분은 하나님의 얼굴을 구하십시오. "악인은 그의 길을, 불의한 자는 그의 생각을 버리고 여호와께로 돌아오라 그리하면 그가 긍휼히 여기시리라 우리 하나님께로 돌아오라 그가 너그럽게 용서하시리라"(사 55:7). "주 예수를 믿으라 그리하면 네가 구원을 받으리라"(행 16:31). 이는 "믿고 세례를 받는 사람은 구원을 얻을 것이요 믿지 않는 사람은 정죄를 받을 것이기"(막 16:16) 때문입니다. 이 때문에 하나님께서 여러분을 구원하시기 바랍니다! 아멘.

제
6
장

—

# 여호와를 기뻐함이
# 그의 백성들의 힘이니라

—

"여호와로 인하여 기뻐하는 것이 너희의 힘이니라." − 느 8:10

"노래하는 자는 크게 찬송하였는데 그 감독은 예스라히야라 이 날에 무리가 큰 제사를 드리고 심히 즐거워하였으니 이는 하나님이 크게 즐거워하게 하셨음이라 부녀와 어린 아이도 즐거워하였으므로 예루살렘이 즐거워하는 소리가 멀리 들렸느니라."
− 느 12:42,43

지난 안식일 아침에 나는 우리 구주님의 탄생이 하나님의 백성들에게 지극히 기쁜 일이요 실로 모든 민족들에게도 참으로 기쁜 일이라고 말씀드렸습니다. 그때 우리는 멀리서부터 온 그 기쁨을 보았습니다. 이제 기쁨을 좀 더 가까이 가서 생각해 보겠습니다. 어쩌면 그 기쁨을 생각하고 그런 기쁨이 생긴 여러 가지 이유들을 주목하는 동안, 그 가운데 어떤 이유들에 우리 마음이 감동을 받아 이 기도하는 집을 나갈 때는 아주 큰 기쁨을 느끼며 갈 수 있을지 모르겠습니다. 하나님의 백성들이 하나님을 기뻐하게 된다면, 특별히 기가 꺾이고 마음이 무거운 사람들이 슬픔 대신에 기쁨을 얻게 된다면 우리는 오늘 아침이 복된 아침이라고 여길 것입니다. 슬퍼하는 하나님의 백성들을 위로하는 것은 하찮은 일이 아닙니다. 그것은 특별히 성령께서 소중히 여기시는 일이고, 그러므로 그 일을 가볍게 평가해서는 안 됩니다. 거룩한 슬픔은 하나님 앞에 귀한 것이고 경건한 기쁨에 이르는데 장애물이 아닙니다. 첫 번째 본문과 관련해서, 우리는 넘치는 슬픔이 있다고 해서 그와 마찬가지로 넘치는 기쁨을 속히 보여서는 안 된다고 생각할 이유가 없다는 점을 주의 깊게 보아야 합니다. 왜냐하면 느헤미야와 에스라에게 기뻐하라고 명령을 받은 사람들이 바로 그때 회개의 슬픔으로 마음이 녹아 있었기 때문입니다. "백성이 율법의 말씀을 듣고 다 우는지라." 수문 앞에 모인 거대한 회중이 에스라의 가르침을 듣고 정신을 차리고 마음이 찔렸습니다. 그들은 검과 같은 하나님의 율법의 칼날이 마음을 열고 찢고 베고 죽이는 것을 느꼈습니다. 그래서 그들이 슬퍼하는 것은 당연한 일이었습니다.

그 다음에는 그들에게 복음의 향유를 바르고 복음의 음악을 듣게 해줄 시간이었습니다. 그래서 우레처럼 소리를 치던 사람들이 어조를 바꾸고 위로의 아들이 되어 백성들에게 이렇게 말하였습니다. "오늘은 너희 하나님 여호와의 성일이니 슬퍼하지 말며 울지 말라 하고 느헤미야가 또 그들에게 이르기를 너희는 가서 살진 것을 먹고 단 것을 마시되 준비하지 못한 자에게는 나누어 주라 이날은 우리 주의 성일이니 근심하지 말라 여호와로 인하여 기뻐하는 것이 너희의 힘이니라."

백성들이 회개하고 진심으로 하나님께 돌이켰기 때문에 그들에게 기뻐하라고 명한 것입니다. 어떤 직물은 아름답게 채색할 강렬한 색을 입히기 전에 적셔야 할 필요가 있듯이, 우리 영혼도 기쁨이라는 빛나는 색깔을 낼 수 있으려면 먼저 회개의 눈물로 적셔야 할 필요가 있습니다. 복음의 기쁜 소식은 오직 젖은 종이에만 인쇄할 수가 있습니다. 여러분은 소나기가 온 뒤만큼 모든 것이 깨끗하고 밝게 빛나는 때를 본 적이 있습니까? 그때는 빗방울이 햇빛으로 인해 보석으로 바뀌고 꽃들은 상쾌한 목욕으로 인해 더욱 새로워진 미소와 반짝이는 얼굴로 올려다보며, 새들은 물이 똑똑 떨어지는 나뭇가지 사이에서 잠시 쉬었기 때문에 더욱 기쁜 선율로 노래합니다. 이와 같이 영혼도 회개의 비에 흠뻑 젖었을 때, 용서하시는 사랑의 밝게 빛나는 햇빛으로 기쁨의 꽃들이 사방에 피어납니다. 우리가 기쁨의 궁정에 올라갈 때 밟는 계단은 보통 눈물로 젖어 있습니다. 죄에 대한 슬픔은 그 안에 있는 손님들이 "여호와로 인한 기쁨"이 충만한 아름다운 집으로 들어가는 현관입니다. 이 설교를 듣는 사람들 가운데 슬퍼하는 분들이 "애통하는 자는 복이 있나니 그들이 위로를 받을 것임이요"(마 5:4)라는 산상

수훈의 거룩한 축복의 의미를 발견하고 즐기게 되기를 바랍니다.

나는 본문에서 생각할 여러 주제를 끌어내고 그에 대해 이야기하도록 하겠습니다. 첫째는, "여호와로 인한 기쁨," 즉 하나님에게서 오는 기쁨이 있다는 것입니다. 둘째는, "여호와로 인하여 기뻐하는 것이 너희의 힘이니라." 즉, 그 기쁨은 그것을 힘의 원천으로 삼는 모든 자를 위한 것이라는 말입니다. 셋째로, 그런 힘은 언제나 실제적으로 나타난다는 점을 설명할 것입니다. 그 점에서 두 번째 본문이 우리에게 도움을 줄 것입니다. 그리고 넷째로, 이 기쁨, 그리고 결과적으로 이 힘을 오늘날 우리도 받을 수 있다는 점을 살펴보고 끝내겠습니다.

### 1. 하나님에게서 오는 기쁨이 있습니다.

"여호와로 인한 기쁨." 이 기쁨은 바로 하나님에게서 나오는 것이기 때문에 필연적으로 매우 고상한 성격을 띨 수밖에 없을 것입니다. 사람은 에덴 동산에서 타락한 이후로, 뱀이 즐거움을 찾는 곳에서 자신의 즐거움을 찾는 일이 아주 흔하였습니다. "네가 배로 다니고 살아 있는 동안 흙을 먹을지니라"(창 3:14)고 기록되었는데, 이것이 뱀의 운명이었고, 사람은 야망에 빠져서 육욕적인 욕망들에서 즐거움을 찾고 세상의 하잘것없는 티끌로 영혼을 만족시키려고 하였습니다. 그러나 시간의 기쁨거리들이 불멸의 인간성을 만족시킬 수 없습니다. 영혼이 일단 영원하신 성령님에 의해 살아나면, 영혼은 더 이상 세상의 환락에 만족할 수 없고 심지어 사람이 생활에서 누리는 일반적인 즐거움들에도 만족할 수가 없습니다.

그런데 사랑하는 여러분, 우리는 아무렇게나 기쁨을 찾도록 방치되어 있는 것이 아닙니다. 기쁨, 곧 불멸의 영혼을 만족시키고 그 영혼에 어울리는 지극한 기쁨은 우리의 아버지이신 하나님의 사랑에 의해 우리에게 옵니다. 하나님께서는 우리의 모습을 비웃는 만족스럽지 못한 것들 가운데서 우리가 방황하도록 버려두시지 않았습니다. 하나님은 우리에게 세상적인 것들이 만족시킬 수 없는 욕구를 주셨고, 그런 욕구들을 적절히 만족시켜 주셨습니다. 하나님께서는 그의 오른편에 영원한 즐거움을 쌓아 놓으셨습니다. 하나님께서는 이 욕구들을 바라도록 가르치신 택한 백성들에게 그 욕구들을 지금도 계시하십니다.

본문에서 "여호와로 인한 기쁨"이라고 부르는 특별한 즐거움을 살펴봅시다. 이 기쁨은 하나님에게서 나오고, 하나님을 그 대상으로 삼고 있습니다. 영적으로 건강한 신자는 대체로 하나님 자신을 기뻐합니다. 하나님이 계신다는 사실 때문에, 그리고 하나님께서 지금과 같은 인격과 성품으로 계신다는 사실 때문에 그는 행복해합니다. 생각이 깊고 명상적인 신자에게는 하나님의 모든 속성들이 기쁨의 원천이 됩니다. 그런 사람은 속으로 말합니다. "내 하나님의 이 모든 속성들이 내 것이다. 하나님의 능력, 보호하심, 그의 지혜가 나의 인도자이고, 그의 신실하심이 나의 기초이며 그의 은혜가 나의 구원이다." 그는 거짓말하실 수 없는 하나님이시며, 자신의 약속을 신실하게 지키시는 하나님이십니다. 하나님은 온통 사랑이시고 동시에 무한히 공의로우시며 지극히 거룩하십니다. 이 하나님이 영원히 자기 하나님이시라는 것을 아는 사람에게는 하나님을 묵상하는 것이 마음을 가득 채우는 깊고 신비하며 말로 표현할 수 없는 지극한 복 때문에 눈물을 쏟게 만들기에 충분합니다.

유피테르나 불신자들의 거짓 신들에게는 순결하고 거룩한 영혼을 기쁘게 할 것이 아무것도 없었습니다. 그러나 여호와께는 마음을 정결하게 하며 또한 기쁨으로 떨게 만드는 모든 것이 있습니다. 하나님께서 행하신 모든 일을 깊이 생각하는 것은 참으로 즐거운 일입니다. 하나님께서 옛적에 자신을 놀랍게 계시하셨고, 특별히 은혜 언약 안에서 그리고 주 예수 그리스도라는 분 안에서 자신의 영광을 놀랍게 계시하셨습니다. 하나님께서 친히 내게 자신을 계시하셨고, 내가 그리스도 안에서 내 아버지, 내 친구, 나를 돕는 이, 내 하나님을 보게 만드셨다는 것이 얼마나 즐거운 생각인지 모릅니다. 천국에서 나오는 말씀 가운데 천국의 찬란한 광채보다도 더 영광스러운 말씀이 있다면, 그것은 "내 하나님, 내 아버지"라는 말씀이고, "나는 그들의 하나님이 되고 그들은 내 백성이 되리라"(렘 31:1)는 즐거운 약속입니다. 이보다 더 위안이 되는 말씀을 찾을 수 없습니다.

성령께서도 그리스도인의 마음에 이 복된 생각만큼 기쁨이 가득한 다른 어떤 것을 가져다줄 수 없습니다. 하나님의 자녀가 하나님의 성품에 감탄하고 하나님의 행하신 일들을 보고 놀라며 이렇게 느낄 수가 있습니다. "그분이 내 하나님이시다. 내가 이 하나님을 내 것으로 삼았고 하나님께서 나를 그의 것으로 삼으셨다. 하나님이 나를 강력한 사랑으로 붙드셨고, 나를 영원한 사랑으로 사랑하셨으며 인자의 끈으로 묶어 나를 하나님께로 끌어 오셨다. 내 사랑하는 하나님은 내 것이고 나는 그의 것이다." 이렇게 느낄 수 있다면 그의 영혼은 하나님의 언약궤 앞에 있던 다윗처럼 온 힘을 다해 하나님을 기뻐하며 기꺼이 춤출 것입니다.

하나님 가까이에서 사는 그리스도인은 하나님과 화해하였다는 깊은 의식, 하나님께서 받아들이셨고 그것을 넘어 양자로 삼으셨으며 하나님과 친밀한 관계가 되었다는 깊은 의식에서 기쁨의 또 다른 원천을 발견합니다. 전에는 자신의 죄가 하나님을 노여우시게 했지만 이제 그 죄들이 모두 지워졌고 하나도 남지 않았다는 것을 알면 사람이 기뻐하게 되지 않겠습니까? 전에는 하나님과 사이가 틀어졌고 악한 행실로 말미암아 하나님에게서 멀리 떨어졌지만 이제는 그리스도의 피로 하나님과 가까워졌다는 것을 알면 사람이 기뻐하게 되지 않겠습니까? 하나님은 더 이상 칼을 빼들고 우리를 뒤쫓으시는 진노하시는 재판장이 아니고, 우리가 슬픔을 그 가슴에 쏟고 마음의 모든 고통에 대하여 평안함을 찾을 수 있는 사랑하는 아버지이십니다.

사랑하는 여러분, 나는 여러분이 하나님께서 정말로 우리를 사랑하신다는 것을 알면 좋겠습니다! 그동안 여러분에게 내가 그 주제에 대해 설교할 수 없다는 말을 종종 하였습니다. 그것은 말없이 명상할 주제이고, 오랫동안 앉아서 묵상할 주제이기 때문입니다. 무한하신 하나님께서 하루살이와 같이, 사라지는 그림자와 같은 하찮은 피조물을 사랑하신다니요! 이것이 놀라운 일이 아닙니까? 하나님께서 나를 불쌍히 여기신다는 것은 이해할 수 있습니다. 황송하게도 하나님께서 몸을 낮추어 내게 자비를 베푸신다는 것은 알 수 있습니다. 하지만 하나님께서 나를 사랑하신다는 것, 지극히 순결하신 하나님께서 죄인을 사랑하신다는 것, 무한히 크신 하나님께서 벌레 같은 피조물을 사랑하신다는 것은 비길 데 없는 기적 가운데 기적입니다! 그런 생각들은 틀림없이 영혼에 위로가 됩니다.

이에 더하여, 하나님의 사랑으로 인해 우리 신자들이 하나님과 실제적인 관계를 맺게 되었고, 그래서 우리가 지금은 하나님의 자녀라는 이 사실이 또한 신성한 즐거움의 원천입니다. "하나님께서 어느 때에 천사 중 누구에게 너는 내 아들이라 하셨느냐"(히 1:5). 불꽃의 사역자들이 비록 온전한 순종을 할지라도 그 가운데 양자의 영예를 받은 자는 아무도 없습니다. 천사 가브리엘에게는 주시지 않은 은혜를 우리, 곧 티끌 같은 연약한 피조물인 우리에게 주셨습니다. 이는 맏아들이신 예수 그리스도로 말미암아 우리가 하나님의 가족의 식구들이기 때문입니다. 하나님의 아들이 되고, 그리스도와 함께하는 공동 상속자가 되었다는 사실에 얼마나 풍성한 기쁨이 있는지요! 여기에는 말이 소용없습니다. 또한, 양자의 영에서 솟아나는 기쁨은 신자의 또 다른 지극한 기쁨입니다. "아바, 아버지"라고 부를 수 있는 사람이 불행할 수가 없습니다. 양자의 영에는 언제나 성령의 열매인 사랑과 희락과 화평이 따릅니다. 이는 우리가 다시 무서워하는 종의 영을 받지 않았고 그리스도 예수 안에서 자유와 기쁨을 누리는 영을 받았기 때문입니다. "내 하나님, 내 아버지시여." 이 얼마나 즐거운 소리입니까!

그러나 하나님께 속한 사람들이라고 해서 모두가 다 이 기쁨을 누리는 것은 아니라는 말씀을 드립니다. 슬프게도 우리는 이 사실을 인정하지 않을 수 없지만, 그것이 사람들 자신의 잘못이라는 점을 덧붙여 말씀드립니다. 신자가 하나님과 화해하였고 또 하나님께서 신자를 사랑하시며 신자는 하나님의 자녀라는 확신을 갖고 사는 것은 신자의 권리이고 몫입니다. 그런데 만일 신자가 그렇게 살지 않는다면 그 잘못은 오로지 신자에게 있습니다. 하나님의 식탁에서 굶어죽는 사람이 있다면 그것은 손님 자신이 먹지 않기 때문입니다. 차려진 음식은 차고 넘칩니다. 그러나 사람이 와서, 내가 여러분 모두에게 바라는 대로, 항상 그리스도의 보혈의 피 뿌림으로 말미암은 죄 사함을 의식하고, 또 크신 하나님과 온전히 화해하였음을 알고서 아주 기쁘게 생활한다면, 그는 영광으로 가득한, 말로 다할 수 없는 기쁨을 소유한 자입니다.

그러나 사랑하는 여러분, 이것이 전부가 아닙니다. 마음으로 여호와를 기뻐하는 것은 우리의 미래가 어떤 것이든지 간에 그 모든 미래가 하나님의 선하심으로 인해 보장을 받는다는 확신에서도 생깁니다. 하나님의 자녀가 된다는 것, 즉 우리에 대한 하나님의 사랑은 변하는 것이 아니고 언제까지나 변치 않는 것입니다. 신자는 영원하고 변치 않는 사랑의 손에 자신을 맡기는 것에서 완전한 만족을 느낍니다. 오늘 내가 아무리 행복하다고 할지라도 내일에 대한 의심이 있다면, 내 평안의 뿌리를 갉아먹는 벌레가 있는 것입니다. 이제 과거를 즐거이 회고할 수 있고 또 현재를 상당히 즐겁게 보낼 수 있을지라도 미래를 생각할 때 두려움으로 떨게 된다면, 내 기쁨은 얄팍한 것에 지나지 않습니다. 내 구원이 여전히 위험스럽고 모험적인 일이라면, 순전한 기쁨은 내 것이 아니고 아직도 깊은 평안을 얻지 못한 것입니다. 그러나 내가 신뢰한 분이 내 안에 그리고 나를 위해 시작하신 일을 온전히 이루기에 충분한 능력과 은혜가 있으시다는 것을 알 때, 그리스도의 일이 결코 불충분한 구속이 아니라 완전하고 영원한 구원이라는 것을 알 때, 그 약속들이 변치 않는 기초 위에 확립되었고, 그리스도 예수 안에서 예와 아멘이 되며 맹세로 확증되고 피로 보증된다는 것을 알 때, 내 영혼이 완전한 만족을 얻습니다. 앞을 내다볼 때 시련의 길들이 길게 뻗어 있는 것을 볼 수 있지만 그 길들 끝에 영광이 있다는 것은 사실입니다. 많은 전투가 있을 것을 예견할 수 있고, 따라서 그런 전투를 예상하지 않는 사람에게는 화가 있겠지만, 믿음의 눈은 승리의 면류관을 볼 수 있습니다. 우리 여행길에 깊은 물들이 나오지만 믿음의 눈은 여호와께서 우리를 데리고 이 강들을 건너시는 것을 볼 수 있으며, 우리가 이쪽 해안가 둑을 올라가 여호와의 안식에 들어가는 날을 내다봅니다. 지극히 귀중한 이 진리들을 마음에 받아들였을 때, 우리는 하나님의 은혜에 만족하고 하나님의 선하심을 넉넉히 맛봅니다. 위안이 되는 이 사실을 신자들에게 인정하지 않는 신학이 있습니다. 나는 그 신학에 대해 논쟁하지 않겠습니다. 다만 이 신학의 오류에 대한 무거운 응징은 그 진리를 받아들였다면 영혼이 얻었을 위로를 잃었다는 점에 있음을 슬픈 마음으로 넌지시 말할 뿐입니다. 나는 복음이 과거에 나를 위해서 행한 일을 인해서 복음을 소중히 여길 뿐만 아니라 복음이 영원한 구원에 대해 내게 제공하는 **보증**을 인해서도 소중히 여깁니다. "내가 내 양들에게 영생을 주노니 영원히 멸망하지 아니할 것이요 또 그들을 내 손에서 빼앗을 자가 없느니라"(요 10:28).

자, 사랑하는 여러분, 이런 기쁨의 개울들이 결코 얕지 않은 것이 틀림없지만 나는 아직 여러분을 기쁨의 깊은 바다에는 데려가지 않았습니다. 신자가 하나님과 실제로 교제를 나눌 때 그에게는 기쁨의 바다가 생깁니다. 나는 하나님께서 우리를 사랑하셨다는 진리에 대해서 말했고, 우리가 지극히 가깝고 사랑스러운 인연으로 하나님과 연결되었다는 사실에 대해서 말했습니다. 그러나 이 교훈들을 경험하게 될 때, 그때는 정말로 기쁨의 기름이 우리에게 부어집니다. 우리가 하나님의 사랑을 알고 하나님의 사랑이 우리 속에 들어올 때, 우리가 늘 하나님과 동행할 때, 그때는 우리의 기쁨이 추수 때, 곧 강물이 양쪽 둑을 넘치는 시기의 요단강과 같을 것입니다. 여러분은 하나님과 동행한다는 것이 무엇인지 압니까? 하나님과 동행하는 것, 그것이 에녹의 기쁨이었습니다. 예수님의 발 앞에 앉는 것, 그것이 마리아의 기쁨이었습니다. 예수님의 품에 머리를 기대는 것, 그것이 요한의 친숙히 아는 기쁨이었습니다. 그렇지 않습니까? 그렇습니다. 하나님과 교제하는 것은 그저 우리 가운데 어떤 이들과 이야기하는 것이 아닙니다. 우리는 고통의 방에서 하나님과 교제하는 것을 알았습니다. 많은 밤을 홀로 불안 가운데 지내며 하나님과 교제하는 것을 배웠습니다. 낙담한 가운데서, 슬픔을 겪고 비방을 받는 가운데서, 온갖 불행 가운데서 하나님과 교제하는 것을 알았습니다. 우리는 그리스도와의 교제에서 마시는 기쁨의 한 모금이 시련으로 가득한 바다를 달게 하기에 충분하며, 하나님께서 우리 가까이 계시다는 것을 알기만 해도, 하나님의 사랑스러운 눈이 빛나고 있음을 보기만 해도, 우리가 그 자리에서 하나님의 임재를 즐길 수 있다면 지옥 같은 곳도 천국으로 변하게 될 것이라고 생각합니다.

현악기 소리를 들으며 거품이 이는 술잔을 꿀꺽꿀꺽 들이키는 여러분, 슬프게도 여러분은 이 지극한 기쁨을 알지 못하고 알 수도 없습니다. 여러분은 이 기쁨이 무엇을 의미하는지 모릅니다. 여러분은 그 기쁨을 생각해 본 적이 없고, 사람이 여러분에게 이야기해 줄지라도 이해하지 못할 것입니다. 풀밭의 소가 별들을 읽고 천체들을 꿰는 분에 대한 광대한 생각들을 모르듯이, 육적인 사람은 하나님께서 자기를 사랑하는 자들을 위하여 준비하신 그 기쁨들이 어떤 것인지 짐작조차 하지 못합니다. 그러나 우리가 그것을 알려 할 때는 언제든지 하나님께서 성령으로 말미암아 우리에게 계시하십니다. 이것이 "여호와로 인한 기쁨", 곧 아버지 하나님과 그의 아들 예수 그리스도와 함께 하는 교제입니다. 사랑하는 여러분, 우리가 이 점에 이른다면 우리는 그 자리에 계속해서 서 있도록 힘써야 합니다. 주님께서 우리에게 "내 안에 거하라"고 말씀하시기 때문입니다. 이러한 교제의 습관이 바로 행복한 생활인 것입니다.

우리는 매일 또 다른 형태의 "여호와로 인한 기쁨"을 사실상 하나님을 섬길 수 있게 되는 시간에서 만나게 될 것입니다. 선을 행할 수 있게 되는 것은 큰 기쁨입니다. 순전히 주님을 위해서 의식적으로 어린 아이에게 그리스도를 위하여 읽기와 쓰기를 가르치는 것이라면, 그 일로 말미암아 진실한 신자는 여호와로 인한 기쁨을 맛보게 될 것입니다. 아무 음식도 마련하지 못한 사람에게 음식을 가져다주는 일, 병자를 방문하는 일, 슬퍼하는 자를 위로하는 일, 무식한 사람을 가르치는 일, 말하자면 그리스도인으로서 행하는 이와 같은 모든 일을 예수님의 이름으로 행하면 우리는 얼마간 여호와의 기쁨을 경험하게 될 것입니다. 형제 여러분, 우리가 일할 수 없을 때 가만히 누워서 고통을 견딜 수 있다면 행복한 것입니다. 묵묵히 견디는 것이 "여호와로 인한 기쁨"을 우리에게 가져다주는 또 다른 도관(導管)이기 때문입니다. 하나님의 징계를 받아 고통스러워하면서도 하나님께서 우리에게 고통을 겪게 하시려고 한다면 고통을 받는 것이 행복이라고 생각하는 것은 즐거운 일입니다. 본성의 연약함 때문에 뒷걸음치지만, 그러면서도 또한 은혜의 힘으로 "주의 뜻이 이루어지이다" 하고 말하는 것은 즐거운 일입니다. 감람나무 열매처럼 맷돌 사이에서 으깨어지면서 감사의 기름만을 내놓는 것은 기쁜 일입니다. 고난의 도리깨질 아래에서 아파하면서도 잃는 것은 겨밖에 없고 하나님께는 온전한 순종이라는 귀한 알곡을 내놓는 것은 기쁜 일입니다. 이것은 땅에서 맛보는 작은 천국입니다. 고난을 기뻐하는 것, 이것 또한 주님을 닮는 데로 높이 올라가는 것입니다.

　어쩌면 우리가 주님과 갖는 일상적인 교제는 비록 매우 귀한 것이긴 하지만 찔레와 가시나무를 헤치고 나가야 맛보게 되는 교제에는 미치지 못할 것입니다. 주님을 따라 광야로 들어갈 때, 그때에야 우리는 주님과 연합하는 사랑이 배나 즐거운 것임을 알게 됩니다. 침울한 상황 가운데 있으면서도 신랑이 우리와 함께 계시기 때문에 우리가 슬퍼할 수 없다고 느끼는 것은 즐거운 일입니다. 지독히 무서운 폭풍우 속에서 밀려가면서도 자기 하나님에게서 멀어지는 것이 아니라 높은 파도의 꼭대기를 타고 천국을 향하여 더 가까이 가는 사람은 복이 있습니다. 그런 행복을 누리는 것이 그리스도인의 몫입니다. 나는 그리스도인이면 누구나 그런 행복을 소유한다고 말하지는 않지만, 모든 그리스도인은 그런 행복을 느껴야 한다고 믿습니다.

　천국에 이르는 대로가 있습니다. 그 길에 있는 사람은 모두가 안전합니다. 그 길 가운데 특별한 길이 있습니다. 내밀(內密)한 길입니다. 그 길을 걷는 사람은 모두가 안전할 뿐 아니라 또한 행복합니다. 많은 신자들이 그저 울타리 안에만 있고, 길가 도랑에서 걷고 있습니다. 그들은 거기에서 안전하기 때문에 걷는 데 따르는 많은 불편한 점들을 그냥 참고 견딥니다. 그러나 둑길 위를 택하고 하나님께서 쌓아 올리신 그 길 한가운데를 걷는 사람은 그 길에 사자가 없고 탐욕스러운 짐승이 전혀 그 위에 오르지 못한다는 것을 발견할 것입니다. 그 길에서는 주님께서 친히 그의 동무가 되시고 그에게 자신을 나타내실 것이기 때문입니다. 그리스도를 겨우 믿는 정도에 지나지 않고, 그래서 성경을 읽지 않고 골방에는 좀처럼 가지 않으며 하나님과의 교제도 어쩌다 한 번 생각나면 갖는 얄팍한 그리스도인 여러분, 여러분은 여호와로 인한 기쁨이 없고 강하지도 않습니다.

제발 여러분의 현재 처지에 안주하지 마십시오. 자신의 약함을 알고서 힘을 얻을 수단을 찾으십시오. 그리고 힘을 얻을 그 수단을 기분 좋은 약, 곧 유익한 만큼 즐거운 약, "여호와로 인한 기쁨"이라는 맛있고 효험 있는 약에서 찾아야 합니다.

시간이 부족해서 거둘 열매가 아주 많은 이 주제에 대해 더 이상 살펴보지 못하겠습니다. 이제 다음 주제로 넘어가겠습니다.

**2. 두 번째 주제는, 이 기쁨이 큰 힘의 원천이라는 것입니다.**

이 생각을 아주 빠르게 살펴봅시다. 이 사실을 생각이라고 말하는 것은, 이 기쁨이 언제나 영혼의 힘을 북돋우는 생각들에서 일어나기 때문입니다. 우리 경건의 깊이는 주로 우리가 얼마나 깊게 생각하느냐에 좌우될 것입니다. 많은 사람들이 한 가지 교리를 알고 나서는 그것을 선반에 처박아 둡니다. 그들은 정통 신앙인이고, 진리를 받았습니다. 그런데 진리를 마치 팔다 남은 물건처럼 손에 쥐고 있는 것으로 만족합니다. 여러분, 만일 여러분이 빵을 만들기 위해 곡식을 갈거나 밭고랑에 곡식을 뿌리려고 하지 않는다면 밀을 창고에 쌓아두는 것이 여러분에게 무슨 소용이 있겠습니까? 복음의 교훈들을 애초에 의도된 목적대로 영적 양식을 위해 사용하는 사람은 즐거운 그리스도인입니다.

어떤 사람들은 정통 신조를 쥐고 있다고는 하나 그 신조가 그에게 아무런 차이를 일으키지 않는 것을 생각할 때 이교 신조를 갖고 있는 것이나 다름없는 경우들이 있습니다. 그들은 자기가 알고 있다는 생각을 갖고 있으며, 알면 충분하다고 상상해서 자기들이 믿는다고 고백하는 진리들을 깊이 생각하지 않고 묵상하지 않으며 중시하지도 않습니다. 그래서 결과적으로 그 진리들에서 아무 유익을 얻지 못합니다. 하나님의 선택, 영원한 사랑, 언약의 약속들, 그리스도의 피로 말미암아 믿음으로 의롭다 함을 얻음, 성령이 하나님의 백성들 가운데 영원히 내주하심이라는 이 중요한 진리들을 잘 생각하는 것, 다시 말해 이 사실들을 자세히 조사하는 것이 거기에서 기쁨을 끌어내는 길입니다. 이 일은 또한 마음에 힘을 북돋우기도 합니다. 이 천상의 포도들을 묵상으로 압착하여 붉은 포도주가 철철 넘치도록 하는 것은 기분을 상쾌하게 할 뿐 아니라 기운을 북돋우기도 하는 운동입니다. 기쁨은 우리의 힘을 북돋우는 이 진리들에서 나오고, 또 묵상의 과정을 통해서 나옵니다.

그 다음에, 우리 속에 있는 "여호와로 인한 기쁨"은 언제나 강한 영적 생명의 표시이자 상징입니다. 거룩한 쾌활함은 영적 활력이 있음을 보여주는 표시입니다. 내가 영적 기쁨이 있는 사람은 하나님과의 교제를 통해서 그 기쁨을 얻는다고 말씀드렸지만, 가장 확실하게 힘을 길러주는 것은 바로 하나님과의 교제입니다. 여러분이 강하신 하나님과 함께 있으면서 여러분 자신은 힘을 얻지 못하는 일이란 있을 수 없습니다. 하나님은 언제나 변화시키는 하나님이시기 때문입니다. 하나님을 주목해서 보고 생각하면 우리의 모습이 변화되어 마침내 우리 자신도 어느 정도 하나님을 닮게 됩니다. 여러분이 종종 귀가 따갑도록 듣는 프랑스 남부의 따뜻함은 부드럽고 향긋한 바람에서 생기는 것이 아니라 해로부터 생깁니다. 그래서 해가 지면 기온이 떨어집니다. 여러분이 이탈리아의 거리에서 한쪽 편에 서 있으면 때가 5월이라는 생각이 들지만 길을 건너 그늘로 들어가면 2월처럼 춥습니다. 해가 그 모든 일을 좌우합니다. 하나님의 얼굴 빛 가운데서 행하는 사람은 바로 그 이유 때문에 따뜻하고 강합니다. 기쁨이라는 햇빛은 보통 영적 생명이라는 온기와 함께 갑니다. 기쁨의 빛이 다양하듯이 거룩한 힘의 온기도 다양합니다. 하나님의 빛 안에 거하는 사람은 행복하면서 또한 강합니다. 그늘로 들어가 여호와로 인한 기쁨을 잃는 사람은 기쁨을 잃는 것과 동시에 약해집니다. 여호와로 인한 기쁨이 우리의 힘이 되는 것처럼 또한 그것은 힘이 생기거나 떨어지는 것을 보여주는 표시기입니다. 영혼이 정말로 원기 왕성하고 활동적일 때, 그것은 마치 산중턱을 따라 무섭게 흐르는 급류와 같습니다. 이 급류는 겨울의 무서운 추위의 결박도 비웃습니다. 무서운 추위가 닥치면 한두 시간 만에 괴어 있는 웅덩이와 천천히 흐르는 시내는 얼음으로 묶이고 맙니다. 그러나 눈의 왕이 무섭게 돌진하는 이 급류를 묶어둘 수 있으려면 온 힘을 쏟아야 할 것입니다. 그와 같이 영혼이 믿음이라는 신성한 힘으로 돌진할 때, 영혼을 얼려서 비참하게 만드는 것은 어려운 일입니다. 영혼의 활력이 영혼의 기쁨을 가져오는 것입니다.

그 다음에, "여호와로 인한 기쁨"이 있는 사람은 또 다른 면에서, 즉 이 기쁨이 그를 튼튼하게 하여 시험에 맞서도록 한다는 점에서 기쁨이 힘이 된다는 것을 발견합니다. 그가 그 자리에서 시험을 당할 수 있는 것이 무엇입니까? 그는 세상이 그에게 반역의 대가로 제공할 수 있는 것보다 더 많은 것을 이미 갖고 있습니다. 그는 이미 부자입니다. 그런데 누가 불의의 삶으로 그를 유혹하겠습니까? 그는 이미 만족해 있습니다. 그런데 누가 기분 좋은 미끼로 그를 꾈 수 있겠습니까? "나 같은 자가 어찌 도망하겠습니까?"(느 6:11). 기뻐하는 그리스도인은 마찬가지로 박해도 견디어 냅니다. 기뻐하는 그리스도인들은 성공하는 사람들만큼 비웃음을 당하는 것을 잘 참을 수 있습니다. 그리스도인은 이렇게 말합니다. "당신은 비웃을지 모르지만 나는 내 마음속에 참된 종교가 있다는 것을 압니다. 그래서 당신이 비웃을지라도 나는 이 값진 진주를 포기하지 않을 것입니다." 더욱이 그런 사람은 고통을 견딜 만큼 강해집니다. 그에게 가해지는 모든 고난은 그의 지극한 기쁨의 잔에 떨어져서 그 달콤함에 깊은 맛을 더해주는 한두 방울의 쓴 물에 불과하기 때문입니다.

그런 사람은 또한 봉사할 수 있을 만큼 튼튼해집니다. 하나님을 모시고 있는 사람이 할 수 없는 일이 무엇이 있겠습니까? 그는 자기 하나님을 의지하고 담을 뛰어넘고 군대를 돌파합니다. 그는 또한 어떤 종류의 희생이든 감수할 만큼 강합니다. 그런 사람은 모든 것을 주시고 자기에게 영원한 기업으로 계시는 하나님을 위해서 자기에게 있는 모든 것을 포기하되, 그것을 버리는 것이라고 결코 생각하지 않습니다. 그것은 자신의 특별한 보물 창고 안에, 즉 자신의 구원의 하나님 안에 쌓아두는 것일 뿐입니다.

내가 지금 마음의 눈으로 보고 있는 즐거운 사람은 어느 점으로 보나 강한 사람입니다. 그는 아주 조용해 보이지만 사실은 강합니다. 무슨 일이 일어나도 그는 마음이 흔들리거나 불안해하지 않습니다. 그는 악한 소식을 들어도 두려워하지 않습니다. 하나님을 신뢰하므로 마음이 확정되어 있습니다. 마음이 흔들리는 사람은 언제나 약합니다. 그는 성급하고 그래서 일을 그르칩니다. 속에 기쁨이 충만한 사람은 평온합니다. 그는 자기 때를 기다리며, 힘을 잔뜩 채우고서 몸을 웅크리고 있습니다. 그런 사람은 비록 겸손하게 행하지만 굳세고 확고부동합니다. 그는 바람이 불 때마다 떠밀려 다니지 않고 미풍이 분다고 해서 고개를 숙이지 않습니다. 그는 자기가 알고 있는 것이 무엇인지 알고 자기가 마음에 품고 있는 바를 붙들고 있습니다. 그리고 그의 소망의 황금 닻이 휘장 속으로 들어가 그를 굳게 붙잡고 있습니다. 그의 힘은 허세를 부리는 것이 아니라 진짜입니다. 하나님과의 교제에서 생기는 기쁨은 그의 안에 자랑하는 심정을 조금도 일으키지 않습니다. 그는 자신이 무엇을 할 수 있다고 떠들지 않고 그냥 그 일을 합니다. 자신이 무엇을 견딜 수 있을 것이라고 말하지 않고 자기에게 닥치는 모든 것을 견딥니다. 자기가 무엇을 할 수 있는지 그 자신은 언제나 모릅니다. 힘은 성령께서 그에게 주시는 것이기 때문에 자신의 약함을 누구보다도 자신이 더잘 압니다. 그러나 때가 오면 그의 약함은 하나님의 능력을 나타내는 것에 지나지 않습니다. 그럴 때 그는 조용하지만 계속해서 이기고 또 이기려 합니다. 그는속에 있는 빛 때문에 밖의 해에 구애받지 않습니다. 속에 있는 은밀한 창고 때문에 그는 외부의 수확물에 좌우되지 않습니다. 속에 있는 샘 때문에 그는 그릇 시내가 마를 수 있을지라도 두려워하지 않습니다. 그는 사람과 천사들에게서 자유롭고 마귀를 두려워하지 않습니다. 모든 피조물이 원한다면 그에게 대항할 수도있습니다. 그러나 하나님 자신이 그의 큰 기쁨이기 때문에 그는 피조물들의 사랑을 잃는 것을 아쉽게 생각하지 않고 피조물들이 자신을 미워하는 것을 슬퍼하지도 않을 것입니다. 그는 다른 사람들이 넘어지는 곳에서 서고, 다른 사람들이우는 곳에서 노래하며, 다른 사람들이 자신과 그 거룩한 이름에 불명예를 끼치는 곳에서 자기 하나님을 찬미합니다. 하나님께서 우리에게, 진정한 힘에서 나오고, 또 그 힘과 아주 밀접하게 연결되어 있어서 부분적으로 그 힘의 원인이 되는 내적인 기쁨을 주시기 바랍니다.

**3. 이제 서둘러서 세 번째 주제인, 이 힘은 결국 실제적인 결과를 낳는다는 점을 살펴보아야 하겠습니다.**

나는 여러분이 이 점에 진지하게 귀를 기울이게 될 것이라고 확신합니다. 그것은 여러분 가운데 많은 사람들에게서 내가 지금 말하려고 하는 결과들이 나오는 것을 보았기 때문입니다. 나는 아무에게도 아첨하는 말을 할 생각이 없습니다. 여러분 가운데 많은 분들이 고통스러운 상황에서도 주님을 기뻐하며 은혜의 힘에서 나온 열매들을 맺는 것을 보았을 때 하나님께 감사하는 심정이 가득하였습니다. 그러면 이제 두 번째 본문을 봅시다. 거기에서 여러분은 거룩한 기쁨과 경건한 힘에서 나온 열매들을 보게 될 것입니다.

첫째로, 이 힘은 결국 큰 찬송으로 이어집니다. "노래하는 자는 크게 찬송하였는데," 그들의 연주는 마음으로부터 우러나왔고 열광적이었습니다. 거룩한 노래는 중요하지 않은 문제가 아닙니다. 신앙시인 조지 허버트는 "기도는 설교의목적이다"고 말했습니다. 그가 생각을 좀 더 발전시켰다면 찬송이 설교의 목적이라고 말할 수도 있지 않았겠습니까? 결국 사람의 제일 되는 목적은 설교와 기도가 아니라 하나님을 영화롭게 하는 것입니다. 목소리로 하나님을 찬송하는 것은 하나님을 영화롭게 하는 한 가지 형태입니다. 설교는 씨를 뿌리는 일이고 기도는 물을 주는 일입니다. 그러나 찬송은 수확하는 일입니다. 하나님은 자신의 영광을 목표로 삼으십니다. 우리도 그래야 합니다. "하나님께서 말씀하사 찬송으로 제사를 드리는 자가 나를 영화롭게 하나니"(시 50:23, 개역개정은 "감사로 제사를 드리는 자가 나를 영화롭게 하나니"). 그러니 여러분은 깨달음을 갖고서 부지런히 하나님을 찬송하도록 하십시오. 우리는 하프와 트럼펫, 오르간을 치워버렸습니다. 우리는 정말로 그런 악기들이 없이도 잘 지낼 수 있다는 점을 명심하도록 합시다. 나는 우리가 이 전형적인 시대의 도구들 없이도 잘 해나가고 있다고 생각합니다. 이 도구들은 모두 음악에서도 인간의 목소리보다 못합니다. 확실히 거기에는 살아 있는 혀가 창조해 내는 것과 같은 선율이나 하모니가 전혀 없습니다. 그러나 우리가 기쁨은 털끝만큼이라도 포기하지 않도록 조심합시다.

우리가 회중 가운데서 한 목소리로 찬송을 부를 때 기뻐합시다. 마치 음악만이 전부인 것처럼 하나님께 대한 찬송이 직업적으로 드려지는 것을 듣는 것은 불행한 일입니다. 성찬대 석에 있는 열두 명에게 마치 그들이 전체 회중을 대표하는 사람들인 양 여러분을 대신해서 노래하도록 하는 것은 끔찍한 일입니다. 교인들 가운데 십 분의 일은 아예 찬송을 부르려고 하지 않고 또 교인들은 아주 작은 소리로 입만 달싹거리며 찬송을 불러서 사람이 꺼져가는 그 선율을 들을 수 있으려면 귀를 위해 발명된 현미경이 필요한 그런 예배당에 참석하는 것이 내게는 충격적인 일입니다. 그처럼 웅얼거리듯 하나님을 찬송하는 일은 집어 치우십시오. 마음이 기쁘고 힘이 있다면 사람들은 그처럼 빈약한 예배를 비웃을 것입니다.

우리 교회에서는 모두가 찬송을 부르려고 애쓰지만, 우리가 지금보다 찬양 예배를 더 많이 드릴 수도 있지 않습니까? 그동안 우리는 때때로 찬양 집회를 가져왔습니다. 우리는 매주 찬양 집회를 가져야 마땅한 게 아닙니까? 기도회에서는 어느 때보다 더 찬양으로 기운을 북돋아야 하지 않습니까? 하나님의 백성들이 신성한 힘을 더욱 충만히 받는다면 틀림없이 좀 더 부단하게 그리고 좀 더 보편적으로 찬송을 부를 것입니다. 죄인들이 길거리에서 어떻게 바커스 신을 찬양하는 노래를 부르는지요! 여러분은 한밤중에 거의 조용히 쉴 수가 없습니다. 술 마시고 떠드는 아주 꼴사나운 소리 때문에 깜짝 놀랄 것입니다. 포도주 애호가들은 아주 원기 왕성하게 노래 부르는데 우리는 잠잠히 있어야 하겠습니까? 오늘날은 우리가 찬송으로 세상에 폐를 끼치는 일이 많지 않습니다. 그리스도인의 열심이 악한 자들을 훼방하던 시절은 지나갔습니다. 우리가 좀 더 단정하게 질서가 잡혔는데, 나는 좀 더 미적지근해진 것은 아닌가 염려가 됩니다. 아, 옛날 감리교도들처럼 큰 소리로 외쳤으면 좋겠습니다.

형제 여러분, 여러분이 다시 한번 그처럼 큰 소리로 찬송을 부르기 바랍니다. 주님께서 다시 한번 우리에게 찬송하는 때를 주셔서 모두가 진정으로 소리 높여 하나님을 찬송하므로 마침내 원수들까지도 "여호와께서 그들을 위하여 큰일을 행하셨다"(시 126:3) 하고 말하고, 우리는 "그렇다, 실로 여호와께서 우리를 위하여 큰 일을 행하셨으니 우리는 기쁘도다" 하고 답변하기를 바랍니다. 어쩌면 잉글랜드 교회들이 마땅히 드려야 할 감사를 드리지 않았기 때문에 그처럼 큰 복을 받지 못했는지 모릅니다. 곤경에 처해 있는 동안에는 내내 우리는 근심하고 기도합니다. 군주가 병들면 거의 매 시간 뉴스 속보가 공표됩니다. 그러나 감사한 일이 올 때는 뉴스 속보가 공표되어 우리에게 하나님의 자비를 인하여서 하나님께 감사하고 그의 이름을 찬송하도록 요구하는 일은 거의 없습니다. 우리는 해를 뜨고 지게 하시는 일을 인하여 하나님을 찬송합시다. 하나님은 크신 분이시므로 마땅히 그를 크게 찬송해야 하기 때문입니다.

그 다음 결과는 큰 제사입니다. "이 날에 무리가 큰 제사를 드리고 심히 즐거워하였으니." 이제 하나님의 교회가 큰 제사를 드리는 날이 언제입니까? 나는 최근 달력에서는 그 날을 보지 못했습니다. 슬프게도, 사람들이 무슨 제사라도 드린다면, 할 수 있는 대로 형벌을 피하려는 마음으로 드리는 경우가 태반입니다. 큰 제사를 드리고 기뻐하는 사람은 거의 없습니다. 여러분은 어떤 사람에게 상당한 금액을 내도록 설득할 수 있습니다. 수없이 많은 주장으로 마침내 그를 설득합니다. 그래서 그가 돈을 내는데 그것은 자기가 돈을 내지 않으면 창피스러웠을 것이기 때문입니다. 그런데 마음속으로는 여러분이 그런 식으로 왔다가 또 다른 기부자에게 가는 일을 하지 않았으면 좋겠다고 생각합니다. 하나님께서 가장 기꺼이 받으시는 선물은 즐거이 드리는 것입니다. 여러분의 선물이 교회나 가난한 자들, 병든 자들에게 어떤 유익을 끼치든지 간에, 그 선물이 주는(기부) 여러분에게 배나 유익을 끼친다고 아는 것은 잘하는 일입니다. 여러분이 주기를 즐거워하기 때문에 주는 것은 잘하는 일입니다. 꽃이 향기를 뿜어내는데 그것 말고 다른 일 하는 것을 생각해 본 적이 없기 때문에 그렇게 하는 것처럼, 혹은 새가 즐겁게 노래하는데, 그것은 그가 새이고 노래하는 데서 즐거움을 얻기 때문에 그렇게 하는 것처럼, 해가 빛을 비추는데 강요에 의해서가 아니고 그것이 해이고 해는 빛을 비출 수밖에 없기 때문에 그렇게 하는 것처럼, 혹은 바다의 파도가 반짝이는 햇빛을 반사하는데 그것은 빛을 품지 않고 반사하는 것이 파도의 본성이기 때문에 그렇게 하는 것처럼 말입니다. 우리가 마음에 그와 같은 은혜를 받아서 우리 하나님께 즐거이 제사를 드리면 좋겠습니다. 하나님께서 우리가 이러한 은혜를 많이 받게 해 주시기를 바랍니다. 십일조를 창고에 들이는 것이 복 받는 길이기 때문입니다. 성경이 그렇게 말하고 있습니다. "만군의 여호와가 이르노라 너희의 온전한 십일조를 창고에 들여 나의 집에 양식이 있게 하고 그것으로 나를 시험하여 내가 하늘 문을 열고 너희에게 복을 쌓을 곳이 없도록 붓지 아니하나 보라"(말 3:10).

그 다음에, 다른 방식으로 기쁨을 표현하는 일들이 반드시 따라오게 되어 있습니다. 그들이 "심히 즐거워하였으니 이는 하나님이 크게 즐거워하게 하셨기" 때문입니다. 모두가 다 찬송하고 헌물을 드린 것은 아니었습니다. 기계의 바퀴에 기름이 잘 칠해져 있을 때는 기계 전체가 부드럽게 작동합니다. 사람에게 기쁨의 기름이 있을 때는 그의 사업에서, 가정에서 그의 본성의 바퀴들이 부드럽고 조화롭게 돌아갑니다. 이는 그가 즐겁고 행복한 사람이기 때문입니다. 신자들 가운데 여호와로 인한 슬픔이 자신의 힘이라고 생각하는 사람들이 있습니다. 그들은 속박의 영과 회의적인 경험을 기뻐하며, 자신의 마음의 타락에 매우 친숙합니다. 그들은 성도들의 결함을 자기들을 돋보이게 하는 요소로 사용하고 성도들의 잘못을 자신의 입장을 뒷받침하는 증거물로 삼습니다. 그런 사람들은 하나님을 기뻐하는 사람들을 모두 비난하고 의심 많은 사람들을 그냥 너그럽게 보아 줄 뿐입니다. 그들의 힘은 여러분을 어두운 본성의 지하 묘지들로 끌고 가서 자기 마음의 부패함을 여러분에게 보여줄 수 있다는 데에 있습니다. 그러한 힘을 갖고자 하는 사람들은 그 힘을 가질 수 있을 것입니다. 그러나 우리는 본문 말씀이 지혜에 더 가깝다고 확신합니다. "여호와로 인하여 기뻐하는 것이 너희의 힘이니라." 우리가 자신의 타락상에 대해 어느 정도 알고 그에 대해 슬퍼하며, 또 세상의 근심거리들에 대해 다소 알고 그것들을 견디면서 때로 애석해하지만, 그럴지라도 그리스도의 완전한 일에 대한 기쁨이 있고, 다른 모든 사항들을 잊어버리도록 만드는 그리스도와 우리의 연합에 대한 기쁨이 있습니다. 하나님께서 우리에게 그처럼 큰 힘이시므로 우리는 일상생활에서 기쁨을 드러내지 않을 수 없습니다.

그 다음에 본문은 우리에게, 거룩한 기쁨은 결국 가족의 행복으로 이어진다고 말합니다. "부녀와 어린 아이도 즐거워하였으므로." 이 점은 우리 교회에서도 마찬가지입니다. 최근에 나는 하나님께서 복을 주신 가정에서 나오는 아이들을 여러 명 보았습니다. 아버지와 어머니가 주님을 알고 가족의 막내까지도 예수님께로 온 것을 알고 기뻤습니다. 기쁨이 한 사람에게만 있지 않고 가족 모두가 누리는 가정은 참으로 행복합니다. 사람이 기독교 신앙에 대해서 "내가 천국에 간다면 그것으로 되었고, 내 관심은 오직 그것뿐이야"라고 말한다면, 나는 그런 기독교 신앙을 아주 싫어합니다. 여러분은 내가 일전에 호텔 방에서 보았던 독일식 난로와 같습니다. 사람들이 아무리 많은 나무를 가져다가 몽땅 피워도 난로만 조금 미지근해지고 모든 열은 굴뚝으로 올라가버리는 그런 난로와 같습니다. 우리는 난로 주위에 둘러앉아 난로를 따뜻하게 덥혔습니다. 그런데 난로에서는 열이 전혀 나오지 않았습니다. 너무도 많은 사람들이 자신들의 마음을 기쁘게 하고 불신앙의 추위 속에서 와들와들 떨며 앉아 있는 불쌍한 가족과 이웃들의 기운을 북돋을 수 있게 하는 종교를 필요로 합니다. 여러분은 방에 모든 열을 발산하는, 잘 만들어진 우리 집 난로와 같이 되십시오. 여러분의 집에 신앙의 열기를 발산하십시오. 모든 이웃들이 그 복을 함께 받도록 하십시오. 본문 말씀이 이와 같이 끝을 맺기 때문입니다. "예루살렘이 즐거워하는 소리가 멀리 들렸느니라." 여호와로 인한 기쁨을 온 이웃 사람들이 볼 수 있게 해야 합니다. 그러면 참된 종교에 관해 무관심하였을 많은 사람들이 이렇게 물을 것입니다. "무엇이 이 사람들을 기쁘게 만들고 저렇게 행복해하는 가정을 일으키는가?" 이렇게 여러분의 기쁨이 하나님의 선교사 노릇을 할 것입니다.

이제 끝을 맺도록 하겠습니다.

### 4. 이 기쁨, 이 힘을 우리도 얻을 수 있습니다.

"이는 하나님이 크게 즐거워하게 하셨음이라." 하나님만이 우리에게 이 큰 기쁨을 주실 수 있습니다. 그렇다면 이 큰 기쁨은 누구든지 받을 수 있습니다. 하나님께서는 이 기쁨을 한 사람뿐 아니라 또 다른 사람에게도 주실 수 있기 때문입니다. 만일 이 기쁨을 얻는 것이 우리의 선한 행실이나 타고난 능력에 달려 있다면 우리 가운데 어떤 사람들은 결코 그 기쁨을 얻을 수 없을 것입니다. 그러나 하나님이 그 기쁨의 원천이시고 기쁨을 주시는 분이시라면 하나님은 그것을 내게뿐 아니라 내 형제인 그대에게도 주실 수 있고, 그대뿐 아니라 또 다른 형제에게도 주실 수 있습니다.

하나님께서 이 기쁨을 주신 방법은 무엇이었습니까? 첫째로, 하나님께서는 이 백성들이 주의 깊게 들음을 통해서 그들에게 이 기쁨을 주셨습니다. 그들은 단지 듣기만 한 것이 아니라 주의를 집중하여 말씀을 들은 것입니다. 말씀이 그들에게 낭독되었을 때, 그들은 말씀을 빨아들였고 마음에 받아들였습니다. 주의 깊게 듣는 사람은 기쁨을 받는 사람의 길에 서 있는 것입니다. 말씀을 들었을 때 그들은 말씀의 능력을 느꼈고 그래서 울었습니다. 그것이 기쁨을 얻는 데로 가는 길이었던 것으로 보입니까? 그렇습니다. 그들은 율법의 경고를 아주 두려워 떨며 마음으로 받아들였습니다. 그들은 말씀이 망치처럼 자신들을 두들겨 부수도록 허락하였고, 책망의 말씀에 복종하였습니다. 하나님께서 여러분 모두의 마음에 그렇게 할 생각이 일어나게 해 주시기를 바랍니다. 다시 말하지만 이것이 하나님께서 기쁨을 주시는 방법이기 때문입니다. 말씀을 듣고 말씀을 느끼는 것입니다.

그 다음에, 이 후에, 즉 그들이 말씀의 능력을 느꼈을 때, 하나님을 진심으로 예배하였다는 것을 우리는 압니다. 그들은 머리를 숙였습니다. 그들의 자세가 그들이 속으로 무엇을 느꼈는지 말해 주었습니다. 진정 회개하는 마음으로 하나님을 경배하는 예배자들은 안식일이 지루하다고 결코 불평하지 않을 것입니다. 하나님을 경배하는 것이 우리가 기쁨을 얻도록 도와줍니다. 하나님의 보좌 앞에서 아주 낮게 엎드릴 수 있는 사람은 그 보좌 앞에서 마음으로 바랄 수 있는 만큼 높이 오를 수 있을 것입니다.

우리는 또한 하나님의 말씀을 듣고 예배한 자들이 자기들이 들은 것을 분명하게 이해하였다는 것을 읽습니다. 여러분은 설교를 이해하지 못하는 한, 설교를 들은 것으로 만족하지 마십시오. 여러분이 이해할 수 없는 진리가 있다면, 그 진리를 붙잡고 알려고 애쓰십시오. 성경을 읽는 여러분, 여러분은 성경 한 장의 말씀을 다 읽은 것으로 만족해서는 안 됩니다. 성령님께서 여러분에게 그 의미를 알려주시기를 기도하고, 그 의미를 찾을 수 있는 적절한 수단을 활용하며 그

의미를 알고 있는 분들에게 묻고, 여러분 자신의 판단력을 사용하여 그 의미를 찾도록 하십시오. 어느 때가 되어야 우리가 형식주의적인 예배를 버리고 생생한 경배를 드릴 수 있게 되겠습니까? 진정으로 노래하는 마음이 있다면, 그 노래가 라틴어이든지 희랍어이든지 상관이 없습니다. 여러분이 무엇을 노래하고 있는지 아는 것, 여러분이 무엇을 기도하고 있는지 아는 것, 여러분이 무엇을 읽고 있는지 아는 것, 그것을 확실히 파악하고 분명하게 이해하는 것, 이것이 거룩한 기쁨을 얻는 길입니다.

또 한 가지 점이 있습니다. 이 백성들은 자기들이 진지하게 들은 것을 이해하였을 때 열심히 순종하려고 하였습니다. 그들은 옛적에 이스라엘이 그들에게 실례들과 함께 전해준 율법의 일반적인 점들을 지켰을 뿐만 아니라 사장되고 잊힌 옛 제도를 찾아내기도 하였습니다. 그 제도가 그들에게는 대단히 소중한 것이었습니다. 하나님께서 그 제도를 지키도록 명하셨고, 그들은 지켰습니다. 그렇게 지키는 가운데 이 특별한 기쁨이 그들에게 임했습니다. 신자들이 모두 하나님의 말씀을 자세히 살피는 때가 오면 좋겠습니다. 신자들이 "내가 어떤 교회에 가입했는데, 그 교회 교인들이 그렇게 하니까 나도 그렇게 한다"고 말하고 끝내지 않는 때가 오면 좋겠습니다. 아무도 더 이상 "우리 교회의 원칙이 그래" 하고 말하지 않기를 바랍니다. 신자마다 이렇게 말하기를 바랍니다. "나는 하나님의 종이지 사람의 종이 아니고 성공회 기도서나 교리문답서의 종이 아니야. 나는 내 주님께 대해 책임을 지고 있으며, 내가 인정하는 법은 오로지 성령의 감동을 받은 하나님의 말씀뿐이야." 사람마다 이렇게 말하는 때가 온다면, 그 날은 복된 날입니다. "내가 어디에서 잘못되었는지 알고 싶어. 내가 무엇을 해야 하는지 알고 싶어. 정말이지 주님을 온전히 따르고 싶어." 여러분이 하나님을 기뻐하기 때문에 실생활에서 하나님께 순종하게 된다면 그 기쁨이 지극히 훌륭한 방식으로 여러분을 강하게 만들었다고 확신할 수 있을 것입니다.

사랑하는 형제자매 여러분, 나는 필요한 휴양을 취하러 떠나기 전에 우리 가운데 진정한 기도의 영이 있는 것을 보았습니다. 내가 즐겁게 요양차 유럽 대륙으로 출발하였던 것은 우리 교인이 되겠다고 신청한 80명 정도의 명단을 여러분에게 넘길 수 있었기 때문입니다. 우리 교회 직원들이 아주 부지런히 이 사람들과 그 밖의 사람들을 심방하였고, 그래서 다음 주일에는 우리가 100명 이상을, 아마도 120명 가량을 교회의 새 회원으로 받아들일 것으로 봅니다. 이 일에 대해 하나님께 감사드립시다. 만약 여러분이 열매를 맺지 못하는 냉랭하고 죽은 상태에 있었다면 나는 마음 편하게 떠나지 못했을 것입니다. 그러나 하나님의 제단에 실제로 불길이 타오르고 있었고, 영혼들이 구원받고 있었습니다.

이제 나는 이 은혜로운 열심이 계속되고 새로워지기를 바랍니다. 내가 없는 동안에 이 열심이 사라지지 않는다고 믿습니다. 그러나 나는 성령님께서 보내시는 새로운 바람이 불어 이 불길을 아주 맹렬하게 일으키기를 바랍니다. 내일 기도회로 모여 아주 간절히 기도드립시다. 성령의 감동을 받아 씨름하며 간절한 기도를 드려 온 사람들은 다시 새롭게 열심과 열정을 내도록 하시다. 그래서 우리가 여호와로 인한 힘과 기쁨으로 강한 사람들이 되고, 또 결과적으로 즐거운 사람들이 되기를 바랍니다. 허다한 죄인들이 예수님을 바라보고 구원 얻기를 바랍니다. 아멘, 아멘.

제
7
장
—

# 용서하시는 하나님

—

**"주께서는 용서하시는 하나님이시라." – 느 9:17**

사람의 양심이 자신의 죄를 아주 확실히 알 만큼 깨어나서 자기 속에는 자비를 호소할 만한 요소가 일절 없다는 것을 깨닫게 되었을 때, 하나님의 본성과 성품에서 호소할 거리를 찾는 것이 사람의 지혜입니다. 형제 여러분, 우리가 자신을 철저히 살펴보면 우리의 타락한 본성에는 우리를 지존하신 하나님의 마음에 들게 할 수 있는 것이 전혀 없습니다. 만약 우리가 하나님의 선하심을 요구할 권리가 있다고 생각한다면 우리는 어둠 가운데 있고 헛된 희망을 걸고 있는 것입니다. 참된 빛이 올 때, 그 빛은 우리에게는 아무 공로나 핑곗거리가 없음을 드러내고, 인간 본성에는 하나님을 노여우시게 하는 것밖에 없다는 것을 보여줍니다.

이것은 우리가 거듭나지 않은 동안의 우리 상태에 대한 것이며, 그리고 흔히 신자라도 어둠 가운데 있을 때는 자신이 바로 그와 같은 상태에 있다는 것을 발견합니다. 그가 신자라는 증거는 희미하며, 주님의 등불이 그의 속에서 꺼진 것처럼 보이고, 무엇보다 나쁜 점은 그에게서 하나님의 은혜의 햇빛을 볼 수 없다는 것입니다. 사방을 더듬을지라도 그가 발견할 수 있는 것이라곤 자기 속에 무거운 짐을 지고 한숨을 쉬며 신음하게 만드는 것밖에 없다는 것입니다. 그런 곤경 가운데서 그는 믿음이라는 큰 닻을 배 밖으로 던지고 자신에게서 도망하여 하나님께로 가야 합니다. 사람이 언제나 그렇게 하는 것이 잘하는 일이지만, 특별히 흐리고 어두운 날에는 그렇게 해야 합니다. 그가 빛을 얻기 위해서는 의의 태양이신 그리스도 외에 누구에게로 달려가야 하겠습니까? 모든 은혜의 하나님 외에 어디에서 은혜를 구해야 하겠습니까? 모든 것의 모든 것이 되시는 분 외에 어디에서 모든 것을 찾아야 하겠습니까? 현재의 내 자신이 나를 절망하게 만든다면, 내가 그리스도 안에 계시는 하나님이 어떤 분인지 살펴보도록 해야 하고, 그러면 내게 소망이 있을 것입니다.

하나님께서 자비로운 분이시라는 사실은 죄인들에게는 소망을 걸 수 있는 첫 번째 요점입니다. 하나님의 자비가 영원히 지속한다는 사실은 내적인 죄가 영혼을 공격할 때 성도들에게 지극히 복된 요새를 제공해 줍니다. 그런데 우리는 더없이 위안이 되는 이 진리를 어디에서 배웁니까? 하나님께서 자비로우신 분이라는 사실을 어떻게 압니까? 나는 우리가 하나님의 지으신 것들을 보면 하나님은 언제든지 자비를 보이실 준비가 되어 있으시다는 사실을 추론했어야 한다고 생각하지 않습니다. 나는 자연 속에 나타난 하나님의 속성들에 대한 이야기를 아주 많이 들었습니다. 정말로 얼마나 많이 들었는지 모릅니다. "자연으로부터 시작해서 자연을 지으신 하나님께로 올라간다"는 것이 사람들이 흔히 하는 말입니다. 가장 높은 자연의 알프스로부터 시작해서 하나님 보좌의 발판에까지 이르는 것은 너무도 먼 길입니다.

여러분이 일단 주님을 알 때는 하나님으로부터 시작해서 자연으로 내려가는 것이 하나님이 지으신 것들로부터 시작해서 창조주께 올라가는 것보다 훨씬 더 쉽다는 것을 알 것입니다. 교육을 아주 많이 받은 사람은 주변의 우주로부터 하나님의 도덕적 본성에 대해 많은 것을 발견할 수 있었을 것이라는 점은 다소 수긍할 수 있는 바입니다. 사람들이 만물을 보고서 유순한 피조물들에 대한 하나님의 선하심을 짐작했을 수도 있습니다. 그러나 죄인들에 대한 하나님의 자비는 희미하게 나타날 뿐입니다. 이 우주 만물을 보십시오. 여러분은 우주가 변치 않는 어떤 법칙들에 지배된다고 알고 있습니다. 어떤 사람들이 이 법칙들을 어기면 법칙들이 몸을 굽히고 그의 실수를 고려해 줍니까? 그렇지 않습니다. 법칙들은 변함없이 똑같이 작용하고, 사람들이 법칙들을 어길 때마다 거기에 대해 보복을 합니다.

선장이 배를 조종하는 일에 몇 가지 실수를 합니다. 즉, 그가 알지 못한 해류가 있고 혹은 어쩌면 그의 나침반이 고장이 났을 수도 있습니다. 어쨌든 그의 잘못은 아니지만 배가 표류하다가 암초에 걸립니다. 암초가 움직이거나 아니면 말랑말랑해집니까? 혹은 배가 좌초할 때 배의 목재들을 한데 묶어주는 어떤 기적이 일어납니까? 천사의 손이 배를 떠받쳐서 귀한 생명들을 보호합니까? 그렇지 않습니다. 윙윙 거리며 무자비하게 몰아치는 폭풍우 가운데서 배는 깨어지고, 아무리 발버둥치는 사람도 성난 바다에서는 살아남을 수 없습니다. 여기에 자비가 보인다는 표시가 조금이라도 있습니까?

그렇지 않으면 또 다른 경우를 들어봅시다. 전기의 법칙에 무지한 순박한 시골 사람이 돌진해 오는 폭풍우에 쫓기다가 억수로 퍼붓는 비를 피하기 위해 넓게 퍼진 가지 밑에 몸을 숨기려고 높은 나무 아래로 뛰어듭니다. 높이 솟은 뾰족한 곳들이 전기를 끌어당긴다는 것이 자연의 법칙입니다. 그런데 그 시골 사람은 이 사실을 모르고, 창조주의 자연 법칙을 무시할 의도도 없습니다. 그럼에도 불구하고 죽음을 초래하는 유동체가 그 나무를 쪼갤 때, 나무 밑에 무지한 시체를 남깁니다. 법칙은 그 작용을 멈추지 않습니다. 그 사람이 많은 자녀들의 생계를 책임지고 있는 남편일지라도, 그가 매우 정직하고 경건한 사람이었을지라도, 자신이 하나님의 물리 법칙의 세력에 노출되어 있다는 것을 전혀 알지 못하였을지라도 말입니다. 그럼에도 불구하고 그는 죽습니다. 이는 그가 변치 않는 자연 법칙의 길을 막으셨고, 자연은 자신의 길을 달려가기 때문입니다. 여기에는 자비의 흔적이 보이지 않습니다.

어떤 의사가 다른 사람들에게 봉사하려는 것 외에 아무 야망이 없고, 돈 벌려는 욕심도 전혀 없이 고통을 완화시켜 줄 것을 찾으려는 마음으로 자연의 비밀들을 간파하려고 애쓰며 어떤 유해한 약이나 유독한 증기를 마시거나 흡입하는 일이 있을 수 있습니다. 유해한 약이나 해로운 증기가 그 영향력에 자신을 노출시키는 사람의 동기가 고결하다고 해서 치명적인 작용을 멈추겠습니까? 그렇지 않습니다. 귀한 생명이 희생되고, 우리는 훌륭한 의사 한 사람이 세상을 떠났다는 슬픈 소식을 듣습니다. 자연은 아주 확고하게 섰고, 자연의 법칙을 깨트리는 자에게는 일절 자비가 베풀어지지 않았습니다. 이 법칙들은 강력한 기계의 거대한 바퀴처럼 변함없이 계속 전진하고, 그래서 이 바퀴에 빨려든 사람은 부서져 가루가 되므로, 우리가 자연만 본다면 마치 하나님의 자비에 대한 증거는 지극히 적은 것처럼 보입니다. 양심을 평온하게 만들거나 죄인들의 두려움을 가라앉히기에 충분할 만큼의 증거를 보지 못하는 것은 확실합니다.

자연에서도 법칙을 어기는 사람들에게 유익이 되는 표시들이 있다는 것을 우리는 인정합니다. 하나님께서 사람에게 등대를 갑(岬) 위에 세우고, 등대선을 모래톱 가까이에 정박시키도록 가르치시며, 결국에는 우리가 수많은 사람들의 생명을 구원한 구명정을 만들도록 인도하셨기 때문입니다. 번개에 맞아 죽은 경우에, 그 죽음이 다른 어떤 사람보다 확실히 고통이 적었다고 믿을 만한 이유가 있습니다. 그리고 높이 솟아 있다고 해서 계속해서 위험물이 될 필요는 없습니다. 피뢰침이 하늘의 번개로부터 수많은 고층 건물들을 지켰기 때문입니다. 대부분의 독극물들의 경우에 빨리 복용하기만 하면 생명을 구원하는 해독제들이 있습니다. 그리고 심지어 독극물 자체도 다른 약물과 합성이 되면 치료제가 됩니다. 이와 같이 자연 법칙의 냉혹한 지배 아래에서도 형벌을 완화하거나 제거하는 일이 있는 점에서 죄를 용서하는 흔적을 볼 수 있습니다. 드물게 기적적인 개입이 이루어지는 경우를 제외하고 자연에서는 법칙이 변하지 않는다는 점에 주의하시기 바랍니다.

그리고 도덕적인 세계에서는 율법이 결코 변하지 않습니다. 천지는 사라질지라도 율법은 일점일획도 없어지지 않을 것이기 때문입니다. 그렇지만 다른 법칙들의 무자비함과 압도적인 힘을 종종 좌절시키는 법칙들이 있습니다. 도덕 세계에서 대응하는 법칙들처럼 이 법칙들도 하나님께서 자비로우시다는 것을 증명합니다. 그러나 이 모든 사실을 인정할지라도, 자연이 이 주제에 대해 우리에게 제공하는 빛은 확신이라기보다는 다소 추측에 가깝습니다. 형제 여러분, 우리가 이 점에 대해 단지 추측만 하고 말도록 버려지지 않았다는 점에 대해 하나님께 감사합시다. 우리가 이 문제에 대해 해와 달에게서만 빛을 얻도록 버려지지 않았다는 점에 대해 하나님께 감사합시다. 우리에게는 그보다 더 확실한 증거의 말씀이 있습니다. 여러분이 어둠 속에 비치는 빛을 보듯이 그 말씀에 주의한다면 잘하는 일입니다. 우리에게는 성령께서 쓰신 성경이라는 이 책이 있습니다. 성경은 우리에게 우리가 죄를 범한 그 하나님이 언제든지 용서하실 준비가 되어 있으신 하나님, 그 자비가 영원히 지속되는 하나님이시라고 거듭거듭 말합니다.

나는 여러분이 "언제든지 용서하시는 하나님"(개역개정은 "용서하시는 하나님")이라는 이 표현에 주목하기를 바랍니다. 하나님은 어쩌면 용서하실 수 있는 하나님이 아닙니다. 강력한 설득과 간절한 청원을 들으면 마침내 용서하실 수 있는 하나님이 아닙니다. 어쩌면 우리가 오랜 기간 죄를 씻은 후에 지금은 보이지 않는 자비를 드러내실 수도 있는 하나님이 아닙니다. 그런 하나님이 아니라, "언제든지 용서하시는" 하나님이십니다. 아주 기꺼이 준비가 된, 즉 준비하고 서 있는 혹은 성경의 다른 표현을 사용하자면, "은혜를 베풀려고 기다리시는"(참조. 사 30:18) 하나님이십니다. 우리에게는 모든 것이 마련되고 갖추어진 잔치에 주인처럼 서서 "오찬을 준비하되 나의 소와 살진 짐승을 잡고 모든 것을 갖추었으니 오찬에 오소서"(참조. 마 22:4) 하고 말씀하시는 하나님이 계십니다. 모든 것이 준비되었을 뿐만 아니라 또한 하나님 자신이 준비되었습니다. 자기에게 오는 죄인들에게 용서를 베푸시기 위해 하나님의 마음과 손이 모두 준비되어 있습니다. 하나님께 용서하심이 있는 것은 사람들로 하나님을 경외하도록 하시기 위함입니다.

첫째로, 이 복된 진리가 이스라엘의 역사에서 현저하게 나타났습니다. 앞으로 이 점을 생각해 볼 것입니다. 둘째로, 이 진리는 마찬가지로 주님께도 항상 적용됩니다. 자비로우신 성령께서 우리가 자비의 능력에 대해 이야기하는 동안 그 능력을 느낄 수 있도록 인도하여 주시기 바랍니다.

**1. 첫째로, 이스라엘 역사는 하나님께서 언제든지 용서하시는 분임을 현저하게 보여주는 예라는 사실에 주의하시기 바랍니다.**

형제 여러분, 이스라엘 백성들은 하나님의 모든 백성들을 묘사하는 그림으로 제시된 것처럼 보입니다. 제단의 다리를 여인들의 거울, 곧 놋 거울을 녹여 만들었듯이 내게는 마치 이스라엘이 우리 각 사람이 들여다보고 자신의 모습을 알 수 있는 거울과 같은 역할을 하게 되어 있었던 것처럼 생각됩니다. 내가 이스라엘에 대해서 말하면 여러분은 그 기록이 여러분에 대해서 이야기하고, 여러분의 초상을 생생하게 그린다는 것을 알게 될 것이라고 확신합니다.

첫째로, 그들은 매우 특별한 은혜를 받은 백성들이었습니다. 그러나 그들은 정말로 은혜를 모르는 백성들이었습니다. 하나님께서 이스라엘 말고 자신의 진리를 계시하신 다른 어떤 민족이 있습니까? 하나님께서 자신을 위하여 따로 구별하시어 그 가운데서 자신의 영광을 나타내실 백성으로 삼으신 다른 어떤 민족이 있습니까? 하나님께서 이스라엘 외에 손을 높이 들고 팔을 뻗고서 속박의 집에서 이끌어내신 다른 민족이 있습니까? 하나님께서 이스라엘 말고 다른 어떤 민족을 위해 하늘에서 두려운 온갖 재앙을 퍼붓고 지극히 두려운 심판으로 그들의 적을 치신 일이 있습니까? 하나님께서 다른 어떤 종족을 위해 바다를 갈라 그들을 광야를 지나는 것처럼 깊은 바다를 지나가도록 하신 적이 있습니까? 이스라엘 말고 하늘로부터 내리는 양식을 먹은 다른 어떤 군대가 있습니까? 40년 동안 인도를 받고 또 수고하는 일도 없고 씨를 뿌리거나 식물을 심는 일이 없고 추수하거나 창고에 거두어들이는 일도 없이 양식을 조달 받은 다른 어떤 군대가 있습니까? 확실히 하나님께서 친히 그들과 함께 계셨고, 그들은 세상의 다른 어떤 사람들보다 많은 은혜를 받았습니다.

하나님의 택하신 백성, 이스라엘이여, 누가 너와 같겠는가! 그러나 그들은 그만큼 특별히 죄가 더 많았습니다. 우리가 볼 때에는 지금까지 있었던 다른 어떤 민족도 이스라엘만큼 하나님을 노여우시게 한 적은 없는 것 같습니다. 그들은 빛과 사랑을 받고도 범죄하였고, 교훈과 깨우침을 받고도, 사랑의 호소와 경고를 받고도, 간절한 애원과 책망을 받고도 죄를 범하였기 때문입니다. 그들은 자신들이 귀한 은혜를 받았음을 알면서도, 자신들이 선택받은 구별된 백성임을 알면서도 반역하였습니다. 그들의 죄악은 그들이 하나님께서 시내 산 꼭대기에서 말씀하실 때 그 손을 보고 그 음성을 들은 하나님께 대해 범한 것이었습니다. 그들은 기적의 불기둥 아래에서 살았고 기이한 길을 걸었습니다. 하나님께서 이스라엘 진(陣) 안에 계셨고 하나님의 영광이 그룹들 사이에서 빛이 났으며, 불기둥의 상징 아래 하나님의 임재가 그들 모두에게 계시되었습니다. 하나님께서 그들 주위를 불벽처럼 두르셨고, 그들 가운데서는 영광을 나타내셨습니다. 그런데 눈앞에 하나님께서 계심에도 그들은 하나님을 보지 않으려고 하였고, 그들 앞에 하나님의 모든 이적들이 일어났음에도 불구하고 그들은 믿으려고 하지 않았습니다.

친구 여러분, 여러분은 사람들이 자기가 특별히 관심을 쏟고 넉넉하게 대한 사람에게 매정한 대접을 받을 때는 언제나 특별히 더 상처를 받는다는 것을 압니다. 우리는 이렇게 불평합니다. "나를 책망하는 자는 원수가 아니라 원수일진대 내가 참았으리라 그는 곧 너로다 나의 동료, 나의 친구요 나의 가까운 친우로다"(시 55:12,13). 여러분이 많이 참고 희생하였으며 지극히 애정 어린 사랑을 베푼 자녀에게 상처를 받는 것은 힘든 일입니다. "감사하지 않는 자식은 독사의 이보다 날카롭습니다." 이스라엘이 이런 식으로 하나님의 마음을 상하게 하였고,

사람의 방식대로 말하자면, 하나님께서는 그것을 예민하게 느끼셨습니다. 하나님은 그들에게 베푸신 많은 선이 아주 천하게 오용되었기 때문에 마음으로 슬퍼하셨습니다. 그래서 하나님께서는 "내 백성아 내 말을 들으라"(시 81:13) 하고 외치십니다. 또 다른 곳에서는 이렇게 말씀하십니다. "하늘이여 들으라 땅이여 귀를 기울이라 내가 자식을 양육하였거늘 그들이 나를 거역하였도다"(사 1:2). 성경이 하나님께서 말씀하시는 것으로 표현하는 용어가 그런 것입니다. 그렇지만 하나님께서는 자기를 노엽게 하는 그의 백성들을 수없이 많이 용서하셨습니다. 정말로 하나님께서는 기회만 되면 언제든지 용서하신 것이 아닙니까?

또, 이스라엘 백성들은 모든 것에 대해 절대적으로 하나님께 의존되어 있었으나 그들은 교만하였습니다. 16절에서 우리는 "그들과 우리 조상들이 교만하였다"는 고백을 읽습니다. 세상에서 어떤 백성이 마땅히 겸손했어야 했다면, 바로 이스라엘 백성이 그래야 했던 것이 틀림없습니다. 그들은 애굽에서 노예로 지내며 비참한 생활을 하였고 모두 벽돌을 만들었습니다. 그들의 등짝은 노예 감독의 채찍질에 상처가 났고, 그들은 혹독한 학대에 울부짖었습니다. 하나님께서는 무지하고 타락해 있는 그들을 택하셨습니다. 노예 제도에서는 언제나 무지와 타락이 발생합니다. 하나님께서 그들을 데리고 나오실 때 그들에게는 보물이 전혀 없었습니다. 그러나 그들은 전 주인들에게 보물을 달라고 요구하였습니다. 그들의 비축한 양식은 매우 적었고, 그들은 불모의 광야를 지나가야 했습니다. 그들은 얼마 되지 않은 음식을 꾸러미로 묶어 어깨에 지고 갔지만, 이내 다 먹어버리고 말았습니다. 그래서 그들은 매일 하나님의 화덕에서 구운 새로운 빵을 받아야 했습니다. 물에 대해서 말하자면, 가는 길 내내 그들을 따라 물을 흘려보낸 반석이 없었다면 그들은 죽었을 것입니다. 그들은 장사에 열중한 백성들이 아니었고, 사냥할 기회도 없었으며, 농사지을 도구들도 전혀 없었습니다. 그러므로 매일 만나가 내리지 않았다면, 그들은 틀림없이 굶어죽었을 것입니다. 그런데 그들이 매일 하나님의 구제에 의지해 살아가는 연금 수령자였고 또 하나님의 하사품으로 먹기도 하고 입기도 하였으면서도 교만하였습니다. 바로 같은 처지에 있는 다른 사람들을 내가 알고 있는데, 아마 그들도 교만할 것입니다. 극빈자로 살면서도 교만합니다! 다른 사람의 구제로 살면서도 허풍을 떱니다!

형제 여러분, 이스라엘이 이 태도로 말미암아 하나님을 대단히 노여우시게 하였는데, 이런 태도가 바로 우리에게도 있습니다. 떠돌아다니는 이 거지들은 스스로를 대단한 존재로 생각하였습니다. 그래서 그들은 조금이라도 지치면 모세에게 불평하며, 하나님께 자기들을 데리고 나와 죽이려고 광야로 끌어들였다고 비난을 하기 시작하였습니다. 그것을 아주 큰소리로 떠들어댔고, 배가 불러서 스스로 아무 짐도 지려고 하지 않았으며 마치 자신들이 대단한 인물이라도 되는 것처럼 이것도 하려고 하지 않고 저것도 하려고 하지 않았습니다. 그러나 사실 그들은 광야 길을 가는 동안 내내 하나님의 넉넉한 손이 매일의 양식으로 뿌려주시는 것을 거두어 들여야 하는 공중의 많은 새들보다 나을 것이 없는 자들이었습니다. 이를 볼 때 하나님께서 교만한 백성들에게 기회만 있으면 용서하시고 자비를 베풀려고 하신 것이 아닙니까? 교만한 태도로 기분 나쁘게 하는 사람을 용서한다는 것은 언제나 아주 힘든 일이 아닙니까? 여러분을 불쾌하게 만든 사람이 여러분 앞에서 겸손한 태도를 보이면 용서하는 것이 좀 덜 어려울 것입니다. 그러나 그 사람이 모든 것에서 절대적으로 여러분에게 의존해 있음에도 불구하고 교만한 말로 여러분을 모욕한다면, 그에 대해 계속 화를 참는다는 것은 정말로 어려운 일일 것입니다. 교만은 사람을 화나게 만듭니다. 예, 그리고 혐오스러운 것입니다. 하나님이여, 하나님께서 죄를 범한 당신의 백성들의 교만함을 용서하셨으니, 주님은 참으로 언제든지 용서하시는 하나님이셨습니다.

　그 다음에, 이 사람들은 의도적으로 반역하였습니다. 16절과 17절에서 우리는 이 말씀을 봅니다. 그들이 "목을 굳게 하여 주의 명령을 듣지 아니하고 거역하였나이다." 그들은 실수한 것이 아니었습니다. 잘못에 빠졌거나 잘못 인도받은 것이 아니었습니다. 그들은 똑바로 가기를 원치 않았고, 하나님의 뜻과 마음이 무엇인지 알고자 하지 않았습니다. 그들은 귀를 막고 눈을 감았습니다. 그들이 하나님께서 시내 산에서 하시는 말씀을 더 이상 자기들에게 이야기하지 않기를 청했을 때, 나팔 소리를 두려워한 것은 자연스러운 일이었습니다. 그러나 그들 마음 깊은 곳에는 그처럼 순결하고 그처럼 거룩한 율법을 싫어하는 마음이 있었습니다. 그들의 마음은 악을 행하는 데로 기울어져 있었고, 순종의 길을 따라 가려고 하지 않았습니다. 그들은 선동을 꾀하는 고라, 다단, 아비람의 말은 즉각 들었습니다. 또 기회만 있으면 모압 여인들의 꾐에 빠져 우상 숭배 의식과 음란한 행위들을 범했습니다. 그러나 하나님 앞에서는 멍에에 익숙지 않은 수소처럼 거역하였습니다. 그들은 자기 하나님 외에는 아무의 말이나 들으려 하였고, 하나님께는 거의 관심을 보이지 않아 하나님의 규례와 교훈들은 등 뒤로 던져버렸고,

굳은 결심으로 거듭거듭 죄를 지었습니다. 자주 책망을 받으면서도 잘못을 범하는 일이 많았습니다. 그것은 단지 잘못이나 실수가 아니었습니다. 그들의 마음의 경향과 흐름이 악으로 향해 있었던 것입니다.

　의도적이라는 사실 때문에 죄의 가증스러움이 더욱 커집니다. 우리가 이 점에 대해 자신을 책망해야 한다면 슬픈 일입니다. 같은 죄를 거듭 짓는다는 것은 또한 마음의 상태가 굳게 결심한 것에 아주 가깝다는 것을 보여줍니다. 왜냐하면 모든 정황상 마음이 시험에 빠지지 않도록 주의하여 지켜보는 것을 그들이 의도적으로 거절하고, 하나님의 음성을 무관심하게 대하려고 굳게 결심하였다고 생각할 만하기 때문입니다. 슬프게도 우리는 악의 미끼에는 너무도 쉽게 걸리고 선의 끈에는 너무도 약하게 묶입니다. 주여, 우리가 주님을 이런 식으로 노여우시게 할지라도 주께서는 자신이 언제든지 용서하시는 하나님이심을 기꺼이 보여주시옵소서.

　이 외에도, 우리는 이스라엘 백성들이 하나님께서 그들을 위해 행하신 것에 무관심하였다는 말을 듣습니다. "주께서 그들 가운데에서 행하신 기사를 기억하지 아니하고." 그들은 이 무관심으로 인해 불신앙의 큰 악에 빠지게 되었습니다. 형제 여러분, 만일 여러분이 홍해가 갈라지고 이스라엘 군대는 그리로 통과하였으나 바로의 군대는 바다에 빠져 죽는 것을 보았다면 여러분은 일평생 하나님을 신뢰하였을 것이라고 생각합니다. 여러분은 이렇게 말할 것입니다. "아, 내가 그때 살아서 정말로 만나를 주워 먹었다면, 눈으로 그런 일들을 목격하였으니 다시는 불신앙에 빠질 수 없었을 것이라고 확신해."

　여러분의 마음이 이 옛날 불신자들의 마음보다 결코 낫지 못하다는 의심이 금방 들지만, 여러분이 그럴 것인지 아닌지의 문제는 그냥 놔두겠습니다. 하여간 이스라엘은 이내 뒷걸음 쳐 상습적인 불신앙에 빠졌습니다. 그들은 바로의 군대가 모두 죽은 것을 본 지 며칠이 지나지 않아 하나님과 모세에 대해 불평하기 시작했습니다. 언제나 만나를 먹었고 기적적으로 주어진 물을 마셨지만, 그럼에도 그들은 끊임없이 "여호와께서 우리 중에 계신가 안 계신가?"(출 17:7) 하고 물었습니다. 그들은 모세가 "여호와의 손이 짧으냐?"(민 11:23) 하고 묻게 만드는 그런 질문을 끊임없이 제기하였습니다. 그들은 마음에 불신앙의 궤양이 걸렸습니다. 한동안은 그들에게 믿음이라고 할 수 있는 것이 있었습니다.

"바위에서 물이 흐르는 동안
그들은 하나님의 말씀을 믿습니다.
이제 저들이 욕심으로 하나님을 노여우시게 하니
주께서 저들을 낮추셨습니다."

그러나 다음 순간 그들은 다시 불신앙으로 돌아갔습니다. 자기들에게 아주 하찮은 위험과 지극히 작은 걱정거리가 생기면, 이제 자기들이 하나님께서 구원하실 수 없는 곤경에 처하게 되었다고 생각하기 시작하여 이렇게 소리쳤습니다. "하나님께서 우리를 죽이시려고 하는 것이 확실해. 우리를 약속의 땅으로 데려가시지 않을 것이야." 여러분은 이스라엘 말고 이와 같은 사람들이 있는 것을 압니까? 그런 사람이 있다면 손을 내밀어 만져보고 싶습니다. 하여튼 하나님께서 자기 백성 이스라엘이 비열한 불신앙으로 하나님을 노여우시게 하였을지라도 그들을 용서하셨으므로, 우리는 하나님께서 "언제든지 용서하시는 하나님"이시라는 것을 아주 분명히 봅니다.

더 나아가서, 우리는 이 백성들이 마음으로 철저히 배교의 행위를 하였다는 것을 읽습니다. 그들은 자기들을 위하여 우두머리를 세우고 다시 노예 상태로 돌아가려고 하였습니다. 그들은 가나안 사람들이 너무 강해서 자기들이 정복할 수 있는 소망이 전혀 없기 때문에 애굽으로 돌아가겠다고 했습니다. 뭐라고, 노예 상태로 돌아간다고요! 지푸라기도 없이 벽돌을 만드는 일을 다시 하겠다고요! 하나님과 성막과 하나님 임재의 영광을 떠나겠다는 것입니다. 여러분은 그들이 어디로 돌아갈 것이라고 생각합니까? 그들을 유혹한 매력적인 미끼는 무엇이었습니까? 그들은 아직도 입에서 냄새가 풍기는 부추와 마늘과 양파를 위해서 혹사시키는 공사 감독에게로 돌아가겠다는 것입니다. 맛있는 냄새가 나는 큰 솥 곁에 앉고 싶어서 다시 비천한 노예 상태로 돌아가려고 하였고, 하나님과 그의 안전한 인도를 떠나고 조금만 가면 들어갈 좋은 땅을 버리려고 하였습니다. 어리석은 백성들이 아닐 수 없습니다! 형제 여러분, 이것은 미친 짓입니다. 그러나 슬프게도 우리 안에, 바로 우리 안에도 살아계신 하나님을 떠나려는 불신앙의 악한 마음이 있습니다. 그동안 우리도 시험을 받아 세상의 하찮은 것들에게로 돌아가고 세상의 비천한 즐거움에서 만족을 얻고자 한 때가 있지 않았습니까?

무엇보다 악한 일은 아마도 이스라엘 백성들이 실제로 부끄러운 우상 숭배에 떨어졌다는 점일 것입니다. 그들은 송아지 우상을 세워 하나님을 나타내려고 하였습니다. 그들은 자신들의 영광을 풀 먹는 소의 형상에 비유하며, "이스라엘아 이는 너희를 애굽 땅에서 인도하여 낸 너희 신이라"(출 32:8)고 말하였습니다. 하나님께서 이 일로 몹시 화를 내셨는데, 당연한 일입니다. 그럴지라도 모세의 간청을 듣고 하나님은 그들을 완전히 진멸하시지는 않았습니다. 형제 여러분, 우리가 창조주보다 피조물을 더 사랑하고, 우리가 소중히 여기는 것이라고 해서 감히 그것을 여호와의 자리에 세우려고 한다면 그것은 부끄러운 일입니다. "자녀들아 너희 자신을 지켜 우상에게서 멀리하라"(요일 5:21). 그런데 여러분이 우상을 섬겼다가 용서를 받았다면, 여러분은 이스라엘 역사와 여러분 자신의 경험을 통해 하나님께서는 언제든지 용서하시는 하나님이시라는 것을 알 수 있습니다.

잠시 여러분에게 반대편, 즉 하나님의 선하심을 보여주고 싶습니다. 하나님께서는 이 백성들을 용서하시는 동안, 언제든지 용서하시는 모습을 다음과 같은 방식들로 보여주셨습니다. 첫째로, 하나님은 그들이 이 모든 죄를 짓는 동안에도 계속해서 밤낮으로 그들을 인도하셨습니다. 19절은 이렇게 말합니다. "주께서는 주의 크신 긍휼로 그들을 광야에 버리지 아니하시고 낮에는 구름 기둥이 그들에게서 떠나지 아니하고 길을 인도하며 밤에는 불기둥이 그들이 갈 길을 비추게 하셨사오며." 그들이 송아지 우상을 만든 바로 그 날, 해가 저물었을 때 불기둥이 여전히 진(陣)을 밝게 하였다는 점을 생각해 보십시오. 그들이 "우리가 우리를 위해 우두머리를 세우고 애굽으로 돌아가자"고 말한 바로 그 시간에 구름 기둥이 진을 가려서 타는 듯한 해의 열기에서 그들을 보호하고 있었습니다. 그들은 특별한 자비의 그늘 아래서 죄를 범했습니다. 만일 하나님께서 "자, 너희를 떠나마. 더 이상 너희를 인도하지 않겠다. 너희가 내 계명을 따르지 않으니, 너희 가고 싶은 대로 가라"고 말씀하셨다면, 여러분은 이상하게 여겼겠습니까? 하나님께서 그들을 낮의 열기 속에서 졸도하고 밤의 어둠 속에서 더듬도록 내버려두셨다면, 놀랄 일로 생각했겠습니까? 그러나 우리는 주님께서 지금까지 이 광야 같은 세상을 지나가는 순례자인 우리를 인도해 오셨다는 것을 생각하면 놀라지 않을 수 없습니다. 하나님께서는 우리의 모든 죄에도 불구하고 오늘까지 여전히 우리에게 햇빛이 되시고 또한 그늘이 되셨습니다. 하나님께서 우리를 버리셨다면 얼마나 무수한 악이 우리에게 떨어졌겠습니까. 쇠하지 아니하는 그 자비를 감사합시다.

또 한 가지 매우 은혜로운 사실은, 하나님께서 지금도 계속해서 그들을 가르치셨다는 것이었습니다. 나는 다른 것보다 이 점이 더 놀랍습니다. 20절을 읽어 보십시오. "또 주의 선한 영을 주사 그들을 가르치시며." 나라면 틀림없이 하나님께서 이렇게 말씀하셨을 것이라고 생각하였을 것입니다. "모세야, 장막을 헐고 휘장을 거두며 언약궤를 치워버리고 더 이상 아침 저녁으로 제사를 드리지 마라. 아론아, 흉패를 떼고, 에봇과 영광스럽고 아름답게 만든 모든 의복을 벗고 집으로 돌아가라. 이 백성들이 제멋대로 하니 더 이상 그들을 가르치지 않겠다. 내가 그들 가운데 거하며 행하는 것이 헛된 일이다." 그러나 하나님께서는 그렇게 말씀하시지 않았습니다. 오히려 하나님께서는 여전히 그들에게 자신의 길을 알려주셨고, 자기 종 모세가 계속 증거하도록 하셨으며 구원의 길을 아주 충분하게 보여주는 비길 데 없는 예표들을 주셨습니다. 형제 여러분, 여러분은 하나님께서 종종 여러분을 치시고 여러분에게 고난의 떡과 물을 주셨지만, 그럼에도 불구하고 여러분에게서 교사들을 데려가시지 않고 이스라엘의 횃불을 꺼트리시지 않은 것을 인해 하나님께 감사드려야 합니다. 지금도 주의 선한 영이 이 백성들에게 빛을 비추고 가르치십니다. 하나님께서 언제든지 용서하시는 하나님이 아니십니까?

느헤미야는 하나님께서 그들의 죄에도 불구하고 그들을 매일 부양하는 일을 그만두지 않으셨다는 점에도 주목합니다. 느헤미야는 말합니다. "그렇다. 주의 만나가 그들의 입에서 끊어지지 않게 하시고 그들의 목마름을 인하여 그들에게 물을 주셨다." 나는 하나님께서 계속해서 만나가 내리도록 하셨다는 것을 생각하면 놀라지 않을 수 없습니다. 그들은 모세의 화를 돋우고 고라, 다단, 아비람을 세웠습니다. 그런데 바로 그날 아침에 하나님의 떡이 그들 입속에 있었습니다. 그들이 와서 하나님과 그의 종을 대적하는 말을 하였지만, 바로 그날 아침 그들이 하나님께서 주신 물을 마시지 않았다면 그들의 혀는 갈증으로 입천장에 붙어 있었을 것입니다. 우리의 도움을 받고 있는 사람들이 우리의 충고를 고집스럽게 무시하며 우리의 규칙을 계속해서 어기려고 한다면 우리는 생활비를 보내던 것을 중단하게 됩니다. 정신을 차리도록 기근과 한발을 그들에게 보냈어야 하지 않겠습니까? 부녀와 아이들에게 먹을 양식이 없고 건장한 사람들에게 마실 물이 없었다면, 그 일로 그들을 길들일 수 있지 않았겠습니까? 심지어 사자와 사나운 짐승들도 이런 방식으로 복종시킬 수가 있습니다. 그러나 하나님께서는 그렇게 하시지 않았습니다. 그들이 떡을 받았고 물을 마셨습니다. 하나님께서 언제든지 용서하시는 분이 아니었습니까?

여기서 이야기할 또 다른 점은 이것입니다. 즉, 하나님께서 그들을 마지막까지 부양하셨고, 마침내 약속의 땅으로 데리고 들어가셨다는 것입니다. "그렇습니다, 사십 년 동안 들에서 기르시되 부족함이 없게 하시므로 그 옷이 해어지지 아니하였고 발이 부르트지 아니하였사오며 주께서 그들의 자손을 하늘의 별같이 많게 하시고 전에 그들의 열조에게 들어가서 차지하라고 말씀하신 땅으로 인도하여 이르게 하셨습니다." 그렇습니다. 나는 그들의 죄에도 불구하고 이미 은혜로운 약속들을 많이 받았고, 그래서 이미 언약의 복들 가운데 거하는 한 백성을 알고 있습니다. 그들의 죄에도 불구하고 장차 안식에 들어갈 사람들을 압니다. "하나님께서 정녕 그들을 안식에 들어가게 하실 것입니다." 하나님께서 자기 백성들을 그의 영광에 들어가게 하시므로 그들이 기쁨으로 하나님의 얼굴을 볼 것입니다. 하나님께서 언제든지 용서하시는 하나님이 아니십니까?

내가 하고 싶은 말은 너무 많아서 다 이야기할 수가 없습니다. 나는 이스라엘 역사의 이 부분에서 말을 그치고, 여러분이 거기에 대해 묵상하며, 그렇게 하는 가운데 용서하시는 하나님에 대해 탄복하도록 해야 하겠습니다.

**2. 둘째로, 하나님께서는 언제든지 용서하시는 하나님이라는 것도 마찬가지로 사실입니다.**

이것은 본성적으로 하나님께 해당되는 사실입니다. 자비는 하나님의 근본적인 속성이기 때문입니다. 우리는 주 예수 그리스도께서 하나님을 자비로운 분으로 만드시기 위해 죽으셨다고 생각해서는 안 됩니다. 반대로 주 예수 그리스도의 죽으심은 하나님의 자비의 결과입니다. 사람이 범죄하였을 때, 하나님께서는 기꺼이 사람을 용서하려고 하셨습니다. 죄인이 죽는 것을 하나님께서 기뻐하시지 않기 때문입니다. 심판은 하나님께 익숙한 일이 아닙니다. 하나님께서 처음에 아담에게 오신 방식이 하나님의 자비를 보여주었습니다. 여러분이 기억한다면, 하나님은 아담이 죄를 범한 그 순간에 바로 오시지 않고 날이 서늘할 때 오셨습니다. 하나님께서는 사람을 책망하거나 그에게 복수를 단행하는 일에 서두르시지 않습니다. 그래서 하나님은 날이 서늘해질 때까지 기다리셨습니다. 하나님은 반역한 사람에게 화가 난 말투로 이야기하시지 않고, 다정하게 "아담아, 네가 어디 있느냐?" 하고 말씀하셨습니다. 그리고 하나님께서 죄 범한 이 부부에게 묻고 죄를 깨닫게 하시고 판결을 선고하셨을 때, 판결이 두려운 것이었음은 틀림없지만 어조는 아주 부드럽게 누그러뜨려서 하셨습니다. 저주를 할 수 있는 대로 아주 에둘러서 표현하셨습니다. "땅은 너로 말미암아 저주를 받고." 여자가 큰 고통을 느끼게 되긴 했지만, 그 고통은 산고를 잊을 수 있게 만드는 행복한 일과 연관되었습니다. 사람의 범죄로 노여워하신 하나님께서 두려운 말씀을 하셨지만 거기에는 애정 어린 심정이 있었습니다. 그것은 하나님께서 사람이 수고하고 죽어야 한다고 선언하셨지만 또한 "여자의 후손이 뱀의 머리를 상하게 할 것이라"고 약속하셨기 때문입니다. 확실히 주 우리 하나님은 본래부터 매우 인정이 많고 동정심이 가득하신 분입니다.

이 진리는 우리가 언제든지 용서하시는 분이시라는 점을 기억하면 분명해집니다. 하나님께서 죄 사함의 길에 놓인 방해물을 친히 치우셨기 때문입니다. 하나님은 온 세상의 재판장이시므로 직무상 죄를 결코 가볍게 처리하지 않고 정당하게 형벌하여서 다른 사람들이 심판을 피할 것을 기대하며 죄에 뛰어들지 않도록 하는 일이 반드시 필요하였습니다. 하나님은 자신의 영광을 위할 뿐 아니라 모든 피조물의 유익을 위하여서도 죄가 처벌받지 않고 가도록 허용해서는 안 됩니다. 재판장이 범죄자를 용서할 뜻이 충분히 있을 수 있습니다. 그러나 그는 재판장이므로 범죄자에게 유죄 판결을 내려야 합니다. 하나님께서 자진해서 용서하시려는 뜻이 있음이 하나님께서 스스로 비용을 지불하시어 하나님의 자비와 공의가 양립할 수 있는 길을 제공하셨다는 사실에서 나타났습니다. 하나님께서는 품에서 자신의 독생자를 내주셨습니다. 이 독생자는 하나님과 일체이시기 때문에 바로 하나님 자신이었습니다. 하나님께서는 이 독생자 안에서 공의를 존중하고 율법을 옹호하며, 하나님이 의로우실 뿐 아니라 불경건한 자들을 의롭게 하실 수 있도록 하신 일을 겪으셨습니다. 흠모할 만한 아버지 하나님께서 사랑하시는 아들을 사람들을 위하여 피 흘리고 죽도록 내어 주신 것을 볼 때, 나는 하나님께서 언제든지 용서하시는 분이라는 것을 확실히 알 수 있습니다.

이제, 속죄가 이루어졌고 그래서 공의가 무한한 자비에 대해 더 이상 아무런 항의를 할 수 없으므로 하나님께서는 언제든지 용서하실 수가 있습니다. 하나님께서 사랑하는 아들의 피로 말미암아 죄를 지우실 수가 있고, 예수님이라는 희생 제물의 향기 때문에 죄인들에게 미소를 지으실 수 있습니다. 하나님께서는 자기 얼굴을 구하는 모든 사람들의 죄를 이제 기쁘게 잊으십니다.

하나님께서 언제든지 용서하신다는 사실이 죄인들의 눈에 아주 분명하게 보입니다. 이는 하나님께서 죄인들이 아직 죄를 짓고 있는 동안에 그들에게 사랑의 메시지를 보내시기 때문입니다. 하나님께서는 죄인들이 아직 죄를 짓고 있는 동안에도 그들에게 예수 그리스도로 말미암은 완전한 용서를 주십니다. 이는 "그리스도께서 경건하지 않은 자를 위하여 죽으셨기"(롬 5:6) 때문입니다. 나는 복음이 수렁에서 빠져나오기 위해 스스로 조금이라도 노력했다고 생각되는 사람이나 선함이 남아 있다는 표시를 보이는 사람에게 말을 걸지 않고 아담 안에서 타락하였고 자신의 죄로 말미암아 이중으로 망한 사람들에게 이르며, 죄로 말미암아 지옥 문 앞에서 이리저리 내팽개쳐지는 끝없는 수렁 속에 빠진 사람들에게 이른다는 사실을 생각하면 즐겁습니다. "그리스도 예수께서 죄인을 구원하시려고 세상에 임하셨다"(딤전 1:15). "인자가 온 것은 잃어버린 자를 찾아 구원하려 함이니라"(눅 19:10). 예수 그리스도의 구원은 선한 사마리아인과 같아서, 부상당한 사람이 있는 곳에 와서 피 흘리는 그의 상처에 기름과 포도주를 붓습니다.

하나님께서 언제든지 용서하신다는 점을, 하나님께서 죄인들에게 까다로운 조건을 요구하시지 않는다는 사실에서 볼 수 있습니다. 주님은 이렇게 말씀하시지 않습니다. "너희가 이 고통을 겪거나 저 고행을 견디면 내가 용서하겠다. 네가 이 영웅적인 행위나 저 헌신적인 일을 수행하면 용서하겠다." 그렇지 않습니다. 주님께서는 이렇게 말씀하십니다. "주 예수를 믿으라 그리하면 네가 구원을 받으리라"(행 16:31). 값없이 주시는 것을 받으라. 바로 이것이 복음의 교훈입니다. 다만 네 죄를 고백하기만 하라, 혹은 다른 말로 하자면 네 자신의 헛됨을 인정하고 네 구주님을 신뢰하라. 그러면 네가 구원을 받는다는 것입니다.

하나님께서 언제든지 용서하신다는 점은, 하나님께서 복음을 통해 사람에게 요구하시는 것을 또한 그의 성령으로 말미암아 사람 안에서 이루신다는 참으로 영광스러운 이 사실에서 나타납니다. 죄를 고백하는 일에 대해서는 하나님께서 회개의 말을 죄인의 입에 넣어주시며, 죄인의 마음에 회개를 일으키시고, 성령께서 죄인의 마음에 구원의 믿음을 창조하십니다. 어떤 점에서 사죄의 조건이라고 불릴 수 있는 것까지도 또 다른 면에서는 값없는 은혜의 선물이 된다는 점에서 하나님은 언제든지 용서하시는 분이 아닙니까?

사죄를 받는데 필요한 미덕이 아무리 저급한 형태로 있을지라도 하나님께서 그것을 받으신다는 점에서 하나님의 기꺼이 용서하시려는 태도를 볼 수 있지 않습니까? 회개에 대해서는 그것이 진실한 한, 하나님께서는 눈물이나 한숨도 받아주십니다. 믿음에 대해서는 그것이 진실하다면 비록 겨자씨만큼 작은 것일지라도 하나님께서는 그 믿음을 받아주십시다. 그리고 죄인에게 있는 모든 과실에도 불구하고, 그의 마음이 마땅히 그래야 하는 대로 부드럽지 않고 그의 지식이 아주 분명하지도 않으며 그의 믿음의 눈이 아주 밝지 않고 그의 회심이 마땅히 그래야 하는 대로 온전하지 않을지라도, 하나님께서는 그의 이 많은 잘못들 가운데 어떤 것도 그를 용서할 수 없게 만드는 것으로 보시지 않습니다. 하나님께서는 그의 무지와 결점을 눈감아주시고, 오직 죄인 안에 계시는 그리스도에 대해 볼 수 있는 것만을 보십니다. 죄인이 호소할 수 있는 구실은 "예수님을 인하여서"이고, 죄인이 마음으로 품을 수 있는 소망은 "그리스도를 인하여서"입니다. 아버지 하나님께서 보시는 점이 바로 이것입니다. 두려워 떠는 가엾은 영혼이 하나님의 사랑하시는 아들 예수님을 영접한 것을 보실 때 아버지 하나님은 말 한 마디 없이 즉시 죄를 치워 버리시고 "안심하라 네 죄 사함을 받았느니라 평안히 가라"(마 9:2)고 말씀하십니다. 아, 정말로 하나님은 언제든지 용서하시는 하나님이십니다.

사랑하는 하나님의 자녀 여러분, 본문의 말씀은 여러분과 관계가 있고, 여러분은 자신에게서 그 점을 볼 수 있습니다. 하나님께서 어떻게 여러분을 징계하시는지 주의하여 보시기 바랍니다. 여러분은 징계를 받으면 "왜 내게 이런 일이?" 하고 말합니다. 그것은 여러분이 그동안 하나님의 법을 어겨왔기 때문입니다. 여러분은 하나님의 자녀이고 하나님은 여러분의 아버지이십니다. 그래서 하나님은 여러분을 용서하시고자 합니다. 그러나 장애물이 있습니다. 여러분은 여러분의 자녀가 거듭거듭 잘못을 범했을지라도 아이를 용서한다는 뜻을 표현하는 것이 전혀 어렵지 않지 않았습니까? 여러분 마음에는 아무 어려움이 없습니다. 아이를 매우 사랑하기 때문입니다. 그렇지만 여러분은 아이가 자신의 잘못을 가볍게 생각하지 않기를 바랍니다. 아이에게 즉시 용서한다고 말한다면 혹시는 아이가 잘못을 범할지라도 처벌받지 않을 수 있다고 생각하게 될까봐 염려합니다. 그래서 여러분은 아이를 징계합니다. 아이가 징계를 받은 후에 아이를 용서하는 것이 안전할 수 있습니다. 그것이 아이에게 안전하다는 말입니다. 아이가 여러분이 기꺼이 자기를 용서한다고 해서 다시 죄를 범할 생각을 하지 않게 될 것입니다. 그것은 아이가 여러분이 사랑으로 가한 고통을 기억할 것이기 때문입니다. 여러분이 받는 징계를 하나님은 언제든지 용서하시는 분이라는 증거로 보시기 바랍니다. 하나님께서는 안전한 사죄를 하시는데 필요한 징계를 지혜롭게 시행하시기 때문입니다.

또 하나님께서는 징계를 얼마나 가볍게 하시는지 생각해 보십시오.

> "주는 항상 꾸짖으려 하시지 않고
> 우리를 치실 때에도
> 그의 치심은 우리의 악보다 적고
> 우리의 죄보다 가볍습니다."

하나님은 결코 징계를 즐겨하시지 않습니다. 하나님께서는 사람의 자녀들을 의도적으로 괴롭힐 생각이 없고 슬프게 하실 뜻도 없습니다. 하나님은 매를 사용하실 때에라도 얼마나 빨리 매를 거두시는지 모릅니다. 형제 여러분, 하나님께서 얼마나 기꺼이 우리를 용서하려고 하시는지 주의하여 보시기 바랍니다. 슬프게도 우리가 넘어졌을 때, 하나님께서는 은혜로우시게도 다시 우리를 일으켜 주십니다. "내 영혼을 소생시키시고"(시 23:3). 여러분이 물의 쓰레기 더미 위로 날아다닌 노아의 비둘기처럼 방황하였다면, 하나님께서 노아가 지친 비둘기를 받아들인 것처럼 여러분을 받아들이실 것입니다. 노아가 즉시 손을 내밀어 지친 비둘기를 받아 방주 안으로 들였는데, 바로 그와 같이 선하신 성령께서 우리를 자신에게로 받아들이십니다. 성령께서는 우리의 텅 빈 영혼을 다시 채우며 사라져가는 우리의 소망을 되살리고 우리 기쁨의 등에 불을 다시 붙이며 다시 한번 우리를 이전과 같은 존재로, 어쩌면 그보다 나은 존재로 만드십니다. 그 다음에 오셔서 우리에게 다시금 주님의 임재를 의식하게 하는데, 아주 속히 그렇게 하십니다. 하나님은 "내가 잠시 너를 버렸으나 큰 긍휼로 너를 모을 것이요 내가 넘치는 진노로 내 얼굴을 네게서 잠시 가렸으나 영원한 자비로 너를 긍휼히 여기리라"(사 54:7,8)고 말씀하십니다. 하나님은 얼굴을 숨기기를 매우 싫어하시고, 그보다는 아주 속히 자비의 날개를 타고 오셔서 슬퍼하는 자들에게 기쁨을 회복시켜 주십니다. 하나님은 언제든지 용서하시는 하나님이 아니십니까?

나는 회심하지 않은 사람들에 대한 질문에 답을 하고 또 하나님의 자녀에 대한 질문에 답하였을 때 거의 다 일을 마친 것입니다. 그런데 불쌍한 한 구도자가 이렇게 말합니다. "목사님은 하나님은 언제든지 용서하시는 분이라고 말씀하시는데, 내가 그토록 오랫동안 자비를 구하는 기도를 드렸지만 아직까지 얻지 못한 것은 어떻게 된 일입니까?" 그것은 내가 예전에 내 기도가 하늘로 올라가서 둥근 놋 천장에 부딪치고 그 소리가 울려 퍼진 것처럼 생각되었을 때 물었던 질문이었습니다. 자, 여러분은 하나님께서 죄를 용서하기 위해 무엇을 약속하셨는지 압니까? 여러분이 제대로 읽는다면, 하나님께서 여러분이 죄를 고백하고 회개하고 믿으면 용서하겠다고 약속하셨다는 것을 압니다. 여러분은 자신의 죄를 인정하였습니까? 죄를 버리고자 합니까? 주 예수 그리스도를 믿었습니까? 자, 여러분은 이제 예수 그리스도를 믿으려고 합니까? 그러면 여러분은 사죄하심을 받을 것입니다. 그러나 여러분의 기도가 믿음 없이 드리는 기도라면, 일을 잘못하고 있는 것입니다. 여러분은 선한 행실로 천국에 이르기를 바라는 것과 마찬가지로 기도로 천국에 가기를 바라는 것입니다. 왜냐하면 여러분의 기도는 일종의 행위에 지나지 않기 때문입니다. 구원은 믿음으로 얻는 것이지 기도로 얻는 것이 아닙니다. 기도에 믿음이 결합한다면 여러분은 성공할 것입니다. 믿는 것이 반드시 필요합니다. 믿는다면 여러분은 지금 즉시 자비를 얻을 것입니다.

또 다른 사람은 이렇게 말합니다. "그런데 내가 예수 그리스도를 믿었고 그래서 내가 죄에서 구원받았다고 생각합니다. 하지만 하나님께서 언제든지 용서하시는 분이라면 내가 여전히 죄의 결과로 고통을 받고 있는 것은 어떻게 된 일입니까?" 친구 여러분, 하나님께서 그런 뜻을 갖고 계시는 한, 여러분은 고통을 받지 않을 수 없습니다. 사람이 죄를 지어 몸에 병을 얻었다면 하나님께서 그 사람이 믿었다고 해서 그를 건강하게 만드시지 않습니다. 또 사람이 방탕으로 돈을 낭비하였다면 그가 믿는다고 해서 다시 그를 부자로 만드시지 않습니다. 형제 여러분, 이것이 여러분의 옆구리에 가시가 될 것입니다. 그러나 하나님께서 다시 여러분에게 건강이나 부를 주어 시험에 들게 하시지 않을 것이기 때문에 그 고통이 진노의 표시는 아닙니다. 이것을 하나님의 손에서 부드러운 징계로 받으시기 바랍니다. 하나님께서 여러분의 영혼을 구원하신다면, 그 징계는 별로 중요하지 않다는 것을 기억하시기 바랍니다. 사지가 멀쩡하고 온 세상을 얻고서 여러분의 영혼을 잃는 것보다는 여러분이 다리를 절거나 불구로 생명에 들어가는 것이 더 낫기 때문입니다. 죄의 결과로 병이든지 다른 무엇이 올지라도 그것을 받아들이고, 그것이 하나님께서 여러분을 용서하시지 않았음을 증거한다고 결코 생각하시지 마십시오. 오히려 그것은 하나님께서 여러분을 징계하실 만큼 사랑하시는 표시일 수가 있습니다.

어떤 하나님의 자녀는 내게 이렇게 말합니다. "하나님이 그처럼 언제든지 즉각 용서하시는 분이라면 어떻게 내가 여전히 고통을 받을 수가 있고, 어떻게 여전히 가난하게 살 수가 있습니까?" 친구 여러분, 어쩌면 그것은 전혀 징계가 아닐 수가 있습니다. "무릇 열매를 맺는 가지는 더 열매를 맺게 하려 하여 그것을 깨끗하게 하시느니라"(요 15:2)는 말씀을 기억한다면, 그것을 알 수 있을 것입니다. 가지가 열매를 맺지 않았기 때문에 징계하시는 것이 아니라 열매를 더 많이 맺게 하기 위해서 손질해 주시는 것입니다. 여러분은 하나님의 자녀입니다. 그래서 여러분에게는 지고 가야 할 십자가가 있습니다. 십자가를 진노의 표시로 보지 마십시오. 하나님께서 그리스도 뒤에서 그의 십자가를 지고 간 구레네 사람 시몬에게 화를 내셨습니까? 그렇지 않습니다. 하나님께서는 그에게 명예를 주고 계셨던 것입니다.

> "시몬 혼자서만 십자가를 지고
> 나머지 모든 사람은 자유롭게 가도록 하셨는가?
> 그렇지 않네. 사람에게는 누구나 십자가가 있고
> 따라서 내게도 십자가가 있네."

십자가를 지십시오. 왜냐하면 "우리가 하나님의 나라에 들어가려면 많은 환난을 겪어야 할 것이기"(행 14:22) 때문입니다. 이런 관점에서 고난을 보면, 거기에는 하나님의 진노가 전혀 들어 있지 않다는 것을 알게 될 것입니다.

어떤 하나님의 자녀는 이렇게 말합니다. "하지만 나는 울적합니다. 하나님의 얼굴을 볼 수가 없습니다. 왜 하나님은 내게서 숨으시는 것입니까?" 그것은 하나님께서 용서하실 뜻이 없어서가 아닙니다. 아마도 그것은 여러분이 하나님께서 지목하고 계시는 죄를 버릴 준비가 되어 있지 않기 때문일 것입니다. 아마도 여러분은 아직 여러분의 마음을 살펴보지 않았을 것입니다. 낙타 안장 아래 아직도 이런저런 우상이 숨어 있을 것입니다. 라헬에게 일어서라고 하고, 여러분의 은밀한 곳까지 철저히 조사하십시오. "무슨 까닭으로 나와 더불어 변론하시나이까"(욥 10:2) 하고 소리치십시오. 다윗과 욥처럼 여러분이 아침마다 징계를 받고 밤마다 괴롭힘을 받는다고 말하지 않을 수 없다면, 거기에는 그만한 이유가 있기 때문입니다. 여러분이 지금까지 하나님의 뜻에 반하는 행동을 하였다면 지금 하나님께서 여러분의 뜻에 반하는 행동을 하시는 것입니다. 여러분의 아간을 끄집어내어 그를 돌로 쳐 죽이십시오. 그러면 하나님께서 다시 진(陣)으로 들어오실 것입니다. 우상을 부수십시오. 그러면 여러분에게 다시 한번 여호와의 임재가 나타날 것입니다. 여러분이 어떤 경험을 하든지 이것이 사실이라는 점에 유의하십시오. 즉, 하나님께서는 자비를 기뻐하시며 언제든지 용서하시는 하나님이시라는 것입니다. 성령께서 이 진리가 여러분 영혼에 복이 되게 해 주시기를 바랍니다. 아멘.

에
스
더

제
1
장
—

# 누가 알겠느냐

—

"모르드개가 그를 시켜 에스더에게 회답하되 너는 왕궁에 있으
니 모든 유다인 중에 홀로 목숨을 건지리라 생각하지 말라 이
때에 네가 만일 잠잠하여 말이 없으면 유다인은 다른 데로 말
미암아 놓임과 구원을 얻으려니와 너와 네 아버지 집은 멸망하
리라 네가 왕후의 자리를 얻은 것이 이 때를 위함이 아닌지 누
가 알겠느냐 하니." - 에 4:13,14

　　모르드개가 절박한 곤경의 때에 호소를 한 것은 단 한 사람, 즉 에스더에게
한 것이었습니다. 나는 오늘 아침 민족들이나 교회들을 상대로 이야기하기보다
는 개인들을 대상으로 설교를 전하는 것이 더 잘하는 일이라고 생각합니다. 나
는 잉글랜드가 한 민족으로 일으킴을 받아 현재의 독특한 위치에 이르게 된 것
은 이 민족이 지상의 모든 국가들에게 복음을 전파하는 도구가 되도록 하기 위
함이라고 확신합니다. 하나님께서 앵글로 색슨 족의 두 나라, 곧 잉글랜드와 미
국에 복을 베풀어 무역과 자유에서 특출 나도록 하셨는데, 이는 이러한 때에 두
나라가 예수 그리스도의 얼굴에 나타난 하나님의 영광을 아는 지식을 널리 전파
하도록 하시기 위함이라고 판단합니다. 따라서 이 두 나라가 자신의 엄숙한 의
무들을 이행하지 않는다면 그들 나라에 화가 있을 것입니다! 이 두 나라가 어떤
목적을 위해 일으킴을 받았는데 그 목적을 수행하지 않는다면, 그 나라들은 서
서히 사라져버릴 것입니다. 무장을 갖추고 활을 지녔음에도 이 나라들이 전쟁의

날에 뒤로 물러난다면, 이 두 제국은 마케도니아의 권세와 로마의 지배권이 사라졌듯이 반드시 사라지고 말 것입니다. 우리는 한 민족으로서 의의 규칙과 평화의 원칙을 따라 행동하도록 매우 조심해야 합니다. 그 밖의 행동은 우리의 고귀한 소명에 맞지 않기 때문입니다. 우리는 중요한 기회들을 부여받았습니다. 만일 우리가 이 기회들을 올바르게 사용하지 않는다면, 매콜리(Thomas Babington Macaulay, 19세기 영국의 정치가, 수필가, 시인, 역사가)의 수필에 나오는 그 뉴질랜드 사람이 지금도 이 제국의 도시, 런던의 폐허를 조사하고 있을지 모릅니다. 모르드개가 에스더에게 "너와 네 아버지 집은 멸망하리라"고 말했는데, 그가 똑같은 말을 우리에게 할지도 모릅니다. 잉글랜드가 자신에게 고난이 임할 날이 있으리라는 것을 알면 좋겠습니다.

우리는 그리스도의 모든 교회에 대해서 교회는 하나님의 자비로운 목적들을 이루는 일에서 저마다의 위치가 있다고 말하는 것은 정당할 것입니다. 초에 불을 붙인다면, 비록 그것이 금 촛대에 세워졌을지라도 그 촛대를 위해서 불을 붙이는 것이 아니라 집 안에 있는 모든 사람에게 빛을 비추기 위해서입니다. 만일 교회가 다른 사람들에게 복을 주지 못하고, 그래서 자신이 엄숙히 맡은 일을 성실하게 수행하지 못한다면, 주님께서 촛대를 그 자리에서 치워버리고 성실하지 못한 자들을 어둠 가운데서 슬퍼하도록 버려두실 것입니다. 주님께서 이같이 경고하신 말씀을 기억하시기 바랍니다. "너희는 내가 처음으로 내 이름을 둔 처소 실로에 가서 내 백성 이스라엘의 악에 대하여 내가 어떻게 행하였는지를 보라"(렘 7:12). 하나님의 목소리에 순종하지 않았기 때문에 그 집이 황폐하게 된, 성실하지 않은 이스라엘을 또한 기억하십시오. 로마에 있는 교회는 한때 선을 위하여 아주 큰 영향력을 행사할 수 있는 교회였습니다. 그런 교회가 어떻게 되었는지 여러분은 압니다. 나는 지금 바로 그 두려운 결과에 이를 길을 가고 있는 교회들이 있지 않나 두렵습니다. 우리가 그리스도의 백성들로서 관계를 맺고 있는 교회들은 아무데도 믿음을 버리거나 해이해지고 세속적이 되거나 하나님의 영광과 사람들의 구원에 무관심하게 되는 일이 없기를 바랍니다. 그래서 나는 각 교회에 이렇게 말해도 괜찮을 것입니다. "네가 왕후의 자리를 얻은 것이 이때를 위함이 아닌지 누가 알겠느냐?"

형제 여러분, 우리가 정부나 어떤 민족의 잘못들을 공공연히 비난하고 이런 일을 했으며 저런 일을 하지 않았다고 불평하는 것은 아주 쉬운 일입니다. 이런 일은 우리의 양심을 좀 더 유익한 의무들에서 관심을 돌리게 하는 데나 도움을 줄 수 있을 뿐입니다. 그러나 그 문제를 신중하게 생각해 보고, 우리 각 사람이 자유로운 상태에서 이 민족과 정부의 중요한 한 부분이며, 우리 각 사람이 이 민족의 모든 행동에 대해 자신의 정도만큼 개인적으로 책임이 있다는 점을 기억하시기 바랍니다. 우리가 어떤 범죄를 나라와 연결시키고 사정없이 정부를 매질하는 것은 쉬운 일입니다. 하지만 그 비판의 채찍을 우리 자신에게 사용하는 것이 훨씬 더 유익한 일일 것입니다.

　이 사실은 교회에도 적용됩니다. 사람들이 개인으로서는 너그럽게 보아주는 것을 대중 전체로서는 정죄하기가 아주 쉽습니다. 우리는 왜 그렇게 걸핏하면 교회를 비난합니까? 교회가 하는 일에 대해서, 또 교회가 보이는 모습에 대해 왜 그렇게 검열관처럼 트집 잡기를 좋아합니까? 교회를 구성하는 사람들이 누구입니까? 우리 각 사람은 사정에 따라서 자신의 영향력으로 교회를 좋게도 나쁘게도 혹은 대수롭지 않게도 만듭니다. 그러므로 나는 여기 모인 사람들 전체를 다루는 일에 시간을 낭비하지 않고 각 개인들을 상대하겠습니다. 나는 모르드개의 방침을 따라 에스더 한 사람에게만, 말하자면 어쩌다 보니 이 자리에 참석하게 되었지만 하나님으로부터 기회와 재능과 지위를 부여받은 각 사람에게 이야기하겠습니다.

　사람들에게 각각의 신자는 해야 할 일이 있다는 것을 기억하라고 권하겠습니다. 다른 사람에게 넘길 수 없는 일, 곧 떠맡도록 허락을 받는 것이 특전이며, 신자가 수행하지 않는다면 중대한 불명예와 손해가 되고 충실히 행한다면 하나님 앞에서 영원한 영광이 될 과업이 있다는 것을 기억하라고 설득하겠습니다. 복음은 큰 집의 주인이 "각각 그 재능대로"(마 25:15) 모든 사람에게 달란트를 맡겼다고 확실히 말합니다. 오늘 아침 이 설교가 성공할 수 있는 가능성은 여러분이 개인적으로 설교를 받고 각 사람에게 "네가 왕후의 자리를 얻은 것이 이때를 위함이 아닌지 누가 알겠느냐" 하고 말씀하시는 성령의 목소리를 듣는데서 좌우될 것입니다.

　나는 이 설교를 네 부분으로 나누고, 다음 네 마디 말로 정리해보겠습니다.

**1. 첫 번째 단어는 귀를 기울인다는 것입니다.**

모르드개가 에스더에게 자기 말에 귀를 기울이기를 바랐던 것처럼 여러분은 내 말에 귀를 기울이십시오. 주 하나님께서 여러분의 마음에 이야기하시고 고귀한 소명을 맡도록 여러분을 부르시는 동안 귀를 기울이십시오.

첫째로, 질문에 귀를 기울이십시오. 형제 여러분, 여러분은 자신의 이익과 여러분의 백성과 하나님의 이익을 분리해서 생각하려고 합니까? 나는 에스더가 그렇게 생각할까봐 모르드개가 염려했다고 보지 않습니다. 그렇지만 때로는 악을 눈치 채기 전에 예방하는 것이 그만큼 좋습니다. 그래서 모르드개는 다음과 같은 말로 그같이 악을 예방하였습니다. "너는 왕궁에 있으니 모든 유다인 중에 홀로 목숨을 건지리라 생각하지 말라." 자기는 왕비이므로, 다른 모든 유대인들은 죽음에 처해질지라도 자신은 안전할 것이라는 마음이 들 수도 있습니다.

자신의 동포들이 죽임을 당하는 것이 슬픈 일이겠지만, 그녀는 "그 종족과 민족을 말하지 아니한"(에 2:20) 왕궁에 따로 떨어져 있어서 그 타격이 미치지 않을 수도 있었습니다. 그는 여전히 대왕의 총애하는 아내로 지낼 것이었습니다. 그러므로 그녀는 이기적으로 자신만을 챙기고, 하나님께서 어떻게든지 하여 자기 동포들을 구원하실 것이라고 냉랭하게 생각하면서 곤경에 처한 동포들이 스스로 해결하거나 하나님을 바라도록 내버려둘 수도 있었습니다. 그런 시험은 우리 가운데 누구에게든지 일어나는 것이 아닙니까? 그럴 수 있습니다. 여러분은 이렇게 말할 수 있습니다. "이 도시가 그 죄악으로 멸망할지라도 나는 구원받을 것이야. 이 백성은 가난과 무지에 깊이 빠질지라도 나는 풍성함을 누리며 빛 가운데 살 거야. 내 자신은 주님을 알아. 바로 그것이 내 주요 관심사야. 그래서 이 교도는 멸망할지라도 나는 그들 가운데 속해 있지 않아. 그것이 내 운명과는 상관없는 것이 감사해."

여러분은 이렇게 이기적인 태도로 주장하겠습니까? 여러분은 자신의 개인적인 이익과 여러분의 구주님과 그의 교회의 이익을 분리시키는 악인들의 정책을 따르겠습니까? 그렇게 한다면, 여러분의 배는 항구를 떠나기도 전에 파선하고 맙니다. 이 원칙이 여러분을 지배하고 있다면 여러분은 하나님의 자녀가 아닙니다. 구원은 여러분이 그리스도와 그의 교회와 분리되는데 있는 것이 아니라 연합하는데 있습니다. 인생의 바다에서 여러분의 주님과 그의 제자들을 태우고 가는 배에 있지 않고는 안전하게 통과할 수 있는 길은 없습니다. 여러분은 홀로 배를 타고 항해하려고 하거나 아니면 혼자 힘으로 헤엄쳐 바다를 건너려고 합니까? 그렇다면 여러분 자신을 보고, 큰 불행을 당할 것을 예상하기 바랍니다. 여러분의 이익과 그리스도의 이익을 분리시키려고 한다면, 여러분은 스스로 속죄를 조달해야 하고, 의와 영적 생명, 그리고 하늘 양식을 스스로 조달해야 합니다. 그렇습니다. 여러분은 스스로의 힘으로 천국을 만들어야 합니다. 여러분은 그렇게 할 수 없습니다. 그러므로 홀로 서려고 하면 여러분은 망하고 말 것입니다.

여러분은 지옥으로부터 구원받기 위해 예수님과 하나가 되기를 바라십니까? 그렇다면 여러분에게 말씀드리겠습니다. 여러분이 그리스도의 교훈과 통치를 받아들이지 않는 한, 그리스도를 영접할 수는 없습니다. 또한 이 은혜를 받아야 합니다. 즉, 여러분이 자신을 그리스도께 드리고, 그리스도의 이익을 여러분의 이익으로 삼으며, 그리스도의 생명을 여러분의 생명으로, 그리스도의 나라를 여러분의 나라로, 그리스도의 영광을 여러분의 영광으로 삼는 은혜를 받아야 합니다. 여러분 개인의 복지는 그리스도와 연합하는 데서 얻을 수 있을 것입니다. 흥하든 망하든 그리스도와 그의 대의와 함께 하십시오. 여러분은 자신을 하나님의 교회와 분리시키려고 하면서 "나는 내 자신의 구원에 신경 쓰겠어. 다른 사람들의 구원에 관심을 가져야 된다고 생각하지 않아"라고 말하겠습니까?

나는 지금 여러분이 그런 마음을 갖고 있다면 망할 것이라고 말하는 것이 아니라 여러분은 이미 망한 사람이라고 말하는 것입니다. 여러분은 다른 어떤 악에서 구원받아야 할 만큼 이기심에서도 구원받을 필요가 있습니다. 우리에게 최악의 족쇄들 가운데는 이기심에 의해 만들어지는 족쇄들이 있습니다. 그리고 이것은 구주님께서 우리를 위해 깨트리셔야 하는 가장 중요한 속박들 가운데 하나입니다. 우리는 하나님을 위해 살아야 하고 하나님께서 우리를 사랑하셨듯이 다른 사람들을 사랑해야 합니다. 그렇지 않으면 우리는 여전히 악독이 가득하며 불의에 매인(행 8:23) 바된 상태에 있는 것입니다. 스스로 그리스도인이라고 말하는 사람이라면 아무도 일부러 개인 재산을 그리스도와 그의 대의와 상관없이 처리하지는 않을 것이라고 생각합니다. 여러분이 명목상 협력자라면, 실제로 협력자가 되십시오. 그리스도와 교제를 나누고 있다면, 여러분이 그리스도와 협동 관계에 있는 것이 교제에서 가장 중요한 점이라는 것을 잊지 마십시오. 주님이 손실을 겪으면 여러분도 손실을 겪는 것이고, 여러분은 그 점을 슬퍼해야 하는 것입니다. 주님이 이익을 얻으면 여러분도 이익을 거두는 것이고, 여러분은 그 점을 기뻐해야 하는 것입니다. 주님은 잃은 양을 찾았으므로 여러분에게 자신과 함께 기뻐하자고 말씀하십니다.

다시 한번 묻겠습니다. 여러분은 그리스도와 상관없는 사업을 벌이기로 마음먹었습니까? 그렇게 마음먹었다면, 의도적으로 그렇다고 말하고, 앞일을 가늠해 보십시오. 그런 사람을 주의해서 보십시오. 비록 그가 이기적인 마음으로 행하여 푸른 월계수처럼 널리 가지를 뻗고 번성할지라도, 그가 시들 날이 올 것이고, 그가 있던 자리에 영원히 다시 있지 못할 날이 올 것입니다. 자칭 하나님의 종이라고 하는 자들, 곧 목사, 집사 혹은 교인들이여, 일단 자기를 위해 살기 시작하면 여러분은 망할 것입니다. 조심성 없는 여성들이여, "향락을 좋아하는 자는 살았으나 죽었느니라"(딤전 5:6)는 말씀을 기억하십시오. 이기적인 신자들이여, 여러분은 "너희가 육신대로 살면 반드시 죽을 것이라"(롬 8:13)는 이 진리에 귀를 기울이십시오.

두 번째 질문에 귀를 기울이시기 바랍니다. 여러분이 자신의 이익을 하나님의 대의의 이익과 분리시킬 수 있다고 할지라도, 여러분은 그렇게 해서 이익을 얻을 수 있겠습니까? 여러분은 교인입니다. 여러분은 또한 자신이 그리스도의 몸의 살아있는 지체라고 생각합니다. 그래서 여러분이 자신에 대해서는 주의하면서도 다른 사람들에 대해서는 신경을 쓰지 않게 되기가 쉽습니다. "너는 왕궁에 있으니 모든 유다인 중에 홀로 목숨을 건지리라 생각하지 말라"는 말씀을 잘 들으시기 바랍니다. 자신은 부흥하는 교회의 교인이기 때문에, 온갖 기독교의 특전들을 누리기 때문에, 그래서 쇠하여 가고 있는 교회와 낙담해 있는 성도들에 대해서 전혀 관심을 갖지 않는 것입니까? 여러분은 몸이 병들어도 몸의 지체인 여러분은 고통을 받지 않을 것이라고 생각합니까? 여러분에게 말씀드리지만, 하나님의 교회가 여러분과 떨어져서 간다면, 여러분에게 손해가 될 것입니다. 하나님의 진리가 설교되지 않는다면, 여러분은 실패자가 될 것입니다. 그리스도인의 생활이 원기왕성하지 않다면, 여러분은 약해질 것입니다. 해로운 공기가 다른 그리스도인들 위에 있다면 여러분이 그 공기를 마시게 될 것입니다. 죄인들이 영적으로 죽어 있으면 반드시 우리 모두에게 위험한 더러운 것을 공기 중에 퍼뜨리게 될 것입니다.

이 거대한 도시가 불신앙과 비참함과 더러움으로 들끓고 썩게 방치되어도, 그리스도인인 여러분들은 화를 면할 것이라고 생각하지 마십시오. 여러분은 이 버림받은 자들과 함께 거합니다. 그리고 여러분은 이미 그들의 영향력을 느끼고 있고, 그들은 여러분의 영향력을 느끼지 못할지라도 여러분은 앞으로 훨씬 더 그들의 영향력을 느끼게 될 것입니다. 그 관계가 얼마나 멀리 그리고 얼마나 깊게 갈지 나는 감히 예측하지 못하겠습니다. 나는 선지자가 아니고 선지자의 아들도 아니기 때문입니다. 그러나 첫째로 국가의 존재를 위협하고, 그 다음에는 기독교 예배의 자유를 위협하는 요소들이 지금 발효되고 있는 것이 사실입니다. 형제 여러분, 매우 조심하십시오. 상황이 지금과 같은 상태로 오래 가지는 않을 것입니다. 이 비참함의 거대한 홍수를 누그러뜨려야 합니다. 그렇지 않으면 그 홍수가 우리 모두를 쓸어 가버릴 것입니다. 나는 그리스도의 교회가 자기를 둘러싸고 있는 주민들에 대해 태만한 것으로부터 어떤 악한 결과가 나올지 모릅니다. 그리스도의 교회의 태만으로 인해 사람들에게 결핍에서 초래되는 죄밖에 나오지 않는다면 초만원의 방들에서 굶주리고 있는 이 비참한 사람들이 죽을 때는 반드시 그에 대한 보복을 할 것입니다. 여러분은 통풍과 배수가 잘 되는 집에 살고 있는데 여러분 집 가까이에 있는 식구들은 바글바글 하고 더럽고 냄새나며 무너져가는 오두막집에 있다면, 열병이 발생할 때 그 병이 여러분 집의 담을 존중하지 않을 것입니다. 열병이 여러분 집 창문으로 들어와 식구들을 쳐 쓰러트리거나 아니면 여러분 자신이 무덤에 누울 것입니다. 건강에 미치는 그와 같은 해악이 열병이 발생한 위치에만 국한될 수 없듯이 영적이고 도덕적인 질병도 그와 같습니다. 이 병도 틀림없이 사방으로 퍼질 것입니다. 이 병은 이기적인 주장일 수도 있습니다.

우리가 이기적인 태도와 싸우고 있을 때, 그 머리를 벨 수 있는 골리앗의 칼을 정당하게 취할 수 있습니다. 교회가 고통을 받으면 여러분 그리스도인들도 고통을 받습니다. 그런데 세상이 고통을 받아도 여러분도 고통을 받는 것입니다. 여러분이 거룩한 온기를 일으키지 않는다면 죄의 냉기가 여러분을 얼릴 것입니다. 사방을 두르고 있는 죽음이 교회에서 게으름을 피우고 있는 여러분에게 모르는 사이에 닥칠 것입니다. 그리고 여러분이 정신을 차리고 하나님의 이름으로 일어서서 싸우지 않는 한, 죽음이 이내 여러분의 모든 에너지를 마비시킬 것입니다. 여러분은 주님과 그의 백성들과 연합해서 죄에 대해 승리를 쟁취해야 합니다. 그렇지 않으면 죄가 여러분에게 승리를 쟁취할 것입니다. 이 사실에 귀를 기울이고 마음에 깊이 간직하십시오.

다음에는, 여러분의 겸손을 위해 이 사실을 기억하십시오. 즉, 하나님께서는 여러분 없이도 일하실 수 있다는 것입니다. 부흥과 구원이 우리를 통해서 오지 않는다면, 또 다른 곳으로부터 하나님의 백성에게 이를 것입니다. 주님께서 어느 한 사람이나 어느 한 교회, 어느 한 민족에게 묶여 계셔서 그 사람이나 교회 혹은 민족이 일을 태만히 하면 그것이 불충한 일이 되겠지만, 주님께서는 사람을 기다리시지 않고 사람들을 인하여 지체하시지 않으므로, 사람들은 자기가 어떤 분을 공격하고 있는지 아는 것이 합당한 일입니다. 하나님은 우리 없이도 일하실 수 있습니다. 하나님께서 보실 때 아무 사람이 없을 때는 친히 팔을 뻗어 구원하셨습니다. 옛적에 그랬듯이 그 일은 앞으로도 그럴 것입니다. 여러분은 그 점을 유의하시기 바랍니다. 포도원 주인은 한 해가 끝나면 열매를 거둘 것입니다. 저기 있는 나무가 열매를 맺지 못하면 그 나무를 베어버릴 것입니다. 그 포도나무가 쓸데없이 땅을 차지하고 있을 이유가 있겠습니까? 악한 농부들이 자기들의 이익을 고려하고 스스로 상속 재산을 차지할 계획을 꾸민다면 포도원 주인이 그들을 죽이고 "포도원은 제 때에 열매를 바칠 만한 다른 농부들에게 세로 줄"(마 21:41) 것입니다.

하나님께서는 당신의 목적을 성취하실 것입니다. 하나님께서는 내쫓긴 그의 백성들을 집으로 데려오실 것입니다. 흩어진 자신의 양 떼를 한데 모으실 것입니다. 하나님께서 물이 바다를 덮음같이 여호와를 아는 지식이 땅에 충만하게 하실 것입니다. 우리가 방황하는 사람들을 모아들이지 않거나 하나님의 은혜를 아는 지식을 퍼트리지 않는다면, 더 충실한 사람들이 그 일을 행할 것입니다. 성령께서는 빌라델비아 교회에게 "네가 가진 것을 굳게 잡아 아무도 네 면류관을 빼앗지 못하게 하라"(계 3:11)고 말씀하십니다. 우리 교회의 면류관은 지금까지 영혼을 구원하는 일이었습니다. 여러분은 아무도 이 면류관을 빼앗아가지 못하게 하십시오. 여러분 가운데 죄인들을 그리스도께로 인도하는 고귀한 명예를 이미 얻은 분이 있다면, 앞으로 게으르거나 무기력한 생활을 하여 그 명예를 잃지 않도록 하십시오. 열심과 인내를 굳게 붙잡아 여러분이 마지막 날에 상급을 받을 수 있도록 하십시오.

하나님은 여러분 없이도 일하실 수 있습니다. 하나님의 종이여, 그 점을 잊지 마십시오! 우리는 자신을 너무도 중요한 사람으로 생각해서 일에서 조금이라도 옆으로 밀려난다면 초조해하기 시작하는 경향이 있습니다. 그러나 어쩌면 이런 고통은 우리를 가르치기 위해, 우리가 더 이상 사람을 보지 않고 오직 하나님만을 보아야 한다는 것을 우리에게 가르치기 위해 필요한 것일 수 있습니다.

우리가 교만과 허영을 보임으로 하나님께서 자신이 얼마든지 우리의 수고 없이 일하실 수 있다는 것을 세상에 보여주시게 된다면 슬픈 일일 것입니다. 이 진리를 생각하고서 나는 마음으로 이렇게 부르짖습니다.

> "주여, 내게서 주의 봉사를 거두지 마시고
>  다만 주의 뜻을 이루도록 나를 가르쳐 주소서."

그 다음에는, 우리를 훨씬 더 정신 나게 만드는 생각이 따라옵니다. 하나님께서 우리 없이도 일하실 수 있으므로 하나님께서 우리 없이 일하려고 하실 수도 있다는 점을 기억하시기 바랍니다. 하나님께서 이렇게 말씀하시는 일이 일어날 수도 있습니다. "내가 더 이상 이 잉글랜드를 사용해서 세상에 복을 베푸는 일을 하지 않겠다. 잉글랜드가 이기적인 장사꾼이 되어버렸다. 잉글랜드는 의보다는 장사에 더 관심이 많고, 이제는 술주정뱅이에 믿음 없는 자가 되어버렸다. 잉글랜드를 버리겠다. 이 나라의 장사꾼들은 정당한 노동의 대가를 받지 못하는 가난한 자들에게 전혀 관심이 없다. 학대하는 자들은 모두 반드시 죽고 말듯이 이 나라를 끝내도록 하겠다. 열방들이 '슬프다, 슬프도다, 이 큰 도시여, 이 강대한 도시여! 한 시간 만에 그처럼 놀라운 부가 수포로 돌아갔으니 말이다' 하고 외치도록 만들겠다."

하나님께서 어느 교회에게 이렇게 말씀하실 수도 있습니다. "회개하라 그리 하지 아니하면 내가 네게 속히 가서 내 입의 검으로 너와 싸우리라"(계 2:16). 전에는 맨 앞에 "여호와께 성결"이라고 쓴 패가 빛났던 곳들에 "이가봇"(삼상 4:21, "영광이 없다 함")이라는 글씨가 쓰였는데, 다시 또 그 글씨가 쓰일 수 있습니다. 하나님께서 사울을 버리고 그에게 "네가 여호와의 말씀을 버렸으므로 여호와께서 너를 버려 이스라엘 왕이 되지 못하게 하셨다"(삼상 15:26)고 말씀하셨듯이, 이렇게 누구든지 하나님께 버림을 받을 수가 있습니다. 삼손처럼 영웅적인 인물이 수많은 사람들을 죽이고 이스라엘의 소망이 그 영웅에게 달려 있을 수가 있습니다. 그렇지만 정욕에 사로잡히면 그는 머리털이 깎이고 눈이 멀게 되어 노예들과 함께 맷돌질을 하게 될 수가 있습니다. 하나님께서는 우리가 이러한 때에 최선을 다하고 진리와 거룩함의 대의를 위해 힘쓸 준비가 되어 있지 않다면 우리를 사용하시지 않을 수 있습니다. 주님께서는 악하고 게으른 종에 대해 "그에게서 그 한 달란트를 빼앗아 열 달란트 가진 자에게 주라"(마 25:28)고 말하기를 기뻐하실 수 있습니다. 주님께서 우리 가운데 아무 목사에게 "그의 거처를 황폐하게 하며 그의 직분을 타인이 취하게 하라"(행 1:20)고 말씀하실 수 있습니다. 여러분은 주님의 이 경고에 귀를 기울이기 바랍니다. "하늘이여 들으라 땅이여 귀를 기울이라"(사 1:2) "여호와께서 자기 백성을 판단하시고"(신 32:36) "많이 받은 자에게는 많이 요구할 것입니다"(눅 12:48).

여러분이 귀를 기울일 사실이 한 가지 더 있습니다. 여러분이 귀중한 기회들을 낭비하였다는 치욕이 이르게 되면 여러분이 어떻게 그 치욕을 견딜 것입니까? 에스더가 중재를 하지 않아서 이스라엘이 멸망하였다면 어떻게 되겠습니까? 그녀의 이름은 다른 민족들 가운데서 비열하고 불충한 여인으로 조소의 대상이 되었을 것입니다. 이스라엘 백성이 다른 어떤 수단에 의해 살아남고 그녀는 자신의 임무 행하기를 거절하였다면, 유대인들이 살아 있는 한, 그들은 부림절을 지키지 않았을 것이고 그녀를 기념하는 일에 악담을 퍼부었을 것입니다. 우리 조상들의 태만을 생각할 때 나는 우리가 그들을 교훈으로 삼기를 간절히 바랍니다. 지금도 스코틀랜드 북부 고지에는 철저히 가톨릭교회적인 지역들이 있습니다. 왜 그렇습니까? 종교개혁 시대에 그 지역에 복음이 주의 깊게 전하여지지 않았기 때문입니다. 그 시기의 일꾼들이 자기 일을 철저히 하였다면 장로교회 나라인 스코틀랜드에 가톨릭교회 지역은 전혀 없었을 것입니다. 아일랜드는 지금도 로마 교황의 그늘 아래 위축되어 있습니다. 더 나은 상황이 기대되는 희망적인 때가 있었습니다. 그러나 사람들은 그때가 그냥 지나가도록 내버려두었습니다. 이제 아일랜드를 구원하기 위해 무슨 일을 할 수 있습니까? 시간은 지체하지 않고 조수는 기다리지 않습니다. 시간과 조수가 우리와 함께 있는 동안 그것들을 이용하지 않는다면 우리 후손들이 우리의 태만에 대해 한탄할 수 있습니다. 나는 우리 가운데 지극히 훌륭한 사람들이 우리가 개선하지 않은 채 넘겨버린 후회스러운 때를 기억하게 될까봐 걱정입니다. 우리는 그때를 되돌릴 수 없습니다.

여러분이 자녀들을 가르치지 않았습니다. 그래서 이제 성인이 된 그들이 여러분의 말을 들으려 하지 않습니다. 부모들이여, 그들이 여러분이 말하면 들었을 때 왜 그들을 가르치지 않았습니까? 그런데 여러분이 자신을 위해 살고, 자신의 안락과 부를 위해 사는 데 평생을 허비해 버린다면 어떻게 되겠습니까? 여러분이 이 모든 세월 동안 주 예수님의 대의와 그리스도의 나라의 도래를 위해 아무것도 한 일이 없다면 어떻게 되겠습니까? 그 불성실한 종에게 어떤 치욕이 기다리고 있겠습니까! 여러분에게 어떤 불명예가 기다리고 있겠습니까! 그 동안 여러분이 비 없는 구름으로, 물 없는 샘으로, 빛을 비추지 않는 연기 나는 등불로, 수확물을 전혀 내지 않는 들판으로 지냈다면 여러분의 운명은 어떠한 것이겠습니까? 그러므로 에스더와 같은 사람은 누구나 자기 이름에 이런 저주를 초래하지 않도록 하겠다고 결심하기를 바랍니다. 우리 가운데서 주님을 아는 모든 남녀와 자녀들은 주님의 서원이 우리에게 있다는 것을 알고, 우리가 절박한 의식을 가지고 자신의 역량에 따라 하나님의 대의와 진리를 위해 일해야 한다는 것을 알도록 합시다. 우리가 만군의 하나님을 위한 열심 때문에 죽는다면, 그렇게 해서 목숨을 잃는 것은 위대한 일이 될 것입니다. "귀를 기울이라"는 단어에 대해서는 이만큼 이야기하겠습니다. 성령님께서 하나님의 말씀으로 여러분의 마음을 거룩하게 해 주시기를 바랍니다.

### 2. 그 다음에 요구하는 바는 "깊이 생각하라"는 것입니다.

여러분 가운데 어떤 이들이 나아가 어디에 이르렀는지 생각해 보십시오. 여러분은 일으켜 세움을 받아 구원에 이르렀습니다. 여러분은 거름더미에서 일으켜 세움을 받아 방백들 가운데 앉았습니다. 내가 "구원"이라는 단어를 말했지만, 그 단어에 얼마나 무한한 선이 담겨 있는지 모릅니다! 구원이라는 그 단어의 음악에서 온갖 아름다움이 함께 만납니다. 하나님의 미리 아심을 따라 택함을 받고 그리스도의 심장의 피로 말미암아 구속을 받았으며 성령으로 소생함을 받은 자의 의무는 무엇입니까? 우리가 어떠한 사람들이 되어야 하겠습니까? 여러분이 그런 명예를 얻도록 높임을 받았으니, 그 명예에 합당하게 행하십시오. 그 외에도 여러분 가운데 어떤 이들은 그리스도를 아는 지식에 상당한 수준에 이르도록 높임을 받았습니다. 여러분은 이제 은혜 안에서 어린 아이가 아닙니다. 잘 교육을 받았고 고난의 경험이든지 기쁨의 경험이든지 간에 다 같이 복된 경험을 하였습니다. 이 경험들로 말미암아 여러분은 주 안에서 강건해졌고 믿음에서 확고해졌으며, 주님의 기쁨을 가장 잘 알 수 있는 내밀한 교제 안으로 들어가게 되었습니다. 내가 여러분이 에스더처럼 높임을 받아 왕비가 되었다고 말했다면, 그것은 여러분이 실제로 받은 위치에 비할 때 보잘것없는 높임이었을 것입니다. 여러분 가운데 하늘의 은총을 받은 사람들은 그리스도의 품에 머리를 기대었고 천사들이 앉고 싶어 하는 위치에 앉도록 허락을 받았습니다. 여러분은 그리스도께 가깝고 소중한 존재이며 사랑 안에서 그리스도의 신부가 된 것입니다.

이 모든 것 외에, 주님은 여러분 가운데 어떤 이들을 가난에서 일으켜 상당한 부, 아마도 확실한 부라고 말할 수 있을 부를 이루게 하셨습니다. 주님은 여러분이 일찍이 꿈에도 생각하지 못했던 지위를 여러분에게 주셨습니다. 여기에다 주님은 가정의 안락과 건강, 온갖 형태의 번영을 보태어 주십니다. 나는 우리 모두가 실제로 사용하는 것보다 더 많은 능력을 갖고 있지 않나 걱정입니다. 어떤 사람들은 스스로 알고 있는 것보다 많은 재능을 가졌는데, 아마도 그들은 이 재능을 사업하는 데는 발휘하면서도 하나님을 위해서는 전혀 발휘하지 않을 것입니다.

이렇게 해서 여러분은 하나님 나라에 이르렀습니다. 그러나 왜 그렇게 된 것입니까? 나는 여러분이 왜 주님께서 여러분을 현재 여러분의 위치에 이르게 하셨는지 생각해 보기를 바랍니다. 여러분은 주님께서 여러분을 위하여 그 일을 행하셨다고 생각합니까? 주님께서 단지 여러분이 제멋대로 살게 하려고 이 모든 일을 작정하신 것입니까? 이것이 하나님의 뜻일 수가 있습니까? 그렇게 생각해서는 안 됩니다. 하나님께서 단지 여러분을 기쁘게 하시기 위해 이 모든 일을 행하셨습니까? 그렇지 않습니다. 하나님의 일은 많은 그물눈으로 짜인 그물과 같습니다. 이런 일들은 모두 서로 연결되어 있습니다. 우리는 같은 사슬의 고리들입니다. 따라서 우리가 움직이면 다른 고리들도 따라서 움직일 수밖에 없습니다. 우리는 한 몸의 지체들입니다. 그래서 하나님은 이 사실을 고려하여 우리를 대하십니다. 하나님은 단지 손을 위해서가 아니라 몸 전체를 위해서 손에 복을 베푸십니다. 그렇다면 친구 여러분, 여러분은 구원하는 일을 하도록 하기 위해 구원받고, 가르치도록 하기 위해 가르침을 받는 것입니다. 여러분이 믿음에 확고해지는 것은 다른 사람들을 굳게 세워주기 위함입니다. 재능들을 여러분에게 주시는 것은 여러분이 그 재능들을 운용하여 주님을 위해 하늘의 이자를 벌어들이도록 하기 위함입니다. 여러분에게 있는 것은 무엇이든지 여러분의 것이지만 여러분 자신을 위해 축적하거나 자신을 위해 쓰라고 주신 것이 아니고, 하나님의 선한 청지기로서 그것을 쓰도록 주신 것입니다. 여러분이 하나님 나라에 이른 것이 여러분과 여러분에게 있는 모든 것이 필요한 이때를 위함이 아닌지 누가 알겠습니까?

다음으로, 여러분이 어떤 때 이렇게 앞으로 나아가게 되었는지 생각해 보십시오. 여러분은 불신앙이 만연한 때 믿음으로 교육을 받았습니다. 어째서 입니까? 여러분은 많은 사람들이 약하고 떨 때 충만한 확신으로 굳게 서게 되었습니다. 무엇 때문입니까? 여러분은 허다한 사람들이 지식이 없어서 멸망하는 때 재능을 받았습니다. 무엇 때문입니까? 여러분은 귀중한 형제들이 죽거나 떠나고 있을 때 교회에 남았습니다. 어째서 입니까? 많은 사람들이 굶주리고 있는 때에 여러분에게는 부가 있습니다. 어째서 입니까? 유력한 많은 인물들이 사람들을 불신앙이나 의식주의 혹은 공산주의로 이끌고 갈 때 여러분은 고귀한 위치를 고수합니다. 어째서 여러분은 현재 있는 위치에 있게 된 것입니까? 형제 여러분, 여러분이 납득이 가도록 답변하려면 하나님께서 어떤 선한 목적을 위해서, 곧 하나님 자신의 영광과, 이 세상에서 하나님 나라의 확장과 반드시 연관되어 있는 선한 목적을 위해 여러분을 현재의 위치에 두신 것이라고 답하지 않을 수 없을 것입니다. 그러나 만약 여러분이 어쩌다 보니 행운을 얻은 것이라고 생각한다면 여러분에게 묻겠습니다. 여러분은 자신이 그동안 긁어모은 것의 주인이라고 생각합니까? 혹은 여러분은 자신이 청지기라는 것을 인정합니까? 만약 여러분이 청지기라면 여러분에게 맡겨진 재화를 여러분 자신의 목적을 위해서 사용하지 말고 여러분의 주인을 위해서 사용하십시오. 그렇게 하지 않는다면 여러분은 도둑이기 때문입니다. 청지기가 자기가 맡은 재산을 주인의 것이 아니라 자기 것이라고 생각하는 한 그는 도둑입니다. 머지않아 주인이 그에게 "네가 보던 일을 셈하라 청지기 직무를 계속하지 못하리라"(눅 16:2)고 말할 것입니다.

또한 나는 여러분이 어떻게 특별한 상황 아래서 현재의 위치에 이르게 되었는지 생각해 보기를 바랍니다. 나는 다른 어떤 사람이 아니라 여러분 개인에게 분명히 말씀드립니다. 비천한 유대인인 모르드개의 양녀였던 에스더가 낮은 신분에서 페르시아의 왕후가 된다는 것은 매우 기이한 일이었습니다. 각 도에서 모은 모든 여자들 가운데서 그녀가 왕후로 선택된다는 것은 참으로 기이한 일이었습니다! 하나님의 특별한 섭리로 말미암아 유대인 처녀가 왕후로 선택된 것입니다. 이 사실은 지금 우리 가운데 유용한 지위를 차지하고 있는 각 사람에게도 해당됩니다. 다윗은 양 우리에서, 곧 새끼 밴 암양들을 따라다니던 데서 취함을 입어 하나님의 백성 이스라엘의 목자가 되도록 세움을 받았습니다. 나는 내 자신이 현재의 위치에 있는 것을 생각하면 놀랍습니다. 여러분도 그렇게 생각하지 않습니까? 목회에서 내 동역자인 형제여, 그대가 어떻게 해서 현재의 목사직에 이르게 되었습니까? 여러분은 현재 사회에서 차지하고 있는 안락한 지위를 어떻게 얻었습니까? 심지어 여러분이 어떻게 해서 하나님의 교회 안에 들어오게 되었습니까? 만일 한두 해 전에 누군가가 저기에 있는 형제에게 그가 여기에 있을 것이라고 말했다면 그는 그 사람에게 욕을 퍼부었을 것입니다. 그런데 그가 여기 있고 예수님의 발 앞에 앉아 마법에 걸려 그의 제자가 되었습니다. 자, 여러분이 얼마나 놀라운 은혜를 받았는지, 여러분이 현재의 자리에 있다는 것이 얼마나 특별한 은혜인지 생각해 보십시오. 이렇게 하나님이 여러분을 특별하게 대하셨으니 여러분이 마땅히 하나님을 섬겨야 하지 않겠습니까? 오늘 이 자리에 참석한 사업하시는 분들 가운데 현재 만족할 만한 생활을 하는 많은 분들은 파산 직전까지 간 적이 열두 번도 더 되었지만 안전하게 그 암초를 지나갔습니다. 여러분 가운데는 여러 차례 거의 망할 뻔했던 사람들도 있습니다. 그럼에도 불구하고 여러분에게는 여전히 먹을 빵이 있고 입을 옷이 있습니다. 여러분이 거지 신세로 떨어지지 않은 것이 여러분 스스로 보기에도 기적 같은 일입니다. 여러분이 받은 특별한 구원과 기념할 만한 자비를 인해서 사람들을 힘 있게 설득하고, 감사의 마음으로 봉사하도록 하십시오. 여러분은 하나님께서 여러분을 위하여 어떻게 큰 일들을 행하셨는지 생각하고, 이런 말을 듣지 않도록 하십시오. "여호와께서 여러 번 그들을 건지시나, 그들은 그가 행하신 일을 곧 잊어버리며, 애굽에 있을 때 주의 기이한 일들을 깨닫지 못하며 주의 크신 인자를 기억하지 아니하도다"(시 106:43,13,7).

그 다음에, 나는 여러분에게 또 한 가지를 생각해 보라고 권하겠습니다. 즉, 여러분이 하나님께서 여러분을 불러 맡기신 일에 적합할 수 있도록 개인적으로 엄청난 변화와 능력들을 받았다는 점을 생각해 보아야 할 것입니다. 나는 여러분이 어떤 일에 대해 특별한 능력을 부여받았다고 믿습니다. 그래서 여러분만큼 그 일에 적합한 사람은 아무도 없습니다. 여러분은 다른 열쇠로는 어느 것도 열지 못할 자물쇠에 맞는 열쇠입니다. 하나님께서는 여러분에게 임명하여 맡기신 일을 감당할 수 있도록 여러분을 준비시키셨습니다. "주여 인자함은 주께 속하오니 주께서는 각 사람의 일대로 주시니이다"(시 61:12, 개역개정은 "주여 인자함은 주께 속하오니 주께서 각 사람이 행한 대로 갚으심이니이다")라고 기록되어 있지 않았습니까? 주님을 위하여 수고하는 일꾼은 모두 자기에게 적합한 도구들이 있습니다.

하나님께서는 바로처럼 우리에게 짚 없이 벽돌을 만들고 무기 없이 싸우며 흙손 없이 건물을 지으라고 요구하시지 않습니다. 주님께서는 신랑이신 그리스도의 한밤중 잔치에 초대받은 모든 사람에게 등과 기름, 결혼식 예복을 제공하십니다. 형제 여러분, 여러분은 하나님께서 여러분에게 정하여 주신 일을 위해 필요한 것들을 갖추게 됩니다. 그러니 여러분은 즉시 그 지위를 맡아야 하지 않겠습니까? 여러분은 "내가 설교할 수 있다면 기쁘게 할 텐데"라고 말합니다. 여러분이 여러분에게 적합한 다른 봉사를 행할 수 있도록 지금 준비되어 있지 않으면 설교하는 일을 맡아도 잘할 수 없을 것입니다. 여러분이 가정생활에서 유용한 사람이 되지 않는다면 강단에도 맞지 않을 것입니다. 하나님께서 여러분에게 한 달란트를 맡기셨는데 그것을 사용하지 않는다면, 여러분은 열 달란트를 받아도 사용하지 않을 것입니다. 왜냐하면 지극히 적은 일에 충성되지 않은 자는 지극히 큰 일에도 충성되지 않을 것이기 때문입니다. 어떤 사람은 이렇게 말합니다. "하지만 나는 공중예배에 거의 나갈 수가 없어요. 나는 대여섯 명의 아이들 때문에 꼼짝 못하고 집에 갇혀 있는 어머니예요." 여러분에게는 집 안에 작은 왕국이 있습니다. 그 어린 자녀들을 주님을 위하여 기르는 일에 여러분만큼 잘 할 수 있는 사람은 없습니다. 자녀들에 대한 여러분의 영향력은 애정 어린 만큼 또한 강력합니다. 그러니 여러분은 이렇게 말해서는 안 됩니다. "나는 여성이라는 이유로 설교하도록 허락을 받지 못하기 때문에 아이들이나 돌보는 하찮은 일에 신경을 쓰고 싶지 않아요." 여러분은 하나님께서 불러 맡기시지 않은 일을 하려고 애쓰기보다는 어린 식구를 예수님을 위해 훈련하는 것이 훨씬 더 나은 일입니다.

여러분 각 사람은 자신이 바로 이런 때를 위하여 가정이라는 작은 왕국을 세우게 된 것이라고 생각해야 합니다. 여러분과 여러분이 맡은 일은 서로 맞습니다. 하나님께서 여러분과 여러분의 일을 한데 묶어놓으셨습니다. 그러니 아무도 여러분과 여러분의 일을 떼어놓지 못하도록 해야 합니다. 성령님께 능력을 더 주시기를 구하십시오. 하나님께서 여러분에게 주시려고 하는 도구가 있는데, 그 도구가 현재 여러분의 능력보다 조금 더 높은 곳에 있다면 착실한 노력의 사다리를 얻도록 하십시오. 그러면 이내 여러분이 그 도구를 손에 넣게 될 것입니다. 어떻게 해야 여러분이 스스로를 개선할 수 있는지 생각해 보십시오. 성경을 읽고 연구하는 일에 좀 더 몰두하십시오. 지식을 쌓고 능력을 높이는 일에 도움이 되는 모든 것을 사용하십시오. 여러분이 취할 수 있는 어떤 자격이 있다면 그 자격을 얻도록 노력하십시오. 그러면 그것을 얻으려고 노력하는 것이 그 재능 자체만큼이나 여러분에게 큰 복이 될 수가 있습니다.

### 3. 셋째는, 열망하라는 단어에 대해 생각해 보겠습니다.

"네가 왕후의 자리를 얻은 것이 이때를 위함이 아닌지 누가 알겠느냐?" 이를 수 있는 최고의 높이까지 오르십시오. 여러분의 소명을 할 수 있는 대로 최고로 이행하십시오. 여러분이 확실히 할 수 있다고 생각하는 모든 일을 다 할 뿐만 아니라 아직까지 할 수 있을지 확실히 알지 못하는 일도 하려고 마음먹으십시오. 스스로에게 "누가 알겠느냐"고 말하십시오. 바로 그것은 야망이 있는 사람이 위대한 인물이 되고자 바랄 때 말하는 바입니다. 루이 나폴레옹이 함(Ham)이라는 요새에 갇혀 있었고 사람마다 프랑스를 향한 그의 어리석은 시도들을 비웃었지만 그는 스스로에게 이렇게 말했습니다. "누가 알겠는가? 나는 삼촌의 조카이고, 그래서 언젠가는 제국의 왕위에 앉을 수도 있어." 그리고 그는 오래지 않아 그렇게 되었습니다. 나는 아무에게도 그처럼 보잘것없는 왕위와 명예, 이 세상의 부를 얻기를 갈망하라고 말하고 싶은 마음이 없습니다. 그보다는 여러분 모두가 하나님께 영광을 돌리고 사람들에게 복을 베풀기를 간절히 바라게 만들고 싶습니다. 누가 알겠습니까? 하나님께서 여러분으로 말미암아 무슨 일을 하실 수 있는지 누가 알겠습니까? 여러분의 가슴 속에 어떤 능력이 잠자고 있는지 누가 알겠습니까? 나는 여러분에게 그것을 묻고, 여러분이 거기에 답변할 수 있도록 여러분을 돕겠습니다.

"네가 왕후의 자리를 얻은 것이 이때를 위함이 아닌지 누가 알겠느냐?" 그렇지 않다고 말할 수 있는 사람은 아무도 없습니다. 나는 하나님께서 이 민족 전체를 위해 여러분에게 복 주시는 일이 있을 수 없다고 말할 수 없습니다. 하나님께서 그렇게 하실 리가 없다고 아무도 감히 말하지 못할 것입니다. 친구 여러분, 나는 하나님께서 여러분이 현재 살고 있고 그곳의 절실한 필요를 알지만 그것을 채우기에는 자신이 부족하다는 것을 깊이 의식하고 있는 런던의 지역을 위해 여러분에게 복 주시는 일은 있을 수 없다고 말할 수 없습니다. 하나님께서 무슨 일을 하실 수 있고 또 하시려고 하는지 누가 다 말할 수 있겠습니까? 어머니 여러분, 주 예수님께서 여러분의 모든 식구를 위하여 여러분에게 복을 주시는 것은, 그렇게 해서 여러분으로 말미암아 어린 모든 자녀들이 주님께 오게 하려고 하시는 것이 아니라고 누가 말하겠습니까? 그렇지 않다고 말할 수 있는 권한을 가진 사람은 아무도 없습니다. 교사 여러분, 하나님께서 주일학교 반을 위하여 여러분에게 복을 주시는 것은 그렇게 해서 여러분이 반 아이들 모두를 천국에 만나도록 하기 위함이 아니라는 것을 누가 알겠습니까? 아무도 그렇지 않을 것이라고 주장할 수 없을 것입니다. 그러므로 그렇게 되도록 노력하십시오. 우리의 표어는 "열망하라"는 것입니다.

그 다음에, 누구든지 하나님께서 그를 사용하시고자 하면 그를 둘러싸고 있는 가능성의 한계를 알 수 있는 사람은 아무도 없습니다. 어떤 사람은 이렇게 외칩니다. "슬프게도, 나는 곧 힘이 바닥이 날 거야." 형제 여러분, 만일 여러분이 본래 자신에게 얼마나 많은 것이 있는지, 그리고 여러분 스스로의 힘으로 얼마나 많은 일을 할 수 있는지 생각하기 시작한다면, "나를 떠나서는 너희가 아무 것도 할 수 없음이라"(요 15:5)는 주님의 말씀을 듣고서 그런 낙심을 그치는 것이 좋을 것입니다. 비록 여러분이 숫자 0과 같이 지극히 하찮은 사람에 불과할지라도 주님은 여러분을 대단한 사람으로 만드실 수 있습니다. 0 앞에 숫자 1을 쓰면 바로 10이 됩니다. 0과 같이 아무것도 아닌 사람들이 두세 명 합해서 주님을 섬기도록 하십시오. 주 예수께서 이들을 앞에서 이끄시면 이 0들이 곧 수천, 수만이 됩니다. 그러면 여러분이 무슨 일을 할 수 있을지 누가 압니까? 도대체 교회가 "여기 우리가 해결할 수 없는 문제가 있다"고 말해야 하겠습니까? 그런 말을 입 밖으로 내기 전에 여러분이 전능하신 하나님의 능력을 의심한다는 생각 자체를 갖지 않아야 합니다. 믿는 자에게는 모든 것이 가능합니다. 주님께서 여러분을 도우시면 여러분은 이 나라를 소유할 수도 있습니다. 그 성벽이 하늘에까지 닿아 있고, 참호로 자신을 에워싸고 있는 이 가나안 사람들과 싸우십시오. 여러분이 그들을 몰아낼 수 있기 때문입니다. 여러분은 자신들을 아낙 자손들과 비교할 때 스스로 보기에도 메뚜기와 같을 수 있습니다. 그러나 하늘에 계시는 하나님은 능하신 분입니다. 하나님께서는 자신의 명예와 영광을 위하여 지극히 약한 것들로부터 힘을 끌어내기로 정하셨습니다.

젊은이 여러분, 나는 여러분이 마음을 주님께 드렸다고 믿습니다. 이제 여러분은 무엇을 하려고 합니까? 여러분이 뜻밖에 얼마간 재산을 얻게 되었습니다. 혹은 여러분이 직장에서 승진을 하였습니다. 그 의미가 무엇입니까? "네가 왕후의 자리를 얻은 것이 이때를 위함이 아닌지 누가 알겠느냐" 재능 있는 형제 여러분, 여러분은 오늘의 악들과 싸우는 일에 가담해야 하지 않겠습니까? 나는 어두운 시대에 하나님께서 어둠을 물리칠 등불을 준비하고 계신다고 믿습니다. 교황이 악한 면죄부를 팔고 있을 때 마르틴 루터는 숲속에서 아버지와 함께 난로 곁에 앉아 있습니다. 그는 곧 모습을 드러내고, 그리스도를 부인하는 가톨릭 교회의 베드로라는 수탉이 우는 것을 막을 것입니다. 거짓 교리가 만연해 있을 때 요한 칼빈은 조용히 연구하고 있습니다. 그리고 그가 제네바에 나타났다는 소식이 들릴 것입니다. 오늘 아침 한 젊은이가 이 자리에 있습니다. 나는 그가 어디에 앉아 있는지 모릅니다. 그러나 주님께서 이 설교가 그에게 목사 임직의 설교가 되게 하시고 그가 평생의 일을 시작하게 해 주시기를 기도합니다. 나는 마치 내가 베들레헴에 이른 사무엘처럼 다윗을 찾아 기름 뿔을 취하여 그에게 여호와의 이름으로 기름을 붓는 것처럼 느낍니다. 이 자리에는 많은 일을 하였고 주님께서도 복을 주신 사랑하는 형제들이 있습니다. 그러나 그들의 일은 무겁고 마음은 지쳐 있습니다. 여러분에게 하나님의 나라를 준 그 기름 부음을 받으면 여러분이 선을 행하는 일에 지치지 않을 것이라고 믿습니다. 용기를 내십시오. 여러분 앞에 위대한 미래가 있습니다. "네가 왕후의 자리를 얻은 것이 이때를 위함이 아닌지 누가 알겠느냐" 기꺼이 산 제사가 되도록 하십시오. 에스더와 함께 이렇게 말하십시오. "내가 죽으면 죽겠습니다. 나는 그런 큰 대의를 위해 나를 드리는 것에 만족합니다. 살든지 죽든지, 나는 모두 하나님의 것입니다. 내가 주님의 일을 하다가 죽는다면 기꺼이 죽겠습니다."

더욱이 "네가 왕후의 자리를 얻은 것이 이때를 위함이 아닌지 누가 알겠느냐" 여러분 자신도 모릅니다. 하나님께서 내게 능력을 주어 할 수 있게 만드신 일에서 경험한 내 경우를 예로 들어 말씀드리겠습니다. 내게 닥친 기회들을 내가 즐거이 활용했을 것이라고 누가 말했을지라도 나는 결코 그 말을 믿지 못했을 것입니다. 주님께서 나를 사용하실 수 있다면 여러분도 사용하실 수 있습니다. 다만 기다리는 태도로 서서 "내가 여기 있나이다 나를 보내소서"(사 6:8) 하고 말하십시오. 그러면 여러분이 감히 바라지 못할 일들을 보게 될 것입니다. 휘장이 걷혀져서 여러분이 미래를 볼 수 있다면, 이렇게 소리칠 것입니다. "주의 종이 누구기에 이렇게 큰 일들을 행하겠습니까?"

나는 베드로, 야고보, 요한이 주님의 부르심을 듣고 배와 그물을 버리고 떠났을 때 주께서 그들로 말미암아 무슨 일을 하시려고 하는지를 어렴풋이 조금이라도 알았다고 생각하지 않습니다. 요한은 언젠가 자신이 세상의 한 보좌에 앉고 자기 형제 야고보는 또 다른 보좌에 앉을지도 모른다고 생각했지만, 일은 그렇게 되도록 되어 있지 않았습니다. 그렇지만 그들은 더 고귀한 유업을 얻었습니다. 우리 각 사람에게는 천국의 목적들 가운데 담당해야 할 몫이 있고, 이것 자체가 한 나라를 얻는 것만큼이나 큰 일입니다.

　형제나 자매 여러분, 여러분이 가정에 있는 것이 여러분의 가족을 구원하기 위함이 아닌지 누가 알겠습니까? 여러분이 뒷골목에 사는 것이 그 거리에 복을 주기 위함이 아닌지 누가 알겠습니까? 여러분이 허름한 지역에 살게 된 것이 그 지역을 일으켜 세우기 위함이 아닌지 누가 알겠습니까? 여러분이 이 민족 가운데 태어나게 된 것이 이 민족을 구원하기 위함이 아닌지 누가 알겠습니까? 그렇습니다. 세상을 구원하기 위해 그리스도의 이름으로 세상에 들어가십시오. 하나님을 위하여 큰 일들을 열망하십시오.

### 4. 네 번째 단어는 신뢰하다는 말입니다.

　"네가 왕후의 자리를 얻은 것이 이때를 위함이 아닌지 누가 알겠느냐" 여러분이 왕후의 자리를 얻은 것이 이때를 위함이라면 여러분이 안전하다는 것을 확신하십시오. 하나님께서 에스더를 왕후의 자리에 이르게 하신 것이 그녀가 왕에게 들어가서 자기 백성을 구원하도록 하기 위한 것이었다면, 착한 에스더여, 들어가라! 위험을 두려워하지 마라. 왕에게 들어가기 전에 삼일 동안 금식하고 기도하라. 낙망하지 마라. 여러분 가운데 앞으로 죽을지 모른다고 생각하여 떠는 여성이 있다면, 하나님에 대한 신뢰로 그 두려움을 이기십시오. 아하수에로 왕이 여러분을 죽일 수 없습니다. 여러분은 죽을 수 없습니다. 그가 제국의 모든 군주들에게 규를 내밀지 않을 수 있지만 여러분에게는 그렇게 할 수 없습니다. 하나님께서 여러분을 현재의 위치에 두셨고, 하나님의 목적을 위해 여러분을 그 자리에 임명하셨기 때문입니다. 하나님께서 여러분을 죽이기로 작정하셨다면 여러분에게 이런 일들을 베푸시지 않았을 것이라는 점을 확실히 아십시오. 하나님께서 과거에 베푸신 자비를 의지하고 확신을 가지십시오.

　그 위에 또, 하나님께서 어떤 사람을 통해서 이루시고자 하는 목적이 있다면, 그 사람은 일생을 지내면서 그 하나님의 뜻을 성취할 것입니다. 그 사람은 저항을 경험하면 경험할수록 그만큼 더 확실하게 자기 필생의 사업을 성취할 것입니다. 지옥에 있는 모든 마귀들이 한꺼번에 일어나 할 일이 있는 하나님의 진실하고 헌신적인 종에게 대항한다면 주님께서 하나님의 이름으로 마귀들을 바람 앞의 연기처럼 몰아내실 것입니다. 다윗은 "그들이 나를 벌들처럼 에워싸고 에워쌌으니 내가 여호와의 이름으로 그들을 끊으리로다"(시 118:11,12). 누구든지 하나님께서 임명하신 사람의 분명한 운명에 대항할 때, 그것이 대항하는 그 사람에게는 불행한 날이 됩니다. 나는 종종 예정이라는 중대한 진리를 의지합니다. 이것은 내게 결코 생기 없는 교리가 아닙니다. 하나님의 정하신 뜻이 시행되면 아무것도 그 뜻을 바꿀 수 없습니다. 하나님께서 그 뜻을 이루려고 마음먹으셨으면 그것을 좌절시킬 수 있는 것은 아무것도 없습니다. 하나님의 영원하신 뜻이 실패하기보다는 차라리 천지가 없어지는 것이 더 쉬운 일입니다. 하나님의 택하신 종은 누구나 그를 불러낸 말씀과 같습니다. 하나님의 말씀이 헛되이 하나님께로 돌아가지 않고 하나님께서 그 말을 보내신 일에 성공을 거두듯이, 지존하신 하나님의 모든 종도 그와 같을 것입니다. 하나님의 뜻에 대한 거룩한 확신은 사람들을 둔감하고 게으르게 만들기보다는 영웅적인 생애를 살도록 만드는 지극히 강력한 한 추진력이 될 수도 있습니다.

크롬웰의 철기병(鐵騎兵)들은 영구한 목적을 믿었습니다. 그래서 그들은 무적(無敵)이었습니다. 그들은 조금도 두려움을 느끼지 않았기 때문입니다. 폭군의 군대가 셀 수 없이 많을지라도 우리는 "만군의 여호와께서 우리와 함께 하시도다"(시 46:7) 하고 함성을 지르며 말을 타고 나가서 이기고 또 이기려고 할 것입니다. 주님께서 그 일을 하라고 여러분을 부르셨다는 것을 마음에 새기고, 의심하거나 두려워하지 말고 나가십시오. 쟁기를 잡고 멈추지 마십시오. 힘을 내어 그 일을 하십시오. 서서 어떻게 해야 하느냐고 묻지 마십시오. 여러분이 할 수 있는 방식대로 하십시오. 서서 언제 하느냐고 묻지 마십시오. 바로 그 일을 시작하십시오. "하지만 나는 약합니다" 하고 말하지 마십시오. 주님은 강하십니다. "하지만 방법들을 생각해내야 해"라고 말하지 마십시오. 여러분의 방법을 개선하기 위해 계획을 짜거나 지체하지 마십시오. 온 힘을 다해 그 일에 매달리십시오. 더 나은 것을 손에 넣지 못한다면 길거리에서 주운 울퉁불퉁한 바위 조각이나 돌을 여러분의 대포에 탄환으로 장전하십시오. 화약을 충분히 넣고서 그 바위 조각이나 돌들을 대포에 때려 박으십시오. 그리고 불을 붙이십시오. 적에게 쏠 것이 달리 아무것도 없을 때는 여러분 자신을 대포에 장전하십시오. 사실 여러분이 전력을 다해 전쟁에 뛰어드는 것보다 더 효과적인 발포는 없습니다.

　선원들에게 큰 혜택이 될 것으로 생각하는 것을 위해 하원에서 분투노력한 사람이 있었습니다. 하지만 그는 의원들을 설득하지 못했습니다. 마침내 그는 하원의 모든 규정들을 뚫고 나갔고, 마치 광신자처럼 행동하였습니다. 그가 그 일에 어찌나 열심을 내었던지 보는 사람마다 그가 곧 기진해 죽을 것 같았습니다. 그래서 사람들이 "우리가 무언가 해야 해"라고 말하였고, 마침내 그 일은 이루어졌습니다. 여러분을 압도하는 열심은 다른 사람들도 압도할 수 있을 것입니다. 열정이 부족해서 실패하지 않도록 하십시오. 사람들이 여러분을 미쳤다고 생각할지라도 신경 쓰지 마십시오. 여러분 자신이 열정에 사로잡히면 그 열정의 홍수가 그 앞에 있는 모든 반대를 쓸어버릴 것입니다. 여러분이 미쳤다고 할 만큼 아주 열광적이 되어서 하나님의 영광과 사람들의 구원, 진리의 전파, 타락한 많은 사람들의 회심을 위한 열심에 사로잡힐 때, 여러분에게 지극히 온전한 정신과 무엇보다 강력한 힘이 있게 될 것입니다. 여러분이 오늘의 사명에 관해 그와 같은 열정을 느끼기를 바랍니다. 복음이 모든 민족에게 전파되어야 한다고 느끼기 바랍니다. 여러분이 예배하는 동안 하나님의 뜻을 위해 헌금함으로써 이 시간 그런 충동을 느끼기 바랍니다.

제
2
장

—

# 에스더서에서 보는 하나님의 섭리

—

> "유다인의 대적들이 그들을 제거하기를 바랐더니 유다인
> 이 도리어 자기들을 미워하는 자들을 제거하게 된 그 날에."
> – 에 9:1

아마도 여러분은 어떤 사람들이 에스더서에 하나님의 이름이 나오지 않기 때문에 에스더서의 영감을 부인하였다는 것을 알 것입니다. 그런 이유라면 그들이 성경에 나오는 많은 장(章)들과 훨씬 더 많은 구절들의 영감을 부인하는 것도 무리가 아닐 것입니다. 하나님의 이름이 에스더서에 나오지는 않지만 주님이야말로 이 에스더서가 말하는 모든 사건에서 가장 뚜렷하게 나타나시는 분입니다. 나는 그려진 인물의 이름이 적혀 있고, 그렇게 이름을 적어 넣어야 할 필요가 확실히 있는 초상화들을 본 적이 있습니다. 그런가 하면 그려진 인물이 실제 모습을 너무 흡사하게 닮아서 여러분이 보는 순간 바로 그가 누군지를 알아볼 수 있기 때문에 그림에 인물의 이름을 적어 넣을 필요가 전혀 없는 초상화들을 우리모두 본 적이 있을 것입니다. 하나님 말씀의 다른 어떤 부분에서만큼 에스더서에서도, 오히려 내 입장을 분명히 밝힌다면, 다른 어떤 부분에서보다 에스더서에서 섭리의 손길을 더 분명히 볼 수 있습니다.

에스더서의 이야기 전체를 설교 한 편으로 풀어낸다는 것은 불가능한 일일 것입니다. 그러므로 나는 여러분이 이미 이 이야기를 잘 알고 있다는 점을 전제로 설교하지 않을 수 없습니다. 또 설교에서 내가 평상시에 하는 것보다 많이 역

사에 대해서 이야기하더라도 여러분이 참아줄 것을 부탁드리지 않을 수 없습니다. 성경은 그것이 역사이든 교리이든 간에 모두 영감을 받았고, 또 유익합니다. 하나님께서는 에스더서가 잠자코 있기를 바라지 않으셨고, 하나님께서 선하게 여기시는 것은 무엇이든지 에스더서를 통해서 우리에게 가르치고 우리는 마땅히 그것을 배우기 위해 열심히 노력하기를 바라셨습니다.

하나님께서는 에스더서의 역사 이야기를 통해서 우리 앞에 하나님 섭리의 놀라운 예를 보여주려고 하셨고, 그렇게 하여 우리가 기꺼이 관심을 갖고 그 이야기를 보고서 하나님의 이름을 찬양하고 나가서 다른 역사들에서 그리고 특별히 우리 자신의 인생에서 하나님의 손길을 보는 습관을 들이게 하려고 하셨습니다. 존 플라벨(John Flavel, 1628~1691. 청교도 목사)은 섭리를 주의해서 보는 사람은 끊임없이 하나님의 섭리를 보게 된다고 말하는데, 바른 말입니다. 세상을 살아가면서 하나님을 전혀 보지 못하는 사람은 영감된 권위에 따라 이야기하자면, 그는 바보입니다. 그러나 지혜로운 사람은 안목이 있습니다. 그래서 그는 마음의 눈으로 보고, 하나님께서 도처에서 일하고 계시는 것을 깨닫습니다. 하나님께서 하늘과 땅에서, 깊은 모든 곳에서 자신의 뜻대로 일하고 계신다는 것을 아는 것이 그에게는 기쁜 사실입니다.

하나님께서는 역사의 다른 시기에 이교 세계가 깜짝 놀라며 하나님의 임재를 자각하도록 하시기를 기뻐하였습니다. 하나님께는 택한 백성들이 있었습니다. 하나님은 이들에게 참된 빛을 맡기셨고, 끊임없이 자신을 계시하셨습니다. 나머지 세상은 어둠 가운데 버려져 있었습니다. 그러나 때때로 번개가 폭풍우의 어둠 속을 지나며 불을 밝히듯이 하나님의 영광이 어둠 가운데서 불타올랐습니다. 어떤 이들은 이 갑작스러운 빛으로 인해 하나님을 찾기 시작하였고 마침내 하나님을 만났습니다. 그런가 하면 어떤 이들은 그로 인해 마음이 불편해졌지만, 그래도 아무 이유 없이 계속해서 맹목적인 우상 숭배에 빠졌습니다. 바로와 그의 군대가 홍해에서 놀랍게 멸절당한 사건은 빛이 갑자기 번쩍하고 나타난 일이었습니다. 그 사건은 인류에게 하나님께서 살아계시고 자연 법칙을 중지시키고 기적을 행하여서 자신의 뜻을 이루실 수 있다는 것을 증거함으로써 한밤중 같은 세상의 어둠을 흔들어 깨웠습니다. 놀라운 드라마가 페르시아의 수도 수산에서 벌어졌는데, 이 드라마는 전에처럼 기적에 의해서가 아니라 하나님의 섭리의 일반적인 방법을 사용하지만 하나님의 모든 계획을 성취함으로써 하나님의 존재와 영광을 나타내도록 하려는 것이었습니다. 에스더서가 기적이 없이 일어난 기사들에 대한 기록이며, 그러므로 이 책이 하나님의 영광을 마찬가지로 계시하지만 기적적인 권능으로 바로를 멸망시키는데서 나타난 것과는 다른 방식으로 그 영광을 보여준다고 말했다면, 바르게 말한 것입니다.

이제는 이야기를 살펴봅시다. 세상에 두 인종이 있었습니다. 그 중 한 인종은 하나님께서 복을 주셨고 보존하겠다고 약속하신 사람들입니다. 또 한 인종은 하나님께서 하늘 아래서 그에 대한 기억을 완전히 없애버리겠다고 말씀하신 사람들입니다. 이스라엘은 복을 받고 또 복을 주게 되어 있었습니다. 그러나 아말렉에 대해서는 하나님께서 "여호와가 아말렉과 더불어 대대로 싸우리라"(출 17:16)고 맹세하셨습니다. 그러므로 이 두 민족은 여자의 후손과 뱀의 후손처럼, 하나님께서 친히 반목하게 만드신 사람들처럼, 서로 용서할 수 없는 적대적인 관계에 있었습니다. 오랜 세월이 흘렀습니다. 택한 백성들은 큰 곤경에 처해 있었고, 아주 먼 훗날인 이때에도 여전히 지면에 아말렉 종족의 잔재들이 있었습니다. 그들 가운데 아각 왕가의 계통을 이은 한 사람이 있었는데, 그의 이름은 하만이었고 그는 페르시아의 군주 아하수에로의 궁정에서 최고의 권력을 쥐고 있었습니다. 이스라엘과 아말렉 사이의 최종적인 전투가 벌어지도록 하는 것이 하나님의 의도였습니다. 광야에서 여호수아와 함께 시작된 이 싸움은 왕궁에서 모르드개에 의해 종결짓게 되어 있었습니다. 이 마지막 싸움은 하나님의 백성들에게 아주 불리한 상황에서 시작되었습니다.

하만은 광대한 페르시아 제국의 총리였고, 전제군주가 그의 말을 잘 들어주는 총애하는 신하였습니다. 모르드개는 유대인으로 왕에게 고용되어 왕궁 문 앞에 앉아 있었습니다. 그는 교만한 하만이 들어가고 나올 때 다른 사람들이 그에게 비굴하게 표시하는 경의를 보이지 않았습니다. 그는 하만에게 머리를 숙이거나 무릎을 꿇으려고 하지 않았습니다. 이런 태도에 하만은 몹시 화가 났습니다. 이 모르드개가 유대인의 자손이라는 사실이 그의 마음에 떠올랐고, 그 기억과 함께 자기 종족의 싸움에 대해 복수하겠다는 큰 야심이 그에게 타올랐습니다. 그는 한 사람에게 손을 대는 것은 비웃음거리로 생각했고, 그래서 자신이 대대로 이어온 모든 미움의 화신이 되어 진저리나는 이 유대인들을 일격에 지면에서 쓸어버리겠다고 결심하였습니다. 그는 자신의 말을 잘 듣는 왕에게 들어가서 말했습니다. 페르시아 제국 전역에 흩어져 사는 한 민족이 있는데, 그들은 다른 모든 민족과 다르고 왕의 법도 지키지 않으므로 그들을 용납하는 것이 왕에게 유익이 되지 않는다고 말입니다. 그는 유대인들을 모두 죽일 수 있게 해 달라고 구하였고, 자기가 그들이 죽음으로 인해서 생기는 수입의 손실을 벌충할 어마어마한 돈을 왕의 금고에 채워 넣겠다고 하였습니다. 그는 유대인들에게서 빼앗을 탈취물에 마음이 혹해서 그 이웃들이 유대인들을 죽이게 하려고 계획하였고, 자기에게 돌아오는 몫으로는 자신이 선납한 대금을 벌충하도록 하려고 했고, 이렇게 해서 이웃들이 유대인을 죽이는 대가를 유대인이 치르게 만들었습니다. 하만이 이 두려운 일을 허가해 줄 것을 요청하기가 무섭게 군주는 그 일을 승인하였습니다. 왕은 인장 반지를 빼어 주며 그에게 자신이 좋게 여기는 대로 유대인들을 처치하라고 명하였습니다. 이렇게 해서 하나님의 택하신 자손들이 그들을 멸절시키기를 갈망하는 이 아각 자손의 손아귀에 들어가게 되었습니다. 그의 길을 방해하는 것은 딱 한 가지가 있습니다. 그것은 여호와께서 "너를 치려고 제조된 모든 연장이 쓸모가 없을 것이라 일어나 너를 대적하여 송사하는 모든 혀는 네게 정죄를 당하리라"(사 54:17)고 말씀하셨다는 것입니다. 어떤 일이 일어나는지 보고, 거기에서 교훈을 배웁시다.

**1. 첫째로, 이 기사에서 우리는 하나님께서 자신의 일을 행하기 위해 그의 대리자들을 적절한 곳에 두신다는 것을 배우게 될 것입니다.**

하나님은 하만의 이 음모에 깜짝 놀라지 않으셨습니다. 하나님께서는 그 음모를 미리 아시고 앞질러 방해하셨습니다. 이 교활하고 악의적인 하만의 계획에 대항하기 위해서는 유대 민족 가운데 어떤 한 사람이 왕에게 큰 영향력을 갖는 일이 필요하였습니다. 이 일이 어떻게 이루어지게 되었습니까? 한 유대인 여자가 페르시아의 왕후가 되면, 그녀가 갖게 될 권세가 이 원수의 계획을 좌절시키는데 쓸모 있을 것입니다. 도금양(桃金孃)을 뜻하는 아름다운 이름을 지닌 에스더는 기이한 일련의 사건들을 거쳐서 페르시아 왕후의 지위에 오르게 되었습니다. 아하수에로 왕이 주연을 베풀었을 때 동양 생활의 모든 예의범절을 잊어버릴 만큼 술에 취해서 왕후 와스디를 백성들과 방백들 앞에 보이기 위해 사람을 보내어 와스디를 불러 오도록 하였습니다. 그 시대에는 누가 전제군주의 명령을 듣지 않는다는 것은 꿈에도 생각하지 못하였습니다. 그래서 바른 왕가의 정신을 지닌 것이 분명한 여인인 와스디가 술 취한 방백들의 상스러운 모임 앞에서 구경거리가 됨으로 품위를 떨어트리고 싶지 않아 오기를 거절하였을 때 모든 사람이 기겁을 하여 놀랐습니다. 와스디는 이런 배짱을 부린 탓으로 이혼을 당하게 되었고, 왕은 새 왕후를 찾게 되었습니다. 우리는 모르드개가 자신의 양딸을 왕의 간택을 위한 경쟁에 내보낸 것에 대해 칭찬할 수 없습니다. 그것은 하나님의 율법에 위배되고 그녀의 영혼에도 지극히 위험한 일이었습니다. 에스더는 이 페르시아 독재자의 굴에 들어가는 것보다 이스라엘 집의 지극히 하찮은 사람의 아내가 되는 것이 더 나은 일이었을 것입니다.

성경은 이렇게 행한 일에서 에스더와 모르드개의 잘못을 너그러이 봐주지 않고 칭찬은 더더군다나 하지 않습니다. 다만 우리에게 마치 화학자가 유독한 식물로부터 치료하는 약을 추출하듯이 어떻게 하나님께서 지혜롭게 악에서 선을 이끌어내셨는지를 말해 줄 뿐입니다. 에스더의 높은 지위는 비록 가장 지혜로운 법을 어기고 얻은 것이지만 그녀의 백성들의 최선의 이익을 위해 사용되었습니다. 왕궁에서 에스더는 그 악한 원수를 물리치는 수단이었습니다. 그러나 에스더 혼자서는 그 일을 감당할 수 없었습니다. 그녀는 시종과 시녀에 둘러싸여 후궁에 갇혀서 외부 세계와는 완전히 격리되었습니다. 하나님의 백성을 지키고 도움이 필요할 때 에스더에게 행동을 촉구하기 위해서는 왕궁 밖에 야경꾼이 한 사람 필요하였습니다.

그녀의 사촌이자 양부(養父)인 모르드개는 왕궁 문 앞에 설 수 있는 직책을 얻었습니다. 그가 이보다 나은 곳에 배치될 수 있었겠습니까? 그는 왕의 업무의 많은 부분을 볼 수 있는 위치에 있습니다. 그는 영리하고 용감할 뿐 아니라 또한 움츠리지 않는 사람입니다. 이스라엘에게 베냐민 사람이요 기스의 증손인 모르드개만큼 좋은 파수꾼은 달리 없었습니다. 그는 예전에 아말렉이 도망하도록 내버려둔 또 다른 기스의 아들과는 전혀 다른 사람이었습니다. 왕후와의 관계로 인해 모르드개는 왕후의 시종인 하닥을 통해 그녀와 이야기를 주고받을 수 있었습니다. 하만의 악한 조서가 공표되었을 때, 그 소식이 오래지 않아 에스더의 귀에 들어갔고, 에스더는 모르드개와 그의 온 민족이 위험에 처했다는 것을 알았습니다. 하나님께서는 기이한 섭리로 말미암아 지극히 능률적인 두 도구를 제 장소에 배치해 두셨습니다. 모르드개는 에스더가 없었다면 별 소용이 없었을 것이고, 에스더는 모르드개가 없었다면 아무 도움을 주지 못했을 것입니다. 한편으로 왕에 대한 음모가 꾸며졌는데, 모르드개가 이를 발견하고 최고 당국자에게 이 사실을 알립니다. 이렇게 해서 왕이 모르드개에게 은혜를 베풀게 되는데, 이 일은 하나님의 계획에 필요한 한 부분이었습니다.

형제 여러분, 하나님의 대의와 진리를 반대하는 온갖 해악이 꾸며질 수 있습니다. 아마 지금 이 순간에도 그런 일이 많이 진행되고 있을 것입니다. 마귀도 예수회 수사들도, 무신론자들도 오래도록 잠잠히 있지 않기 때문입니다. 그러나 우리는 이 점을 확실히 압니다. 즉, 하나님께서는 그 모든 것을 아시고, 그들의 계획을 좌절시키기 위해 에스더와 같은 자와 모르드개와 같은 자들을 적소에 준비해 두고 계신다는 것입니다. 하나님께서는 그의 사람들을 적소에 배치해 두시고, 그의 적들을 놀라게 하기 위해 그의 매복들을 은신처에 숨겨두십니다. 우리는 하나님께서 그의 적들을 앞질러 가서서 그들의 해악에 대비를 해놓으셨기 때문에 두려워할 필요가 없습니다.

하나님의 자녀는 누구나 하나님께서 어떤 목적을 위하여 그를 배치하신 곳에 있습니다. 이 첫 번째 요점의 실제적인 용도는 하나님께서 어떤 실제적인 목적을 위해 여러분 각 사람을 현재 위치에 두셨는지 묻게 되는 것입니다. 여러분은 예수님을 위해 무언가 상당한 일을 할 수 있는 또 다른 자리에 앉기를 바래왔을 수 있습니다. 그러나 그런 것을 바라지 말고 여러분이 현재 있는 곳에서 주님을 섬기십시오. 여러분이 왕궁 문 앞에 앉아 있다면, 거기에서 여러분이 할 일이 있습니다. 여러분이 왕후의 자리에 있게 된다면 거기에서 여러분이 할 일이 있을 것입니다. 문지기가 되게 해 달라고 혹은 왕후가 되게 해 달라고 구하지 말고, 여러분이 어디에 있든지 간에 그 자리에서 하나님을 섬기십시오.

형제 여러분, 여러분이 부자입니까? 하나님께서 여러분을 청지기로 두셨으니, 선한 청지기가 되도록 조심하십시오. 형제 여러분, 여러분이 가난합니까? 하나님께서는 여러분이 가난한 성도들에게 동정의 말을 더 잘할 수 있을 자리에 여러분을 두신 것입니다. 여러분이 지금 여러분에게 맡겨진 일을 하고 있습니까? 경건한 가정에서 살고 있습니까? 하나님은 여러분을 그처럼 행복한 자리에 두신 까닭이 있습니다. 여러분이 불신자의 가정에서 지냅니까? 그렇다면 여러분은 어두운 곳에 매달려 있는 등불입니다. 그곳에서 빛을 비추도록 힘쓰십시오. 에스더는 에스더와 같은 위치에 있는 사람이 마땅히 해야 할 일을 하였기 때문에 잘한 것이고, 모르드개는 모르드개와 같은 사람이 마땅히 해야 할 일을 하였기 때문에 잘한 것입니다. 나는 여러분 모두를 훑어볼 때, 하나님께서 마치 홀룡한 지휘관이 부대의 군인들을 여러 곳에 잘 배치하듯이 여러분 각각을 적소에 두셨다고 생각합니다. 비록 우리가 하나님의 전투 계획을 알지 못하지만 전투를 하는 동안에 하나님께서 각 군사를 그가 마땅히 있어야 할 곳에 배치했다는 것을 알게 될 것입니다. 우리 지혜로 다른 곳을 바라서는 안 되고, 다른 자리에 있는 사람들을 판단해서는 안 됩니다. 그보다는 각 사람이 예수님의 보혈로 구속되었으므로 자신을 전적으로 주님께 드리고 "주여, 주께서 내게 시키시려고 하는 바를 행하소서. 제가 여기 있고, 저는 주님의 은혜로 주께서 시키시는 일을 할 준비가 되어 있습니다" 하고 말합시다. 그 다음에는, 하나님께서 그의 종들을 사용하실 수 있는 자리에 섭리로 배치하신다는 사실을 잊지 맙시다.

**2. 둘째로, 하나님께서는 그의 종들을 준비하실 뿐만 아니라 또한 그의 적들을 제지하십니다.**

나는 하만이 정한 날에 모든 유대인들을 멸절시키기 위한 조서를 획득하고 나서 어떻게 해서든지 자신의 무자비한 일을 철저히 시행하기를 바랐고, 그래서 매우 미신적이고 점성술을 믿었던 그였으므로 자신의 마법사들에게 그가 그 큰일을 행할 길일을 택하기 위해 제비를 뽑도록 명하였다는 사실을 여러분이 주의하기 바랍니다. 여러 달에 대해 제비를 뽑았지만 그해가 거의 끝날 때까지 길한 날 하루를 찾지 못하다가 마침내 12월 13일로 날을 정하였습니다. 그 날에 마법사들이 자기들의 얼간이 하만에게 하늘이 상서롭고 하만의 별이 떠오를 것이라고 말했습니다. 사실, 제비를 뽑았지만 그 처분은 하나님께 속하였습니다. 유대인들을 죽이기 전에 열한 달이 고스란히 남아 있었고, 그것이 모르드개와 에스더에게 상황을 바꿀 시간을 주었고, 그 무자비한 조서를 번복하기 위해 할 수 있는 일이 있다면 두 사람은 그 조서를 무효화시킬 시간이 있었다는 것을 보지 않습니까? 그 제비가 두 번째 달이나 세 번째 달로 뽑혔다고 생각해 보십시오. 빠른 낙타와 사자(使者)들이라도 페르시아 영토의 변경 지역에는 좀처럼 도달하지 못하였을 것이고, 그 조서를 무효화시키는 두 번째 사자들은 확실히 변경 지역에 도착하지 못하였을 것이고, 그러면 인간적으로 말해서 유대인들은 틀림없이 죽었을 것입니다. 그 마술사들과 악마 같은 권세자들에게 조언을 구하는 하만이 앉아 있는 그 은밀한 회의실에 하나님께서 친히 계시며, 그 거짓말쟁이들의 징후를 헛되게 하시고 점쟁이들을 어리석게 만드십니다. 그들의 마법과 허다한 마술은 무익하였고, 점성가들, 별을 보는 사람들, 점쟁이들 모두가 바보들이었으며, 미신적인 하만을 파멸로 이끌었습니다. "야곱을 해할 점술이 없고 이스라엘을 해할 복술이 없도다"(민 23:23). 여러분 의인들이여, 하나님을 신뢰하고 참으십시오. 여러분의 적들은 하나님의 손에 맡기십시오. 하나님께서는 그들이 여러분을 위해 몰래 쳐놓은 함정에 자신들이 빠지게 하실 수 있습니다.

하만이 택한 유대인들을 죽이는 방식이 놀랍게 번복되어 유대인들을 보존하는데 이용되었다는 사실을 주의 깊게 보기 바랍니다. 유대인들은 그들이 섞여 살고 있는 사람들 가운데 아무든지 그들을 죽이기로 마음먹은 사람에게 죽게 되어 있었고, 유대인들을 죽이는 자들은 그들의 약탈품을 보상으로 받게 되어 있었습니다. 이것은 매우 교활한 간계였습니다. 왜냐하면 탐욕은 자연스럽게 비열한 사람들로 하여금 알뜰하게 돈을 모은 유대인들을 살해하고 싶은 마음을 불러일으킬 것이고, 자기 채권자가 처형되는 것을 보면 기뻐할 빚쟁이들도 틀림없이 있었을 것이기 때문입니다. 그렇지만 이 조서가 제공한 피할 길을 보십시오! 페르시아 제국의 군대가 유대인들을 죽이도록 하는 조서가 작성되었다면, 그 명령은 틀림없이 시행되었을 것입니다. 그리고 유대인들이 피할 길이 있었을지 알기 어렵습니다. 그러나 문제가 개인의 손에 맡겨져 있으므로 유대인들이 스스로를 지킬 수 있다는 후속 조서가 첫 번째 명령을 충분히 무력화시킬 수 있었습니다. 이렇게 해서 하나님은 하만의 지혜가 결국은 어리석은 것임이 판명 나도록 섭리하셨습니다.

또 다른 점에서도 우리는 하나님의 제지하시는 손을 봅니다. 즉, 모르드개가 비록 하만을 머리끝까지 화나게 만들었지만 즉시 처형당하지 않았다는 것입니다. 하만이 "참았습니다"(에 5:10). 왜 하만이 참았습니까? 교만한 사람들은 보통 자신이 모욕을 받았다고 생각하면 몹시 불쾌하게 생각하고 즉시 복수를 합니다. 그러나 하만은 자신의 분노를 맹렬히 불태우고 교수대를 세우는 날까지 "참았습니다." 즉 자신의 격정을 눌렀습니다. 나는 이 점이 놀랍습니다. 이 사실은 어떻게 하나님께서 사람의 분노를 바꾸어 하나님을 찬양하도록 만드시는지, 그리고 하나님께서 어떻게 그 나머지 일을 제지하시는지 보여줍니다. 모르드개는 하만의 손에 폭력적인 죽음을 당해서는 안 됩니다. 하나님 교회의 원수들, 그리고 하나님 백성의 원수들은 하나님께서 허락하시는 것 이상의 일을 할 수 없습니다. 그들은 하나님께서 인가하시는 것 이상으로 한 치도 더 나갈 수 없습니다. 그들이 멋대로 하도록 허락을 받을지라도, 그들이 행하는 모든 일에는 언제나 약점이 있습니다. 즉, 그들의 맹렬한 분노를 헛되게 만드는 지극히 어리석은 점이 있습니다. 악한 자들은 스스로를 파멸시킬 무기를 갖고 다닙니다. 그들이 지존하신 하나님께 대해 아주 사납게 날뛸 때 만유의 주께서는 그로부터 자기 백성을 위해 선을 이끌어내시고 자신에게 영광을 돌리게 하십니다. 작은 조각들을 보고 섭리를 판단하지 마십시오. 섭리는 거대한 모자이크이므로 전체를 두고 보아야 합니다. 어느 한 시간을 보고 "이것은 어둠이다"라고 말하지 마십시오. 그렇게 말할 수 있습니다. 그러나 한밤중의 칠흑 같은 어둠이 별들을 더욱 빛나게 만들듯이 그 어둠이 빛에 이바지할 것입니다. 영원히 하나님을 의지하십시오. 여호와 하나님께는 영원한 힘이 있기 때문입니다. 하나님의 지혜가 잔꾀의 갱도 밑바닥을 파고, 하나님의 솜씨는 술책들의 교묘함을 뛰어넘을 것입니다. "지혜로운 자가 자기의 계략에 빠지게 하시며 간교한 자의 계략을 무너뜨리시므로"(욥 5:13).

**3. 다음으로, 우리는 하나님이 섭리 가운데서 자기 백성을 시험하시는 점을 살펴봅시다.**

하나님의 종이라는 사람들은 시련을 당하지 않을 것이라고 생각하지 마십시오. 시련을 당하지 않게 하는 것이 하나님의 섭리가 아닙니다. 사도는 "징계는 다 받는 것이거늘 너희에게 없으면 사생자요 친아들이 아니니라"(히 12:8)고 말합니다. 하나님의 뜻은 자기 백성을 고난을 통해서 교육하시는 것입니다. 그러므로 우리는 어떤 사건이 고통스럽기 때문에 하나님의 섭리에서 나온 것이 아니라고 생각해서는 안 됩니다. 오히려 그렇기 때문에 여러분은 그것이 한결 더 하나님의 섭리에서 온 것이라고 간주할 수 있습니다. "여호와는 의인을 시험하시기"(시 11:5, 개역개정은 "여호와는 의인을 감찰하시고") 때문입니다. 하나님께서 모르드개를 시험하셨다는 사실을 잘 보기 바랍니다. 나는 그가 조용한 노인이었을 것이라고 확신합니다. 틀림없이 그에게는 똑바로 서 있는 것이나 그곳에 앉아서 왕궁의 그 오만한 귀족이 뽐내며 지나가는 것을 보는 것이 매일의 시련이었을 것입니다. 다른 동료 종들이 모르드개에게 왕이 모든 사람들에게 하만에게 경의를 표하도록 명령하였다고 말해주었습니다. 그러나 그는 고개를 숙이지 않고 버티었는데, 그렇게 고집스럽게 버틸 경우 자기에게 어떤 일이 벌어질지 모르고서

한 일이 아니었습니다. 하만은 아말렉 사람이었고, 그래서 유대인인 모르드개는
그에게 고개를 숙이려고 하지 않았습니다. 그런데 모든 유대인은 죽어야 한다는
조서를 보았을 때, 틀림없이 그의 마음은 너무도 고통스러웠을 것입니다. 이 선
한 사람은 자신이 무고히 자기 민족을 죽게 만드는 원인을 제공한 불행한 자기
운명에 대해 몹시 애통해했을 것입니다. 어쩌면 그는 속으로 이렇게 생각했을지
모릅니다. '내가 쓸데없이 고집을 부렸어. 아, 슬프다. 내 온 집이, 내 모든 민족
이 내가 한 일 때문에 죽게 되었어.' 그는 굵은 베옷을 입고 머리에 재를 뒤집어
쓰고 대성통곡을 하였는데, 이 슬픔은 우리가 충분히 이해할 수 있는 슬픔이 아
닙니다. 여러분이 자신이 올바르게 행했다는 것을 알지라도, 그 때문에 다른 사
람들에게 고난을 초래한다면, 더 나아가서 죽음을 가져오게 된다면, 그 점은 여
러분을 뼈아프게 만들 것이기 때문입니다. 여러분은 스스로 순교하는 일은 감당
할 수 있지만, 여러분의 확고부동한 태도로 말미암아 다른 사람들이 고통 받는
것을 보는 것은 슬픈 일입니다.

　　에스더도 시험을 받아야 했습니다. 페르시아 궁전의 화려함 속에 지내면서
그녀는 자기 하나님을 잊게 되었을지 모릅니다. 그런데 "네 사촌과 네 민족이 죽
게 되었다"는 슬픈 소식이 그녀에게 이르렀습니다. 그녀의 마음에 슬픔과 두려
움이 가득 몰려왔습니다. 그녀가 왕에게 가지 않는 한, 다시 말해 어떤 사람에게
성난 얼굴을 보이면 그것이 바로 죽음을 뜻하는 독재자에게 가지 않는 한, 그녀
의 민족에게는 아무 소망이 없었습니다. 그녀는 왕의 명령을 받지 않은 채 모든
위험을 무릅쓰고 왕 앞에 나가서 자기 민족을 위해 간청해야 합니다. 여러분은
그녀가 떨었다는 것이 이상하게 생각됩니까? 그녀가 신자들에게 기도해 주기
를 청했다는 것이 놀랍습니까? 여러분은 그녀 자신과 그녀의 시녀가 함께 금식
하며 하나님 앞에서 슬퍼하는 것이 놀라운 일입니까? 친구 여러분, 여러분은 하
나님께서 하나님의 모든 백성들이 겪는 시련을 면할 수 있는 높은 위치를 여러
분에게 주셨다고 생각하지 마십시오. 여러분이 있는 곳은 편안한 자리가 아니라
아주 치열한 전투터들 가운데 하나입니다. 아무리 낮고 조용한 지위에 있을지라
도, 아주 모르는 사람이 없을 정도로 유명한 위치에 있을지라도, 그 때문에 여러
분이 전투하는 교회가 영광에 이르기 위해 싸우며 가는 과정에서 겪는 "많은 환
난"(행 14:22)을 피할 수 없을 것입니다. 우리가 시련을 면하기를 바라야 할 이유
가 무엇입니까? 금은 도가니 속에서 단련을 받아야 하지 않습니까? 튼튼한 기둥

은 큰 무게를 견뎌야 하지 않겠습니까?

메나이 다리(the Menai bridge: 영국 웨일스의 뱅거에서 앵글시 섬 사이의 메나이 해협을 가로지르는 현수교[懸垂橋])를 처음 해협 사이에 놓을 때, 다리 설계를 맡은 공학자는 이 다리가 아주 무거운 무게를 감당하지 않도록 해야 한다는 규정을 세우지 않았습니다. 오히려 반대로 나는 그가 이렇게 말했을 것이라고 생각할 수 있습니다. "아무리 무거운 기차를 가져와도 좋고, 여러분이 원하는 만큼 많은 짐을 다리에 올려놓아도 좋습니다. 이 다리는 모든 하중을 견딜 것입니다." 하나님은 의인들을 시험하십니다. 하나님께서는 그들을 시험을 견딜 금속으로 만드셨기 때문입니다. 성령님의 떠받치는 능력으로 말미암아 그들이 버티고 넉넉히 이기리라는 것을 아시기 때문입니다. 여러분 가운데 이 시간 고난 가운데 있는 분들은 그 사실을 알고 위로를 받기 바랍니다.

**4. 넷째로, 우리는 지극히 작은 사건들이 큰 결과를 낳도록 일들을 조정하는 데서 나타난 하나님의 지혜를 봅니다.**

우리는 사람들이 덜 중요하거나 기분 나쁘게 보이는 일에 대해서는 잠잠히 있으면서 기분 좋은 일이나 큰 일에 대해서는 "놀라운 섭리다!" 하고 말하는 것을 종종 듣습니다. 그러나 형제 여러분, 지나가는 전차 바퀴에 의해 일어나는 먼지가 움직이는 방향도 궤도를 도는 천체만큼이나 확실하게 하나님의 섭리에 의해 결정됩니다. 하나님의 섭리는 군대가 대륙을 약탈하기 위해 행진하여 가는 데서 볼 수 있는 만큼이나 진드기 한 마리가 장미 꽃잎 위를 기어 다니는 데서도 볼 수 있습니다. 모든 일, 곧 지극히 장엄한 일뿐 아니라 지극히 미세한 일도 하늘에 보좌를 베푸신 하나님, 만유를 지배하는 나라의 왕이신 하나님이 정하십니다. 본문의 역사가 이것을 증명합니다.

이제 우리는 에스더가 왕에게 들어가 자기 민족을 위해 간청하는 시점에 이르렀습니다. 기도로 힘을 얻었지만 틀림없이 여전히 떨고 있었을 에스더가 왕궁 안뜰로 들어갔고, 왕이 사랑하는 마음이 일어나서 즉시로 금 규(圭)를 에스더에게 내밀었습니다. 원하는 것을 구하라는 말을 듣고서 에스더는 왕을 잔치에 초대하며, 하만과 함께 오라고 부탁합니다. 왕이 와서 두 번째로 그녀에게 원하는 것을 구하라고 하며 원하면 나라의 절반까지도 주겠다고 말합니다. 왕이 그처럼 친절한 마음이 들었으니 에스더가 바라는 바를 말하지 않았겠습니까? 왕이 그녀의 아름다움에 매료되었고, 그래서 왕이 그녀에게 아무것도 거절하지 않겠다는 말을 들었으니, 그녀가 말하지 않았겠습니까? 그렇지 않습니다. 그녀는 단지 왕이 내일 여는 또 한 번의 포도주 연회에 하만과 함께 와주기를 부탁합니다. 아, 아브라함의 딸이여, 그대는 절호의 기회를 놓쳤구나! 무엇 때문에 그대는 그대의 민족을 위해 간청하지 않았는가? 바로 민족의 존망이 그대의 간청에 달려 있다. 그리고 왕이 "그대의 요구가 무엇이뇨?" 하고 말했는데, 그럼에도 그대는 뒤로 물러갔도다! 소심해서 그랬습니까? 그럴 수 있습니다. 에스더는 하만이 왕의 총애 가운데 너무도 높은 자리에 있어서 자기가 그를 이길 수 없다고 생각한 것입니까? 그렇다고 말하기는 어려울 것입니다. 우리 가운데는 전혀 이해할 수 없는 행동을 하는 사람들이 있습니다. 그녀의 이해할 수 없는 침묵에는 언뜻 보는 것보다는 훨씬 더 많은 의미가 담겨 있었습니다. 틀림없이 그녀는 자신의 속내를 털어놓고 싶었을 것입니다. 그러나 말이 나오지 않았습니다. 그 일에 하나님이 관여하신 것입니다. 그때는 말하기에 적절한 시간이 아니었습니다. 그래서 에스더는 속내를 털어놓는 일을 미루게 된 것입니다. 아마도 그녀는 그 점을 아쉬워하며, 어느 때 말할 수 있는 시점에 이르게 될지 궁금해하였을 것입니다. 그러나 하나님께서는 무엇이 최선인지 아셨습니다.

연회를 마치고서 하만은 왕궁 문을 기분 좋게 나갔습니다. 그러나 모르드개가 허리를 굽히지 않는 것을 보고 몹시 화가 나서 그는 아내와 친구들을 불렀고, 그들에게 자신의 부와 명예가 높지만 유대인 모르드개가 왕궁 문에 앉아 있는 한 그 모든 것이 자기에게 아무 소용이 없다고 말하였습니다. 그 말을 듣고 그의 아내와 친구들이 그에게 이렇게 말했을 수도 있습니다. "당신이 두어 달만 있으면 모르드개와 그의 모든 민족을 죽일 것입니다. 그는 그 조서 때문에 이미 초조해하고 있을 것입니다. 그러니 그를 살려두고, 그저 그의 불행을 지켜보고 그의 절망을 기분 좋게 바라보기나 하십시오!" 그러나 그렇게 말하지 않고 그들은 속히 앙갚음을 하라고 조언합니다. 모르드개를 집 꼭대기에 있는 교수대에 달도록 하라고, 교수대를 즉시 설치하고, 하만이 아침 일찍 왕에게 그 유대인의 생명을 구하여, 그의 건방진 태도에 대해 응징하라고 조언합니다. 가서 일꾼들을 부르고, 바로 그날 밤에 아주 높은 곳에 교수대를 세우게 합니다. 하만이 바로 그 시각에 그처럼 격분하는 것이 작은 일처럼 보였지만, 그것은 전체 일처리에서 매우 중요한 요소였습니다. 하만이 그처럼 조급하지 않았다면, 그렇게 아침 일찍 왕궁에 가서 왕이 "누가 뜰에 있느냐?"고 물었을 때 바로 가까이 그 자리에 있지 못하였을 것이기 때문입니다.

그러면 어떤 일이 벌어졌습니까? 바로 그날 밤, 곧 하만이 모르드개를 교수대에 달 꾀를 내고 있었을 때, 왕이 잠이 오지가 않았습니다. 무엇 때문에 이 왕이 잠이 들지 못한 것입니까? 다른 모든 날을 제쳐두고 왜 그날 밤에 그 일이 일어난 것입니까? 아하수에로는 127개 도를 다스리는 주(主)이지만, 10분간 잠자는 일은 자기 마음대로 할 수가 없습니다. 그가 어떻게 하겠습니까? 마음을 편하게 해주는 음악을 연주하도록 하겠습니까? 아니면 이야기를 듣거나 음유시인의 즐거운 발라드를 들으며 그 시간의 지루함을 잊도록 하겠습니까? 아닙니다. 그는 책을 가져오라고 합니다. 사치를 좋아하는 이 군주가 밤의 죽은 듯이 고요한 시간에 책 읽는 소리에 귀를 기울일 것이라고 누가 생각했겠습니까? "책을 가져오너라!" 무슨 책을 가져오라는 것입니까? 장미 꽃 향기가 나고, 나이팅게일의 소리처럼 아름다운 노래들이 실린 음악책을 가져오라는 것입니까? "아니, 제국의 역대기를 가져오라." 읽기에 재미없는 그 책을 가져오라는 것입니다! 그러나 제국에는 127개 도가 있습니다. 시종이 기록관의 선반에서 어느 책을 가져올 것입니까? 시종은 왕도(王都) 수산에 대한 기록을 골랐습니다. 수산은 제국의 중심이고, 따라서 그 기록은 깁니다. 그런데 읽는 사람이 어느 부분부터 읽기 시작할 것입니까? 그는 왕이 좋아하는 곳에서 시작할 수 있습니다. 그러나 책 읽기를 마치기 전에 모르드개가 음모를 밝힌 이야기를 읽었고, 왕이 그것을 들었습니다. 이것이 기이하고 우연한 사건이었습니까? 여러분이 원한다면 기이한 사건이라고 생각할 수 있으나 우연한 일은 아니었습니다. 읽는 사람이 수만 가지 기록들 가운데서 다른 모든 것을 제쳐두고 바로 그 기록을 택합니다. 유대인들은 그 사람이 다른 곳에서 시작했지만, 그 책이 끝나고 그 다음에 모르드개에 대한 기록을 읽게 된 것이라고 말합니다.

그럴 수 있지만, 아무튼 이 점은 확실합니다. 하나님은 그 기록이 어디에 있는지 아셨고, 읽는 사람이 바로 그 페이지를 읽도록 인도하셨다는 것입니다. 사람의 방식을 따라 이야기하자면, 이 페르시아 왕이 밤의 죽은 듯이 고요한 시간에 자기 제국의 역대기를 읽고, 또 역대기 가운데 바로 그 부분을 우연히 만나게 되는 것은 백만 분의 일의 가능성이 있습니다. 그러나 그것이 전부가 아니었습니다. 왕이 호기심이 생긴 것입니다. 그는 원래 잠을 자려고 했으나 그 마음이 사라졌고, 서둘러 행동에 옮깁니다. 왕이 묻습니다. "이 사람 모르드개가 내게 좋은 일을 했는데, 그가 보상을 받았느냐?" "없다"고 시종이 대답을 합니다. 그러자 충동적인 왕이 소리칩니다. "당장에 그에게 보상을 해야 하겠다. 뜰에 누가 있는가?" 사치스러운 아하수에로 왕이 서둘러 정의를 시행한다는 것은 세상에서 가장 일어나지 않을 법한 일이었습니다. 왜냐하면 그동안 그는 수천 번도 더 가차없이 불의를 행하였고, 바로 그 모르드개와 그의 민족의 사형집행 영장에 아무렇지도 않은 듯 서명한 그 날에도 그처럼 불의를 행하였기 때문입니다. 그런데 한 번만은 그가 정의를 행하는데 열심을 보이고, 그때 문 앞에 하만이 서 있습니다. 나머지 이야기와, 어떻게 그가 모르드개에게 성장(盛裝)을 시켜서 거리를 지나가게 했는지는 여러분이 잘 알고 있습니다. 여러분이나 내가 오늘 밤 잠을 자든지 아니면 잠을 못 이루고 침대에서 뒤척이든지 하는 것은 아주 하찮은 문제입니다. 하나님은 우리가 잠을 자고 있든지 아니면 깨어 있든지 간에 그 자리에 함께 계실 것입니다. 우리가 하나님의 뜻이 어떤 것일지 알지 못하지만, 그 일에 하나님의 손길이 있을 것이고, 누가 잠을 자든지 깨어 있든지 간에 그것은 하나님의 정하신 뜻을 따라 이루어지는 일입니다.

어떻게 이 문제가 다음 잔치에서 에스더를 위해 순탄한 길을 준비시켰는지 주의해서 보기 바랍니다. 그녀가 자신의 슬픔을 털어놓고 유대인들이 곧 죽게 생긴 사정을 말하고 그 악한 하만을 지목하였을 때, 왕은 자기 생명을 구한 사람이 유대인이고, 자신의 쓸모없는 총신(寵臣)을 대신하기에 모든 면에서 적합한 사람에게 자신이 이미 최고의 명예를 수여한 사실이 있기 때문에 그녀의 요청에 그만큼 더 흥미를 갖고 즉각 승인하였을 것이 틀림없습니다. 모든 것이 잘 되었고, 음모를 꾸민 자의 정체가 드러났습니다. 교수대가 준비되었고, 그 일을 지시한 바로 그 사람에게 그의 준비한 일을 시행하게 되었습니다.

**5. 다음으로 살펴볼 점은, 하나님께서 섭리 가운데 자기 종들에게 적극적으로 행하도록 요구하신다는 사실입니다.**

이 일이 이루어지되, 하나님의 섭리로 잘 이루어졌습니다. 그러나 관계된 사람들은 그 일을 위해 기도해야 했습니다. 수산에서 왕궁 밖에 있는 모르드개와 모든 유대인들은 금식하며 하나님께 부르짖었습니다. 불신자들은 "기도하면 뭐가 달라질 수 있는가?" 하고 묻습니다. 형제 여러분, 기도는 하나님의 섭리의 필수적인 부분입니다. 기도가 얼마나 필요한 일인지, 여러분은 하나님께서 자기 백성을 구원하실 때 그의 백성들이 구원을 위해 기도하였다는 점을 언제나 발견할 것입니다. 불신자들은 기도가 지존하신 하나님께 영향을 끼치지 못하고 하나님의 뜻을 바꿀 수 없다고 말합니다. 우리는 그렇다고 생각한 적이 없습니다. 기도는 목적과 계획의 일부이고, 섭리라는 기계에서 지극히 효과적인 바퀴입니다. 하나님께서는 그의 백성들이 기도하게 하시고, 그 다음에 그들에게 복을 베푸십니다. 그 다음에, 모르드개는 하나님께서 자기 백성을 구원하실 것을 확신하였고, 그 확신을 말로 표현하기도 했지만, 그렇다고 해서 가만히 앉아 있지 않았습니다. 그는 에스더가 분발하도록 하였고, 그녀가 조금 꾸물거리는 것처럼 보였을 때는 "이때에 네가 만일 잠잠하여 말이 없으면 유다인은 다른 데로 말미암아 놓임과 구원을 얻으려니와 너와 네 아버지 집은 멸망하리라" 하고 아주 강하게 말하였습니다. 이 말에 용기를 얻은 에스더가 분발하였습니다. 그녀는 가만히 앉아서 "하나님께서 이 일을 처리하실 것이니 내가 할 일은 아무것도 없다"라고 말하지 않았습니다. 그보다는 하나님께 간청하였고 또 자기 민족을 위해서 자신의 생명과 모든 것을 걸었으며 왕을 만나는 일에 지혜롭고 신중하게 행동하였습니다. 형제 여러분, 이와 같이 우리는 섭리를 확신을 가지고 믿지만, 그냥 빈둥거리며 지내지 않습니다.

　나는 하나님께 택하신 백성들이 있으므로 내가 이 택한 사람들을 그리스도께로 인도하는 일에 성령의 손에 들린 수단이 되기를 바라며 설교한다고 믿습니다. 나는 하나님께서 자기 백성들을 위해 이 땅에서 거룩하게 살 것과 장차 천국에 들어갈 것을 정하셨다고 믿습니다. 그래서 우리는 죄와 치열하게 싸우고, 하나님 백성에게 남아 있는 안식을 향해 나아갑니다. 하나님의 섭리를 믿는 믿음은 우리 에너지를 억누르기보다는 부지런히 일하도록 우리를 분발시킵니다. 우리는 마치 모든 것이 우리에게 달려 있는 것처럼 애씁니다. 그 다음에는 모든 것이 하나님께 달려 있다는 것을 아는 평온한 믿음을 가지고 하나님을 의지합니다.

　**6. 역사를 돌이켜 볼 때, 결국 하나님께서 자기 적들의 완전한 패배와 자기 백성의 안전을 성취하십니다.**

　하만처럼 철저히 패배한 사람은 없고 그의 계획만큼 완전히 빗나간 일은 없습니다. 그는 자신의 덫에 걸려들었고, 그와 그의 아들들은 모르드개를 위해서 세운 교수대에 달렸습니다. 유대인들에 대해서 말하자면, 그들은 정한 날에 죽게 될 특별한 위험에 처해 있었습니다. 비록 에스더가 그들의 생명을 위해 왕에게 간청하였을지라도, 왕은 바꾸고 싶은 마음이 있을지라도 조서를 변경할 수 없었습니다. 메대와 바사의 법은 변경되지 않는다는 것이 헌법의 규칙이었기 때문입니다. 아하수에로 왕은 자기가 원하는 것을 행하기로 마음먹을 수 있으나 그가 일단 그것을 조서로 포고하였을 때는 그 조서를 바꿀 수 없었습니다. 백성들이 자기들 왕의 온갖 변덕스러운 생각에 완전히 휘둘리기보다는 아무리 악한 법이라도 기존의 정한 법을 따르는 것이 더 낫다고 생각했기 때문입니다. 그러면, 어떤 일을 할 수 있었겠습니까? 유대인들을 죽여도 좋다는 조서가 내려졌고, 그 조서는 파기될 수 없었습니다. 그런데 도망할 문이 있었습니다. 유대인들에게 스스로를 보호하고 누구든 자기들을 공격하려고 하는 자의 재산을 빼앗을 수 있도록 허락하는 또 다른 조서를 발포하는 것이었습니다. 이렇게 해서 한 조서가 다른 조서를 사실상 무효화시키도록 하였습니다. 이 명령이 나라 전역에 아주 신속하게 전달되었고, 정한 날에 유대인들은 자신들을 보호하고 공격하는 적들을 죽였습니다.

유대인들의 전승에 따르면, 아말렉 사람들을 제외하고는 아무도 그들을 공격하지 않았고, 그래서 결과적으로 아말렉 사람들만 죽임을 당하였으며, 그 날에 아말렉 족속이 지면에서 깨끗이 쓸어버림을 당하였다고 합니다. 하나님께서 이렇게 하여 제국 내에서 유대인들을 높은 지위에 이르게 하셨고, 많은 사람들이 하나님께서 행하신 일을 보았기 때문에 유대인이 되거나 아브라함의 하나님께로 개종하였다고 합니다. 내가 설교를 시작하면서 하나님께서는 때로 짙은 어둠 속에 번쩍이는 섬광을 보내신다고 말했듯이, 이제 여러분은 이 이야기가 아주 눈부신 섬광이었음에 틀림없다는 것을 알 것입니다. 모든 사람들이 히브리인들을 죽여도 된다는 것을 알았을 때 놀랐을 것입니다. 그러나 유대인들이 자신을 보호해도 된다는 또 다른 조서가 왔을 때는 틀림없이 훨씬 더 놀랐을 것입니다. 그래서 온 세상이 "이것이 어찌 된 일인가?" 하고 물었습니다. 그 답변은 "유대인들이 예배하는 살아계신 하나님이 지혜를 발휘하여 자기 백성을 구원하셨다"는 것이었습니다. 모든 민족이 이스라엘에는 하나님이 계시고, 하나님의 뜻은 이렇게 완전히 성취되며 하나님의 백성들은 안전하게 지켜지고 하나님의 이름은 땅 끝까지 영광을 얻는다는 것을 느끼지 않을 수 없었습니다.

이 전체 기사로부터 우리는 다음의 교훈들을 배웁니다.

첫째로, 하나님의 뜻은 성취되지만, 그럼에도 사람들은 완전히 자유로운 행위자라는 것이 확실합니다. 하만은 자기 뜻대로 행동했고, 아하수에로는 자기가 원하는 대로 하였으며, 모르드개는 마음이 움직이는 대로 행동하였고 에스더도 그같이 하였습니다. 우리는 여기서 그들을 방해하는 어떤 간섭도 세력도 강요도 보지 못합니다. 그러므로 모든 죄와 책임은 죄 짓는 각 사람에게 있습니다. 완전히 자유롭게 행동함에도 불구하고 이들 가운데 하나님의 섭리가 예견한 것과 다르게 행동하는 사람은 아무도 없습니다. 사람들은 "그것을 이해할 수 없다"고 말합니다. 친구 여러분, 나도 그와 똑같이 말할 수밖에 없습니다. 나도 그것을 이해하지 못합니다. 나는 그동안 많은 사람들이 자기는 모든 것을 이해한다고 생각하는 것을 보았습니다. 그렇지만 나는 그들이 진리가 인정하는 것보다 자신들을 더 높이 평가한다고 생각합니다.

형제들 가운데 어떤 사람들은 사람의 자유로운 행위를 부인하고, 그렇게 해서 그 곤란한 문제를 피합니다. 그런가 하면 예정은 없다고 주장하고, 그렇게 해서 난관을 해결하는 사람들이 있습니다. 나는 그 난제를 피하고 싶지 않고 어떤 진리에 대해서도 눈을 감고 싶은 마음이 없으므로, 자유로운 행위와 예정을 모두 사실이라고 믿습니다. 이 둘이 어떻게 조화를 이룰 수 있는지 나는 모르고, 알려고 애쓰지도 않습니다. 나는 하나님께서 내게 계시하시기로 정하시는 것을 아는 것에 만족하고, 또 하나님께서 계시하시지 않는 것을 모르는 것에도 마찬가지로 만족합니다. 일이 그렇습니다. 사람은 자기가 하는 일에 자유로운 행위자이고, 따라서 자기 행동에 책임이 있습니다. 사람이 잘못을 행할 때는 죄에 대한 책임이 있으므로 또한 형벌을 받는 것이 정당합니다. 사람이 멸망하게 되면, 그 허물은 순전히 그 자신에게 있을 것입니다. 그럼에도 불구하고 모든 것을 통치하시는 분이 계십니다. 악한 사람들의 죄에 전혀 연루되지 않으면서 그들의 행동마저도 자신의 거룩하고 의로운 목적에 이바지하도록 만드시는 분이 계십니다. 이 두 가지 진리를 믿으십시오. 그러면 여러분이 이 두 가지 사실을 조화시키는 이론을 궁리해낼 수는 없을지라도 매일의 생활에서 이 두 가지 사실이 실제로 조화를 이루는 것을 볼 것입니다.

다음으로, 우리는 기적이 없이도 참으로 놀라운 일들이 일어날 수 있다는 것을 배옵니다. 하나님께서 자연의 법칙들을 정지시킴으로써 놀라운 일을 행하실 때 사람들은 크게 놀라며 "이는 하나님의 손가락이다"(출 8:19)라고 말합니다. 그런데 오늘날은 사람들이 우리에게 "너희 하나님이 어디 있느냐? 하나님이 이제는 자기 법칙을 정지시키는 일은 하지 않는다!"고 말합니다. 자, 나는 바로의 이야기에서 하나님을 봅니다. 그러나 나는 하만의 이야기에서 그만큼 분명하게 하나님을 보고, 훨씬 더 큰 빛 가운데서 하나님을 본다고 생각합니다. (하나님의 거룩한 이름에 대해 공경심을 가지고 이 말을 합니다). 이는 자연의 바퀴를 멈추고 지혜롭고 훌륭한 법들을 뒤집는 것은 다소 거칠게 목적을 성취하는 방법이기 때문입니다. 확실히 이 방법은 하나님의 권능을 계시합니다. 그러나 하나님의 변치 않으심은 그만큼 분명하게 보여주지는 못합니다. 그러나 하나님께서 모든 일이 통상적인 방법대로 계속 진행되도록 허락하시고 사람들에게 마음과 생각과 야망과 열정을 마음껏 발휘할 수 있도록 자유를 주시면서도 자신의 목적을 성취하실 때, 그 방법은 배로 놀라운 것입니다. 바로에 대한 기적들에서 우리는 하나님의 손가락을 봅니다. 그러나 이 섭리의 놀라운 일들에서 기적이 없지만 우리는 하나님의 손을 봅니다.

　오늘날, 그 사건이 어떤 것이든 간에, 곧 독일 사람들과 프랑스 사람들 사이의 전쟁이든, 쿠마시(Coomassie: 서아프리카 가나 아샨티 주의 주도이며 가장 큰 도시)로 행진해 들어가는 일이든, 우리 정권이 바뀌는 일이든, 어떤 사건이 일어날 때마다 주의력이 깊은 사람은 마치 기적적인 권능에 의해 산이 제자리에서 펄쩍 뛰어 옮겨지거나 큰물이 무더기같이 서는 것처럼 그 일에서 하나님을 분명히 볼 것입니다. 나는 물론 하나님께서 세상에 계시다는 것을 확실히 압니다. 뿐만 아니라 우리 집 난롯가에 계시고, 내 방에도 계시며 내 일들을 처리하시고 나를 위해 그리고 하나님의 자녀들 각각을 위해 모든 일을 조정하신다고 확신합니다. 우리는 기적이 없어도 하나님께서 일하신다는 것을 알 수 있습니다. 하나님께서 섭리로 행하시는 기이한 일들은 기적만큼이나 놀랍습니다.

　다음으로, 우리는 하나님의 교회가 참으로 안전하다는 것을 배웁니다. 한때 하나님의 백성들은 완전히 하만의 수중에 있는 것처럼 보였습니다. 일찍이 네로는 자기 적들이 목이 하나뿐이어서 일격에 그들 모두를 죽일 수 있으면 좋겠다고 말했습니다. 하만은 바로 그런 권세를 얻은 것처럼 보였습니다. 그럼에도 불구하고 하나님의 택하신 민족은 구원을 받았고, 유대인들은 메시야가 오실 때까지 계속해서 살았으며 지금도 존재하고, 그들을 위해 정해진 빛나는 미래를 누릴 때까지 존재할 것입니다. 오늘날 하나님의 교회도 그와 같습니다. 진리의 적들은 하나님께서 켜 놓으신 촛불을 끌 수 없고, 주 예수께서 자신의 핏값으로 사신 백성들 안에 뿌린 살아있는 씨를 짓밟을 수 없습니다. 형제 여러분, 두려워하지 말고 하나님 안에 여러분의 마음을 확고히 세우십시오.

또 우리는 악한 자들은 확실히 안 좋게 끝이 난다는 것을 봅니다. 그들이 큰 힘을 가질 수 있으나 하나님께서 그들을 넘어뜨리실 것입니다. 그들은 매우 교활할 수 있고, 음모와 계획을 꾸미며 모든 일이 자기들이 바라는 대로 진행되기 때문에 하나님까지도 자기들의 협력자라고 생각할 수가 있습니다. 그러나 그들은 자기의 죄가 자기를 찾아낼 것임을 확실히 알 수 있습니다. 그들이 지옥만큼 깊이 팔 수 있지만 하나님께서는 그들의 밑을 파실 것이고, 그들이 별처럼 높이 올라갈 수 있지만 하나님께서는 그들 위에 계시면서 그들을 집어 던지실 것입니다. 악한 자여, 그대가 지혜로운 사람이라면, 그대에게 명하노니 지존하신 하나님께 반대하는 길에서 돌이키십시오. 여러분은 하나님을 이길 수 없고 속일 수도 없습니다. 제발 쓸데없이 반대하는 일을 그치고, 이같이 말씀하시는 하나님의 복음을 들으십시오. "네 죄를 고백하고 버려라. 크신 속죄 제물이신 하나님의 아들 예수를 믿으라. 그러면 너 같은 사람도 구원을 얻을 것이다." 그대가 그렇게 하지 않는다면, 그대의 머리에 그대의 죄악이 떨어질 것입니다.

무엇보다, 하나님의 자녀는 누구나 우리가 하나님의 보좌 아주 가까이에 보호자를 두고 있다는 점을 기뻐합시다. 수산에 있는 하나님의 자녀는 누구나 왕후가 유대 여자라는 것을 기억했을 때 틀림없이 희망을 느꼈을 것입니다. 오늘 우리는 예수께서 높이 되신 것을 기뻐합시다.

> "사랑의 사람, 십자가에 못 박히신
> 그가 아버지 하나님 옆에 계시네."

하나님의 모든 백성은 참으로 안전합니다. 이는 "만일 누가 죄를 범하여도 아버지 앞에서 우리에게 대언자가 있으니 곧 의로우신 예수 그리스도시기"(요일 2:1) 때문입니다. 하나님의 품속에는 자기를 믿는 모든 사람을 위해 간구하실 분이 계십니다. 그러므로 여러분은 낙담하지 마십시오. 하나님을 신뢰하고 잠잠히 하나님을 기다리십시오. 천지는 없어질지라도 하나님을 믿는 사람들은 결코 망하지 않을 것이기 때문입니다. "너희가 영원히 부끄러움을 당하거나 욕을 받지 아니하리로다"(사 45:17).